Discours et Opinions

DE

Jules Ferry

PUBLIÉS AVEC COMMENTAIRES ET NOTES

PAR

Paul ROBIQUET

AVOCAT AU CONSEIL D'ÉTAT ET À LA COUR DE CASSATION,
DOCTEUR ÈS LETTRES

TOME PREMIER

Le Second Empire — La Guerre et la Commune.

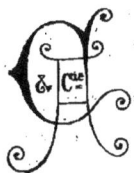

PARIS

Armand Colin & Cie, Éditeurs

5, rue de Mézières, 5

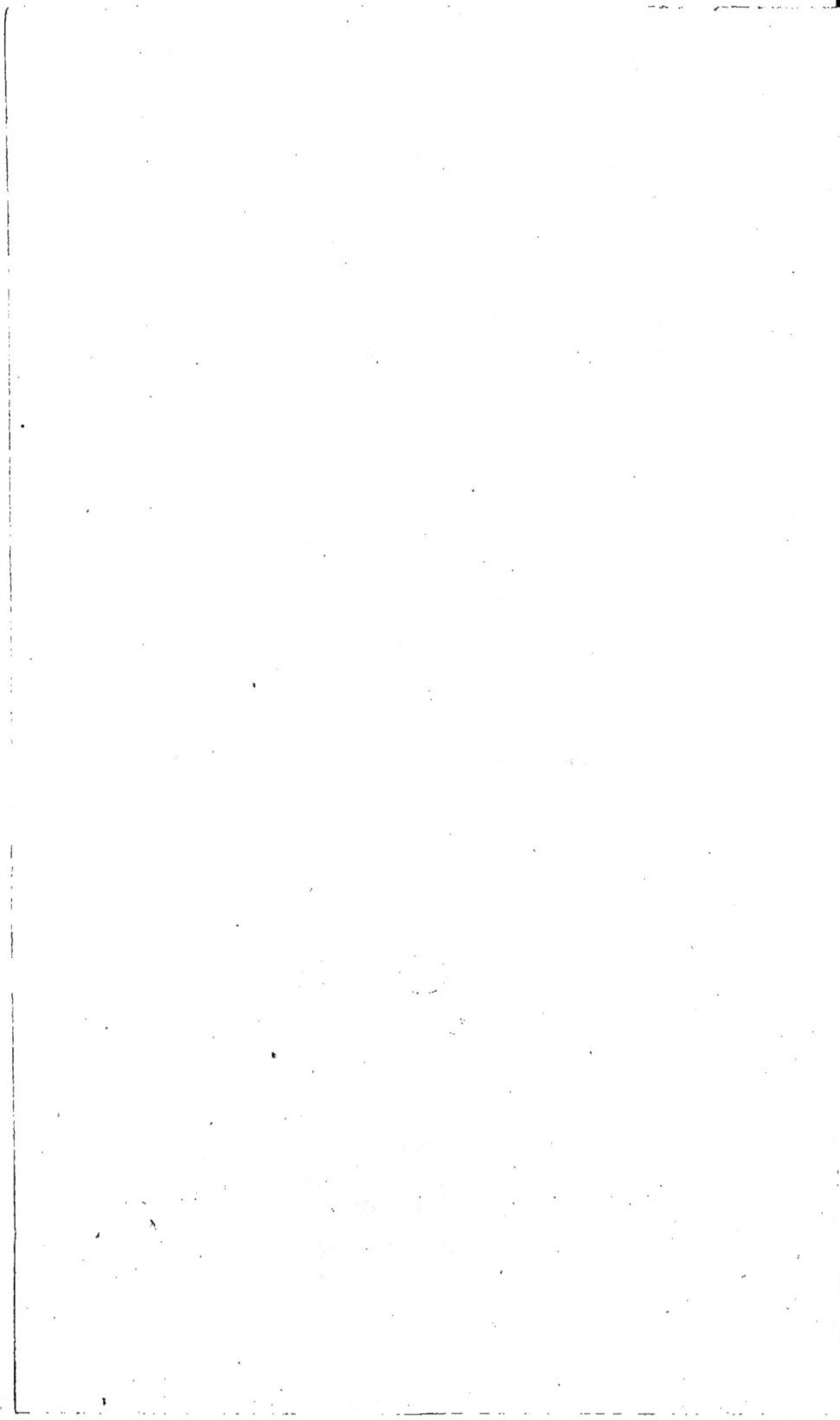

Discours et Opinions

DE

Jules Ferry

Il a été tiré à part, sur papier à la forme, dix exemplaires numérotés de *Discours et Opinions de* Jules Ferry.

Ces exemplaires sont mis en vente au prix de **20** francs le volume.

Discours et Opinions

DE

Jules Ferry

PUBLIÉS AVEC COMMENTAIRES ET NOTES

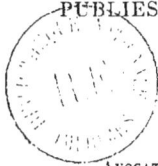

PAR

Paul ROBIQUET

AVOCAT AU CONSEIL D'ÉTAT ET À LA COUR DE CASSATION,
DOCTEUR ÈS LETTRES

TOME PREMIER

Le Second Empire — La Guerre et la Commune.

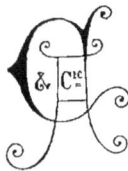

PARIS

Armand Colin & Cie, Éditeurs

5, rue de Mézières, 5

1893

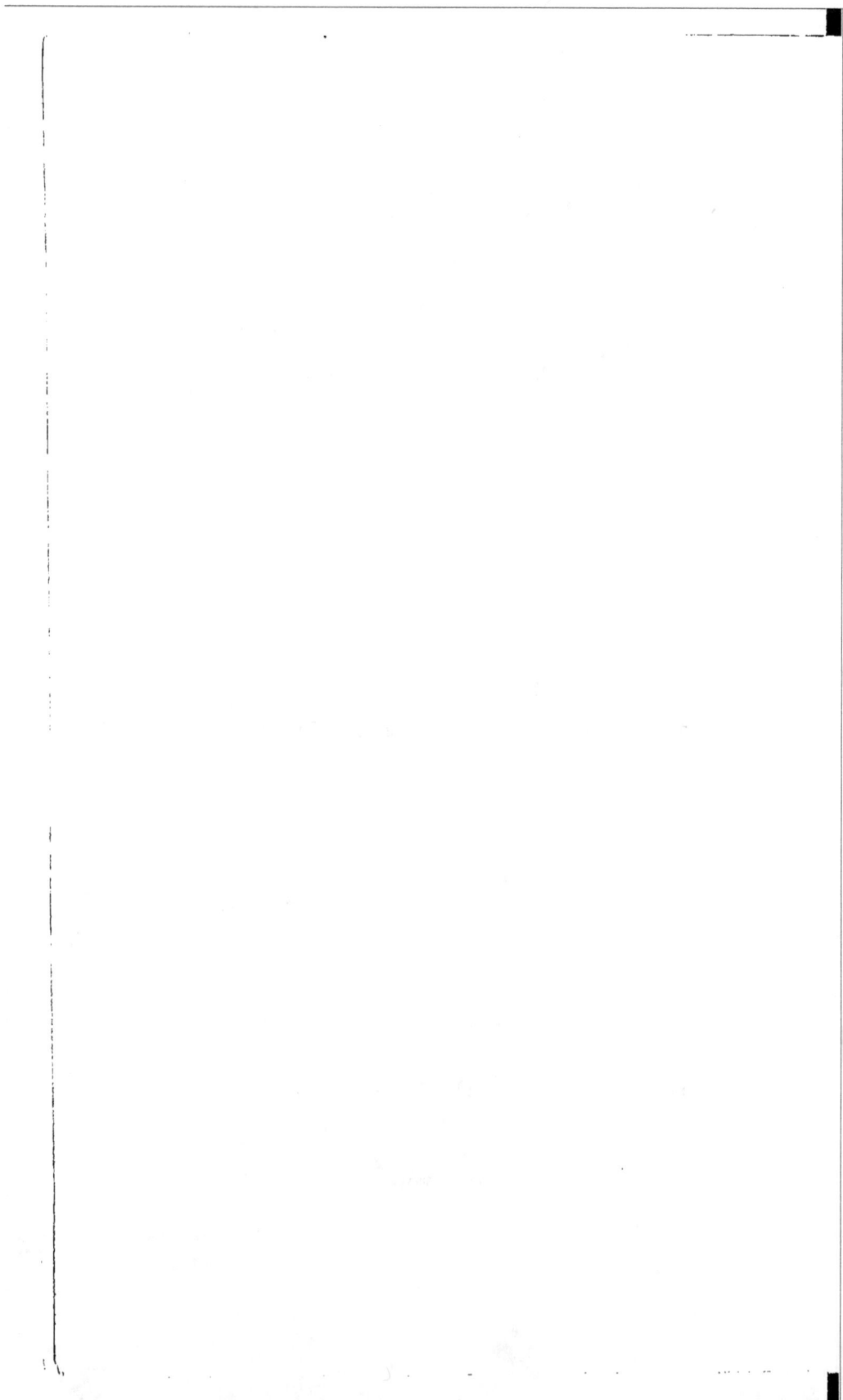

NOTE DES ÉDITEURS

La vie de Jules Ferry n'a été qu'un long combat pour la République et la Liberté.

Homme d'action avant tout, il a vécu comme un soldat sur les champs de bataille « toujours en tête de la colonne » suivant les belles paroles de M. Méline à Saint-Dié, et « versant goutte à goutte le sang de son cœur ». Comment, dans cette mêlée des partis, sous l'écrasant fardeau des affaires publiques, trouver le temps de regarder en arrière et de mesurer le chemin parcouru? Jules Ferry ne pensa que bien tard à recueillir les nombreux discours, les ouvrages, articles ou brochures qui résument son œuvre politique et littéraire. Il avait toujours les yeux fixés sur l'avenir, dont il attendait, avec la sérénité des grandes âmes, la réparation d'odieuses calomnies et d'aveugles injustices. Lorsque les électeurs sénatoriaux des Vosges l'envoyèrent siéger au Sénat, en novembre 1891, rendant ainsi au Parlement l'éminent homme d'État que la fureur des factions avait, un moment, réussi à proscrire, quelques amis de M. Jules Ferry l'engagèrent vivement à faire, pour ainsi dire, le bilan de sa glorieuse carrière; mais il hésitait devant la longueur d'un pareil travail et, tout entier aux devoirs de l'heure présente, ne songeait pas à provoquer les concours qui lui étaient nécessaires.

C'est dans ces circonstances que M. Paul Robiquet proposa à Jules Ferry de l'aider dans la préparation d'un recueil de ses œuvres. L'ancien Président du Conseil fut ému de cette offre spontanée et y répondit par la lettre suivante :

« Paris, le 10 novembre 1891.

« MON CHER AMI,

« Je suis vraiment touché de vous voir, au milieu de vos préoccupations et de vos travaux, si attentif à tout ce qui me touche. Je désire entrer au Sénat pour y retrouver une tribune ; rien de plus. Je suis fait pour parler et pour agir, non pour contempler et jouir.

« Votre amitié n'est-elle pas un peu imprudente en s'offrant à moi pour m'aider à recueillir mes discours ? Savez-vous qu'il y en a beaucoup ! Assurément, cette publication serait opportune, et elle ne verra jamais le jour si je ne suis pas fortement secondé. C'est vous dire que j'accepterais votre concours pour la préparation et la sélection avec une véritable reconnaissance.

« Cordialement à vous.

« JULES FERRY. »

Quelques jours après, un traité était signé pour la publication des *Discours et Opinions* de Jules Ferry. Il n'a pas cessé de surveiller l'impression, de diriger la préparation et le choix, réunissant, non sans peine, des écrits, des brochures, des lettres, des journaux, dispersés un peu partout ou conservés par des mains fidèles, écartant tout ce qui semblait de nature à blesser même des adversaires qui ne l'avaient pas ménagé, et cherchant uniquement à dégager les grandes lignes de sa politique pour l'Histoire et la postérité.

Le premier volume, que nous publions aujourd'hui, comprend le second Empire, la guerre de 1870 et la Commune. Il devait être précédé d'une étude de Jules Ferry sur la *Jeunesse de l'Empire, comparée à la jeunesse contemporaine*. Jules Ferry s'était préparé à ce travail par des lectures approfondies, car cet esprit vigoureux avait horreur des jugements hâtifs et superficiels : il n'ignorait rien de toutes les manifestations, même les plus obscures, de la pensée contemporaine, et, sous l'homme politique, vivaient en lui un brillant écrivain et un philosophe de premier ordre.

Hélas ! cette Introduction magistrale, les lettres françaises en seront privées ! La mort a glacé cette main qui maniait la plume tantôt avec une délicatesse exquise, tantôt avec une mordante ironie, ce cœur qui battait pour toutes les nobles idées et, dédaigneux des basses injures, s'ouvrait si aisément à la bienveillance et à la tendresse ; elle a terrassé le grand homme d'État dont l'expérience eût été pour la République une force précieuse, une ancre de salut et comme une réserve suprême contre l'assaut des partis. Il repose maintenant dans le cimetière de Saint-Dié, en face « de la ligne bleue des Vosges d'où son cœur fidèle continuera d'entendre la plainte des vaincus ».

Par une saisissante coïncidence, c'est le jour même

où son éditeur recevait la dernière épreuve du premier volume de ses œuvres, que Jules Ferry est tombé, dans une sorte d'apothéose, vengé par le Sénat d'un de ces ostracismes momentanés dont les démocraties jalouses n'ont que trop souvent frappé leurs grands hommes. Maintenant que les haines se sont dissipées comme une vaine poussière, il nous reste un devoir, d'une triste douceur, à remplir : c'est de condenser dans une publication définitive l'œuvre immense de celui que nous pleurons et à qui la France vient de faire de magnifiques funérailles. Avec un soin pieux, nous aurons à éditer ses discours et ses écrits, et à léguer aux historiens futurs les documents authentiques qui permettront d'assigner à Jules Ferry sa vraie place parmi nos gloires nationales, entre Gambetta et M. Thiers.

Il y a dans les choses humaines « une justice immanente » et, tandis que les contempteurs chétifs de Jules Ferry réclament déjà comme une faveur l'oubli ou la pitié du pays, la statue de bronze du Président du Sénat va se dresser, imposante et fière, sur le passage des armées libératrices, en symbolisant une vie sans tache et la reconnaissance de la République.

Mars 1893.

JULES FERRY
Discours et Opinions

M. Jules Ferry est né à Saint-Dié (Vosges) le 5 avril 1832. Ses ancêtres étaient dès paysans d'un village de la montagne situé à une heure et demie de marche de Saint-Dié, sur la route de Fraize et de Gérardmer et qu'on appelle Anould[1]. Les premiers Ferry dont nous retrouvons la trace sont des artisans, bourgeois de la ville, et, de leur état, fondeurs de cloches. Ils travaillaient souvent pour les abbés de Saint-Dié (car le territoire de Saint-Dié était terre d'Église, administrée par un chapitre séculier dont les évêques de Toul ou les seigneurs du voisinage contestaient incessamment la souveraineté[2]. Le grand-père de M. Jules Ferry n'était pas fondeur de cloches, mais fabricant de tuiles. Il avait pour mère une alsacienne. Lui-même avait épousé une alsacienne d'une grande beauté, une Wimpfen, de Colmar. En 1789, il avait vingt ans[3] et embrassa avec enthousiasme la cause de la Révolution. Il

---

1. *Anould*, veut dire agneaux, moutons.
2. Voici une touchante anecdote sur l'un des arrière-grands-pères de M. Jules Ferry : Fils de fondeur de cloches comme son père lui-même, il avait treize ans lorsqu'il perdit ce dernier. La veuve se désolait d'autant plus que le défunt avait déjà engagé de grosses dépenses pour exécuter une commande de cloches faite par l'abbaye d'Andlau (Alsace). La mort du père, c'était la ruine, car le travail n'était pas achevé. Mais l'enfant, intelligent et courageux, se chargea de sauver la famille. Il partit à pied pour Andlau, et se présenta bravement à l'abbé, le priant de lui conserver la commande qu'il se faisait fort de mener à bonne fin. L'abbé le trouva de si belle mine et si résolu qu'il accueillit sa requête. L'enfant tint parole : la cloche fut fondue, et le grand-père de M. Jules Ferry racontait souvent qu'il avait vu cette cloche à Andlau, bien et dûment signée.
3. M. Jules Ferry a eu le temps de bien connaître son grand-père, qui n'est mort qu'en 1847.

1

fut maire de Saint-Dié pendant toute la durée du Direc-
toire, du Consulat et de l'Empire. L'aîné de ses fils entra
dans l'armée : il vit, comme sous-lieutenant, le désastre
de Waterloo, refusa de servir les Bourbons et prit, avec
un de ses amis, de Saint-Dié comme lui, le général de
Ligniville, la direction d'une papeterie qui, vingt ans plus
tard, devint la grande papeterie du Souche d'Anould. Le
second fils, Charles-Édouard, fut le père de M. Jules Ferry.
C'était un des avocats les plus distingués et les plus occupés du barreau de Saint-Dié, alors important. Membre du
Conseil général des Vosges, d'opinions très libérales, il
mena contre le ministère Guizot l'opposition la plus vive.
Les discussions politiques et philosophiques emplirent les
oreilles d'enfant de Jules Ferry, passionnèrent et formèrent
son adolescence. Il apprit à lire en épelant le *Siècle* et le
National. La santé de Charles-Édouard Ferry, altérée par
l'excès de travail, l'obligea prématurément à quitter le
barreau et l'empêcha de se faire, avant et après 1848, la
place que tout le monde s'attendait à lui voir prendre.
Resté veuf de bonne heure[1] il résolut de se consacrer tout
entier à l'éducation de ses deux fils Jules et Charles, et
vint s'établir à Strasbourg en 1846 pour les confier aux
maîtres excellents qui faisaient alors l'honneur du collège
royal, devenu bientôt après collège national de Strasbourg
(1848). C'est à Strasbourg que M. Jules Ferry, après avoir
été en rhétorique et en philosophie un lauréat exceptionnel, car il remporta presque tous les prix, fut reçu bache-
lier à l'âge de seize ans, et commença ses études de droit.
Ces souvenirs d'adolescence, des alliances ultérieures de
famille[2] et des liaisons multiples avec les personnalités les

1. Madame Ferry, mère, morte en 1836, était fille d'un président du
tribunal de Rethel.
2. Le mariage de son cousin germain, l'héritier du cabinet de son père,
avec une strasbourgeoise, une Schützemberger ; sa propre union avec made-
moiselle Risler, petite-fille de madame Kestner, et nièce de V. Chauffour et
du colonel Charras, ont créé depuis de nouveaux liens entre M. Jules Ferry
et l'Alsace.

plus distinguées de Colmar et de Schlestadt, ont fait de M. Jules Ferry presque un Alsacien et rendu profondément douloureuse pour son âme de patriote la confiscation par l'Allemagne de la plus française de nos provinces.

M. Jules Ferry vint achever à Paris ses études de droit[1]. Entre autres maîtres, il affectionna particulièrement l'éminent professeur Valette dont l'Histoire a retenu la belle réponse aux gens de police du 2 décembre : « J'ai deux titres à être arrêté aujourd'hui : je suis représentant du peuple et professeur de droit ». Les séances de l'Assemblée législative, en lutte réglée avec l'Élysée, suivies bientôt du spectacle du Coup d'État dans les rues de la capitale, firent la plus vive impression sur l'esprit du jeune étudiant et décidèrent de sa vocation. Jusque-là, son père l'avait poussé du côté des concours qui ouvraient la porte du Conseil d'État ; mais après le 2 décembre, le père et le fils étaient trop bons républicains pour attendre quoi que ce fût des fonctions publiques.

M. Jules Ferry se fit inscrire au barreau de Paris le 20 décembre 1851, le jour même du scrutin plébiscitaire et trois ans, date pour date après le serment solennel par lequel Louis Bonaparte avait juré de défendre la Constitution républicaine.

---

1. Pendant qu'il faisait son droit, M. Jules Ferry suivit assidûment, de 1850 à 1854, des cours de peinture, et mit une telle ardeur à étudier les maîtres de l'art qu'il songea un moment à devenir peintre. De nombreux voyages, notamment le séjour qu'il fit à Venise avec son frère, en 1853, contribuèrent à développer ses goûts artistiques. Il est resté un amant passionné de l'Italie et, plus tard, à travers les crises de son âge mûr, il a toujours profité de ses rares moments de loisir pour courir au delà des Alpes. C'est ainsi qu'en 1861, il passa l'automne à Rome et, en 1869, après son entrée au Corps législatif, alla se reposer à Florence des fatigues de la lutte électorale.

Conférence des avocats.

Le stagiaire de 1851 marqua rapidement sa place et, nommé secrétaire de la Conférence en 1854-55, sous le bâtonnat de Bethmont, il fut chargé, sur la désignation de Berryer, de prononcer le discours de rentrée[1].

Voici ce discours, qui avait pour titre : « *De l'Influence des idées philosophiques sur le barreau au dix-huitième siècle* ».

MESSIEURS ET CHERS CONFRÈRES,

Il y a des moments de lassitude et d'épuisement où l'esprit humain semble, comme les vieillards, n'aimer plus qu'à se souvenir. C'est ainsi qu'aujourd'hui, las d'interroger l'avenir, nous évoquons de préférence le temps de nos pères. Fils du dix-huitième siècle, tantôt fidèles, tantôt hostiles à sa mémoire, nous étudions avec passion ses mœurs, sa législation, sa philosophie. — J'ai, dans ce discours, à considérer son barreau dans ses rapports avec le mouvement philosophique. C'est, à coup sûr, une restauration curieuse, mais c'est peut-être aussi une œuvre de reconnaissance. Car, tout ce qu'est aujourd'hui le barreau, et cet éclat dont il est, à bon droit, si fier, et cette importance qu'on ne lui pardonne pas, c'est au dix-huitième siècle qu'il le doit.

Essayons de dire ce qu'il était au début de ce grand mouvement intellectuel, quelles idées le faisaient vivre, quelles idées l'ont transformé, et l'ont conduit pas à pas jusqu'aux agitations de l'âge moderne, jusqu'aux grandeurs de la vie publique.

L'histoire du barreau au dix-huitième siècle comprend deux époques : dans la première, qui embrasse cinquante années du siècle, le passé règne en maître, au milieu de sérieuses et modestes études, de travaux profonds, mais circonspects. La seconde, au contraire, regarde l'avenir ; elle a les passions de réforme et les témérités généreuses de la philosophie — et elle va se perdre dans la Révolution française.

---

1. *Conférence des avocats*, séance du 13 décembre 1855. Paris, Thunot, 1855, broché in-8° de 37 pages.

Les rapprocher l'une de l'autre, c'est mettre en présence, sur une scène restreinte, deux âges de l'esprit français.

Le dix-septième siècle n'avait pas connu le retentissement et la liberté des débats judiciaires. Si grand partout ailleurs, il n'avait produit au barreau que froideur et stérilité : des praticiens obscurs, perdus dans les formules de la chicane, ou de beaux diseurs dont le goût littéraire n'allait pas au delà de l'élégance fleurie d'un médiocre prédicateur. Le barreau, comme une terre paresseuse où les semences sont longues à germer, suivait péniblement le développement du génie français. Mais aussi, quand le dix-septième siècle se fut évanoui, lui seul en conserva quelque image. On y vit s'élever alors, pleine de cette sève vigoureuse qu'avait perdue la société nouvelle, une génération d'avocats qui perpétua, jusqu'au milieu du dix-huitième siècle, l'esprit et les traditions de l'époque précédente.

Ce barreau, Messieurs, se groupe autour de deux hommes dont les noms seuls suffiraient à peindre sa physionomie : d'Aguesseau, et après lui Cochin. La postérité leur a fait à tous deux une part fort inégale dans les admirations classiques : elle a épuisé pour le premier toutes les complaisances de l'éloge, et n'a guère pour le second qu'une estime froide et contrainte. Et pourtant, s'il y a sous les voûtes paisibles du Palais un type de grandeur morale et de solide éloquence, ce n'est peut-être pas ce magistrat au pompeux langage, à la vertu timide, écrivain sans originalité, philosophe sans vigueur. Sans doute il a vécu dans la familiarité du dix-septième siècle, mais il n'en a, pour ainsi dire, retenu que les dehors, et il lui manque, des grands esprits de ce temps, le naturel et la vérité. — Cochin, formé comme lui à cette école, en a, ce me semble, sous des formes moins ambitieuses, conservé bien plus pure la tradition. Il ne nous reste de ses plaidoiries, dont les contemporains ont vanté la puissance, que de courts résumés, écrits pour les juges au sortir de l'audience. — Mais, dans ces images décolorées dont sa main traçait avec un soin religieux les lignes grandes et sévères, on retrouve le caractère imposant qu'avaient toutes les choses de l'esprit au dix-septième siècle. Jamais la philosophie du droit ne s'est montrée au barreau avec plus d'ampleur : c'est la puissante généralisation de Domat, c'est le spiritualisme chrétien, élevant les conceptions juridiques de la

Rome païenne à des hauteurs métaphysiques, que la philosophie stoïcienne n'avait pas connues. Et ce jurisconsulte a encore cela de commun avec les grands esprits auxquels le rattache une si étroite parenté, qu'il passe au milieu des écueils de la vie et du bruit des affaires avec leur sérénité, leur candeur, leur bonhomie : rare et belle nature qui garda, jusque dans sa vieillesse, la naïveté des enfants dont il allait, tous les jours, chez le bon Rollin, son ami, partager les jeux et les plaisirs !

Il y a loin de là, Messieurs, aux discussions orageuses dont l'âge suivant sera témoin. Le génie du dix-septième siècle, ployé de bonne heure au joug de la règle, n'avait songé à remuer ni les idées religieuses, ni les idées politiques ; à peine s'il avait osé, dans des questions de discipline ecclésiastique, s'essayer à cet esprit de critique et d'indépendance que l'homme ne peut jamais faire taire en lui. Arrêté par la main d'un maître impitoyable, mais non pas étouffé, ce mouvement s'était propagé des ruines de Port-Royal aux voûtes du Palais : magistrats et gens de robe, faisant du jansénisme un parti dans l'État, suscitent à la royauté, sur le terrain d'une bulle fameuse, quarante années de soucis et de combats.

Les avocats s'attachèrent à cette cause avec une chaleur toute révolutionnaire. La première qualité requise pour être janséniste, dit un contemporain qui était du barreau [1], « c'est d'être avocat au Parlement ». C'est en effet à qui signera, à tous propos, contre les prétentions ultramontaines, des consultations où l'érudition canonique de Cochin s'unit à la verve mordante d'Aubry dans un fougueux gallicanisme. Un évêque appelant de la bulle *Unigenitus* au futur concile, un synode provincial qui le condamne, une consultation de quarante avocats sur la légalité du synode : c'en est assez pour soulever une bruyante querelle où les consultations répondent aux mandements, les arrêts du conseil aux consultations, où les avocats, élevés soudain au rang d'une puissance dans l'État, se font exiler, tout comme un parlement du Royaume ; mais, plus heureux que les parlements, sont rappelés en triomphateurs, sans avoir faibli, sans s'être rétractés [2] !

1. Barbier, avocat au Parlement de Paris, dont la Société d'histoire de France a publié, pour la première fois, le curieux *Journal*.
2. *Journal* de Barbier, année 1731.

Toutes ces choses sont loin de nous, Messieurs : nous avons aujourd'hui de tout autres soucis ! Mais cette résistance d'une corporation sans autorité légale, sans caractère public, à des puissances séculaires, remuait en 1730 l'opinion tout entière. On dévorait ces épaisses consultations, comme, au temps de nos pères, un pamphlet de Paul-Louis ; on payait en popularité et en honneur ce bon vouloir et cette énergie !

Non moins actif dans les luttes du Parlement et de la Cour, le rôle du barreau était celui d'un fidèle auxiliaire, d'une milice toujours prête. Quand la magistrature avait épuisé son droit de remontrances, aux lits de justice, à l'enregistrement forcé, que pouvait-elle opposer ? Une seule arme, mais une arme bien puissante, l'interruption du cours de la justice. Elle attendait, toutes chambres assemblées, que la couronne revînt à résipiscence ou fît un coup d'État. Outre qu'une pareille alternative est en général, pour le Pouvoir, un assez grand embarras, les avocats devenaient en cette occurrence une difficulté fort sérieuse. On n'en eût pas trouvé un seul — tant l'esprit de corps était vivace ! — qui consentît à plaider devant une magistrature improvisée : des essais partiels, tentés à diverses reprises, et la retraite de tout le barreau, lors du coup d'État Maupeou, en sont la preuve. Bien plus, les plaidoiries n'étaient pas seulement suspendues, tous les cabinets se fermaient, et les plaideurs perdaient jusqu'à cette juridiction volontaire des avocats en si grande faveur au dix-huitième siècle. Alors, c'était un concert de réclamations et de plaintes, — les intérêts grands et petits s'agitaient bruyamment, — la basoche grondait dans les Pas-Perdus, — et toute cette population de clercs de procureurs, de scribes, d'apprentis tabellions, qui remplissait les galeries du Palais, refluant sur la place publique, allait mettre en émoi la petite bourgeoisie et intéresser le peuple à la cause des Parlements.

Il est triste pourtant, Messieurs, de voir tant d'esprits élevés se perdre dans ces bruyantes, mais bien mesquines querelles. A peine le dix-septième siècle s'est-il éteint avec son maître, que le précieux héritage de ses traditions est délaissé pour deux seules questions : le jansénisme, non plus celui d'Arnaud et des grands solitaires de Port-Royal, espèce de stoïcisme chrétien qui impose le respect, mais le jansénisme des formules inoffen-

sives du Père Quesnel ou des convulsionnaires de Saint-Médard ;
et le gallicanisme, vieille religion de la magistrature, vénérable
à coup sûr, mais bien stérile, puisqu'elle en est encore, après
quatre siècles, à demander des inspirations aux ministres de
Philippe le Bel.

Voilà dans quelles misères le génie de la société française
allait s'ensevelir. — Tandis qu'au sommet l'aristocratie des
classes se laisse emporter au courant du scepticisme et de la
licence, dans les régions moyennes de la magistrature et du
barreau, des controverses sans portée et sans avenir absorbent
toute la vie morale ; — et le peuple, enivré de mystiques supers-
titions, se presse dans un cimetière autour du tombeau de je ne
sais quel saint de contrebande ! Ainsi passent cinquante années
du siècle le plus révolutionnaire que l'histoire ait connu ! —
Les jours sont proches pourtant, Messieurs, où la puérilité de
ces disputes fera place aux plus grandes hardiesses de la pensée ;
— où l'esprit de critique et d'examen, las d'explorer sans fruit
le champ stérile des controverses religieuses, s'avisera de
regarder à tout ce qui l'entoure, et de porter une main, timide
d'abord, et bientôt résolue, sur les institutions du passé.

C'est que là était le côté faible de cette brillante civilisation.
Sa législation, jugée non pas (Dieu nous en garde !) au point
de vue des nécessités sociales de notre époque, mais du haut
de ces vérités de la conscience qui sont de tous les temps et
de tous les lieux, sa législation faillissait aux principes de
l'éternelle justice ! Elle était souvent inique, presque toujours
inhumaine.

Elle avait perdu, dans les hasards de son laborieux enfan-
tement, l'esprit chrétien dont elle se disait pourtant issue.
Sous la main du despotisme sacerdotal et politique, elle avait
oublié son origine humaine, elle s'était crue infaillible, et l'orgueil l'avait faite impitoyable. Faut-il des preuves à cette assertion, ne fût-ce que pour nous rendre à nous-mêmes l'estime de
notre temps et de nos lois ?

Comme l'ancienne Rome, éprise de sa grandeur nationale,
n'admettait l'étranger dans son sein qu'avec le nom d'ennemi,
et pour lui refuser la vie civile, la législation française traitait
en ennemis de l'État tous ceux dont les croyances troublaient
son unité religieuse. Le dix-huitième siècle avait en cela ren-

chéri sur l'époque précédente : on avait d'abord persécuté les dissidents pour les convertir ; on en vint, par une fiction légale, à les supposer tous convertis, à traiter leurs femmes comme des concubines, leurs enfants comme des bâtards, à châtier comme relaps ceux qui, à l'heure dernière, repoussaient l'apostasie, et à traîner sur la claie leurs dépouilles mortelles [1]. Le refus des sacrements fut puni par les galères perpétuelles, la prédication par la mort ; — et la persécution, brisant jusqu'aux liens qui attachent le père à ses enfants, vint s'asseoir au sanctuaire du foyer domestique [2].

Dans les lois criminelles, même inhumanité. Vous y chercheriez en vain ces hésitations légitimes de la justice humaine qui se sent bornée et qui craint de faillir, ce respect de l'âme immortelle qui nous fait entrevoir l'homme, même dans le criminel. Pour ce législateur, inspiré bien plutôt du Dieu de colère de la loi mosaïque que du Dieu de douceur de l'Évangile, la créature, déchue dans son essence, pervertie dans sa liberté, se gouverne par la terreur et se purifie par les supplices. Aussi va-t-il demander à l'inquisition sa procédure d'embûches et de ténèbres, ses tortures, sa jurisprudence inouïe. Aussi lutte-t-il avec elle de prodigalité dans les échafauds, de recherche dans l'art des châtiments !

Pendant plus de cinquante ans, le siècle passe à côté de tout cela avec indifférence, sourd aux plaintes des victimes, dédaigneux des questions d'humanité. Les mœurs étaient pourtant singulièrement douces et polies dans cette société où les vices se cachaient sous l'élégance, où les passions violentes n'étaient plus de mise, où les haines amorties laissaient les querelles les plus vives tourner en chansons. — Et cependant, on vit ce monde accepter sans répugnance l'héritage de Letellier ; on vit les roués de la Régence refaire les dragonnades, et un duc de Richelieu commander, en 1756, la dernière persécution !

L'indifférence ou la soumission des âmes les plus élevées, des esprits les plus judicieux de ce temps n'est pas moins frappante. Un d'Aguesseau croit fermement à l'utilité de la torture [3]. Un jurisconsulte à larges vues, comme Cochin, semble ne pas se

1. Édit de 1715.
2. Édit de 1724. — Édit de 1745.
3. Correspondance officielle du chancelier d'Aguesseau, t. I.

douter qu'il existe à côté de lui des lois qui font honte à l'humanité ; et l'excellent Pothier, qui s'y arrête et les commente, n'en
est pas un seul instant troublé dans la sérénité de ses méditations. Il y a bien quelques protestations isolées, mais elles sont
sans écho. On prêche la tolérance comme dogme dans la petite
académie de l'Entresol, que dirigeaient en 1730 l'abbé de Saint-
Pierre et d'Argenson ; mais ces deux esprits, souvent chimériques, devancent trop leur temps pour s'en faire écouter.
Rippert de Montclar, poussé à bout par les passions intolérantes
du haut clergé languedocien, lui adresse un virulent mémoire[1].
— Mais qu'était, pour les salons de Paris, un procureur général
au parlement de Provence? Il fallait, pour remuer cette société
blasée, une voix plus puissante, plus connue, et l'un de ces
événements terribles qui éclatent, à certains moments, comme
un avertissement providentiel.

A Toulouse, ville de haines religieuses, une accusation monstrueuse, née du délire des imaginations populaires, servie par
une procédure dont l'iniquité échappa à l'aveuglement des
juges, venait de mener sous la barre du bourreau un vieillard
inoffensif, que les tourments avaient trouvé héroïque et simple
comme un martyr. La femme et le fils, errant à la recherche
d'une contrée plus hospitalière, vinrent, conduits par un heureux hasard, tomber à la porte de Voltaire. — Dans cette âme,
où l'oppression et l'injustice avaient toujours soulevé des ré-
voltes si ardentes, l'émotion fut vive et profonde. Mais prendre
à partie du même coup les institutions fondamentales du despotisme religieux et civil, les lois d'intolérance et la loi criminelle,
c'était se mettre à la fois sur les bras les parlements et le clergé ;
c'était risquer, dans une périlleuse entreprise, son repos, sa
sécurité et cette faveur des grands et des rois si laborieusement
conquise, si adroitement conservée. Voltaire, Messieurs, n'avait
jamais eu l'étoffe d'un héros ni d'un martyr : il avait de l'humanité les passions et les misères, et sa correspondance intime
témoigne, au début de cette affaire, de ses hésitations et de ses
craintes. Sa conviction reste d'abord indécise entre l'odieux
d'un meurtre judiciaire et l'atrocité d'un parricide invraisem-

1. Mémoire théologique et politique au sujet des mariages clandestins des
protestants de France, 1755.

blable ; — elle s'effraye de la frivolité d'un public que l'opéra-
comique console, en ce moment même, de toutes les humiliations
du drapeau national [1] ; mais, une fois formée, elle le jette dans
cette lutte avec toute la fougue de son génie. A sa voix, ses
fidèles de l'*Encyclopédie*, favoris de ce qu'on appelait alors la
bonne compagnie, soulèvent l'opinion des salons. Le barreau
même s'éveille : tour à tour Élie de Beaumont, Mariette, Loyseau
de Mauléon racontent les péripéties du procès de Toulouse.
Élie de Beaumont délaye dans ses périodes sonores les récits
rapides, saisissants, jetés dans le public par le grand agitateur
de Ferney ; Mariette, esprit juridique, s'en prend à la procédure ; Mauléon, disciple mélancolique de Jean-Jacques, donne
à cette tragique histoire les couleurs romanesques de son esprit.
La loi criminelle, enlevant à l'avocat son plus noble office, avait
dans les causes capitales interdit la défense comme une révolte :
ces hommes la reprennent comme un droit, comme un devoir ;
mais désormais, passant au-dessus de la justice ordinaire, qui
lui ferme l'oreille, la parole du défenseur va s'adresser à
d'autres juges, chercher un tribunal nouveau, l'opinion publique.
Arrière donc le formalisme des habitudes et l'aridité technique
des discussions : l'auditoire, à cette heure, c'est tout ce qui
pense, c'est tout ce qui est capable de sentir, et, pour s'en faire
entendre, il faut prendre un autre ton, s'essayer à un nouveau
langage. Ce n'est pas, vous le sentez bien, à de graves magistrats, à l'épreuve des émotions d'audience, que s'adresse ce
pathétique larmoyant qui s'épanche dans leurs mémoires avec
une prodigalité si juvénile ; — c'est à des juges plus mobiles,
plus passionnés, épris des raffinements de la pensée et des
faciles attendrissements du cœur, à ce monde qui a laissé un
instant, pour Calas et Sirven, Crébillon le fils et la *Nouvelle
Héloïse*.

Ainsi le barreau, descendu, à la suite des philosophes, sur le
terrain même où ils ont placé leur drapeau, l'opinion, y lutte à
côté d'eux, pour la même cause et avec les mêmes armes ; il
croit ne mettre qu'un pied dans le camp philosophique, et il se
trouve un jour qu'il y a passé tout entier.

---

1. Correspondance de Voltaire — à d'Argental, n°ˢ 3563 et 3596 — à
Damilaville, n°ˢ 3567 et 3571 (édition Beuchot).

En France, les causes les plus émouvantes, si elles ne se rattachent à une grande idée, à un intérêt général, passent oubliées du soir au matin, comme le vaudeville ou le bon mot de la veille. Mais ici, une double question de justice et de sécurité publique résultait du débat ; le procès de Calas allait être le berceau de la pensée réformatrice qui, dans l'ordre civil comme dans l'ordre criminel, devait aboutir aux plus précieuses conquêtes de l'âge moderne. — Voltaire profitait de l'émotion générale pour parler d'humanité et de tolérance religieuse, pour déchirer d'une main ferme le voile respecté sous lequel s'étaient abrités jusque-là les vices innombrables de la législation. Mais assez hardi pour poser hautement toutes ces grandes questions, Voltaire était trop superficiel pour en donner la formule : cette formule, un philosophe italien l'apporte à la philosophie française.

Au plus fort de l'agitation causée par le procès de Toulouse, le livre immortel de Beccaria, « le Traité des Délits et des Peines » apparaît comme la parole de l'avenir, et vient jeter une soudaine lumière dans les esprits en proie à mille impressions confuses ! Cet enfant de l'Italie, nourri des idées françaises, loin des orages et des épreuves, dans les paisibles régions de l'aristocratie milanaise, n'a rien de l'indignation ni du sarcasme du philosophe de Ferney : c'est une voix éloquente et généreuse, sans âpreté ni colère. Beccaria est de ces esprits qui cherchent la vérité avec leur cœur et leur conscience, dédaignant de la demander aux données de l'expérience ou aux calculs de la raison. Ne vous attendez pas à trouver dans son livre l'enchaînement rigoureux des déductions ; jamais il n'y eut esprit moins géométrique. Ne vous étonnez pas de la candeur de certaines illusions : la philosophie en est encore à l'âge où les illusions embellissent toutes les perspectives ! Mais ce qu'il a de grand, d'impérissable, c'est quelque chose de plus que l'enthousiasme philanthropique, de plus que des aspirations ou des utopies, c'est un sentiment profond de la dignité et de la liberté de l'homme, du droit individuel en face du droit social. La droiture du cœur supplée chez lui aux incertitudes de la métaphysique, et je ne sais quelle inspiration lumineuse le conduit, sans dévier ni faiblir, à travers le dédale de la loi criminelle. Ainsi, en examinant le fondement du droit de punir, il oppose à l'idée barbare d'une loi qui se venge la loi qui se borne à contenir et la pénalité qui améliore : le premier qui ait exprimé l'idée pénitentiaire moderne, que le génie de Montesquieu n'avait pas entrevue et dont notre siècle s'est tant vanté.

En France, un enthousiasme universel salua la lumière nouvelle dont ce petit livre était l'avant-coureur : Voltaire le commenta, le ministère le fit traduire ; il devint l'évangile du barreau ; mais son disciple le plus ardent, son interprète le plus écouté fut Servan, avocat général au Parlement de Grenoble [1].

Un élève des Encyclopédistes sous la robe des gens du Roi, un avocat général devenu l'organe officiel des réformes les plus radicales, prêchant, aux applaudissements des philosophes, la miséricorde pour les coupables, le baiser de paix pour les persécutés : le contraste était assez nouveau pour populariser les théories de Beccaria, sa mansuétude dans la répression, sa répugnance pour la peine de mort, son horreur des cruautés légales. Mais, en les popularisant, Servan les faisait descendre de l'élévation philosophique qu'elles avaient dans les simples pages du maître, pour les accommoder aux doctrines de l'école sensualiste en vogue dans les salons de Paris. Disciple d'Helvétius, il confond perpétuellement le devoir moral avec les inspirations bonnes et saintes, mais sujettes à s'égarer, de la sensibilité ; il ne réclame pas la tolérance comme le droit des faibles, il l'implore de la pitié, de la lassitude des forts. Cette philosophie superficielle qui plaçait la fin de l'homme dans le bienêtre, et non dans la justice, appliquée aux grands problèmes de la législation, n'avait pour les résoudre que de vagues instincts, de généreux désirs, qui donnaient un démenti à la sécheresse de ses principes, mais ne pouvaient entièrement corriger les incertitudes du point de départ.

Mais quels sombres contrastes, Messieurs, à côté de ces espérances, de ces rêves d'avenir de la jeune magistrature ! Tandis que l'idée nouvelle prend possession solennelle du Parlement de Grenoble, tandis que les juges de Calas, eux-mêmes, s'adoucissent jusqu'à réhabiliter Sirven, — le Parlement de Paris

---

1. Discours sur l'administration de la justice criminelle. — Plaidoyer dans la cause d'une femme protestante.

envoie Labarre à l'échafaud pour restaurer la foi chancelante.
Un arrêt de mort, et quelle mort, grand Dieu ! pour des chansons licencieuses, pour des irrévérences, — en 1766, après
Beccaria, l'année même de Servan. . . . .
Le public crut assister à des scènes d'un autre âge. Il n'y avait
pas là, comme à Toulouse, une erreur judiciaire, un fatal entraînement : ce fut de sang-froid, et dans une pensée de politique
religieuse, qu'un Parlement janséniste ordonna que le même
bûcher consumerait le dictionnaire philosophique et les restes
mutilés d'un enfant de vingt ans ! Ne reconnaissez-vous pas là,
Messieurs, les inspirations de cet esprit de secte que la persécution avait rendu populaire, et qui empruntait au calvinisme,
comme lui persécuté avant de devenir persécuteur, le dogme de
la prédestination et le bûcher de Michel Servet ? Une consultation rédigée par Linguet et signée Gerbier, d'Outremont et
l'élite du barreau : un écrit de Voltaire, seul assez fort dans
son Ferney pour braver la réaction janséniste, arrivèrent trop
tard pour sauver les victimes. On étouffa d'ailleurs toutes les
voix, et si l'on n'osa, devant la résistance du barreau [1], supprimer juridiquement la consultation, du moins l'édition tout
entière fut enlevée secrètement, afin que tout s'éteignît dans le
silence et la stupeur.

Mais ces retours d'intolérance sont impuissants : tous les jours
l'esprit philosophique grandit ; tous les jours, il enregistre
quelque défection au sein des parlements ; et le barreau, mar-
chant d'un pas de plus en plus ferme dans cette voie où il ne
s'est risqué d'abord qu'en chancelant et sous la tutelle des philosophes, y devance bientôt ses maîtres et ne craint pas de leur
donner à tous des leçons de philosophie législative.

Il n'est pas sans intérêt, Messieurs, de trouver au premier
rang de cette nouvelle phalange celui qui devait être, au commencement de notre siècle, un des législateurs de la société
nouvelle, Portalis, alors jeune avocat au parlement d'Aix. La
plume qui devait écrire le discours préliminaire du Code civil,
s'essayait dès 1770 à son glorieux avenir, dans cette brûlante
question de la tolérance autour de laquelle s'agitaient tant

---

1. Voir les détails que donne à ce sujet Grimm, dans sa *Gazette littéraire*
(1766).

d'esprits d'ordre divers. M. de Choiseul, ministre à grands projets, voulait réparer la faute politique de l'édit de Nantes, en attirant dans un coin du royaume, dans la petite ville de Versoix, en face de Genève, l'industrie des populations protestantes disséminées autour de nos frontières. Il consulta le jeune avocat provençal, et celui-ci lui envoya, dans quelques pages substantielles, un véritable traité de législation, de philosophie et de morale politique sur l'état des cultes dissidents [1]. Non seulement l'odieuse fiction : « il n'y a plus de protestants, » sur laquelle était fondée la théorie légale, y est mise à jour et renversée de fond en comble avec autant d'habileté que de force ; mais les droits et les devoirs de la société civile en matière religieuse y sont définis, élucidés, avec une élévation et une profondeur de vues admirables. La liberté de conscience y parle enfin non plus le langage de la prière, mais celui du droit, du droit imprescriptible que la créature intelligente et libre tient de la loi naturelle, plus sainte que la loi sociale, plus forte que les édits des rois.

Pour couronner cette profession de foi, le mariage est présenté comme un contrat purement civil que l'État doit seul réglementer, si l'on ne veut se perdre dans une sorte de « manichéisme politique ». Tout est en germe dans ces puissantes formules : l'affranchissement de la société laïque, le Code civil, l'âge moderne tout entier !

. . . .

Il semble que le vieux Voltaire lui-même, se voyant débordé, ait senti que l'avenir de ses idées les plus chères n'était plus dans les mains des fidèles d'autrefois, mais dans celles des nouveaux adeptes qui venaient à elles du milieu des légistes. La consultation de Portalis lui avait été soumise [2], et, après l'avoir lue, il s'écriait dans un de ces enthousiasmes qui le peignent tout entier : « Si les avocats sont assez courageux pour « signer une pareille dissertation, si les parlements sont assez « hardis et assez forts pour faire une loi nouvelle, je me fais

1. Consultation sur la validité des mariages des protestants (1770). — Publiée de nouveau en 1844 dans les *Discours et travaux inédits sur le Code civil, par J. E. M. Portalis, ministre des cultes et membre de l'Académie française.*

2. Par un ami commun, le pasteur Moultou.

« porter en litière, tout mourant que je suis, et je dis : *Nunc*
« *dimittis, Domine, servum tuum* [1] ! »

Deux ans plus tard, les doctrines nées au sein du parlement
d'Aix avaient, devant le parlement de Paris, Linguet pour interprète, à propos d'une question d'état que le nom aristocratique
des personnages entourait comme toujours d'un grand retentissement [2]. Il était homme pourtant à se faire l'avocat de l'intolérance, cet esprit paradoxal, amoureux de scandale et de bruit,
cet avocat des jésuites, du duc d'Aiguillon, du despotisme
oriental, du coup d'État de Maupeou, — qui finit par bégayer le
jacobinisme dans le club des Cordeliers, et puis par mourir,
avec cet héroïsme qui rachète tant de choses, sous la hache
des jacobins ! Le hasard le plaça dans la bonne cause, et cet
esprit, qui n'était certainement dépourvu ni de force ni de
courage, se mit à parler, comme pas un, le langage de la liberté
et du droit.

L'épouse délaissée dont il défendait la cause n'obtint
pourtant qu'une indemnité pécuniaire; mais si les tribunaux
n'osaient encore briser les entraves de la loi, ils cherchaient, dès
cette époque, comme les préteurs de la vieille Rome, à en
adoucir autant que possible la déplorable rigueur. Le parlement
de Toulouse, devenu libéral, fondait la jurisprudence nouvelle
qui mettait les enfants issus des mariages célébrés au désert
sous l'égide inviolable de la possession d'état. Ce fut au point
qu'à la fin de 1778 le parlement de Paris se préparait à soumettre à Louis XVI un vœu pour l'établissement d'un registre
purement civil pour l'état des dissidents. Ce vœu devançait de
neuf années l'édit d'affranchissement ; une influence toute-
puissante alors dans les conseils du roi vint l'étouffer. C'était la
voix hautaine qui, lors du sacre de Louis XVI, s'était fait
entendre pour rappeler au jeune monarque qu'il venait de
prêter en face des autels le serment d'exterminer l'hérésie [3] ; —

1. Cette lettre de Voltaire à Portalis est entièrement inédite. Nous devons
cette précieuse communication à la bienveillance de M. le premier président
Portalis, le digne héritier de ce beau nom, qui conserve dans sa bibliothèque
le manuscrit original de la Consultation, avec les notes marginales dont
Voltaire l'avait enrichie.
2. Affaire du vicomte de Bombelles.
3. Discours de Loménie de Brienne, archevêque de Sens, au sacre de
Louis XVI.

c'était celle qui, depuis un siècle, dans les assemblées périodiques du clergé, déposait aux pieds du trône ses lamentations sur la tiédeur et le relâchement des persécutions ; c'était celle qui dictait aux évêques de France, dans l'assemblée de 1780, ces fameuses remontrances, testament de l'esprit persécuteur, qui s'y cache en vain sous d'hypocrites euphémismes : « L'hérésie —
« je cite textuellement, Messieurs — l'hérésie, devenue chaque
« jour plus entreprenante à l'ombre d'une longue impunité, ne
« se lasse point de déchirer le sein infortuné de cette mère
« tendre et affligée. Pendant les beaux jours du règne de votre
« auguste aïeul, une administration prévoyante et ferme avait,
« par des voies purement réprimantes, contenu et même éclairé
« nos frères errants ; mais, hélas ! les ressorts salutaires d'une
« police combinée avec tant de sagesse se sont insensiblement
« relâchés. »

Mais la pensée réformatrice est, elle aussi, une puissance : les régions officielles sont à elle, les plus fidèles serviteurs de la royauté sont ses interprètes [1], et, triomphe éclatant, elle s'assied au ministère avec Turgot et Malesherbes. Toutes ces forces s'unissent pour livrer aux hésitations de la pensée royale un dernier et victorieux assaut. Les esprits philosophiques, formés à l'école du barreau, s'empressent d'y accourir. Servan, sous le titre de « feuille jetée au vent », lance dans le public un petit écrit, le meilleur qui soit sorti de sa plume, apostrophe éloquente aux sourdes hostilités qui arrêtent la marche de la justice sociale. Ce n'est plus un plaidoyer, mais un pamphlet. Ce n'est plus une démonstration ou une prière, mais l'accent indigné que prennent les idées vraies quand elles se sentent assez fortes et assez mûres pour revendiquer leur place dans la société ! — Target enfin vient clore, par un mémoire pour la marquise d'Anglure, protestante, dont le parlement de Bordeaux avait annulé l'état civil, cette carrière ouverte depuis plus de vingt ans à toutes les intelligences généreuses. Simple avocat au parlement de Paris, il partage avec Malesherbes, alors rentré au ministère, l'honneur de porter la parole en faveur de tout un peuple. Mais tandis que Malesherbes traitait la question en homme d'État, lui l'examine en jurisconsulte et en philosophe.

---

1. Mémoire du baron de Breteuil en faveur des protestants.

Son point de départ est le même que celui de Portalis : la nature du mariage et la doctrine spiritualiste qui en trouve la base non dans la cohabitation ou la possession d'état, mais dans le seul consentement de deux volontés libres. Par la même route, il arrive aux mêmes conséquences, à réclamer la reconnaissance officielle de l'état des non-catholiques, au nom d'un droit naturel antérieur aux ordonnances. L'intervention solennelle du pouvoir législatif répondit à cette ferme requête, et, en cassant l'arrêt de Bordeaux, le ministère dota la législation, un peu tard, il est vrai, de ce célèbre édit de novembre 1787 qui restituait aux dissidents l'état civil.

A la même époque et presque à la même heure, une commission, composée de six avocats au parlement de Paris, recevait du pouvoir la mission de préparer un projet de réforme complète de la grande ordonnance criminelle. — On touchait au dénoûment de cette guerre de réformateurs judiciaires, née et grandie sous le même souffle que la lutte dont je viens de vous esquisser les principaux traits, souvent mêlée à elle, quelquefois distincte, mais toujours ralliée sous le même drapeau, le drapeau philosophique. Les causes fameuses, traduites par l'infatigable Voltaire au tribunal de l'opinion, avaient fait surgir, du sein du barreau, des parlements, des sectes philosophiques, un immense cri de réprobation où venaient se confondre les voix de tous les partis. Dans cette mêlée des intelligences, il y a, près de Turgot et de Condorcet, Mirabeau qui, du fond du donjon de Vincennes, dénonce les hontes et les périls des lettres de cachet; Brissot, esprit inquiet, qui cherche sa route et embrasse dans une ingénieuse théorie tout le système des lois pénales; des économistes, fils d'Adam Smith, avec des amants de la nature, disciples de Jean-Jacques, et surtout des avocats. C'est Bergasse qui débute, comme tout le monde alors au barreau, par une dissertation sur la loi criminelle; c'est Élie de Beaumont; c'est Linguet, d'accord par hasard avec la philosophie, son ennemie personnelle. Ce sont des noms alors célèbres, depuis tombés dans l'oubli : Le Trône, Vermeil, Lacroix, l'un des collaborateurs du grand répertoire[1]; d'autres

1. Le Trône, *Vues sur la justice criminelle.* — Vermeil, *Essai sur la réforme de la justice criminelle.* — Lacroix, *Réflexions sur la civilisation.* — Boucher d'Argis, *Observations sur les lois criminelles.*

que leurs écrits ont apportés jusqu'à nous, comme Lacretelle.
Il y a dans tout cela, si l'on descend aux détails, bien des para-
doxes, bien des bizarreries qui se ressentent de l'anarchie
intellectuelle de l'époque. Mais sur toutes les grandes questions,
sur la nature, le but, les limites de la pénalité, sur le respect du
droit individuel, règne un parfait accord de vues et de principes. C'est que l'idée de l'humanité, c'est que le besoin de
justice est la foi vivante qui donne au dix-huitième siècle son
unité et sa grandeur.

Dès 1780, un grand résultat, bien qu'incomplet encore, couronna tant d'efforts : la question préparatoire fut abolie. Bien
que le préambule de l'édit annonce le parti pris de résister aux
envahissements d'un droit nouveau « qui ébranlerait les principes et pourrait conduire par degrés à des innovations dangereuses », le pouvoir n'était pas assez fort pour arrêter le mouvement. L'édifice de l'ordonnance criminelle s'en allait pièce à
pièce, quand un bruyant épisode, qui précède de deux années
à peine les jours de 89, vint lui porter le dernier coup. Je
veux parler du procès des trois roués, auquel Dupaty a attaché
son nom.

Dupaty, d'abord avocat général au parlement de Bordeaux,
appartenait à cette jeune génération qui avait donné au parquet
des cours souveraines tant de nobles intelligences, tant d'esprits
indépendants. Ami dévoué du célèbre La Chalotais, intimement
lié avec Beaumarchais, il avait de l'un l'inflexible courage et
l'honnêteté tranchante ; quelque chose de la verve, de la vivacité, de la grâce de l'autre. Les ennemis du terrible satirique
avaient pu faire à Dupaty l'honneur de lui attribuer les fameux
mémoires contre Goezman. Enfermé dans un château fort pour
son opposition au coup d'État Maupeou, dédommagé, au rappel
des parlements, par une charge de président à mortier au parlement de Bordeaux, il y vivait en quelque sorte exilé au milieu
de sa compagnie, qui ne pouvait lui pardonner son orageux
passé : l'étude de la réforme criminelle l'absorbait tout entier,
quand sa nature belliqueuse l'entraîna dans une des plus
vives polémiques qui aient agité les dernières années de la
monarchie.

Trois paysans de la Champagne avaient été condamnés, à la
suite d'une procédure assez peu régulière, à périr sur la roue.

Dupaty vit à Paris les pièces, trouva la condamnation inique et le dit très haut dans un mémoire justificatif, adressé au public bien plutôt qu'au Conseil du roi, dans le double but de sauver trois malheureux et de plaider devant l'opinion la cause des réformes criminelles.

Il y a loin du mémoire de Dupaty à ceux d'Élie de Beaumont et de Servan. Ses récits rapides, précis, saisissants, rappellent ceux de Voltaire. Le mélange de sérieux et d'ironie, la familiarité originale de certaines apostrophes font penser à Beaumarchais, mais à Beaumarchais sérieux. Puis, au milieu des invectives que lui arrache l'iniquité des ordonnances, l'inhumanité des vieux criminalistes : c'est, à propos de ces trois paysans, d'amères allusions aux inégalités sociales, des hardiesses sur le passé de la monarchie, où l'on sent déjà le souffle de 89. Les événements se pressent, Messieurs, les grands jours approchent ; pour le barreau comme pour la nation, l'heure des méditations paisibles est passée, et derrière la révolution philosophique on entend gronder la révolution sociale. On a longtemps rêvé, longtemps médité, longtemps supplié : voici que l'on commence à vouloir, et l'éloquence judiciaire, entraînée par le torrent qui emporte toutes choses, devient retentissante et populaire comme une tribune politique. Aussi Dupaty, qui représente parfaitement le passage de la vie spéculative à l'action, n'a-t-il, dans son pamphlet judiciaire, rien qui rappelle l'emphase et les longueurs du Palais. Son style est vif et tranchant comme une arme de combat : il n'argumente pas, il frappe ; et sa parole ardente tombe sur un public impatient, agité jusque dans ses profondeurs de confus tressaillements. Une effervescence extrême, que d'autres événements ont fait oublier, mais dont les mémoires du temps attestent la puissance, répondit dans la France entière au mémoire justificatif. Il y eut contre l'ordonnance criminelle, mise au banc de l'opinion publique, une protestation universelle, répétée quelques mois plus tard par les notables, exprimée dans tous les cahiers de 1789. En vain le Parlement voulut-il s'interposer, entamer des poursuites, opposer à Dupaty l'avocat général Séguier, l'adversaire entêté de Turgot, l'incarnation de la routine parlementaire. On eut beau brûler le mémoire du président de Bordeaux au pied du grand escalier, comme on y avait brûlé les bulles du pape et les écrits protestants, l'Encyclopédie et les Constitutions des jésuites ! Pourquoi ces vains simulacres d'une autorité perdue ? Les vieilles traditions ne sont plus ; l'enceinte de la justice, autrefois si paisible, est devenue un brûlant théâtre de luttes passionnées. Le procès du Collier y traîne, au milieu des hasards d'un scandaleux débat, la pourpre d'un cardinal et jusqu'à l'honneur de la royauté ; et, dans l'affaire Korman, Bergasse vient y traduire, avec un éclat immense, le procès du pouvoir qui s'en va.

On a trop oublié de nos jours, Messieurs, le nom de l'avocat Bergasse. Ce fut pourtant alors une des réputations les plus retentissantes que l'époque eût vues surgir. Ainsi passe, au barreau surtout, l'éclat fugitif de la parole humaine ; — ainsi s'éteignent, à un jour fatalement marqué, pour ne plus vivre que dans les souvenirs de ceux qui les ont entendues, de ceux qui les ont aimées, les voix les plus pures, les plus éloquentes, les plus respectées. Est-ce donc payer assez par une gloire passagère, ensevelie dans une tombe à jamais muette, ces efforts de génie, ces luttes infatigables dont on meurt martyr ?

La cause que défendit Bergasse et qui lui valut une renommée éphémère, était d'un ordre assez vulgaire. Un adultère, une lettre de cachet obtenue contre la femme coupable, puis révoquée par l'influence des familiers d'un prince, voilà le thème obscur sur lequel ce jeune avocat lyonnais dresse avec une hardiesse singulière l'acte d'accusation du régime chancelant. Révolutionnaire de l'école puritaine, il vient, après Rousseau et Mably, annoncer à cette société frivole, tout entière à la douceur de vivre et aux espérances de l'avenir, qu'il faut une révolution pour lui rendre les mœurs qu'elle a perdues. La question de la lettre de cachet le met aux prises avec la police et son chef, M. Lenoir ; c'est une occasion pour flétrir et l'homme et l'institution. Le séducteur s'est réfugié dans les salons et sous la protection d'un prince : « Honte à cette société d'hommes « corrompus et de femmes sans pudeur ». L'arbitraire qu'il rencontre sous chacun de ces pas, il le maudit, au nom des « horreurs secrètes » de la prison d'État et des « larmes solitaires » des victimes ; il le proclame « corrupteur et impie ». Beaumarchais, qui s'est mêlé à toute cette intrigue et qui veut reprendre contre Bergasse la plume ironique et légère qui avait démoli le parlement Maupeou, laisse sa popularité aux mains de ce fier lutteur, dont le sérieux et la bonne foi l'écrasent. Le Parlement enfin, qu'il doit avoir pour juge, se trouve-t-il, dans le cours des événements, renversé par un coup d'État, avec quelle indignation d'homme libre il refuse de s'incliner devant d'autres juges! Et sa voix, qui devient plus haute aux approches du dénouement, tour à tour prophétise la tempête, montre en passant le peuple qui marche à la révolution par la famine, et fait entendre aux oreilles royales ce cri: Sire, on vous trompe! Le premier cri, respectueux encore, des jours de colère qui s'apprêtent.

N'allez pas croire, Messieurs, que ces ardeurs révolutionnaires fussent alors une exception au barreau. La marche de l'espèce humaine a, comme l'ordre des choses physiques, ses lois inévitables. Le grand mouvement d'idées qui avait fait passer les hommes de robe de l'étude scolastique de la jurisprudence à l'examen philosophique des lois, et changé tant de paisibles jurisconsultes en hardis philosophes, finissait par en faire des hommes politiques et des conspirateurs. Conspirateurs dans les sociétés secrètes, dans les loges maçonniques, dans les clubs, chez Morellet, chez Adrien Duport[1]; conspirateurs depuis Élie de Beaumont[2] jusqu'à Target, depuis Lacretelle jusqu'à Bergasse[3], aux côtés de Brissot, de Condorcet et de Mirabeau.

Et quand arriva la crise finale, quand en 1788 les parlements jetèrent à la nation émue le grand mot d'États généraux, et que la royauté voulut pour la seconde fois briser par un coup d'État l'opposition des Cours souveraines, Portalis à Aix, Lechapellier à Rennes, Thouret à Rouen, Mounier à Grenoble, montrèrent les légistes transformés en agitateurs, presque en tribuns. En vain le ministère, comme en 1770 le chancelier Maupeou, voulut-il cacher ses desseins despotiques sous l'appât des réformes si longtemps attendues, le barreau, pas plus que la nation, ne s'y laissa tromper. Target leur avait appris[4], vingt ans auparavant, qu'en pareille occasion il fallait, semblable à cet ancien

---

1. *Mémoires de Morellet*, t. I, année 1787.
2. Voyez les *Mémoires* de Brissot, t. II, ch. v.
3. *Ibidem*, ch. xxxv.
4. *Lettres d'un homme à un autre homme*, 1771, in-12. — « Le meilleur des écrits polémiques qui parurent au temps de Maupeou, » écrivait Mirabeau à Chamfort. Ce pamphlet se trouve dans le recueil de Pidansat de Mairobert, intitulé *Maupeouana*.

qui répondait à tous les récits des belles actions d'Alexandre : « Mais il a tué Callisthènes », répondre au despotisme réformateur : « Mais vous avez tué notre liberté, nos lois. »

Ce respect, ce culte du droit, qui met la justice au-dessus du succès, c'était l'âme du barreau, Messieurs, c'était l'esprit qu'il allait apporter dans les péripéties de sa vie publique. Et si vous demandez ce qu'est devenue de nos jours, sous cette robe qui accueille toutes les idées et s'honore de toutes les convictions, cette tradition de nos pères, regardez autour de vous, et dites si beaucoup l'ont démentie ?

A l'heure où ce récit nous amène, Messieurs, elle commence pour les avocats cette carrière de nobles agitations et de luttes brillantes que la vie politique leur réservait. Elle s'ouvre devant eux pleine d'espérances et d'entraînements, avec les grands jours de l'Assemblée constituante, où ils arrivent en foule, élevés sur les bras du tiers état, dont ils sont la vivante intelligence. Mais je dois m'arrêter à ce seuil imposant : faire l'histoire du barreau au sein de cette grande assemblée, ce serait dérouler sous vos yeux les pages les plus glorieuses et les plus pures de l'histoire de la société moderne. Les idées philosophiques ont accompli leur destinée ; elles sont descendues dans les institutions, et leur couronnement c'est la Déclaration des Droits !

Aux passions qui s'agitent encore autour de tous ces souvenirs, il est visible que pour nos pères le jour de la postérité n'est pas venu. Mais, quoi qu'il arrive, quel que soit l'arrêt de l'impartial avenir, le barreau du dix-huitième siècle doit avoir sa large part dans ce jugement souverain. Ne redoutons pas pour lui cette grande responsabilité : ces hommes sont assez forts pour en supporter le fardeau, et trente années de l'histoire contemporaine ont fait voir, je pense, que de nos jours, au barreau, l'on était assez fort aussi pour ne pas répudier leur héritage !

M. Jules Ferry journaliste.

La hardiesse de certains passages de ce discours attira l'attention sur M. Jules Ferry et un magistrat perspicace ne lui cacha pas qu'il perdait toute chance de devenir substitut impérial. Le secrétaire de la Conférence ne s'en montra nullement affecté, car il se sentait fait non pour servir le régime du nouveau César, mais pour le combattre sans trêve. Il perdit son père en 1856 et une situation indépendante lui permettait de suivre son goût pour la politique. L'Empire semblait affermi par le plébiscite de novembre 1852, par le mariage de Napoléon III et par la naissance du prince impérial (16 mars 1856). Dans la guerre impolitique contre la Russie, qui avait sacrifié à l'intérêt de l'Angleterre 75 000 Français, le peuple n'avait vu que les glorieuses fumées de l'Alma et de Malakoff. La période qui suivit le Congrès de Paris a été justement appelée par M. Spuller *l'âge d'or de la coulisse*. Les grands travaux de Paris commencent ; chacun spécule et agiote, car toutes les voix officielles semblent répéter le mot célèbre de M. Guizot : Enrichissez-vous ! et le pays se démoralise avec sérénité. Qui songeait alors aux libertés perdues ?

Cependant, aux élections générales du 21 juin 1857, on observa un timide réveil de l'opinion publique, malgré les savantes manœuvres du ministre Billault. A Paris, le Comité électoral où se réunissaient Carnot, Cavaignac, Garnier-Pagès, Hérold, Laurent-Pichat, Pelletan, J. Simon, Vacherot, commençait la campagne des *insermentistes*, tandis qu'Havin et le *Siècle* soutenaient des candidats également hostiles à l'Empire, mais résignés à prêter serment pour siéger à la Chambre. De ces efforts combinés sortit le groupe des *Cinq* (J. Favre, Ernest Picard, E. Ollivier, Darimon, élus à Paris, Hénon, nommé à Lyon) qui, de 1858 à 1863, devint le point de ralliement de l'opposition démocratique.

M. Jules Ferry était au premier rang des jeunes gens qu'on désignait alors sous le nom « d'auditeurs au Corps législatif[1] » et qui se réunissaient le plus souvent chez E. Ollivier, dans son petit appartement de la rue Saint-Guillaume.

Une conférence hebdomadaire avait été organisée chez M. Jules Ferry lui-même et se réunissait dans son appartement de la rue Mazarine, 19, puis rue Duphot, 18. Hérold, Floquet, Picard, Clamageran, Lenoël, Hérisson, Dréo, Delprat, Marcel Roulleaux, Philis faisaient partie de ce groupe intime qui discutait les grandes questions politiques et sociales avec plus de passion que la Conférence Molé dont M. Jules Ferry a été plusieurs fois le président.

Mais, à cette époque, l'action politique ne pouvait guère s'exercer, et encore à travers mille obstacles, que par la voie du journalisme. M. Jules Ferry entra donc dans le journalisme et mit sa plume au service des feuilles indépendantes. Il collabora à la *Presse* d'Émile de Girardin et au *Courrier de Paris*, de Clément Duvernois, dont les défaillances ultérieures sont connues. Avocat à la Cour d'appel de Paris, il était en même temps l'un des plus brillants parmi les journalistes judiciaires, et, depuis 1856 jusqu'au mois de mars 1863, rendit compte dans la *Gazette des Tribunaux* de la plupart des grands procès civils.

1. *Histoire de Douze ans*, par Alfred Darimon. Paris, Dentu, 1883, p. 31.

Ce qui nous paraît aujourd'hui l'exercice naturel de la liberté d'écrire, liberté que les ennemis de la République étendent impunément jusqu'à l'injure, exposait alors les écrivains aux rigueurs arbitraires du gouvernement impérial. Le 4 décembre 1857, la *Presse* fut suspendue pour deux mois par décret contresigné Billault, à cause d'un article de Peyrat. Après l'attentat d'Orsini (14 janvier 1858), la France retomba sous le plus draconien des régimes. Il n'y avait pas à discuter avec le sabre du général Espinasse et, grâce à la loi de sûreté générale, 2 000 citoyens furent déportés en Algérie. Même après l'amnistie du 16 août 1859 et la détente qui suivit la guerre d'Italie, l'Empire n'était nullement disposé à permettre la libre discussion de ses actes. C'est ce qui explique la modération relative des articles publiés par M. Jules Ferry dans le *Courrier de Paris* (de mai à juillet 1860), à côté d'A. Hébrard, de Charles Floquet, de Ch. L. Chassin, des deux Fonvielle et d'autres brillants polémistes.

Nous croyons intéressant de citer quelques-uns de ces articles où l'on trouvera bien des vues profondes et prophétiques.

Dans celui qui porte la date du 28 mai 1860, M. Jules Ferry met le pays en garde contre la politique d'extension et de conquêtes, et contre les excitations des imprudents qui préconisaient l'annexion de la Belgique et des bords du Rhin, au risque d'ameuter contre nous toute l'Europe :

Les Frontières du Rhin.

Il y a deux manières de comprendre les destinées de la France et de vouloir sa grandeur. Les uns la croient plus forte lorsqu'elle est plus redoutée et qu'elle élargit autour d'elle le cercle de sa nationalité belliqueuse et triomphante. Les autres ne voudraient voir grandir en elle que son action morale et ses forces industrielles, la puissance de son travail, la puissance de ses idées, la puissance de ses exemples. Il est réservé aux temps modernes de mettre à chaque instant ces deux politiques en présence. Nos pères déchaînèrent sur l'Europe une politique guerrière, n'apprirent la modération qu'à l'école des grandes catastrophes. Refoulée sur elle-même par l'insurrection européenne, la France put méditer, pendant plus de cinquante ans, derrière ses frontières réduites, les leçons pacifiques contenues dans ses revers. La paix eut alors ce grand triomphe de devenir le programme d'un gouvernement qui restaurait le premier Empire. Mais, depuis cinq ans, la France s'est de nouveau manifestée par des victoires, et il semble qu'elle ait laissé

sur ces derniers champs de bataille les progrès que son éducation pacifique avait accomplis.

Pour surcroît, elle a vu soudain s'abaisser, sans effort,
presque sans bruit, devant le seul ascendant de sa gloire
récente, les barrières que l'Europe avait juré de maintenir.

Ses limites orientales se sont étendues jusqu'à cette ligne des
Alpes que la nature avait elle-même, dit-on, assignée à son
empire. L'esprit guerrier en triomphe, et pourtant, rien, dans
cette extension, ne rappelle la vieille politique conquérante, ni
les explications données à l'Europe, ni l'acclamation des provinces réunies, ni la ratification silencieuse des puissances. Mais
il a suffi que le principe de l'unité géographique triomphât au
sud-est pour que des esprits inquiets songeassent à lui tracer
son chemin vers le nord. Que sont quelques cantons, riches
surtout de hautes montagnes, auprès du magnifique domaine
qui s'étale entre la ligne capricieuse et tourmentée d'une frontière artificielle et le cours superbe d'un grand fleuve, auprès
de ces plaines fécondes dont le sol recèle la houille et le fer en
masses inépuisables, de ces villes industrieuses, de ces populations compactes, patientes, laborieuses? Qu'importe qu'on ait
fait ici de cette riche région un petit État dont les limites
extrêmes se touchent, et qui ne peut vivre qu'en s'isolant de
toute alliance; là, des provinces rattachées par des liens factices
à des gouvernements lointains, dont d'autres États les séparent?
La force a institué ces arrangements bizarres, la force peut les
défaire. — C'en est assez pour que l'Allemagne s'inquiète; c'en
est assez pour entretenir parmi nous de vieilles passions. Si
l'on proposait à la France de courir de nouveau à travers
l'Europe, un drapeau dans la main, elle reculerait devant
l'aventure; mais dissimulez la convoitise sous ce déguisement
mi-partie de stratégie, d'histoire et de géographie, qui s'appelle
les frontières naturelles, et la France la plus pacifique regar-
dera la ligne du Rhin de l'œil dont un propriétaire désireux de
s'arrondir, lorgne chez son voisin un bout de champ à sa
convenance. Cette passion est si contagieuse qu'elle a gagné
M. Louis Sourdau lui-même, pacifique, ce semble, au double
titre de saint-simonien et d'industriel : c'est au point que le
gouvernement, plus sage que l'ardent écrivain, a dû le prier de
se taire.

Il ne faut pourtant pas un grand don de philosophie humanitaire pour affirmer qu'un rêve pareil ne peut être qu'une
vaine illusion. J'écarte bien entendu ceux qui professent que
la Belgique et les provinces du Rhin doivent être à nous
parce qu'autrefois nous les avons prises, parce qu'elles sont
de par l'histoire le patrimoine héréditaire de la race gau-
loise, parce que la Providence a prédestiné la nationalité
française à s'étendre jusqu'au Rhin : les Yankees, qui
convoitent la conquête de Cuba, s'y croient aussi prédestinés.
Mais qui songe à réfuter Walker et les héros du chauvinisme
américain? Dans les âges de force brutale, la conquête a pour
but de gagner des terres, des travailleurs et des soldats. De nos
jours, la politique la plus conquérante ne dépossède pas les
propriétaires du sol et n'asservit pas les travailleurs ; elle enrôle
des soldats et lève des impôts. Annexer, de gré ou de force,
8 ou 9 millions d'habitants, c'est ajouter des bataillons à son
armée, des recettes à son budget. Serait-ce pour la gloire d'adjoindre à l'armée française un contingent de Belges et d'Allemands qu'on jette sur la rive gauche du Rhin un œil d'envie?
Si 600 000 soldats, dont l'Europe a peur, ne suffisaient pas à la
France, si l'ascendant militaire qu'elle exerce dans la politique
européenne ne comblait pas son orgueil, si elle devait grossir
son territoire pour grossir son armée, c'est qu'elle voudrait
quitter une situation défensive, à laquelle le Rhin n'ajoute pas,
— le Rhin, qui n'a jamais défendu ni la France ni l'Allemagne
envahies, — pour prendre je ne sais quelle criminelle offensive? Et qui donc y songe en France?

Faudrait-il rêver dans une extension de frontière un allége-
ment à nos charges financières? La Belgique, toutes proportions
gardées, porte deux fois moins d'impôts que la France et son
commerce est presque double; le bénéfice est évident, mais
qu'il serait misérable! De plus grandes spoliations conviennent
aux grands peuples, et celle-ci aurait tout l'odieux, sans le
profit des grandes. Marier le petit peuple économe à la grande
puissance dépensière, prélevant sous cette forme la dîme du
vainqueur, c'est un emploi honteux du droit du plus fort. Créer
des satellites militaires à une puissance militairement prépondérante, c'est une bravade inutile, ou une menace coupable et
dangereuse. Pas plus au point de vue financier qu'au point de

vue militaire, un agrandissement territorial poussé jusqu'au Rhin ne servirait à l'honneur bien entendu, à la sécurité véritable, à la politique progressive de la France.

Pour qu'un événement de cette nature favorisât sa politique progressive, il faudrait en effet qu'il fût conforme à sa politique industrielle. Il faudrait que la nouvelle frontière développât la puissance productrice de la France.

Sans doute, augmenté des Provinces rhénanes, de la Prusse et de la Bavière, de la Belgique, du Luxembourg, de quelque lambeau de la Hollande, la France figurerait dans les colonnes de la statistique pour des chiffres de population, de superficie, de productions plus élevés. Elle pourra être fière du total grossi de ses exportations, si elle prend plaisir à cet enfantillage. Mais, placer sous le même drapeau un grand atelier français et un petit atelier belge, ce n'est assurément augmenter la capacité productive ni de l'un ni de l'autre. On accroît la force de deux armées en les unissant, mais il n'y a qu'une manière de fortifier l'une par l'autre deux populations industrielles, c'est de rapprocher et de mêler leurs intérêts par les échanges. Ce n'est ni l'unité de drapeau ni l'unité de ministère qui accroîtront le moins du monde les facilités des échanges.

Les Belges, qui ont eu avant la France, canaux et chemins de fer, n'auront, pour lui être réunis, ni plus de chemins de fer ni plus de canaux.

Les Français ne pourront, ni plus ni moins qu'avant la réunion, recourir aux capitaux belges, qui ne se sont jamais arrêtés à la frontière. Les lignes internationales, que les deux gouvernements séparés ont bien su fondre, ne relieront pas mieux la production des deux contrées. Les conventions postales, les traités qui protègent la propriété artistique, industrielle et littéraire, les traités qui assurent la sécurité réciproque en organisant l'extradition des coupables, les conventions monétaires, celles qui établissent l'unité de poids et l'unité de mesures ont fait tomber l'une après l'autre toutes les barrières qui entravaient de peuple à peuple l'échange des produits, ou la jouissance de la sécurité commune. L'unité nationale ne peut rendre les relations de cet ordre ni plus faciles ni plus sûres. Ce n'est pas elle enfin seule qui peut renverser les plus hautes, les plus vieilles, les plus obstinées de ces barrières;

les traités de commerce et les lois de douanes abaissent, sans
ôter aux peuples leur individualité distincte, les distinctions
douanières, les droits prohibitifs et tout ce qui entrave la libre
communication des produits industriels ; la liberté politique a,
de longue date, dans les pays qui s'appartiennent, donné plein
essor aux communications intellectuelles, et l'échange des idées
complétant l'échange des produits, établit entre les nationalités
les plus distinctes une intimité de relations aussi profonde
qu'aurait pu faire leur réduction sous un même maître.

Après avoir ainsi calmé l'ardeur des imprudents qui rêvaient
l'annexion des bords du Rhin et de la Belgique, M. Jules Ferry, dans
un article du 13 juin 1860, démontrait l'impossibilité et la folie d'une
rupture éventuelle avec l'Angleterre, que le *Morning Post* avait
cependant signalée comme une hypothèse digne d'arrêter les esprits
sérieux. Au lendemain de l'entrevue de Bade (17 juin 1860) entre
Napoléon III et la plupart des princes de la Confédération germanique, le rédacteur du *Courrier de Paris*, mit en relief le caractère
pacifique de cette entrevue ; puis revenant bientôt à la politique
intérieure, M. Jules Ferry, dans deux articles publiés les 6 et
9 juillet 1860, combat énergiquement les théories financières de
l'Empire qui aboutissaient à l'emprunt à jet continu ; il félicite le
Gouvernement qui, par une note du *Moniteur*, promettait de
rompre avec ces détestables pratiques.

La politique de l'Emprunt.

« Il n'y a qu'un système général de bonne économie politique,
a dit un programme célèbre, qui puisse, en créant la richesse
nationale, répandre l'aisance dans la classe ouvrière. »

Nous avons applaudi sans réserve aux premiers pas faits par
le Gouvernement dans cette voie progressive où la science doit
tenir la place des routines administratives. Nous n'hésitons pas
à voir un second acheminement dans la note récente du
Moniteur qui désavoue, au nom du Gouvernement, tout projet
de nouveaux emprunts.

Après avoir abandonné, non sans quelque héroïsme, la politique de la Protection industrielle, nous trouvons logique que
l'on rompe aussi avec la politique de l'Emprunt.

Entre les deux, celle-ci est à coup sûr la moins surannée, la
plus séduisante, mais non pas la moins trompeuse. Et le Gouvernement se fait, selon nous, d'autant plus d'honneur, en la
répudiant, que l'emprunt semble jusqu'à présent avoir mis en

lui toutes ses complaisances. De tous les gouvernements qui
sont succédé depuis cinquante ans, c'est celui qui a le p
emprunté, et qui l'a fait avec le plus d'éclat. Ses appels
crédit ont été des victoires, et il a pu augmenter de deux m
liards en cinq années le capital de la dette consolidée, de faç
à faire croire que l'emprunt ne pouvait être pour lui qu'u
force et jamais un fardeau.

Mais ce sont précisément les facilités que l'emprunt rencon
qui le rendent si dangereux. Je sais qu'en aucun temps l'éd
cation des capitalistes n'a été aussi complète. La diffusi
immense de la richesse mobilière dans toutes les classes,
rentier affranchi de ses vieux préjugés et de ses terreurs, u
disposition générale à sacrifier l'avenir au présent, à aliér
son capital sans esprit de retour, à la seule condition d'ê
assuré des intérêts, toutes ces choses ont fait de la pério
économique que nous traversons l'âge par excellence du cré
et de l'emprunt. Les grandes compagnies industrielles empru
tent et ne vivent que d'emprunts; les chemins de fer o
emprunté pour achever l'ancien réseau et les voici qui empru
tent pour construire le nouveau.

Pour 1 400 millions de capital qui représentent leur fon
social, ils comptent déjà 4 milliards d'obligations, c'est-à-di
d'emprunts réalisés, et il leur faut, d'ici à peu d'années, trouv
dans les ressources du crédit 2 milliards et demi enviro
remboursables au capital de 4 milliards, s'ils veulent remp
leurs engagements. Les villes, de leur côté, empruntent po
bâtir et démolir tour à tour. Il n'y a pas de commune impo
tante, pas de département qui se respecte qui n'ait ou ne rê
son emprunt. Ce que le Corps législatif a enregistré, depu
huit ans, d'autorisations de ce genre est incalculable, et voi
la ville de Paris, qui tient la tête du mouvement, qui deman
à ajouter 130 millions de dettes nouvelles à tous ceux qu'elle
empruntés depuis dix ans.

Appliqué sur une aussi grande échelle, l'emprunt ten
évidemment à perdre le caractère extraordinaire et transitoi
qu'il eut toujours en d'autres temps. Jadis les financiers, po
ainsi dire, se cachaient pour emprunter, ou du moins protestaie
à chaque emprunt que celui-ci était bien le dernier, et qu'o
allait pour jamais fermer le grand livre. Les financiers de

nouvelle école sont tout fiers quand ils se sont endettés, et rien n'égale leur mépris pour les budgétaires obstinés qui cherchent ailleurs leur équilibre.

Aussi bien n'est-ce pas là une panacée universelle et merveilleuse?

Il faut, pour mettre l'industrie française en état de lutter avec sa voisine, donner une impulsion soudaine et colossale à nos voies de fer, à nos canaux, à nos transports de tout ordre et de toute nature : empruntons. Empruntons pour commanditer l'industrie qui a besoin de se transformer ; empruntons pour féconder les dunes et dessécher les marais. Empruntons pour les travaux de la paix comme pour les luttes guerrières; non pour lever des soldats, mais pour enrôler des travailleurs.

Ce que l'industrie privée ne peut ou n'ose faire, les chemins de fer sans trafic, les canaux qui ne peuvent faire leurs frais, toutes les opérations improductives, tous les enfouissements de capitaux, l'État n'est-il pas là pour les exécuter, et, pour y faire face, n'a-t-il pas la caisse inépuisable de ses emprunts?

Ainsi dit le commun des industriels embarrassés, des inventeurs sans capital, des fondateurs d'entreprises hasardées, des directeurs de défrichements impossibles, des amateurs de subventions grandes et petites qui pullulent autour de tout gouvernement investi, comme le gouvernement français, d'une gigantesque initiative. Il y a du courage, assurément, à résister à l'obsession de ces avidités ameutées, et le Gouvernement fait acte de haute sagesse en dédaignant les approbations intéressées et la popularité facile dont quantité de gens n'eussent pas manqué de saluer une résolution moins prudente.

C'est qu'en effet, il est, en matière d'emprunts, un double enseignement qu'aucun gouvernement raisonnable ne perdra jamais de vue : l'un, qui lui est donné par l'histoire, l'autre par les doctrines, timides si l'on veut, mais durement positives de cette saine économie politique dont le programme du mois de janvier 1860 se proclame justement jaloux de suivre les préceptes.

Ce que l'histoire apprend aux modernes théoriciens qui habillent de phrases si sonores toutes les aventures, tous les excès du crédit, c'est que la facilité dans les emprunts n'est point, à elle seule, et par elle-même, un signe de prospérité, de richesse, de confiance irrécusable dans les affaires d'un grand pays.

Supposez même un pays producteur où le travail languisse et s'affaisse, où l'industrie manque, pour une cause quelconque, de ressort, de vitalité, de confiance, où les capitaux soient en abondance par rapport aux besoins, mais d'une abondance paresseuse et craintive, où les placements à courte échéance soient faciles et peu coûteux, les emplois à long terme suspects et rares, parce qu'il manque quelque chose à la sécurité du capital, parce que la société a perdu l'habitude de croire aux longs avenirs, et que, dans ce milieu industriel atteint de langueur, le Gouvernement jette les titres d'un emprunt; au succès de cet emprunt, croyez bien qu'un seul point est essentiel, c'est qu'il puisse se négocier quelque part!

Ceci n'est point une hypothèse. C'est l'histoire financière des deux derniers siècles de la vieille monarchie française. C'est pour cela que le grand roi, qui ne changeait le titre et l'effigie de ses emprunts que pour changer la forme de ses banqueroutes, put passer avec tant de succès de l'emprunt en rentes à l'emprunt en bons du Trésor, et, de faillite en faillite, sans qu'aucune des valeurs qu'il avait émises ait jamais manqué d'atteindre et de garder quelque temps le pair, arriver à laisser le budget de la monarchie grevé d'un passif écrasant.

C'est encore par le même mirage que Necker crut par l'emprunt avoir sauvé la monarchie. Certes, ni le courage des prêteurs, ni l'affluence des capitaux, ni les triomphes passagers de la prime ne firent défaut aux grandes combinaisons du banquier genevois; Calonne lui-même, le financier dissipateur, trouva, en les payant bien, autant de prêteurs qu'il en voulut; Necker et Calonne empruntèrent, en quatre années, plus d'un milliard, et, quelques années plus tard, la royauté périssait par les finances.

Voilà ce qu'apprend l'histoire à ceux qui veulent bien la lire.

Quant à l'économie politique, il sera facile de montrer qu'elle confirme énergiquement, et surtout pour le temps où nous sommes, les enseignements du passé et le parti de sagesse et de haute raison qu'annonce la note du *Moniteur*. Elle nous dira en même temps dans quelles limites l'usage du crédit public peut être légitime, utile ou nécessaire.

L'Emprunt et l'impôt.

On a dit de la théologie qu'un peu de philosophie en éloigne, mais que beaucoup de philosophie y ramène.

On peut retourner le mot et dire de la politique de l'emprunt, qu'un peu d'économie politique y amène, et que beaucoup d'économie politique en détourne sans retour.

Non pas qu'il soit besoin, pour en pénétrer l'illusion décevante, d'être un grand docteur et pourvu d'un diplôme. Ce sont les pédants patentés qui en vivent, et les ignorants obstinés qui les dédaignent, qui donnent aux analyses économiques ces airs d'arcanes. Mais, en général, les problèmes économiques, convenablement posés, se résolvent avec une dose ordinaire de réflexion et de bon sens.

Celui de l'emprunt est fort simple : Y a-t-il avantage à demander à l'emprunt plutôt qu'à l'impôt les ressources qui subviennent aux grandes dépenses?

Si dans une grande nécessité financière, pour combler un déficit ou payer les frais d'une guerre, le Gouvernement demandait tout d'un coup 500 millions de plus à l'impôt, il se ferait certainement un grand bruit de contribuables effarouchés; les tuteurs de la fortune publique se sentiraient soudain de grands devoirs, et les voûtes paisibles du Corps législatif s'empliraient d'une émotion inaccoutumée.

Les révolutions en effet ont pu passer, changer la forme et le caractère du pouvoir, le rapprocher de la nation, et faire de l'impôt au lieu d'un signe de servitude, la contribution volontaire d'un peuple libre; les révolutions n'ont point réconcilié le contribuable avec le collecteur : l'impôt reste pour le grand nombre un fardeau qui, pour être patriotique, ne leur en paraît pas moins désagréable.

Les gouvernements modernes ne l'ignorent pas; il en est qui l'ont appris à leurs dépens. On en a vu payer de leur gloire, de leur popularité et de leur avenir la naïveté d'avoir mis le dévouement des contribuables à l'épreuve d'un accroissement d'impôt. Et comme, avec le progrès des institutions et des mœurs, on a, de jour en jour, moins de moyens d'obtenir des peuples des complaisances à contre-cœur, les gouvernements modernes ont substitué, autant qu'ils l'ont pu, l'emprunt à l'impôt. A ce point de vue, l'exaction brutale de l'ancien régime, l'impôt librement voté et l'emprunt apparaissent dans l'histoire comme trois étapes successives, trois formes, de plus en plus ingénieuses, de recouvrement, qui attestent à la fois et la souplesse croissante des gouvernements et la facilité d'humeur décroissante des gouvernés. Sous ce rapport assurément, l'emprunt est sinon un grand progrès, du moins le signe d'un progrès.

Mais si, par hasard, l'emprunt n'était pas si différent de l'impôt que les gouvernés le pensent; si l'on prouvait que l'emprunt et l'impôt s'alimentent à la même source et jouent, dans les réactions économiques dont la vie industrielle des sociétés se compose, un rôle identique; si l'emprunt n'était qu'un moyen de déguiser l'impôt, d'en rendre les effets moins sensibles, d'en diminuer le caractère et d'en dorer les désagréments, il serait bon que les peuples le sussent, car le pire destin d'un contribuable n'est pas de payer beaucoup, mais de payer sans savoir ce qu'il paie.

Or, il est évident qu'il n'y a pas dans la richesse d'une nation deux fonds distincts et séparés, l'un sur lequel se prélève l'impôt, l'autre pour fournir aux exigences de l'emprunt. Distinguez tant que vous voudrez l'épargne d'un pays et ses produits, toujours est-il qu'épargne et produits composent son capital annuel, et que c'est ce capital qui supporte la charge de l'impôt comme la charge de l'emprunt.

Quand l'impôt est lourd, il se prend sur l'épargne. Quand l'emprunt est considérable, il atteint évidemment non seulement la richesse épargnée, mais celle qui est activement engagée dans la production. D'ailleurs, ce qu'on appelle l'épargne, c'est-à-dire ce qui reste au bout de l'année, par exemple, de produits non consommés, n'est-ce pas par essence le fonds reproducteur, l'instrument de travail, le capital industriel de l'année qui vient?

Il faut à l'État, dans une grande crise, 1 500 millions pour une année. Théoriciens de l'emprunt, commodes financiers, où pensez-vous qu'il les prenne? ce n'est pourtant pas un grand mystère. Il les prend là même où il a pris, dans cette année de fardeaux extraordinaires, les dix-huit cent millions de son budget normal, il les prend sur le capital du pays, c'est-à-dire sur l'ensemble de ses produits agricoles et industriels, ou, pour mieux dire, sur son revenu, la société ne vivant que des produits qui s'échangent dans son sein, et le capital avec lequel elle travaille étant, pris en masse, parfaitement irréalisable.

Demander 1 500 millions à l'emprunt, ou augmenter l'impôt de 1 500 millions, c'est donc faire brèche aux mêmes ressources, entamer le même revenu, puiser au même courant de richesses et de travail. C'est, quel que soit le procédé, détourner 1 500 millions de la production industrielle, pour les faire entrer dans le fonds des services improductifs dont les gouvernements sont les agents. Et qui le sait mieux que les gens d'affaires, que les habitués de la Bourse, qui voient à chaque grand emprunt les valeurs industrielles subir une dépression irrésistible et considérable, signe certain que les capitaux, attirés par l'appât d'une prime infaillible, désertent les emplois industriels pour courir à la rente? Qui l'indique mieux que cette panique des spéculateurs qui tout à l'heure tremblaient comme des mouettes avant l'orage, au bruit récent d'un nouvel emprunt, jusqu'au démenti du *Moniteur?*

Qu'on en finisse donc avec ces économistes beaux parleurs, disciples du docteur Price, inventeurs d'amortissements, saint-simoniens de toute date et de toute nuance, qui s'en vont depuis quarante ans répétant d'un ton doucereux aux contribuables : « L'emprunt rejette sur l'avenir les charges du présent; dépensons sur le compte de nos arrière-neveux; il est juste que l'avenir contribue aux grandes créations nationales, aux grands actes patriotiques qui fondent dans le présent sa sécurité, son aisance et sa grandeur. » Ce n'est pas l'avenir, c'est le présent qui supporte le poids le plus lourd dans le fardeau de l'emprunt, c'est l'année courante qui fournit le fonds de l'emprunt, aussi bien que le fonds de l'impôt. Comme contribuable, la nation n'en supporte que l'intérêt; comme association de producteurs, elle s'appauvrit d'un seul coup de tout le capital emprunté.

De sorte qu'en se plaçant, non au point de vue égoïste et mesquin du capitaliste et de l'intérêt qu'on lui concède, mais au point de vue social, au point de vue industriel,

la ressource de l'impôt a sur celle de l'emprunt un double
avantage.

Elle ne laisse point après elle d'héritage, de queue désastreuse; l'impôt se passe, au compte de l'année, par profits et
pertes; tandis que l'emprunt, creusant dans la richesse du
présent le même déficit qu'y eût fait l'impôt, laisse à payer
en outre aux générations à venir un intérêt perpétuel, c'est-
à-dire ce coûteux appât qu'il a fallu tendre au contribuable
pour arriver à lui vider les poches sans murmures et sans
scandale.

En second lieu, l'impôt sait où il frappe, et il frappe où il
veut. Il frappe avec équité, ou, du moins, il doit y tendre. Il
peut respecter le nécessaire, s'attacher au superflu et partout
ménager les sources du travail. Aveuglément, brutalement,
l'emprunt enlève au travail les millions qui l'alimentent. Et sur
qui, en définitive, en tombe tout le fardeau? Non pas sur les
capitalistes, qui ne peuvent que gagner à voir l'offre des capitaux décroître, sur le marché du crédit, de tout ce qu'absorbera
l'emprunt, non point sur les profits des chefs d'industrie, mais
sur les salaires du travail, sur les bras laborieux qui souffrent,
de la façon la plus directe et la plus dure, de tout déficit dans
le capital industriel.

Ainsi posée, la question de l'emprunt se place à côté de celle
de l'impôt, aussi facile à préciser, aussi facile à résoudre.

Tenez-vous pour les gros impôts, pour les budgets gigantesques, pour la majesté des grandes dépenses? Voulez-vous
qu'il soit levé beaucoup d'impôts pour entretenir de grandes
armées, commanditer les associations ou l'industrie, subven-
tionner les travaux publics, faire de l'État le grand constructeur,
le grand défricheur, le grand navigateur, le grand entrepreneur
de transports et le grand banquier qu'ont rêvé les saint-simoniens? Oh! alors, préconisez comme eux les emprunts, et faites
des rentiers de l'État les commanditaires de l'industrie dont
l'État sera le suprême directeur. L'emprunt incessant et systématique est le moyen le plus sûr, le plus doux et le plus
commode pour étouffer sans bruit, sous prétexte de grandes
choses, la liberté industrielle.

Mais si vous êtes l'adversaire de ces déplacements arbitraires
du capital national, si vous voyez peu d'avantage à détourner le

capital de la grande et véritable industrie, de la filature, du tissage ou de la métallurgie, pour l'enfouir en terrassements ou en bàtisses; si vous tenez que l'égoïsme individuel est en définitive le meilleur juge des emplois les plus productifs, et le meilleur des chefs d'industrie, vous n'admettrez les emprunts que comme mesures exceptionnelles, nécessaires, révolutionnaires, comme peut l'être, aux jours de crise, une aggravation, même considérable, de l'impôt lui-même, mais vous ne poserez pas plus en principe l'accroissement perpétuel, régulier, normal du fardeau des emprunts que l'appesantissement systématique du fardeau des impôts.

On est du reste à l'aise pour rappeler à des théoriciens imprudents des vérités malheureusement trop peu familières à la masse des esprits irréfléchis, quand on a pour gage des intentions du Gouvernement une déclaration aussi rassurante que la dernière note du *Moniteur*.

Nous citerons enfin, l'article du 17 juillet 1860, dans lequel M. Jules Ferry raille avec une rare finesse les contradictions économiques du Gouvernement impérial qui, après avoir inauguré le 14 janvier 1860 le régime de la liberté commerciale, avait la prétention de s'ériger en banquier du peuple et croyait s'être signalé par un trait de génie en saisissant la Chambre d'un projet d'emprunt de 40 millions, destinés ensuite à être prêtés à l'industrie, sous forme de bons du Trésor, comme si cette somme infime pouvait remédier à la crise industrielle qui dérivait du traité de commerce avec l'Angleterre, et mettre l'outillage de nos établissements français au niveau des grandes manufactures de nos voisins.

Les prêts à l'industrie.

Le *Constitutionnel* a publié hier, à l'occasion du projet de loi des quarante millions prêtés à l'industrie, des réflexions qui prouvent, une fois de plus, qu'il prend sa science économique et son expérience industrielle aux mêmes sources que sa politique, à l'école d'un optimisme sans nuages.

Nous croyons à la bonne foi de M. Dréolle comme à l'innocence de nos premiers parents. Mais qu'il règle un peu mieux les élans de son âme satisfaite; que, sous prétexte d'éclairer ses lecteurs en trois colonnes, il prenne garde de fausser, avec moins de candeur toutes les choses dont il parle, et notamment, chose affligéante pour un journal né louangeur, l'exposé même du Gouvernement.

Le Gouvernement avait, au moment même du traité de commerce, promis à l'industrie surprise et inquiète les secours du trésor. C'était pour les fabrications incomplètes ou parasites, mal outillées ou mal assises, grandies à l'ombre de la protection, une consolation et un espoir.

L'exposé du Conseil d'Etat, qui vint ensuite révéler les détails de la mesure, nous apprit qu'on comptait bien plus sur son effet moral que sur son efficacité réelle ; qu'en tout cas c'était un acte exceptionnel, exorbitant, contraire aux règles reconnues, et que des circonstances extraordinaires, des conjonctures sans précédent, des raisons bonnes pour une fois pouvaient seulement justifier.

Mais il est de lourds pavés qu'on ne trouve jamais que dans la main de ses amis. Le Gouvernement se défend de poser un principe. Le *Constitutionnel* déclare que « c'est le principe même qu'il s'agit de faire triompher ». Quant à l'application, nous vivons en un temps où cela n'importe guère ; c'est « une affaire secondaire qui ne peut pas, au temps où nous sommes, arrêter l'élan de l'administration supérieure ».

Que l'administration emprunte donc au public, comme le projet de loi le propose, quarante millions, sous forme de bons du Trésor, pour les prêter à l'industrie, c'est un procédé normal, rationnel, « un principe, » vu que, selon ce grand docteur, cela « fait du Trésor, c'est-à-dire de l'argent de tous, l'instrument de la prospérité et de la richesse de tous ».

L'argent du Trésor est l'argent de tous : rien de moins neuf et de plus véritable. Mais que les quarante millions qu'il s'agit de prêter à l'industrie deviennent la richesse de tous, c'est une hyperbole comme il peut s'en échapper d'un cœur trop plein de zèle, mais que les chiffres les plus certains condamnent et démentent.

M. Brame, rapporteur de la loi devant le Corps législatif, a calculé, avec toute l'autorité qui appartient à son expérience spéciale, que les quarante millions qui doivent adoucir, pour l'industrie française, une transition pénible, renouveler son outillage, l'armer enfin pour les combats qui se préparent, représentent tout juste le chiffre de la production de certaines filatures de Bradford et de Manchester, et suffiraient à payer les frais de premier établissement « de quarante manufactures, à raison de 1 million pour chacune, ou de quatre-vingts, si l'on veut, à raison de 500,000 francs, ou, si l'on veut encore, de 160, à raison de 250,000 francs, dernier terme applicable à la fabrication moyenne ».

Et le rapporteur ajoute que, pour mettre au niveau de l'Angleterre l'outillage des établissements français, pour installer chez nous les métiers qui font la puissance de l'industrie anglaise, il faut non seulement acheter ces grands métiers, mais bâtir des locaux pour les recevoir, modifier la force motrice de manière à la quintupler, « transformer en un mot, non seulement une partie incomplète et insuffisante de l'établissement industriel, mais l'établissement lui-même ». Et c'est avec quelques centaines de mille francs que l'on aurait la prétention d'y suffire !

Emprunter des capitaux sous forme de bons du Trésor ou sous forme de lettres de change, les prêter à court terme ou à long terme au commerce et à l'industrie, c'est une opération qui n'a qu'un nom, quelle que soit la main qui l'accomplisse : c'est faire œuvre de banquier.

Le *Constitutionnel* ignore, apparemment, qu'il existe une grande et puissante industrie qui fait précisément ce qu'il approuve le Gouvernement de vouloir faire, qui emprunte d'une main et prête de l'autre, qui prend les capitaux où ils sont, et qui les met où ils devraient être ; que cette industrie est organisée, qu'elle a en quelque sorte ses chefs et sa hiérarchie ; qu'elle a fait en France de grandes choses, constitué de grandes compagnies, créé des chemins de fer ; que, de plus, c'est en ce moment la plus riche, la mieux fournie, la mieux outillée des industries, car ses caisses regorgent de capitaux, de dépôts à 2 1/2, car l'institution centrale voit le chiffre de son portefeuille décroître de 30 millions d'un mois à l'autre, et son encaisse monter au chiffre inusité de 551 millions, ce qui prouve, comme le dit fort bien M. Brame, que l'argent surabonde.

Le *Constitutionnel* ignore tout cela, ou bien qu'il nous dise quelle raison a le Gouvernement de se faire banquier de l'industrie plutôt qu'entrepreneur de transports, exploiteur de mines, marchand de fer, épicier ou filateur ?

Le traité de commerce nous a fait croire au triomphe définitif de certaines règles qu'on appelle scientifiques, et qui ne sont, à vrai dire, que le bon sens appliqué aux rapports du Gouvernement avec l'industrie. De ces règles, la plus élémentaire, la plus éprouvée, la mieux reconnue, c'est que l'administration est impropre à la direction industrielle, c'est que l'esprit administratif et l'esprit industriel sont incompatibles, parce qu'il manque aux agents de l'administration, si probes et si éclairés qu'ils soient, l'excitation, l'aiguillon, la lumière, l'audace aussi bien que la prudence qui dérivent pour l'individu de l'instinct et des calculs de l'intérêt personnel. C'est pour cela que les constructions de l'État sont les plus belles et les plus coûteuses, et qu'en toute matière industrielle, il est reconnu que l'État gère plus mal et produit plus cher que l'Industrie.

Or, vous choisissez, pour lui en donner l'exercice, la plus délicate, la plus périlleuse, celle qui doit être par conséquent la plus intéressée de toutes les industries.

De toutes les opérations du banquier, celle que vous conférez à l'État, c'est la plus difficile et la plus chanceuse : non point l'escompte usuel des effets à 90 jours, mais le placement industriel, le prêt à long terme, celui qui exige une connaissance approfondie et presque une divination de l'avenir industriel de l'emprunteur, de sa capacité personnelle, de ses ressources futures, de la situation dans laquelle il établit son usine, des chances de toute nature au milieu desquelles il s'aventure.

A côté des établissements qui ne sont que mal outillés, il y a les établissements mal outillés et mal situés. Entre eux tous l'État va choisir, se faire commanditaire et grand juge ; devant ses agents vont défiler toutes les manufactures embarrassées, tous les industriels qui redoutent l'avenir, et parmi eux l'État, plus clairvoyant apparemment que le capital privé qui fuit les uns et laisse mourir les autres, choisira cent soixante privilégiés, avec la certitude de faire, pour couronner par un coup de politique ses opérations industrielles, des milliers de mécontents.

Voilà ce que le *Constitutionnel* admire. Converti d'un jour aux principes de la liberté commerciale, il n'a pas eu

encore le temps de prendre l'esprit de sa nouvelle situation
d'économiste; il eût compris sans cela l'énorme contradiction
dont il se rend coupable en cherchant, comme certains socialistes dont le nom seul lui fait horreur, à réaliser l'utopie de la
Banque de l'État. Encore M. Louis Blanc ne la voulait-il à vrai
dire que pour faire de l'État le banquier du peuple, et ne son-
geait-il guère à intervenir dans les rapports du capitaliste avec
le directeur d'usine et le chef d'industrie. Je ne sache que les
saints-simoniens, plus spéculateurs qu'ils ne sont utopistes, qui
aient véritablement prôné cette immense et dangereuse rêverie
de l'État commanditaire universel et banquier de tout le
monde, c'est-à-dire chef suprême de l'industrie.

Pour nous, qui nous effrayons, au point de vue de l'administration elle-même, du fardeau croissant des responsabilités
qu'elle accumule sur sa tête, de tant de lignes de chemin de fer
subventionnées ou garanties, de ces cautionnements de plusieurs milliards donnés à des entreprises industrielles, de ces
établissements de crédit soutenus, protégés, dirigés par l'État,
de cet envahissement progressif des fonctions individuelles par
le rouage le plus impersonnel et le moins responsable du mécanisme social, nous supplions le Gouvernement de ne pas se
commettre avec la race avide, impatiente et fatalement mécontente des industriels sans crédit et des négociants embarrassés!

Quand la vieille royauté française encourageait par des subventions directes une industrie naissante; quand Henri IV
avançait, à la satisfaction générale, aux marchands qui appor-
taient à Paris la fabrication des draps d'or et des velours quelques milliers de livres, il était dans l'à-propos d'une époque
qui tenait plus encore de l'âge des expériences que de la
vivante industrie. Mais transporter au milieu de nous ces procédés de la monarchie paternelle, amuser la grande industrie
de 1860 avec quelques gouttes d'or, ce n'est pas la traiter
comme un homme fait qu'on pousse dans les batailles, mais
comme un enfant en tutelle.

Ce qui peut retarder la transformation nécessaire de l'industrie française, à la suite des mesures économiques dont le Gouvernement a pris la courageuse initiative, ce n'est pas l'absence
de capitaux : pour tout le monde, il est évident qu'ils sura-
bondent. C'est l'audace qui manque aux capitaux, c'est la har-

diesse des placements à long terme, c'est la confiance. A donner la confiance, le Gouvernement est dans son rôle, et non à se faire banquier ou spéculateur. C'est le problème qu'il lui est possible, et qu'il lui serait éternellement glorieux de résoudre. Les moyens sont simples ; on les indiquait il y a quelques jours ici même. C'est sur ce terrain, que le *Constitutionnel* lui-même avait eu l'esprit d'aborder, que nous voudrions le voir engager désormais sa polémique.

La lutte électorale en 1863.

A mesure que les fautes de l'Empire se multipliaient, l'opposition libérale gagnait du terrain et ne tardait pas à ébranler les masses électorales. Après avoir paru disposé à ouvrir quelques brèches dans la Constitution de 1852 par les décrets du 24 novembre qui rétablissaient l'adresse et le compte rendu in-extenso des débats parlementaires, le Gouvernement, irrité contre M. Thiers et les parlementaires qui avaient repoussé ses avances[1], blessé d'entendre Carnot dire : « Un gouvernement qui abandonne son principe se suicide; » et Montalembert s'écrier : « L'Empire, comme Empire, n'existe plus, » le Gouvernement revenait promptement à son naturel, expulsait le directeur du *Courrier du Dimanche*, refusait à Ollivier l'autorisation de publier un journal et faisait annoncer par M. Billault, dans la séance du Corps législatif du 18 juin 1861 « qu'au décret du 24 novembre, l'Empire n'ajouterait pas de nouvelles concessions ». Enfin, après la condamnation de Blanqui pour un prétendu complot, M. de Persigny, ministre de l'intérieur, prescrivait par circulaire aux préfets de dresser des listes de suspects qui devaient comprendre « tous les hommes dangereux: républicains, orléanistes, légitimistes, par catégories d'opinions ». On essaya aussi des diversions militaires, mais, après l'expédition de Chine, le Corps législatif ne craignit pas de rejeter la demande de dotation présentée par l'Empereur pour le général Cousin-Montauban ; l'expédition de Syrie (1860-61) n'avait pas donné de résultats pratiques, et à la fin de 1861, l'Empire s'engageait dans la désastreuse expédition du Mexique qui devait démontrer aux plus aveugles les vices lamentables d'un pouvoir sans contrôle et désorganiser la belle armée de la France. Enfin M. Fould, nommé Ministre des Finances en novembre 1861, venait de mériter le nom de *syndic de l'Empire* en découvrant la triste situation du Trésor dans

1. « Témoignons aux hommes honorables et distingués des anciens gouvernements les égards qu'ils méritent ; ne négligeons aucune occasion de les engager à faire profiter le pays de leurs lumières et de leur expérience. » *Circulaire de M. de Persigny, ministre de l'Intérieur*, 5 décembre 1860.

un mémoire qui fut rendu public. Il avouait 2 milliards 800 millions de crédits extraordinaires et 1 milliard de découvert.

Telle était la situation générale du pays à la veille des élections législatives de 1863. Le décret de convocation des électeurs ne fut publié que le 9 mai ; on peut dire cependant que, dès le mois de janvier, la période électorale s'ouvrit et que les comités s'organisèrent. M. Jules Ferry se fit remarquer au premier rang des jeunes jurisconsultes qui avaient constitué le *Comité du Manuel électoral*[1]. Depuis cinq ans cette ardente phalange secondait la politique des Cinq, mais elle ne tarda pas à témoigner ses défiances contre Ollivier à cause des relations qu'il entretenait avec M. de Morny, contre Darimon, par suite de ses rapports avec le prince Napoléon[2]. Le duc de Broglie ayant constitué le Comité de l'*Union libérale*, où prirent place Jules Simon et Carnot, à côté de Thiers, Changarnier, Cochin, Mortimer-Ternaux, Prévost-Paradol, les négociations ouvertes entre les différents Comités aboutirent à la formation d'une liste unique, composée des quatre députés sortants : J. Favre, Ollivier, Darimon, Picard et Havin ; J. Simon, Guéroult, Laboulaye, comme candidats nouveaux. M. Laboulaye s'effaça devant M. Thiers que M. de Persigny combattit avec fureur. Malgré une pression administrative à outrance, malgré tous les abus de la candidature officielle, en dépit de l'interdiction des réunions publiques, du colportage des bulletins de vote et des circulaires des candidats indépendants ; après la mise en réquisition de tous les fonctionnaires depuis les maires jusqu'aux gardes champêtres et aux cantonniers, sans oublier les pompiers et l'intervention du clergé, le résultat des élections de 1863 fut satisfaisant pour l'opposition qui obtint 1 954 369 suffrages, alors qu'en 1857, elle n'avait rallié que 664 000 voix. A Paris, tous les candidats de la coalition libérale passèrent au scrutin du 31 mai, sauf Guéroult qui fut nommé au second tour, avec la moyenne de 17 000 voix qu'avaient atteinte les autres candidats de la même liste. Aussi la foule manifesta sur les boulevards un grand enthousiasme dans la soirée du 1er juin. Après l'option de Jules Favre pour le Rhône et d'Havin pour le Calvados, Carnot et Garnier-Pagès furent encore nommés à Paris, au scrutin du 21 mars 1864.

1. Le *Manuel électoral* parut en janvier 1863. En tête du livre figurait l'adhésion d'un certain nombre d'avocats éminents : Jules Favre, E. Ollivier, E. Picard, Marie, Desmarest, Leblond, Dupont de Bussac, Sénard, Durier, Hérisson, Tenaille-Saligny, etc.

2. M. Darimon, dans son *Histoire de Douze ans*, fait allusion à ces dissentiments. Après avoir dit qu'Ollivier et lui cherchaient à dissiper les préventions dont ils étaient l'objet, il ajoute : « Un de mes amis politiques, qui était mon collaborateur à la *Presse* et qui a occupé, depuis le 4 Septembre, de hautes situations dans le gouvernement de la République, M. Jules Ferry, se montra moins facile que les autres. Il arriva un moment où, nos rapports tournant à l'aigre, étaient menacés de se terminer par une rupture. » P. 162.

M. Jules Ferry, qui avait été un moment candidat et s'était désisté en faveur de Garnier-Pagès, après la lettre de J. Favre à M. Barthélemy, fut chargé de rédiger ce que M. Darimon appelle le *Manifeste des Comités du manuel Électoral*. Il réunit toutes les protestations des candidats qui avaient lutté pour la cause de la liberté et dressa un formidable réquisitoire contre le système de la candidature officielle. Ce livre a pour titre : *La lutte électorale en 1863*.

Nous croyons d'autant plus intéressant de reproduire la partie de ce manifeste qui constitue l'œuvre personnelle de M. Jules Ferry, que l'ouvrage dont il s'agit n'est nullement connu de la génération actuelle. Elle y apprendra ce que l'Empire avait fait du suffrage universel et avec quelle énergie M. Jules Ferry sonnait la charge contre un Gouvernement sans scrupules qui se croyait encore inébranlable[1].

1. — La politique de M. de Persigny.

La situation du Gouvernement, dans les premiers jours du mois de mai 1863, était nouvelle : nul n'a jamais cru sérieusement qu'elle fût périlleuse.

Deux routes se présentaient : il fallait choisir. Mais ce n'était point affaire d'audace ni de génie : il n'arrivait rien qu'un gouvernement sage n'eût pu prévoir et ne dût être depuis longtemps préparé à subir.

Le Corps législatif venait de se dissoudre. En 1857, il ressemblait plus à un grand conseil général qu'à autre chose ; il s'en allait, en 1863, bon gré, mal gré, assemblée parlementaire.

Les événements extérieurs, le lent progrès de l'opinion, et par-dessus tout, il faut le reconnaître, l'initiative gouvernementale, s'étaient chargés de la métamorphose. On avait vu, pour la première fois, la majorité de la Chambre troublée, divisée, chancelante. La vie avait reparu sous ces voûtes endormies. Dans un petit groupe d'hommes — désormais entrés dans l'histoire — la Liberté s'était reconnue. Le Gouvernement lui-même, à l'universelle surprise, quittait les chemins couverts de la dictature, livrait à la controverse publique sa politique, sa diplomatie, ses finances ; l'Empire constitutionnel s'entre-

1. Paris, Dentu, 1863, 1 vol. in-12, de 375 p., dont 109 p. de texte et 262 de documents. Il est dédié « aux cinq députés démocrates et libéraux qui ont reconstitué en France l'opposition légale », ce qui indique que la scission entre l'auteur et Ollivier n'était pas encore consommée au moment de la publication du livre.

voyait à l'horizon : on semblait affamé de lumière et de contrôle.

Il était naturel de prendre pour terrain électoral ces précédents et ces espérances. C'était logique, habile et simple. La minorité en donnait l'exemple. Après avoir reconstitué, à force de sagesse, de caractère et d'éloquence, l'opposition légale dans la Chambre, les CINQ n'avaient à cœur que d'y rallier les libéraux de toutes provenances. La majorité elle-même, prête à paraître devant les électeurs, changeait instinctivement quelque chose à sa vieille attitude. Le mot de liberté, proscrit depuis dix ans, se glisse dans l'Adresse de 1863. Il allait se retrouver, — non sans quelque gaucherie, — dans la plupart des harangues des candidats *recommandés*. Ces productions électorales ne parlaient, en 1857, que d'affermir l'Empire ; il n'est question aujourd'hui que de lui donner le fameux couronnement[1]. Quant au Gouvernement, puisqu'il veut un contrôle, quoi de plus naturel que d'accepter des contrôleurs ?

L'événement montra bientôt que la question électorale pouvait être autrement comprise. La direction de la campagne pacifique qui allait commencer fut exclusivement livrée à la politique de M. le comte de Persigny, ministre de l'Intérieur.

Intelligence ouverte, esprit vif mais confus, volonté absolue, humeur militante ; successivement soldat, journaliste, conspirateur ; dévouement à toute épreuve, fidélité constante : M. de Persigny appartenait, par certains côtés, à des temps différents des nôtres. Bonapartiste de la veille, portant fièrement parmi la foule mêlée des serviteurs du lendemain son attachement chevaleresque et sa politique de sentiment ; paladin dynastique, égaré dans un siècle de fidélités courtes et de trahisons récom-

---

1. « Aujourd'hui, dit M. de Rambourgt (député sortant et recommandé), « dans sa proclamation aux électeurs de l'Aube, chacun fait profession « d'être libéral, il n'y a nul mérite à cela. » En effet, ôtez de la masse des circulaires officielles :
Les circulaires cavalières,
Les circulaires furibondes (M. de Cassagnac, M. Mathieu),
Les circulaires qui ne parlent pas politique,
Les circulaires qui ne parlent de rien, ce qui reste, et c'est le très grand nombre, fait sonner les mots « d'indépendance, de contrôle, d'économie, de politique libérale et progressive, de couronnement de l'édifice ». La présence d'un candidat de l'opposition arrache aux plus timides des déclarations hardies, dont l'expansion croît ou décroît à peu près comme les chances de l'adversaire.

pensées, la nature semblait l'avoir fait plutôt pour servir un Stuart guerroyant et déchu qu'un Hanovre triomphant. C'était un homme de foi, ce qui est trop peu pour un homme d'État.

Son administration fut la conséquence logique de son tempérament : il y a dans sa politique un homme, un caractère, non un système. Les paroles étaient libérales, et, malgré lui, les actes ne l'étaient guère. Il était revenu d'Angleterre, les mains pleines de promesses, le cœur doucement échauffé de bonnes pensées pour la presse, cette affligée de dix ans : la libre parole aurait désormais son champ et sa limite, on laisserait sommeiller l'avertissement. Voilà la théorie ; en fait, jamais les journaux n'ont tremblé sous une main plus inquiète et plus sévère.

Admirateur sincère des institutions anglaises, on sait l'étrange leçon d'histoire qu'il imagina pour nous en refuser indéfiniment les garanties rudimentaires. Napoléonien conciliant en 1860, il entend que l'Empire ouvre les bras aux hommes notables des *anciens partis*[1] ; en 1863, il va les repousser avec colère du terrain légal où, de toutes parts, ces hommes s'empressent d'accourir.

Entre le suffrage universel et son élu couronné, M. de Persigny n'admet pas d'intermédiaires. A ses yeux, pour les assemblées comme pour les peuples, la vertu politique essentielle, c'est la discipline ; le premier titre, le dévouement[2].

Par malheur, trente ans de vie politique ont laissé sur le sol de la France des générations raisonneuses, esprits critiques, volontés libres, minorité bruyante, remuante, considérée : alluvion des temps de liberté qui s'appelle « les partis » en langue vulgaire. Trop exclusif pour les accepter, trop passionné pour chercher à les conquérir, le ministre ne veut de ceux-ci ni serment, ni contrôle. Les écarter devient l'unique affaire. On prendra un moyen radical : le Gouvernement désignera lui-même les hommes assez purs pour porter ses couleurs ; au front de tous les autres, il écrira ces mots : « Ennemis de l'Empire et de l'Empereur[1]. » De la sorte, c'est l'Empereur qui choisira, l'Empereur qui recommandera, l'Empereur qui portera le choc de 283 batailles électorales, et qui, posant dans chaque élection

1. Circulaire du 5 décembre 1860.
2. Circulaire du 8 mai 1863.

la question fondamentale, redemandera tous les six ans aux populations fidèles le vote dynastique du 22 novembre !

Pour prendre cette attitude d'une orthodoxie monarchique et constitutionnelle assez douteuse, M. le ministre de l'Intérieur avait mieux que de bonnes raisons : il se sentait dans la main deux forces immenses :

Le peuple des paysans,

L'armée des fonctionnaires.

II. — Les paysans.

Nous avons tous l'habitude de dire que la France, depuis soixante ans, s'épuise en vains efforts pour fonder la liberté ; cela est vrai de vous, de moi, du voisin, de la France que nous connaissons, que nous voyons, que nous touchons ; de celle que nous composons, enfin, à huit ou neuf cent mille que nous sommes.

Mais il est une autre France, dont, il y a quinze ans, les libéraux ne s'occupaient guère, et que les libéraux de l'avenir sont payés pour n'oublier pas : c'est la France des paysans.

Quand les premiers railways sillonnèrent les campagnes, les paysans en eurent peur. Puis, ils se mirent à les haïr comme des ennemis, à les maudire comme des fléaux ; blés germés, vignes perdues, désordres du ciel et des saisons, c'est le chemin de fer qui fut le grand coupable. Aujourd'hui, cet effroi naïf a fait place à l'indifférence. Quand la locomotive passe à toute vapeur, le paysan se lève sur le sillon, ses bras nus posés sur sa houe ; son regard accompagne un instant le bruyant phéno-mène, puis lentement il recourbe son dos vers la terre. C'est de ce regard vague, rêveur et las, où se reflètent tant de misères, que le campagnard voit passer les plus grandes choses de ce monde. La liberté est de ce nombre. Comme le railway, elle lui est indifférente. Elle ne le gêne pas, et il ignore encore qu'elle peut lui servir.

De la République, il n'a retenu qu'une chose : les 45 centimes, — rancune purement financière. De la monarchie parlemen-taire, il ne garde rien, ni amour, ni haine, ni souvenir ; comment l'aurait-il connue ? — Le jour où elle tomba, il se réveilla citoyen, tenant dans sa main son huit-millionième de souverai-

neté. Il est permis de croire que le cadeau parut médiocre
au plus grand nombre. Ils en usèrent avec leur douce apathie,
faisant autant de Constituants et de Législateurs qu'on leur en
demandait, et n'en pensant qu'une chose : c'est qu'ils coûtaient
bien cher.

Un jour pourtant, les masses agricoles montrèrent qu'elles
pouvaient *vouloir*. Le paysan voulut couronner sa légende, et
d'un mot fit l'Empire. Ce mot-là fut passionné, libre, sincère.
Il le répéta trois fois; — puis, quand vinrent les législatures,
on lui fit facilement entendre que c'était toujours la même
chose[1]. Avec le système des candidatures gouvernementales,
d'une part, avec l'abstention insensée des partis de l'autre, les
deux choses, en effet, ne différaient guère.

Mais à épeler toujours la même syllabe, ni enfants, ni peuple
n'apprennent à lire. L'élection devint comme un acte machinal.
Qu'est-ce qu'un bulletin de vote? Un carré de papier qu'apporte
le garde champêtre, avec recommandation de le rapporter au
maire deux ou trois jours après, à une heure marquée sur une
carte. Fixés l'un à l'autre, bulletin et carte ne font qu'un. La
quittance du percepteur est plus chère à solder; elle n'est, dans
le fond des chaumières, guère plus impérative.

Quoi d'étonnant, dès lors, que dans les petits villages il se
répande, en temps électoral, des proclamations ainsi conçues :

Le maire de la commune de Soulaines a l'honneur d'inviter généralement les électeurs de la commune à se rendre à la mairie le
dimanche, 31 du courant, ou lundi 1er juin, munis de leur carte et
de leur bulletin de vote, qui leur seront remis cette semaine, pour
réélire M. Segris, député, le méritant à juste titre....

Ou des avis de ce genre, écrits sur la carte même :

Vous êtes prévenu que l'assemblée des électeurs de la commune
est convoquée pour le 31 mai et le 1er juin 1863, en la salle principale de la mairie, à l'effet de réélire M. O'Quin, député au Corps
législatif. Vous êtes invité, en qualité d'électeur, à venir déposer
votre vote.

                                        Le maire, ROUZANE.
        Couchy, le 25 mai 1863.

_____

1. « Pleins de confiance dans l'homme de leur choix, ces électeurs s'en
rapportaient à lui et s'abstiendraient volontiers de prendre part aux votes
que leur demande le jeu régulier de la Constitution. » [Circulaire du ministre
de l'Intérieur (M. Billault) du 30 mai 1857].

et qu'on cite un maire des montagnes du Doubs, qui, au moment du vote, faisait prêter le serment de fidélité aux électeurs. Question de mauvais chemins et d'altitude! invraisemblance en deçà du mont Jura, vérité au delà.

Un procès récent, qui prête moins à s'égayer qu'à réfléchir, a donné la parfaite mesure de l'état d'innocence où vivent, en fait de droit public, les plus éclairés des campagnards. Rien de plus énorme, et pourtant, le milieu étant donné, rien de plus simple.

Un membre du bureau électoral de la commune de Saint-Hilaire (Indre), conseiller municipal, et, ce qui ne gâte rien, grand propriétaire, est arrêté sur son siège par un garde champêtre, enlevé de la salle du vote et conduit, à deux lieues de là, au chef-lieu de canton, où, examen fait, il est vrai, on le relâche. Qu'avait donc fait de si noir M. de Chergé? Indiqué à un électeur, qui ne sait pas lire, le bulletin qu'à haute voix celui-ci réclame. Il est vrai que c'est un bulletin du candidat de l'opposition. Et l'autorité, qui comptait là deux représentants, le président de bureau et le maire, encourageait ou laissait faire.

Je puiserai plus d'une fois dans ce petit drame de village; ce que j'en veux à présent retenir, c'est l'entière candeur des personnages. Devant la Cour d'assises (car notre loi qualifie de crimes ce genre d'inadvertances), l'interrogatoire du garde champêtre est un aveu plein de bonhomie :

Monsieur le maire m'a dit : « Lépine est entré dans la salle ; il a demandé un bulletin de M. de Bondy, et aussitôt M. de Chergé s'est levé ; il a emmené Lépine dans le couloir, puis il est rentré ; Lépine est rentré après et il a voté... » Voilà ce que monsieur le maire m'a dit.

M. LE PRÉSIDENT. — Et s'il ne vous a dit que cela, vous saviez bien qu'il n'y avait rien à faire pour vous et qu'il n'y avait pas de quoi arrêter M. de Chergé?

Silence de l'accusé.

Voyons, qu'avez-vous dit à M. de Chergé?

L'ACCUSÉ. — Je lui ai dit : Monsieur, je suis fâché d'être forcé de vous inviter à me suivre à Belâbre.

M. LE PRÉSIDENT. — Est-ce que vous ne saviez pas que M. de Chergé faisait partie du bureau ?

L'ACCUSÉ. — Je ne pourrais pas bien répondre là-dessus.

M. LE PRÉSIDENT. — Il était assis au bureau ?

L'ACCUSÉ. — Oui.

M. LE PRÉSIDENT. — Comment vous, garde champêtre, avez-vous pu croire avoir le droit d'entrer dans la salle de vote et d'arrêter un des assesseurs ?

L'ACCUSÉ. — *Il faut croire* que je me suis trompé, mais je vous dis que j'ai cru faire mon devoir. »

Quant à l'adjoint, président du bureau, il a conseillé au garde champêtre de dresser procès-verbal. Procès-verbal de quoi ? — « Un électeur avait dit qu'il se passait des *atrocités...*

M. LE PRÉSIDENT. — Mais, ces atrocités, les avez-vous vues ?

LE TÉMOIN. — J'ai vu que M. de Chergé est sorti avec Lépine.

M. LE PRÉSIDENT. — Eh bien! est-ce que M. de Chergé n'a pas le droit de sortir ? Est-ce qu'un électeur n'a pas le droit de parler à un autre ?

Me BOTTARD, défenseur de l'accusé. — Monsieur l'adjoint croit-il qu'on ait eu le droit de voter pour M. de Bondy et de distribuer des bulletins à son nom ?

M. LE PRÉSIDENT. — Ah! permettez.... c'est là une question.... dirai-je, politique?... Mais enfin elle est inutile dans la cause.

Me BOTTARD. — Hélas! monsieur le président, je ne fais pas de politique, mais c'est l'ignorance politique que je tiens à faire constater... »

Ignorance, en effet, et, par-dessus tout, timidité. Ces campagnards, si héroïques dans les batailles, tremblent chez eux comme le lièvre au gîte. Il n'y a pour le travailleur des champs ni petits profits, ni petites pertes, ni petites peurs. Apre au gain, isolé, défiant, il passe sa vie sur la défensive. Le danger pour lui est partout, dans le ciel qui se charge, dans le voisin qui empiète, dans le passant qui l'interroge. Mais ce qu'il redoute le plus, après la grêle, ce sont les procès-verbaux.

La notion de la légalité n'étant chez lui qu'à l'état sauvage, il ne fait guère de différence entre l'autorité et l'arbitraire. Il sait à peu près ce qu'est un tribunal, parce qu'il y plaide, mais il croit aux *épices*, comme il y en a cent ans. Vis-à-vis du pouvoir local, son état d'esprit habituel est un fatalisme naïf, très difficile à convertir. Parlez-lui de recours et de garanties, il vous écoute, mais sans vous croire. La loi pour lui est chose de chair et d'os : on lui parle, on la salue, on lui plaît ou on lui déplaît. La loi, c'est le garde champêtre qui veille sur la berge des chemins et sur la vache des pauvres gens; c'est le forestier qui a l'œil sur l'usager ; c'est le percepteur avec qui l'on est en retard ; le commissaire qui siège au canton ; c'est le gendarme enfin, qui ne fait que passer, mais qui vient, comme le dénouement, séparer l'ivraie du bon grain, en menant l'ivraie en prison. Je ne dis rien des maires : nous les retrouverons.

Un dernier trait de cette race excellente, c'est sa parfaite crédulité. On sait quel crédit trouvent dans le peuple des villes les niaiseries, si elles sont imprimées.

Ce qui, là, est vrai des choses qui se lisent, est vrai, dans les campagnes, des choses qui se disent. Bien les connaissent ceux qui les font voter! Aux arguments se juge l'auditoire, comme la soupape au poids qu'elle peut porter. On sourit de voir tant de gens paisibles, conservateurs endurcis, impérialistes avérés, représentés comme portant en croupe la Révolution. Tel député, choisi, il y a dix ans, pour son humeur inoffensive et sa parfaite insignifiance, veut aujourd'hui saper l'État. Ici, c'est « le sel à cinq sous la livre, et le fromage à 30 francs le cent[1], » sans compter les vignes arrachées, les ouvriers privés de vin, les curés consignant « les horlogers [2] » à domicile. Celui-là rétablira le servage, et fera, comme au bon temps, *battre les grenouilles* des fossés du château[3]. Cet autre fera manger au paysan du pain de paille : bruit sérieux et qui porte coup, puisque les juges le châtient et font afficher le jugement à titre de réparation[4].

1. Placard affiché contre M. de Montalembert :
« En votant pour M. de Montalembert, c'est voter :
« L'ignorance de vos enfants ;
« L'ancien régime et ses corvées ;
« La guerre en Italie ;
« Le sel à cinq sols la livre ;
« Les fromages à 30 fr, le cent. ;
« Enfin vous envoyez un ennemi au Gouvernement.
              « Signé : Quelques amis du peuple des campagnes. »
2. « Dans la dernière semaine qui a précédé les deux jours du scrutin, surtout vers la fin, il a couru dans toutes les communes les bruits les plus singuliers. Si M. de Montalembert était nommé, il devait faire arracher les vignes, interdire aux ouvriers de boire du vin, faire réduire la journée de l'ouvrier à 75 cent. et même à 40 cent., interdire *aux horlogers et aux horlogères* de sortir plus de dix minutes sans la permission des curés, faire déclarer une guerre pour la Pologne, prescrire une levée de 18 à 40 ans, etc.» (*Protestation contre les élections du département du Doubs.*)
3. Proclamation du maire de Jouvelle.
4. Affaires Gareau.

Bourgeois des villes, détracteurs du suffrage universel, électeurs à 200 francs, de tout ceci ne triomphez pas : n'avez-vous
donc jamais subi le joug des vaines rumeurs et des terreurs
aveugles, jamais incliné devant l'autorité les garanties du
Citoyen, jamais pris pour le respect du pouvoir, la couardise
devant l'arbitraire ?

III. — Les fonctionnaires.

On ignore généralement, à Paris, ce que c'est qu'un préfet
en province.

Non qu'on n'y ait besoin de l'autorité, comme ailleurs ; — mais
la foule y est si grande, si diverse, si mouvante, les intérêts
indépendants s'y rencontrent en si grand nombre, les gens qui
pensent y forment une minorité si respectable, l'échange des
idées y est si rapide, l'opinion si ingouvernable, qu'on y a
toujours été, en somme, plus libre de penser, de parler, de
vivre à sa guise, qu'en tout autre lieu du monde. La terreur n'y
a jamais été que superficielle et passagère ; les plus vieux
despotismes s'y sont brisés contre deux forces insaisissables, la
causerie et les chansons. L'autorité n'y pourra jamais prendre
ce laisser-aller indiscret et paternel qui est le fléau de la province. Il y a bien un peuple de petits boutiquiers, d'étalagistes,
de gens de la halle et de débitants, qui aurait, s'il pouvait
parler, quelque chose à dire, mais il ne parle pas.

Depuis dix ans, l'unique affliction municipale du Parisien,
c'est une démolition infatigable, un déménagement forcé, incessant, systématique : il s'en plaint, — et s'en venge. A part cela,
et à la condition de n'être ni journaliste, ni avocat, ni homme
d'État, ni moraliste austère, ni orateur d'estaminet, de respecter
la Police, ses réglements et ses fonctionnaires, et de ne pas
faire de politique, il a le droit d'être Athénien tout à son aise.

D'ailleurs, il y a à Paris deux préfets, le préfet de police et
le préfet de la Seine, — et c'est quelque chose d'avoir deux
maîtres ; les départements n'en ont qu'un.

Il n'était point commode d'être préfet, au temps des « incorrigibles rhéteurs ». Le chef-lieu avait ses journaux, ses salons,
ses meneurs : autant d'Aristarques pour la préfecture. Il y avait

des influences à caresser, des adversaires à ménager, des
mécontents à conquérir. En vingt ans, tout a bien changé. Les
secousses politiques ont usé les résistances, la centralisation a
fait son œuvre. Les aristocraties locales se sont fondues, les
têtes rétives n'ont pas eu de successeurs, l'esprit provincial
n'est plus qu'un souvenir. L'administration préfectorale, qui
louvoyait jadis parmi les écueils, fend avec majesté des ondes
apaisées.

Le clergé seul pouvait être un obstacle : il se livra au début
de l'Empire. Puis vint la brouille des deux pouvoirs. L'Église
n'est ni fière dans ses rancunes, ni impatiente dans ses revan-
ches. Mais, aux élections générales, l'occasion était unique : elle
s'empressa de la saisir. Corporation respectée et forte, malgré
trois cents ans de décadence ; hiérarchie savante, personnel
immense, discipliné, infatigable ; action souterraine ; politique
imperturbable, qui ne désespère jamais, qui attend toujours et
qui n'oublie pas : le clergé est à lui seul le plus grand gouvernement, la monarchie la mieux ordonnée, la première police
qui soit au monde. La Bretagne vit ce duel étrange : les curés
d'un côté, les maires de l'autre. Mais hélas ! la vieille garde
catholique a laissé battre son archevêque, et conduit au Capitole
le bouillant préfet d'Ille-et-Vilaine.

Cherchez maintenant des contre-poids à cette centralisation
triomphante !

Les journaux? Les uns ont péri de mort violente, les autres
se sont faits thuriféraires. Quelques-uns demeurent debout,
portant leur franc parler à travers toutes les épreuves : ils sont
en trop petit nombre. Ceux qui suivent la presse départementale peuvent remarquer que dans les affaires d'État elle est
assez libre, beaucoup plus libre qu'on ne pourrait croire.
L'indiscrétion, l'ironie, la critique même lui sont permises. Mais
pour ce qui est du pouvoir local, des petits abus et des fonctionnaires, ces « sentinelles avancées de l'opinion », comme
elles s'intitulent, abandonnent l'opinion à ses propres lumières.

Les conseils généraux? S'ils eurent en un temps des velléités
parlementaires, ils ont prouvé depuis qu'on en revient, comme
de toutes choses. Leurs affaires se font maintenant en quelques
jours. Par une fine attention des bureaux, jaloux du temps de
ces notables, le travail est fait d'avance. Le préfet parle, le

conseil vote : de temps en temps, on fait passer, au travers de
l'entretien, le spectre des « discussions stériles »...

L'opinion locale? Combien de maisons en province accepte-
raient à cette heure que la préfecture les mît en interdit?

Rappelez-vous ce grand évêque, mis au ban des fonctionnaires. Demandez aux députés indociles, transformés d'un coup
de plume en députés hostiles, s'ils reçurent beaucoup de saluts
dans leurs *bourgs* d'autrefois, après que l'administration eut
dénoncé, sous leur fidélité apparente, le pied fourchu parlementaire.

Ce n'est pas le Gouvernement, c'est la centralisation que
j'accuse : non l'héritier, mais l'héritage. La politique n'a fait
que hâter ce qui était dans la force des choses. A ce point de
son développement, la centralisation porte des fruits étranges.
Il lui arrive que tout doucement, à son insu, elle se démembre.
Le Pouvoir glisse aux mains des quatre-vingt-neuf préfets. Au
centre, on ne voit que par leurs yeux; la vérité est suspecte
venant d'autre source. Un préfet peccable, — s'il pouvait y en
avoir, — serait jugé sur son rapport. Tout ce qui s'est fait,
depuis dix ans, sous le nom pompeux de décentralisation administrative, s'est malheureusement fait dans ce sens. Ni les
communes, ni les départements n'en sont plus libres : il n'y a
que les préfets d'émancipés. On a mis dans leurs mains plus
d'autorisations, plus de nominations, plus de faveurs; et, par
une nécessité logique, dont on ne s'est pas même rendu compte,
on a laissé à leur jugement, à leur prudence, à leurs caprices,
le maniement de cet instrument politique qui est l'âme du
système, et qui s'appelle les CANDIDATURES ADMINISTRATIVES.

M. Plichon disait, à ce propos, cette année, devant la
Chambre, qui ne le démentait pas : « C'est, dans la plupart des
cas, d'après les renseignements des préfets que le ministre se
décide. » Dans leurs moments d'épanchement, les préfets n'en
disconviennent pas; ils s'en vantent même avec une aimable
bonhomie. Haranguant l'an dernier les électeurs de Monastier
(Haute-Loire), M. le préfet leur tenait ce discours, qu'il faut
citer, car c'est une page d'histoire :

Sous le dernier gouvernement, les électeurs, *pour suppléer à la
direction qui leur manquait*, avaient imaginé les réunions préparatoires, où les candidats venaient exposer leurs principes et se sou-

mettre à une décision première d'admission ou de rejet. Souvent ils convenaient entre eux que le moins favorisé se retirerait et céderait ses voix ; mais ces réunions étaient souvent tumultueuses et la plupart du temps inefficaces. L'administration remplit aujourd'hui, pour ainsi dire, l'office des réunions préparatoires. *Nous autres, administrateurs, désintéressés dans la question, et qui ne représentons en définitive que la collection de vos intérêts,* nous examinons, nous apprécions, nous jugeons les candidatures qui se produisent, et après un mûr examen, avec l'agrément du Gouvernement, nous vous présentons celle qui nous paraît la meilleure et réunit le plus de sympathies, non pas comme le résultat de notre volonté et encore d'un caprice, mais comme l'expression de vos propres suffrages et le résultat de vos sympathies[1].

Ainsi parlent, ainsi pensent, ainsi font ces hauts fonctionnaires. Ils n'administrent plus seulement les populations, ils les représentent. Vous croyiez peut-être que le Corps législatif avait été, l'année dernière, pour quelque chose dans le retrait de l'impôt du sel? Non ; le bienfait venait des préfectures. — Qu'on en renvoie tout le mérite à l'Empereur, rien de plus simple ; tout pouvoir qui cède, en pareil cas, s'honore. — Mais ceci ne fait point l'affaire de M. le préfet de la Haute-Saône : il nous apprend que l'Empereur ne s'est décidé que « sur les « rapports de ses fidèles fonctionnaires, et particulièrement « sur ceux des préfets de l'Empire[2] ».

Ailleurs, le préfet prend l'élection à son compte, et se met personnellement en cause : « Les ennemis de l'Empereur et de « *mon administration,* écrit M. le préfet d'Ille-et-Vilaine, se « proposent de combattre de concert les candidats du Gouver- « nement. » Et le journal dévoué de l'endroit annonce aux populations émues, pour le cas où elles se donneraient le tort d'une élection indépendante, deux catastrophes épouvantables : une révolution d'abord, puis « la destruction du crédit de M. le « préfet d'Ille-et-Vilaine ».

Ici l'on commande, là on adjure. « Faites cela pour moi, s'écrie M. le préfet de l'Eure (le même qui est connu pour ses virements et ses pompiers) :

Dites-moi, vous, agriculteurs des plaines du Roumois et du Lieuvin, ouvriers de la vallée de la Risle, amis que j'ai trouvés à Brionne

1. Ce discours a paru tout au long dans le *Journal de la Haute-Loire.*
2. V. la circulaire de M. Janvier aux pompiers.

et à Pont-Audemer, dites-moi si, depuis huit ans que vous m'avez parmi vous, j'ai attendu aujourd'hui pour m'enquérir de vos besoins, soulager vos souffrances, soutenir vos intérêts... Jugez donc, esprits impartiaux ; jugez, natures loyales... Consultez vos cœurs... pas une abstention : je n'ai jamais calculé mon temps quand il s'agissait d'aller parmi vous ; *donnez-moi aujourd'hui les quelques minutes que je demande à votre affection !*

Ce n'est pas de la rhétorique, c'est le fond des choses. Éditeurs de candidatures, les préfets se sentent responsables. Telle est la règle administrative. Elle se rencontre formulée avec une précision éloquente, *brevitate imperatoria*, sous la plume d'un de ces hauts administrateurs :

Les élections générales fournissent au Gouvernement le moyen d'apprécier l'influence et le dévouement des hommes qu'il associe à son action.

(Circulaire aux maires du département de l'Aude, extrait du *Courrier de l'Aude* du 26 mai 1863.)

Ce que nous proposons de traduire par ce petit bout de catéchisme à l'usage de MM. les maires :

D. Quelles sont les qualités d'un bon maire ?

R. L'influence et le dévouement. Il doit être le premier de la commune par l'influence et n'avoir pas d'égal pour le dévouement.

D. A quels signes reconnaît-on particulièrement l'influence d'un bon maire ?

R. Au résultat des élections. Tant vaut l'élection, tant vaut le maire.

D. Un maire qui ne fait pas réussir le candidat de l'administration, cesse-t-il donc pour cela d'être un bon maire ?

R. Oui : car s'il est influent, c'est le dévouement qui lui a manqué ; et s'il est dévoué, c'est qu'il a cessé d'être influent.

D. De sorte qu'au point de vue administratif (qui est le vrai), on pourrait appeler les élections la grande pierre de touche, ou l'éprouvette des administrateurs ?

R. Comme il vous plaira, monsieur le préfet....

Et s'il se rencontre, dans le nombre, des intelligences rétives, on mettra pour elles l'exemple à côté du précepte.

La liste serait longue des maires admonestés, suspendus, révoqués par les préfets avant, après, pendant les élections.

Des opposants, peut-être? Pour le croire, il faudrait bien mal connaître ce personnel modeste, docile et dévoué, que l'état-major préfectoral choisit, chapitre depuis douze ans, avec la supériorité qui tient au prestige gouvernemental, aux ressources de l'omnipotence, à l'inégalité d'éducation, à une action quotidienne, personnelle, familière, qui sait être tour à tour, selon les besoins, impérative ou caressante!

Qui a vu un maire de campagne les a tous vus. C'est toujours, avec des nuances dans la bonhomie, ce mot d'un maire du département de Seine-et-Oise : « Votons pour le gendre de M. le préfet. Qui peut mieux connaître les intentions de M. le préfet que M. son gendre ? »

Plusieurs de ces maires martyrs ont fait au public la confidence de leurs plaintes. Quel cœur de roche n'en serait pas touché?

Celui-ci avait rêvé de rester neutre « entre deux candidats également dévoués au gouvernement de l'Empereur », dont l'un était lui-même maire depuis quinze ans [1]!

Celui-là, qui signe héroïquement : « napoléonien de la veille, et quand même, » avait simplement écrit en confidence à son préfet ce qu'il pensait du choix des candidatures [2]!

L'un, que le notariat rendait suspect dans une lutte où il s'agissait d'immoler un notaire, sommé de répondre de son zèle n'a pu répondre que de son impartialité [3]!.

Cet autre enfin, l'âme combattue entre son écharpe et ses affections, a été trouvé mélancolique dans sa propagande [4]!

Les départements dont la députation avait été épurée sont particulièrement jonchés de ces héros à contre-cœur. M. de Chambrun en a relevé jusqu'à vingt-huit dans la Lozère ; il y a eu pareilles hécatombes dans la Corrèze, la Haute-Saône, etc.

La plupart en exercice depuis longues années. Mais qu'importe, en temps d'élection? Maires innocents et simples, vous vous flattiez de la neutralité? Est-ce qu'elle est seulement permise aux instituteurs?

« Combattre les candidatures administratives, écrit un inspecteur des écoles, c'est combattre l'Empereur lui-même. En

1. Lettre du maire de Louzac.
2. Lettre de M. Lapointe.
3. Lettre du maire de Bréal.
4. Lettre de M. le maire de Bazouges-la-Pérouse.

adopter et en patronner d'autres, c'est également servir et recruter contre lui.... Ne pas les combattre, mais aussi *ne pas les soutenir, c'est l'abandonner, c'est rester l'arme au pied dans la bataille....* Votre *indifférence* me causerait de la surprise et du regret; votre hostilité serait à mes yeux une erreur coupable et sans excuse...[1]. »

Et, en dehors des fonctionnaires, dont l'administration exige à tout prix l'absolu concours, comptez, si vous pouvez, l'essaim de troupes légères qu'elle a la prétention d'enrôler: c'est encore un inspecteur des écoles qui nous en fait connaître le curieux dénombrement :

> Monsieur l'instituteur,
>
> J'ai besoin d'avoir, par le retour du courrier, une réponse à chacune des questions ci-après :
> 1° Les noms et adresses de tous les anciens militaires habitant la commune et électeurs ;
> 2° Des médaillés de Sainte-Hélène ;
> 3° Des décorés de la Légion d'honneur ;
> 4° Des retraités d'administration publique ;
> 5° Des débitants de tabac ;
> 6° Des cabaretiers ;
> 7° Des personnes chargées d'un service public, à quelque titre que ce soit, maçons, architectes, etc. ;
> 8° Des pères (électeurs) d'enfants devant tirer au sort l'année prochaine :
> 9° Des pères d'enfants au service actuellement ou en réserve ;
> 10° Des pères d'employés, de fonctionnaires, de jeunes gens qui sont commis au chemin de fer ou dans les mines[2]. »

Total. dix classes de quasi-fonctionnaires. ou de fonctionnaires par alliance. en réserve pour ces grands jours.

Ainsi le veut le système. La centralisation est comme l'égoïsme : on ne lui fait point sa part. C'est elle qui mène de la sorte les plus honnêtes gens du monde. Quand le pays le comprendra-t-il ? Quand le Gouvernement lui-même se lassera-t-il de ces luttes à outrance, qui n'ont que défaites cruelles ou victoires compromettantes ?

1. Circulaire de l'inspecteur d'académie de la Côte-d'Or. *Docum.*, pièce 91.
2. Lettre de l'inspecteur des écoles de Cambrai.

1. — Grands moyens. — Attraction administrative.

La lice est ouverte, l'heure a sonné, les VINGT JOURS commencent, jours sans avertissement, sans timbre, sans saisie, jubilé septenaire de la harangue, du colportage et de la liberté.

Ainsi l'entendaient encore les législateurs de 1849, si pleins qu'ils fussent déjà d'un beau zèle réglementaire.

Moins le droit de harangue et quelques petites choses, c'est ce qui subsiste. On ne parle plus au corps électoral, mais on lui écrit ; et, comme il sied à une mère vigilante, l'administration lit par-dessus l'épaule.

Pour les préfets d'ailleurs, les sous-préfets, les maires, les vingt jours commencent quand on veut.

Au moment où les barrières s'abaissent pour tout le monde, il y a des mois que les préfets sont en campagne. Leur prévoyance se mesure à la taille de l'adversaire : j'en sais que l'administration a minés pendant vingt sept mois !

C'est la guerre sourde qu'il n'est donné qu'aux puissants de pouvoir faire. Cela commence par de vagues rumeurs, des demi-mots ; on sent le flot qui se retire. Cela finit par des gendarmes ou des surveillances de police. Dans l'intervalle, on expulse l'ennemi des petits postes d'influence, fonctions gratuites, corvées municipales, sociétés agricoles[1], commissions hospitalières, jusqu'au jour où l'orage éclate dans le journal de la préfecture. Mais si l'administration peut beaucoup contre ceux qu'elle veut perdre, elle fait plus encore pour ceux qu'elle élève. Longtemps à l'avance, son élu est investi de ses pleins pouvoirs ; il a l'accès des ministres, l'oreille des bureaux, la clef des faveurs ; il ne se donne pas une demi-bourse, un bureau de tabac, une subvention, qui ne passe par son entremise ; on lui renvoie les communes besoigneuses ; c'est lui qui reçoit, qui écoute, qui promène les députations du département ; il est la providence visible des paysans grêlés et des anciens militaires.

---

1. Les Comices agricoles sont dans la dépendance absolue des préfets. M. le préfet de la Haute-Loire a dissous le bureau du comice agricole de Brioude : 1° parce que le comice agricole était devenu « un instrument politique entre les mains de ses dignitaires ; 2° parce qu'il avait organisé, sans l'autorisation de la préfecture, *un concours de maréchalerie* ». — M. de Flaghac, président du comice, avait brigué, malgré le préfet, une candidature indépendante.

Le temps venu, le préfet le prend par la main, le produit, le présente. Les tournées administratives organisées par M. de Persigny, sortes de champs de mai de maires et de fonctionnaires, sont tout à fait propres à cet usage. Les maires sont convoqués, pour affaires communales, à la sous-préfecture : c'est d'élections qu'on leur parle. Les deux choses, il est vrai, se ressemblent, par le temps qui court.

En général, c'est l'époque des conseils de revision qui est choisie pour cette propagande ambulante. Les maires de canton y tiennent cour plénière. La matière électorale aussi y abonde : conscrits et parents des conscrits, tous électeurs ou qui vont l'être. Au besoin, on les harangue. De canton en canton, le carrosse administratif s'arrête et M. le préfet parle aux paysans. Il leur parle beaucoup de leur commune, de lui-même et de l'Empereur, un peu du candidat. Le hasard a placé celui-ci dans la voiture. Mais sans l'habit lamé d'argent et sans la faconde (dont un préfet ne peut se passer, mais qui est le superflu du député recommandé), que faire en ce *forum* de village[1] ? Heureuse sinécure ! Allocutions, bulletins, circulaires, — le tout sans frais, — c'est l'affaire de la préfecture. Il faut, pour quitter un oreiller si commode, être un novice brûlant de se répandre, un Mondor qui se plaît aux largesses, ou se prendre de paniques invraisemblables. Beaucoup ont l'esprit de laisser faire, sans bouger presque et sans mot dire[1].

Il en est d'ailleurs dont le nom seul est un éblouissement et une victoire. Non pas précisément les grands noms historiques, mais les noms de hautes fonctions et de grand crédit. On ne lutte pas avec un chambellan. Le chef du cabinet du ministre de l'intérieur sera toujours, quoi qu'on fasse, une planète électorale sans seconde. Un gouverneur du Crédit foncier, ce prêteur-né des communes, parcourant les communes, y montrant ce qu'il peut faire, a des attraits irrésistibles. Ceux-ci, enfin, qui font à eux trois une dynastie de millionnaires, s'avancent, semant l'or et les promesses, au milieu des populations prosternées : ce sont les candidats du veau d'or.

1. Dans la Haute-Saône, M. le préfet présentait aux populations l'honorable M. Latour-Dumoulin : le candidat ne parlait pas, mais les paysans, après avoir entendu le préfet, s'en allaient en disant : « C'est celui-ci qu'on devrait nommer député. »

La molécule électorale, c'est la commune, bien plus que l'électeur. Mais la science de la commune, qui la possède? qui lit dans les faiblesses de son âme, dans les rêves de son budget? Qui sait où les chemins vicinaux la gênent, où les *communaux* la tourmentent? sinon celui qui l'autorise et la conseille, la subventionne et la morigène; ce tuteur, ce comptable, ce magistrat, cette providence qui réside à la préfecture?

La commune n'est qu'un paysan collectif, végétant dans la pauvreté et la dépendance. Ceux qui, voulant briser d'anciennes résistances, ont émietté le pays, oublièrent qu'aux êtres moraux comme aux corps animés, il faut de l'air pour respirer, de la place pour vivre. Les petites communes (et elles sont innombrables) sont demeurées de vrais enfants; grandes ou petites d'ailleurs, aux yeux de la loi, toute commune est une mineure. Les plus mineures, comme chacun sait, ce sont les deux plus grandes. Procès, travaux, revenus, voirie, vaine pâture, tout se règle au chef-lieu, voire au ministère. La plupart n'ayant ni octroi, ni marchés, ni péages, vivent des aumônes du département ou du Trésor : toute commune est une mendiante.

On le voit bien, hélas! en temps d'élections. Le tentateur n'a pas besoin de faire luire à leurs yeux les royaumes de la terre ; un bout de chemin, une passerelle, une fontaine, un clocher sur l'église du village comblent les rêves des pauvres gens. Par une heureuse coïncidence, le bienfait a coutume de tomber la veille du vote. Tous les six ans, reviennent ces jours de grâce, où l'administration est toute à tous, aussi prodigue de ses largesses qu'un prince en joie d'avènement. Ces madrés villageois le savent, et d'un air naïf, ils font leurs conditions. « Si nous pouvions acheter la Gravelière, quel bon chemin on en ferait! » — Mais la Gravelière vaut 500 francs, — c'est un prix — et la commune n'a que 100 francs dans sa caisse. — Patience! voici le 30 mai; brûlez un cierge à l'opposition. On affiche une dépêche de Grenoble, le préfet donnera 300 francs. « Espérant que les habitants apprécieront cette marque de sollicitude et auront à cœur d'y répondre en manifestant *demain* leur profond attachement pour le gouvernement de l'Empereur. » Ainsi doit parler un préfet; les maires, bonnes gens, y mettent moins de façon :

« Le Gouvernement, par l'entremise de M. Latour-Dumoulin,

vient d'accorder 400 francs pour les pauvres de la commune : on espère que les pauvres voteront tous, par reconnaissance, pour M. Latour-Dumoulin. »

« Le maire d'Oberentzen fait savoir à ses concitoyens qu'il est à désirer que M. Gros soit élu comme député, parce que personne ne peut faire autant pour la commune que M. Gros, qui seul est proposé par le Gouvernement. Si le Gouvernement est appelé à venir en aide à la commune, pour la nouvelle maison d'école, il faut que la commune prouve par cette élection qu'elle est digne de l'assistance du Gouvernement. » Et le maire de Soulaines : « .... Observant aux habitants qu'il est grandement dans leurs intérêts *de remplir fidèlement les intentions de M. le préfet*, qui jusqu'à ce jour nous a favorisés dans nos entreprises, par les fonds du Gouvernement qu'il a accordés ; tâchons de continuer à conserver sa bonne intelligence, afin qu'il nous vienne encore en aide pour terminer la confection de nos routes, n'ayant pas les moyens par nous-mêmes d'en venir à bout... »

Voilà la logique du village, tudesque, picarde ou gasconne, du nord au sud, partout la même, logique de l'instinct, politique des besoins, des intérêts, des convoitises. — Avec elle, je le sais, il faut bien que tout le monde compte — un Gouvernement plus que personne au monde. Nous ne faisons pas ce rêve de collège, de paysans épris du régime parlementaire, goûtant la presse parisienne, suivant du bout du sillon les jeux de la diplomatie, prêts enfin à se faire tuer, comme les héros de nos faubourgs, sur le corps d'une charte quelconque ! La politique de l'homme des champs sera bien longtemps encore locale, étroite, intéressée, timide, et c'est pour cela que le suffrage universel, dont le passeport est seul révolutionnaire, n'est au fond qu'un instrument conservateur. Que la centralisation répande donc sur ces masses trop dédaignées ses lumières, ses secours, ses faveurs, et qu'au jour où elle vient devant ses juges, elle demande qu'on tienne compte de ce qu'elle a fait pour leur bien-être ! Mais pourquoi dépenser en huit jours six ans de bienfaits capitalisés ? Pourquoi tolérer qu'il paraisse, dans un journal de préfecture, des mentions comme celle-ci :

« M. Calvet-Rogniat ayant signalé à Son Exc. M. le ministre de l'Intérieur le retard qu'éprouve dans les arrondissements de

Milhau et de Saint-Affrique l'achèvement des chemins classés de moyenne communication, Son Excellence a daigné mettre *à la disposition personnelle* de l'honorable député la somme de 7 000 francs, *qu'il vient de répartir* de la manière suivante sur l'avis de MM. les sous-préfets des deux arrondissements. Le don de cette somme *est un acte de libéralité de Son Excellence M. le ministre envers M. Calvet-Rogniat* [1]. » Comment l'indulgence ministérielle a-t-elle pu couvrir l'auteur de cette affiche, qui a fait le tour du monde ?

Empire Français.

DÉPARTEMENT DES BOUCHES-DU-RHÔNE.

VILLE DE MARTIGUES.

Nous, maire de la ville de Martigues, capitaine de frégate en retraite, membre de la Légion d'honneur, portons à la connaissance de nos administrés la dépêche suivante :

BOURNAT, membre du conseil général, à Monsieur le maire de Martigues.

Monsieur le maire,

Par ordre de monsieur le sénateur, je suis très heureux de vous annoncer qu'il vient d'être fait droit à la demande des pêcheurs de Martigues ; vous pouvez leur annoncer que la vente facultative à la criée est rétablie. C'est le premier service qu'il m'est permis de rendre à la population si intéressante de votre commune. J'espère, monsieur le maire, que ce ne sera pas le dernier.

Je n'ai pas oublié votre demande d'une garnison à Martigues ; je crois pouvoir vous annoncer que cette demande, accueillie déjà par M. le sénateur, le sera aussi par M. le ministre de la Guerre, dès que la commune aura les dispositions nécessaires d'un local pouvant servir de caserne.

Fait en préfecture, le 26 mai 1863.

C. BOURNAT.

Pour copie conforme :

GARNIER, maire.

Hiérarchie gouvernementale, traditions administratives, que fait-on de vous dans cette bagarre ?

Dans quel matérialisme politique faudrait-il donc nous voir descendre ? A quelles proportions s'abaisseraient les luttes les plus hautes ? Et que pensera l'Histoire, qui juge les petites

1. Extrait du *Napoléonien de l'Aveyron.*

choses comme les grandes, d'un temps où l'on a fait dépendre le succès de la moins locale, de la plus politique des candidatures, de cette question de vie ou de mort : la concession du canal de Verdon est-elle de 450 ou de 600 centimètres cubes[1] ?

Avec des maisons d'école, des chemins vicinaux, des droits d'usage et de pâture, on est le roi des petits villages. C'est la menue monnaie de ce que nous appellerons, faute d'un autre mot, l'attraction administrative.

Les gros bourgs et les villes ont de plus hautes exigences. Tout marquis jadis voulait avoir ses pages : aujourd'hui, tout chef-lieu de canton a rêvé son chemin de fer.

Les chemins de fer sont la grande affaire, et comme l'air respirable de ce temps-ci. La France, qui se sent en retard, demande à grands cris qu'on l'en couvre ; elle en veut partout,

[1] Habitants de l'arrondissement d'Aix,

Vous désiriez depuis longtemps que l'Empereur vous accordât le *canal du Verdon :* ce canal vous avait été solennellement promis : les ennemis du gouvernement de l'Empereur vous ont dit que cette promesse n'était qu'un leurre.

Une dépêche télégraphique, adressée par S. Exc. le ministre de l'Intérieur à M. le sénateur chargé de l'administration des Bouches-du-Rhône, n'a pas tardé à vous annoncer que le décret a été signé par Sa Majesté.

D'indignes détracteurs ont poussé l'audace jusqu'à afficher encore des doutes.

La publication du décret lui-même est venue déjouer leurs manœuvres.

On vous dit aujourd'hui que ce décret mentionne seulement une concession de 4 mètres 50 centimètres cubes d'eau : voici l'extrait du cahier des charges, approuvé par le Conseil municipal d'Aix, et devenu exécutoire par décision souveraine :

Extrait du cahier des charges approuvé par délibération du Conseil municipal d'Aix, en date du 8 mai 1863, rendu exécutoire, par l'art. 1er du décret impérial du 20 mai 1863.

ARTICLE 6.

« Le volume d'eau à dériver du Verdon, pour alimenter le nouveau canal, « est fixé à SIX MÈTRES CUBES par seconde, y compris le volume d'un mètre « cinquante centimètres cubes déjà concédé par la loi du 4 juillet 1858. »

Il est temps enfin qu'on sache de quel côté est la sincérité, de quel côté sont les vrais amis du pays.

Les menées que je viens de vous dénoncer vous donnent la valeur des assertions de ceux qui cherchent à vous tromper dans un intérêt de parti, et de la confiance que vous devez avoir en leurs paroles. La longanimité de l'administration est à bout. Les propagateurs de fausses nouvelles, activement surveillés, seront désormais déférés aux tribunaux.

Aix, le 28 mai 1863.

Le sous-préfet de l'arrondissement d'Aix,
Baron DE FARINCOURT.

coûte que coûte ; ni montagnes ni devis ne l'arrêtent : il lui en faut pour ses affaires, pour ses produits, pour sa défense, pour son plaisir. Naturellement, c'est de l'État qu'elle les espère. Le ministre est assiégé de démarches et de prières, d'avant-projets et de délégués. Opposer les charges du Trésor ou la parcimonie des Chambres au temps qui court, n'est plus de mise. Mais quand tout le monde demande, le point délicat, c'est de ne mécontenter personne. Avant d'être un homme d'affaires, un économiste, un ingénieur, le ministre des travaux publics est tenu d'être, en temps d'élections surtout, un prodige de diplomatie. Rendons ce témoignage à l'administration, que son habileté a dépassé toutes les espérances.

Quelques exemples le feront voir.

Il y a dans le département de Saône-et-Loire un pays riche, industrieux, peuplé, qu'on appelle le Charolais. Il est entre deux chemins de fer, la grande ligne de Lyon et celle du Bourbonnais, à proximité de l'un et de l'autre : d'autant plus friand d'avoir à lui seul un des précieux tronçons. Comme de juste, la Compagnie de Lyon refuse : elle a des intérêts contraires. Entre les deux, le Gouvernement jouait son rôle, ne disait ni non ni oui, promettait à moitié, de temps en temps, sans échéances. Le fait est qu'il n'y avait pas même d'études préliminaires. Mais l'approche des jours de vote fait sortir des dossiers les promesses endormies. Tout à coup le ministre désigne un ingénieur, le préfet autorise les études ; des plans sont levés, les piquets s'alignent, les nivellements commencent. Un mot a suffi pour mettre tout le monde en l'air, un serment déposé dans une préfecture. Le serment[1] est du 15, la décision ministérielle du 18, l'arrêté préfectoral du 24. L'opposition fait les affaires du pays à sa manière, qui pourrait s'en plaindre ? étudier un tracé, n'est-ce point chose permise ? Cela se fait au grand jour, cela s'affiche, se crie, se tambourine[2], et comme pour trouver le bon chemin il faut un peu tourner autour, cela fait des heureux, sans faire de jaloux. Et puis cela n'engage pas trop.... au dire des gens du Var.

Ceux-ci caressaient aussi le vague projet d'une ligne de chemin de fer, perçant le massif de montagnes qui fait le centre

1. Celui de M. Charles Roland, ancien maire de Mâcon.
2. L'art. 6 de l'arrêté préfectoral ordonnait de l'afficher au son du tambour.

du département, et doublant la grande voie qui longe la mer.
Eux seuls y croyaient un peu, comme on croit aux choses qu'on
désire. Le 22 mai, il n'y avait pas le plus petit bout de plan, la
plus légère apparence d'étude. Mais le 23 mai, arrêté du ministre
qui prescrit d'étudier, qui nomme l'indispensable ingénieur.
Le 30, tous les doutes tombent : une nuée d'employés sort de
terre, portant leur mission écrite sur leur chapeau, l'uniforme
des ponts et chaussées ramène partout l'espérance : c'est le
chemin de fer qui commence ! les jalons pointent au fond des
vallées, couronnent les rocs inaccessibles : tous les tracés
imaginables triomphent à la fois, n'est-ce point assez ? C'était
trop, hélas ! puisque depuis le 31 mai l'affaire en est demeurée là.

Toulouse, plus modeste, ne voulait qu'une gare, pour le bien
d'un de ses faubourgs. Quel bruit se répand, à la fin de mai ?
Que la gare désirée est certaine. Cela, grâce à M. le maire,
candidat du gouvernement, et bien placé pour le savoir. Voici,
en effet, qu'on dépave le faubourg, qu'on toise, qu'on tire des
lignes, qu'on plante des piquets.

Je n'ai fait que passer, il n'était déjà plus...

Cela durera l'espace d'un scrutin ; le lendemain, — comme le
matin dans les ballades, — les piquets éphémères s'enfuyaient
et les pavés rentraient chez eux.

Quand il n'y a rien de fait, que le terrain est vierge, les
habiles peuvent se donner carrière. Mais en face d'une ligne
étudiée, dessinée, concédée, connue, est-ce possible ? Cela
s'est vu pourtant. De Vesoul à Besançon, deux tracés sont admis-
sibles : l'un par la vallée de la Linotte, l'autre par Rioz. De tout
temps, Rioz a eu tort. L'autre route, plus trafiquante, est celle
des conseils généraux, de l'avant-projet, de la loi de concession,
des ingénieurs des ponts et chaussées, des ministres, de la
Chambre, de tout le monde. Si l'on pouvait pourtant faire luire
aux gens de Rioz un rayon d'espoir ? Cela minerait un peu
M. d'Andelarre, ce candidat que rien ne démonte. Heureusement, l'affaire a encore, selon la règle, un dernier degré à
franchir dans la filière administrative ; le préfet peut affirmer,
sans mentir, que la décision *officielle* n'est pas rendue. Là-
dessus s'engage entre la préfecture, le candidat, l'inspecteur
des mines et le ministère, un feu croisé de dépêches et de pla-

cards, d'affirmations et de démentis où l'ingénieur contredit le préfet, le ministre l'ingénieur, triste querelle, frappant exemple de dialectique administrative, dont un jeu de mots faisait tous les frais, mais où il était bien sûr que le paysan comtois ne pouvait se reconnaître. Et pendant qu'on envoyait à Rioz des employés de la Compagnie concessionnaire, pour s'y faire voir pendant trois jours, la préfecture faisait grand bruit, avec les gens de la Linotte, d'un classement de chemins vicinaux reliant les gares futures[1]!

Cette belle humeur de MM. les préfets est chose méritoire, car elle amène parfois d'étranges embarras. Pour leur malheur, les fleuves ont toujours deux rives, et, entre elles, un chemin de fer doit choisir. Les intéressés, qui ne l'ignorent pas, se regardent d'un œil jaloux d'un bord à l'autre. Où passera le chemin de fer de Libourne à Bergerac, sur la rive droite, sur la rive gauche? Si c'est sur la rive droite, la Dordogne triomphe ; si c'est sur la rive gauche, hourra! pour la Gironde. Que ne peut-elle toujours durer cette heureuse incertitude qui des deux côtés du fleuve laisse prise à l'espérance! Mais on vote dans trois jours, il faut se prononcer. On affiche donc, le 28 mai, ceci sur la rive gauche :

HABITANTS DE SAINTE-FOY !

Je me hâte de vous donner connaissance d'une dépêche qui vient de m'être adressée par S. Exc. le ministre de l'Intérieur.

Après une discussion sérieuse sur la direction du chemin de fer de Libourne à Bergerac, j'ai proposé, comme transaction entre les deux intéressées, et je suis parvenu à faire accepter en principe la rive gauche, mais avec un pont à Bergerac, pour que la gare de cette ville soit sur la rive droite.

On va procéder aux formalités ordinaires en faveur du nouveau projet.

Vous pouvez le faire connaître officieusement, en attendant la communication officielle du ministre des Travaux publics.

Vive l'Empereur !

Sainte-Foy, le 28 mai 1863.

Le maire,
Signé : BORDERIE.

C'est le conseil des ministres — rien que cela — (ajoute le

1. V. aux *Docum.*, p. 62 et suiv., les pièces relatives à cette curieuse affaire.

Journal de Bordeaux du 29) assemblé hier tout exprès, qui le veut ainsi.

Grande rumeur dans la Dordogne, dont ceci ne fait pas l'affaire. Dès le lendemain, pour la rassurer, ceci s'affiche sur la rive droite :

LE PRÉFET DE LA DORDOGNE AU SOUS-PRÉFET DE BERGERAC.

Périgueux, 29 mai 1863.

La nouvelle que vous avez reçue de Bordeaux est controuvée. Loin de là, une nouvelle enquête comparative sur les deux tracés est ordonnée, et je vais vous adresser les instructions nécessaires pour y procéder.

A qui croire? au préfet de la Dordogne? il est bien catégorique ; au préfet de la Gironde? il réplique sur l'autre bord, en maintenant sa première dépêche par une seconde. Des démentis entre préfets, quel fâcheux exemple! Le corps électoral est bon prince, il les crut tous les deux, car il laissa battre M. Decazes, sur la rive gauche, M. Delprat sur la rive droite[1].

Il est admis qu'un ministre signe beaucoup de choses sans les lire. Il est convenu, entre gens en place, que ces vagues promesses n'engagent pas, et qu'on doit au prochain la bienveillance. Mais prenez garde! l'électeur est aux écoutes, et les subalternes qui vous font agir savent bien pourquoi l'on prend, au bas de l'échelle, ces réponses ambiguës, ces demi-faveurs, cette eau bénite des grands. Certes, quand M. le comte de Persigny, apprenant que la commune de la Seyne (Var) était depuis longues années en instance auprès de la Chancellerie pour devenir chef-lieu de canton, et que la Chancellerie ne s'y prêtait pas, écrivait cette curieuse dépêche :

Frappé des réclamations des habitants de la Seyne, pour obtenir l'érection de cette commune en chef-lieu de canton, et des considérations que vous faites valoir à l'appui de leur demande, *j'insiste* auprès de M. le Garde des sceaux pour qu'il soit fait droit aux vœux exprimés par la population.

Le ministre de l'intérieur,
DE PERSIGNY.

Le préfet du Var,
MONTOIS.

30 mai 1863.

1. Le journal *le Périgord*, du 20 juillet, contient un arrêté du préfet de la Dordogne, qui, en vertu d'une dépêche ministérielle *du 29 mai 1863*, ordonne l'ouverture d'une enquête *sur les deux tracés* en présence.

Il croyait qu'un 30 mai surtout, cette *insistance* ne le compromettait guère. Mais la dépêche échappée au trop plein de sa bienveillance faisait malgré lui son chemin ; la brillante éphémère se posait à Six-Fours, à deux pas de la Seyne, et un maire de village la piquait à son mur, sous cette forme naïve et libre :

HABITANTS DE SIX-FOURS[1] !

Une dépêche de S. Exc. le ministre de l'intérieur, arrivée hier à Toulon, fait connaître que la ville de la Seyne VA ÊTRE ÉRIGÉE en chef-lieu de canton.

Les résultats de cette création pour la commune de Six-Fours sont immenses. Vous prouverez votre reconnaissance au gouvernement de l'Empereur en votant pour le candidat officiel, M. le vicomte de Kerveguen !

Fait à la mairie de Six-Fours le 31 mai.

Le maire,
OLIVIER.

(Affichée durant tout le scrutin.)

Puisque les dépêches sont des oracles pour les votants de ce temps-ci, que sera-ce si le voile se déchire et que celui qui les rend se laisse voir, toucher, haranguer, entendre ? A cent lieues de Paris, une divinité officielle n'a rien à craindre des esprits forts, et il est si doux d'être, là où l'on passe, sur le même pied que la Providence.

M. Rouher a voulu être la providence de la Corrèze, département pittoresque, mais obscur, qui a eu deux bonnes fortunes ensemble : un préfet et un député. Son préfet était le beau-frère du ministre des travaux publics ; son député avait encouru l'implacable disgrâce de M. le ministre de l'intérieur. Sans son préfet, le pauvre Limousin n'eût jamais vu peut-être la figure d'une Excellence ; sans le député, il est permis de croire que M. le ministre aurait choisi pour se rendre à la voix du sang une autre époque que les derniers jours du mois de mai 1863.

M. Rouher a passé huit jours dans la Corrèze, et la plus grande partie de ce temps sur l'arrondissement de Brive, où, pour mieux dire, dans la circonscription électorale dont cet arrondissement est la base. Toutes les campagnes l'ont vu, entendu, acclamé : tous les chefs-lieux de canton lui ont dressé

1. Extrait du dossier de M. Philis, candidat de l'opposition dans la 2e circonscription du Var.

des arcs de triomphe : il a fait partout des harangues, laissé
partout des enthousiastes. Ce ne sont point des ennemis qui
racontent, c'est le journal *le Corrézien*, feuille soumise à la
préfecture[1]. On l'y suit pas à pas, de village en village, de
banquet en banquet, semant les discours, les sourires, les subventions, prodiguant surtout les espérances. On lui a demandé
des ponts, des routes, des chemins de fer à foison, un nouvel
arrondissement. Il a donné, promis ou fait espérer l'arrondissement, les routes, les chemins de fer et les ponts. Ce n'est pas
seulement le ministre qui voyage, c'est le ministère. Le directeur général des chemins de fer est auprès de lui comme pour
prendre acte de toutes choses. L'ingénieur en chef des ponts et
chaussées complète le prestige. Et pour donner à ce déchaînement des convoitises départementales son véritable caractère,
l'éloge des candidats du Gouvernement se mêle aux promesses
de chemins de fer. M. Mathieu est de moitié dans toutes ces
fêtes, et l'inconnu d'hier, l'adversaire de M. de Jouvenel,
l'apologiste unique et rétrospectif de la loi de sûreté générale,
trouve dans les reliefs des ovations ministérielles de quoi se
faire une triomphante candidature.

Grâce à la finesse des électeurs limousins, voilà l'État engagé
à jeter trois lignes de fer et 100 millions dans la Corrèze.
M. Thiers se présente à Aix, et l'arrondissement est doté du
canal de Verdon. A Valenciennes, le même candidat n'aura pas
nui à la réforme de la législation sucrière, et le drawback du
sucre de betterave pourra le compter au nombre de ses patrons.
Le drawback était réclamé avec passion par la fabrique indi-
gène, il était repoussé avec horreur par les gens des colonies
et des ports. Que va faire le ministère ?

Nous laissons ici la parole à un des témoins de ce curieux
épisode. Son récit, que nul ne démentira, lève un coin du voile,
qui couvre d'ordinaire les délibérations ministérielles. Nous le
donnons sans commentaire :

« Vers le mois de mars 1863, le Gouvernement ayant reconnu que le temps manquait pour présenter dans la session
de 1863 une loi générale des sucres sérieusement étudiée,
l'Empereur voulut bien promettre aux délégués des Chambres de

1. Extraits du *Corrézien*.

commerce, aux députés des ports et aux délégués des colonies
de ne faire présenter qu'à la session prochaine (1864) la loi sur
le droit de sortie du sucre de betterave. Les délégués du commerce étaient retournés dans les ports, ayant confiance, comme
tous les intéressés, dans la parole donnée. En conséquence, un
projet de loi qui n'avait trait qu'au rendement à la raffinerie
fut présenté par le Conseil d'État et envoyé à la Commission
des douanes. Le rapport de M. Ancel était terminé, lorsque
celui-ci fut prévenu par M. le ministre de commerce, et engagé
à venir chez lui avec des intéressés. Une partie de la commission des douanes, des délégués des colonies, quelques autres
délégués du commerce qui se trouvaient à Paris pour le moment, se rendirent chez M. le ministre. Là, celui-ci leur déclara
que quelques heures auparavant, au conseil des ministres, M. le
ministre de l'intérieur avait dit à l'empereur : que s'il ne revenait pas sur ses résolutions, ne mettait pas à néant les travaux
du Conseil d'État et de la commission des douanes, l'élection de
M. Thiers était assurée à Valenciennes, les notables de Valenciennes le lui ayant déclaré quelques heures auparavant, et que
cette mesure avait été décidée malgré son opposition. Après
quelques réflexions de l'un des assistants, démontrant à M. le
ministre du commerce qu'avec un pareil système — (qu'il avait,
. il est vrai, inauguré lui-même en se servant des décrets pour
détruire, après coup, la loi votée le 23 mai 1860, et préventive-
ment, par un décret signé le 24 juin 1861 et promulgué le
16 juillet, la loi votée le 26 juin), — les opérations commerciales devenaient impossibles, puisqu'une opération, commencée
sous une législation, se terminait toujours sous une autre, —
les intéressés convinrent de rappeler tous ceux de leurs collègues qui n'étaient pas à Paris. Quelques jours après, ils se
rendirent en grand nombre chez M. le ministre de l'intérieur.
Deux membres de la commission des douanes exposèrent clairement à M. le ministre la situation et les inconvénients d'une
semblable modification. L'un des intéressés prit la parole et
demanda à M. le ministre la permission de lui faire une question
à laquelle il espérait qu'il aurait la bienveillance de répondre.
Il lui demanda s'il était vrai, comme l'avait déclaré M. le ministre du commerce, que sous la pression d'un seul arrondissement, et dans la crainte de l'élection de M. Thiers, il avait

engagé l'empereur à ne pas donner suite à la promesse qu'il avait faite. M. le ministre répondit QUE L'ÉLECTION DE M. THIERS N'ÉTAIT PAS TOUT A FAIT LA RAISON DE SON INTERVENTION DANS CETTE AFFAIRE, MAIS QU'ELLE EN ÉTAIT BIEN L'OCCASION. Une des personnes présentes, au nom de son dévouement éprouvé qui n'avait d'égal que celui de M. le ministre de l'intérieur, supplia celui-ci de ne pas persévérer dans une voie qui pouvait ôter à la majesté de l'empereur le prestige que leur plus cher désir était de lui conserver. Quelques jours après, l'empereur, mieux éclairé, eut la bienveillance d'accorder satisfaction à la justice de la cause qu'on avait défendue devant lui. »

Avec les temps et les choses, les mœurs politiques se modifient.

En 1844, M. Charles Laffitte fut envoyé à la Chambre des députés par le collège électoral de Louviers. M. Laffitte était le concessionnaire de la ligne de Paris à Rouen et au Havre ; et il avait, en posant sa candidature, promis d'exécuter un embranchement de Saint-Pierre à Louviers. Pour ce seul fait, la Chambre annula l'élection du cinquième collège de l'Eure, sans enquête. Une lutte s'engagea alors entre la Chambre et les électeurs. Quatre fois de suite M. Laffitte fut élu et quatre fois la Chambre n'hésita pas à défaire l'œuvre des électeurs. De guerre lasse, à la cinquième élection, le député fut admis ; mais l'histoire n'a pas oublié les belles paroles de M. Dufaure [1], et l'apostrophe brûlante par laquelle M. de Malleville terminait un discours demeuré célèbre.

II. — Petits moyens.

Pour le candidat du Gouvernement, l'organisation électorale est toute trouvée, et c'est la plus complète, la plus savante qui se puisse imaginer, celle qui nomme pour ses auteurs Louis XIV et Napoléon.

Appliquée au suffrage universel, la centralisation a montré

---

1. « A mes yeux, une corruption collective est aussi grave, plus grave « peut-être que des corruptions individuelles. Faire ce marché avec un « arrondissement : Donnez-moi vos voix, donnez-moi la haute qualité de « député et je vous serai utile ; je ferai un chemin de fer à vos portes, « j'enrichirai vos propriétés, et je vous donnerai les avantages que vous « désirez, — c'est à mes yeux la pire de toutes les corruptions. »

tout ce qu'elle pouvait faire. On admire la puissance d'assimilation dont l'administration de l'Intérieur a fait preuve, entraînant dans son orbite tous les petits astres épars, toutes les autonomies consacrées, toutes les bureaucraties inoffensives, depuis le recteur d'académie jusqu'au plus humble instituteur ; depuis le receveur général des finances jusqu'au porteur de contraintes ; depuis le préfet maritime jusqu'à l'ouvrier des ports; depuis le directeur de la régie jusqu'au débitant ; depuis l'inspecteur des postes jusqu'au facteur rural ; depuis le directeur des domaines jusqu'au buraliste de village ; depuis le ministre des travaux publics jusqu'au dernier des cantonniers ; depuis le procureur général jusqu'au commissaire de police, au gendarme, au garde champêtre.

Voilà le personnel.

Un signe suffit à le faire mouvoir. La télégraphie électrique a fait de l'ubiquité gouvernementale une réalité matérielle et saisissante. Deux cent mille volontés vibrent à l'unisson. En ce temps où les fils de la bourgeoisie abritent dans les traitements médiocres et les petites fonctions leur indifférence politique, la politique les y poursuit; une raison d'État impérieuse les rejette, bon gré mal gré, au milieu des agitations de la vie publique. On fait des agents politiques avec des percepteurs, des vérificateurs des douanes, des conducteurs des ponts et chaussées. On compte sur les officiers ministériels, et la préfecture convoque, aux approches du scrutin, les notaires, les huissiers, les avoués.

La prise est moindre sur cette classe raisonneuse, et qui se croit indépendante. On désire au moins qu'elle reste neutre ; au besoin, le procureur impérial intervient et les exhorte à s'abstenir. On a vu mander au parquet jusqu'à des cultivateurs[1]. Que se passe-t-il dans ces entrevues ? Rien que de légal assurément, mais de conforme aux vieilles traditions, au rôle austère d'une grande magistrature, qui oserait le soutenir?

Dans les sphères populaires, le candidat agréable a pour tenants principaux et pour orateurs le commissaire de police cantonal et la brigade des gardes champêtres.

On commence à s'apercevoir, en province, qu'au milieu de

1. Déclaration de deux propriétaires notables du canton de Monts, arrondissement de Loudun. M. le procureur impérial a renvoyé ces messieurs « à leur charrue ». (Annexée à la protestation de M. de Montesquiou.)

campagnards d'humeur douce et passive il n'y a pas de place pour un agent spécial de la police administrative. Si le commissaire cantonal n'est qu'un intermédiaire de plus entre la préfecture et les maires, il est inutile ; s'il n'est qu'une oreille aux écoutes à la porte des paysans, un œil ouvert sur les juges de paix, les curés et les maires, un biographe des petits fonctionnaires, il est nuisible. Le Gouvernement n'a pas besoin de ce luxe de surveillance. Les campagnes se passeraient sans peine de cette divinité méfiante, de cette autorité mesquine et tracassière qui ne les sert pas plus qu'elle ne les aime. Un certain nombre de conseils généraux en ont demandé la suppression absolue. L'expérience des élections dernières n'est peut-être pas étrangère à ces répugnances.

Les commissaires de police y ont joué un très grand rôle. On les trouve partout, distribuant des bulletins, parcourant les maisons, s'informant des opinions, notant les gens d'un air de mystère, interrogeant ici, faisant jaser là, morigénant les fonctionnaires, et trouvant tout le monde trop tiède au gré de leur zèle outrecuidant. A Moux (Aude), le commissaire de police entre sans qu'on l'annonce en plein conseil municipal, commence un discours, interpelle le maire, et, comme un conseiller municipal se récrie sur cette étrange intervention, l'agent lui jette une parole hautaine et s'en va comme il était venu [1]. A Munchhausen (Haut-Rhin), des électeurs se plaignent d'avoir été menacés à domicile. Dans un village de la Gironde, M. Delmas, dont nous raconterons plus loin l'incroyable aventure, passait entre deux gendarmes ; le commissaire s'écrie à la foule effarée : « Vous voyez cet homme, il a soutenu le duc Decazes ; eh bien ! voilà comme on traite ses partisans [2] ! » — Au milieu du scrutin, à Cavaillon (Vaucluse), le commissaire sort de l'hôtel de ville escorté de gendarmes et de gardes champêtres, tambour et drapeau en tête, et s'en va proclamant à tous les carrefours que les partisans du candidat de l'opposition sont des misérables, et que si l'on vote pour M. Thourel, on vendra les cocons à douze sous, comme en 1848 [3].

Les commissaires cantonaux ont pour lieutenants dans les

1. Protestation de M. Mahul.
2. Protestation de M. Tachard.
3. Attestation.

campagnes les gardes champêtres et les cantonniers. Ce sont
eux qui les dressent à ce métier de racoleurs électoraux qui se
mêle d'une manière si fâcheuse à leurs bienfaisantes fonctions.
On a vu, dans le procès de M. de Chergé, quel foudre de guerre
était devenu, sous l'impulsion d'un commissaire cantonal,
l'inoffensif garde champêtre de la commune de Saint-Hilaire.
Dans la Loire, on donnait pour consigne le succès à tout prix,
on promettait des récompenses [1]. Dans l'Aude, on annonçait
aux cantonniers une élévation de traitement, en leur rappelant
que cela oblige [2]. Dans l'Ille-et-Vilaine, pendant les derniers
huit jours, l'entretien des routes fut déserté : les cantonniers
s'occupaient des élections; le conseil d'arrondissement l'a
constaté en le blâmant. Dans la Seine-et-Marne, tout ce monde
colporte, avec les bulletins de M. de Jaucourt, d'affreux propos
contre son concurrent, l'honorable M. Gareau, en qui ils ont
découvert un des auteurs du pacte de famine, un ennemi du
peuple, un accapareur ! Plus loin, ce sont d'incroyables dia-
logues : « Il faut que tu votes pour Jaucourt, dit un de ces nouvellistes de village à un pauvre homme de son ressort, parce
que tu ne pourrais plus aller au bois faire tes balais, si jamais tu
votais pour l'autre. — Eh bien! je voterai pour Jaucourt, puisque
je ne pourrais plus faire mes balais. » Et quand l'électeur lui
demande ce que lui a fait M. Gareau pour en dire de telles
horreurs, le garde répond innocemment : « Moi? Je ne les
connais pas plus l'un que l'autre ; mais le commissaire de police
me reproche d'être un fainéant, de ne pas faire assez contre
Gareau ; le brigadier de gendarmerie est venu chez nous se
plaindre que je ne disais pas assez de bien de Jaucourt et pas
assez de mal de l'autre. Gareau n'a pas besoin de sa place pour
vivre, et moi je veux garder la mienne. »

Comment être sévère pour ces candides diffamateurs? La
peine importe peu ; mais ces paroles, tombées de haut, demeurent au front des vrais coupables : « Le tribunal est indul-
gent, car il sait que vous n'étiez pas libre d'agir autrement que
vous n'avez fait [3]. »

1. Déclaration du garde champêtre de la commune de Bard.
2. Lettre de l'agent voyer.
3. Paroles de M. le président du tribunal de Meaux au prévenu Thoumsaint,
condamné à 30 fr. d'amende.

Voilà l'armée.

Pour champ de bataille — des circonscriptions électorales immenses, taillées dans le pays par un art capricieux et bizarre, qui affecte comme à plaisir de séparer ce qui se touche, d'accoupler ce qui se contrarie : les arrondissements dépecés, les cantons dispersés, errant à l'aventure, les groupes historiques dissous, les agglomérations naturelles morcelées.

M. Plichon exposait naguère devant la Chambre le triste destin de son arrondissement, disparu dans ce remaniement ainsi que dans un naufrage. On a cité la Saône-et-Loire, livrée, bon gré mal gré, au génie de la découpure, en dépit du vœu de son conseil général qui demandait, pour cinq arrondissements égaux en population, cinq circonscriptions électorales correspondantes. Douze villes, divisées par bandes, ont été noyées dans les circonscriptions rurales qui les entourent.

Aux prises avec ces difficultés, un homme seul, sans pouvoir, sans cadres, sans soldats, la loi dans la main, et vingt jours devant lui.

Le droit de réunion n'existe pas en France. On y a toléré dans quelques collèges les réunions particulières : une tolérance n'est pas un droit. Celle-là signifie que la police surveille ces conversations électorales, notant ceux qui entrent, suivant ceux qui sortent, jusqu'à les dégoûter d'y revenir. En province, les candidats d'opposition ont eu pour la plupart cet étrange privilège d'une garde silencieuse, mais non invisible, attachée à leurs pas [1], lisant dans leur vie, faisant état de leurs démarches, des saluts qu'ils recueillaient, des personnes qu'ils allaient voir. N'était le besoin d'occuper son monde, comprendrait-on que la police s'amusât à de pareils enfantillages ? A Vesoul, chaque jour, étaient notés les fiacres qui partaient pour le château d'Andelarre, et l'on interrogeait les cochers au retour. M. Plichon se plaint énergiquement de pareils abus de sollicitude.

A peine entré dans la Lozère, M. de Chambrun fut suivi à la piste par la gendarmerie. Madame de Chambrun fut surveillée. Le député étant tombé malade, son auberge fut gardée à vue pendant deux jours.

A défaut de la liberté de réunion, il y a la presse. Mais dans

1. Entre autres : lettre de M. Floquet au sous-préfet de Béziers.

l'immense majorité des départements, tous les journaux appartiennent à la préfecture. On les a par les annonces, on les tient même par l'évêché. Vieux attelages à toute fin, braves toujours dispos pour soutenir les candidats du Gouvernement, et au besoin pour les combattre [1]; monopoles fermés à la controverse. Tandis que celui-ci vous dénigre et vous défigure, allez prendre un arrêt pour avoir droit de lui répondre [2]. Défendez-vous contre cet autre, qui ne vous nommera que le dernier jour, et, sûr de ne pas être contredit, vous malmènera tout à son aise [2].

Reste le journal qui est à tout le monde, et qui se fait sur les murailles, qui se distribue en circulaires.

Le premier point, c'est d'imprimer.

Tous les temps ont eu peur de quelque chose. Chaque siècle a eu son épouvantail et s'est fait des parias légaux qu'il a chargés des péchés d'Israël; qu'il a voués, selon les mœurs, aux rigueurs du Saint-Office ou aux tribulations de la police correctionnelle. Les méconnus du XIXᵉ siècle, les suspects, les gens à plaindre, ce sont les imprimeurs.

Leur législation est immense, compliquée, savante, leurs devoirs sont un dédale: leur profession, traitée comme insalubre, chemine sur une étroite chaussée, coupée de pièges et semée d'aventures.

Nous élevons de belles statues au bonhomme Gutenberg, mais nous faisons, hélas! la vie dure à ses successeurs.

Un des doyens de la corporation, — qui ne fait jamais de politique, — me disait: Sans le vouloir, sans le savoir, je commets au moins une contravention par jour.

Cela n'est point fait pour les rendre braves. Dans les petites villes, l'imprimeur tremble devant un bulletin de vote, s'il ne sort pas de la préfecture. Ceux qui osent prêter leurs presses aux opinions indépendantes laissent l'administration exercer

---

1. Le plus curieux coup de théâtre de ce genre, c'est l'élection de Perpignan. M. J. Durand fut jusqu'aux 8 derniers jours, le candidat agréé; tout à coup, le ministre annonça qu'il resterait neutre entre M. Durand et M. Isaac Péreire. On vit alors le journal de la préfecture et tous ceux qui encensaient la veille l'ancien député des Pyrénées-Orientales, monter la lyre au même ton pour le célèbre financier.

2. Arrêt obtenu par M. Péreire contre le *Journal du Loiret*, par M. Cochin contre le *Constitutionnel*.

3. *Journal de la Vienne* combattant M. de Montesquiou et bien d'autres.

sur les manifestes électoraux une véritable censure [1]. Un
conseiller à la cour de Poitiers, homme d'esprit et de courage,
ayant posé sa candidature, s'était mis en devoir d'écrire à ses
électeurs. Impérialiste ardent et convaincu, mais nullement
ministériel, il attaquait avec hardiesse la politique électorale de
M. de Persigny. Défense aux imprimeurs de Poitiers d'imprimer
sa circulaire. Elle trouve un asile à Bordeaux, chez M. Gou-
nouilhou, l'imprimeur libéral de *la Gironde*. Comment se fit-il
que le ballot d'imprimés, apporté par le chemin de fer, fut, à
peine arrivé en gare, saisi par la police administrative ? — Mais
là ne devaient pas s'arrêter les infortunes de M. le conseiller
Bardy.

Il s'est plaint, dans une pièce publique, et que nul n'a
démentie, de ce qu'on eût reculé pour lui les limites de l'arbitraire : on avait RAYÉ son nom du tableau des candidatures.
Traduit par le procureur général devant la cour, siégeant en
tribunal disciplinaire, *pour avoir compromis la dignité de la
magistrature*, il a eu le bonheur d'être acquitté.

La loi qui, par cela même qu'elle est la loi, est toujours un
degré quelconque dans la liberté, a pu réduire nos garanties
électorales, elle ne les a pas livrées. La loi a voulu que les
circulaires fussent connues ; elle en a permis la distribution
sous trois formes : l'envoi par la poste, la distribution libre
après dépôt préalable, le libre affichage.

Dans ces limites étroites, mais sûres, la liberté légale semblait
inexpugnable.

Pourtant, si le lecteur veut bien parcourir l'enquête forcément
incomplète dont ce livre se compose, il verra :

Qu'il n'y a pas une seule de ces garanties rudimentaires qui
n'ait été contestée, amoindrie, niée sur quelque point du
territoire, pendant les vingt derniers jours du mois de
mai 1863.

LA POSTE : — Des électeurs et des candidats se plaignent de
bulletins détournés, de circulaires qui n'arrivent pas à leur
adresse, de paquets d'écrits électoraux noyés dans les égouts
ou dans les fossés. Cela n'est rien auprès de l'infortune de
l'honorable M. Freslon, envoyant par la poste sa circulaire, et

1. Correspondance entre M. Foucher de Careil et son imprimeur.

constatant cette étrange merveille que chaque envoi était arrivé garni d'un bulletin du candidat du Gouvernement[1].

Comme la poste, le télégraphe a ses caprices. M. de Bonald, attaqué par le journal de la préfecture, envoie à la feuille indépendante du département un article en réponse. Pour arriver à temps, il use du télégraphe. La réponse, télégraphiée, parvient au journal ; mais, au bout d'un instant, l'administration court après et vient reprendre la dépêche qu'elle avait transmise. La réplique ne paraît pas ce jour-là, et M. de Bonald arrive trop tard.

LES DISTRIBUTEURS : — Les attentats à la libre distribution essayés ou consommés, les distributeurs intimidés, troublés, menacés, pourchassés par les commissaires de police, par la gendarmerie, par les maires, sont la menue monnaie des protestations électorales.

Dans les campagnes, c'est une des grandes difficultés des candidatures indépendantes. On n'y peut enrôler le plus souvent

---

1. *A M. l'Inspecteur des postes :*

Angers, 30 mai 1863.

Monsieur l'inspecteur,

J'estime devoir porter à votre connaissance un fait qui vous paraîtra sans doute mériter une information officielle.

Il m'était revenu de divers points de l'arrondissement de Baugé, notamment de Mazé et de Beaufort, que des bulletins portant le nom de *E. Bucher de Chauvigné* s'étaient trouvés *sous la bande de l'envoi fait par M. Freslon et à ses frais, par la poste*, de sa profession de foi et de deux bulletins de vote.

Le scrupule avec lequel je tiens à bien vérifier l'exactitude de tous les faits qui me sont dénoncés, comme portant atteinte à la sincérité du suffrage électoral, m'a déterminé, avant de vous adresser cette lettre, à me rendre, avec deux de mes amis, chez l'honorable M. Dubreuil, qui, lui aussi, disait-on, avait été témoin de ce même fait *en la commune de Vieil-Baugé.*

Voici comment M. Dubreuil nous a raconté et précisé les circonstances :

Il avait deux fois déjà vu ce fait se produire dans l'envoi de M. Freslon, reçu *par la poste*, chez deux de ses fermiers, quand, se trouvant chez un troisième fermier à l'arrivée du facteur rural, il a lui-même prit le paquet et enlevé la bande en disant : « voyons si c'est comme dans les autres ».

Or, sous la bande se trouvait bien la profession de foi de M. Freslon et les deux bulletins de vote portant son nom ; mais un troisième bulletin imprimé et portant le nom de M. Bucher de Chauvigné *était glissé dans la profession de foi de M. Freslon.*

Il est permis de croire que ce n'est pas à M. Freslon qu'il faut attribuer ce singulier moyen de propagande en faveur du candidat du Gouvernement.

Veuillez agréer, monsieur, mes salutations.

G. BORDILLON.

que de pauvres hères, des êtres inoffensifs, placés si bas qu'ils semblent n'avoir rien à craindre, ce qui ne les sauve pas. A Bénévent (Creuse), le candidat fait choix d'un jeune soldat, revenu au village en congé renouvelable. Tout à coup, l'ordre arrive au distributeur de rejoindre son corps. Il passe cinq jours à Guéret, et, les élections finies, il se trouve libre. A Lannion, un pauvre porcher, chargé de distribuer pour M. Thiers, est enlevé par les gendarmes, avec beaucoup d'appareil, sous une prévention chimérique de fausses nouvelles. On voulait le relaxer le 2 juin ; ses patrons poussèrent les choses jusqu'à la police correctionnelle : il fallut bien qu'on l'acquittât [1].

L'AFFICHAGE : — Pourquoi, sitôt qu'une affiche indépendante vient s'étaler sur un mur, le premier mouvement du garde champêtre est-il de la déchirer ? Est-ce parce qu'il est l'afficheur ordinaire du candidat de la préfecture ? Est-ce plutôt, comme dans la circonscription de Meaux, parce qu'il agit sous l'impulsion du commissaire cantonal ? « Voilà le procédé : un jour on déchire une affiche, le lendemain on en appose une autre à la place, celle du candidat de la préfecture » ; c'est un procureur impérial qui parle [2].

Des maires atrabilaires ont foulé aux pieds des affiches du candidat d'opposition devant tout un village. Des commissaires de police ont choisi, pour cette exécution d'un nouveau genre, les jours de marché dans les cantons [3].

Quand les affiches sont si peu respectées, les afficheurs sont introuvables. On voit des candidats réduits à s'armer eux-mêmes du pot à colle et du pinceau.

A Montpellier, M. Charamaule dépose au parquet sa circulaire. Il y apprend que l'ordre est donné d'en arrêter, même par la force, la distribution et l'affichage. Il veut aller jusqu'au bout de son droit, il met l'autorité en demeure de le poursuivre. A l'heure dite, la police est là, arrache son affiche, à peine collée au mur, mais on ne le poursuit pas.

A Béziers, à Limoges, à Paris même, on arrête, par la menace

1. Jugement de Lannion.
2. Affaires Gareau (tribunal de Meaux).
3. Protestation de M. Adrien Dumont (Drôme). Lettre de M. le procureur impérial de Nyons.

ou la saisie, des écrits électoraux, signés des candidats qui
avaient l'audacieuse prétention d'enseigner à leurs électeurs
leurs droits et leurs devoirs.

Dans le Gers, dans la Seine-et-Oise, dans la Haute-Loire, la
lacération a lieu avec éclat, avec ensemble.

Dans le Lot-et-Garonne, l'honorable M. Baze rencontre dans
le maire de Saint-Front une résistance insurmontable. Il vient à
Villeneuve chercher des juges. Le président lui donne une
ordonnance à fin d'assigner un fonctionnaire récalcitrant. Ce
qui se passe alors est inouï. Le parquet défend à tous les huissiers du ressort de se charger de l'assignation avant l'élection
passée, et la justice du pays, bon gré mal gré, interrompt son
cours.

Pendant ce temps, le candidat officiel, étalant sur le papier
immaculé et inviolable que se réserve l'administration les mérites
qu'on lui prête, et les harangues qu'on fait pour lui, dispensé
des droits de timbre, du dépôt au parquet [1], des soucis de
distribution et d'affichage, attend la fin, dans le repos d'une
bonne conscience.

III. — Coups de théâtre.

La sécurité de l'opposition pendant les premiers jours de la
lutte fut admirable.

L'atmosphère était paisible, l'autorité conciliante, la mauvaise
volonté cédait devant un peu d'énergie, l'excès de zèle s'attirait
même, en certains lieux, de douces réprimandes ; l'administration était sur pied, non bienveillante, mais recueillie et comme
indécise.

Il y eut, partout, un moment de confiance paradoxale et de
folle espérance.

La tactique de l'administration était profonde. Ne point user
ses forces, laisser l'adversaire s'éparpiller ; soi-même se concentrer, attendre, et tout réserver pour le suprême effort.

La victoire fut l'œuvre des huit derniers jours.

---

1. M. Labiche, candidat à Chartres, se présente au parquet pour déposer
une réponse à je ne sais quel écrit en style villageois, distribué contre lui. Le
procureur impérial lui apprend que cet écrit, *étant un acte administratif*,
n'a pu être déposé au parquet.

C'était de bonne guerre, mais la guerre a son droit des gens. Afficher à la dernière heure, se servir, à ce moment suprême, des paroles ou des actes d'un candidat qui ne peut plus répondre, est-ce de bonne guerre, même sous la plume d'un préfet qui combat pour son gendre? Ainsi fit, assure-t-on, le préfet de Seine-et-Oise contre M. Barthélemy Saint-Hilaire. Prendre une lettre d'un homme public, n'en donner que la moitié à ses lecteurs, garder celle qui explique ou justifie l'autre, est-ce de bonne guerre, comme on fit la veille du vote pour M. de Montalembert[1]?

On ne discute pas avec les masses, on les entraîne. C'est au dernier moment qu'on les décide. Elles sont alors à qui ose les prendre. C'est ainsi que les campagnes les mieux commencées peuvent finir à la débandade.

Quand on connaît le paysan, on sait par cœur toutes ses paniques, et l'on pourrait les noter d'avance :

1° C'est un ennemi de l'empereur, on va le poursuivre ;

2° Il est poursuivi ;

3° On l'arrête :

la première un peu usée, la seconde agissant presque à coup sûr, la troisième irrésistible.

Le comité d'Auch avait couvert de ses affiches tous les murs de la circonscription. Sous l'apparence d'une contravention[2], l'ordre est donné de les arracher en masse. L'exécution a lieu la nuit, aux flambeaux ; les gendarmes sont là, le sabre au poing.... Le lendemain, les mandats du juge d'instruction s'abattent de toutes parts : il en tombe trente à la fois dans la circonscription. Tout de suite, le bruit se répand que la tête du comité, un avocat, un grand seigneur, un agent de change gémissent sur la paille des cachots. Panique immense.

Dans le Loiret, le vote s'ouvre par une leçon d'histoire. — Une insurrection à Orléans, l'hôtel de ville envahi par l'émeute, la garde nationale et la troupe sauvant la société, M. Péreira en prison... Quand cela? Il y a douze ans. Le journal de la préfecture a exhumé cette vieille et petite affaire. La préfecture a fait lire l'article par tous ses maires, en guise de prône électoral.

1. Il s'agissait du vote de M. de Montalembert contre la réduction de l'impôt pu sel, à l'Assemblée constituante.
2. Il y a eu depuis ordonnance de non-lieu.

Par malheur, ce récit emphatique, extrait d'une feuille du
4 décembre 1851, commençait par ces mots : « Hier à une heure
de l'après-midi... » Les paysans crurent ouïr l'histoire de la
veille, et le scrutin fut un sauve-qui-peut.

La logique du campagnard est brutale comme la nature qui
l'entoure. Poursuite, arrestation, emprisonnement, sont tout un
pour sa sociabilité naïve. Il a si longtemps ployé sous des tyran-
neaux du village, qu'il a gardé dans sa longue mémoire je ne
sais quelle image de justice, simple comme le bon plaisir, expéditive comme l'oubliette. Dans ce précieux procès du garde de
Saint-Hilaire (déjà cité), il y a un trait curieux et vrai : c'est le
trouble de l'homme indépendant, civilisé, spirituel, devant ce
subalterne dont la sotte ardeur le menace de l'emmener de
force au commissaire. « Vous connaissez, messieurs, dépose
M. de Chergé, le préjugé qui existe dans les campagnes, préjugé salutaire jusqu'à un certain point : toute intervention d'un
agent de l'autorité entraîne, pour celui qui en est l'objet, non
précisément une tache, mais... il en reste toujours quelque
chose. Je voulais donc faire mon possible pour éviter *ce quelque
chose.* »

Le grand art est de réserver jusqu'à la fin ce *Deus ex machina.*
C'est ainsi que les choses se passent dans l'Hérault, dans l'Isère,
dans la Haute-Saône, dans la Gironde. A Béziers, le candidat de
l'opposition échange des lettres vives avec le sous-préfet. Un journal de Paris. — faute de mieux, — publie cette polémique. Mais
M. le sous-préfet, qui ne lit pas les journaux de l'opposition, se
figure qu'on n'a pas publié sa réponse. Aussitôt un placard
administratif dénonce aux quatre coins de la circonscription et
la déloyauté imaginaire du candidat, et les poursuites *qui commencent...* M. Floquet les attend encore.

Il y avait de vraies poursuites dans la fameuse affaire de
M. Casimir Périer; il y en avait contre M. d'Andelarre. Des
deux procès, la justice du pays a dit plus tard ce qu'il faut
croire Mais quel est ce droit nouveau, que les préfets s'arrogent,
d'afficher des poursuites comme on affiche des arrêts et d'acco-
ler dans leurs actes publics le titre d'un délit au nom d'un
citoyen ? Verrons-nous entrer dans nos mœurs ce pilori pré-
ventif ?

Le parquet de Grenoble trouve dans une lettre de M. Périer

le délit d'excitation à la haine et au mépris du Gouvernement. Avec la dépêche du procureur général, M. le préfet compose une immense affiche : imprimée dans la nuit, elle part pour les communes de grand matin, le jour du vote. Sur le placard, il y a l'ordre à tous les maires d'afficher immédiatement à son de trompe et de tambour. Là-dessus, comme de juste, les commentaires vont leur chemin : M. Périer est en prison, disent les plus crédules ; il sera sûrement arrêté, selon les moins timides ; et les sages estiment qu'un homme ainsi traité pourra dans tous les cas bien peu pour la commune...

Non content d'afficher pendant quatre jours « que le marquis « d'Andelarre est poursuivi par l'ordre du Gouvernement de « l'empereur, pour outrages public au préfet », le premier magistrat de la Haute-Saône s'empare d'un jugement prononcé le 30 au soir.

M. d'Andelarre était débouté sur une exception dilatoire et condamné aux dépens. Condamné... le mot y est ; c'est assez ; dans la nuit on pose une affiche. c'est le jugement du 30, et l'on n'a pas manqué d'imprimer le grand mot en énormes caractères.

Si tel est, même à distance, l'effet de la police correctionnelle sur des imaginations villageoises, que sera-ce d'une arrestation notoire, au moment où le scrutin s'ouvre ?

M. Delmas est un membre du conseil municipal de Sainte-Foy-la-Grande (Gironde), c'est de plus un chaud partisan de M. le duc Decazes : il ne le cachait pas et agissait, depuis vingt jours, en conséquence. Survient le conflit de dépêches télégraphiques que nous avons conté plus haut, au sujet du chemin des rives de la Dordogne. M. Delmas osa le commenter. Deux heures après, on l'arrêtait. Et le lendemain matin, jour du vote, au milieu de la foule tout émue, les gendarmes l'emmenaient à Libourne. Il y a du moins un délit, un réquisitoire, un commencement d'instruction ? Rien de tout cela, car M. Decazes accouru put obtenir, le jour même, du procureur impérial de Libourne l'ordre d'élargissement, sous cette condition, dont le magistrat lui-même a pris acte devant deux témoins, QUE M. DELMAS NE REPARAÎTRAIT PLUS A SAINTE-FOY JUSQU'A LA CLÔTURE DU SCRUTIN !

IV. — Le scrutin.

Charge d'âmes oblige. Puisque l'administration de ce temps-ci, non contente de faire nos affaires, veut faire aussi nos opinions, puisqu'elle croit le suffrage universel incapable de marcher sans lisières, il est prudent de le laisser seul le moins possible. Il est logique de le suivre jusqu'au vote.

Dans notre système électoral, ce rôle de haute confiance est dévolu aux 38 000 maires de l'empire.

Les esprits libéraux n'ont plus guère d'illusions sur nos grandeurs administratives. Les sublimes créations du premier empire commencent à passer de mode. Pourtant, dans ce détachement général et salutaire, quelque chose avait trouvé grâce : c'est la fonction des maires.

On aime à croire que, si près de sa base, l'autorité change de caractère. Le commandement s'adoucit, l'obéissance paraît plus facile. Le fonctionnaire n'est payé qu'en honneur. C'est un égal pris parmi des égaux. Il tient moins du magistrat que du chef de famille. Ce qui domine en lui, c'est le côté traditionnel, bienveillant, tutélaire. Parmi ces gens de labeur que le besoin courbe sur la glèbe, il représente l'idée générale, l'aspiration un peu plus haute : il est le Mieux, quand il le veut; il est le Mal, pour peu qu'il abuse.

Sous le règne du suffrage universel, un maire de campagne aura toujours, quoi qu'on fasse, une action électorale considérable. Influence inoffensive, si elle n'a pour mesure que la confiance que le maire inspire ; influence légitime, quand elle ne serait pas inévitable. Hiérarchie naturelle et libre, qui n'a rien que de conforme à la plus rigoureuse démocratie. A une condition pourtant, c'est que cette intervention ne conservera pas le caractère impérieux, l'allure agressive et intolérante qu'elle a fait voir, en tant de lieux, durant les élections dernières.

N'en déplaise aux grands docteurs d'une bureaucratie dédaigneuse, ils avaient du bon, ces maires sans arrogance des époques parlementaires, qui, sortant des conseils élus, comptaient avec autre chose que le bon plaisir d'un sous-préfet, qui voyaient à côté d'eux leurs vrais juges et leurs vrais maîtres.

et qui portaient dans leur cœur cette révérence de l'administré qui est le commencement de la sagesse pour l'administrateur. Nous avons changé tout cela : vienne un conflit, ce n'est pas le maire qui aura tort. Les conseils municipaux seront plutôt dissous, et les communes livrées à la régie des commissions administratives. Les maires le payent par un peu plus de dépendance en haut : plus de latitude en bas les dédommage.

Ainsi vont depuis dix ans les affaires communales, sans bruit d'ailleurs et sans effort, comme vont longtemps toutes choses en France. Ces roitelets de village expriment eux-mêmes, avec naïveté, l'idée qu'ils ont fini par prendre de leur pouvoir. Un candidat en tournée dans le Var recueille, chemin faisant, des déclarations de ce genre : « La commune est à moi, je dirige « ses actions ; un maire est fait pour que sa commune ne voie « que par ses yeux. » Et si l'on objecte à M. le maire que sa commune s'appartient, comme le reste de la France, il répond vivement : « Ma commune n'est pas la France ! » Voilà un homme éclairé et qui connaît la raison des choses[1]. Un autre, voyant l'opposition surgir, disait avec humeur : « Vous auriez dû laisser *mes* élections libres ! » Celui-ci s'emporte, aux approches de la grande épreuve, et s'en va partout criant « que c'est indigne, qu'on lui fait de l'opposition, qu'on lui soulève *sa* population ». Et, pour peu que le ciel se trouble ou qu'un échec paraisse possible, M. le maire laisse voir les profondes alarmes de son cœur, réunit le village, parle de ses services, déclare qu'il s'agit moins du candidat que de lui-même, et que, si l'on veut « voter mal », il aime mieux tout de suite donner sa démission[2].

Dans une machine administrative aussi parfaite que la nôtre, les détails curieux abondent. Il y a un rouage secret, mal connu, mais important, et qui a sa place, sa théorie, surtout sa pratique : c'est le ressort de l'excès de zèle. Entre ce que dit le ministre et ce que font les maires, la distance paraît grande, et pourtant l'un implique l'autre. Quand le ministre de l'intérieur met au ban de l'empire des gens qui l'acclamaient et le faisaient naguère, dans les bureaux on sait ce que cela veut dire : façon d'écarter des affaires quatre ou cinq têtes qu'on croit rétives.

1. Carnoules (Var). Protestation de M. Philis.
2. Affiche du maire de Saint-Thibery (Hérault).

Les préfets vont déjà plus loin. Ce sont eux qui accréditent ce préjugé vulgaire que l'empereur en personne distribue aux députés des bons points et des candidatures. Ils se chargent de prêcher aux maires le succès et « l'énergie ». Ce thème est répété sur tous les tons ; après les préfets, les sous-préfets s'en emparent ; les dépêches succèdent aux dépêches, les ordres se mêlent aux prières. Un maire campagnard ne tient pas devant ces appels pressants et personnels, devant ce flot de correspondances. Il croit de toute son âme à quelque grand péril de l'État et de l'Empereur. A son tour, il se met en campagne, avec son dévouement robuste, sa légalité primitive, sa grosse raison d'État de soldat et de laboureur.

Ne jugeons pas ses actes à nos mesures. La morale est telle que l'a faite le milieu où elle a pu grandir, et la moralité politique, qui manque si souvent dans les régions plus hautes, où l'homme des champs l'aurait-il apprise ?

Un maire de campagne qui a du zèle ne se contente pas de distribuer lui-même, de maison en maison, les bulletins de « monsieur le préfet », il les marque, pour les reconnaître, les parafe, les numérote [1], sans le plus léger remords.

Il empêche qu'on affiche les circulaires des opposants ; il met les gendarmes aux trousses d'innocents distributeurs ; mais c'est dans la paix de sa conscience.

Quand il engage les électeurs de voter « dans l'intérêt de leurs chemins [2] », quand il fait luire à leurs yeux éblouis l'appât d'une maison d'école, d'une grosse somme pour leur église, il ne leur glisse pas, comme on ferait à la ville, ces promesses à l'oreille, il les affiche, il les proclame, il monte au prône, comme à Kermaria, à la grand'messe du matin du vote, et le curé lui cède la parole [3].

Enfin, s'il fait proclamer, sur la place du village, que les bulletins du candidat de l'opposition, apportés par la poste, ne sont pas « les bons [4] », qu'ils ne valent rien pour le vote, et que « les bons », lui seul les connaît, lui seul les distribue, c'est

1. Exemples : dans le Doubs, dans la Creuse, etc.
2. Le maire de Proveysieux (Isère).
3. A Kermaria (Côtes-du-Nord), M. le maire interrompit l'office du matin pour promettre aux paroissiens assemblés 10 000 francs pour l'église, s'ils allaient tous voter en faveur de M. de Latour.
4 Dans le Haut-Rhin.

qu'il est convaincu, — tenez-le pour certain, — qu'en temps
électoral autant qu'en temps de guerre, la ruse est licite et
l'embuscade permise.

En tous pays du monde, un jour de scrutin est un grand jour.
Jour d'effusion, de liberté, de royauté populaire. Les « hustings »
d'Angleterre sont célèbres pour leurs joies bruyantes, leurs
tumultes, leurs galas, leurs harangues. En France, s'il y a fête,
elle reste au plus profond des cœurs.

Cependant, c'est un dimanche. Les paysans viennent tous à
la messe matinale, pour assister à l'office, le plus grand nombre
pour causer sur le parvis. Mais, ce jour-là, tout le monde entend
la messe, car les gendarmes sont sur la place et défendent les
attroupements. Ni bruit, ni chants, ni groupes, ni discours en
plein vent. Si quelque voix s'élève, c'est celle d'un maire emporté
par le zèle, d'un commissaire de police enthousiaste, d'un
fonctionnaire qui ne peut se contenir[1]. Les groupes, c'est la
police qui les forme. Ils sont aux abords du scrutin, ils en
obstruent les portes, en gardent les avenues. Il y a là toute la
force publique que la commune peut mettre sur pied, tout ce
qu'elle compte de petits fonctionnaires, les bulletins officiels à
la main, reconnaissant, interpellant, exhortant les électeurs.
Ceux-ci passent en silence, entrent dans la salle, votent, et
s'esquivent.

Le secret du vote est l'ordre de la loi ; il est aussi sans doute
le vœu de l'administration. Contre lui pourtant, que de choses
conspirent ! la nature du papier, l'épaisseur du caractère, la
forme du bulletin, sa transparence. On cite un candidat gouvernemental, déjà célèbre par d'autres titres, qui remplaça, dans
une seule nuit, celle qui précédait le vote, tous ses bulletins par
d'autres imprimés sur papier diaphane. Notez aussi l'envoi des
bulletins officiels, piqués ou collés avec les cartes d'électeurs,
et dès lors faciles à reconnaître[2]. Ce sont les seuls, d'ailleurs,
en beaucoup d'endroits, que le bureau souffre sur sa table :
pratique illégale, mais que certains préfets recommandent[3].
Tout cela ne vaut pas de bons distributeurs.

1. V. les protestations de Cavaillon, de Millau, de Morannes (Maine-et-
Loire).
2. Usage à peu près universel.
3. Dépêche du préfet de Lot-et-Garonne, adressée aux maires de la circon-

« A Cavaillon, pendant les deux jours du vote, le commissaire de police, entouré d'une vingtaine d'agents de l'autorité : gardes champêtres, gardes-canaux, cantonniers, fourriers de ville, secrétaires de la mairie, officiers de pompiers et gendarmes, est resté en permanence dans les pas-perdus de l'hôtel de ville, seul endroit par où les électeurs pouvaient passer pour se rendre à la salle du scrutin. Là, à mesure que les électeurs de la campagne arrivaient, ils étaient entourés par les agents de l'autorité, qui leur faisaient exhiber non seulement leurs cartes d'électeurs, mais aussi leurs bulletins de vote ; et si ceux-ci portaient le nom du candidat de l'opposition, ils étaient enlevés de leurs mains et remplacés par d'autres au nom du candidat officiel [1]. »

A Milhau (Aveyron), trait pour trait, la scène est la même [2]. Et Milhau, Cavaillon sont des villes.

Que sera-ce donc des petits villages ?

A Candebroude, dans l'Aude, au sommet de l'escalier qui conduit à la salle du vote, on a placé le buste impérial entouré de l'écharpe du maire. Les bulletins officiels y reposent dans les plis des trois couleurs. Au-dessous de l'image auguste, le maire a écrit : « Venez me défendre à l'arme blanche... avec des bulletins » (a ajouté le judicieux instituteur). Un garde, orné de la plaque de ses fonctions, les prend et les distribue [3]. Avouons qu'il faut quelque assurance à un pauvre homme venant de son hameau pour traverser, tête haute, la haie des fonctionnaires, depuis le garde champêtre qui le suit de l'œil, jusqu'au maire qui le voit venir. Il y en a qui s'en vont sans voter. « J'ai trouvé, dit naïvement l'un d'eux, M. le maire et l'instituteur sur la porte, si *indisposés* à voter pour l'opposition, que je m'en suis allé sans déposer mon vote [4]. »

Tout est simple d'ailleurs pour les gens simples. Les bulletins opposants sont reconnus. On cite des maires de village qui n'ont pas scrupule de les ouvrir. Indiscrétion toute familière, sans doute, comme les admonestations qui l'accom-

scription de Villeneuve-d'Agen, le jour du vote. — Article du *Journal de la Vienne*, du 30 mai.
1. Protestation signée par cent électeurs.
2. Protestation signée par cent quarante électeurs.
3. Protestation de M. Mahul.
4. Dossier des élections du Gers.

pagnent, mais un peu trop paternelle pour un jour de scrutin !

Tel est le fonds commun des élections champêtres. Quelques-unes y tranchent à leur manière. On s'y égaie, on y chante, on y boit à l'anglaise. L'enthousiasme déborde, les auberges sont pleines. C'est un financier qui célèbre ses premières noces avec la politique. Les vins du Roussillon coulent à la gloire de M. Pereire. Dans l'Aveyron, les gens font ripaille en l'honneur de M. Calvet-Rogniat. Dans le village de Liaucous, on parle d'un veau égorgé la veille du vote et débité aux électeurs, sous cette devise : « Veau de M. Calvet. » Péché véniel, sans doute, de festoyer son monde. J'aime moins ces aumônes qui se font le jour du vote. Ainsi, au village de Ségur, des électeurs ont reçu, sous le pli qui apportait leur carte et les bulletins Calvet, *des bons d'un franc payables le jour du vote*. Les bons sont là...

En Alsace, comme en Flandre, la politique a de tout temps roulé des flots de bière. A Mulhouse et dans sa banlieue, M. Gros représente le gouvernement, M. Tachard l'indépendance. Tous deux sont riches, et les sceptiques diront qu'on a dû boire dans les deux camps. En tout cas, un trait curieux sépare essentiellement la liesse gouvernementale de la liesse de l'opposition. Le bruit s'est répandu, dans deux communes du canton de Guebwiller, que ceux qui voteraient pour M. Gros auraient à boire le jour du vote. Il suffirait de porter du scrutin au cabaret sa carte d'électeur. L'aubergiste reconnaîtrait les siens. En effet, voici la scène : tandis que le maire met un bulletin dans l'urne, l'adjoint prend la carte de l'électeur, regarde le maire, et sur un signe, y fait une corne, tantôt à droite, tantôt à gauche. La corne droite est la marque des élus, la gauche indique ceux qui ne boiront pas. Le second jour, dans un des bureaux, les assesseurs s'impatientèrent de ce manège. On en prit note au procès-verbal, et c'est ainsi qu'est venu jusqu'à nous ce tableau de mœurs, digne des crayons d'Hogarth.

A côté de ce laisser-aller, toute autre chose paraît bien pâle. Ainsi la loi a entouré d'un soin minutieux toutes les phases de l'acte souverain, depuis le moment où l'urne s'ouvre jusqu'à l'instant où l'arrêt populaire en sort. Les heures, les lieux, les assistants légaux, les clefs qui ferment l'urne, les bandes qui doivent la recouvrir, le dépouillement, les scrutateurs, tout est prévu, réglé, distribué : l'ordre est parfait et la sécurité légale incomparable. Les préfets ont touché les premiers à cet édifice de garantie. La loi prescrit pour l'ouverture une heure uniforme dans toute la France ; les préfets ont défait la loi[1]. Une à une, toutes les formalités protectrices se sont émiettées sous la main des maires. Les sous-préfets gémissent du petit nombre de procès-verbaux en bonne forme qui leur arrive des communes rurales. Il y a eu des conseillers municipaux expulsés du bureau par les maires pour avoir fait, sur la façon dont l'urne était placée, une observation indiscrète[2]. A Herrin (Nord), le dimanche soir, un électeur veut assister à la fermeture de la boîte : le maire le chasse ; il sort sans mot dire : une heure après, les gendarmes l'arrêtent et le conduisent à Valenciennes, où le procureur impérial le relâche.

Le premier inconvénient de ces vivacités municipales, c'est de violer la loi au delà de toute mesure ; le second, qui doit faire réfléchir l'administration la plus haute, c'est de soulever dans les communes des émeutes de défiances. Partout où les maires en ont fait à leur tête, le paysan se trouble, et l'on voit défiler les électeurs qui déclarent qu'ils étaient 50 à voter pour M. X. et qu'il ne s'est trouvé que 25 X. au dépouillement. On cherchera peut-être dans ce recueil quelques-uns de ces témoignages. On ne les y trouvera pas. Pourquoi ? Lecteur bienveillant, écoutez cette histoire :

Dans un petit village de l'arrondissement de Mirecourt, l'urne électorale, manquant de serrures, avait été fermée, le dimanche soir, par une bande de papier collée. Quand on reprit, le lundi matin, la suite des opérations légales, le garde champêtre de la commune s'avisa d'observer que la bande de papier n'était pas la même qu'il avait vue la veille au soir. A tort ou à raison, il en jugeait ainsi, tant et si bien que ce garde — unique dans son genre — s'en alla porter plainte au parquet de Mirecourt. Que croyez-vous qu'il en arriva ? Le lendemain, la justice se transportait à Savigny, mais c'est contre le garde qu'elle informait.

---

1. Le ministre les y a autorisés par une circulaire qu'on ne retrouve pas au *Bulletin officiel*. En certains lieux, le changement aux heures légales a été annoncé un peu à l'avance ; dans d'autres communes, l'heure indiquée sur les cartes diffère de celle de l'ouverture réelle des opérations électorales.
2. A Moulon (Gironde).

Traduit pour fausse nouvelle devant la police correctionnelle, il n'en réchappa qu'à la Cour.

V. — Conclusion.

Il faut maintenant laisser la parole aux documents eux-mêmes, seulement effleurés dans les pages qui précèdent. Ce livre n'est ni une dissertation, ni une polémique, ni un réquisitoire : c'est une enquête. Le fait n'y marche qu'escorté de ses preuves. Quelque enseignement aussi doit en sortir. Il ne faut pas craindre d'étudier sur le vif la vie politique contemporaine. Les gouvernements et les peuples ne sont dignes qu'à la condition de résister à cette épreuve. Tout savoir est le devoir des uns, tout voir est le droit des autres.

Nous tenons à le dire : ce n'est pas le principe du suffrage universel qui perdra quelque chose aux indiscrétions de cette histoire. Le suffrage universel n'est pas seulement une institution sacrée et souveraine, c'est toute une politique et presque un symbole. Il n'est pas seulement le fait, le Droit, le Juste, il est aussi l'Inévitable. Il est tout le présent et il est tout l'avenir. Le suffrage universel est l'honneur des multitudes, le gage des déshérités, la réconciliation des classes, la vie légale pour tous. C'est en lui seul qu'il faut désormais vivre, espérer et croire.

Même ennemi, il faut l'aimer. On a dit des gouvernements qu'ils n'étaient pas des tentes pour le repos ; il faut penser de la liberté qu'elle n'est pas seulement un portique pour la victoire. C'est à vous de justifier la liberté, en la faisant assez large pour embrasser, sans hypocrisie comme sans violence, tous les intérêts, tous les droits, toutes les classes ; — assez simple, pour être désormais, non seulement le dieu du petit nombre, mais le bien des masses, des ignorants, des pauvres ; — assez calme pour n'effrayer personne, assez radieuse pour éclairer tout le monde.

Ce qui sort désormais jugé de la lutte électorale, ce qui demeure vaincu par sa propre victoire, ce n'est ni le suffrage universel, ni le Gouvernement : c'est la pratique des candidatures administratives. Ce qui a donné là, une fois encore, son dernier mot et sa mesure, c'est la centralisation exhorbitante qui nous afflige. C'est par elle seule que le régime des candidatures officielles est possible. La plaie est là. Quand un gouvernement réformateur osera-t-il, voudra-t-il y porter le fer[1] ?

Quoi qu'il en soit, il est permis de dire que ce système électoral s'est, pour la dernière fois, montré devant la France. Il est désormais relégué au nombre des expédients dont l'histoire est pleine. Dans six ans, le Gouvernement ne le reprendra pas.

Donnera-t-il du moins, pendant les vingt jours, cette liberté de réunion, sans laquelle le libre choix des électeurs, la délibération sérieuse et vivante est au moins difficile ? Nous ne savons. Mais il se posera du moins un certain nombre de questions graves, qui importent au droit du pays et à la dignité du pouvoir.

Le suffrage universel, tel qu'il est pratiqué, est-il entouré de toutes les garanties de lumières et d'indépendance que l'esprit de nos lois lui assure ?

Le secret du vote est-il suffisamment protégé ? Les campagnes continueront-elles de voter sous l'œil des maires ? Peut-on laisser plus longtemps la présidence des opérations électorales à cette classe de fonctionnaires ?

Les circonscriptions électorales, même rétablies dans l'ordre qu'indique la nature, ne seront-elles pas toujours trop étendues? Ne faut-il pas, pour les rendre accessibles, en augmenter sensiblement le nombre? Les sections de vote ne sont-elles pas trop disséminées ? Entre la commune, bien souvent trop petite, et le canton, parfois trop grand, ne peut-on trouver un sage intermédiaire?

Les majorités ne font pas tout par le temps qui court. Plus on avance, plus il devient clair qu'à côté des suffrages qui se comptent il y a les suffrages qui se pèsent; que les minorités sont l'élément obscur, l'inconnue qu'il faut dégager, l'aiguille prophétique sur laquelle le pouvoir doit avoir l'œil fixé dans un pays libre.

Aujourd'hui, comme en 1857, le gouvernement a réuni plus de cinq millions de suffrages. Mais l'opposition qui ne comptait,

---

1. « ... Je fais également étudier une loi destinée à augmenter les attri-
« butions des conseils généraux et communaux, et à remédier à l'excès de la
« centralisation. »
(*Discours de l'Empereur à l'ouverture des Chambres, le 5 novembre.*)

il y a cinq ans, que 660 000 voix, peut en montrer aujourd'hui tout près de deux millions. Ajoutez les majorités triomphantes dont Paris se fait honneur; faites le compte des voix des villes, qui, mises à part des voix des campagnes, ont constitué presque partout l'administration en état de défaite flagrante.

Les questions politiques peuvent se poser sur deux terrains : le terrain légal, le terrain révolutionnaire. Les questions révolutionnaires ne se résolvent que par la force; les questions légales s'éclairent par la discussion, s'atténuent par les concessions, se décident par la prudence. Malgré les provocations et les imprudences, la question électorale ne s'est pas posée sur le terrain révolutionnaire; l'opposition a partout accepté la constitution et la dynastie; les minorités n'ont pas voté contre l'Empire. Jamais aspiration plus libérale ne fut plus marquée, plus légale, plus franche; jamais avertissement plus modéré, plus respectueux, plus paisible ne fut donné au pouvoir. Et si le Gouvernement reste sourd aux lointaines rumeurs de la liberté qui s'avance, qu'il regarde autour de lui tomber l'un après l'autre les soutiens des temps de dictature, et que le vide inattendu qu'un seul homme a pu laisser dans son système, lui montre qu'au temps où nous sommes, il n'y a que les institutions libres qui soient sûres de ne pas mourir.

Quant au pays, attentif, réveillé, revenu de ses vaines terreurs, épris de nouveau de contrôle et de garanties, paisible comme on l'est dans la loi, patient comme tout ce qui dure, uni dans un vœu légal, dans une aspiration commune, où les vieilles rancunes disparaissent, où les partis s'apaisent et se fondent,— il attendra longtemps peut-être, mais à coup sûr, ce que nulle force au monde ne peut refuser à une nation qui le demande : la Liberté !

Le Procès des Treize.

Le rôle important qu'avait joué M. Jules Ferry dans la lutte électorale de 1863 lui procura l'honneur d'être poursuivi avec les chefs du parti libéral et de figurer au *Procès des Treize*, qui s'ouvrit le 5 août 1864 devant la sixième Chambre du Tribunal de la Seine.

Quelques mots d'explication sont ici nécessaires.

Dans la soirée du dimanche 13 mars 1864, huit jours avant l'ouverture du scrutin pour l'élection de deux députés dans la première et la cinquième circonscription de la Seine, une réunion électorale, tenue chez l'un des candidats, M. Garnier-Pagès, et à laquelle assistait M. Carnot, candidat dans la première circonscription, fut dissoute par la police. En même temps une perquisition fut faite chez M. Dréo, gendre de Garnier-Pagès et habitant la même maison. Plusieurs correspondances furent saisies. Aucune suite ne fut d'abord donnée à cette affaire, mais le 16 juin, de nouvelles perquisitions furent faites chez divers citoyens (alors que la session législative était close depuis le 28 mai) et, à la date du 21 juillet, une ordonnance de M. de Gonet, juge d'instruction, renvoya MM. Garnier-Pagès, Carnot, Dréo, Hérold, Clamageran, Floquet, J. Ferry, Durier, Corbon, Jozon, Hérisson, Melsheim et Bory devant le Tribunal de police correctionnelle de la Seine, sous la prévention d'avoir en 1863 et 1864, fait partie d'une association dont le siège était à Paris, ladite association composée de plus de vingt personnes et non autorisée.

Les plus illustres avocats : J. Favre, Grévy, Marie, Dufaure, Sénard, Picard, Hébert, etc., se disputèrent l'honneur de défendre les prévenus. L'avocat de M. Jules Ferry était M. Berryer.

A l'audience du 5 août M. Dobignie, président de la 6e Chambre, procéda à l'interrogatoire des prévenus. Voici en quels termes s'exprima M. Jules Ferry[1] :

« M. LE PRÉSIDENT. — Faisiez-vous partie du Comité ?

M. FERRY. J'ai pris part à trois espèces d'actes. J'ai fait partie d'une réunion de jurisconsultes et d'avocats qui se sont mis à la disposition des électeurs depuis plusieurs années, en tout temps, à toute heure, en dehors de toutes les opérations électorales. J'ai été membre de plusieurs comités électoraux, qui ont agi électoralement pendant la période légale. Enfin, j'ai entretenu des correspondances soit individuelles, soit collectives, mais toujours accidentelles et électorales, avec différentes personnes. Le caractère de ces correspondances est tel qu'à moins d'interdire toute espèce de communications politiques et même privées entre les citoyens, il est impossible de les considérer comme constituant une affiliation.

« A cet égard, je précise un fait sur lequel M. le juge d'instruction m'a interrogé et qui importe à la défense d'un de mes honorables coprévenus. C'est moi qui suis un peu la cause de la présence de M. Melsheim dans le procès. J'ai échangé avec lui une correspondance qui est, je crois, comme le type de la plupart de celles que nous avons entretenues avec d'autres

1. Le *Procès des Treize*, Paris, Dentu, 1864, p. 45.

personnes. Après l'annulation de l'élection de M. de Bulach, M. Melsheim, avait écrit à M. Carnot une lettre, adressée à notre ancien domicile, rue Saint-Roch. On lui répondit par un ajournement. Le temps se passa et M. Melsheim, avec lequel j'ai de très anciens rapports de camaraderie (car nous avons été au collège ensemble), m'écrivit à moi personnellement, en m'exposant la situation électorale du Bas-Rhin, et en me demandant ce qu'on en pensait. Je lui répondis par une lettre que j'apporte au débat et qui est du 11 décembre 1863. Cette lettre caractérise parfaitement notre situation réciproque :

« MON CHER ET ANCIEN CAMARADE.

« W... me communique une lettre dans laquelle vous peignez la situation électorale de votre arrondissement ; vous l'appréciez de la façon la plus juste et la plus libérale à la fois. Entre M. de Bulach et M. Hallez-Claparède, pris pour ce qu'ils sont dans le fond des choses, on pourrait hésiter à choisir ; mais, entre les deux drapeaux qu'ils représentent, à l'heure qu'il est, le doute n'est plus possible. Si le *Courrier du Bas-Rhin* hésite, il est vendu tout simplement. Maintenant, que voulez-vous de nous? Est-ce une lettre du comité Carnot? Je vous l'aurai ; est-ce une lettre des députés Favre, Ollivier, Picard, etc.? Je vous l'aurai, si toutefois il entre dans les convenances de ces messieurs d'écrire, car leurs sentiments généreux dans ces sortes de conflits sont parfaitement connus. Je m'occuperai aussi du *Temps*, qui doit être fort goûté en Alsace. Quand votre collège sera convoqué, tout ce qui pourra être fait pour décider vos libéraux, sans effrayer vos conservateurs, sera fait dans la forme que vous indiquerez. D'un côté, il y a la liberté électorale, de l'autre, les habitudes despotiques, la courtisanerie, le servilisme, tout le système sous lequel nous sommes courbés. Entre les deux, aucun de vous n'hésitera... »

« A la suite de cette lettre, j'allai trouver M. Garnier-Pagès et j'obtins de lui une lettre que je ne signai pas, car j'estime que des consultations de ce genre ont besoin d'être signées par des personnes autorisées...

M. LE PRÉSIDENT. — Et qui peuvent prendre la direction de ces sortes de relations pour leur donner une plus grande impulsion.

M. JULES FAVRE. — Incontestablement.

M. LE PRÉSIDENT. — Il y a vraiment quelque chose de déplorable. Tous les avocats se mettent personnellement en cause. Il semble que tout le monde est partie au procès.

De TOUTES PARTS. — C'est que c'est vrai! c'est vrai!

M. EMMANUEL ARAGO. — Vous avez dit la vérité, M. le Président. Il y a treize prévenus, nous sommes onze défenseurs : cela fait vingt-quatre.

M. LE PRÉSIDENT. — Les défenseurs s'excitent les uns les autres; il y a une clameur qui empêche de poursuivre l'affaire avec le calme nécessaire : j'invite ces messieurs du barreau à ne pas interrompre.

M. FERRY. — En même temps que j'obtenais cette lettre de M. Garnier-Pagès, j'allai chez M. Jules Favre, qui écrivit dans le même sens. Voilà, Monsieur le Président, le caractère de notre correspondance et de notre affiliation. Si j'ai affilié M. Melsheim au comité de Paris, j'ai également affilié M. Jules Favre au comité de Schelestadt, de sorte qu'il n'est pas étonnant que nos avocats se regardent comme étant mêlés à cette affaire.

M. Ferry fait passer la lettre dont il vient de donner lecture à M. l'avocat impérial.

Dans la même audience, l'avocat impérial, Mahler, donna lecture d'un long réquisitoire qui souleva fréquemment les protestations des prévenus et de leurs défenseurs. C'est le lendemain, 6 août, que Jules Favre défenseur de Garnier-Pagès, prononça un magnifique plaidoyer, après lequel Berryer, au nom de tous les défenseurs, déclara renoncer à la parole :

« Élevés dans le respect de la magistrature, dit, en terminant sa déclaration, le grand orateur, nous renonçons à prolonger la défense, convaincus que nous sommes qu'après de telles paroles, après de telles démonstrations, après de telles vérités historiques, il n'y a pas un juge en France qui puisse prononcer une condamnation contre les hommes assis sur ces bancs. »

La 6e Chambre du Tribunal n'en condamna pas moins, après un délibéré de cinq heures, les treize prévenus, dont M. Jules Ferry, chacun solidairement à 500 francs d'amende et aux dépens, pour délit d'association illicite.

Les débats s'ouvrirent devant la Cour impériale de Paris (Chambre des appels correctionnels) le 24 novembre 1864. Les *Treize* étaient assistés des mêmes défenseurs qu'en première instance. Ce mémorable procès donna lieu, cette fois, à une série de plaidoiries éloquentes et de chaleureuses répliques. C'est à l'audience du 30 novembre que M. Berryer fut appelé à prendre la parole. Nous ne reproduirons de son plaidoyer que ce qui concerne directement la personne de M. Jules Ferry.

7

« ...Je n'insisterai pas en ce qui concerne mon client.
M. Ferry est dans ce procès, non seulement parce qu'il a pris
part au comité électoral de M. Garnier-Pagès, à la réunion de
la rue Saint-Roch, mais je crois qu'à son égard, il y a eu des
dispositions particulières. Je suis fâché de le dire, mais je ne
puis taire ce qui est dans ma conscience. M. Ferry est un des
auteurs du *Manuel électoral*, et c'est là un péché capital aux
yeux de l'Administration. M. Ferry a commis un autre gros
péché. Il a publié le volume de la *Lutte électorale :* il a mis au
jour tous ces faits de corruption électorale dont l'Administration
s'est rendue coupable et dont un citoyen honnête rougirait
d'être le complice : il a publié toutes les pièces produites lors
de la vérification des pouvoirs au Corps législatif. C'est là son
tort personnel ; mais cela ne fait pas, j'imagine, que le nombre
des personnes composant le comité Garnier-Pagès s'en trouve
accru en quoi que ce soit!... »

M. Dufaure, avocat de M. Durier, prit la parole après Berryer et
fit remarquer, comme son illustre confrère, que la véritable cause
de la poursuite était la publication du *Manuel électoral*, à laquelle
M. Jules Ferry avait pris une part si notable :

« Tout à l'heure, mon éminent confrère indiquait une circonstance particulière qui pouvait avoir attiré sur M. Ferry l'animad-
version du ministère public. Cette circonstance est commune à
M. Durier et à M. Ferry. Il s'est empressé de l'avouer ; il a participé
à la confection de ce petit *Manuel électoral* qui a été publié dès l'origine d'un mouvement électoral sérieux en France. Mais à qui le
ministère public pourra-t-il faire remonter l'idée de ce travail? Qui
a le mérite de l'avoir rendu opportun et nécessaire ? Il est facile de
le comprendre. Le décret du 24 novembre 1860 avait, dans un jour
imprévu, appelé la nation à prendre une part plus directe et plus
active à la discussion de ses affaires. Ce sont les termes mêmes du
préambule du décret. En conséquence, il avait permis la discussion
d'une adresse au début de chaque session ; la présentation d'amendements aux projets de loi ; la publication du compte rendu de
chaque séance. Il avait nommé des ministres sans portefeuille pour
concourir aux délibérations du Corps législatif. La Cour ne sait-elle
pas qu'une vie nouvelle, cette vie de discussions et de délibérations
qui, quoi qu'on en dise, est chère à notre pays, et dont il était
privé depuis dix à onze ans, allait renaître? Le mandat du député,
la loi en vertu de laquelle il est donné, prenaient tout à coup une
importance singulière. Cette loi électorale, qu'on connaissait à
peine, on a eu besoin de la connaître, et les commentaires sont
devenus indispensables. Eh bien! nos jeunes confrères ont eu le

mérite d'avoir porté leur attention sur cette loi, de l'avoir étudiée profondément et d'en avoir donné un commentaire exact, clair et irréprochable.... »

Dans sa réplique au réquisitoire du Procureur général Chabanacy de Marnas, Berryer, avec une hauteur d'éloquence incomparable, mit en relief la pression scandaleuse exercée par l'Empire sur les électeurs, et signala de nouveau l'importance du service qu'avait rendu M. Jules Ferry à la cause de la liberté en publiant le dossier de la candidature officielle :

« Pour ne pas m'égarer, pour ne pas aller trop loin, je citerai des pièces officielles. Je parlais hier de l'un des grands crimes de mon spirituel, courageux et intelligent client, M. Ferry, de sa publication de la *Lutte électorale*. Vraiment il est curieux de voir les pièces déposées encore aujourd'hui dans les archives du Corps législatif, et dont M. Ferry nous a donné des copies très fidèles.... »

Et après avoir cité différentes circulaires, des inspecteurs primaires aux instituteurs, des préfets aux maires, etc., Berryer renvoyait encore la Cour au volume de M. Jules Ferry, comme à la plus accablante des enquêtes dressées contre l'Empire.

L'arrêt de la Cour de Paris, rendu le 7 décembre 1864, rejeta, cela va sans dire, l'appel des Treize, mais leur procès était gagné devant l'opinion publique, et le véritable condamné, c'était le Gouvernement du 2 décembre.

Polémique avec Peyrat.

M. Jules Ferry se trouvait dès lors désigné pour figurer parmi les chefs du parti démocratique. En attendant que l'heure fût venue pour lui d'entrer au Corps législatif, il reprit vaillamment sa plume de journaliste et donna au *Temps* une série d'articles dont plusieurs sont des morceaux achevés qui s'élèvent au-dessus des polémiques courantes et de incidents de la politique quotidienne.

On croit intéressant de reproduire ici quelques-unes de ces brillantes études, parce qu'elles mettent dans tout leur jour les rares qualités de style qui, à côté des dons oratoires et des éminents mérites de l'homme d'action, caractérisent le talent de M. J. Ferry.

Dans le numéro de l'*Avenir national* du 17 novembre 1865, un publiciste distingué, M. Peyrat, annonçait la publication du grand ouvrage d'Edgar Quinet sur la *Révolution*.

M. Peyrat attaquait violemment l'œuvre de l'illustre exilé qu'il qualifiait « de satire contre la Révolution, de réquisitoire violent et calomnieux contre les principaux révolutionnaires ». Il reprochait au livre « de n'avoir ni ordre, ni plan, ni proportion », puis, abordant le fond, accusait Quinet de blâmer les chefs de la Révolution d'avoir proclamé et exercé la *Dictature ;* de soutenir cette thèse qu'une pareille dictature a été un fléau et un crime, « un

crime parce qu'elle était inutile, et un fléau parce qu'en habituant
les Français à un regain passager d'arbitraire et de terreur, elle
leur a fait perdre le sentiment et la dignité des peuples libres et les
a préparés à subir toutes les tyrannies ». Peyrat traitait la première
de ces idées d'aberration et d'inconséquence, la seconde de lieu-
commun[1].

Dans les articles suivants[2], Peyrat continuait sa philippique,
affirmant que « la dictature du Comité de Salut public a seule pu
assurer le triomphe de la Révolution »; faisant grief à Quinet d'avoir
dit que Robespierre, Saint-Just, Billaud-Varennes « voulurent
changer ce qui avait été un accident en un état permanent », c'est-
à-dire ériger la dictature en principe de gouvernement; opposant
le prétendu libéralisme de Robespierre en matière religieuse à la
prétendue intolérance de Quinet, et terminant enfin la série de ses
critiques par une apologie virulente du jacobinisme et des Jacobins:
« Historiquement, oui, mille fois, nous sommes Jacobins, c'est-à-dire
convaincus que les Jacobins ont seuls bien compris, bien conduit et
définitivement sauvé la Révolution ».

A cette thèse historique, qui a été maintes fois renouvelée par des
écrivains aussi ardents, quoique moins bien doués que Peyrat,
M. Jules Ferry opposa une suite de considérations éloquentes où il
combattit la doctrine du Salut public, invoquée par le second
Empire pour justifier le pire despotisme, et loua Quinet d'avoir fait
le procès à la dictature révolutionnaire et à la Terreur. Il est piquant
de reproduire ces beaux morceaux d'histoire, après les récentes
discussions qu'a soulevées la pièce de M. Sardou, *Thermidor*, et le
discours de M. Clémenceau où se trouve développée la théorie
du *bloc*.

Les revenants.

Un journal qui a pour spécialité de morigéner la démocratie
contemporaine, trop large et trop généreuse à son gré, l'*Avenir
national*, fulmine, depuis un grand mois, contre le beau livre de
M. Quinet, le plus violent des réquisitoires.

Il ne faut ni s'en étonner ni s'en plaindre.

Toute secte est hautaine, dogmatique, intolérante. Celle-ci
s'intitule l'école « de la tradition révolutionnaire ». Mais il en
est d'elle comme de ces enfants qui n'ont retenu du type
paternel que les travers. Ces continuateurs de la Révolution
n'ont hérité que de ses sophismes, de ses déclamations et de
ses haines. Une dévotion étroite, malsaine, pour les hommes

1. *Avenir national*, n° du 20 novembre 1865.
2. *Avenir national*, n°° des 3, 9, 12, 18, 24 janvier 1866.

de la Terreur est le principal article de leur *Credo*. Renier la légende qu'ils nous ont faite, est un crime qu'ils ne pardonnent pas.

Pour l'avoir osé, M. Michelet a été couvert d'invectives; M. Lanfrey a suscité d'implacables ressentiments. A son tour, M. Quinet, qu'on pouvait croire mieux défendu par la dignité de l'exil, apprend, sous la férule de M. Peyrat, ce qu'il en coûte toujours pour abattre les faux dieux.

Le jacobinisme, puisqu'il veut qu'on l'appelle par son nom, est intimement mêlé, depuis quarante ans, aux destinées de la démocratie française. Il y apparaît tantôt comme un sentiment, tantôt comme un système. Quand la France nouvelle, ramenée par la force aux traditions qu'elle avait violemment rompues, condamnée à pleurer le 21 janvier et à indemniser l'émigration, tremblait, non sans quelque raison, pour les plus chères de ses conquêtes, quand les conventionnels vieillissaient dans l'exil, quand la Révolution était réduite à cacher son nom, ses couleurs et ses souvenirs, la religion jacobine et la religion bonapartiste naquirent côte à côte, comme un fruit amer de la défaite et de la colère. De bons esprits purent s'engouer de Saint-Just et de Robespierre, Marat fut tiré des gémonies. Dans cette piété hardie pour les choses tombées, il entrait alors plus de chevalerie que de système. Mais aujourd'hui tout est bien changé. La société moderne n'est contestée par âme qui vive : l'ancien régime n'existe plus que pour les vieux journaux qui ne veulent pas perdre l'habitude de le pourfendre. Au sein d'une démocratie débordante, qui, au lieu d'ennemis, n'a que des flagorneurs, le jacobinisme n'est plus une arme de guerre, mais un péril, car il représente parmi nous quelque chose de plus triste que le souvenir des échafauds : le Préjugé de la Dictature.

Au dix-neuvième siècle, il n'existe plus de tyrannies, il n'y a que des dictatures. On ne nie pas la liberté, on la fait attendre. L'absolutisme ne prétend plus remplir, en nos temps troublés, qu'un office transitoire : c'est un pédagogue, un éducateur plutôt qu'un maître. Napoléon Ier remettait au règne de son fils la fondation d'un régime libre : il subordonnait la liberté à la victoire. M. de Bismarck n'a contre la liberté prussienne qu'un grief : elle pourrait l'empêcher de s'agrandir à sa manière : il subordonne la liberté à l'annexion. Je blasphème sans doute.

mais j'ose dire qu'en suspendant la Constitution jusqu'à la paix, la Convention ne faisait pas autre chose.

De sorte qu'il est vrai de dire que la doctrine du salut public est, par le temps qui court, la dernière citadelle du despotisme.

La doctrine du salut public, c'est la liberté subordonnée : de quel front osez-vous vous plaindre qu'on la subordonne aux principes conservateurs, si vous la subordonnez vous-même aux nécessités révolutionnaires?

La doctrine du salut public est la source frauduleuse de toutes nos misères ; elle nous énerve, nous déprave et nous livre. Elle nous commet en des alliances, hélas! autrement dangereuses équivoques, corruptrices que toutes les coalitions, réelles ou imaginaires, que l'Eglise jacobine reproche incessamment au parti de la liberté ! Cela ne se démontre pas, mais il suffit d'avoir âge d'homme pour le sentir.

Or, la pierre angulaire de la doctrine du salut public, c'est l'apologie de la Terreur. Le plus lourd anneau de la chaîne, c'est nous qui l'avons forgé.

Si l'on veut se convaincre que l'apologie de la Terreur ne peut plus être dans un homme de ce temps-ci une fantaisie historique, une relique inoffensive, il n'y a qu'à lire les philippiques de l'*Avenir*. L'histoire de la dictature révolutionnaire y est présentée comme une solennelle expérience « qui justifie, en fait, la doctrine du salut public plus explicitement que Machiavel, Montesquieu et Rousseau ne l'ont justifiée en théorie ». M. Peyrat accepte d'ailleurs, en même temps que le titre de jacobin, la qualification « d'autoritaire ». Il n'y a que celle de « césarien » qui lui fait « hausser les épaules », ce que l'on ne comprend guère en vérité, de la part de l'écrivain qui accepte si gaiement les deux premières, et qui professe ouvertement « que la question n'est pas d'affaiblir le pouvoir, mais de s'en saisir ». Je sais bien qu'on s'en tire en affirmant, d'un ton dogmatique, qu'il n'y a aucune confusion possible « entre les attentats des ambitieux et des usurpateurs, et l'apparition soudaine d'un pouvoir dictatorial qui, dans une crise suprême, pour un danger évident et universellement reconnu, domine momentanément le système entier des lois politiques, civiles et pénales ». Hélas! entre ces deux despotismes, la *direction d'intention* est toute la différence. Les Jacobins sont les casuistes de la liberté.

C'est contre la doctrine du salut public que M. Quinet a fait son livre. Et, pour en finir d'un coup, il marche droit au monstre. Il fait le procès à la dictature révolutionnaire, à la Terreur ; il en nie la nécessité : il affirme que la Révolution pouvait se sauver par la justice. A l'honneur de Robespierre, il préfère l'honneur de la liberté.

Voilà la pensée du livre ; elle s'y répand en flots d'éloquence ; elle donne à tout l'ouvrage une unité majestueuse et convaincante. Libre aux néo-jacobins de la déclarer « anti-philosophique, anti-historique, anti-révolutionnaire ». Celui qui aura démontré que la Terreur n'était pas nécessaire, celui qui aura débarrassé la démocratie de ce rêve de dictature, qui tantôt la remue comme une tentation, tantôt l'obsède comme un cauchemar, celui-là aura bien mérité de l'avenir : il pourra braver la grosse voix de ces revenants de 1793, assez épris de leurs souvenirs, assez aveuglés par leurs propres systèmes, pour s'imaginer qu'en France, le gouvernement démocratique puisse jamais se fonder sur l'esprit de coterie et d'intolérance.

Il importait, avant toutes choses, de rétablir la philosophie de ce bel ouvrage, à l'encontre de tant de gens qui la méconnaissent ou qui la calomnient. Mais il ne faut pas attendre des néo-jacobins qu'ils acceptent la question comme M. Quinet la pose. C'est leur habileté de la noyer dans les faits, de l'écraser sous les détails, de l'obscurcir par l'invective. Suivons-les donc sur le terrain étroit où ils s'évertuent, et voyons si la légende jacobine se tirera des mains puissantes qui viennent de la saisir [1].

Les doctrinaires de la Terreur.

Avant d'examiner historiquement, comme il convient, ce lieu commun de la Nécessité de la Terreur, que nous voulons chasser du milieu de nous, — non pour réjouir les ennemis de la démocratie, mais pour les confondre, — il faut vider une question préliminaire.

1. *Le Temps*, n° du 6 janvier 1866.

Une équivoque plane sur le débat.

M. Quinet accuse les dictateurs du Comité de salut public d'avoir systématisé la Terreur.

M. Peyrat proteste avec énergie. Il met au défi de citer une phrase, « un mot », des discours de Robespierre, de Saint-Just, de Billaud-Varennes, qui justifie cette imputation. M. Quinet les calomnie, et il calomnie sans preuves. « Tout prouve au contraire que la dictature n'a été pour eux qu'une machine de guerre, et qu'ils n'en ont fait usage, *avec la plus grande répugnance*, qu'au moment suprême, et sous le coup de la plus impérieuse nécessité. »

Cette opinion, souvent émise, constitue ce qu'on peut appeler la pudeur du jacobinisme moderne ; elle sert d'oreiller à beaucoup de gens d'honnête et douce humeur, qui n'osent ni accepter ni renier la terrible tradition, et, désireux avant tout de ne se brouiller ni avec les vivants ni avec les morts, redoutent plus, sur les questions de ce genre, la controverse que l'inconséquence.

C'est pour cela que l'objection veut qu'on s'y arrête. Si l'on ne peut ramener les terroristes résolus, il n'est peut-être pas impossible de convertir le jacobinisme inconséquent.

L'équivoque consiste, ce me semble, à confondre deux choses qu'il est nécessaire de distinguer.

Il y a deux parts à faire dans les violences révolutionnaires : celle de l'instinct et celle du système.

Toutes les mesures révolutionnaires : la loi des suspects comme le maximum, l'emprunt forcé comme le tribunal révolutionnaire, la levée en masse aussi bien que l'échafaud, tout ce qui fut héroïque et tout ce qui fut barbare, naquit, à certains jours, de l'instinct populaire, exalté et déchaîné, ivre de colère, de patriotisme et de terreur. Envahie, affamée, trahie, sans chefs, sans lumière et sans pain, la foule eut peur et devint terrible.

Dès la fin de 1791, entre une royauté suspecte et une assemblée impuissante, sous l'action dissolvante des troubles religieux et la pression croissante de la famine, le délire populaire commence. La guerre, l'invasion, la défaite, la trahison le poussent au comble. Les municipalités effarées inventent le maximum, bien avant que la Convention le ratifie. Les prisons s'emplissent de suspects, bien avant que Merlin, le jurisconsulte, eût formulé ses sinistres catégories. La multitude promène dans les rues et dans les prisons sa justice expéditive. Le peuple a pris, comme disait Danton, « l'initiative de la Terreur ».

C'est de celle-ci qu'il est vrai de dire, qu'elle ne constitue ni une théorie, ni un système : œuvre des multitudes irresponsables, fruit ordinaire des longues servitudes et des iniquités séculaires.

Mais voici venir, à la remorque, les hommes d'État, les légistes : et la Terreur va changer de caractère.

La fureur populaire est comme la tempête : elle s'apaise d'elle-même. Si les hommes d'État la maintiennent, la divisent, l'enrégimentent, s'ils l'organisent pour la rendre durable, n'aura-t-on pas le droit de dire qu'ils en ont fait un système ?

Il est de l'essence de la peur de diminuer avec le péril ; mais la terreur systématique s'accroîtra dans la même proportion que la victoire ; elle deviendra d'autant plus pesante qu'elle aura plus duré, d'autant plus dogmatique qu'elle sera moins nécessaire ; et le jour où la lassitude et l'horreur universelles secoueront sa tyrannie sanglante, elle tombera de toutes pièces, sans une rétractation, sans une défaillance, sans un remords.

La conscience humaine ne s'y est pas trompée : elle n'a jamais confondu les désespoirs de la multitude avec les froides cruautés des politiques ; elle n'impute à la démocratie que la théorie, elle ne lui demande compte que du sophisme. Mais, s'écrie-t-on avec une étrange insistance, où est-elle, cette théorie ? Qui l'a écrit, professé, pratiqué, ce sophisme ?

Qui ? vos Saints ? Robespierre, Saint-Just, Billaud-Varennes, toute l'école.

Du premier jour, le gouvernement révolutionnaire, décrété le 10 octobre 1793, pour durer « jusqu'à la paix », non seulement n'a pas d'autre pratique, mais ne professe pas d'autre théorie. « Le gouvernement révolutionnaire, dit Billaud-Varennes, doit *mettre la terreur à l'ordre du jour*. Et il regrette, en termes que M. Peyrat fera bien de relire, le temps perdu pour l'échafaud. (Rapport sur l'organisation du gouvernement révolutionnaire, 18 novembre 1793.)

Est-ce là ce que M. Peyrat appelle, par un euphémisme admirable, terroriser « avec répugnance » !

Mais, dit-on, c'est avant tout un fait de guerre : dans l'esprit des dictateurs la dictature doit cesser avec la guerre. — Attendez.

Le gouvernement révolutionnaire compte ses journées par ses victoires. La campagne de 1793 vient de s'achever par une moisson de gloire : Carnot et Jourdan ont débloqué Maubeuge. Hoche a repris les lignes de Wissembourg, la flotte anglaise est chassée de Toulon. Lyon n'est plus, la grande armée vendéenne couvre de ses débris les deux rives et les flots de la Loire. Du sein de la République, rassurée et triomphante, s'élève un cri de justice et de pitié, le plus éloquent peut-être qu'il ait été donné à la parole humaine de jeter au ciel aveugle et sourd. Camille écrit le *Vieux Cordelier*. Qui va répondre? le rapporteur du Comité de Salut public, Robespierre :

> Si le ressort du gouvernement populaire dans la paix est la vertu, le ressort du gouvernement populaire en révolution, c'est à la fois la vertu et la terreur : la vertu, sans laquelle la terreur est funeste, la terreur, sans laquelle la vertu est impuissante. La terreur n'est autre chose que la vertu prompte, sévère, inflexible : elle est donc une émanation de la vertu ; elle est moins un principe particulier qu'une conséquence du principe général de la démocratie, appliquée aux plus puissants besoins de la patrie. — On a dit que la terreur était le ressort du gouvernement despotique. Le vôtre ressemble-t-il donc au despotisme? Oui, comme le glaive qui brille dans les mains des héros de la liberté ressemble à celui dont les satellites de la tyrannie sont armés. Que le despote gouverne par la terreur les sujets abrutis : il a raison comme despote; domptez par la terreur les ennemis de la liberté, et vous aurez raison comme fondateurs de la République. Le gouvernement de la Révolution est le despotisme de la liberté contre la tyrannie (5 février 1794).

Le reconnaissez-vous, l'éternel sophisme de la Dictature? L'esprit de système a-t-il jamais tenu un plus impérieux langage?

La Dictature révolutionnaire n'a pas échappé à cette loi historique de toute dictature, qui est de devenir promptement systématique, et de ne pas savoir finir.

On a d'abord prorogé la liberté jusqu'après la victoire. On la remet bientôt au lendemain de l'extermination des traîtres, des conspirateurs, des modérés, des indifférents. « Ce qui constitue

la République, dit Saint-Just, c'est la destruction totale de ce
qui lui est opposé. Vous avez à punir non seulement la trahison, mais l'indifférence. » — « La protection sociale, ajoute
Robespierre, n'est due qu'aux citoyens paisibles ; il n'y a de
citoyens dans la République que les républicains. » Et alors
commence le sanglant défilé des conspirations imaginaires :
celle des indulgents et celles des ultra-révolutionnaires, celles
des athées et celles des corrompus, celles des hommes d'État
celles des esprits faibles, celle de Danton et celle de Cloots,
tombant l'un après l'autre dans ce ruisseau de sang dont la
République devait sortir souillée, décimée, amoindrie, compromise pour cinquante ans !

On dit que les terroristes n'étaient pas systématiques ? Ils
étaient mieux que cela : ils étaient hallucinés.

L'hallucination du soupçon est visible chez Robespierre ;
elle s'y double bientôt de l'hallucination de la toute-
puissance.

A ce moment le système est à son comble. La Terreur n'est
plus seulement un instrument de guerre, c'est une éducation,
une discipline. Quand elle aurait anéanti tous les conspirateurs,
elle n'aurait pas achevé son œuvre, car il reste une conspiration plus dangereuse que toutes les autres : « celle du vice et
de l'oisiveté ; » un ennemi encore à immoler, « la corruption, »
un nouveau « fédéralisme : l'immoralité ».

Et glissant sur la pente que nul ne remonte, la Dictature se
perd en cette monstrueuse et puérile rêverie d'une société
régénérée par l'échafaud, incroyable mélange d'atrocité et de
candeur, d'austérité naïve et de rigueur implacable, de littérature et de cruauté, utopie pédagogique, absurde et sanglante,
à laquelle resteront éternellement attachés les noms de Saint-
Just et de Robespierre.

Nous n'éprouvons, qu'on veuille bien le croire, aucun
plaisir à remuer ces souvenirs. Nous n'avons pas fait, non
plus, ce rêve de collège, d'une Révolution immaculée, sans
égarements ni colères.

M. Quinet a dit excellemment : « La suprême iniquité serait
de les juger par les règles des temps ordinaires. Assiégée par
l'univers, cette société se met au-dessus des lois. La fureur
devient une partie de la tactique. »

Aussi ne s'agit-il pas de juger des hommes, mais une tradition.

Les terroristes représentent, dans notre histoire, une des forces qui sauvent les révolutions dans les grands périls : l'esprit de suite et l'énergie. Mais ils n'y représentent pas la justice. La démocratie ne peut accepter de tradition que la justice.

J'admire, dans les murs de Saragosse, Palafox dressant la potence pour quiconque parlera de se rendre. Les Montagnards ne le cèdent à ce héros ni en audace ni en énergie. Les violents ont leur grandeur, quelquefois leur beauté. Qui l'a mieux fait voir que Danton?

Mais admirer les maximes de Saint-Just, s'incliner devant les déclamations de Robespierre, reconnaître là une philosophie qui ne soit pas médiocre, une politique qui ne soit pas odieuse, revendiquer cet héritage de lieux communs cruels et de rêves à courte vue, c'est un genre d'idolâtrie dont la démocratie moderne a trop souffert pour qu'elle songe à en renouer la chaîne, heureusement interrompue[1].

Girondins et Jacobins.

Il est dans l'histoire de la Révolution deux dates décisives, deux coups d'État qui se lient l'un à l'autre, comme la première et la dernière pierre de l'édifice : le 31 mai et le 18 brumaire.

Les premiers jacobins, les vrais, ne les séparaient pas. Il n'y avait pas si loin des bureaux du Comité de Salut public aux antichambres du Premier consul : d'illustres exemples l'ont fait voir. Les fauteurs de la dictature conventionnelle apparurent tous au coup d'État de Bonaparte. Un petit nombre seulement s'arrêta sur le seuil du Sénat conservateur. Les jacobins furent les meilleurs préfets de l'Empire.

Les néo-jacobins, qui se caractérisent surtout par l'inconséquence, ont tenté les premiers de distinguer entre le coup d'État démagogique et le coup d'État militaire, comme si l'on pouvait échapper à la souveraine logique des choses, comme si le sophisme du salut public n'était pas toujours le même.

1. *Le Temps*, du 11 janvier 1866.

C'est une formule monarchique, disait Buzot aux Montagnards, que votre mot : « Il faut agir. » La dictature est comme l'égoïsme ; on ne lui fait pas sa part.

M. Peyrat, du moins, ne méritera pas le reproche d'inconséquence. Il déclare nettement qu'après le 9 thermidor, la Révolution arrêtée, menacée, décimée, n'avait plus qu'un recours : le 18 brumaire.

La grande portée du livre de M. Quinet, sa force et son honneur, c'est d'avoir montré, d'une façon victorieuse, le chemin qui conduit d'un coup d'état à l'autre, non seulement par l'enchaînement des faits, visibles pour tout le monde, mais par l'étroite parenté des doctrines et le lien des causes profondes. Aussi, comme aucun livre ne renferme une critique plus haute du 18 brumaire. aucun n'est à la fois plus juste et plus amer pour la révolution qui porta les terroristes au pouvoir et jeta la Gironde aux gémonies.

Les Girondins attendaient cette justice tardive. Voici bientôt trois quarts de siècle qu'ils portent la peine d'avoir été vaincus. Les royalistes, les Jacobins ont jugé tour à tour ces jours terribles. Jusqu'au livre de M. Quinet, le testament politique des Girondins restait à faire. Entre les constitutionnels, qui ne leur pardonnent pas, et les montagnards, qu'ils exaspèrent, les plus éloquents, les plus généreux, les plus novateurs des révolutionnaires sont demeurés longtemps sans défenseurs. De tous les partis de la Révolution, c'est le seul, dit très bien M. Quinet, qui n'a pas eu de successeurs. Tous les grands travaux contemporains, depuis Thiers jusqu'à Buchez, depuis Michelet jusqu'à Louis Blanc, libéraux ou démocrates, hommes d'État et poètes, pour une raison ou pour une autre, les sacrifient. Lamartine entreprend d'élever un monument à leur gloire : à mi-chemin, il les trahit et passe à Robespierre. La république était entrée dans notre histoire sous une triple auréole d'éloquence, de grandeur d'âme et de génie, entre Brissot et Condorcet, Barbaroux et Gensonné, Vergniaud et madame Roland. Qui eût pu s'attendre à les voir reniés par les républicains d'un autre âge ?

Rien ne fait mieux voir, à mon sens, combien le culte de la force, et cette tradition de l'arbitraire, qui est le fond même de notre histoire, ont parmi nous pénétré les âmes. Pour tuer les

Girondins, on les accuse de ne pas savoir agir. Il n'en est venu jusqu'à nous qu'une image calomniée et travestie, mélange inconsistant d'incapacité et d'éloquence, de vanité et d'impuissance. Artistes, — on en convient, on l'exagère même, — mais rhéteurs et tracassiers, hésitants et déclamateurs, incapables de sauver la Révolution : leur présence était un embarras, leur suppression fut une délivrance.

Robespierre a tracé le premier ce portrait de fantaisie; depuis ce temps, on le recopie.

M. Peyrat s'est borné naturellement à le rééditer une fois de plus. L'article qu'il a consacré aux Girondins est aussi faux que le rapport de Saint-Just et l'acte d'accusation d'Amar.

Girondins et Jacobins appartenaient à la même génération révolutionnaire, celle que le tiers état mit si fièrement au monde, au moment où l'abdication volontaire des Constituants jetait la Révolution dans l'inconnu. Jeunes, ardents, obscurs, mais formés à la vie publique dans ces innombrables assemblées administratives où se concentrait de fait, depuis le 14 juillet 1789, le vrai gouvernement de la France, ces révolutionnaires de la seconde poussée n'étaient pas faits pour porter longtemps la monarchie. La République sortait des fautes des hommes, et surtout de la force des choses. La République, on l'a dit bien des fois, était dans la Constitution de 1791. Elle était dans le démembrement systématique du pouvoir, dans la prépondérance de l'assemblée; elle était surtout dans le système des administrations départementales et municipales électives. Mirabeau l'avait bien vu; et, dès l'année 1790, dans ces *notes* fameuses, monument immortel de clairvoyance politique et de monstruosité morale, il signalait à la cour le régime administratif, que lui-même avait appuyé, comme le véritable ennemi de la dynastie.

Dans cet intermède de *self-government*, que la France ne devait plus revoir, le pays devint républicain sans le savoir, sans le vouloir même. L'Assemblée législative fut le produit de cette situation sans exemple. Mais, chose remarquable, la minorité ardente, éloquente, clairvoyante qui fit porter à cette démocratie inconsciente toutes ses conséquences, était sortie des entrailles mêmes de la province. La République ne devait plus retrouver pareille fortune dans notre histoire.

Cette fois, les nécessités de la défense extérieure précipitèrent la crise. La monarchie se chargea d'achever elle-même
la démonstration commencée par la députation de la Gironde.
La royauté trahissait, appelait l'étranger, désorganisait la
défense. Il n'y a plus aujourd'hui, là-dessus, de doute possible.
Et, comme le démontre M. Quinet avec une précision et une
abondance de raisons admirables, la royauté ne pouvait pas ne
pas trahir. L'histoire ne connaît pas d'exemple d'un despotisme assez souple pour se laisser réduire, assez naïf pour se
découronner lui-même, assez désintéressé pour se donner des
maîtres. Là était la vraie chimère, la contradiction profonde
de la Constitution de 1791. Le peuple de Paris trancha le nœud
à sa manière : il fit le 10 août. Le 10 août est la journée de
l'instinct, dit ingénieusement M. Quinet. Mais avant l'instinct
du peuple, il y a la Gironde, qui lit tout haut dans le jeu de la
cour, qui dénonce, par la voix de Roland, de Brissot, de Gensonné, son inertie obstinée, et son hostilité secrète, qui la
frappe à mort par la voix de Vergniaud.

Admirez donc la justice de l'histoire ! Tandis que les Girondins préparent, fomentent, font éclater la République, Robespierre se bute, dans son journal, à la Constitution de 1791.
C'est un monarchien de la dernière heure. En juin 1792, le
club des Jacobins veut chasser Billaud-Varenne pour avoir osé
mettre en question la monarchie. — Et la tradition jacobine
reproche aux Girondins d'avoir manqué de résolution républicaine !

Les Girondins de la Législative veulent la guerre, la prêchent, la décident malgré les Jacobins et malgré Robespierre.
A la Convention, c'est Brissot qui la fait déclarer, le 1ᵉʳ février 1793, à l'Angleterre et à la Hollande. — Et ce sont les
Girondins qu'on accuse d'avoir manqué d'audace, d'enthousiasme national, de fierté révolutionnaire ! Et qui donc a frappé
les émigrés, décrété le camp sous Paris ? Les Girondins de la
Législative. Qui a organisé la première défense, poussé en
avant les premiers volontaires, ceux de l'Argonne et de Jemmapes, les plus militants, les plus incontestables de nos sauveurs ? Qui a rempli les colonnes du *Bulletin des lois*, dans ces
terribles mois de février et de mars 1793, de cette multitude
de décrets organisateurs, de guerre et de marine, que personne

ne peut effacer, et qui répondent si éloquemment au reproche
d'impuissance et de paralysie? Les Girondins à la Convention.
Qu'on cite une mesure de défense à laquelle ils aient refusé de
concourir? Une nécessité militaire qu'ils aient méconnue? Que
M. Peyrat ne dise donc pas que tant que les Girondins furent
debout, la Convention n'agissait pas. Ce lieu commun de toutes
les dictatures, ce prétexte de tous les despotismes qui sourit
aux Jacobins de l'*Avenir*, est faux neuf fois sur dix dans l'histoire : mais, appliqué aux Girondins, il est aussi odieux qu'incompréhensible.

En vérité, l'histoire de ces grands jours est écrite au rebours
des faits et du bon sens. Le plus grand reproche qu'il y ait à
faire aux Jacobins et à leurs pâles copistes, c'est de méconnaître,
dans cette crise héroïque de la France nouvelle, l'élan sincère
et l'ardeur naïve, l'enthousiasme national, la spontanéité révolutionnaire. On croirait, à les entendre, qu'il a fallu, pour
pousser la France aux frontières, le fouet des supplices et l'aiguillon de la peur. Entre l'héroïsme des quatorze armées et
l'échafaud de la place de la Révolution, il y aurait je ne sais
quelle relation mystérieuse, je ne sais quel rapport nécessaire,
dont la seule pensée est, pour le génie de la France, la plus
sanglante des injures, la plus imméritée des calomnies.

Il faudrait pourtant choisir : ou cesser de nous entretenir de
l'enthousiasme et des prodiges de 1792, ou reléguer parmi les
plus hideux sophismes de cette théorie de l'efficacité de la guillotine, au point de vue de la défense du territoire, sur laquelle
vivent, depuis soixante ans, tous les apologistes de la Terreur,
et qui serait grotesque, si elle n'était aussi sanglante.

La vérité, c'est que toutes ces grandes choses ne furent faites
ni par la Montagne, ni par la Gironde, mais par la France. On
a toujours écrit cette histoire les yeux fixés sur la Convention.
Dans notre fureur de centralisation, nous voulons tout centra-
liser, même l'esprit national, même le patriotisme.

Nous mettons toute la Révolution dans Paris, tandis que
Paris lui a porté, le 2 juin 1793, un des coups les plus terribles
qu'elle ait reçus[1].

Il paraît que l'*Avenir national* est blessé au cœur. Ce journal,

_____
1. *Le Temps*, du 30 janvier 1866.

dont le tempérament est d'excommunier et de requérir, condescend à discuter.

Nous avons parlé, dans notre dernier article sur le livre de M. Quinet, du lien intime qui existe entre le coup d'État du 31 mai et le coup d'État du 18 brumaire. Fondés tous deux sur la même thèse de salut public, il n'est point surprenant qu'ils aient eu les mêmes approbateurs. Et nous avons dit qu'il n'y avait pas si loin des bureaux de Comité de Salut public aux antichambres du Premier consul — qu'on retrouvra les complices du 31 mai parmi les approbateurs du 18 brumaire — que sous l'Empire enfin, un Jacobin faisait un excellent préfet.

Il y avait, pour répondre à cette thèse, qui n'est point nouvelle, sans doute, mais qui nous semble aussi juste qu'opportune, deux procédés: la logique ou l'histoire. Le procédé logique serait de beaucoup le meilleur. Qu'on expose, une bonne fois, cette théorie du Salut public, derrière laquelle s'abrita le 31 mai, et qu'on prouve qu'elle ne justifie pas toutes les dictatures, tous les despotismes! Problème difficile, et que la doctrine de la dictature, professée par M. Peyrat dans ses premiers articles, ne résout pas, à coup sûr. Nous l'avons montré précédemment, et nous attendons encore, sur ce point capital, la réponse de l'*Avenir*. Moins sûr que le procédé logique, le procédé historique est par cela même infiniment plus commode. Voici donc la question qu'on nous pose :

Quels sont les Jacobins, les vrais Jacobins, comme on les appelle, qui ont quitté les bureaux du Comité de Salut public, pour s'installer dans les antichambres du Premier consul et de l'Empereur? Parmi ceux qui ont été préfets, conseillers d'État, qui ont plié l'échine pour se faire prendre mesure d'un habit brodé, qu'on en nomme un, un seul, qui n'ait pas eu sa part et son rôle dans le 9 thermidor, c'est-à-dire dans cette journée où les vrais Jacobins furent vaincus en même temps que la Révolution. Encore un coup, pas de phrases et des noms propres.

Nous allons venir aux noms propres, mais nous sommes sûr d'avance que vous ne les accepterez pas. Que des Jacobins aient été préfets, conseillers d'État, aient plié l'échine, vous en convenez vous-même, mais ce sont des Jacobins impurs, selon vous, des Jacobins mauvais teint, car tous avaient trempé dans Thermidor.

A ce compte, où sont les Jacobins après Robespierre? Qui n'avait pas, à la Convention, trempé dans Thermidor? Qui n'avait pas, en ce jour de révolte et de justice, senti la hache sur sa tête? Qui n'avait pas répété, du Marais à la Montagne, le cri : A bas! à bas le tyran! Quand la Convention, poussée par ses triumvirs, de coup d'état en coup d'état, de proscription en proscription, d'échafaud en échafaud, jusque dans les derniers retranchements de son immense docilité, se releva furieuse et sanglante, elle fit tout entière tête au péril. On ne connut alors ni Thermidoriens ni Montagnards; on ne se demanda pas si Billaud-Varenne n'était pas plus farouche que Robespierre; si Saint-Just n'était pas fait d'un bronze plus pur que Barère et Collot d'Herbois. La France d'alors fit comme la Convention : elle respira, et l'histoire a fait comme la France.

Thermidor, c'est la fin de la Terreur, c'est le réveil de la justice et de la clémence, la défaite de l'épouvante, dans son incarnation la plus savante et la plus haute.

Qu'importe que la Terreur ait péri par les mains des pires terroristes? qu'importe qu'un Tallien ait personnifié l'humanité renaissante? Où l'*Avenir* a-t-il pu voir que nous entreprenions de réhabiliter la faction de Thermidor? Faites le procès aux Thermidoriens, et gagnez-le : aurez-vous donc pour cela gagné le procès de la Terreur?

Ce n'est pas en Thermidoriens et en non-Thermidoriens que les hommes de la Révolution se divisent, c'est en Terroristes et en non-Terroristes. Quand j'ai dit que le jacobinisme s'était réconcilié avec l'empire, j'ai parlé des Terroristes, des « fauteurs de la dictature conventionnelle », des vainqueurs de la Gironde, tenant pour aussi Jacobins, selon la langue vulgaire, Legendre et Tallien que Lebas et Soubrany. Et j'ai dit que, dans ce groupe nombreux et redoutable, qui avait fait le 31 mai, plus d'un s'est rencontré qui, pour les mêmes raisons, prit sa part du 18 brumaire; plus d'un qui s'y rallia, sauf à s'en repentir; plus d'un qui descendit jusqu'au fond la pente de la servitude.

Où est donc la calomnie?

Fouché, Réal, Merlin (de Douai), David, Treilhard, barons, comtes, ducs, sénateurs de l'Empire, où les placez-vous? Parmi les modérés de la Convention ou parmi les Jacobins de l'Empire?

Proconsuls sanglants, démagogues furieux, légistes implacables, sont-ils de ceux qu'on calomnie ? Chose remarquable : Fouché détruisit Lyon avec le fer et avec la poudre ; Réal, collègue de Chaumette et d'Hébert, déposa contre Brissot dans le procès des Girondins ; Treilhard fut dépêché contre eux à Bordeaux ; Merlin (de Douai) fit la loi des suspects ; David fut le panégyriste et l'émule de Marat. Les ennemis les plus signalés de la Gironde sont les premiers à faire leur cour à Bonaparte ? Dubois-Crancé et Roux-Fazillac le comblent d'avances avant brumaire, et, après le coup, attendent qu'on les chasse des ministères. C'est la course au clocher de la dictature : les Jacobins violents la laissent faire, et elle les déporte ; les Jacobins modérés l'aident, et elle les place. Le type du Jacobin rassis, c'est Cambacérès.

Homme de la Plaine, direz-vous ? Point : le meilleur ami de Robespierre. C'est lui qui demande le tribunal révolutionnaire, *séance tenante.* C'est lui qui révèle à Napoléon qu'il y avait du bon dans Robespierre, que c'était un homme d'ordre aussi : son mot fameux sur le 9 thermidor, qui fait la joie de l'*Avenir :* «Procès jugé, mais non plaidé, » est tiré du *Mémorial de Sainte-Hélène.*

Je n'ai point dit, — car il faut bien s'entendre, — que le 18 brumaire fut l'œuvre des Montagnards ; je n'ai point dit (cela serait absurde) qu'il n'y eut point de *modérés* dans les conseils du vainqueur : j'ai dit qu'en soi, le coup d'état n'avait point répugné aux Jacobins ; que ceux qui ne le firent point s'y rallièrent, ne fût-ce qu'un jour. Carnot fut ministre de la guerre après le 18 brumaire : est-il une preuve plus décisive ?

Je le sais, les Jacobins furent « *trahis* » ; c'est le mot dont vous vous servez vous-même. Ils furent dupés ; qui le conteste ? Ils le seront toujours, parce que, vers la force et vers la dictature, ils vont, comme l'alouette, au miroir. Voter contre l'Empire, la belle affaire ! Mais, derrière le 18 brumaire, ne pas apercevoir l'Empire : là est l'infirmité d'esprit, la pauvreté morale, l'inconséquence.

Aussi, les inflexibles, n'est-ce point dans le camp des Terroristes que vous-même allez les prendre ? Vous citez Laréveillère-Lépaux, le meilleur des directeurs, le plus honnête des patriotes, refusant, comme membre de l'Institut, son serment à

l'Empire, refusant une pension, et, pour vivre pauvre comme
alors on savait l'être, vendant sa maison et ses livres. « Encore
un Jacobin celui-là ! » Que dites-vous, chantre des Jacobins,
docteur ès sciences révolutionnaires ? Laréveillère, un Jacobin :
De l'espèce de Lanjuinais, je suppose. Laréveillère qui s'écrie
le 2 juin 1793, après que la Convention violentée a mis les
Vingt-deux en état d'arrestation provisoire : « Nous irons tous,
tous en prison. » Laréveillère, proscrit comme eux, un peu
plus tard ; Laréveillère rentrant en triomphe, après le 9 thermidor, avec Isnard, Henri Larivière, Louvet et Pontécoulant ?
Gardez vos saints, mais laissez-nous les nôtres.

L'Avenir, qui prend Laréveillère pour un jacobin, nous met,
par contre, au défi de citer des Jacobins devenus préfets de
l'empire. Ici, comme la logique des principes et des choses
n'est plus contenue par la hauteur des caractères, la liste des
ralliés s'allonge. Les noms obscurs de la grande Montagne
foisonnent dans l'Annuaire. Jean-Bon-Saint-André, Alquier,
Cavaignac, Saliceti, Cochon de Lapparent, pour ne citer que les
plus marquants, se casent dans les préfectures, s'étalent
dans les ambassades. Albitte, — un pur celui-là, un proscrit de
Thermidor; — Fréron, illustre mitrailleur; Borie, Thirion,
Drouet, passent, de proconsuls, sous-préfets ou juges, tandis
que les partisans de Marat, les Hentz, les Panis, les Bourdon
Léonard, mangent dans de petites places, dignes de leur médiocrité paisible, le pain de la bureaucratie impériale.

Ce n'est ni pour mettre les Montagnards en contradiction
avec eux-mêmes, ni pour constater une fois de plus la profondeur de la fragilité humaine, que nous rappelons et ces
noms et ces choses. Il n'y a pas contradiction, il y a rapport
direct, attraction logique entre le jacobinisme et la dictature.
L'Avenir en est lui-même la preuve vivante. Il paraît que nous
avons calomnié sa pensée en lui faisant dire qu'après le 9 thermidor la Révolution n'avait *qu'un recours :* le 18 brumaire. C'est
perspective et non « recours » qu'il faut lire. Va donc pour
« perspective ». Mais le mot est au moins ambigu, et, sans
chercher à le commenter par des citations très claires, que
M. Peyrat ne renierait pas, nous demandons aux gens de bonne
foi ce que signifie une tirade ainsi conçue — que nous citons
cette fois, tout au long :

Cette fois, les nécessités de la défense extérieure précipitèrent la crise. La monarchie se chargea d'achever elle-même la démonstration commencée par la députation de la Gironde. La royauté trahissait, appelait l'étranger, désorganisait la défense. Il n'y a plus aujourd'hui, là-dessus, de doute possible. Et, comme le démontre M. Quinet avec une précision et une abondance de raisons admirables, la royauté ne pouvait pas ne pas trahir. L'histoire ne connaît pas d'exemple d'un despotisme assez souple pour se laisser réduire, assez naïf pour se découronner lui-même, assez désintéressé pour se donner des maîtres. Là était la vraie chimère, la contradiction profonde de la Constitution de 1791. Le peuple de Paris trancha le nœud à sa manière : il fit le 10 août. Le 10 août est la journée de *l'instinct*, dit ingénieusement M. Quinet. Mais avant l'instinct du peuple, il y a la Gironde, qui lit tout haut dans le jeu de la cour, qui dénonce, par la voix de Roland, de Brissot, de Gensonné, son inertie obstinée, et son hostilité secrète, qui la frappe à mort par la voix de Vergniaud.

Admirez donc la justice de l'histoire ! Tandis que les Girondins préparent, fomentent, font éclater la République, Robespierre se butte, dans son journal, à la Constitution de 1791. C'est un monarchien de la dernière heure. En juin 1792, le club des Jacobins veut chasser Billaud-Varenne pour avoir osé mettre en question la monarchie. — Et la tradition jacobine reproche aux Girondins d'avoir manqué de résolution républicaine !

Les Girondins de la Législative veulent la guerre, la prêchent, la décident malgré les Jacobins et malgré Robespierre. A la Convention, c'est Brissot qui la fait déclarer, le 1ᵉʳ février 1793, à l'Angleterre et à la Hollande. — Et ce sont les Girondins qu'on accuse d'avoir manqué d'audace, d'enthousiasme national, de fierté révolutionnaire ! Et qui donc a frappé les émigrés, décrété le camp sous Paris ? Les Girondins de la Législative. Qui a organisé la première défense, poussé en avant les premiers volontaires, ceux de l'Argonne et de Jemmapes, les plus militants, les plus incontestables de nos sauveurs ? Qui a rempli les colonnes du *Bulletin des lois*, dans ces terribles mois de février et de mars 1793, de cette multitude de décrets organisateurs, de guerre et de marine, que personne

ne peut effacer, et qui répondent si éloquemment au reproche
d'impuissance et de paralysie? Les Girondins à la Convention.
Qu'on cite une mesure de défense à laquelle ils aient refusé de
concourir? Une nécessité militaire qu'ils aient méconnue? Que
M. Peyrat ne dise donc pas que tant que les Girondins furent
debout, la Convention n'agissait pas. Ce lieu commun de toutes
les dictatures, ce prétexte de tous les despotismes qui sourit
aux Jacobins de l'*Avenir*, est faux neuf fois sur dix dans l'histoire : mais, appliqué aux Girondins, il est aussi odieux qu'incompréhensible.

En vérité, l'histoire de ces grands jours est écrite au rebours
des faits et du bon sens. Le plus grand reproche qu'il y ait à
faire aux Jacobins et à leurs pâles copistes, c'est de méconnaître,
dans cette crise héroïque de la France nouvelle, l'élan sincère
et l'ardeur naïve, l'enthousiasme national, la spontanéité révolutionnaire. On croirait, à les entendre, qu'il a fallu, pour
pousser la France aux frontières, le fouet des supplices et l'aiguillon de la peur. Entre l'héroïsme des quatorze armées et
l'échafaud de la place de la Révolution, il y aurait je ne sais
quelle relation mystérieuse, je ne sais quel rapport nécessaire,
dont la seule pensée est, pour le génie de la France, la plus
sanglante des injures, la plus imméritée des calomnies.

Il faudrait pourtant choisir : ou cesser de nous entretenir de
l'enthousiasme et des prodiges de 1792, ou reléguer parmi les
plus hideux sophismes de cette théorie de l'efficacité de la guillotine, au point de vue de la défense du territoire, sur laquelle
vivent, depuis soixante ans, tous les apologistes de la Terreur,
et qui serait grotesque, si elle n'était aussi sanglante.

La vérité, c'est que toutes ces grandes choses ne furent faites
ni par la Montagne, ni par la Gironde, mais par la France. On
a toujours écrit cette histoire les yeux fixés sur la Convention.
Dans notre fureur de centralisation, nous voulons tout centra-
liser, même l'esprit national, même le patriotisme.

Nous mettons toute la Révolution dans Paris, tandis que
Paris lui a porté, le 2 juin 1793, un des coups les plus terribles
qu'elle ait reçus [1].

Il parait que l'*Avenir national* est blessé au cœur. Ce journal,

---

1. *Le Temps*, du 30 janvier 1866.

dont le tempérament est d'excommunier et de requérir, condescend à discuter.

Nous avons parlé, dans notre dernier article sur le livre de M. Quinet, du lien intime qui existe entre le coup d'État du 31 mai et le coup d'État du 18 brumaire. Fondés tous deux sur la même thèse de salut public, il n'est point surprenant qu'ils aient eu les mêmes approbateurs. Et nous avons dit qu'il n'y avait pas si loin des bureaux de Comité de Salut public aux antichambres du Premier consul — qu'on retrouvra les complices du 31 mai parmi les approbateurs du 18 brumaire — que sous l'Empire enfin, un Jacobin faisait un excellent préfet.

Il y avait, pour répondre à cette thèse, qui n'est point nouvelle, sans doute, mais qui nous semble aussi juste qu'opportune, deux procédés: la logique ou l'histoire. Le procédé logique serait de beaucoup le meilleur. Qu'on expose, une bonne fois, cette théorie du Salut public, derrière laquelle s'abrita le 31 mai, et qu'on prouve qu'elle ne justifie pas toutes les dictatures, tous les despotismes! Problème difficile, et que la doctrine de la dictature, professée par M. Peyrat dans ses premiers articles, ne résout pas, à coup sûr. Nous l'avons montré précédemment, et nous attendons encore, sur ce point capital, la réponse de l'*Avenir*. Moins sûr que le procédé logique, le procédé historique est par cela même infiniment plus commode. Voici donc la question qu'on nous pose :

Quels sont les Jacobins, les vrais Jacobins, comme on les appelle, qui ont quitté les bureaux du Comité de Salut public, pour s'installer dans les antichambres du Premier consul et de l'Empereur? Parmi ceux qui ont été préfets, conseillers d'État, qui ont plié l'échine pour se faire prendre mesure d'un habit brodé, qu'on en nomme un, un seul, qui n'ait pas eu sa part et son rôle dans le 9 thermidor, c'est-à-dire dans cette journée où les vrais Jacobins furent vaincus en même temps que la Révolution. Encore un coup, pas de phrases et des noms propres.

Nous allons venir aux noms propres, mais nous sommes sûr d'avance que vous ne les accepterez pas. Que des Jacobins aient été préfets, conseillers d'État, aient plié l'échine, vous en convenez vous-même, mais ce sont des Jacobins impurs, selon vous, des Jacobins mauvais teint, car tous avaient trempé dans Thermidor.

A ce compte, où sont les Jacobins après Robespierre? Qui n'avait pas, à la Convention, trempé dans Thermidor? Qui n'avait pas, en ce jour de révolte et de justice, senti la hache sur sa tête? Qui n'avait pas répété, du Marais à la Montagne, le cri : A bas! à bas le tyran! Quand la Convention, poussée par ses triumvirs, de coup d'état en coup d'état, de proscription en proscription, d'échafaud en échafaud, jusque dans les derniers retranchements de son immense docilité, se releva furieuse et sanglante, elle fit tout entière tête au péril. On ne connut alors ni Thermidoriens ni Montagnards; on ne se demanda pas si Billaud-Varenne n'était pas plus farouche que Robespierre; si Saint-Just n'était pas fait d'un bronze plus pur que Barère et Collot d'Herbois. La France d'alors fit comme la Convention : elle respira, et l'histoire a fait comme la France.

Thermidor, c'est la fin de la Terreur, c'est le réveil de la justice et de la clémence, la défaite de l'épouvante, dans son incarnation la plus savante et la plus haute.

Qu'importe que la Terreur ait péri par les mains des pires terroristes? qu'importe qu'un Tallien ait personnifié l'humanité renaissante? Où l'*Avenir* a-t-il pu voir que nous entreprenions de réhabiliter la faction de Thermidor? Faites le procès aux Thermidoriens, et gagnez-le : aurez-vous donc pour cela gagné le procès de la Terreur?

Ce n'est pas en Thermidoriens et en non-Thermidoriens que les hommes de la Révolution se divisent, c'est en Terroristes et en non-Terroristes. Quand j'ai dit que le jacobinisme s'était réconcilié avec l'empire, j'ai parlé des Terroristes, des « fauteurs de la dictature conventionnelle », des vainqueurs de la Gironde, tenant pour aussi Jacobins, selon la langue vulgaire, Legendre et Tallien que Lebas et Soubrany. Et j'ai dit que, dans ce groupe nombreux et redoutable, qui avait fait le 31 mai, plus d'un s'est rencontré qui, pour les mêmes raisons, prit sa part du 18 brumaire; plus d'un qui s'y rallia, sauf à s'en repentir; plus d'un qui descendit jusqu'au fond la pente de la servitude.

Où est donc la calomnie?

Fouché, Réal, Merlin (de Douai), David, Treilhard, barons, comtes, ducs, sénateurs de l'Empire, où les placez-vous? Parmi les modérés de la Convention ou parmi les Jacobins de l'Empire?

« Tant que les Jacobins sont maîtres du pouvoir, ils contiennent toutes les factions : après leur mort, les factions déchaînées prennent leur revanche ; elles font de la France un lieu de débauche et un coupe-gorge. Tant que les Jacobins gouvernent, dit M. Quinet lui-même, « ils opèrent le miracle d'empêcher la famine » ; quand ils sont renversés et immolés, la France n'a plus de pain. Tant que les Jacobins ont dans les mains les destinées du pays, tout cède à l'ascendant de la Révolution, la France marche de victoire en victoire ; quand les Jacobins ne commandent plus, ne donnent plus l'exemple et l'impulsion, la désobéissance, l'indiscipline et le découragement se mettent dans les armées ; nous éprouvons partout des revers. La Révolution s'arrête, recule ; la France se débat dans la misère ; elle n'a plus en *perspective* que le 18 brumaire. »

Dire qu'entre le 9 thermidor et le 18 brumaire, la liberté n'a pu contenir les factions de l'intérieur, ni maintenir la discipline des armées, ni donner au pays le pain, la sécurité et la gloire, n'est-ce pas proclamer la nécessité du 18 brumaire, et le vainqueur d'Arcole et des Pyramides parlait-il à la France un autre langage ?

Nous croyons avoir répondu aux questions de l'*Avenir*. Nous ne lui en posons qu'une, en revanche. Il paraît que ce journal a, quelque part, un petit concile démocratique, qu'il consulte sur les cas de conscience, — ce qui lui permet de juger, à l'occasion, qu'il est le seul, le vrai, le pur organe du parti. « Les « hommes les plus justement respectés *et les plus incontesta-* « *blement autorisés*, dit-il, se sont associés à ses critiques *de la* « *manière la plus explicite et dans les termes les plus concluants* ». Voilà qui est clair. L'*Avenir* n'a pas seulement des arguments, mais il a des certificats. Serait-il trop indiscret de lui demander de les produire ? De grâce, qui sont ces pères de l'Église qui ont prononcé contre le livre de M. Quinet et contre le journal le *Temps* l'excommunication majeure ? Les noms, s'il vous plaît, de ces patriarches du robespierrisme, de ces inconsolables de Thermidor ; les noms, s'il ne vous est pas défendu de les dire [1] ?

La discussion ne peut avancer avec un adversaire comme l'*Avenir*. Quand on lui parle 18 brumaire, il répond 9 thermidor. Il nous avait sommé de citer, par leurs noms, des Jacobins

1. *Le Temps*, du 2 février 1866.

ralliés au 18 brumaire. Nous lui en avons nommé dans toutes les nuances et dans tous les rangs du parti, des modérés et des furieux, des légistes et des proconsuls, des proscrits du 1er prairial et des patriotes du 2 septembre, des noms purs et des noms honnis, des chefs de file et de simples soldats. C'est moins aux hommes, avons-nous dit, qu'à la doctrine commune qu'il faut s'en prendre. Le jacobinisme accuse surtout la force de la tradition, la fatalité de l'histoire, l'empire des habitudes absolutistes, formées par le travail des siècles, et reparaissant sous d'autres noms, dans le culte des pouvoirs forts, le despotisme du Centre, la secrète tendresse pour la dictature. L'*Avenir* n'entend point de cette oreille, il ne voit dans ce débat qu'un prétexte à biographies, et s'obstine à le rapetisser au niveau d'une querelle rétrospective sur les meneurs du 9 thermidor. Grand bien lui fasse! Nous le laisserons s'acharner sur Tallien, Fréron et Barras, confondre l'acte de Thermidor, qui fut justice, avec la faction dite de Thermidor, qui ne fut que corruption; justifier la Terreur par la réaction thermidorienne, comme si les vengeances réactionnaires eussent été possibles sans les violences jacobines, la terreur blanche sans la terreur rouge. Divaguer n'est pas répondre.

Au moins faudrait-il, puisqu'on discute sur des noms, citer notre liste tout entière et n'en pas retrancher les plus marquants. Mais l'*Avenir* est essentiellement épurateur; il a la bonne tradition, il épluche le jacobinisme de telle façon qu'il n'y reste plus, à la fin, que Robespierre, Couthon et Saint-Just et les membres de la Commune. Je conviens qu'à ce compte, il est difficile de citer des Jacobins compromis dans le 18 brumaire, et l'*Avenir* triomphe commodément. Omettant ceux-ci, reniant ceux-là, et quand le Jacobin manque, prenant un Girondin, on a réponse à tout: et pour le lecteur naïf, on a toujours raison.

S'il existait pourtant quelque part un Jacobin notoire, incontestable, non un Jacobin de hasard, issu de la tourmente et du péril, mais un Jacobin de choix et de réflexion, un Jacobin avoué et fidèle, n'ayant jamais varié sur Robespierre, l'idole de sa jeunesse, le culte raisonné de son âge mûr, et si l'on vous montrait ce Jacobin doctrinaire, le seul peut-être que l'*Avenir* ne puisse renier, mêlant à l'éloge de Robespierre, l'apologie

du 18 brumaire, diriez-vous encore que les deux théories ne
sont pas sœurs, et que notre thèse est une calomnie?

Nous vous renvoyons donc simplement à un petit livre, plein
de verve et de talent, publié à Paris, en 1840. Vous y trouverez
de Robespierre, le portrait le plus grandiose, du gouvernement
parlementaire, la critique la plus acerbe, de l'opposition de
gauche tout entière, la plus violente caricature qu'on puisse
lire; et, à la fin du volume, en matière de conclusion, cette
apostrophe à M. Thiers, alors président du conseil, qui a
toute la valeur d'une profession de foi :

..... Secouez donc cette léthargie de la vie politique, ne vous
laissez point aller aux mortelles oscillations de ces luttes parlementaires, où vous compromettez votre gloire dans l'avenir, pour
quelques triomphes d'un moment. Laissez là cette agitation où vous
dépensez, sans profit pour votre pays et sans dédommagement
pour vous, les plus brillantes facultés que Dieu ait données à un
homme....., et, quand vous pouvez vous placer à côté de Machiavel
et vous rapprocher de M. Guizot, prenez garde de tomber au niveau
de M. Odilon Barrot et de M. Passy... Vous avez mieux à faire,
monsieur, qu'à défendre ou à ridiculiser des lieux communs, en
compagnie d'hommes médiocres. Vous avez, en écrivant l'histoire
de votre pays, à enseigner à la génération qui naît à la vie politique.
et qu'on égare par d'absurdes théories, comment une des plus
grandes, des plus justes et des plus magnifiques révolutions dont
l'histoire ait gardé le souvenir, a été poussée au crime et à l'absurde par l'influence des avocats et des idéologues, ces deux fléaux
de notre siècle : comment, depuis 50 ans, nous sommes engagés
dans une voie qui nous conduit à la misère, à l'anarchie et au
ridicule; comment tout est à refaire dans ce pays pour sauver par
le travail un peuple qui languit dans le bavardage : comment il vaut
mieux que l'ouvrier lise Barême que la Constitution des droits de
l'homme, et qu'il sera plus heureux et plus moral en mettant
chaque dimanche une poule au pot, qu'en jettant chaque cinq ans
une boule dans l'urne électorale. *Si vous aviez, monsieur, le prestige
et la puissance de l'homme dont vous allez écrire l'histoire, je vous
dirais qu'il y a quelque chose à faire de plus grand, de plus moral, de
plus exemplaire*, **un acte de justice divine à exécuter**, *et je vous
rappellerais ce qui se passait à Saint-Cloud le* **19 brumaire 1799,
ce grand jour de notre histoire, qui sera un jour de fête, si
jamais nous avons le sens commun.** Mais vous n'avez ni le
cheval blanc de Campo-Formio, ni Murat pour crier à ses gre-
nadiers : *En avant, marche!* contre les représentants non plus du
poignard, mais du *bavardage*.

Le jacobin qui appelait, en 1840, la *justice divine* sur le gouvernement des assemblées, peut, en 1865, faire l'éloge du 31 mai. C'est de la logique et de la franchise.

Un dernier mot, pour clore cette discussion, que l'*Avenir* ne reprendra pas. On avait parlé à plusieurs reprises, non sans solennité, de certains hauts patronages démocratiques, qui auraient prononcé entre M. Quinet et ses détracteurs, et couvert de leur autorité incontestable la polémique de l'*Avenir*. Nous avons demandé les noms. L'*Avenir* les refuse. Il n'a pas, dit-il, l'habitude de livrer à la publicité les communications de ses amis. — Pourquoi s'en fait-il donc un argument anonyme? — Nous les lui demandons, ajoute-t-il, sachant bien qu'il ne peut pas les dire. — Nous savions bien, en effet, que l'*Avenir* ne nommerait personne; mais pour une excellente raison, c'est qu'il n'a personne à nommer[1].

Nous n'avons aucun goût pour les personnalités. Si nous avons fait entrer dans un débat, sur l'esprit et les tendances du jacobinisme, l'opinion de M. Peyrat au sujet du 18 brumaire, c'était pour faire honneur à sa logique, non pour mettre en cause son caractère. Aujourd'hui, M. Peyrat retire de la façon la plus catégorique, et avec la plus parfaite abnégation, ce qu'il a écrit en 1840. Nous lui en donnons acte. Nous reproduirions, si cela était possible, l'article tout entier; il semble qu'il diminue un peu la distance qui nous sépare :

L'étude de la Révolution m'a appris, que l'état de la France, en 1799, quoique très grave, ne l'était point assez pour justifier le coup d'état et la dictature qui en fut la conséquence. Le maintien de la Constitution républicaine correspondait aux vœux et aux intérêts de l'immense majorité de la France.

La République était assez forte pour contenir ses adversaires.....

..... Elle avait pour elle les armées, composées encore en grande partie de ces volontaires partis en 92, quand la patrie était en danger, et qui avaient vaincu l'Europe pour vaincre la monarchie. Elle avait pour elle cent journalistes, tous les écrivains de quelque autorité, les poètes, les artistes, les acquéreurs nationaux, tous les propriétaires las de leurs incertitudes, tous ceux qui, en 89 et 99, ayant pris les armes pour elle et endossé l'uniforme national, avaient mérité par là le ressentiment des royalistes. *Les premiers amis de la Révolution lui étaient restés fidèles et ils étaient innombrables...*

1. *Le Temps*, du 5 février 1866.

Très juste et très bien dit. Mais cessez alors de pleurer sur le 9 Thermidor. Oui! le sentiment républicain et les intérêts révolutionnaires défendaient la République au dedans, les armées produites par le grand mouvement de 1792 suffisaient à la protéger au dehors : voilà nos vrais vainqueurs. La guillotine n'y était pas plus nécessaire que le sabre, et si la Révolution pouvait se passer de Bonaparte, elle n'avait pas non plus besoin de Robespierre[1].

Les Comptes fantastiques d'Haussmann.

A ces discussions théoriques allaient succéder des luttes plus personnelles et plus directes contre le César affaibli qui opprimait la France en la conduisant aux abîmes. A propos de la loi sur les coalitions qui vint en discussion dans les bureaux du Corps législatif en février 1864, Ollivier et Darimon s'étaient nettement séparés de leurs collègues de la gauche qui demandaient l'abrogation pure et simple des articles du Code pénal prohibant les coalitions. Au début de la session de 1865, la brouille devint définitive, et Gambetta, le futur chef des irréconciliables, exprima à Darimon son absolue défiance à l'endroit de l'opposition constitutionnelle[2]. Les mauvais jours étaient venus d'ailleurs pour le gouvernement césarien. La mort de M. de Morny (10 mars 1865) l'avait privé de son plus habile conseiller, le tiers-parti se constituait et réclamait l'extension des libertés parlementaires : Napoléon III s'inclinant avec humilité devant les sommations des États-Unis, faisait dire, dès le 5 février 1866, au malheureux empereur Maximilien, que l'évacuation commencerait dès l'automne, et il était dès lors évident que l'Empire aurait désorganisé nos forces en pure perte, sans retirer aucun fruit des trésors et du sang gaspillés dans cette expédition désastreuse. Enfin, les foudroyants succès de la Prusse à Sadowa (2 juillet 1866) en détruisant à notre préjudice l'équilibre européen, de mauvaises récoltes, des inondations, le déficit du Trésor confessé par M. Fould, avaient

1. *Le Temps*, du 7 février 1866.
2. V. Darimon, *Histoire de Douze ans.* p. 223.
L'auteur cite une assez curieuse conversation avec Gambetta, auquel il rapporte la paternité du mot d'*opportunisme* qui était appliqué par lui à la politique d'Ollivier et de ses amis :
« Eh bien! mon cher Gambetta, lui dis-je, il paraît que vous êtes en train de dépasser la Gauche?
— Que voulez-vous? me dit-il, nous sommes en présence d'un malade. Je vois bien qu'Ollivier et vous, vous lui préparez un enterrement de première classe. J'aurais consenti volontiers à aller jusqu'à l'église; mais je ne veux pas aller jusqu'au cimetière. — Nous nous quittâmes sur ce mot, et depuis je ne l'ai plus revu. »

irrité l'opinion publique et mis à nu tous les vices du régime personnel.

Pour faire diversion aux échecs de sa politique extérieure, l'Empereur qui, dans son discours du trône de 1866, avait paru peu enclin aux concessions libérales et venait d'interdire à tout autre pouvoir public que le Sénat, de discuter la Constitution (sénatus-consulte du 18 juillet 1866), revint bientôt, par une de ces contradictions qui étaient au fond de sa nature indécise, à la chimère de l'Empire constitutionnel : la fameuse lettre du 19 janvier 1867, suivie des décrets du même jour, ouvrit une première brèche dans le régime autoritaire, en restituant aux députés le droit d'interpellation et en autorisant les ministres à représenter par délégation le Gouvernement devant les Chambres. Napoléon promettait, en outre, une loi sur la presse, qui substituerait au pouvoir discrétionnaire de l'administration les douceurs de la juridiction correctionnelle, et une loi sur le droit de réunion ; par contre, la note impériale refusait nettement aux députés la faculté de devenir ministres. De là, un remaniement du ministère, la fureur des Mamelucks de l'Empire autoritaire, les édifiantes querelles de Rouher et d'Ollivier, le premier soutenu par les fanatiques de la droite impérialiste, comme Granier de Cassagnac, le second protégé par Walewski et le tiers-parti. Mais M. Walewski quitte la Présidence du Corps législatif le 29 mars 1867. L'incohérence préside plus que jamais à la marche du gouvernement. Dès le 14 mars, en terminant son interpellation sur la politique étrangère de l'Empire, M. Thiers avait dit à la tribune : « Prenez garde, il ne vous reste plus une seule faute à commettre! » Et voilà que les humiliations s'accumulent. Tandis que Maximilien est fusillé à Querétaro (16 juin) la Prusse nous brave ouvertement en publiant ses traités d'alliance avec l'Allemagne du Sud ; les négociations avec la Hollande pour la cession du Luxembourg (avril-mai) nous mettent sans profit à deux doigts de la guerre, l'attentat de Bérezovski (6 juin) épouvante le czar, et les splendeurs de l'Exposition universelle ne dissimulent pas la profonde désorganisation de notre pays aux souverains étrangers, hôtes des Tuileries. Le fameux « jamais » de M. Rouher (décembre) et l'intervention française à Rome nous brouillent avec la nation italienne, et le vote des lois sur la presse et sur le droit de réunion, arraché au Corps législatif, ne satisfait pas le parti libéral, qui ne voit dans cette prétendue réforme qu'une nouvelle métamorphose de l'arbitraire[1].

C'est à ce moment que M. Jules Ferry entre en scène et ouvre contre l'un des plus puissants fonctionnaires de l'Empire, contre M. Haussmann, l'autocrate de l'Hôtel-de-Ville, une campagne qui est restée célèbre. Avec le livre de Ténot. *Paris en décembre* 1851 août 1868), c'est à coup sûr le plus terrible réquisitoire qui ait été dirigé contre l'Empire à son déclin. Les *Comptes fantastiques d'Haus-*

---

1. 3 juillet 1868, saisie du *Réveil*, condamnation de Delescluze à trois mois de prison et 5 000 fr. d'amende.

smann, publiés d'abord par *le Temps*, doivent être reproduits ici ; car ils permettent d'apprécier à quel degré M. Jules Ferry réunissait les aptitudes spéciales, les qualités de style, la souplesse d'esprit, le courage et l'à-propos qui caractérisent les grands journalistes [1] :

A Messieurs les Membres de la Commission du Corps législatif chargés d'examiner le nouvel Emprunt de la Ville de Paris.

Messieurs,

Pour un citoyen de Paris, c'est une liberté grande de s'adresser à vous. Il est entendu qu'en tout ce qui touche leurs propres affaires, les Parisiens sont incapables, et que les gens du Cantal ou de la Lozère savent seuls ce qui nous convient. C'est pour cela que la majorité, dont vous êtes la fleur, n'a pas daigné ouvrir à un seul des élus de la ville de Paris l'accès d'une Commission qui tient entre ses mains notre présent et notre avenir. Je ne le dis pas, Messieurs, pour vous surfaire, mais c'est bien de cela qu'il s'agit. Vous pouvez, si vous le voulez, nous sauver de la catastrophe, à laquelle on nous conduit tête baissée ; mais si vous ne voulez ou n'osez, nous irons droit jusqu'au fossé. L'instant est critique, et M. le préfet de la Seine ne saurait, cette fois, se passer de vous. C'est un puissant seigneur, sans doute ; c'est plus qu'un grand personnage, c'est comme une des institutions fondamentales de ce temps. Il est entendu que les folies de la Ville font partie de la raison d'État. Mais comme vous tenez, comme on dit, le bon bout, j'ai toujours cru que le pouvoir avait, dans le fond, autant peur de vous que vous avez peur de lui. Soyez hommes, et vous le verrez bien.

Vous ne pourrez, dans tous les cas, prétexter d'ignorance. Tout vous avertit, et la vérité crie vers vous par-dessus les toits. Les humbles réflexions qui suivent, et qu'un journal [2], peu lu de vous sans doute, — malheureusement, — a bien voulu accueillir, sont à la portée de tout le monde. C'est des écrits de M. le préfet de la Seine que j'ai tiré tout mon savoir. Je ne suis point sorcier, comme vous le voyez. Mais vous, devant

---

1. Les *Comptes fantastiques d'Haussmann*, lettre adressée à MM. les membres de la Commission du Corps législatif chargés d'examiner le nouveau projet d'emprunt de la Ville de Paris, par JULES FERRY. Broch. in-8° de 95 p., dont 17 p. d'appendices. Paris, Le Chevallier, 1868.
2. *Le Temps*, du mois de décembre 1867 au mois de mai 1868.

qui tout voile doit tomber, tout arcane s'ouvrir, que de choses vous allez apprendre, qu'un pauvre journaliste ne peut voir. Il n'est vraiment pas de mission plus enviable que la vôtre, et c'est se faire honneur que de vous aider, si peu que ce soit, à la remplir.

I. — Position de la question.

Avant d'entrer en matière, permettez-moi, Messieurs, de bien poser la question qui s'agite, à cette heure, entre M. le préfet de la Seine et la population qu'il régente, impose, endette, triture depuis quinze ans, sans mesure et sans contrôle. Les Parisiens ne disent pas qu'il n'y eût rien à faire dans l'ancien Paris, au moment où M. le préfet a commencé son office destructeur; ils ne disent pas non plus que M. le préfet n'ait rien accompli d'utile ou de nécessaire. Nous reconnaissons qu'on a fait du nouveau Paris la plus belle auberge de la terre, et que les parasites des deux mondes ne trouvent rien de comparable. Nous tenons compte de ce qu'exigeait l'aménagement indispensable d'une grande ville, qui est la tête de ligne de tous les chemins de fer. Nous n'avons garde de dire que tout soit absolument mauvais dans ces innombrables trouées qui, dépeçant obliquement et dans tous les sens la vieille capitale, donnent à la nouvelle l'aspect déplaisant d'un casse-tête chinois. Nous le trouvons laid, pour notre compte, mais nous convenons que le mauvais goût de M. le préfet a ici pour complice le mauvais goût des architectes et d'une portion notable du public de ce temps-ci.

Nous sentons aussi que c'est peine perdue de regretter l'ancien Paris, le Paris historique et penseur, dont nous recueillons aujourd'hui les derniers soupirs; le Paris artiste et philosophe, où tant de gens modestes, appliqués aux travaux d'esprit, pouvaient vivre avec 3,000 livres de rente; où il existait des groupes, des voisinages, des quartiers, des traditions; où l'expropriation ne troublait pas à tout instant les relations anciennes, les plus chères habitudes; où l'artisan, qu'un système impitoyable chasse aujourd'hui du centre, habitait côte à côte avec le financier; où l'esprit était prisé plus haut que la richesse; où l'étranger, brutal et prodigue, ne donnait pas encore le ton aux

théâtres et aux mœurs. Ce vieux Paris, le Paris de Voltaire, de
Diderot et de Desmoulins, le Paris de 1830 et de 1848, nous le
pleurons de toutes les larmes de nos yeux, en voyant la magnifique et intolérable hôtellerie, la coûteuse cohue, la triomphante
vulgarité, le matérialisme épouvantable que nous léguons à nos
neveux. Mais, là encore, c'est peut-être la destinée qui s'accomplit. Nos reproches contre l'administration préfectorale sont
plus positifs et plus précis. Nous l'accusons d'avoir sacrifié
d'étrange façon à l'idée fixe et à l'esprit de système ; nous
l'accusons d'avoir immolé l'avenir tout entier à ses caprices et
à sa vaine gloire ; nous l'accusons d'avoir englouti, dans des
œuvres d'une utilité douteuse ou passagère, le patrimoine des
générations futures ; nous l'accusons de nous mener au triple
galop sur la pente des catastrophes.

Nos affaires sont conduites par un dissipateur, et nous plai-
dons en interdiction.

II. — Voltaire et M. Haussmann.

Trois conseillers d'État, de la maison de M. le préfet ou à peu
près, MM. Genteur, Alfred Blanche et Jolibois, vous ont fait
savoir, Messieurs, ce que la Préfecture attend de vous. La Ville
a emprunté, à la sourdine, 398 millions, qu'elle ne peut payer ;
elle veut prendre du temps et répartir sa dette sur soixante ans.
Voilà tout. Et l'on vous prie de voter sans phrases. Vous voterez
peut-être, mais vous poserez, au préalable, à l'administration
de la Ville, quelques questions auxquelles elle ne peut pas
se dispenser de répondre. Comment se trouve-t-on avoir
emprunté 398 millions sans que le Corps législatif y ait mis le
nez ? L'a-t-on fait avec droit, l'a-t-on fait avec prudence ?
La Ville ne doit-elle que ces 398 millions ? Le traité qu'elle a
passé avec le Crédit foncier est-il une liquidation ou un expédient ? Est-il nécessaire, indispensable, ou n'est-il, comme le
disent les gens de M. le préfet, qu'un superflu de précautions ?
La Ville de Paris est-elle vraiment au-dessus de ses affaires,
ou serait-elle par hasard au-dessous ?

Voilà ce qui importe, et ce de quoi MM. les conseillers d'État
à la suite ne paraissent guère se soucier. Leur exposé est un

modèle de discrétion cavalière, le chef-d'œuvre du sans-façon. Vraiment, Messieurs les députés, on vous traite en Gérontes. Examinez de près ce bel exposé, et vous verrez de quoi il est fait : dix lignes extraites d'un écrit de Voltaire et dix pages tirées du dernier mémoire de M. le préfet de la Seine. Ces deux choses ne sont point nouvelles. Il n'est qu'un conseiller d'État pour découvrir, de cet air triomphant, un des pamphlets les plus connus du grand agitateur du dix-huitième siècle. Voici le passage de Voltaire : « Il serait facile de démontrer qu'on peut, en moins de dix ans, faire de Paris la merveille du monde... Une pareille entreprise ferait la gloire d'une nation et un honneur immortel au corps de Ville, encouragerait tous les arts, attirerait les étrangers du bout de l'Europe, enrichirait l'État... Il en résulterait le bien de tout le monde et plus d'une sorte de bien... » On lit encore dans le même écrit ces lignes que la modestie des amis de M. Haussmann a pû seule les empêcher de transcrire : « Fasse le ciel qu'il se trouve quelque homme assez zélé pour embrasser de tels projets, d'une âme assez ferme pour les suivre, d'un esprit assez éclairé pour les rédiger, et qu'il soit assez accrédité pour les faire réussir. » On voit par là que M. Haussmann était clairement désigné dans les prophéties.

Certes, ce n'est pas nous qui reprocherons au Conseil d'État d'élever Voltaire au rang de prophète. Le Conseil pouvait plus mal choisir ses auteurs. Nous ne chicanerons même pas sur le sens de la prophétie. Voltaire, comme tous les gens de bon sens, était modeste dans son utopie ; si bien que, dans ce même article sur les embellissements de Paris, en l'année 1749, l'audacieux philosophe ne demandait pas plus de « quatre ou cinq mille ouvriers, pendant dix ans, » pour faire le nécessaire, avec cette condition : « *que tout l'argent soit fidèlement économisé ; que les projets soient reçus au concours ; que l'exécution soit au rabais.* » Voyez, comme tout de suite Voltaire devient un faux prophète. Rabais, concours, économie, ces mots si chers au précurseur de M. le préfet, n'ont pas de sens dans ses bureaux. Les plans se font et se défont à la vapeur, sans réflexion, sans prévoyance ; l'affaire actuelle en contient, à chaque pas, des preuves inimaginables. Les concessions se distribuent sous le manteau, par centaines de millions : le prin-

cipe de l'adjudication publique est relégué, comme celui de
concours, parmi les mythes d'un autre âge. Quant à l'économie,
le bilan de la Ville, que nous dresserons tout à l'heure, vous
fera voir, Messieurs, que, sur ce point, l'instinct public demeure
encore au-dessous de la réalité des choses. C'est là toute notre
querelle avec notre préfet. Et l'on voit que Voltaire est pour
nous dans cette affaire, et que nous ne sommes point contre
Voltaire. Embellir Paris, mais qui vous en empêche? Êtes-vous
donc le premier qui y ait mis la main ? Tous les régimes n'y
ont-ils pas travaillé l'un après l'autre, depuis tantôt quatre-
vingts ans? Mais vous n'embellissez pas, vous gâtez. Vous
n'embellissez pas, vous démolissez, vous endettez; vous écrasez
le présent, vous compromettez l'avenir, et ce sera une des
énigmes de ce temps-ci que de telles fantaisies aient pu se
tolérer aussi longtemps.

D'un peu de Voltaire et de beaucoup d'Haussmann, MM. les
conseillers d'État ont fait leur exposé. M. Haussmann est tout
simplement copié, copié textuellement, ou à peu près, et pas
même paraphrasé. MM. Genteur, Alfred Blanche et Jolibois
n'y ont pas ajouté un mot, un chiffre, un argument, une idée
de leur cru. Quel métier est-ce cela? Nous croyons avoir des
conseillers d'État, et nous n'avons que des scribes, écrivant sous
la dictée de la Préfecture. C'est ainsi qu'aujourd'hui l'on entend
le contrôle. Mieux valait donc renvoyer tout simplement le Corps
législatif aux mémoires du préfet de la Seine. Nous allons nous
y reporter ensemble, si vous le voulez bien, puisqu'en toute
chose il vaut mieux avoir affaire à Dieu qu'à ses saints, et aux
premiers sujets qu'aux doublures.

III. — La confession de M. Haussmann. — Grands travaux et grandes bévues.

Pour juger M. le préfet de la Seine, je ne vous demande,
Messieurs, que d'étudier son dernier mémoire. Ce document a
paru dans les derniers jours de l'année 1867, une année remarquable, comme vous le savez bien, année de désenchantement
pour le pays, d'examen de conscience pour le pouvoir. Nous
étions trop certains qu'elle arriverait, cette année justicière,

nous, hommes d'opposition, voués depuis si longtemps à la
tâche ingrate d'avertir dans le désert. Car le temps est le plus
grand et le plus sûr des liquidateurs. L'année 1867 a commencé la liquidation de toutes les fautes du second Empire. Sa
politique s'est liquidée au dehors par cette double et immense
déconvenue du Mexique et de Sadowa; sa prospérité s'est liquidée au dedans par une crise douloureuse qui n'est pas encore
près de finir; les institutions financières qu'il avait créées,
choyées, couvées avec le plus d'amour, ont eu le même sort que
sa diplomatie : après avoir fait beaucoup de bruit dans le
monde, essoufflées et boursouflées, elles s'affaissent et tombent.
La catastrophe du Crédit mobilier fait pendant aux échecs extérieurs. Tous ces désastres poussent à la franchise, et, tandis
que le chef de l'État exposait, avec une louable bonhomie, les
mécomptes, les inquiétudes et les « points noirs », nous avons
vu l'administration de la Ville de Paris lever elle-même un coin
du voile, et la fin de l'année nous apporta ce spectacle extraordinaire : M. le préfet de la Seine entrant à son tour dans la phase
des aveux.

De toutes ces confessions, vous avez dû trouver, Messieurs,
que la dernière était la plus extraordinaire. Pour que cette
confiance imperturbable, la plus grande peut-être des temps
modernes, hésite et s'ébranle; pour que cette volonté, lancée à
toute vapeur, parle d'ajournement et de temps d'arrêt; pour
que cet esprit si sûr de lui-même éprouve le besoin de mettre le
public dans sa confidence; pour que ce *Mémoire* annuel, qui
n'était jusqu'ici qu'un bulletin de victoire, ne mentionne cette
fois que des déceptions, que s'est-il donc passé et quelle grande
leçon l'orgueil préfectoral a-t-il pu recevoir ?

C'est le mémoire publié par le *Moniteur* du 11 décembre 1867
qui va répondre.

Passez, Messieurs, sur la première partie, la plus hérissée de
chiffres, celle qui établit le compte final de 1866, la situation
provisoire du budget de 1867 et les prévisions de 1868, et arri-
vez au chapitre intitulé : « Opérations de grande voirie. » C'est
là que vous trouverez ce que nous appelons, n'en déplaise à
M. le préfet, et pour lui en faire honneur, même malgré lui,
l'amende honorable de ce grand administrateur. Pour choisir
cette année et ce moment, M. le préfet a des raisons diverses :

celle qu'il donne nous suffira provisoirement. L'année 1868 est une année décisive dans l'histoire des travaux de la Ville. A la fin de 1868 expire le traité de dix années passé avec l'État le 3 mai 1858. La Ville doit avoir terminé, à cette époque, l'ensemble des travaux pour lesquels le Trésor lui paye, depuis dix ans, une subvention. La Ville aura également terminé, au 1er janvier 1869, l'œuvre qu'elle a entreprise sans subvention de l'État et par ses seules forces. C'est donc le cas de regarder en arrière, et de résumer à grands traits les grandes choses qui vont être accomplies.

M. le préfet divise cette histoire en trois parties, ou en trois réseaux. Le premier réseau peut s'appeler le percement central : il date de la République ; il est devenu le nœud, le germe le point de départ des deux autres. Le centre de Paris était impénétrable : les Tuileries, le Louvre, les Halles, l'Hôtel de Ville, formaient, avec les quartiers adjacents, un pâté énorme de rues étroites, courtes, sinueuses, qui coupaient, en quelque sorte, la capitale en deux. Avec l'aide de l'État, qui lui apporta, par les lois de 1849, de 1851, de 1855, de 1857, un concours en argent ou en exemption d'impôts, la Ville a percé ce massif, a détruit ces forteresses et ces obstacles, dégagé les abords des monuments qui viennent d'être nommés, et tracé ce qu'elle appelle « la grande croisée de Paris », en prolongeant la rue de Rivoli, en établissant le boulevard de Sébastopol sur la rive droite, en ouvrant le boulevard Saint-Michel sur la rive gauche. Ce premier réseau, qui représente 9,467 mètres de parcours, ajoutés à la voie publique, a coûté à la Ville 272 millions, sur lesquels 121 ont été fournis par les emprunts de 1852 et de 1855. Cette première partie des travaux de la Ville, la plus sérieuse, à notre sens, et la moins sujette à critique, est achevée, réglée depuis longtemps ; elle n'a donné lieu à aucune difficulté.

Le second réseau n'est pas achevé, mais il touche à sa fin. C'est celui que la Ville doit avoir terminé le 1er janvier 1869. Il comprend, en effet, — et par là même il se détermine et se limite de la façon la plus précise — les travaux qui font l'objet du traité passé entre l'État et la Ville, le 3 mai 1858, ratifié le 28 mai par le Corps législatif. Cette participation, à laquelle l'État a dû fournir une subvention de 50 millions, en dix années, s'est proposé pour but de relier le centre de Paris, — percé à

9

jour par les travaux du premier réseau, avec les extrémités; les
quartiers de la circonférence avec les édifices où siègent les
pouvoirs publics, et la Ville entière avec les têtes de chemins
de fer. Nommons, parmi les principales voies de cette série,
les boulevards du prince Eugène et de Magenta, Malesherbes
et Haussmann. Saint-Marcel et Arago; l'achèvement du boulevard Saint-Michel et la rue Médicis. Tout cela représente un
parcours de voie publique de 26.994 mètres. Cela fut extrait,
choisi, trié, nous dit-on, lors de la loi de 1858, par le conseil
d'État et le Corps législatif, sur un vaste plan d'ensemble dressé
de longue date « par une main auguste ». Les pouvoirs électifs,
les corps délibérants ont encore, dans une certaine mesure,
passé par là. Ce second réseau aura coûté 410 millions.

Autre est l'histoire, autre la constitution du troisième réseau.
C'est exclusivement et proprement le réseau personnel de
M. Haussmann. En font partie : les boulevard Richard-Lenoir,
des Amandiers, presque toute la rue Réaumur, la plus grande
partie de la rue Lafayette, le prolongement des rues Drouot,
Le Peletier, Ollivier, Neuve-des-Mathurins; la continuation du
boulevard Saint-Germain, les 2e et 3e sections de la rue de Rennes, le prolongement de la rue Madame, et de la rue des Saints-
Pères, de la rue Bonaparte, de la rue du Vieux-Colombier, etc.
Démolition colossale et redoublée, qui s'est abattue sur tous les
quartiers de Paris, qui représente un développement de 38,000
mètres, et que la Ville a entreprise sans aucune subvention.
Mais ce troisième réseau, trois fois plus considérable que le
premier, et plus étendu encore que le second, n'était pas, suivant M. le préfet, moins nécessaire que les deux autres. Il fallait
achever les grandes voies dont le traité de 1858 n'avait ouvert
que les amorces, niveler, raccorder, aligner, compléter le second
réseau, et, pour quelques grandes voies nouvelles, céder au cri
public. « Pour quelques-unes de ces voies, ce n'était pas une
demande, une réclamation, c'était une sorte de cri public, s'élevant pour sommer la Ville de les exécuter. » M. le préfet estime
les dépenses de ce troisième réseau à 300 millions. Les trois
réseaux font ensemble 64.500 mètres, plus de seize lieues
anciennes; et, à eux trois, ils représentent, au plus bas mot,
982 millions, près d'un milliard. Restent d'ailleurs en dehors
de cette carte à payer : et les dépenses nécessitées par l'annexion

de l'ancienne banlieue, lesquelles sont chiffrées par M. le préfet
à 300 millions en nombre rond ; et les millions dépensés « par
centaines » (c'est le mémoire de M. le préfet qui le dit) dans
l'ancien Paris, en bâtiments publics, en marchés, en églises, en
égouts, en jardins, etc., etc.

C'est la première fois, croyons-nous, que ces gros chiffres se
sont étalés et groupés sous les yeux du public. Et nous pourrions nous arrêter là et redire après tant d'autres : Quoi ! tant
de millions aux mains d'un seul ! Mais deux milliards, c'est le
budget de la France, et M. le préfet, depuis quinze ans, n'a
dépensé guère moins de deux milliards ! Et voilà la puissance
qu'exerce, depuis quinze ans, une administration sans contrôle,
un pouvoir irresponsable, un seul homme, doublé d'un conseil
municipal non élu ! En vérité, en aucun lieu, en aucun temps,
pareille chose s'est-elle jamais vue ?

Mais la plainte est banale, à force d'être juste. Nous avons
aujourd'hui mieux à dire. Jusqu'à présent, aux adversaires du
gouvernement personnel de la Ville de Paris, on avait coutume
de répondre que ce gouvernement faisait de grandes choses à
bon compte, qu'il avait l'art de ne grever ni le présent ni l'avenir ; qu'il prévoyait juste, calculait à propos, et que d'ailleurs,
quoi qu'on en dit, il respectait les lois. Le mémoire de 1867
prouve avec éclat deux choses : c'est que, dans la pratique de
M. le préfet de la Seine, l'oubli de la légalité n'a d'égal que
l'imprévoyance.

L'imprévoyance ? Jugez-en, Messieurs.

En 1858, on dessine et on arrête le second réseau. M. le préfet
de la Seine en évalue les dépenses à 180 millions. Le Corps
législatif vote 50 millions de subvention. En 1867, on fait son
compte, et l'on s'aperçoit que le second réseau ne coûtera pas
moins de 410 millions, toute défalcation faite du produit des
ventes de terrains et de matériaux. La Ville croyait n'avoir à
dépenser, sur le devis de 180 millions, que 130 millions, puisque
l'État lui en a donné 50 ; elle se trouve en face d'une dépense
effective de 360 millions. Premier mécompte et premier aveu.
Le mécompte est énorme, mais, quelle qu'en soit l'explication,
sur laquelle nous reviendrons dans un instant, il faut que l'on
sache bien que l'aveu est tardif. Depuis neuf ans, c'est le chiffre
primitif, le devis de 1858, que la Ville prenait pour point de

départ de tous ses calculs ; c'est ce chiffre qui figurait dans ses
prévisions, qui était implicitement ou expressément affirmé dans
les *communiqués* qu'elle adressait aux journaux, dans les discours
des avocats qui la défendaient devant la Chambre, dans les mémoires du préfet, comme dans les rapports de M. Devinck. Ainsi,
le mémoire du préfet inséré au *Moniteur* du 11 décembre 1864,
il y a trois ans de cela, parcourant, comme aujourd'hui, d'un
long regard, mais d'un regard alors tout à fait triomphant, le
passé et l'avenir des travaux de la Ville, évaluait à 350 millions
la dépense de toutes les opérations de voirie engagées : — celle
du premier réseau, qui s'achevait ; du second, en voie d'exécution ; du troisième, qui commençait à poindre, — que dis-je ?
M. le préfet, il y a trois ans, dans cette somme totale de 350 millions, faisait entrer, en outre de l'achèvement des trois réseaux,
l'ensemble des travaux nécessités par l'annexion ! Aujourd'hui,
M. le préfet nous apprend que l'annexion, à elle seule, aura
coûté 300 millions. Aujourd'hui, le mécompte sur le second
réseau que, dans son rapport du 19 décembre 1865, M. Devinck
estimait à environ 100 millions, apparaît dans son énormité de
360 millions.

En 1864, M. le préfet de la Seine s'engageait à ne consacrer,
dans les dix années suivantes, à la transformation de Paris,
qu'un capital de 350 millions, et, à ce prix, il promettait d'achever son œuvre. Trois ans après, il est forcé de reconnaître qu'à
la fin de 1868, c'est-à-dire en quatre ans seulement, il aura
dépensé 710 millions. Et comme M. le Préfet nous a donné lui-
même, en 1864, le chiffre des sommes alors dépensées sur le
premier et le deuxième réseau, 76 millions en nombre rond,
nous voyons qu'à la fin de 1868, la Ville aura dépensé 710 millions moins 76 millions, ou 634 MILLIONS — en quatre années —
alors qu'elle s'était publiquement et solennellement engagée à
n'en consommer que 350 en dix années. Et 634 millions, ce n'est
pas assez dire.

C'est de 900 millions environ qu'est l'écart des réalités de 1868
sur les prévisions de 1864, puisque le devis de 1864, le devis de
350 millions, comprenait les dépenses de l'extension des limites
de Paris, évaluées aujourd'hui à 300 millions[1] : elles n'avaient

_____

1. Tous ces chiffres sont empruntés au Mémoire de 1864.

encore, à cette époque, coûté à la Ville que 33 ou 34 millions. C'est donc 266 millions (300—34) à ajouter aux 634, pour avoir le chiffre de l'imprévu : total, au moins 900 millions.

Si M. le préfet de la Seine se doutait, en 1864, de l'erreur colossale qui viciait ses calculs, que faut-il penser de sa franchise? S'il ne s'en doutait pas, quelle opinion avoir de sa sagesse, de sa raison pratique, de sa prévoyance ?

IV. — Mauvaises excuses.

Cependant, comme M. le préfet de la Seine est le plus ingénieux, le plus intrépide, le plus retors des procureurs, — de la force enfin de l'honorable M. Rouher, — il a essayé une défense de ses mécomptes.

Trois causes d'erreur, selon lui invincibles, ont fatalement bouleversé ses calculs.

Première cause d'erreur : une certaine jurisprudence du Conseil d'État et un décret du 27 décembre 1858, auquel, à ce qu'il paraît, la Ville ne pouvait s'attendre, quand elle a signé avec l'État la convention du 3 mai de la même année, qui lui imposait l'obligation d'exécuter en dix ans le deuxième réseau.

Il faut, en effet, se rappeler que la ville de Paris tient d'un décret du 26 mars 1852, le droit de comprendre dans ses projets d'expropriation la totalité des immeubles atteints par les voies nouvelles, quand elle juge que les parties restantes ne sont pas d'une étendue ou d'une forme qui permette d'y élever des constructions salubres. Il reste ainsi souvent, sur le bord des grands tracés, des parcelles de terrain, qu'aux termes d'une loi bien vieille, la loi de 1807, les propriétaires contigus ont le droit d'acquérir. Il paraît que l'administration municipale avait compté conserver toutes ces parcelles, et profiter de la plus-value. Autant à déduire, dit-elle, du chiffre de ses reventes.

La chose est longuement expliquée dans le mémoire de M. le préfet :

« Lorsque l'administration municipale faisait ses évaluations, en 1858, d'après les résultats des opérations qu'elle avait exécutées

depuis 1852 jusqu'alors, elle comptait sans les effets d'une jurisprudence du Conseil d'État, contre laquelle, d'ailleurs, aucune objection
n'est possible, puisqu'elle est basée sur un décret réglementaire en
date du 27 décembre 1858 (postérieur de près de huit mois au
traité sanctionné par la loi du 28 mai de la même année qui est
venue interpréter et compléter, à quelques égards, le décret-loi du
26 mars 1852.)

« Désormais, aucune parcelle ne put être expropriée, en dehors
des alignements des voies nouvelles, sans mise en demeure expresse
des propriétaires, et en cas d'opposition, sans une déclaration d'utilité publique spéciale.

« Cette disposition, évidemment inspirée par la plus vive sollicitude pour les intérêts des personnes soumises à l'expropriation, a
eu pour effet naturel de conduire chaque propriétaire à retenir tous
les terrains qui recevaient un grand accroissement de valeur de la
création des voies nouvelles, pour abandonner seulement à la Ville
ceux qui paraissaient moins utilement exploitables.

« Or, l'administration municipale avait fait entrer en ligne de
compte, comme atténuation probable de la dépense des expropriations dont toutes les chances restaient à sa charge, la plus-value
des terrains dont chaque opération de voirie devait, d'après les précédents, lui laisser la disposition, en dehors du tracé de la voie
publique. Le produit réel de ses reventes est donc tombé au-dessous
de la proportion sur laquelle ses calculs avaient été basés. »

Vous pourriez avoir raison, monsieur le préfet, et ce serait
là une excuse, si le décret du 27 décembre 1858 avait constitué
pour les propriétaires contigus un droit nouveau ; mais ce décret
a simplement régularisé l'exercice d'un droit ancien, en imposant à la Ville le devoir d'adresser aux propriétaires une mise
en demeure spéciale, et de remplir, en cas d'opposition des
intéressés, les formalités de la loi de 1841. Que cette procédure
ait ouvert l'œil à bon nombre de propriétaires, cela est possible ;
mais il est trop naïf, de la part de M. le préfet, d'avouer qu'il
faisait, en 1858, entrer dans ses calculs une sorte d'escamotage
d'un droit depuis si longtemps reconnu par nos lois. L'argument tiré du décret du 27 décembre 1850 est donc une pure fantasmagorie.

Deuxième cause d'erreur : une certaine jurisprudence de la
Cour de cassation. que le mémoire préfectoral explique ainsi :

« La loi du 3 mai 1841 admet trois formes selon lesquelles l'administration peut acquérir les immeubles qu'elle doit occuper pour
l'utilité publique :

« 1° Un jugement d'expropriation, après arrêté de cessibilité, en cas de refus du propriétaire ; 2° un jugement qui donne acte du consentement de son propriétaire, qu'il y ait ou qu'il n'y ait pas accord entre les parties sur le prix de la cession ; 3° l'achat amiable.

« Il avait été tenu pour constant pendant longtemps que les deux derniers modes d'acquisition ne faisaient point cesser nécessairement la jouissance des locataires : la Cour de cassation a jugé par divers arrêts, de 1861 à 1865, que, vis-à-vis de la Ville, le jugement donnant acte du consentement du vendeur et le contrat amiable ont pour effet de résoudre *ipso jure* les baux des locataires.

« En conséquence, beaucoup de locataires exerçant des industries dans les maisons acquises par la Ville à l'amiable, plus ou moins longtemps avant le moment de l'ouverture de la voie publique, n'ont pas voulu continuer à jouir de leurs baux jusqu'à l'expiration de ce délai, et ont exigé d'être immédiatement évincés et indemnisés ; car l'expropriation, contre laquelle s'élèvent si souvent des plaintes collectives, est désirée par chacun en particulier comme une source de fortune.

« La Ville, en respectant, comme elle le devait, la jurisprudence nouvelle, a payé d'énormes indemnités, qu'elles n'avait pas prévues. »

Voilà qui est plus naïf encore ! La Cour de cassation a décidé, simplement, conformément à la loi de 1841, que les acquisitions faites à l'amiable, par la Ville, après décret d'utilité publique, équivalaient à une expropriation, et donnaient ouverture au droit des locataires. Tant pis pour la Ville si elle s'était flattée d'exproprier, par un moyen quelconque, les locataires parisiens sans indemnités ! Elle n'a pas le droit de dire que ce déni de justice fût conforme aux précédents. M. le préfet sait bien que la jusrisprudence de la Cour de cassation n'a pas un seul instant varié sur cette question de droit, d'équité et de bon sens ; et nous citerons à la Ville, quand elle voudra, un avis du Conseil d'État de l'année 1846, qui résoud la question, en principe, tout comme la Cour de cassation.

Troisième cause d'erreur :

Les travaux prévus par la loi du 28 mai 1858 (le second réseau) ayant dû s'exécuter en dix ans, il est arrivé, chemin faisant, « que la valeur des immeubles s'est accrue dans une proportion considérable, sous la double influence de la prospérité publique et de l'augmentation constante de la population. Les propriétaires et locataires ont dirigé tous leurs efforts, tous leurs calculs, tous leurs actes, dans la vue de faire monter à la plus haute somme leurs indemnités. Enfin les jurys d'expropriation ont enchéri les uns sur les autres. »

À la bonne heure ! et nous sommes aises que la Ville consente à la fin à le reconnaître. Si la Ville a payé le terrain de ses rues nouvelles plus cher qu'elle s'y attendait, c'est qu'elle a fait elle-même, dans Paris, et sur une prodigieuse échelle, la hausse des terrains. Mais ne pas l'avoir prévu en 1858, ne pas l'avoir aperçu en 1864, en 1865, en 1866 ! cela passe en vérité toute croyance. Vous faisiez la hausse ; vous enflammiez la demande ; vous donniez à la spéculation sur les immeubles la plus colossale impulsion dont l'histoire ait gardé souvenir, et vous êtes surpris, en faisant votre compte, après dix ans d'aveuglement, de vous apercevoir que vous avez, comme tout le monde, plus que tout le monde, subi la hausse des prix !

Cela nous remet en mémoire une aventure que raconte je ne sais plus quel historien des banques. Des spéculateurs américains avaient résolu d'acheter tous les bœufs existants dans les États du Nord. La Banque des États-Unis étant dans l'affaire, l'opération paraissait aussi sûre que fructueuse. On acheta, on acheta tant que l'on put, mais, ô surprise ! à mesure qu'on achetait et que le bétail devenait rare, les prix haussaient. Et plus on achetait, plus montaient les prix. Ils montèrent tant et si haut, que la Banque des États-Unis elle-même n'y put suffire, et que la spéculation se solda par une perte immense. Moins énorme sans doute, et surtout moins funeste, l'erreur de M. le préfet de la Seine n'est pas moins naïve. Veut-il que là encore nous trouvions motif à admirer sa prévoyance ?

Mais là où se montre tout entière l'imprévoyance de la Préfecture, c'est dans l'histoire du troisième réseau. Toutes les arguties que nous venons de passer en revue et qui ne supportent pas l'examen, ne tendent qu'à une chose : expliquer l'erreur des devis du deuxième réseau, l'écart de 230 millions, que l'on avoue sur ce chapitre. Mais le troisième réseau ? Mais les 300 millions d'imprévu qui s'y rattachent et qui complètent le mécompte total de 530 millions dont M. le préfet nous a fait la confidence !

Oh ! ceci passe toute croyance !

En effet, Messieurs, le Mémoire du 11 décembre 1867 ne

révèle pas seulement *pour la première fois* le chiffre du deuxième réseau : *pour la première fois* il révèle au public, au conseil municipal, au monde entier, qu'il existe un troisième réseau, que ce troisième réseau sera terminé à la fin de 1868, en même temps que le second, et que ce troisième réseau aura coûté 360 millions ! Il faut l'avoir lu pour le croire ; il faut avoir reçu, comme il nous est arrivé à nous-même, un *communiqué* qui en fait, en ces termes, le curieux aveu : « En 1864, les travaux du troisième réseau n'étaient pas encore entrepris. » Nous le savons bien ! Et ce que nous reprochons à M. le préfet de la Seine, c'est de les avoir entrepris : que dis-je entrepris ? de les avoir engagés ; que dis-je engagés ? de les avoir presque menés à fin sans en informer ni le conseil municipal, ni le public, ni le Gouvernement.

On ne saurait trop le répéter : en 1864, M. le préfet évaluait à 260 millions pour l'ancien Paris, et à 120 millions pour la banlieue, les sommes à dépenser pendant la période décennale qui commençait. En 1865, il maintenait avec fermeté ce programme financier, il s'y attachait au nom de la prudence ; il déclarait qu'il n'y avait rien à entreprendre jusqu'à la fin de 1869, et qu'il fallait « rejeter sur la période qui commencera en 1870 tous les projets à entreprendre » ; en 1866, il revenait sur le programme de 1864, l'affirmait, le proclamait de nouveau. Il disait : « La Ville n'est pas plus prête maintenant *pour un nouveau plan de campagne de travaux* que pour un abandon quelconque de ses ressources... Il faut se garder aussi énergiquement *de toute opération nouvelle ayant quelque importance*, que de tout dégrèvement prématuré de taxe... Attendons 1869. La situation de la Ville sera alors dégagée du fardeau des engagements qui pèsent sur elle ; » on verra alors si l'on doit « continuer la transformation de Paris, ou dégrever les taxes locales ». Et voici, tout à coup, qu'en 1867, M. le préfet nous apprend qu'il a fait, en dépit de ses discours, de ses promesses et de ses programmes, un troisième réseau de 300 millions de francs ! Et quand l'a-t-il commencé ? En 1865, au moment où commençait à apparaître le mécompte du deuxième réseau ! Au moment où M. Devinck annonçait que ce mécompte pouvait monter à 100 millions ; où M. Genteur, commissaire du Gouvernement, avocat de la Ville devant le Corps législatif, pour la discussion de l'emprunt de 1865, ne manquait pas d'insinuer que le deuxième réseau coûterait beaucoup plus cher que l'on n'avait pensé. Mais, si les avocats de M. le préfet soupçonnent la vérité, M. le préfet, ivre de gloire, ne voit rien, ne sait rien, ne soupçonne rien. Et, tandis qu'autour de lui on voit venir l'énorme déception, quand la sagesse la plus vulgaire lui commanderait de réserver ses excédents libres pour y faire face, c'est juste le moment que M. le préfet choisit pour jeter, engager, enfouir les ressources disponibles de la Ville de Paris dans 300 millions de nouveaux travaux.

V. — Les conseillers de M. Haussmann.

Je viens de nommer M. Devinck, Messieurs, et je ne voudrais pas le calomnier. Je ne voudrais pas vous laisser croire que cet honorable négociant, cet ancien député, ce rapporteur attitré du budget de la Ville, ait jamais jeté sur les pas de son préfet le moindre cri d'alarme, le plus timide avertissement. M. Devinck connaît trop bien son devoir, et le Conseil municipal aussi, pour avoir jamais, quoi qu'il arrive, le vilain travers de l'opposition. Il n'était bruit dans Paris, vers la fin de l'année dernière, que des anxiétés, des hésitations, des résistances de la commission municipale. On faisait à M. Devinck l'honneur de le placer à la tête des récalcitrants. Mais on se trompait bien, justes dieux ! et le dernier rapport de M. Devinck sur la situation financière de la Ville met sa fidélité préfectorale à l'abri de tout soupçon.

Certes, pour les conseillers de M. le préfet, l'instant était grave et la tâche imposante. M. le préfet arrivait à eux avec un mécompte qui dépasse infiniment les limites de l'imprévu tolérable dans les affaires humaines. Ce chiffre de 530 millions, jeté au travers de tous les plans, de tous les calculs, de toutes les règles, n'était-il pas pour eux, comme pour tous les Parisiens, une révélation inattendue ? Nous croirions calomnier le conseil municipal en supposant le contraire. Il y avait un programme financier, dressé au mois de décembre 1864, et qui formait en quelque sorte contrat entre le préfet et le conseil : le conseil n'a pu évidemment le laisser déchirer sous ses yeux. Ce n'est pas le conseil qui a précipité la Ville dans les dépenses du troisième réseau, au moment où le fardeau de l'annexion, d'une part, le mécompte du deuxième réseau de l'autre, commandaient aux financiers de la Ville la prudence la plus rigoureuse. De pareilles erreurs sont le fait d'un seul homme, d'une volonté seule, irresponsable et souveraine. Mais on ne se met pas à soixante pour les commettre. A soixante, on serait sans excuse. Ce serait le cas, ou jamais, d'invoquer cette « responsabilité multiple » que M. le préfet, dans je ne sais quel but, a pris soin de rappeler à la fin de son Mémoire. L'honorable M. Devinck en convient du reste dans son rapport; et, fort judicieusement, il rappelle à ses collègues qu'ils sont tenus à autant de prudence au moins que M. le préfet, eux qui sont « exposés « à moins d'entraînement, qui ont le temps d'examiner plus « froidement ce qui souvent n'a pu se concevoir qu'avec une « certaine ardeur; eux qui ont pour devoir d'apporter à l'admi- « nistration un concours raisonné et un contrôle constant, dont « les éléments se trouvent dans leurs spécialités diverses et dans « leurs relations multiples ». M. Devinck a raison, spécialité oblige; et puisque la sienne paraît être de veiller sur les finances de la Ville, nous allons sans doute trouver dans son rapport une expression de blâme, un mouvement de surprise ? Il n'en est rien pourtant. M. le préfet de la Seine n'eût fait aucune erreur, M. le préfet de la Seine n'eût confessé aucun mécompte ; il eût, au lieu de sonner la cloche d'alarme, célébré, comme d'ordinaire, la prospérité croissante et l'aisance financière de la Ville de Paris, que l'honorable rapporteur de ses budgets n'eût été ni plus leste dans son examen, ni plus léger dans ses calculs, ni plus élogieux dans ses conclusions. Cette réponse au « discours du trône » n'est pas même un paraphrase; elle ne délaye pas, elle atténue; elle ne répète pas, elle obscurcit. Elle ne prend pas acte des aveux du préfet : que dis-je? il semble qu'elle les désapprouve.

M. le préfet avoue un mécompte de 230 millions sur les dépenses du deuxième réseau, et sue sang et eau pour l'expliquer. M. Devinck, lui, expédie, en six lignes, cet incident de mince importance :

« Ces dépenses ont dépassé les estimations primitives, mais les « excédents de recettes ordinaires sur les dépenses ordinaires ont « également progressé... La marche progressive du revenu muni-

« cipal a compensé, *dans une certaine mesure*, les augmentations sur-
venues dans le prix des expropriations... »

Dans une certaine mesure restera. Et comme l'imprévu des
recettes compensait, *dans une certaine mesure*, l'imprévu de la
dépense, M. le préfet n'a rien eu de plus pressé que d'engager
dans des dépenses nouvelles, qui ne se montent pas à moins de
300 millions, tous les excédents de l'avenir !

Il est vrai que les 300 millions ne troublent pas le Sully de
M. Haussmann beaucoup plus que les 230 millions. En face de
cette carte à payer, qui éclate tout à coup, d'un troisième réseau
de percements, remis expressément et ostensiblement à l'année
1870, et qui va se trouver fini à la fin de 1868, la sérénité de
l'honorable M. Devinck ne s'émeut pas un seul instant, et il
écrit d'une main intrépide :

« Vous n'avez jamais décidé une dépense de quelque importance
« sans consulter le tableau des engagements, mis en regard de celui
« des ressources. Ce tableau, VÉRITABLE ÉCHIQUIER, dressé en 1865,
« est resté fixe, quant à l'évaluation des ressources; il a reçu, quant
« aux dépenses à faire, les additions motivées par les engagements
« nouveaux, et néanmoins, après le récent contrôle auquel vous
« venez de le soumettre, vous avez constaté la concordance des
« faits accomplis avec les prévisions ».

Avec quelle prévisions? Pas avec celles du programme financier du 11 décembre 1864, assurément. Nous l'avons démontré
à satiété, sans que M. le préfet ait seulement essayé de nous
contredire [1]. Prenez-y donc garde : quand vous dites que « les
faits accomplis concordent avec les prévisions », vous donnez
un démenti à deux mémoires de M. le préfet de la Seine, au
mémoire du 9 décembre 1867 et au mémoire du 11 décembre
1864. Le lecteur candide, qui n'aurait connaissance que du rapport de l'honorable M. Devinck, pourrait croire qu'entre le
11 décembre 1864 et le 9 décembre 1867, il ne s'est rien passé
de grave. Il est fort heureux que M. le préfet soit moins discret
que ses confidents. M. le préfet, du moins, cherche à établir,
dans son mémoire, que le troisième réseau était inévitable.
Qu'en pense l'honorable M. Devinck? Il est difficile de le savoir.

1. Nous tenons en effet, à honneur de n'avoir reçu, dans le cours de la
polémique, qu'un *Communiqué* de M. le préfet, qui pourtant n'en est pas
avare, ce qui donne à nos chiffres, à ce qu'il nous semble, une autorité
particulière.

Tout ce que nous apprend cet éminent budgétaire, c'est que M. le préfet de la Seine a apporté au « travail immense dont la direction lui a été confiée une initiative extraordinaire... une persévérance infatigable », et qu'il a toujours su « concilier la prudence des résolutions avec la décision des actes ». En vérité, un certificat pareil, en réponse au mémoire du préfet de la Seine ! N'est-ce pas à croire que l'honorable M. Devinck, qui excellait depuis longtemps dans la finance, se propose désormais d'excel- ler dans l'ironie ?

Et l'on appelle cela un conseil municipal ! Et il y a là, en vérité, des magistrats et des financiers, des spéculateurs et des savants, de gros marchands et des artistes, des avocats et jusqu'à des médecins. Soixante membres en tout, gens très honorables, dignes, et qui passent pour éclairés, extraits par le préfet lui- même de l'élite de la population parisienne. Ah ! que voilà des conseillers bien choisis ! Et qu'il est profondément vrai cet adage de la science politique moderne :

Qu'il est toujours plus commode de rendre des comptes à des juges qu'on a choisis, que de n'en pas rendre du tout !

Mais laissons là ces étranges conseillers et revenons au troi- sième réseau : la matière est riche, et nous sommes loin de l'avoir épuisée.

VI. — La légalité de M. Haussmann.

Cette histoire du troisième réseau des travaux de Paris, Mes- sieurs, c'est le vertige pris sur le fait. Le vertige est l'écueil des volontés solitaires, la leçon du pouvoir absolu. Chose étonnante pourtant ! la défense qu'essaye M. le préfet dans son Mémoire est tirée de son respect pour l'opinion publique. Le vrai coupa- ble, c'est l'opinion, c'est le « cri public » (le mot y est) qui a bouleversé tous les plans de l'administration municipale, ren- versé tous ses chiffres, altéré ses combinaisons les plus sages. L'opinion publique a imposé à la Ville 300 millions de travaux qu'elle ne voulait pas faire, qu'elle s'obstinait à ajourner, qu'elle avait déclaré dix fois vouloir remettre à des temps nouveaux. Le « cri public » est le véritable auteur du troisième réseau : on n'a pu refuser au vœu des masses ni le boulevard Richard- Lenoir, ni les rues qui avoisinent le nouvel Opéra, ni le prolon-

gement de la rue de Lafayette, à travers le quartier de la
Chaussée-d'Antin, toute cette démolition systématique et maladive des portions les plus modernes, les plus ouvertes et les
plus belles de la grande ville. Nous voudrions savoir où M. le
préfet a pris ce cri public, et quel moyen il a de le recueillir.
N'est-ce pas une ironie amère, qu'un pouvoir qui, depuis quinze
ans, brave l'opinion, et qui s'en vante, un pouvoir qui, hier
encore, à l'Hôtel de Ville, posait en incompris, imagine de
rendre l'opinion complice de ses fautes et responsable de ses
entraînements ? Quand on veut, dans les temps difficiles, se
mettre à l'abri derrière l'opinion, il faut l'avoir consultée dans
les jours prospères. Nous ne connaissons, quant à nous, qu'une
façon de consulter l'opinion publique, c'est d'interroger ses
élus. M. le préfet n'interroge même pas la commission municipale qu'il a triée sur le volet. Et s'il voulait sincèrement prêter
l'oreille à l'opinion parisienne, il entendrait, sans grand effort,
un murmure qui s'élève de toutes parts, et qui réclame un conseil
municipal élu. Voilà le vrai, le seul « cri public ». Et l'événement démontre aujourd'hui qu'un conseil électif n'eût pas fait
pis, sans doute, et qu'il eût probablement fait mieux qu'un préfet
omnipotent.

Cette parole que le chef de l'État a prononcée un jour :
« Mon gouvernement manque de contrôle, » M. le préfet de la
Seine ne la dira jamais. Il est pourtant clair pour tout le monde,
excepté pour lui, que l'absence du contrôle a fait tout le mal.
Un contrôle sérieux aurait depuis longtemps réglé, contenu,
limité l'orgie des expropriations. Un contrôle sérieux eût signalé
à temps le mécompte de 230 millions : l'imprévu de 300 millions n'eût pas éclaté tout d'un coup avec un contrôle sérieux.
Les contrepoids parlementaires sont parfois des barrières, mais
plus souvent ils sont des garde-fous. Les assemblées sont
naturellement scrupuleuses ; elles ont le respect de la légalité.
Le gouvernement personnel, au contraire, ne supporte qu'avec
impatience le frein des lois. Dans la direction des travaux de la
Ville, M. le préfet de la Seine a couvert l'imprudence par l'illégalité. Cette fois, du moins, le cas est flagrant.

L'histoire des bons de délégations de la ville de Paris a fait
depuis deux ans quelque bruit dans le monde. Mais quand elle
était, il y a quelques mois à peine, à la fin de la dernière session,

l'objet d'un débat si vif et si bien conduit par l'opposition, devant le Corps législatif, qui l'aurait crue si proche du dénoûment ! Commencée dans l'obscurité, poursuivie dans l'équivoque, cette opération financière finit aujourd'hui dans la pleine lumière. Elle consiste essentiellement, comme vous le savez et comme le mémoire préfectoral le rappelle : à mettre aux lieu et place de la Ville, pour l'ouverture et l'établissement de voies nouvelles, des compagnies concessionnaires, chargées de tous les risques inhérents à ces sortes d'affaires, et recevant, en échange, des subventions municipales, divisées en un certain nombre d'annuités. Sur ces subventions différées, échelonnées, la Ville paye aux compagnies un intérêt semestriel. Ainsi se forme le bon de délégation, qui rend immédiatement négociables les annuités dues à terme par la Ville, et qui, visé par la Ville, revêtu de son acceptation, entre dans la circulation générale, comme tout autre papier de la Ville, et procure aux entrepreneurs les fonds nécessaires pour l'exécution des grands travaux. Bien entendu, les subventions sont calculées de façon à couvrir les concessionnaires des risques plus ou moins sérieux que ceux-ci prennent à leur charge. Quant à la Ville, elle se décharge par là de toute espèce d'avances, et elle obtient, dans un court délai, la jouissance des voies publiques qu'elle eût attendue beaucoup plus longtemps si elle avait dû les faire elle-même, et qu'elle ne solde cependant qu'à loisir, au fur et à mesure de ses rentrées. Les choses se passent pour elle comme si elle avait fait un emprunt : exécution immédiate, jouissance immédiate, payement à terme. Seulement, un tiers interposé emprunte à sa place, et avec son crédit.

La combinaison est des plus ingénieuses, et l'on n'y trouve rien à redire, sinon qu'elle constitue évidemment une opération de crédit, un emprunt à la sourdine, un de ces actes que la Ville de Paris ne peut faire qu'avec l'autorisation du Corps législatif. Dieu sait pourtant ce que la Ville a fait, tenté ou dit pour lui ôter ce caractère ! ce qu'elle a accumulé d'équivoques, ce qu'elle a osé de subtilités ! Quand M. E. Forcade et M. Léon Say découvrirent, il y a bientôt trois ans, cette preuve nouvelle du génie inventif de M. le préfet de la Seine, on commença par répondre que c'était peu de chose ; que cela n'allait pas au quart du revenu de la Ville, et qu'une ville peut toujours, sans autorisation, emprunter le quart de son revenu. Quand, en juin dernier, la question vint devant la Chambre, on plaida que la Ville ne faisait point acte d'emprunteur, que ses concessionnaires négociaient ces bons d'annuités comme il leur plaisait ; que, quant à elle, elle ne faisait qu'engager des revenus disponibles, et qu'elle ne les engageait pas au delà de six années, ce qui n'outrepasse pas les droits des communes, d'après la jurisprudence du ministère de l'Intérieur. Il y eut là-dessus, au Corps législatif, entre M. Picard et M. Berryer d'un côté, et M. Rouher de l'autre, un beau débat, bon à relire. M. le ministre d'État s'y reportera sans peine, et celui qui fut alors pour M. le préfet un avocat si admirable, constatera, une fois de plus, la surprenante fragilité des dossiers qu'on lui met en main.

Ses clients semblent prendre un malin plaisir à lui couper, comme on dit, l'herbe sous les pieds ; ses arguments s'évanouissent du soir au matin : c'est lui qui avait mis au monde la fameuse théorie des trois tronçons ; c'est lui qui garantissait aux porteurs d'obligations mexicaines la solidité du trône de Maximilien ! c'est lui qui a tenu, dans l'affaire qui nous occupe, ce langage catégorique :

« Je me suis rendu un compte rigoureux des opérations qui sont faites par la Ville de Paris. J'ai vérifié ses budgets ; j'ai interrogé ses ressources, je me suis demandé si elle ne tentait pas des entreprises fâcheuses, si elle ne se lançait pas dans des travaux téméraires, entraînée qu'elle était par des illusions qui devaient être bien vite suivies de déceptions dangereuses ; *si, en déniant la nécessité d'un emprunt actuel, elle ne s'exposait pas à la nécessité d'un gros emprunt prochain, et par conséquent à la preuve démonstrative qu'elle avait fait par anticipation des emprunts déguisés...* » (Séance du 10 avril 1857.)

M. le ministre s'est posé toutes ces questions, et, quelques mois après, la Ville lui répond en signant avec le Crédit foncier un traité qui régularise les négociations des bons d'annuités, jusqu'à concurrence d'une somme de 398,440,040 fr. 24 c.

L'opposition ne parlait que de 300 millions, et il y en a 400, et il reste en dehors du traité du Crédit foncier, un stock d'annuités qui porte la dette totale à 453 millions, d'après le rapport de M. Devinck, à 463 millions d'après l'exposé des motifs de

MM. les conseillers d'État à la suite, Alfred Blanche, Genteur et Jolibois.

L'opposition affirmait que le Crédit foncier avait les poches pleines des annuités de la Ville, et qu'il les escomptait, non pas pour les beaux yeux des compagnies concessionnaires, comme M. Rouher le prétendait, mais pour la Ville, et comme papier de la Ville ; et voici que nous apprenons que ce Crédit foncier les a presque toutes en portefeuille ; voici les masques qui tombent, les concessionnaires interposés qui s'effacent, et les deux vrais contractants, la Ville d'une part, et le Crédit foncier de l'autre, qui se trouvent face à face dans un nouveau traité. Et ce traité, c'est un emprunt, car on va le soumettre au Corps législatif, mais un emprunt rétroactif, un emprunt dont le fonds est dépensé, un de ces emprunts que les assemblées subissent, parce qu'elles ne peuvent faire autrement, mais qui sont la preuve flagrante de leur faiblesse et l'amoindrissement public de leur autorité.

Nous ne connaissons, quant à nous, rien qui témoigne plus tristement de l'état de nos mœurs administratives que cette pratique du bill d'indemnité qui se substitue, parmi nous, à tous les degrés de l'échelle gouvernementale, à la pratique de la loi. Cet arbitraire, qui se dissimule tant qu'il peut, qui, découvert, se défend encore, qui proteste qu'il n'est pas l'arbitraire, qui longtemps ergote, distingue et subtilise ; puis, un beau jour, acculé, s'en vient demander aux pouvoirs réguliers de raccommoder par un vote complaisant le réseau de la loi percé et mis en pièces ; cette légalité après coup n'est pas le respect de la loi : c'en est simplement l'hypocrisie. Mais M. le préfet de la Seine apporte dans ses façons de faire une assurance qui ne faiblit jamais. Savez-vous pourquoi il traite avec le Crédit foncier ? C'est par scrupule de légalité. Il a fait, à l'en croire, le troisième réseau par scrupule de libéralisme, et pour obéir à l'opinion. Il régularise aujourd'hui, en un gros emprunt fait après coup, 400 millions d'emprunts partiels et anticipés : c'est encore un scrupule de cette âme exquise !

« En effet, ce traité, qui doit, par sa nature, être soumis à la sanction du Corps législatif, et qui ne peut manquer d'y rencontrer la bienveillance avec laquelle a été accueillie, l'an dernier, la justification des conventions qu'il remplace, donne toute satisfaction aux scrupules des personnes qui voulaient voir, sous ces conventions, des emprunts déguisés, et qui regrettaient qu'elles n'eussent pas été approuvées par une loi. »

Et dans une série de *communiqués* adressés aux journaux sur ce sujet, l'administration de M. le préfet a affirmé de plus belle qu'elle avait voulu tout simplement « répondre, une fois pour « toutes, aux appréhensions, vraies ou simulées, des personnes « qui lui reprochaient d'avoir pris des engagements témé- « raires ». Et ce qui le prouve, ajoutait-elle, c'est cette réserve insérée au traité passé avec le Crédit foncier, par laquelle « la Ville conserve la faculté d'anticiper en tout ou en partie, selon sa convenance, les nouveaux termes de ses engagements ». Depuis, messieurs les Conseillers d'État à la suite, emboîtant le pas, sont venus répéter à leur tour, dans leur exposé des motifs que « la Ville pourrait user de la faculté d'anticiper ». Ainsi, la Ville obtient de ses créanciers, représentés par une grande institution financière, un délai qui lui permet de payer en soixante années ce qu'elle aurait dû payer en dix : tout le monde en doit conclure qu'elle était gênée pour s'exécuter en dix années. — Mais cela n'est pas, répond la Ville, puisque je me réserve la faculté d'anticiper. — Donc, si vous demandez un délai, c'est avec le projet de n'en pas user ? A qui comptez-vous le faire croire ?

En vérité, messieurs les députés, c'est à croire que l'on se moque de vous autant que de nous-mêmes. A quoi songent nos ministres, nos gens en place? leurs paroles ne sont pas refroidies, qu'ils les oublient, qu'ils les démentent. Vous doutiez-vous, je vous le demande, quand vous écoutiez, avec cette faveur que vous ne lui marchandez pas, M. le ministre d'État pulvérisant M. Berryer et M. Picard, vous doutiez-vous que vous étiez trompés sur les chiffres, sur les dates, sur les droits, sur les faits? M. le ministre d'État affirmait, dans la séance du 11 avril 1867, que les subventions dues par la Ville ne s'étendaient pas au delà de l'année 1874, et par conséquent n'excédaient pas la limite de six ou huit années, tolérée par la jurisprudence administrative. Or, nous savons aujourd'hui que ces subventions engagent la Ville jusqu'en 1877. M. le ministre d'État, dans cette même séance, présentait un compte de subvention qui n'en portait pas le total à plus de 362 millions. Il y en a, nous l'avons appris depuis, 453 millions, d'après M. Devinck, 463 millions, d'après l'exposé des motifs du Conseil d'État.

Est-ce que cela ne vous effraye pas, messieurs les députés ? Est-ce que votre honnêteté ne s'alarme pas ? Est-ce que votre fierté ne se sent pas blessée ? Est-ce que vous ne sentez pas quel rôle on vous fait jouer ?

VII. — M. Haussmann devant la Cour des comptes.

Sur cette affaire des bons de délégation, messieurs les députés, et pour en finir avec elle, je vous recommande instamment un Rapport, volumineux autant que grave, qu'on vous a distribué il n'y a pas longtemps. C'est le rapport annuel de la Cour des comptes. Ce document, qui accompagne toujours les déclarations de conformité prononcées par la Cour sur le compte générale de l'administration des finances, est le recueil des observations que suggère, chaque année, à ce grand juge de nos finances, l'étude approfondie de la comptabilité publique. Pour être dépourvues de sanction, les observations de la Cour, vous le savez mieux que moi, ne sont pas moins précieuses. Leur efficacité est, hélas ! des plus douteuses, mais leur valeur morale est considérable. Il y a là des garanties de compétence toutes particulières ; il y a aussi un esprit gouvernemental qui est celui de l'institution, des temps où nous vivons, des hommes qui la composent : ce n'est pas elle qu'on accusera jamais de chercher noise au pouvoir ; quand elle critique, c'est qu'elle ne peut faire autrement, et ses reproches les plus graves n'arrivent à l'administration supérieure qu'enveloppés du miel le plus pur, et sous le voile du langage le plus prudent.

Le rapport qui vient de paraître et qui s'applique exclusivement aux comptes de l'exercice 1865, a dû coûter plus qu'aucun autre à l'esprit gouvernemental de la Cour. Ses critiques n'ont jamais été aussi vives, sous leurs formes bienveillantes, jamais aussi formelles. Elles portent à la fois sur les comptes de l'État et sur les comptes des communes. Elles reprochent aux comptes de l'État mainte infraction au principe général et tutélaire de la spécialité des crédits. Elles font, à ce propos, le procès au système financier qui repose sur la distinction, souvent chimé-

rique, mais toujours si commode, du budget ordinaire et extraordinaire. Vous y trouverez, Messieurs, de grandes lumières ;
mais, ce qui doit surtout vous toucher aujourd'hui, c'est la partie
du travail de la Cour qui est relative à la comptabilité communale, et particulièrement à la Ville de Paris. Après l'avoir lue,
on a le droit de dire en bon et clair français, ce que la Cour des
comptes exprime en sa langue officielle : c'est que le désordre
est à son comble. Oui, le désordre, car il n'est pas, dans un
Etat bien réglé, de désordres plus grands que la violation permanente, publique, obstinée de la loi.

La loi qui est violée, c'est celle qui met des limites, qui trace
des règles aux communes désireuses d'emprunter. Dans un
grand nombre de villes, ces règles sont tombées en un profond
oubli. Tantôt, l'emprunt se déguise sous forme d'engagements à
long terme, pour échapper à la nécessité de l'autorisation préalable ; tantôt, l'emprunt autorisé est détourné de son objet, soustrait à l'affectation spéciale que la loi même lui avait prescrite.
Marseille, Besançon, Bourges, Bergerac, Blaye, Vienne, Rive-
de-Gier, Pithiviers, empruntent à l'envi, sous la forme de travaux
à long terme. Marseille a fait mieux : autorisée à emprunter,
en 1861, 54 millions, à la condition d'en employer 39 à la
conversion de son ancienne dette, elle a employé en travaux
nouveaux la majeure partie des sommes provenant de l'emprunt,
ce qui a eu pour conséquence un emprunt supplémentaire de
23 millions, qu'il a fallu autoriser, et, les années suivantes, une
surtaxe sur les vins, des centimes additionnels pour cinquante
ans ; bref, tous les moyens fournis par ce grand art de manger
son blé en herbe, qui paraît être devenu, d'un bout de la France
à l'autre, le dernier mot de la bonne administration et de la
sagesse gouvernementale.

Mais Marseille a du moins un conseil municipal, et, si elle est
surtaxée, surmenée, surchargée, c'est qu'elle l'a voulu. Paris
n'a pas de conseil municipal, Paris n'a qu'un préfet. Mais autant
M. le préfet de la Seine est au-dessus de tous les préfets, autant
les irrégularités, les violations de la loi, les libertés financières
de toute nature, qui signalent l'administration de la Ville de
Paris, dépassent en importance et en gravité le niveau moyen
d'illégalité qui tend à s'établir dans les départements. C'est un
curieux enseignement. M. le préfet de la Seine est omnipotent ;

il n'a pour tout contrepoids qu'un conseil municipal qu'il choisit lui-même, et qui ne lui résiste pas, et un Conseil d'État qui
ne lui résiste guère. Il administre despotiquement un budget de
150 millions. Mais il lui est impossible de l'administrer conformément aux lois. Toute sa préoccupation, tout son effort —
c'est la Cour des comptes qui le dit — c'est « de procurer à la
ville de Paris des accroissements de ressources en dehors des
limites déterminées par la loi ». M. le préfet de la Seine a une
Caisse des travaux ; il en fut le père et le législateur. Mais il ne
peut s'empêcher de violer à chaque instant la loi qu'il s'est
donnée lui-même. Quant à la loi qu'il n'a pas faite, il emploie
à la tourner tout le génie du plus fin casuiste. Pour le seul
exercice 1865, la Cour des comptes relève onze griefs dans la
comptabilité de la Ville de Paris, onze violations formelles de
la loi. Tantôt ce sont des acquisitions d'immeubles à long terme,
que la Cour qualifie, sans hésitation aucune, d'emprunts déguisés, et par conséquent irréguliers : ci, pour la seule année 1865,
14 millions environ ; tantôt ce sont des subventions promises à
des compagnies concessionnaires de grands travaux, ci : 55 millions ; ou bien ce sont des emprunts directs et sans scrupules :
23 millions en compte courant obtenus du Crédit foncier ;
10 millions d'une maison de banque de Paris, et, ce qui est plus
fort encore, 20 millions de supplément arbitrairement et illégalement décrété par le bon plaisir de M. le préfet lors de l'emprunt de 1865. Oui, vraiment, par le bon plaisir : de telle sorte
que la Ville de Paris, qui avait été autorisée par le Corps législatif à emprunter 250 millions, ou 254 millions au plus, en y
joignant les frais d'émission, de timbre et de commission, a, de
sa seule autorité, emprunté 270 millions[1]. Ainsi, à côté de l'illégalité qui se déguise, l'illégalité à ciel ouvert. Faites le compte,
et, rien que pour l'exercice 1865, rien qu'avec les données
recueillies par la Cour des comptes, voilà, en outre de 100 millions de bons de la Caisse des travaux, seule dette flottante,
seul moyen de trésorerie autorisé par la loi, 121 ou 122 millions de ressources irrégulières, créées par le préfet, à la barbe
du Gouvernement qui laisse faire, du Corps législatif qui ferme

1. Et M. le préfet a, pour cet objet même, accablé de ses démentis le
Journal des Débats et M. Léon Say, jusqu'à la dernière heure, c'est-à-dire
jusqu'à l'apparition du rapport de la Cour des comptes.

les yeux, de la Cour des comptes qui, boiteuse comme la justice, arrive toujours trop tard et quand tout est fini.

Tel est le caractère général des griefs de la Cour des comptes. Ils sont précis, formels, nettement articulés ; ils ont, sous la douceur des formes, toute la brutalité qui appartient aux chiffres. Mais ils n'ont pas le don d'émouvoir le dictateur de l'Hôtel de Ville. Pour se rendre compte du sans-façon sublime auquel conduit nécessairement l'exercice du pouvoir absolu, il faut lire les observations de M. le préfet en réponse aux critiques de la Cour. Quelle aisance et quelle belle humeur ! quelle façon leste et tranchante ! A quelques gros mots près, c'est le style impérieux et l'argumentation cavalière des *communiqués* adressés aux journaux :

— La Ville a emprunté, sans droit, 10 millions à la maison Sourdis, et 23 millions en compte courant au Crédit foncier ? — C'est vrai, répond le préfet; mais la nécessité, la rareté du numéraire, *la crise du coton*... Et puis, c'était pour la banlieue, qui ne pouvait attendre. (Pauvre banlieue ! elle attend toujours.) — La Ville a le tort de placer les fonds de la caisse municipale en compte courant à la Caisse des travaux, au mépris de la loi formelle qui prescrit aux receveurs municipaux de placer dans les caisses du Trésor les sommes excédant les besoins du service ! — C'est encore vrai, mais M. le préfet est d'avis qu'il y a lieu de faire pour la Ville de Paris une exception à la loi commune.

— La Ville a grossi arbitrairement d'une somme de 20 millions le capital de 260 millions qu'elle avait été autorisée à emprunter, par la loi du 12 juillet 1865 ; elle a emprunté 270 millions là où elle n'avait le droit d'emprunter que 250 ? — Oui, répond le préfet, mais il y a eu 20 millions de frais d'émission. (Notez que la cour, qui a vu tous les comptes, n'en a reconnu que 4 millions.) — La Ville se crée des ressources en prenant, sous forme d'acquisitions d'immeubles, ou de subventions échelonnées, des engagements à long terme ? — C'est vrai, mais au Corps législatif, l'année dernière, nos commissaires ont répondu, réplique avec hauteur l'autocrate de la préfecture.

Et qu'ont donc répondu vos commissaires, ô Louis XIV municipal ?

Par bonheur, vos souvenirs sont là, messieurs les députés.

Vous entendez encore M. Berryer, expliquant le mécanisme des bons de délégation. N'était-ce même pas le traité passé par la Ville avec la société Berlencourt, pour l'alignement du boulevard Magenta, celui-là même sur lequel s'explique le rapport de la Cour des comptes, que M. Berryer analysait ? Une société se charge d'un percement ; elle s'engage à acquérir les immeubles nécessaires, et à livrer la voie nouvelle à la Ville dans un délai convenu. En conséquence, subvention de 21 millions promise par la Ville, payable par annuités ; versement de 20 millions par la Société dans les caisses de la Ville, à titre de garantie ; mais faculté donnée à la société concessionnaire d'émettre immédiatement pour 20 millions de bons de délégation, sur les annuités dues par la Ville, avec visa de la préfecture. De sorte que les 20 millions que verse l'entrepreneur, c'est le public, le banquier escompteur des bons, Crédit foncier ou autre, et leur clientèle, qui le fournissent. Ce qui faisait dire, l'année dernière, à M. Berryer et à M. Picard : La Ville emprunte par personne interposée. Et le ministre d'État et des finances leur répondait : Vous auriez raison si les 20 millions de cautionnement étaient véritablement une ressource pour la Ville, et si elle en disposait comme d'argent comptant. Mais ces vingt millions sont un cautionnement : ils sont réservés au payement des expropriations par une affectation spéciale. « Le versement de vingt millions a été fait à la Caisse des travaux, comme à une caisse de dépôts et consignations, pour assurer l'exécution des engagements pris par la Compagnie, et mettre la Ville à l'abri de tout recours de la part des expropriés, en cas d'insolvabilité de la compagnie soumissionnaire. La Ville traitait avec une société à responsabilité limitée ; elle jugeait utile de lui imposer le versement d'un fonds de garantie. Mais ce fonds ne devait sortir de sa caisse que pour solder les opérations mêmes en vue desquelles il était constitué. »

Et la Cour des comptes ajoute : « Tel est le sens du contrat, et l'approbation dont il a été revêtu par un décret impérial, ne permettait pas de lui attribuer un autre caractère. Le Gouvernement, en autorisant le versement de 20 millions, n'a pu vouloir autoriser la création d'une ressource extraordinaire, au moyen de laquelle la Caisse des travaux pourrait franchir les limites, assignées à ses moyens de trésorerie. » Cela dit, d'un air bonhomme, la Cour démontre, de la manière la plus péremptoire, que la somme versée par la Société Berlencourt a passé purement et simplement dans le courant des fonds de la caisse, et « qu'employée à d'autres dépenses que celles prévues par le traité, elle a constitué pour la Ville une ressource non autorisée par la loi ».

On ne saurait dire plus élégamment à M. Rouher qu'il a été trompé par son client, à moins qu'il ne préfère avoir trompé la Chambre. Mais voici qui est plus piquant encore. Embarrassé par le raisonnement de la Cour des comptes, M. le préfet, dans ses observations en réponse, jette résolument à l'eau la thèse qu'il a fait plaider l'année dernière devant la Chambre ; il livre, sans hésiter un seul instant, le ministre qui l'a défendu, et les députés qui ont cru le ministre sur parole, et il écrit ceci :

« M. le préfet ne reconnaît pas aux fonds versés dans la Caisse des travaux par des entrepreneurs, en garantie de leurs opérations, le caractère de *dépôt* signalé par la Cour. Il fait remarquer que ces fonds, une fois versés dans la Caisse des travaux, entrent dans son encaisse et en suivent le sort... »

A la bonne heure ! mais convenez alors que vous avez emprunté, emprunté sans autorisation et sans droit ; et que, depuis bientôt quatre ans que vous battez monnaie avec les bons d'annuités, vous violez la loi sept fois par jour. Aussi bien est-ce l'évidence même, et l'on rougit d'insister.

La Cour des comptes a prononcé, et personne n'osera plus, j'espère, défendre la légalité des opérations préfectorales, après le jugement formel du tribunal le plus compétent qui soit en ces matières.

VIII. — Où mène l'illégalité.

Quand on a prouvé à M. le préfet de la Seine qu'il vit dans l'illégalité chronique, on ne lui a rien appris qu'il ne sache aussi bien que nous. M. le préfet viole la loi avec abandon, on peut même dire avec coquetterie. Il n'a pas le sens légal. Après l'emprunt de 1865, autorisé par le Corps législatif pour 250 millions, et bravement émis pour 270, il faut, comme on dit, tirer l'échelle. Il ne manque pas non plus de gens profonds qui vous disent : Qu'importe la façon dont se font les grandes choses, pourvu que les grandes choses se fassent ! En finances comme en politique, « la légalité nous tue ».

C'est le contraire qui est vrai, et, dans l'histoire financière de la Ville, c'est là la grande leçon. Trois ans d'emprunt à la sourdine et d'expédients irréguliers ont compromis les plus belles finances du monde. Les ressources de la Ville sont surmenées ; l'avenir est mangé d'avance. Voilà ce que le public ne sait pas, mais voilà ce que le Conseil d'État est impardonnable de ne pas savoir. Les bras tombent devant l'optimisme complaisant qui s'étale dans l'exposé des motifs :

« Le tableau comparatif des recettes ordinaires de la ville de Paris avec les dépenses de même nature, tel qu'il résulte des trois derniers exercices, constate un excédant moyen de 48 millions par an, et un excédent moyen de 51,496,895 fr. 47 c. en 1866 ; il démontre de plus que la progression annuelle des revenus est constamment de 3 millions au moins, progression qui s'augmentera encore, à partir de 1871, de la moitié des bénéfices de la Compagnie du gaz. Grâce à la fécondité de ces ressources, la Ville peut faire face à tous ses engagements.

« Les calculs fournis par l'administration municipale établissent même que, toute dette payée, elle conservera pendant la période de 1868 à 1877, celle qui supporte le poids des imprévisions de 1858, un reliquat disponible d'une certaine importance.

Mais il n'en est pas moins vrai que quelques-uns des exercices de cette période sont très chargés ; que, dès lors, il peut y avoir utilité, et que, dans tous les cas, il y a prudence à répartir sur un plus grand nombre d'années la dette résultant des titres de subventions et des bons de délégation. »

Tel est l'objet du traité passé avec le Crédit foncier, lequel aboutit, en définitive, à une annuité de 21,574,387 francs, à payer pendant soixante ans. Et en face de ces 48 millions d'excédant par année, le Conseil d'État conclut, avec bonhomie, qu'en vérité ce n'est pas trop !

Mais le bilan de la Ville, ainsi fait par-dessous la jambe, est un bilan inexact. Le Conseil d'État s'abuse, et il nous abuse sur le présent et sur l'avenir. Ce qu'il appelle « l'excédant moyen de 48 millions », n'existe plus ; la plus-value moyenne de 3 millions n'est qu'une hypothèse, et, comme nous le montrerons, la plus aventurée des hypothèses.

IX. — Le bilan de la Ville. — Les excédants.

C'est là le grand cheval de bataille de l'administration municipale. Oui, le fait est vrai et admirable : il s'est produit, depuis le temps où M. Haussmann est monté au pouvoir jusqu'à ce jour, un accroissement constant, progressif, inouï, des produits de l'octroi. Au budget de 1861, les produits de l'octroi, évalués d'après les résultats de 1860 (le premier exercice qui suivit l'annexion), étaient portés pour une somme de 71 millions. Ils figurent aux prévisions du budget de 1868 pour 100 millions. Une augmentation moins considérable, mais certaine, s'est fait sentir dans les revenus secondaires, de telle sorte que les recettes ordinaires de la Ville, qui étaient de 104 millions 700,000 francs en 1861, sont aujourd'hui de 150,600,000 francs.

C'est là-dessus que la préfecture, la commission municipale, les ministres, la majorité du Corps législatif, tous les satisfaits, tous les habiles et tous les simples, s'en vont chevauchant, tête baissée, et croient tenir l'éternité.

Mais, dans un budget, il y a la dépense à côté de la recette. Et si les gens chargés du contrôle étaient moins disposés à se payer de mots, lorsqu'il s'agit de glorifier le bon plaisir, ils auraient depuis longtemps remarqué deux faits graves :

1° La progression de la dépense, en regard de la progression de la recette. De 1861 à 1867, les recettes ordinaires se sont accrues de 50 0/0 ; mais dans le même temps, c'est de 60 0/0 que les dépenses se sont accrues. De sorte qu'en supposant même que l'accroissement des recettes pût encore se prolonger, — ce qui, nous le verrons, n'est pas croyable, — l'accroissement beaucoup plus rapide des dépenses l'absorberait nécessairement dans un temps donné.

2° Malgré toutes les apparences, le chiffre même des excédants de la recette sur la dépense est devenu stationnaire. Au compte de l'exercice de 1864, quel était le chiffre de l'excédant disponible, c'est-à-dire de l'excédant qui reste libre pour les travaux extraordinaires, après qu'on a prélevé la somme néces-

saire pour assurer l'amortissement de la dette municipale ?
35,388,733 fr. 29 c. Quel est ce chiffre au buget de 1868, d'après
le rapport de M. Devinck ? 35,320,595 fr. 86 c. Mais ce chiffre
ainsi posé, ce chiffre qui est déjà au-dessous du chiffre de
48 millions, que le Conseil d'État fait miroiter à nos yeux, de
toute la somme nécessaire au service de l'amortissement ; ce
chiffre de M. Devinck n'est lui-même qu'un mirage financier. Il
est incroyable de présenter au public, comme on fait là, un
budget qui a l'air de laisser 35 millions de ressources disponibles, « qu'on est bien forcé, dit M. le préfet, d'employer aux
grands travaux publics, puisque autrement il faudrait les placer
en rentes », alors que, sur cet excédant, on a à rembourser,
dans les dix ans qui viennent, 453 millions, suivant M. Devinck,
463 millions, suivant MM. Genteur et Jolibois, empruntés sans
droit depuis trois ans.

Ce chiffre de 35 millions est un vieux chiffre, un chiffre des
beaux jours, d'avant le gouffre du troisième réseau.

Il serait honnête d'en déduire d'abord les 21,574,387 fr.
d'annuités que la Ville s'engage, par le traité soumis à la Chambre, à payer au Crédit foncier pendant soixante ans. Il faudrait
tenir compte aussi de 54,572,000 fr. (ou 64 millions, d'après
l'Exposé des motifs) de subventions de grande voirie qui
restent répartis sur neuf années, de 1869 à 1877. Il faudrait enfin
nous dire de combien l'avenue Napoléon, dont une seule amorce
a coûté, ces jour-ci à la Ville, près de 26 millions, l'expropriation du Grand-Hôtel, qui en sera la conséquence nécessaire ;
l'achèvement de la rue Réaumur, qui vient de coûter, rien
qu'entre la rue Port-Mahon et la rue de Grammont, 15 millions
de francs, et le reste, vont augmenter le passif de la Ville. Est-
ce de cinquante, cent, ou cent cinquante millions ? En admettant
qu'il reste seulement, en dehors du traité passé avec le Crédit
foncier, cent millions de travaux nouveaux et de nouvelles
subventions[1], on se tient évidemment fort au-dessous de la
vérité.

Pour savoir si une ville comme Paris est, en réalité, riche ou

---

1. On voit que nous composons cette somme : de 54 ou 64 millions (selon
que l'on adopte le chiffre de M. Devinck, ou celui du Conseil d'État) engagés
dès la fin de décembre 1867, et de 36 (ou 46) millions seulement pour les
entreprises colossales commencées depuis le 1er janvier de cette année.

pauvre, aisée ou gênée dans ses finances, il faut faire état d'abord de ses charges permanentes. Elles sont de deux natures la dette, en premier lieu, puis le service municipal, les dépenses d'entretien de la capitale, le nécessaire de chaque jour : administration, police, garde de Paris, pavé, éclairage, instruction publique, bienfaisance, entretien des édifices communaux, service des eaux et des égouts, — toutes choses non moins sacrées non moins fondamentales, non moins permanentes que la dette elle-même.

Or, ces dépenses d'entretien, strict nécessaire de la Ville, le budget de 1868 les porte à 81,611,000 fr.

Il convient d'y ajouter, de l'aveu même de M. Devinck, dans son Rapport, et de M. le préfet (Mémoire de 1860), une somme de 7 millions, en nombre rond, comprenant trois chapitres du budget extraordinaire (assistance publique, architecture, ponts et chaussées) qui n'ont rien du tout d'extraordinaire, puisqu'ils se reproduisent tous les ans. Total, 88,731,000 fr., ou en nombre rond, 89 millions.

La dette, maintenant. Indépendamment des opérations que l'on s'avise de régulariser aujourd'hui, la Ville devait déjà faire face à une dette annuelle de 27,800,000 francs[1]. Pour rembourser les 398 millions du Crédit foncier en dix années, selon ses stipulations primitives, elle aurait dû, d'après l'exposé du Conseil d'État, supporter en outre l'énorme fardeau d'une annuité de 49 ou 50 millions. Et comme il est permis d'affirmer sans crainte de se tromper, qu'en dehors des 398 millions du Crédit foncier, la Ville a, à l'heure qu'il est, pour 100 millions d'opérations de même nature engagées ; comme l'avenue Napoléon est commencée, et qu'on a le projet d'aller jusqu'au bout, l'annuité serait montée, non à 50 millions, mais au moins à 62.

Quatre-vingt-neuf millions d'entretien, vingt-sept millions 800,000 fr. d'ancienne dette, soixante-deux millions de subven-

1. Ce qui comprend : l'emprunt de 1855, celui de 1860, celui de 1865, les annuités du rachat des ponts, le rachat de l'abattoir des Batignolles, du canal Saint-Martin, des usines de Saint-Maur, les annuités de la Compagnie des Eaux et de la Compagnie Ducoux. Nous avons soin de n'y pas faire figurer le complément de l'emprunt de 1852, qui sera amorti à la fin de 1872, pour qu'il soit bien visible que nous faisons non seulement le bilan du présent, mais le budget de l'avenir.

tions, réparties sur dix années, font, en bonne arithmétique, 178 (cent soixante-dix-huit millions) et 800,000 fr.

Voilà la dépense. Quant à la recette, elle figure au budget de 1868, pour 149 millions 664,183 fr. et 82 cent. Nous n'en chicanerons pas un centime. Nous y ajouterons même 3 millions 1/2 de recette extraordinaire, qu'on peut considérer comme constante, mais rien de plus : car la subvention annuelle de 8,800,000 francs, que l'État servait à la Ville depuis dix ans, et qui était si commode pour aligner le budget municipal, arrive, cette année même, à son dernier terme. Nous accordons donc à la Ville une recette possible de 153 millions, en nombre rond.

Et, pour arriver à ces deux chiffres (178 millions et 153) qui laissent entre eux un déficit de 25 millions, que d'hypothèses heureuses il faut accumuler ! Il faut supposer que l'avenue Napoléon, la rue Réaumur et le reste ne coûteront pas à la Ville plus de cinquante millions ; supposer que la recette ne subira aucune réduction, que la dépense ne fera jaillir aucun imprévu ; qu'en un mot, on aura banni des affaires de la Ville toutes les mauvaises chances qui grèvent les affaires humaines…

Voilà où en seraient les finances de la Ville si le Crédit foncier ne venait pas à leur secours.

Voilà comme il est vrai de dire que, si l'on traite avec le Crédit foncier, c'est par excès de prudence, et en quelque sorte par grandeur d'âme ; voilà ce que vaut cet article 3 du traité soumis à la Chambre, lequel réserve à la ville de Paris la faculté de payer par anticipation les annuités que le concours du Crédit foncier lui permet de répartir sur soixante années.

On ne se libère pas par anticipation quand on a, pendant dix ans, un découvert de 25 millions à combler.

Pure chimère que cela ! Au vrai, la Ville atermoie, parce qu'elle serait, si elle n'atermoyait pas, au-dessous de ses affaires, parce que, semblable au fils de famille qui a mangé son bien en herbe, elle est, dès à présent, obligée d'emprunter pour vivre.

Mais quel est au juste le soulagement que lui apporte cet emprunt du Crédit foncier ? Pour 398 millions, c'est une charge annuelle de 21,574,000 fr., répartis sur soixante années. Les charges permanentes se trouvent ainsi réduites à 49 millions pour la dette, 89 pour le service municipal, total 138 millions.

Pour aller à 133 millions, il y a 15 millions de boni, mais sur lesquels, pendant dix ans au moins, il faudra prendre de quoi payer des engagements, qui s'élèvent, dès à présent, à cent millions au plus bas mot. Vous voyez ce qui reste de disponible : cinq millions. Cinq millions sur lesquels il faut prendre encore et les intérêts de ces 100 millions échelonnés sur dix années, et l'imprévu normal, inévitable, d'un budget de 150 millions; cet imprévu que M. le préfet lui-même, dans un de ses anciens mémoires, évaluait à 3 millions, ce qui n'est pas cher! 3 millions d'intérêts, 4 millions d'imprévu, à déduire de 5 millions. Eh ! Messieurs, ce n'est pas même de quoi établir l'équilibre, et il sera fort heureux pour la Ville que les bénéfices de la Compagnie du gaz viennent, à partir de 1872, lui permettre de nouer les deux bouts.

En résumé, ce déficit, qui serait de 25 millions, sans l'emprunt du Crédit foncier, il existe, il commence à poindre, même avec le traité qui est soumis à la Chambre : le passif a rejoint et déjà dépassé l'actif. Et nous avons supposé que le stock des subventions promises par la Ville ne dépassait pas 500 millions... Mais si, par hasard, comme plusieurs l'affirment, ce stock est de 600 millions, sur quel abîme marchons-nous ?

Voilà, Messieurs, ce qu'il faut penser des excédants de M. Haussmann; l'enseigne de la Ville porte bien encore : 50 millions d'excédants; la vérité financière est obligée de les coter au-dessous de zéro.

X. — Le bilan de la Ville. — Les plus-values.

Les calculs que je viens de faire sur l'étendue des ressources actuellement disponibles de la ville de Paris sont en eux-mêmes irréfutables : on en pourra, suivant l'usage, critiquer quelque détail, mais ils resteront debout dans leur ensemble. Les financiers de la Ville porteront ailleurs leur effort. Ils diront que, dans ce bilan de la richesse municipale, on néglige l'avenir. L'avenir, c'est la plus-value des recettes, ou, pour parler plus exactement, la plus-value des produits de l'octroi d'une année à l'autre. L'Exposé des motifs du Conseil d'État croit pouvoir fixer cet accroissement annuel à un chiffre moyen, permanent

et véritablement normal de 3 millions. Quelle réponse aux pro-
phètes de malheur! Si les finances de la Ville demeurent
chargées, pendant les dix années qui vont suivre, elles auront
reconquis, au bout de ce terme, toute leur élasticité tradition-
nelle. Une plus-value de 3 millions par an, c'est 30 millions de
ressources nouvelles, et pour ainsi dire, tombées du ciel, qu'on
pourra porter en compte. Nous disons aujourd'hui 5 millions de
disponible; dans dix ans, il faudra dire 35 millions. C'est ce
qu'exprime l'Exposé de MM. Genteur et Jolibois par cet axiome,
emprunté, comme tout ce qu'ils ont écrit, aux mémoires du
préfet de la Seine :

« Ainsi, la génération présente aura dépensé des sommes
considérables... et elle ne léguera à la génération future, en
échange des avantages de Paris transformé, qu'une dette relativement faible et facile à acquitter, au moyen de l'accroissement
des revenus municipaux, produits par cette transformation
même. »

Il faudrait pourtant, puisqu'on se réclame de Voltaire, porter
dans tout ceci un peu de ce bon sens, si cher au précurseur de
M. le préfet. La question n'est pas de savoir si, depuis trois,
quatre ou six ans, un accroissement régulier s'est produit dans
les recettes de la Ville : les chiffres le disent assez haut ; mais ce
que les chiffres ne disent pas, c'est que cet accroissement sera
éternel : les chiffres, sérieusement compris, disent même tout le
contraire.

Ce développement des produits de l'octroi, dont on fait si
grand tapage, est un fait complexe et contingent. En faire une
loi, un absolu, et, là-dessus, édifier tout un système et se précipiter dans les aventures, c'est porter dans le sophisme une
violence étourdie, que l'absence de contrôle explique, mais ne
justifie pas. Avant de conclure, analysez donc. C'est dans les
tableaux mêmes de l'octroi parisien qu'on peut lire, à livre
ouvert, le secret de ses accroissements. L'octroi de Paris se
compose de quatre articles principaux : les boissons, — les matériaux et bois de construction, — les comestibles, — le combustible. De tous ces produits, quel est celui qui donne, et de beaucoup, l'augmentation la plus considérable, la plus constante, la
plus imperturbable ? C'est le droit sur les boissons. Après, vient
le droit sur les matériaux et bois de construction. De 1865 à

1866, par exemple, il y a 3,500,000 fr. d'accroissement sur les boissons, et plus de 2 millions sur les matériaux et bois de construction, c'est-à-dire 11 ou 12 0/0 sur les boissons et 20 0/0 sur les matériaux. L'accroissement est, au contraire, très faible sur les articles qui figurent à l'octroi sous les deux titres « comestibles et combustibles[1] ». On voit par là, clairement, ce qui fait la plus-value : ce sont les foules laborieuses attirées par les travaux, et les pierres mêmes que ces foules remuent, qui alimentent le budget de la Ville. Aussi le grand accroissement ne porte-t-il ni sur la viande, qui n'est pas encore une consommation vraiment populaire, ni sur le chauffage, qui est une consommation sédentaire. Quant aux étrangers, touristes, nababs et autres, qu'on pourrait croire d'un si bon rapport pour la caisse municipale, leur influence sur les produits de l'octroi est des plus minces. Savez-vous ce qu'ils ont ajouté aux ressources de la Ville, pendant tout ce grand fracas de l'Exposition universelle? Un million, d'après le préfet lui-même. (*Mémoire du 11 décembre* 1867.)

L'analyse confirme donc ici ce qu'indique le bon sens. Les recettes sont directement engendrées par les travaux, par l'accroissement de population ouvrière qui en résulte, par l'accroissement des entrées de toute nature qui les accompagne. Pour porter à cent millions les produits de l'octroi parisien, il a fallu dépenser deux milliards, attirer quatre cent mille ouvriers au moins dans les chantiers, transformer en atelier de maçonnerie la capitale du monde. Le système Haussmann n'en disconvient pas. « Les excédants, dit-il explicitement, ont leur source dans les travaux mêmes. » Mais une proposition de ce genre veut être vue sous un double aspect. C'est un Janus à deux visages : d'un côté la plus-value, de l'autre le déficit. L'orgie des expropriations a mis le feu aux droits d'entrée; un retour quelconque

1. *Progression des recettes de l'octroi de* 1863 *à* 1866.

	1863	1864	1865	1866
Boissons.............	33.193.730	35.363.407	38.622.329	42.148.306
Matériaux............	6.956.109	6.441.193	6.143.882	7.870.245
Bois de construction...	4.512.320	4.595.157	4.170.087	4.569.245
Comestibles..........	14.887.356	15.306.044	15.592.825	15.981.405
Combustibles.........	9.468.947	10.043.866	10.428.987	10.821.328

à la sagesse, à la mesure, à la raison les éteindra. Réduisez de moitié l'atelier national créé par la préfecture, vous n'y perdrez point sans doute la moitié de vos recettes : mais vous en laisserez une grosse portion sur le carreau. Cela est évident, palpable, brutal. Donc, pour sauver les recettes, il faut maintenir les travaux. Ou si l'on arrête les travaux, il ne faut plus parler de plus-value.

Nous connaissons un autre budget que celui de la Ville qui a longtemps vécu sur la doctrine des plus-values : c'est le budget de l'État. Mais la crise est venue, et le déficit est apparu. Les recettes de la Ville paraissent, il est vrai, à l'abri de la crise générale qui déprime celles de l'État. Il ne faut pas trop en triompher. Il y a entre l'État et la Ville cette différence, que la Ville tient dans ses mains le grand moteur de ses recettes. Placée au centre d'un monde économique factice, c'est elle-même qui fait la hausse, à coups d'expropriations, démolitions, compagnies d'entrepreneurs, bons de délégation, toutes choses qui naissent d'elles-mêmes, sans efforts, sinon sans frais, de la signature de M. le préfet de la Seine. S'il est des gens que ce spectacle rassure et enchante, nous le trouvons, quant à nous, le plus effrayant du monde. C'est un artifice colossal, mais ce n'est qu'un artifice. Il n'y a que les conservateurs pour dormir en paix sur la pointe d'une hypothèse, et mettre la fortune publique à la merci d'un accident. Il faut appartenir au grand parti conservateur pour voir d'un œil tranquille quatre cent mille ouvriers de la terrasse et du bâtiment, vivant sur une hausse factice, sur des spéculations factices, dans le tourbillon des prospérités factices, qu'un souffle peut emporter. Est-ce donc la condition fatale des amis du pouvoir de perdre toute vue du lendemain ? Quand les conservateurs prirent les affaires après la Révolution de 1848, ils n'eurent de cesse qu'ils n'eussent dissous les ateliers nationaux : l'histoire dira s'ils y mirent la mesure, la prudence, l'humanité, la science qui facilitent les transitions et qui conjurent les catastrophes ! Mais l'immense atelier national dont M. Haussmann est le créateur, ces chantiers sans pareils au monde, auprès desquels ceux du Champ de Mars n'étaient que des jeux d'enfant, les hommes qui se disent conservateurs ne semblent en prendre ni ombrage ni inquiétude. Ils ont fait un pacte avec la fortune ; ils croient à une providence spéciale qui veille sur la Ville, et qui a fait pour elle un ciel sans nuages, un avenir sans points noirs !

Mais ce n'est pas seulement par ce côté que le système peut faillir. Il porte en lui-même le principe de sa ruine ; et la crise finale lui viendra non du dehors, mais du dedans. Il est, en effet, de l'essence même de la politique économique et financière de M. le préfet de la Seine, de ne pouvoir ni reculer, ni rester stationnaire. Il ne faut pas seulement que la bâtisse se maintienne, il faut qu'elle se développe, qu'elle s'accroisse incessamment. Sinon, adieu les plus-values ! Voilà pourquoi il nous est donné de contempler, depuis tant d'années, ce chantier qui s'étend peu à peu sur tous les points de la grande Ville, ce cercle de démolition qui s'élargit autour de nous, et qui monte comme une marée sans fin. Voilà pourquoi M. le préfet a fait, à la sourdine, le troisième réseau, et emprunté cinq cents millions au moins, au mépris des lois. Mais avec l'année 1868, le troisième réseau va finir. Avec lui aussi, finira cette énorme plus-value dont la Ville se flatte de faire éternellement état dans ses budgets. Or, si la plus-value s'arrête, la crise commence. Inexprimable angoisse ! Quel parti va-t-on prendre ? Prépare-t-on un quatrième réseau, un second milliard d'emprunts ? L'avenue Napoléon est-elle un commencement ou une fin, un premier acte d'une pièce nouvelle ou un dénoûment ? Si c'est une quatrième campagne qui commence, il faut le dire résolument à la Chambre, au pays : il faut reconnaître que l'on est, par la logique du système, condamné à ne jamais finir ; qu'on démolit, non pour transformer, mais pour démolir ; que, pour soutenir ce régime de travaux forcés à perpétuité, on a besoin d'emprunter, non plus sous le manteau, en escomptant des excédants de recettes, qui sont, dès à présent, mangés d'avance, mais à découvert, et comme on pourra, à la façon du Grand-Turc, ou du bey de Tunis, quelque chose comme 300 millions tous les deux ans ; que le traité du Crédit foncier n'a d'autre but que de dégager une portion des recettes qui permettra d'asseoir de nouveaux emprunts ; en un mot, que si l'on consolide, c'est pour recommencer.

Ce serait franc, au moins, ce serait une politique, ce serait un langage. Au lieu de cela, M. le préfet écrit, dans son dernier mémoire : « Il me paraît SAGE D'AJOURNER, après l'achèvement des opérations en cours, la suite du plan tracé par une main auguste. » Qu'est-ce à dire ? est-ce une promesse ? est-ce un mirage ? Voulez-vous rassurer ou endormir ? Songez-vous à liquider ou seulement à reprendre haleine ?

Pour liquider, il est déjà bien tard !

Si la Ville n'avait, depuis l'emprunt de 1865, accru sa dette que des 400 millions qu'elle consolide à cette heure, il lui resterait, comme nous l'avons fait voir, 15 millions de marge dans ses finances. Or, ces 15 millions remplissaient dans son budget un office deux fois sacré. En premier lieu, c'était le patrimoine de l'avenir, le bien des générations futures. Les générations futures auront, elles aussi, leurs besoins extraordinaires, leurs grandes entreprises, leur luxe, leurs fantaisies. Si nous leur léguons un budget étroit, qui ne noue qu'à grand'peine les deux bouts ensemble, un équilibre si difficile et si précaire qu'il leur interdise toute autre ambition que celle d'entretenir modestement, bourgeoisement, ce que nous avons fait, — comme si le Paris d'aujourd'hui avait concentré, prévu et satisfait d'avance tous les besoins du Paris de l'avenir, du Paris qui sera dans cinquante ans ; — si nous avons fait cela, nous avons imprudemment sacrifié l'avenir au présent, exploité, dévoré les générations futures. Mais les 15 millions de disponible étaient plus que le bien de l'avenir ; ils étaient la garantie, la sécurité du présent. C'était la lisière qui séparait la ville de Paris du gouffre du déficit, de ce point fatal aux États comme aux particuliers, où les dépenses ordinaires et obligatoires ne sont plus couvertes qu'à coups d'emprunts.

Avec cette marge de 15 millions, la liquidation des travaux de Paris pouvait encore être entreprise. La baisse des recettes qu'amènera nécessairement l'arrêt des travaux était conjurée dans une certaine mesure. La Ville pouvait supporter une perte d'un dixième de son revenu. C'était trop peu, sans doute, mais c'était quelque chose.

Aujourd'hui, ce débris des excédents splendides, que, durant quelques années, la Ville a pu, en toute vérité, aligner orgueilleusement dans ses budgets ; cette réserve nécessaire et ce garde-fou, on le jette dans les inutilités somptueuses de la place du nouvel Opéra, de l'avenue Napoléon, de la rue Réaumur. Pour donner du recul au monument de M. Garnier, la ville enfouit ses derniers écus. La pioche est mise aux grandes bâtisses qui formaient la tête de la plus belle avenue du monde ; mais ce n'est pas seulement des maisons neuves qu'elle arrache du sol, c'est aussi — sachez-le bien — les dernières réserves de la Ville, les dernières assises de son crédit qui s'émiettent sous le marteau des démolisseurs.

En résumé, la situation financière de la Ville de Paris, telle que l'a faite le régime du bon plaisir, repose actuellement sur les bases suivantes :

1° Il est impossible de maintenir les travaux de Paris sur le pied où on les a mis depuis 1861. On ne le pourrait qu'en empruntant résolument 300 millions tous les deux ans. Ce serait l'emprunt et la démolition à perpétuité, c'est-à-dire une monstrueuse utopie, avec une catastrophe au bout.

2° Une réduction considérable et progressive est nécessaire ; l'administration municipale elle-même paraît en convenir.

3° Par conséquent, il n'y a pas de plus-values nouvelles à faire entrer en ligne de compte. Les recettes ne dépasseront guère le point où l'exercice 1868 les aura portées, et après cela elles ne pourront plus que décroître.

4° Il ne faut non plus parler de dégrèvement. Quand M. le préfet déclare « qu'il aurait peine à renoncer à cette démonstration éclatante de la fécondité de son système », M. le préfet croit parler à des Béotiens. On ne dégrève pas quand on ne sait pas si, dans trois ans, on aura de quoi payer ses dettes et son entretien de chaque jour. On est beaucoup plus prêt d'établir de nouveaux impôts que de réduire les anciens.

5° Si le présent repose sur une base fragile, l'avenir est mangé d'avance, et nos successeurs les plus prochains auront peine à y faire face. A peine s'ils pourront entretenir la dette que nous leur léguons, et le Paris transformé que nous leur avons fait. Quant aux grandes entreprises, quelles qu'elles soient, elles leur seront interdites jusqu'en 1928.

6° Pour atténuer ces déplorables conséquences, il eût fallu tout au moins laisser là l'avenue Napoléon et le reste, et commencer immédiatement la liquidation de l'immense atelier national. Mais si cela est évidemment nécessaire, il n'est pas moins évident que, tant que M. Haussmann sera là, cela ne se fera pas.

XI. — Conclusion pratique.

Que faire donc, Messieurs, et à quoi conclure ?

Vous avez trois partis à prendre :

1° Voter purement et simplement le projet de loi qui vous est soumis, c'est-à-dire donner à M. le préfet un bill d'indemnité pour le passé, un vote de confiance pour l'avenir ;

2° Voter en prenant des gages, c'est-à-dire en revendiquant pour le Corps législatif le vote annuel du budget de la Ville ;

3° Voter de façon à liquider le passé et à sauver l'avenir, c'est-à-dire déclarer deux choses : premièrement qu'il faut arrêter incontinent la nouvelle campagne de démolitions qui commence ; secondement, qu'il est nécessaire de commencer le plus tôt possible la liquidation du système.

Le premier parti est impossible : ce serait un acte d'abdication.

Le second est un moyen terme. Il laisserait M. Haussmann dans la place et n'aurait d'autre résultat que d'associer votre responsabilité à la sienne, et de vous mettre de moitié dans ses épreuves, sans vous fournir contre le retour des mêmes fautes aucune garantie sérieuse.

Le troisième parti est un parti énergique, mais un parti sauveur. Il consommerait votre rupture avec la préfecture de la Seine, mais il aurait pour conséquence, pour peu que vous sussiez vous y tenir, et par cela seul que vous affirmeriez vos inquiétudes et votre blâme dans un vote solennel de défiance, d'amener promptement la chute de M. le préfet de la Seine et l'avènement d'un liquidateur. Sinon, ce liquidateur, Messieurs, ce sera la force des choses, avec sa brutalité souveraine et sa justice, tardive parfois, mais infaillible.

18 mai 1868.

L'ÉLECTEUR

En traçant, d'une main à la fois légère et impitoyable le tableau de l'administration parisienne, sous le régime des commissions imposées, en dénonçant hautement les excès de pouvoir d'un préfet réfractaire à tout contrôle, M. Jules Ferry avait posé sa candidature à l'un des sièges de représentant de la capitale [1]. La période électorale s'ouvrit, de fait, près d'un an à l'avance, car tout le monde comprenait la gravité décisive du verdict qu'allait prononcer le pays.

Ce fut M. Jules Ferry qui tira le premier coup de feu. Jules Favre, Hénon, Ernest Picard venaient de fonder, en vue des élections, un journal politique hebdomadaire, *l'Électeur*, lequel s'était donné la mission « d'être, à côté du *Moniteur des Communes*, un organe indépendant, qui saurait le contrôler et le réfuter au besoin ». Mais les intrépides rédacteurs de la nouvelle feuille allèrent du premier coup bien au delà de ce modeste programme : car c'est dans le premier numéro de *l'Électeur*, daté du 25 juin 1868, que M. Jules Ferry dressa l'acte d'accusation du régime impérial, sous ce titre : *Grandes manœuvres électorales*. Voici ce curieux article :

« Il est assez difficile de classer rationnellement le Gouvernement qui nous régit. Montesquieu distinguait les républiques qui sont fondées sur la vertu, et les monarchies qui ont l'honneur pour ressort. Le second Empire, qui ressemble à une république par la base et qui est une monarchie très monarchique

---

1. La campagne de M. Jules Ferry, contre M. Haussmann, qui constitue le principal titre de gloire du rédacteur du *Temps*, ne doit pas faire oublier les nombreux articles qu'il écrivit au cours de l'année 1868, dans le même journal, sur tous les incidents de la politique intérieure.

Il publia notamment de nombreuses études sur la loi relative à la presse (n°s des 7, 12, 19, 21 février, 7 et 10 mars) : sur l'incident Kervéguen et le dossier La Varenne (n°s des 25 fév., 4, 9 mars) ; sur le projet de loi relatif aux réunions (n°s des 11, 16 et 19 mars) ; sur le projet de loi militaire (n°s des 12 janvier, 13 et 14 avril) ; sur la dissolution (n° du 27 mars) ; sur la pétition Léopold Giraud, relative à l'annulation de la thèse de M. Grenier (n° du 31 mars) ; sur le factum de M. Dupanloup contre la Ligue de l'enseignement de J. Macé et l'école professionnelle Lemonnier (n°s des 12 et 17 avril) ; sur la doctrine du Gouvernement relativement aux comptes rendus des débats législatifs (n°s des 11 janvier, 24 février, 18 avril) ; sur l'affaire André et le rôle des agents de police (n°s des 21 et 27 janvier).

Cette campagne de presse valut à M. Jules Ferry les chaudes félicitations de M. Thiers qui lui avait écrit dès le 5 mai 1866 : « Votre talent d'écrivain grandit tous les jours et je vous engage à vous en servir beaucoup dans *le Temps*. C'est une puissance qu'une plume et qui est bonne à employer avant qu'on puisse se servir de la langue... Le *Temps*, s'il le veut, remplacera *les Débats* auprès des gens éclairés, et croyez-le bien, les masses crient, mais les gens éclairés mènent, et il faut les avoir avec soi : c'est non seulement plus sûr, mais plus agréable. »

au sommet, embarrasserait fort Montesquieu. Il ne fait, en somme, aucune consommation exceptionnelle d'honneur, ni de vertu; il n'est d'ailleurs ni absolument militaire, ni absolument progressif, ni absolument rétrograde, ni entièrement libre, ni tout à fait despotique. Il a pourtant son trait caractéristique, son ressort fondamental dominant et duquel toutes choses dérivent. C'est son système électoral. Cela n'est peut-être pas très philosophique, mais cela est vrai. La candidature officielle est le principe et la source, le moyen et le but, le commencement et la fin. On y a tout employé, tout subordonné, tout sacrifié. Il en est résulté une simplification extraordinaire dans les rouages administratifs. A distance, l'administration française paraît difficile, compliquée; l'esprit recule devant les devoirs innombrables dont la centralisation se compose; tant d'affaires et de si grandes affaires, des intérêts si nombreux, si divers, si hauts ou si minimes, tant de milliards à remuer, tant de volontés à diriger, tant de projets à suivre; de loin, la tâche paraît immense, écrasante, grandiose. Il y faut, pourrait-on croire, une instruction profonde, un labeur infini, une aptitude variée et solide. Ceux qui se le figurent encore reviennent de l'autre monde ou bien ont habité au fond des bois depuis vingt ans. Il n'y a plus chez nous qu'une affaire et qu'un intérêt, plus qu'une aptitude et qu'une science : l'affaire électorale, l'aptitude, la science ou, pour mieux dire, le tour de main électoral. Du moment que tout est électoral, depuis le budget des cultes jusqu'à la caisse des travaux publics, depuis l'école jusqu'au bureau de tabac, depuis le conseil de revision jusqu'au Conseil d'État, depuis les pompiers jusqu'aux orphéons, tout est simple, tout est clair, tout est facile à résoudre. On ne demande plus aux préfets s'ils savent administrer, mais s'ils sont « heureux » au jeu des élections. Or, être heureux, ici, veut dire comme chacun sait : mettre, d'adresse ou de force, tous les atouts dans son jeu. De là une double conséquence : premièrement, le type administratif, les dehors, les façons d'être des représentants du pouvoir central, se sont modifiés avec les aptitudes. Secondement, l'autorité elle-même s'est déplacée. Comparez un préfet du premier Empire avec un préfet du second Empire : l'homme d'autrefois, si grave, si appliqué, si laborieux, qui connaissait les grandes affaires, qui souvent

même avait vu les grandes assemblées, avec l'homme d'aujour-
d'hui, le capitaine Fracasse départemental, à moitié militaire,
à moitié sportsman et mauvais sujet par-dessus le marché, aussi
dépourvu généralement d'éducation administrative que de goût
pour le travail. Pourquoi celui-ci est-il tout à la fois si bruyant
et si frivole et fait-il voir dans toute sa personne ce faux air
charlatan? C'est qu'il est avant tout un agent de charlatanisme
électoral, un entrepreneur de candidatures. Il a même le droit
de faire des dettes, s'il réussit les élections. A ce prix, il est le
vrai maître et fait dans son département à peu près tout ce qui
lui convient. Les observateurs superficiels ne s'en doutent pas,
mais, de fait, en ce pays de France, le pouvoir a glissé aux
mains de quatre-vingt-neuf préfets. Jadis, au temps du suffrage
restreint, les ministres étaient quelque chose; mais le suffrage
restreint pouvait se guider de loin, tandis que le suffrage universel ne se triture bien que de près. Au temps de la corruption
parlementaire, les candidatures se fabriquaient au centre; à
présent, c'est aux extrémités qu'elles s'élaborent. Plus les rami-
fications administratives sont menues, plus l'élaboration électorale est active; tout comme les vaisseaux capillaires sont ceux
qui recèlent le grand mystère de l'assimilation et de la vie.
Un bon sous-préfet a, par le temps qui court, plus de valeur
électorale qu'un grand ministre.

« Ce qui est vrai du pouvoir qui administre, ne l'est pas
moins du corps qui légifère. Si l'on ne savait pas que la machine
gouvernementale est avant tout, en France, une machine électorale, comprendrait-on quelque chose à cette fin de session,
dont la Chambre élective nous donne l'incroyable spectacle?
En trois semaines, le Corps législatif vient de voter, au pas de
course, la plus grosse averse de millions qui se soit jamais
répandue sur une terre française. C'est par centaines de millions que nos finances sont engagées. Après les millions de la
caisse des invalides civils, on a vu pleuvoir les 115 millions de
la subvention des chemins vicinaux, puis les 200 millions de la
caisse. Les six grandes compagnies qui exploitent le monopole
des chemins de fer ont reçu 240 millions; 245 millions sont
promis à dix-sept autres lignes, que le Gouvernement pourra
concéder quand il voudra. C'est plus que jamais le cas de
s'écrier que les ressources de la France sont inépuisables. Mais

d'où vient cette pluie d'or? Où nos députés l'ont-ils prise?
Est-ce le trésor de Henri IV qui s'est retrouvé quelque part?
Avons-nous fait la conquête d'un nouveau Mexique ou d'une
vraie Sonora? Point; le déficit est avéré, public, énorme; on va
jeter au gouffre 440 millions d'emprunt sans avoir l'illusion de
le combler. Qu'est-ce à dire et quel métier faisons-nous de jeter
par les fenêtres l'argent que nous n'avons pas? Cela veut dire
seulement que les élections sont proches.

Dans cette immense distribution de lettres de change sur
l'avenir, le projet des 254 millions et des 17 chemins mérite une
mention particulière. L'opposition a souvent parlé depuis six
ans des chemins électoraux. On lui a répondu que, selon son
habitude, elle calomniait le Gouvernement. Mais cette fois,
les voici dans toute leur splendeur, dans toute leur naïveté,
tranchons le mot, dans toute leur impudence, les chemins de
fer électoraux. Ces 17 lignes, le Corps législatif ne les vote pas,
le Corps législatif ne les concède pas. C'est le Gouvernement
qui les a déclarées d'utilité publique ; c'est le Gouvernement qui
seul a le droit de les concéder. Que fait donc le Corps législatif?
Il les *classe*, les enregistre, il les promet aux populations, il
leur sert d'enseigne. Il distribue entre ces 17 tronçons une
subvention éventuelle de 254 millions. Quant à l'époque où ces
chemins s'exécuteront, aux ressources fiscales avec lesquelles
on y fera face, aux concessionnaires qui les demandent, aux
tracés qu'ils doivent suivre, le Corps législatif n'en sait rien,
n'en dit rien, n'en veut rien dire ni rien savoir. Ce qui est
caractéristique, c'est que, pour la plupart de ces chemins, il existe
généralement deux tracés : mais le Corps législatif n'a garde de
se prononcer pour l'un ou pour l'autre. Il abandonne à la
sagesse de la haute administration le soin de choisir la ligne
définitive. Il ne vote dès à présent qu'une chose : un crédit de
500,000 fr. à dépenser l'année prochaine en études complé-
mentaires.

C'est assez clair, j'imagine, et l'on voit bien que, bien plus
que la Constitution, la pratique électorale est perfectible. La
période électorale de 1863 avait eu, elle aussi, ses chemins de
fer électoraux. Quel département n'a connu la comédie des
deux tracés, les piquets sortant de terre le 28 mai pour y rentrer le 31, les ingénieurs, conducteurs et piqueurs des ponts et

chaussées promenant à travers champs, sur des lignes imaginaires, cette réclame électorale d'un nouveau genre, au grand applaudissement des populations naïves? A ce jeu, les jalons s'étaient un peu usés : on les remplace par un projet de loi. Menée de plus loin, mieux apprise, la pièce sera mieux jouée : on pense surtout qu'elle paraîtra nouvelle. Aux campagnards sceptiques qui n'auraient pas oublié leur déboire de 1863, on dira : il y a une loi. Cette loi sans doute ne fait rien, ne tranche rien, ne donne rien; mais c'est une loi. Et ce mot est encore quelque chose, en France, malgré ceux qui ne craignent pas d'abaisser jusqu'à la manœuvre électorale la dignité de la loi. »

Cet article fut immédiatement poursuivi et inaugura l'application de la nouvelle loi sur la presse, promulguée le 1er juillet 1868. Dans le numéro du 2 juillet, M. Jules Ferry prit acte de ces poursuites et remercia le Gouvernement de la faveur insigne qu'il accordait au journal naissant :

Notre procès.

Le Gouvernement nous fait l'insigne honneur d'essayer sur nous la force répressive que la loi du 9 mars 1868 remet entre ses mains. A peine nés, on nous frappe, et c'est un journal d'un jour qui *étrennera* la nouvelle loi de la presse.

Si c'est là, comme nos amis l'assurent, un beau début pour l'*Électeur*, c'est pour la loi nouvelle un fâcheux coup d'essai. Elle donne par là sa mesure, qui n'est pas large, à ce qu'il paraît, et le public apprend ce que vaut cette grande patience dont l'administration faisait étalage en promulguant la loi. Sa patience, nous le voyons bien, est au niveau de celle de tous les gouvernements passés, car la voilà qui verse, du premier pas, dans l'antique ornière des procès de presse, où ces gouvernements ont tous, l'un après l'autre, piétiné, tâtonné, pataugé, avec le profit que l'on sait. Vraiment, nous le regrettons plus pour le Gouvernement que pour nous. Il semblait qu'un peu d'air, un peu de jour nous avaient été rendus : une vraie liberté de langage commençait à reparaître; on se croyait débarrassé de cet énervant régime de réticences et de demi-mots, qui a pesé sur l'esprit français pendant quinze ans. A cette renaissance du franc-parler gaulois, l'autorité avait l'air de se prêter d'assez bonne grâce. Mais ce qu'un gouvernement peut le moins supporter, c'est la vérité.

Quel est notre délit? Nous avons « excité à la haine et au mépris du Gouvernement ».

Franchement, cela n'est pas impossible, et si nos juges nous demandent, comme c'est leur devoir, si nous avons commis le délit qu'on nous impute, nous n'aurons qu'une chose à répondre : c'est que nous n'en savons rien.

Ce délit d'excitation à la haine et au mépris du Gouvernement, qui de nous, hommes de l'opposition, peut se flatter de ne pas le commettre sept fois par jour? Qu'on nous indique le moyen de parler du Mexique, de Sadowa, de la loi militaire, des budgets incessamment accrus, de la dette qui monte toujours, du déficit à l'état normal, de l'emprunt en permanence, de toutes les fautes du passé, de tous les périls de l'avenir, sans faire naître dans l'esprit de ceux qui nous lisent des sentiments un peu différents de l'admiration et de l'amour? Mais si ce n'est pas un piège, c'est un enfantillage que ce système ! Un gouvernement sensé a intérêt à savoir la vérité, n'est-il pas vrai? Et il est à présumer qu'elle ne lui arrive pas tout entière par les rapports de la gendarmerie et des préfets? Évidemment. Telle est d'ailleurs la manière de voir du gouvernement actuel, puisqu'il a, de lui-même, senti le besoin d'une certaine liberté de la presse. Eh bien ! ces poursuites pour excitation à la haine et au mépris du Gouvernement ne peuvent avoir qu'un effet : c'est d'arrêter au passage la vérité. Plus la faute du Gouvernement sera grande, plus la vérité lui sera dure à entendre.

Dès lors, d'autant plus grave sera le délit, d'autant plus sévère le châtiment. Il en est de l'excitation à la haine et au mépris comme de la diffamation. La diffamation est d'autant plus dommageable qu'elle est plus rapprochée de la vérité, et le diffamateur qui a dit vrai doit être, dans la logique de la loi, plus cruellement puni que l'artisan de calomnie. Interrogeons-nous donc, quand la foudre nous atteint, écrivains, journalistes, tirailleurs de la polémique ; si notre conscience ne nous reproche rien, si nous avons dit la vérité, si nous avons touché quelque plaie bien vive, bien béante et qui crève les yeux, si tout notre crime est d'avoir dit tout haut ce que tout le monde murmure tout bas, notre affaire est claire, nous irons en police correctionnelle.

Mais les juges, dira-t-on, il y a des juges.

Assurément, nous avons des juges, et nous qui vivons si près d'eux, nous n'aurions garde d'en rien dire qui ne fût profondément respectueux. Mais, en face de cette inculpation si arbitraire d'excitation à la haine et au mépris du Gouvernement, ce sont nos juges surtout que nous plaignons.

Pour nos juges, pas plus que pour nous-mêmes, le délit n'est défini. Ils n'en connaissent pas plus que nous la mesure, le trait distinctif. Ils n'en sauraient, pas plus que nous, dessiner les frontières. Or, j'imagine que c'est là, pour des hommes chargés de juger, le pire des tourments. Je ne vois pour eux qu'écueils de toutes parts. Quand ils sont saisis d'un délit d'attaque à la Constitution, de provocation à la révolte, même de fausse nouvelle, ils peuvent condamner ou absoudre dans l'entière sécurité de leur conscience. Mais quand l'administration leur défère un délit d'excitation à la haine et au mépris du Gouvernement, voyez bien leur embarras. Je suppose un écrivain qui accuse le ministère de fausser les élections. Et je suppose un juge qui fût, dans le fond, de l'avis de l'écrivain, par la raison très simple que cela serait vrai, notoire, et que tout le monde le pourrait voir. Que faire? Condamner? Quoi! pour avoir dit vrai? c'est bien dur. Acquitter, d'autre part, c'est bien grave. Acquitter, c'est déclarer que l'écrivain a eu raison, c'est condamner le Gouvernement. Étrange conflit! à cette heure-là, je suis tenté de préférer pour mon compte, le banc du prévenu au fauteuil du juge.

J'ai vu beaucoup de procès de presse, et le sentiment qui m'a toujours paru dominer chez le juge, c'est la résignation. Je ne sais quelle atmosphère triste et pesante plane ce jour-là sur l'audience. Généralement, ces affaires s'expédient assez vite. Le ministère public lit l'article incriminé — plusieurs de ces messieurs lisent fort bien — il le commente un peu, sans colère, sans violence, et en quelque sorte avec résignation. Le prévenu ne dit rien, ou peu de chose, car il est rare qu'on l'interroge : lui aussi est résigné.

L'avocat plaide, comme on sait plaider ici; mais qu'est-ce qu'une plaidoirie sans publicité, et qui doit vivre et mourir dans cette cave de la sixième chambre? L'avocat, dans les procès de presse, c'est l'éloquence qui se résigne. Quant au Tribunal, il écoute toutes ces choses avec une résignation mélancolique qui m'a toujours été au cœur.

Reste à savoir quel profit le Gouvernement s'imagine tirer de tout cela?

Il sait bien qu'il n'y a pas pour nous danger de mort, et que nous serions fort ridicules de nous poser en martyrs.

Il sait bien qu'il n'est pas en son pouvoir d'empêcher l'*Électeur* de paraître, avec un éclat et un succès dont la meilleure part reviendra à la poursuite.

Il sait bien que ces petites vexations ne nous empêcheront pas de recommencer, c'est-à-dire d'exprimer, sans violer aucune des lois du pays, mais aussi sans faiblesse, sans périphrase, dans la langue des hommes libres, ce que nous pensons de lui, de ses hommes et de son système.

La 6ᵉ chambre correctionnelle, par jugement du 8 juillet, condamna André Pasquet, le secrétaire de la rédaction du journal et Jules Ferry, l'auteur de l'article poursuivi, chacun à 5000 francs d'amende. L'imprimeur fut gratifié, en outre, d'une amende de 500 francs. Le délit relevé était l'excitation à la haine et au mépris du Gouvernement, prévu par l'article 4 du décret du 11 août 1848. M. Jules Ferry fut si peu intimidé par ces rigueurs judiciaires que, dans ce même numéro du 9 juillet qui reproduisait le jugement prononcé la veille, il publia un article fort vif, intitulé : *Ce que paie la France* et prit vigoureusement à partie le ministre Pinard dans le numéro du 16. Celui du 23 juillet contient une note portant que MM. André Pasquet et Jules Ferry sont appelés devant la Chambre des appels correctionnels. C'était la seconde fois que l'*Électeur* paraissait devant les juridictions répressives, et il n'en était encore qu'à son cinquième numéro[1]! M. Jules Ferry, avec une activité incroyable et un talent qui se plie à toutes les formes de la politique, continue ainsi chaque semaine sa guerre acharnée contre l'Empire. Souvent, il emprunte le langage des paysans pour démontrer aux

1. Le numéro du 30 juillet 1868 contient deux arrêts de la Cour impériale de Paris, dont l'un condamne André Pasquet à 50 fr. d'amende pour inobservation de la formalité du dépôt administratif (loi du 11 mai 1838, art. 7); et dont l'autre confirme le jugement de la 6ᵉ Chambre, relatif à l'article de M. Jules Ferry : *Grandes manœuvres électorales*. Total : 12 000 fr. d'amende, frais compris.
Dans le numéro du 24 décembre 1868, l'*Électeur* annonce que la Cour de cassation a rejeté son pourvoi, et qu'il a payé 12 131 fr. montant de la condamnation.

gens des campagnes qu'on abuse de leur candeur. On croit lire du Paul-Louis quand on parcourt cette jolie lettre du rural qui a pris des obligations du Mexique :

« Monsieur, je suis électeur d'un gros bourg proche de Dijon que j'aime mieux ne point nommer pour raison à moi connue. J'ai lu sur le *Petit Moniteur* que ceux qui ont pris, il y a trois ans, du Mexicain, n'allaient pas tout perdre et que l'État leur faisait des rentes. Pourquoi donc cela, Monsieur?[1] »

A propos de l'emprunt de 440 millions, qui avait pour but de combler un déficit s'élevant à 145 millions par an, depuis trois années, le rédacteur se fait écrire par un paysan qui, à coup sûr, venait des Vosges, que si le taux dudit emprunt est très avantageux pour les prêteurs, le contribuable finira toujours par payer la carte de ces largesses électorales :

« Surtout je ne suis point aise qu'on les fasse si bons (*ces emprunts*) pour les prêteurs : car tant meilleur est l'emprunt pour celui qui prête, tant pire est-il pour celui qui reçoit, et m'est avis qu'un beau jour c'est nous, gens de culture, qui payerons tout ça chez le percepteur[2]. »

Une autre fois, à la suite de l'élection de M. Grévy dans le Jura contre M. Huot le candidat officiel, M. Jules Ferry employa encore le style familier pour féliciter les électeurs ruraux de ne plus vouloir des candidats reconnus que leur expédiait le Gouvernement :

« La campagne sent finalement qu'on la mène comme des moutons, et elle est lasse d'envoyer aux Chambres de beaux messieurs, fils de tel ou tel, qu'elle n'a jamais vus ni connus, ou de certains qu'elle connaît trop et qu'on met à toutes les sauces[3]. »

Nul polémiste n'a plus finement mis en relief le vide et la fausseté des déclarations contradictoires de Napoléon III et les périls que faisaient courir à la France les fantaisies de ce rêveur couronné,

---

1. Numéro du 30 juillet : Les *Naïvetés d'un contribuable.*
2. Numéro du 6 août 1868. *L'Emprunt aux champs.* Ce même numéro contenait un article de M. Laferrière, aujourd'hui vice-président du Conseil d'État, et un autre d'André Pasquet, sur les élections du Gard. Une réunion *privée* avait été dispersée par la troupe et un jeune homme, nommé Sanieri, avait reçu un coup de baïonnette. L'*Électeur* y gagna encore une condamnation à 1 000 fr. d'amende, plus 200 fr. pour l'imprimeur.
3. Numéro du 27 août 1868, *Paysans affranchis.*

A l'occasion du discours prononcé à Troyes, le 8 août 1868 par l'Empereur, qui avait dit : « J'ai constaté avec plaisir, l'année dernière, les progrès de l'industrie dans votre département. Je vous engage à continuer, car rien ne menace aujourd'hui la paix de l'Europe... » M. Jules Ferry rappelle que l'auteur du coup d'État avait déjà prononcé, à Bordeaux, cette parole fameuse : « L'Empire, c'est la paix, » à la veille de la guerre de Crimée, et que le même souverain « avait préparé dans les ténèbres le coup de théâtre de la guerre d'Italie ».

« Tant il est vrai qu'avec le gouvernement personnel, il dépend d'une personne de déchaîner la guerre, et de noyer dans des torrents de sang la civilisation occidentale[1]. »

Ailleurs, M. Jules Ferry déplore la patience et l'aveuglement du peuple français, le plus facile à gouverner de tous les peuples, puisqu'il supporte le gouvernement qui a fait la guerre du Mexique et désorganisé l'armée.

« Au moment même où se décidait sur le champ de bataille de Sadowa la destinée de l'Europe contemporaine; »

Le gouvernement qui, en quinze ans, a élevé les dépenses publiques de 1380 millions à 2 milliards 200 millions et la dette de l'État de 290 millions à 540 ! Cela n'empêche pas les capitalistes d'offrir 13 milliards, quand on leur demande 450 millions; cela n'empêche pas la garde nationale de Paris de s'associer avec enthousiasme aux fêtes du 15 août ! Non, en vérité, conclut le philosophe de l'Électeur, ce n'est pas l'opposition qui ruine l'Empire et le menace : ce sont ses propres fautes[2] !
Il est vrai qu'en dépit de la satisfaction de commande des fonctionnaires et de quelques bourgeois aveuglés, le parti démocratique et libéral se préparait à donner l'assaut au gouvernement personnel. Le livre de Ténot, qui parut en août 1868, produisit un effet extraordinaire[3] et, comme l'écrit justement M. Ranc, fut « le point de départ d'une situation nouvelle. Aux uns, il a rappelé le passé ; aux autres, il l'a appris ». On s'extasiait sur l'héroïsme de Baudin, et les exilés du 2 décembre devenaient brusquement les grands favoris de l'opinion publique. Le 2 novembre 1868, une manifestation imposante eut lieu au cimetière Montmartre sur la tombe de Baudin. Les journaux de l'opposition ouvrirent une souscription pour élever

1. Numéro du 13 août 1868, *Avant la Bourse.*
2. Numéro du 20 août 1868, *Après la Fête.*
3. Dans *l'Électeur* du 17 septembre 1868, M. Jules Ferry (auquel était réservé l'honneur mérité d'inaugurer le monument de Ténot, le 29 avril 1891), a nettement constaté la portée du livre de son ami sur *Paris en décembre* 1851.

au martyr du droit un monument commémoratif. Tous les députés de la gauche souscrivirent et Berryer mourant imita leur exemple. L'empereur, directement visé, perdit tout sang-froid [1] : il donna l'ordre à ses ministres Rouher et Baroche de faire poursuivre les organisateurs de la souscription. *Le Réveil, l'Avenir national, la Tribune, la Revue politique* furent déférés au tribunal correctionnel de la Seine, sous l'inculpation de manœuvres à l'intérieur. Certes, le gouvernement impérial fut, ce jour-là, plus mal inspiré que jamais, car il dressa de ses propres mains un piédestal à Gambetta, que personne ne connaissait le 12 novembre et dont le nom se trouvait dans toutes les bouches, le 14, à la suite de sa magnifique plaidoirie pour Delescluze. Dans un article intitulé : le *Deux-Décembre à la 6e chambre* [2], M. Jules Ferry se chargea de tresser des couronnes à son jeune confrère, le futur chef du parti des *irréconciliables :*

« Entre toutes ces plaidoiries, brillantes de verve et d'éloquence, il nous a fallu choisir : nous avons pris celle qui a retenti le plus haut dans les cœurs. La liberté salue à cette heure dans M⁰ Gambetta une de ses plus superbes espérances. La démocratie compte un tribun de plus, et tous ceux qu'intéresse à un titre quelconque le mouvement de l'esprit français s'arrêteront devant cette belle harangue, fière et vibrante comme l'âme d'un peuple... »

M. Jules Ferry proteste ensuite contre la théorie de l'avocat impérial Aulois, qui avait proposé à la justice de déclarer que le Deux-Décembre et l'Empire sont unis par une étroite et intime connexité, qu'ils forment un tout unique, et que discuter l'un c'est discuter l'autre.

« Ainsi se constitue une orthodoxie officielle d'un nouveau genre. Il ne suffit plus, pour être en règle avec ceux qui nous gouvernent, d'accepter la Constitution et le suffrage universel : il faudra accepter, respecter, vénérer le coup d'État. »

1. M. Darimon, dans son livre des *Irréconciliables sous l'Empire* (Paris, Dentu, 1888), écrit ce qui suit : « Le Gouvernement vient de se jeter dans les jambes un embarras dont il aurait pu se passer... Il a ordonné des poursuites contre la souscription Baudin... Il paraît que les poursuites ont été ordonnées *sur l'ordre formel de l'Empereur.* MM. Rouher et Baroche ne voulaient pas en entendre parler. » P. 333. M. Darimon dit un peu plus loin qu'il tenait ce renseignement de M. Welles de la Valette. P. 336. *Ibid.*

2. *L'Électeur,* numéro du 17 novembre 1868.

Le jugement de la 6⁰ Chambre condamna Delescluze, gérant du *Réveil,* à 6 mois de prison et 2 000 fr. d'amende : Quentin, secrétaire de la rédaction, Peyrat, gérant de l'*Avenir national,* chacun à 1 000 fr. d'amende.

Puis, rappelant la célèbre querelle qui s'agita, au dix-huitième siècle, entre l'Église et le Parlement de Paris, et l'arrêt qui devait tenir lieu de sacrements aux adversaires d'une certaine *bulle*, M. Jules Ferry écrit :

« Cela était puéril, n'est-il pas vrai ? mais ce qu'on demande à cette heure aux tribunaux ne l'est pas moins. On s'occupe de refaire par arrêt de justice une virginité au Deux-Décembre ; on sollicite un jugement qui lui tienne lieu de sacrements, je veux dire de légalité. On en est là et l'on ne songe pas que cette façon d'écrire l'histoire à coup d'arrêts que l'on prend pour un acte de force, n'est qu'un signe non équivoque de faiblesse et d'embarras. Ce n'est jamais pour un Gouvernement une preuve de force que de défendre son origine. Les gouvernements jeunes, les gouvernements forts se défendent par leurs actes, par le bien qu'ils font, par la gloire qu'ils donnent, par le progrès qu'ils réalisent ; ils ne pataugent pas dans des thèses d'histoire et de légalité rétrospective... »

A vrai dire, le Gouvernement était affolé : si M. Rouher ne s'y fût opposé, il eût réclamé sans délai l'abrogation des lois sur la presse et sur le droit de réunion. La magistrature elle-même faiblissait, et, sur plusieurs points, refusait ses services au pouvoir. C'est ainsi que le tribunal de Clermont acquittait l'*Indépendant du Centre* qui, à l'exemple de beaucoup d'autres feuilles, avait annoncé dans ses colonnes l'ouverture de la souscription Baudin (1). Le tribunal de Toulouse refusa aussi de considérer comme un délit la publicité donnée à la même souscription, par ce motif

« *Que l'acte de Baudin est un acte de courage et de vertu qui doit être honoré sous tous les régimes*[2]. »

Examinant, à propos de ces incidents, l'attitude de la magistrature impériale, M. Jules Ferry exprime cette opinion que, dans les causes politiques, les magistrats ne peuvent rester impassibles, sans quoi ils seraient des eunuques. Au cours des débats de l'affaire Baudin, le président Saillard avait prononcé une phrase à effet, qui d'ailleurs ne pouvait donner le change à personne : « La magistrature applique la loi : elle ne fait pas de politique. » A cette hypocrisie de commande, M. Jules Ferry adresse de dédaigneuses railleries :

« Si vous n'êtes pas des juges politiques, qu'êtes-vous donc ? Si vous ne jugez pas les choses politiques avec un esprit poli-

1. L'*Électeur* du 26 novembre 1868.
2. *Ibid.*, numéro du 10 décembre 1868.

tique, une préoccupation politique, une conviction politique, quelle qu'elle soit, avec quoi les jugez-vous? »

Et, en effet, les délits de droit commun sont définis : le vol est le vol sous tous les régimes; de même, l'attentat aux mœurs, etc. Toutes ces infractions violent la loi morale qui ne change pas. Mais il en est tout autrement des délits politiques :

« Le délit d'excitation à la haine et au mépris du gouvernement de l'Empereur cesse d'exister si le gouvernement de l'Empereur a cessé de vivre. Les conspirateurs de Boulogne et de Strasbourg, frappés par le gouvernement de Louis-Philippe, deviennent à juste titre, ministres, sénateurs ou préfets sous Napoléon III... Il n'y a, il ne peut y avoir dans les causes politiques que deux types de magistrats : le magistrat passionné et le magistrat impassible : le second est pire... Le magistrat impassible, s'il pouvait se rencontrer, ne serait qu'un eunuque de la pire espèce, un bourreau à tout faire, frappant tour à tour, au nom de la même loi, les ennemis du pouvoir personnel, les adversaires de la République, les contempteurs du droit divin, sans ressentir pour eux ni pitié, ni colère. L'autre est un homme au moins; celui-ci ne serait qu'un mécanisme, un accessoire du mobilier administratif et gouvernemental que les pouvoirs se passeraient l'un à l'autre, un valet qu'on ne renvoie pas[1]. »

Ainsi, l'opposition redoublait ses coups et chacun comprenait vaguement que la victoire était proche. Le ministre de l'Intérieur Pinard, s'était rendu ridicule par l'extraordinaire déploiement de forces qu'il avait ordonné pour réprimer (le 3 décembre) une manifestation décommandée la veille par tous les journaux indépendants et qui a conservé le nom de « manifestation des argousins[2] ». Pinard, d'ailleurs miné par M. Rouher, était devenu impossible. Il dut céder son portefeuille à M. Forcade de La Roquette, et le marquis de La Valette remplaça M. de Moustier aux Affaires étrangères, tandis que M. Gressier prenait les Travaux publics, abandonnés par M. Forcade.

M. Jules Ferry a donné un amusant crayon de cette crise ministérielle[3] :

[1]. L'Électeur du 17 décembre 1868. La *Magistrature et la politique.*
[2]. On aurait pu appliquer à cette plaisante équipée ministérielle un mot d'Ernest Picard qui remonte à 1866 et qu'a cité Darimon : « L'Empire ressemble au coche embourbé de la fable. Malheureusement, pour le tirer de l'ornière, il n'y a ni chevaux, ni charretiers : il n'y a que des *mouches.* »
[3]. L'Électeur du 25 décembre 1868. *Révolution de Palais.*

« Il y a eu du nouveau aux Tuileries, samedi soir, au retour de Compiègne. Les malles n'étaient pas défaites qu'il partait deux plis cachetés, l'un pour M. Pinard, ministre de l'Intérieur, l'autre pour M. de Moustier, ministre des Affaires étrangères. C'était la démission des deux ministres. En ce temps où tous les fonctionnaires, grands et petits — les grands surtout — ont pris pour devise cette fière parole : on ne m'arrachera ma place qu'avec la vie! — On ne donne plus sa démission, on la reçoit. Un matin du mois de février 1858, quelqu'un rencontra M. Billault, un parapluie sous son bras, un portefeuille sous l'autre, trottinant dès le matin comme un simple mortel. — Vous ici, Monsieur le Ministre? — Je ne suis plus Monsieur le Ministre; le *Moniteur* m'a appris, il y a un quart d'heure, que j'étais démissionnaire. — Ce petit homme était un vrai sceptique. M. Pinard qui, dit-on, lui ressemble et qu'on fit ministre rien que pour cela, n'a point tant de belle humeur. Comme on lui signifiait, entre onze heures et minuit, le décret d'en haut, le duc de Clichy se mit, à ce qu'on assure, fort en colère. — Était-ce la peine d'avoir sauvé l'Empire? Oubliait-on si vite la journée du 3 décembre et le péril qu'avait couru ce jour-là la société tout entière? Avait-il rien fait d'ailleurs, comme le pion à l'insu du maître? A qui ferait-on croire qu'il eût pris sous son bonnet une si grosse affaire, et si l'Europe, que tout ce tapage a fait mettre aux fenêtres, a fini par en rire de tout son cœur, est-ce à lui seul qu'en est la faute?

Ainsi a gémi le démissionnaire malgré lui. Je n'y étais pas, mais j'en suis sûr... Nous avouons, du reste, qu'il ne nous importe guère. On peut bien changer les ministres tous les matins, si l'on ne change rien au système... Je vous le dis, en vérité, les procès de presse iront leur train, après comme devant, et les candidatures officielles s'épanouiront comme au plus beau de leur printemps. Et l'on entendra d'un bout de la France à l'autre, un grand bruit de procureurs généraux signalant les manœuvres des citoyens en faveur de la liberté de l'élection, de la liberté de domicile, de la liberté de parole, de la liberté de conscience, de la liberté des correspondances, de la liberté civile et politique sous toutes ses formes, menacée, meurtrie, opprimée par la loi de sûreté générale. Et les condamnations pleuvront comme les feuilles au vent d'automne.

Et ceux qui ont des yeux pour voir et qui ne voient point, verront clairement alors que les crises ministérielles, par le temps qui court, tiennent toutes dans cet adage de la sagesse antique : « Blanc bonnet, bonnet blanc... »

L'année 1869 s'ouvrait tristement pour l'Empire ; l'approche des élections communiquait au pays une fièvre et une ardeur singulières. M. Jules Ferry, dans un vigoureux article, résumait en ces termes[1] la situation politique :

« Il y a de cela dix ans. La scène était la même et les acteurs avaient seulement dix ans de moins. Mêmes cordons, mêmes uniformes, mêmes étiquettes. Au milieu de cette constellation domestique qui commence au grand veneur et qui finit à la dame lectrice, siégeait, sur le même fauteuil en bois doré, celui à qui la France a donné la survivance du Roi-Soleil. C'était devant lui le même défilé officiel et niais de robes rouges et jaunes et d'épaulettes d'or. Les écuyers étaient fort contents et les sénateurs ne pensaient à mal : l'introducteur des ambassadeurs et les demoiselles d'honneur ne se doutaient de rien. Tout à coup, le maître ouvre la bouche et laisse tomber sur un des diplomates, venus là pour apporter leurs compliments, trois mots dits d'un air doux, qui contenaient la foudre. Ce fut dans l'impériale volière un grand bruit d'ailes effarées qui fit bientôt le tour du monde. L'Europe comprit que l'Autriche était condamnée.

« Les jours de l'an se suivent et ne se ressemblent pas. Le 1er janvier 1869 s'est passé sans éclairs et sans tonnerre. Le gouvernement personnel est devenu inoffensif. Une bienveillance universelle, une satisfaction paterne, une apathie dolente et résignée caractérisent son nouvel état. Le premier de l'an n'est plus qu'une fête de famille où le pouvoir distribue à tout venant le même pâle sourire en guise d'étrennes . . . . .

. . . .

« Il y a là, à nos yeux, un curieux symptôme, et qu'un gouvernement sage devrait noter. Quand le pouvoir personnel en est là, c'est que l'heure a sonné pour lui d'une transformation profonde. Ce qui explique l'existence du gouvernement personnel, ce sont les idées neuves, les desseins personnels, ceux

---

1. L'Électeur du 7 janvier 1869. Le Premier de l'An aux Tuileries.

que l'on a ou que le public vous attribue. Pour ne rien faire de
neuf, ni de personnel, ce n'est pas la peine de réunir entre ses
mains tous les pouvoirs. Le gouvernement personnel est condamné à être, en quelque point, de manière ou d'autre, un
gouvernement actif ou, pour tout dire, révolutionnaire. On vous
écoute alors, on commente vos moindres gestes, on pâlit sur
tous vos rébus. Mais un gouvernement personnel de *statu quo*,
un gouvernement personnel conservateur, un gouvernement
personnel « ami de tout le monde », à quoi bon ? Un gouvernement personnel qui ne veut que la liberté, un gouvernement
personnel qui ne veut que la paix, un gouvernement personnel
qui ne veut que ce que nous voulons tous, où serait sa raison
d'être ? A quoi bon atteler cent chevaux-vapeur à notre char,
pour aller du pas de tout le monde ? A quoi bon un moulin
mécanique, si nous n'avons rien à y moudre qu'une vieille
femme ne pût, dans sa journée, écraser entre deux pierres ? »

Quelques jours après [1], M. Jules Ferry revient à la charge et, répondant aux jérémiades des officieux qui accusaient l'opposition du
discrédit où était tombé le Gouvernement impérial, il développe
cette thèse que les régimes qui tombent ne doivent s'en prendre
qu'à leurs fautes :

« C'est l'habitude des gouvernements d'attribuer à leurs
ennemis la responsabilité de leur chute. De la part qu'eux-
mêmes y ont prise, ils ne se doutent pas. Ou si quelqu'un de
ces grands déconfits se frappe la poitrine, c'est de ne s'être pas
assez défendu. Un peu plus de Royal-Cravate dans la rue Saint-
Antoine, un peu plus de canon sur le boulevard Bonne-Nou-
velle, et nous n'aurions eu ni 1789, ni 1848 ! Ainsi raisonnent les
professeurs de répression qui confondent la politique avec la
stratégie, et pour qui l'art de gouverner les peuples n'est autre
chose que l'art de les fusiller à propos. Il serait temps pourtant de faire passer dans les lieux communs de la politique
nouvelle cette vérité palpable, qu'une révolution, au temps où
nous sommes, n'est jamais pour le pouvoir qui croule qu'un
suicide inconscient ; que si le peuple français paraît avoir, en
ce siècle, une aptitude particulière à renverser les gouvernements, il ne faut point oublier que cette facilité à démolir est

---

1. *L'Électeur* du 14 janvier 1869. L'*Heure des défections*.

compensée par une facilité à reconstruire nécessairement
équivalente; et qu'à tous, l'un après l'autre, hélas! ce peuple
inconstant, ce peuple capricieux, ce peuple frivole, ce peuple
ingouvernable, a fait obligeamment, largement la partie belle.

« Est-ce que vous croyez, par hasard, que dans ce dédain
visible du Gouvernement qui nous régit, nous nous flattons,
nous de l'opposition, d'être pour quelque chose? Nous y avons
mis, sans doute, tout notre bon vouloir; mais nous étions, au
milieu de cette grande France gelée d'il y a quinze ans, comme
un bâteau pêcheur perdu dans les banquises, et ce n'est pas
notre faible souffle qui eût jamais fait la débâcle. C'est le Gouvernement lui-même qui a dégelé la France. C'est lui qui l'a
tirée de sa léthargie par le fracas de ses fautes. Est-ce nous qui
avons fait la guerre du Mexique? Est-ce nous qui avons laissé
retourner la trame de l'histoire à Sadowa? On n'eût rien fait de
tout cela si l'on eût daigné nous croire. Ce n'est pas nous non
plus qui avons bâti, d'une main à la fois si étourdie et si
savante, le réseau de maladresses, cet imbroglio de petites
colères et de petites rancunes, ce tissu de contresens aboutissant au ridicule que l'histoire appellera « la folie Baudin ».
Les officieux trépignent de fureur et crient qu'on marche à
l'abîme. Les satisfaits demandent qui a changé la France, alors
qu'eux-mêmes n'ont pas changé. Les repus mettent le nez à la
fenêtre, et disent : Qu'y a-t-il donc? Eh! bonnes gens, il y a
que vous tenez les cartes et que vous faites le jeu, et qu'il suffit
de vous laisser faire... »

Certes oui! il n'y avait qu'à laisser faire l'homme du 2 Décembre
pour voir bientôt la fin de son aventure. Malheureusement, il tenait
aussi entre ses mains, de jour en jour plus tremblantes et plus
débiles, les destinées de la France en Europe.

A lire le discours d'ouverture des Chambres du 18 janvier 1869,
on se rend compte tout ensemble des angoisses de cette Majesté
malade et de son optimisme inconscient. Rien de plus douloureux,
pour ceux qui se souviennent de l'Année terrible, que cette simple
phrase sur l'état de l'armée : « Le but constant de nos efforts *est
atteint;* les ressources militaires de la France sont désormais à la
hauteur de ses destinées dans le monde[1].

1. Voici quelques passages du discours du Trône :
« Les deux lois votées dans votre dernière session, qui avaient pour but
de développer le principe de la libre discussion, ont produit deux effets
opposés qu'il est utile de constater : d'un côté, la presse et les réunions

Dans l'appréciation qu'il a donnée de ce discours[1] M. Jules Ferry a dressé le bilan des 17 années de « quiétude et de prospérité toujours croissantes » dont parlait le discours impérial. Il insiste principalement sur les résultats désastreux de la politique extérieure de Napoléon III ; mais, en présence des affirmations audacieuses du souverain, relativement à l'état de l'armée, M. Ferry ne pouvait penser, à cette époque, que les 800 000 hommes de troupes de ligne, à plus forte raison les 400 000 gardes nationaux, n'existaient que sur le papier ; et que ce Gouvernement aveugle n'avait même pas su se préparer à une guerre que ses fautes avaient rendue fatale.

« Il y a dix-sept ans, la Prusse était faible et l'Allemagne divisée : le monde entier nous était ami. Trente ans de paix et de liberté avaient effacé peu à peu le souvenir de nos tyrannies européennes. La France était l'alliée naturelle des peuples libres et des petits États ; ceux-ci formaient autour de nos frontières une ceinture amicale ou, tout au moins, inoffensive... Aujourd'hui, où est l'amitié de l'Europe ? L'Allemagne s'est faite sans nous et contre nous ; les petits États s'évanouissent l'un après l'autre. L'Europe est la proie de trois ou quatre monarchies militaires, parmi lesquelles la France n'est pas la première. L'inventons-nous ? et nous accuse-t-on d'accumuler les noires couleurs ? Le discours du 18 janvier se chargerait de notre défense. La France était inquiète ; elle avait perdu la confiance,

publiques ont créé dans un certain milieu une agitation factice, et fait reparaître des idées et des passions qu'on croyait éteintes ; mais, d'un autre côté, la nation, insensible aux excitations les plus violentes, comptant sur ma fermeté pour maintenir l'ordre, n'a pas senti s'ébranler sa foi dans l'avenir.
..... La loi militaire et les subsides accordés par votre patriotisme ont contribué à affermir la confiance du pays, et dans le juste sentiment de sa fierté, il a éprouvé une réelle satisfaction le jour où il a vu qu'il était en mesure de faire face à toutes les éventualités. Les armées de terre et de mer, fortement constituées, sont sur le pied de paix ; l'effectif maintenu sous les drapeaux n'excède pas celui des régimes antérieurs, mais notre armement perfectionné, nos arsenaux et nos magasins remplis, nos réserves exercées, la garde nationale mobile en voie d'organisation, notre flotte transformée, nos places fortes en bon état, donnent à notre puissance un développement indispensable. Le but constant de mes efforts est atteint ; les ressources militaires de la France sont désormais à la hauteur de ses destinées dans le monde.

Cette session va ajouter de nouveaux services à ceux que nous avons déjà rendus au pays. Bientôt, la nation, convoquée dans ses comices, sanctionnera la politique que nous avons suivie ; elle proclamera une fois de plus, par ses choix, qu'elle ne veut pas de révolution, mais qu'elle veut asseoir les destinées de la France sur l'intime alliance du pouvoir et de la liberté.

1. L'Électeur du 21 janvier 1869. Le discours du 8 janvier.

sa fierté même semblait atteinte. Il a fallu pour rassurer « sa
fierté », pour ranimer « sa confiance », armer jusqu'aux dents
800,000 hommes de troupes de ligne et 400,000 gardes nationaux, remplir les arsenaux, mettre en état les places, transformer la flotte et refaire l'armement... »

On sait, hélas! que l'Empire, depuis Sadowa et malgré les
avertissements qui lui avaient été prodigués par quelques militaires
clairvoyants (comme le général Favé, le colonel Stoffel), ne s'était
nullement rendu compte de la profonde infériorité de nos forces
militaires; et que, d'autre part, il n'avait rien fait pour imposer à sa
majorité les mesures décisives qu'il eût fallu prendre. Personne
n'ignore que c'est à grand'peine que le Corps législatif vota la loi
de 1868, si insuffisante qu'elle fût. Il est vrai qu'après nos désastres, les impérialistes ont essayé d'accréditer cette légende que l'on
doit rendre l'opposition responsable de l'incurie du Gouvernement,
au point de vue de la réorganisation militaire. Il serait facile de
démontrer la mauvaise foi de ces affirmations. M. Darimon, peu
suspect d'hostilité à l'Empire, rapporte, dans son *Histoire de Douze
ans*, une déclaration bien topique du général Lebrun, membre de
la commission d'études de 1866 : « On ne peut pas, disait le général, augmenter le contingent : ce serait mécontenter les populations des campagnes et fournir aux partis hostiles un moyen
d'exercer leur action délétère. *Les députés de la majorité ne veulent
pas qu'on touche à leurs électeurs.* » Cela est si vrai qu'en décembre
1868, M. Gressier, l'ancien rapporteur de la loi militaire, ne fut
nommé ministre que pour le dédommager de l'impopularité que
lui avait value le vote du 1er février 1868; et M. Darimon reconnaît
que cette impopularité s'étendait à tous les membres de la majorité
qui avaient voté cette loi, pourtant si peu proportionnée aux nécessités de la situation (1). Aussi faut-il conclure que si le système

1. Voici un autre passage du même écrivain qui n'est pas moins péremptoire et qui fut écrit en 1867 : « Il y a eu, ces jours passés, une petite
tentative de la part d'un certain nombre de députés pour faire retirer la loi
militaire. Un quart d'heure avant la séance, un petit groupe s'était formé
sous l'horloge qui est dans le couloir à gauche du président. On pressait
fortement M. Rouher, qui était au milieu du groupe, adossé à la cloison de
marbre. C'étaient MM. Lacroix-Saint-Pierre et Calley-Saint-Paul qui portaient la parole : « Plus nous allons, disaient ces messieurs, plus la loi
devient impopulaire. On a beau répéter sur tous les tons qu'elle est une
atténuation de la loi de 1832. Les populations refusent de se rendre à
l'évidence. »
   Les *irréconciliables* sous l'Empire. Paris, Dentu 1888, p. 150.
   Et plus loin, sous la date du 16 janvier 1868, M. Darimon atteste que
l'armée prétorienne de Napoléon III ne désirait nullement la réorganisation
démocratique de nos forces : « Dîné au mess du 4e voltigeurs de la garde : je
n'ai pas trouvé *un seul officier* partisan de la loi nouvelle sur la réorganisation de l'armée. » *Ibid.*, p. 168.

prussien ne fut pas appliqué en France dès 1868, cela tient, non pas aux dissertations chimériques de Garnier-Pagès, que personne ne prenait au sérieux, mais, d'une part, à l'infatuation de certains généraux de cour et, d'autre part, à la crainte manifestée par tous les députés de mécontenter les électeurs des campagnes. Une fraction notable de la bourgeoisie boursicotière et repue ne voulait pas davantage ouvrir les yeux à l'évidence. Elle ne voulait pas être troublée dans la quiétude de son égoïsme et s'occupait beaucoup plus du *spectre rouge* que de l'orage qui allait fondre sur la patrie. C'est contre ces terreurs puériles, soigneusement entretenues par les journaux officieux, que s'élève M. Jules Ferry dans plusieurs articles :

« Le grand défaut des honnêtes gens, disait déjà Voltaire, c'est qu'ils sont lâches. Et ceux dont il parlait firent pourtant 89. Ceux de notre temps n'ont su que défaire la République et la Liberté. »

M. Jules Ferry démontre que le coup d'État du 2 décembre est le résultat de l'abdication et de la peur des classes bourgeoises. On leur avait promis la sécurité des affaires et la paix des esprits : elles n'ont ni l'une ni l'autre, et voici qu'à la veille des élections on sort de la boîte le *spectre rouge*.

« Les journaux officieux ont servi de *Moniteurs* aux clubs de Belleville et de la Redoute. On a présenté aux députés surpris les opinions d'une douzaine de rêveurs, de braillards et d'écervelés comme l'opinion du peuple de Paris[1]. »

Grâce à ces manœuvres, l'opinion publique demeurait inerte. Les scandales les plus avérés ne soulevaient ni haine, ni colère. M. Haussmann restait préfet, après la démonstration lumineuse qui avait mis en relief toutes les irrégularités de son administration. M. Jules Ferry ne peut comprendre que la Chambre, qui cependant avait blâmé le potentat de l'Hôtel de Ville, ait fini par voter en sa faveur.

« Ils ont voté : tout bruit s'est éteint; déjà l'esprit français passe à d'autres plaisirs... Ainsi vont, depuis bien des années, toutes nos affaires. Ainsi s'en revint-on naguère de la folie mexicaine, la mine piteuse, l'oreille basse et, comme l'autre jour, s'agenouillant devant la Chambre : M. Rouher a un costume pour ces jours-là. Nous nous en allons de l'un à l'autre, nous disant : Avez-vous lu la confession du ministre d'État ?

1. *L'Électeur* du 4 février 1869. *Une tactique usée.*

quelle figure doit faire le préfet de la Seine? Eh! regardez plutôt quelle figure nous faisons nous-mêmes! Parisiens, endettés, ruinés sans le savoir, expropriés, exploités, pourchassés, dindonnés... Les choses peuvent aller longtemps de la sorte[1].... »

Non ; les choses ne pouvaient aller longtemps de la sorte, et nul ne mit plus d'énergie que M. Jules Ferry à montrer au pays l'abîme où il courait. A l'*Électeur*, dont le dernier numéro parut le 18 mars 1869, et qui se trouva supprimé par suite de la retraite de son gérant A. Pasquet, succéda, le 25 mars, un nouvel organe qui s'appelait l'*Électeur libre*. Le comité de direction était toujours composé de MM. J. Favre, Hénon, E. Picard. A côté d'eux se groupèrent de nombreux et brillants collaborateurs : E. Laferrière, Gaulier, L. Herbette, etc. M. Jules Ferry marchait en tête de ces adversaires de l'Empire. Dans le premier numéro de l'*Électeur libre*, daté du 25 mars 1869, il met en garde les ouvriers contre les flatteries intéressées du gouvernement personnel, et démontre qu'en abolissant le livret, au seuil de la période électorale, Napoléon III ne faisait que rendre aux ouvriers le bien qu'il leur avait pris, car c'est lui qui avait généralisé l'obligation du livret par la loi du 22 juin 1854 :

« Si nous pouvions oublier que nous vivons sous le gouvernement personnel le plus énergiquement constitué que l'on ait jamais connu, le chef de l'État se chargerait de nous le rappeler, à des époques en quelque sorte périodiques. Quoi que l'on dise ou que l'on murmure, malgré les bruits qui courent de temps en temps dans l'entourage, en dépit des apparences parlementaires dont on nous berne, et encore bien qu'il existe désormais un premier ministre, la responsabilité impériale n'est pas près de rentrer dans l'ombre. Le chef de l'État revendique plus que jamais, à la veille des élections générales, la responsabilité de toute la politique. Nous l'aimons mieux ainsi pour notre compte. La politique intérieure et extérieure de la France est une politique personnelle; il n'y aurait ni franchise, ni profit à lui donner ce caractère bâtard, à moitié personnel, à moitié parlementaire, que le ministre principal de ce temps-ci cherchait visiblement à lui faire revêtir dans les dernières discussions du Corps législatif : il s'efforçait de mettre la responsabilité impériale à couvert, mais celle-ci n'est nulle-

1. L'*Électeur* du 11 mars 1869. L'*Inertie*.

ment disposée à se laisser faire. Elle le montre assez par la
démarche, quelque peu inusitée, qui fait ce matin l'ornement du
Journal officiel. Le Gouvernement a résolu, sur le seuil de la
période électorale qui va s'ouvrir, d'abolir les livrets d'ouvriers.
Le Conseil d'État a été saisi d'un projet de loi. La mesure est
excellente, et ce n'est pas l'opposition, qui la réclame depuis
nombre d'années, qui pourrait y trouver à redire. Mais il importait qu'elle apparût avec un caractère de personnalité, d'intimité visible à tous les yeux. Le Conseil d'État s'étant, à ce qu'il
paraît, trouvé divisé sur la question, l'à-propos était admirable
et, pendant que l'honorable M. de Vuitry était, au dire des
nouvellistes, sur le point de se prendre aux cheveux avec l'honorable M. de Parieu, la voix d'en haut s'est fait entendre : un
lit de justice a été tenu, et le second Empire va compter une
réforme libérale de plus.

« Le Gouvernement abolit les livrets d'ouvriers; mais il n'a
garde de dire que c'est lui qui les avait inventés. Cette législation
surannée, humiliante, si contraire à l'égalité civile, à l'apaise-
ment des rivalités sociales et des antagonismes, elle est l'œuvre
d'une loi du premier Empire, la loi du 22 germinal an XI, et
d'une loi du second Empire, du 22 juin 1854. C'est cette dernière loi qui a généralisé, étendu, aggravé, sanctionné par des
peines correctionnelles l'usage du livret. L'obligation du livret
n'était pas générale; le gouvernement actuel l'a rendue universelle. Elle n'avait pas de sanction pénale; il en a créé une.
Depuis lors, d'où sont parties les voix qui ont protesté contre
cette vexation mesquine, cette sorte d'embrigadement des travailleurs, cette mesure policière et défiante, destinée à placer
sous la main de l'autorité administrative la classe la plus nombreuse et la plus pauvre? De l'opposition : comme l'opposition
avait réclamé la liberté des conditions ouvrières bien avant que
le Gouvernement présentât sa loi de 1864; vraiment la
gloire libérale n'est pas chère à ce prix. Le régime qui s'est
établi il y a dix-sept ans a été la plus grande réaction de ce
siècle, non pas seulement contre les libertés politiques, mais
contre les libertés qu'on peut appeler plus spécialement les
libertés sociales, parce qu'elles sont particulièrement l'apanage
des déshérités, l'instrument du progrès économique, le bien du
plus grand nombre. C'est contre le mouvement social ou socia-

liste de 1850 que le coup d'État a été fait, autant au moins que
contre le régime parlementaire. Si le Gouvernement fait mine,
à cette heure, d'en revenir, s'il restitue, dans une certaine
mesure, aux classes laborieuses le droit de se mouvoir, de
s'organiser, de s'émanciper, il faut qu'elles sachent d'abord
qu'on ne fait aujourd'hui que leur rendre le bien qu'on leur
avait pris. Il faut qu'elles se rendent compte ensuite du caractère et de la portée des restitutions qui leur sont faites. On
abolit les livrets d'ouvriers ; mais a-t-on aboli l'art. 291 du
Code pénal? L'article 291 est pourtant la pierre d'achoppement,
l'insurmontable obstacle: à chaque pas, le travailleur qui se
préoccupe, suivant l'expression du discours impérial, d'opposer
« la solidarité des salaires à la solidarité des capitaux » rencontre cette ornière sur son chemin... Le pouvoir apprend
d'ailleurs aux ouvriers qu'après l'abolition des livrets, il faut
tirer l'échelle; que « la série » des réformes est complétée; que
toutes les « améliorations utiles » ont été admises; que « tout
ce qui est bien et juste » a été fait. L'édifice économique se
trouve couronné, le 23 mars 1869, comme le fut l'édifice politique le 19 janvier 1867. — *Ave Cæsar!* Nous avons cette fois
le 19 *janvier des ouvriers.* »

On était à la veille des élections, et l'opposition se préparait activement à la lutte contre la candidature officielle. Depuis le mois de
janvier 1869, le ministère de l'Intérieur avait organisé un vaste
système de corruption. Sans parler des circulaires confidentielles
aux préfets, aux maires, aux juges de paix, on avait prodigué les
subventions aux journaux à vendre et envoyé des myriades de
rédacteurs en province. Le *Petit Journal officiel* et le *Moniteur des
Communes* ouvraient leurs colonnes aux candidats agréables ; le
Petit Journal de Millaud publiait les portraits des ministres et des
membres de la majorité. La *Patrie* fournissait sa feuille au pouvoir
sur le pied de 125 francs le mille. Le *Peuple Français* de Duvernois,
du 1er mai au 1er juin, envoya, moyennant 60 000 francs, à des
adresses indiquées, 180 000 exemplaires par jour. Quant aux préfets,
ils durent expédier sous enveloppes avec la suscription « fermé par
nécessité » les bulletins de vote des candidats officiels. M. Magne,
ministre des finances, écrivait à ses fonctionnaires : « Je ne puis
que vous recommander de vous mettre à la disposition du préfet
de votre département, et de suivre les indications qu'il vous aura
données. » Un publiciste des plus modérés, M. Cucheval-Clarigny,
a flétri l'ensemble de ces manœuvres par un jugement sévère :
« Jamais un système aussi général et aussi menaçant d'intimidation

n'avait été étendu sur les fonctionnaires et sur l'immense clientèle
gouvernementale ; jamais la pression administrative n'avait pesé
d'un tel poids sur la conscience [1]. »

M. Jules Ferry député.

M. Jules Ferry était candidat dans la sixième circonscription de
Paris[1]. Il avait pour concurrents A. Guéroult, député sortant, et
A. Cochin, candidat clérical, bien vu de l'administration. Dans une
série de réunions, il mena vigoureusement la campagne[2]. Sa circulaire aux électeurs de la sixième circonscription revendiquait
nettement le gouvernement de la Nation par la Nation. Nous la
reproduisons intégralement :

1. Dans une circulaire du 18 mai 1869, le comité électoral de la sixième
circonscription de Paris recommanda vivement aux électeurs la candidature
de M. Jules Ferry. Il n'est pas inutile de citer ce document qui portait les
signatures de républicains éprouvés. Beaucoup sont morts mais plusieurs
luttent encore vaillamment pour défendre nos libres institutions. Nous rappellerons seulement les noms de MM. Michelet, Littré, Robinet, Maurice
Bixio, Vacherot, Gambetta, Dujardin-Beaumetz, Ulysse Trélat, Lauth,
H. Liouville, Mario Proth, Boursin, Paul Colin, Isambert, Oger, Feyen-Perrin,
A. Joanne, Germond de Lavigne, Gaston Paris, Sebillot, G. Pallain, Béquet...
Voici le texte de cette circulaire :
Chers concitoyens, un comité électoral s'est formé, dans la sixième circonscription pour appuyer et propager ma candidature. Je dois, pour obéir
aux exigences de la loi, lui servir d'introducteur auprès de vous. J'ai donc
l'honneur de porter à votre connaissance le manifeste que le comité vous
adresse par mon entremise.
ÉLECTEURS, la période des réunions publiques est terminée. Nous avons
tous pu apprécier les diverses candidatures. C'est donc en pleine connaissance que nous vous recommandons celle de M. Jules Ferry. Cette candidature, nettement démocratique et libérale, est pure de tout engagement, de
tout compromis soit avec le pouvoir, soit avec l'Église. Elle est franche, ce
qu'il faut au temps présent. Elle est jeune et prépare l'avenir. Elle a, de
plus, le caractère d'une protestation vigoureuse contre le système de confiscation municipale qui pèse sur nous depuis tant d'années. M. Jules Ferry,
a, l'un des premiers, percé à jour la situation financière de la ville de Paris,
et la lutte qu'il a soutenue contre le préfet de la Seine lui constitue un titre
particulier auprès des électeurs de cette circonscription, qui a tant à souffrir
d'une administration imprévoyante et dissipatrice. Électeurs, la manifestation que vous allez faire aura un grand retentissement. Qu'elle s'accomplisse au milieu du calme qui convient au Peuple Souverain. Nous n'attendons rien que du suffrage universel, et nous pouvons tout espérer. »
Et M. Jules Ferry faisait suivre la circulaire de ces mots : « Chers concitoyens, ce témoignage de confiance et de sympathie m'honore autant qu'il
m'encourage ; il me prouve que ma candidature répond à un sentiment profond et général. Je comprends tous les devoirs qu'un tel patronage m'impose et je vous promets de m'en montrer digne. *Signé :* JULES FERRY. »
2. Voir notamment le *Rappel*, numéros des 13, 14, 15, 16 mai 1869.
C'est dans une de ces réunions que M. Jules Ferry fut rappelé à l'ordre par
le commissaire de police « pour délit de *réticence* envers la Constitution » !

CHERS CONCITOYENS. La Population parisienne a eu de tout temps la haute initiative dans le développement politique de notre pays. En 1857, elle marquait, par son vote, le premier réveil de l'opinion.

Il y a six ans, Paris protestait, par une manifestation formidable, contre le système des Candidatures officielles.

Il s'agit d'autre chose aujourd'hui. Dans la vie des Peuples, rien ne se recommence. A Paris, la candidature officielle ou officieuse est à jamais vaincue : l'Élection parisienne doit porter plus haut.

Depuis six ans, le Pouvoir personnel a donné toute sa mesure. La leçon des événements est éclatante. Impuissant en Europe, comme au delà des mers; humilié au Mexique, joué à Sadowa; sans politique fixe. sans alliés sérieux, le Pouvoir personnel s'est jugé lui-même le jour où il a demandé au Pays cet armement immense, sans précédent dans notre histoire.

Paris a particulièrement souffert des fantaisies du Gouvernement personnel.

Le système de démolitions à outrance qui pèse sur nous depuis quinze ans aboutit à une impasse. On ne peut continuer les travaux sans de nouveaux emprunts; on ne peut faire de nouveaux emprunts sans créer de nouveaux impôts, sans accroître la cherté, déjà sans mesure. On risque, d'autre part, en arrêtant les travaux, de tarir la source des recettes municipales et de laisser en souffrance des intérêts respectables.

Tel est le fruit d'un système qui refuse à la Ville de Paris les droits dont jouit la plus humble bourgade, et qui traite comme un mineur ou un interdit le peuple le plus intelligent de l'univers.

Contre ceux qui l'ont ruiné après l'avoir mis hors la loi, Paris n'a que son vote : qu'il en use !

Plus de compromis ni de replâtrages ! Revendiquons nettement, sur le terrain légal, en face du Gouvernement personnel et de ses résultats, le gouvernement de la Nation par la Nation, qui peut seul donner à la France la liberté, la sécurité et la paix.

L'expérience — une expérience chèrement acquise — a dû nous apprendre quelles sont, au sein de cette grande démocratie française, les conditions fondamentales du Gouvernement libre.

Pour fonder en France une libre démocratie il ne suffit pas de proclamer : l'entière liberté de la presse ; l'entière liberté de réunion ; l'entière liberté d'enseignement ; l'entière liberté d'association.

Ce n'est pas assez de décréter toutes les libertés : il faut les faire vivre.

La France n'aura pas la Liberté tant qu'elle vivra dans les liens de la centralisation administrative, ce legs fait par le Bas-Empire à l'ancien Régime, qui le transmit au Consulat ;

La France n'aura pas la Liberté, tant qu'il existera un clergé d'État, une Église ou des Églises officielles : l'alliance de l'État et de l'Église n'est bonne ni à l'État, ni à l'Église ; elle nous a valu, entre autres, cette interminable occupation romaine, qui fausse notre situation en Europe, et qui tend incessamment, parmi nous, à faire dégénérer les questions politiques en querelles religieuses ;

La France n'aura pas la Liberté, tant qu'elle ne possédera pas une Justice sérieusement indépendante du Pouvoir ;

La France n'aura pas la Liberté, tant qu'elle s'obstinera dans le système des armées permanentes, qui entretiennent d'un bout de l'Europe à l'autre l'esprit de haine et de défiance ; qui, à l'intérieur, éternisent les gros budgets, perpétuent le déficit, ajournent indéfiniment la réforme de l'impôt, absorbent enfin dans des dépenses improductives les ressources qu'exige impérieusement la grande œuvre sociale de l'Enseignement populaire.

Aussi faut-il vouloir, par-dessus tout : la décentralisation administrative, la séparation absolue de l'État et de l'Église, la réforme des Institutions judiciaires par un large développement du Jury, la transformation des armées permanentes. Ce sont là *les destructions nécessaires :* en y travaillant, la génération actuelle préparera, de la manière la plus sûre, l'avènement de l'Avenir.

Électeurs ! Le mandat du Député n'est pas un blanc-seing.

Vos élus vous doivent, à toute heure, compte de leurs actes . je ne l'oublierais jamais, si vous m'honoriez de vos suffrages[1].

1. Il serait puéril de dissimuler que M. Jules Ferry a, depuis longtemps, abandonné plusieurs des revendications formulées dans ce programme de

Les élections eurent lieu les 23 et 24 mai. Sur 30 385 votants, M. Jules Ferry obtint au premier tour 12 916 voix contre 12 470 à M. Cochin et 4 851 à M. Guéroult. Divers : 138. Pour l'ensemble du territoire, les candidats du Gouvernement avaient réuni 4 477 720 voix

1869, notamment l'abolition du système des armées permanentes. A cette époque, l'opposition croyait, comme la majorité, à notre supériorité militaire, affirmée tous les jours par le Gouvernement. Qui n'a rêvé, dans sa jeunesse, à l'âge d'or de la paix universelle ? Qui n'a envié la sécurité des États-Unis et regretté la perte de tant de milliards que l'Europe consacre à des armements gigantesques, alors que les peuples souffrent de bien des misères et sont paralysés dans leur essor économique par les charges énormes et infécondes de la *paix armée*.

Avec son courage habituel, M. Jules Ferry a expliqué lui-même, au cours de ses observations sur les tarifs de douanes que le Sénat a couvertes d'applaudissements, le 24 novembre 1891, les modifications qu'ont subies, par l'effet des événements et de l'expérience, ses idées de jeunesse sur la politique économique et sur l'organisation de l'armée. Nous croyons devoir reproduire ce passage, à titre de commentaire de la circulaire de 1869 :

« M. JULES FERRY.—C'était alors le temps où mon cher et respecté maître, Jules Simon, inscrivait dans le programme du parti radical l'abolition des armées permanentes. (*Rires.*)

Une voix à droite. — Vous l'avez, vous aussi, abandonné !

« M. JULES FERRY. — Oui, mon cher collègue, j'ai abandonné, au contact des faits, dans la pratique des affaires et du pouvoir, j'ai abandonné, je l'avoue, bien des utopies de ma jeunesse. (*Marques nombreuses d'assentiment.*) J'ai abandonné celle-là notamment. Je ne me reproche pas le temps heureux où je la professais dans l'innocence de mon cœur. (*Sourires.*) Mais, du moins, aujourd'hui, j'ai ouvert les yeux, je vois clair, je comprends et j'apprécie la différence des temps, les nécessités nouvelles des choses.

Je ne cherche pas à appliquer à une Europe, comme celle d'aujourd'hui, enivrée, pour ainsi dire, d'esprit de nationalité, ébranlée et travaillée jusque dans ses moelles par des pensées et des préoccupations guerrières, je ne cherche pas à lui appliquer les principes de notre innocente jeunesse. Nous vivons sous une loi de fer ; s'il faut faire des lois de fer, nous savons les faire, et nous les avons faites. (*Approbation sur un grand nombre de bancs.*)

N. B. — Il est curieux de rapprocher de cette déclaration les explications données par M. Jules Simon dans son Petit journal du *Temps* (no du 8 décembre 1891), sur le sens qu'attribuaient les députés de l'opposition en 1889, à ces mots : la *transformation des armées permanentes*. M. Jules Simon soutient qu'ils réclamaient un système analogue à celui qui est aujourd'hui adopté par la France et la plupart des nations européennes. Voici l'article de l'éminent philosophe :

« M. Ferry s'accuse d'avoir été dans sa jeunesse partisan de l'abolition des armées permanentes.

« Je le trouve bien bon de s'accuser. Oui, certainement, ce serait de la démence de supprimer l'armée permanente dans l'état actuel de l'Europe ; mais avant de condamner M. Ferry et les amis de M. Ferry, il faut savoir ce qu'ils voulaient, et dans quel état ils se trouvaient.

« D'abord, la langue dont ils se servaient était mal faite. Ce n'était pas de l'armée permanente qu'il s'agissait, mais de l'armée active ; et ils ne proposaient pas de la supprimer, mais d'en réduire la durée. Loin de ne vouloir

et ceux de l'opposition 3 258 777, gagnant un million de voix par rapport à 1863. C'était un échec relatif pour l'Empire, d'autant plus que beaucoup de ses amis n'avaient pu passer en province qu'en faisant des professions de foi libérales et en déclinant l'appui

pas qu'on fût soldat, ils voulaient que tout le monde le fût. Tous les citoyens devaient le service personnel ; ils accomplissaient d'abord une période préparatoire ; après quoi ils étaient placés dans une réserve, qui conservait ses cadres et qui était soumise à des exercices fréquemment renouvelés. On servait dans cette réserve pendant toute la durée de la jeunesse et de l'âge mûr. Aux approches de la vieillesse, on entrait dans le corps des vétérans, chargés spécialement d'un service d'ordre en temps de paix et de la garde des forteresses en temps de guerre.

« Voilà, dans ses traits principaux, le projet d'organisation militaire auquel *M. Ferry et moi* nous avons participé. Il me semble qu'il n'est pas sans analogie avec le système aujourd'hui adopté par la France et par la plupart des nations européennes.

« Nous y trouvions plusieurs avantages.

« D'abord, nous étions persuadés que l'empereur voulait la guerre, et nous pensions, avec raison, qu'il ne serait plus question de guerroyer, quand l'armée serait faite suivant notre formule. L'armée que nous rêvions était uniquement propre à la défense ; elle ne valait rien pour l'agression. Nous ne cessions de le crier sur les toits : nous voulons être invincibles et inattaquables chez nous ; nous ne voulons attaquer personne, et nous n'entendons pas créer des ressources aux aventuriers et aux conquérants.

« Nous étions persuadés, avec tout le monde, avec l'empereur, avec notre corps d'officiers, que personne n'oserait jamais nous attaquer, tant nous étions braves, et que personne ne nous battrait, tant nous étions forts. C'était, en quelque sorte, par excès de prudence que nous organisions une armée défensive ; mais nous avions mis tous nos soins à la bien organiser, pour décourager l'Europe et pour rendre la paix en quelque sorte définitive.

« Le service personnel obligatoire pour tous répondait à nos aspirations de républicains démocrates ; et nous tenions aussi, au point de vue politique, à ce que la nation ne fût pas divisée en deux clans : le clan guerrier et le clan civil. Nous avions, depuis l'origine de l'empire, le clan guerrier sous les yeux : il nous plaisait par ses exploits, mais il plaisait encore plus à notre maître qui, grâce à ce docile et redoutable auxiliaire, disposait du pays à sa volonté, faisait les lois à son gré et se mettait, dans l'occasion, au-dessus des lois. Nos discours contre les armées permanentes ne sont que des discours contre les prétoriens.

« Nous commettions, je le reconnais, une lourde faute : c'était de réduire outre mesure le temps de préparation ou de service dans l'armée active. En revanche, nous étions loin de nous contenter d'une période annuelle de vingt-huit jours, bientôt remplacée par une période de onze jours. Les appels et les exercices étaient assez nombreux pour que le métier de soldat fût bien appris et bien su ; je crois encore qu'il l'aurait été. Notre erreur consistait à ne songer qu'à la préparation technique. Il faut trois mois pour apprendre à tuer ; six mois ne suffisent pas pour apprendre à mourir. Une autre erreur encore, connexe à celle-là, mais moins grave, c'était de donner trop d'importance à la préparation militaire que nous imposions aux enfants, et de la considérer comme un commencement de service actif. Encore une fois, nous n'étions pas de fameux théoriciens ; on aurait eu grand tort

13

des préfets. A Paris, le triomphe des *Irréconciliables* était complet.
Gambetta, Bancel (battant Ollivier), E. Picard, Jules Simon, Pelletan,
étaient élus au premier tour. Au ballottage du 7 juin, M. Thiers
fut élu par 15 777 voix contre Devinck (9 720); Garnier-Pagès
par 19 484 contre Raspail (14 684); Jules Favre par 17 399 contre
H. Rochefort (13 887). Enfin, M. Jules Ferry obtint 15 725 voix et
fut élu contre M. Cochin, qui n'en réunit que 13 938. M. Guéroult
s'était désisté après le premier tour.

L'élection de M. Jules Ferry fut saluée avec enthousiasme par les
Parisiens. Dans les soirées des 7 et 8 juin, il y eut des manifestations sur les boulevards. Les sergents de ville firent des charges et
arrêtèrent de douze à quinze cents personnes qui furent envoyées
au fort de Bicêtre[1]. Le *Rappel* fut saisi et des mandats d'amener
furent lancés contre ses rédacteurs. Des procès furent intentés au
National, au *Siècle* et au *Réveil*, et des milliers de personnes criaient :
Vive la République! M. Jules Ferry eut sa bonne part des ovations
populaires, notamment dans la soirée du 7. « Vers huit heures et
demie, dit le *Figaro*[2], M. Jules Ferry est allé à la rédaction du
Temps; la foule lui a fait une véritable ovation, à laquelle il s'est
dérobé le plus modestement et le plus intelligemment du monde. »
L'*Electeur libre*[3] félicita chaudement son collaborateur de sa brillante campagne électorale : « La sixième circonscription de Paris
vient de voir se renouveler l'animation des réunions publiques qui
l'avaient déjà signalée. Comme avant le premier tour de scrutin,

de nous mettre, comme on dit à présent, dans un comité technique. Mais,
sauf sur ce point, qu'on pouvait corriger en changeant un seul chiffre, toutes
nos idées étaient justes.

« Mettre fin au système des prétoriens ;

« Adoucir le joug du service militaire en l'imposant à tous les citoyens dans
des conditions identiques;

« Rendre la mobilisation facile : avoir une armée de réserve si bien enca-
drée et si bien instruite qu'il fût impossible à une armée étrangère de
pénétrer dans le pays.

« Arracher des mains du pouvoir l'arme des conquêtes ; réduire l'armée à
son rôle pacifique, qui est la défense du territoire, et à son rôle conservateur,
qui est le maintien de l'ordre.

« Telles sont les idées générales auxquelles nous obéissions. Nous avons
devancé non seulement le système actuel, mais le système du maréchal Niel,
qui n'a été proposé qu'après le nôtre.

« Que nous ayons depuis lutté pour obtenir une plus longue durée du service actif, on ne peut nous le reprocher comme une contradiction, d'abord
parce que la réserve est loin d'obtenir, dans le système en vigueur, une
instruction égale à celle que nous lui donnions ; ensuite parce qu'il ne s'agit
plus, hélas ! de croire que la France est inattaquable, et d'affirmer que l'ère
des conquêtes est définitivement passée pour nous et pour les autres.

« Autre temps, autre loi de recrutement ».

1. Voir Darimon. *Les Cent-Seize et le ministère* du 2 janvier, p. 13.

2. Numéro daté du 9 juin.

3. Numéro du 3 juin.

M. Jules Ferry, candidat démocrate et libéral, y a tenu la première
place et montré que sa parole vigoureuse, instruite et entraînante,
pourra servir, autant que sa plume brillante, la cause de la liberté,
dans la revendication incessante des droits du pays et des franchises
parisiennes. »

L'élection de M. Jules Ferry, celles de Gambetta et de Bancel
introduisaient dans la Gauche de nouveaux éléments de force, très
menaçants pour l'Empire. Tandis que le tiers-parti se reformait
sous la qualification de *Parti libéral constitutionnel* et rédigeait,
avec le concours d'Émile Ollivier, le texte de l'interpellation des
Cent-Seize, qui enlevait à M. Rouher, nommé président du Sénat,
tout espoir de retour aux affaires et provoquait la formation du
ministère du 17 juillet [1], M. Jules Ferry et ses collègues de la
députation de Paris prenaient une attitude d'opposition plus déterminée.

Après avoir abandonné le barreau pour le journalisme militant,
M. Jules Ferry renonçait maintenant au journalisme pour remplir
ce rôle d'homme d'action et d'homme d'État auquel il s'était préparé
avec tant de suite et de persévérance. Il se privait résolument des
délicates jouissances de l'écrivain et du lettré, des satisfactions
d'amour-propre que procurent au polémiste l'intime communion
avec ses lecteurs et l'applaudissement public, pour aborder la
tribune du Corps législatif; il posait la plume du publiciste et
choisissait la parole pour arme de combat.

C'est dans la séance du Corps législatif en date du 6 juillet, que
l'élection de M. Jules Ferry dans la sixième circonscription électorale de la Seine vint à l'ordre du jour. Sur le rapport du marquis
de Piré, M. Jules Ferry fut admis [2].

---

1. Le ministère d'État était supprimé. Cinq nouveaux ministres : Duvergier,
de La Tour d'Auvergne, Alfred Le Roux, Bourbeau et Chasseloup-Laubat
recevaient des portefeuilles. MM. Forcade de La Roquette, Magne, Gressier,
Maréchal Niel, Rigaut de Genouilly, conservaient les leurs.

2. Extrait du *Journal officiel* du 7 juillet 1869 :

M. LE PRÉSIDENT SCHNEIDER. — M. le marquis de Piré a la parole.

M. LE MARQUIS DE PIRÉ. — Messieurs, au nom du huitième bureau, je viens
vous faire le rapport sur l'élection de M. Jules Ferry, au second tour de
scrutin dans la 6° circonscription électorale du département de la Seine.
(Scrutin des 6 et 7 juin).

Deux protestations se présentent contre cette élection ; l'une, du 8 juin 1869,
n'est qu'une reproduction d'une première, analogue, au premier tour de
scrutin ; elle porte dix signatures et les adresses des signataires.

Dans la dernière, la seule dont nous ayons à tenir compte, il y a trois
griefs :

1° La nature de la cire employée pour les scellés de la porte de la salle
où les urnes étaient renfermées ;

2° La porte de cette salle n'était pas scellée avec une bande en papier ;

3° Refus du maire de permettre l'application de cachets particuliers.

Le maire répond :

Discours sur l'élection de M. de Guilloutet.

Entré au Parlement, l'auteur de la *Lutte électorale de 1863* avait
plus qualité que personne pour faire le procès à la candidature
officielle. Il saisit toutes les occasions de mettre en lumière la for-

1° Avoir employé la cire dont se servent les juges de paix ;

2° Avoir substitué la bande de fil à la bande de papier pour plus de
solidité ;

3° S'être refusé positivement à laisser apposer sur la porte d'autre cachet
que le sien, conformément aux instructions de la lettre du préfet du 12 mai
dernier.

Votre 8ᵉ bureau et la sous-commission n'ont pas cru devoir s'arrêter à
cette protestation du 6 juin, reproduisant les allégations de celle du 25 mai.

Suit une autre protestation en date du 28 juin, signée du docteur Grégoire,
demeurant rue de l'Abbaye-Saint-Germain, 6.

Celle-ci, adressée à MM. les députés du Corps législatif, est formulée en
deux grandes pages, accompagnées de six autres intitulées : Fausses
nouvelles. — Manœuvres dolosives et violences.

Sept numéros de divers journaux y sont joints :

Gazette de France du 9 mai.

L'Univers, 9, 17, 18, 25 mai et 22 juin.

La Liberté du 21 mai.

La Presse du 3 juin.

La protestation relève comme illégalités : l'introduction dans la réunion
des électeurs tenue dans la salle du Pré-aux-Clers, le 24, de certaines
personnes n'ayant pas le droit d'y assister. Elles s'y seraient introduites par
un escalier dérobé.

M. Ernest Picard y serait venu influencer les électeurs (*Rires sur plusieurs
bancs*), se serait fait attribuer à cet effet la présidence de cette réunion par
la centaine de fidèles escortant M. Ferry.

Dans la réunion électorale tenue le 30 mai dans la salle des Peupliers, rue
de Grenelle, M. Jules Ferry aurait dit :

« Citoyens, défiez-vous des manœuvres de la dernière heure ; notre
adversaire et ses amis ont une brochure tout imprimée qui ne sera lancée
qu'après la clôture de la réunion, afin que je ne puisse pas y répondre
devant vous. C'est un libelle injurieux et diffamatoire dirigé contre moi. »

Un tumulte succéda à ces paroles. « Nous ne le lirons pas, nous le déchi-
rerons. Vive Ferry ! »

Cette nouvelle était fausse, dit la protestation.

Le lendemain, 31 mai, dans la réunion du manège Pascaud, rue de Vau-
girard, 70, M. le docteur Grégoire ayant interpellé M. Ferry, le sommant
de prouver qu'une pareille accusation n'était pas une calomnie, les paroles
de M. Grégoire, parfaitement entendues de M. Ferry, assis près de la
tribune où il parlait, auraient été étouffées par un effroyable tumulte,
mentionné par la sténographie officielle. — Le *Constitutionnel* et l'*Univers*
le constatent ; même aussi l'*Universel*, journal favorable à la candidature
de M. Ferry.

La brochure parut le 2 juin, ayant pour auteur un honorable avocat,
confrère de M. Ferry, M. Édouard Dupont. Elle est d'un style modéré et

midable et scandaleuse pression qu'avaient exercée en 1869 les fonctionnaires de l'Empire pour imposer aux électeurs les candidats agréables.

Dans la séance du 8 juillet, M. Jules Ferry avait en vain, avec ses collègues de la Gauche, réclamé l'ajournement de la discussion de l'élection de M. de Guilloutet dans le département des Landes, le bureau ayant été saisi d'une protestation de M. Lefranc qui accusait son concurrent d'avoir confisqué à son profit le monopole de l'imprimerie, avec le concours du sous-préfet. Six membres du quatrième bureau avaient estimé que l'élection n'était pas valable. Elle devait donc rentrer dans la catégorie des élections contestées, et n'être discutée qu'après la constitution du bureau de la Chambre, aux termes de l'art. 66 du règlement ; mais la majorité rejeta

loyal, ce que M. Ferry reconnut lui-même en parlant à l'auteur, qu'il rencontra le jour de la publication.

Le 5 juin, M. Ferry aurait fait placarder une affiche où des imputations calomnieuses contre son compétiteur auraient excité au mépris contre lui, en l'accusant mensongèrement d'avoir fait apparaître de prétendus électeurs de M. Guéroult dont les signatures étaient fausses.

La protestation maintient l'authenticité de ces signatures sur la pièce originale, restée aux mains de M. Guéroult.

Le Rappel et le Réveil auraient soutenu ce système, toujours pour nuire à M. Cochin.

Le samedi 15 mai, dans une réunion tenue au Pré-aux-Clers, M. Grégoire n'aurait pas pu — *l'Univers* du 17 mai et *la Patrie* du 19 le racontent — faire une réponse très modérée à des insultes très violentes contre le catholicisme.

Le samedi 29 mai, le président illégal ou irrégulier, M. Ernest Picard, étranger à la 6e circonscription, aurait donné la parole à des interrupteurs non inscrits, et l'aurait refusée, tout en la lui promettant, à M. Grégoire. Cela se passait en présence du frère de M. Ferry, de M. Gagne, avocat, et des assesseurs du bureau...

Et ici, Messieurs, je m'interromps moi-même pour dire une chose : c'est que je ne puis m'empêcher de penser que, ailleurs que dans ce bureau, la parole est quelquefois promise, et qu'on ne l'obtient pas toujours facilement. (*On rit.*)

M. LE PRÉSIDENT SCHNEIDER. — Vous avez la parole maintenant pour faire votre rapport.

M. LE MARQUIS DE PIRÉ. — Je continue.

M. Jules Ferry aurait accusé M. Cochin d'être candidat officiel, et lui-même aurait été accusé, en revanche, d'être républicain orléaniste.

Un M. Léon Baussard, demeurant rue Jacob, n° 30, aurait été brutalement traîné à la tribune pour avoir formulé cette imputation.

Enfin, ladite protestation et les journaux précités, reproduisant les imputations analogues contre M. Jules Ferry, prétendent que, le 6 et le 7 mai, M. Ferry employa le moyen suivant pour faire dissoudre la réunion, afin d'empêcher qu'on lui répondît — manœuvre qui lui aurait été habituelle — en irritant le commissaire de police par l'apostrophe suivante :

« Démocrates et socialistes, ne vous disputez pas comme en 1851. En cette fatale année, est survenu un troisième larron qui a pris maître Aliboron... »

Ainsi les démocrates et les socialistes auraient été comparés à des voleurs,

l'ajournement et mit la discussion du rapport à l'ordre du jour de la séance du lendemain, 9 juillet.

C'est dans cette séance du 9 juillet, que M. Jules Ferry prononça un vif réquisitoire contre la candidature officielle et souleva les colères de la majorité. Voici ce discours [1] :

M. LE PRÉSIDENT SCHNEIDER. — La discussion continue sur l'élection de la première circonscription du département des Landes.

M. JULES FERRY. — Je demande la parole.

M. LE PRÉSIDENT SCHNEIDER. — M. Ferry a la parole.

M. JULES FERRY. — Messieurs, dans les observations que je viens présenter à la Chambre sur les élections des Landes, j'ai l'intention de me conformer à la nécessité que nous impose, à nous qui sommes plus portés que d'autres dans cette assemblée à critiquer les opérations électorales...

Quelques membres en face de l'orateur. — Pourquoi cela ?

M. JULES FERRY. — ...Je me conformerai, dis-je, au progrès remarquable qu'il nous faut constater depuis quelques jours

le suffrage universel à un âne dont le Gouvernement, voleur lui-même, se serait emparé au préjudice des deux premiers. (*Exclamations et rires.*)

Telle est, Messieurs, l'énumération des faits reprochés à M. Ferry. Votre 8ᵉ bureau n'a pas pensé qu'ils fussent de nature à faire invalider son élection.

Le scrutin des 6 et 7 juin a donné le résultat suivant :

Sur 37 656 électeurs inscrits, 29 846 ont pris part au vote.

Les voix sont réparties ainsi qu'il suit :

M. Jules Ferry	15 730
M. Cochin	13 944
M. Guéroult	11
Voix diverses et voix nulles.	161

M. Ferry a ainsi obtenu un nombre de suffrages excédant de 807 la moitié des suffrages exprimés, et de 6 316 le quart des électeurs inscrits.

L'extrait de naissance de M. Jules Ferry, né le 5 avril 1832, à Saint-Dié (Vosges), établit sa qualité de Français.

En conséquence, Messieurs, j'ai l'honneur de vous proposer l'admission de M. Jules Ferry.

M. ERNEST PICARD. — Je demande la parole.

De toutes parts. C'est inutile ! — Aux voix ! aux voix !

M. LE PRÉSIDENT SCHNEIDER. — Je mets aux voix les conclusions du bureau.

(Les conclusions du bureau sont mises aux voix et adoptées.)

M. Ferry prête serment et est déclaré admis.

1. *Officiel* du 10 juillet 1869.

dans la jurisprudence de la Chambre et dans le niveau de la moralité électorale qui nous est faite.

L'élection des Landes est, en effet, comme un très grand nombre d'élections, qualifiées comme elle d'élections non contestées, entachée d'une quantité d'illégalités et d'irrégularités prodigieuses. Ce serait pourtant trop attendre de la patience de l'Assemblée que de lui en imposer le récit détaillé, édifiant, mais, hélas! toujours le même. Il n'y a pas une élection, de celles que le système des candidatures officielles a touchées, qui ne mérite d'être recommencée. (*Violents murmures.* Cris : *A l'ordre! à l'ordre! — Très bien!* à gauche.)

M. CORNEILLE. — Nous protestons au nom de toute la Chambre contre ces paroles.

M. LE PRÉSIDENT SCHNEIDER. — Je prie M. Ferry de ne point méconnaître la justice, et je crois que s'il avait voulu se rendre compte de la façon dont les élections, celles qualifiées d'officielles comme les autres, ont été faites, il ne pourrait pas se servir des expressions qu'il vient d'employer. (*Très bien! Très bien!*)

M. ROLLE. — Nous ne pouvons pas accepter des paroles qui sont une injure pour le suffrage universel et pour la majorité de cette Assemblée. Je demande donc que l'orateur soit invité à retirer ses expressions, sinon qu'il soit rappelé à l'ordre.

Voix à gauche. — Allons donc!

Voix nombreuses en face et à droite. — Oui! oui!

M. JULES FERRY. — Oh! vous attendez beaucoup trop, monsieur!

(Plusieurs membres se lèvent sur les bancs en face de l'orateur et lui adressent de vives interpellations qui se perdent dans le bruit.)

Voix nombreuses. — A l'ordre! A l'ordre!

M. JULES FERRY. — Je demande que le président fasse respecter, en ma personne, la liberté de la tribune. (*Nouvelles exclamations et nouveaux cris : A l'ordre! à l'ordre!*)

M. LE BARON LAFOND DE SAINT-MUR. — Nous siégeons tous ici par la force de notre droit!

M. LE PRÉSIDENT SCHNEIDER. — J'inviterai M. Ferry, s'il veut des égards pour sa personne, à respecter d'abord deux choses : la personne de ses collègues et le suffrage universel. (*Très bien! Très bien!*)

M. JULES FERRY. — Permettez-moi!... (*A l'ordre! à l'ordre!*)

M. LE BARON LAFOND DE SAINT-MUR. — Notre mandat vaut le vôtre!

M. VENDRE. — A l'ordre! ou retirez vos paroles, qui sont une injure.

M. JULES FERRY. — Je n'ai prononcé... (A l'ordre! à l'ordre! — Parlez!)

M. LE PRÉSIDENT SCHNEIDER. — M. Ferry peut voir qu'on ne blesse pas impunément une assemblée, qu'on ne blesse pas impunément la justice... (Réclamations à gauche. — En face et à droite : Oui! oui!) en méconnaissant ainsi la majesté du suffrage universel].

M. JULES FERRY. — Je demande la parole pour m'expliquer.

M. LE PRÉSIDENT SCHNEIDER. — Parfaitement! J'allais précisément vous inviter à vous expliquer.

Plusieurs membres en face et à droite de la tribune. — Qu'il retire d'abord ses paroles !

M. JULES FERRY. — Je n'ai prononcé que la moitié d'une phrase, et immédiatement j'ai été interrompu avec une violence croissante que je ne m'explique pas. (*Rumeurs.*)

M. MORIN. — La violence n'a pas été à la hauteur de l'insulte. (A gauche : Oh! oh!)

M. JULES FERRY. — Je dis que je ne crois avoir usé que de la liberté donnée à chacun de nous...

M. PEYRUSSE. — Est-ce la liberté d'insulter?

M. JULES FERRY. — ...en posant cette proposition que je répète, j'aurais le droit... (*Interruption*), j'aurais le droit d'attaquer à cette tribune et de demander l'invalidation de toutes les élections dans lesquelles le système des candidatures officielles a été employé. (*Très bien! à gauche.*)

J'en aurais le droit, vous entendez bien; j'aurais le droit d'attaquer ainsi dans son ensemble le système des candidatures officielles. (*Mouvements divers.*)

Si les membres de l'opposition n'ont pas ce droit-là, ils n'ont plus qu'à déposer leur mandat, car si par hasard nous n'avions, sous les apparences d'un régime de suffrage universel, que l'hypocrisie du suffrage universel (*Rumeurs*), il ne faudrait pas y joindre, en nous fermant la bouche, l'hypocrisie de la liberté de la tribune. (*Approbation à gauche. — Murmures et réclamations en face et à droite.*)

M. Mathieu (de la Corrèze). — L'élection d'un grand nombre d'entre nous est validée par la Chambre ; je demande comment il est possible, sans respect pour ses décisions, de nous mettre ainsi en accusation devant le pays. C'est là une intolérable injure.

M. Jules Ferry. — Je ne vous mets pas en accusation. (*Agitation.*)

M. Segris. — Je demande la parole. (*Parlez ! parlez !*)

M. le président Schneider. — La parole est à M. Segris.

M. Segris, *de sa place*. — Je demande à faire une seule observation, et on peut être certain que j'y apporterai la plus grande modération.

Quelle est notre position ? Nous avons à l'heure qu'il est 228 élections validées.

Eh bien, je m'adresse à l'honorable M. Ferry et je lui demande s'il est possible qu'en présence d'une assemblée, qu'en présence du pays, alors que ces 228 validations ont eu lieu, on mette en question la valeur et l'honnêteté de ces élections. (*Vive approbation sur un grand nombre de bancs. — Applaudissements.*)

Permettez-moi le mot, sans que cela puisse blesser personne : j'appelle cela un procédé révolutionnaire. (*Exclamations à gauche.*)

Voix nombreuses. Oui ! oui !

M. Guyot-Montpayroux. — Le procédé révolutionnaire, c'est la candidature officielle. (*Exclamations et bruit.*)

M. Segris. — Vous aurez beau faire du bruit, la voix de l'honnêteté sera toujours écoutée dans cette enceinte. (*Parlez ! parlez !*)

Je dis, dans l'intérêt de tout le monde, que ce sont là des procédés révolutionnaires. (*Oui ! oui ! sur un grand nombre de bancs. — Réclamations à gauche.*)

M. Guyot-Montpayroux. — La révolution, c'est la candidature officielle !

Un membre à gauche. — C'est le coup d'État qui les a inventés. (*Bruit*).

M. Segris. — Oui, ce sont des procédés révolutionnaires, parce que c'est la méconnaissance et la violation des décisions de l'Assemblée par ceux qui en font partie. (*Vif assentiment sur un grand nombre de bancs.*)

M. Guyot-Montpayroux. — Je demande la parole...

M. Jules Ferry. — Je demande à répondre à M. Segris.

M. le président Schneider. — Je supplie l'orateur de tenir grand compte de ce qui vient de se passer.

Il est évident que si, de la tribune, partaient des expressions qui pussent blesser les membres du Corps législatif ou l'Assemblée considérée dans son ensemble, s'il survenait ainsi des discussions irritantes à l'excès, les intérêts du pays ne seraient plus convenablement et sagement représentés. (*Très bien ! Très bien !*)

Je supplie donc MM. les membres de l'opposition de ne point soulever, par la forme de leur discussion, des débats irritants qui peuvent appartenir à d'autres enceintes (*Interruption*), mais qui, dans une assemblée législative, sont parfaitement déplacés. (*Très bien ! Très bien !*)

Souvenons-nous que nous ne sommes plus ici des candidats, mais que nous sommes des législateurs, et que nous devons avoir le langage calme et mesuré du législateur. (*Vive approbation.*)

M. Guyot-Montpayroux. — Qu'on nous donne l'exemple ! (*Exclamations sur plusieurs bancs.*)

M. le président Schneider. — Il vous est donné, vous n'avez qu'à le suivre.

M. Jules Ferry. — Je crois que la suite de mon discours ou plutôt des observations que j'avais l'intention de présenter, montrera que je n'entends nullement apporter dans cette assemblée des formes de langage qui ne soient pas parlementaires. (*Sourires ironiques*). J'ai dit qu'il y avait dans l'élection des Landes des faits communs à un grand nombre d'élections ; et j'aurais bien le droit, sur l'élection des Landes, vous l'entendez bien, et non sur les élections validées par cette assemblée... (*Ah ! ah !*) de poser la question générale que j'appelle la question du système des candidatures officielles ! Je déclare que je n'ai point l'intention de le faire, ne trouvant point encore l'instant venu pour cette discussion. Je voulais seulement faire savoir à la Chambre que le dossier de l'élection des Landes n'est point vide des irrégularités de détail et des illégalités nombreuses qu'à mon sens le système des candidatures officielles entraîne nécessairement à sa suite.

Ainsi, non seulement dans le dossier, mais dans le rapport que vous avez entendu hier, et qui est au *Journal officiel*, il se rencontre un très grand nombre de faits qui portent sur l'attitude et les procédés des maires, au moment du scrutin ; par exemple, des maires ouvrent les bulletins qui leur sont remis ; les maires les distribuent ; les urnes, en certains lieux, ont deux ouvertures, l'une pour les bulletins du candidat officiel, l'autre pour les bulletins du candidat indépendant. (*Réclamations.*)

Tout cela est dans le rapport, tout cela est dans le dossier.

M. de Guilloutet. — Je proteste ; je demande la parole.

M. JULES FERRY. — Vous aurez la parole, M. de Guilloutet, mais il me semble que j'ai bien le droit de faire entendre la mienne.

M. DE GUILLOUTET. — J'ai le droit de la demander et ce n'est pas vous qui m'empêcherez de la prendre. (*Très bien! — Rumeurs sur quelques bancs.*)

M. LE COMTE D'AIGUESVIVES. — Il faut que M. de Guilloutet la demande pour l'avoir.

M. JULES FERRY. — Ces faits sont mentionnés au rapport de l'honorable M. Mathieu qui ne relève pas moins de dix-sept protestations.

M. LE BARON DE VEAUCE. — On n'a jamais entendu parler de cela.

M. JULES FERRY. — Je ne fais que mentionner ce qui est dans le rapport.

M. LE BARON DE VEAUCE. — Dans le rapport sur l'élection des Landes?

M. JULES FERRY. — Oui, monsieur, je parle d'après l'honorable M. Mathieu, rapporteur de l'élection des Landes : le rapport qui nous a été lu hier contient dix-sept protestations de cette nature. Mais ce sont là les péchés véniels de l'élection des Landes. Il y a quelque chose de plus grave dans les faits particuliers, il y a l'intervention des instituteurs, qui a eu ici un ensemble, une ardeur, une âpreté remarquables.

Un membre à droite. — N'était-ce pas leur droit?

M. JULES FERRY — C'eût été leur droit, si cette intervention avait été spontanée; mais je dois faire remarquer à la Chambre que l'intervention des instituteurs avait été provoquée par une lettre confidentielle du préfet, qu'il est bon que la Chambre et le pays connaissent. Cette lettre confidentielle en voici l'original :

M. EUGÈNE PELLETAN. — Ah! ah!

M. JULES FERRY. — « Cabinet du préfet des Landes (*confidentielle*).

« Monsieur l'instituteur,

« Votre commune va être très travaillée par l'opposition : je compte complètement sur votre dévouement et votre concours efficace. »

Plusieurs membres à droite. — Eh bien ! il a raison.

M. JULES FERRY. — On sait ce que c'est, Messieurs, que l'efficacité de certains concours donnés aux élections par les instituteurs, et un procès célèbre et récent vous a appris qu'il peut y avoir quelques inconvénients, quelques périls de la part de l'autorité supérieure à demander ou à exiger des instituteurs un concours efficace : il y a de ces efficacités qui vont jusqu'en cour d'assises.

A gauche. — Très bien ! très bien !

M. JULES FERRY. — Ici il n'apparaît rien d'aussi grave ; il y a pourtant, à la suite de ce concours des instituteurs, un certain nombre de faits dont la preuve authentique est au dossier, et qui n'en sont peut-être pas tout à fait indépendants.

Ainsi, dans la commune de Saint-Maurice — et je ne produis à la Chambre que les réclamations qui sont annexées au procès-verbal officiel — dans la commune de Saint-Maurice, ont été annexés au procès-verbal des bulletins portant le nom de M. de Guilloutet, et portant, en outre, au coin vers le haut, un chiffre qui n'est autre que le chiffre de la carte électorale correspondante.

Ce fait a quelque gravité, du moins je le juge ainsi, et pour ceux qui en douteraient, les bulletins numérotés et les cartes portant le numéro correspondant sont au dossier.

Mais toutes ces choses ne sont que menus détails dans l'élection des Landes.

L'élection est viciée par un fait général beaucoup plus grave, à mon sens, et qui a une portée très sérieuse, décisive sur le résultat même de l'élection.

Dans toute l'élection il y a — c'est la tactique électorale qui l'indique — un coup de théâtre de la dernière heure et un dernier effort qui enlèvent le vote.

Ici le coup de théâtre a été l'intervention de l'évêque d'Aire et de Dax, aidé de la complicité de M. le préfet des Landes et de M. le sous-préfet de Saint-Sever.

Quelques mots d'explication sont nécessaires pour faire saisir à la Chambre les conditions dans lesquelles s'est produite l'intervention, si abusive, si excessive, de M. le sous-préfet de Saint-Sever.

En 1863, l'évêque d'Aire et de Dax avait gardé la neutralité dans la lutte électorale. Pourquoi? parce que M. Victor Lefranc, candidat d'opposition, appartient à un groupe d'esprits distingués qui poursuivent, à travers toutes les déceptions, ce que j'appelle, moi, l'utopie, mais ce qu'ils appellent, eux, le rêve légitime de l'union du catholicisme et de la liberté.

Aussi les opinions de M. Victor Lefranc sont-elles, dans le département des Landes, notoires depuis longues années. Pendant la campagne de 1869, M. l'évêque d'Aire et de Dax avait gardé, vis-à-vis de la candidature opposante, libérale et catholique de M. Victor Lefranc, la même attitude d'observation et de neutralité, et cela jusqu'au 15 mai, à la veille du scrutin; à ce moment-là, l'évêché démasque ses batteries, et une lettre épiscopale, lue au prône dans un très grand nombre d'églises, est publiée par le seul journal du département, le *Journal des Landes,* deux jours après. Ce journal ne paraît que deux fois par semaine, le jeudi et le dimanche. C'est le journal du jeudi qui contenait la lettre épiscopale.

Cette lettre épiscopale se prononce avec la plus grande énergie, avec le plus grand éclat sur les deux candidatures en présence. L'évêque dit aux curés, ses collaborateurs, qu'il y a pour les catholiques comme une pierre de touche en temps électoral : ce sont les deux questions de l'occupation romaine et de la liberté de l'enseignement supérieur. « Cette épreuve par la touche est décisive, dit le prélat, et celui des candidats qui recule d'effroi devant la pierre, qui dans ses nombreux appels ne dit pas un mot du pape, ni de Rome, qui refuse obstinément de s'expliquer sur les questions que nous plaçons bien au-dessus de toutes les choses de la terre, celui-là, quels que soient ses sentiments privés de religion, ne saurait prétendre au vote d'un seul catholique, qui ne consulte que Dieu et sa conscience dans le suffrage qu'il est appelé à donner.

« Celui, au contraire, qui a eu le courage spontané d'écrire : « Je ne répudie aucun de mes votes et je m'honorerai particulièrement toujours de celui que j'ai émis le 5 décembre 1867, au nom de la religion catholique, en faveur du pouvoir temporel du pape, » qui, interpellé sur la liberté d'enseignement supérieur, avoue loyalement que c'est par oubli qu'il a omis d'en parler dans sa profession de foi, celui-là manifestement a droit aux préférences de tout Landais qui porte un cœur dévoué à l'Église et à l'avenir religieux de son pays. »

Voilà donc M. Victor Lefranc accusé d'avoir reculé devant la touche ou devant la pierre, comme dit M. l'évêque d'Aire et de Dax.

M. Victor Lefranc parle de ce mandement épiscopal avec une très grande amertume; il allègue, et pour tous ceux qui le connaissent, ses allégations valent la vérité, il allègue, dis-je, que cet acte épiscopal est d'autant plus étrange que rien ne le faisait pressentir, et qu'ensuite il a éclaté le jour même où M. Victor Lefranc publiait, à l'adresse des Landais, une profession de foi dans laquelle il touchait cette question qui leur est particulièrement chère.

Il ajoute enfin qu'il venait de voir Mgr l'évêque d'Aire et de Dax, d'avoir avec lui un long entretien; rien ne lui avait fait soupçonner cette espèce d'excommunication majeure qui était dans la lettre du prélat et qui allait se répandre, comme une manœuvre électorale de la dernière heure, sur toute la circonscription des Landes. Il était donc de première nécessité pour M. Victor Lefranc — c'était une question de vie ou de mort pour sa candidature — de répondre à la lettre du prélat, aussi rédige-t-il sur l'heure une réponse.

Mais, à cette date du 16 ou 17, à la veille du scrutin, la difficulté était de faire imprimer cette réponse assez vite pour qu'elle pût détruire l'effet de la lettre épiscopale.

M. Victor Lefranc fit visiter successivement les deux imprimeurs de Mont-de-Marsan qui n'étaient pas les imprimeurs de l'évêché : il était évidemment inutile de s'adresser à l'imprimeur de l'évêché, mais les deux autres imprimeurs furent visités par les amis de M. Victor Lefranc; la preuve en est au dossier : je la fournirai si le fait est contesté.

Restait un troisième imprimeur à Saint-Sever.

L'imprimeur de Saint-Sever est un M. Serres, qu'une correspondance qui est au dossier avait mis en rapport avec M. Victor Lefranc dès le mois d'avril, et ces rapports avaient eu pour conséquence un très grand nombre d'impressions sorties des presses de M. Serres pour la candidature de M. Victor Lefranc.

A cette date du 17 mai, M. Serres était en train d'imprimer des bulletins pour M. Victor Lefranc.

Tout naturellement, à la réception de la minute de M. Victor Lefranc, M. Serres met des ouvriers compositeurs à l'œuvre, je rapporte — et j'attire sur ce fait toute l'attention de la Chambre — je rapporte la première épreuve corrigée par l'imprimeur de la réponse de M. Victor Lefranc à la lettre épiscopale.

Je dois, pour la clarté du récit, faire connaître à la Chambre quelques lignes de cette réponse.

« MESSIEURS ET CHERS CONCITOYENS,

« Aujourd'hui 17 mai 1869, on me communique et je lis avec un douloureux étonnement, un mandement électoral de monseigneur l'évêque d'Aire et de Dax.

« Je voudrais pouvoir attribuer à l'oubli ou à l'ignorance des faits, la manière dont cet étrange document parle des deux candidats de la première circonscription des Landes.

« Selon Sa Grandeur, je serais « celui des candidats qui recule « d'effroi devant la pierre de touche ».

Suit la citation du mandement.

« Ce langage serait étrange, lors même que les faits seraient exacts; ils ne le sont pas.

« Dès 1863, Sa Grandeur connaissait mon sentiment sur le pouvoir temporel et l'avis qui m'était unanimement donné devant elle de n'en pas faire l'objet d'une proclamation. Je suivis cet avis ; un curé m'interpella presque à la veille du scrutin ; j'offris de m'expliquer, si le candidat officiel, qu'on affectait de ne pas interpeller, répondait avec moi ; on n'accepta pas, l'élection eut lieu ; on sait le résultat.

« En 1869, le 15 mai, Sa Grandeur sait et apprend de nouveau, de ma propre bouche, que mon sentiment persiste, que la déclaration du candidat officiel, dans sa deuxième circulaire, motive de ma part une réponse qui affirme mon opinion, qui est écrite, qui est partie pour l'imprimeur. Elle sait, elle aurait au besoin appris de moi, que le candidat officiel a émis, le 5 avril 1865, un vote contraire à celui du 5 décembre 1867. Et c'est le même jour, 15 mai, qu'est donnée cette circulaire où est définie, si contrairement aux faits, la situation des deux candidats. Quoi ! écrire cette circulaire sachant tout cela ; quoi ! l'écrire le jour même où va s'imprimer la mienne ; ne pas m'avertir et prendre les devants ? Quoi ! attendre que la période des réunions soit close et que la veille du scrutin approche ?

« Ah ! Sa Grandeur a raison. Il faut attacher bien peu d'importance aux sentiments religieux des candidats, à l'homogénéité des votes des élus pour descendre ainsi, comme évêque, dans l'arène politique, pour celui dont il n'ignore pas les votes contradictoires, et surtout contre celui dont les sentiments et l'avis lui sont connus. »

Voilà la réponse de M. Victor Lefranc; voilà ce qui était composé dans les ateliers de M. Serres, ce qui était corrigé typographiquement à la date du 18 mai.

Le lendemain, quand on se présente pour parler du tirage, on trouve un imprimeur dont les dispositions sont changées du tout au tout. M. Serres, qui avait préparé jusque-là les bulletins du candidat opposant, qui avait préparé, composé, mis en état d'être tiré à un grand nombre d'exemplaires la circulaire si importante de M. Victor Lefranc, M. Serres refuse tout à coup ses presses.

Pourquoi ce refus? Quelle en est la cause? Quel en est l'auteur? Qui en est responsable? M. le sous-préfet de Saint-Sever.

Je vais établir devant la Chambre, et ce sera très court, que M. le sous-préfet de Saint-Sever a interdit arbitrairement, abusivement, à M. Serres, imprimeur à Saint-Sever, de continuer le travail qu'il s'était engagé à livrer à M. Victor Lefranc.

M. ERNEST PICARD. — C'est très grave. (On rit.)

M. JULES FERRY. — Je crois, en effet, que c'est très grave, mais ce n'est nullement risible!

Ce que je dis là, ce qui constituerait un acte d'arbitraire administratif extrèmement grave, digne en effet de toute votre attention, de toutes vos sévérités, ce que je dis là, je le prouve.

Je le prouve d'une manière tout à fait irréfragable, d'abord, par la sommation adressée, à la date du 19 mai, à la requète de M. Victor Lefranc à M. Serres, imprimeur à Saint-Sever. Un huissier se présente, au nom de M. Victor Lefranc, somme M. Serres d'avoir à continuer le tirage. Que répond l'imprimeur? Il répond par ces seuls mots : « Je ne puis. » Il ne dit pas, comme on a essayé depuis de le lui faire dire — c'est là tout le système de la défense qui vous sera présentée dans l'intérêt de M. le sous-préfet de Saint-Sever, — il ne dit pas : « Je ne puis pas, parce que mes presses sont encombrées, parce que j'ai une commande très pressée de M. le sous-préfet. » Non! il dit : « Je ne puis! » et ces trois mots, c'est le cas de le répéter, en disent plus long dans l'affaire qu'ils ne sont gros.

J'apporte du fait de l'injonction, de la pression illégale exercée sur l'imprimeur par M. le sous-préfet de Saint-Sever, une seconde preuve : le fait a été affirmé, à trois ou quatre reprises différentes, dans des lettres publiques, insérées dans les journaux du pays; ces journaux, je les ai dans mon dossier, et jamais M. Serres n'a protesté.

Enfin, ce fait de pression, d'injonction abusive que je trouve si grave, dans ma moralité naïve... (*Exclamations et rumeurs*), il est prouvé directement par l'aveu de M. le sous-préfet de Saint-Sever lui-même.

En effet, devant le bureau il nous a été produit, de la part de M. le sous-préfet de Saint-Sever, une lettre que je vous recommande, Messieurs, parce qu'elle ne peut avoir qu'un sens pour les esprits droits et quelque peu attentifs.

M. le sous-préfet de Saint-Sever répond qu'en effet il est pour quelque chose — ce premier aveu est grave — dans la suspension du travail commandé par M. Victor Lefranc à l'imprimeur de Saint-Sever, mais que sa participation a été fort innocente : M. le sous-préfet aurait eu, en effet, juste à ce moment-là, des travaux administratifs des plus pressés dans les ateliers de M. Serres. M. Serres serait allé à la sous-préfecture pour demander à M. le sous-préfet la permission d'interrompre, en faveur de M. Lefranc, le travail des imprimés préfectoraux, et M. le sous-préfet en aurait tout simplement refusé la permission.

A prendre l'explication de M. le sous-préfet dans ces termes, sans la diviser, sans l'interpréter, je me demande d'abord s'il y aurait une grande différence entre un sous-préfet disant : n'imprimez pas la lettre de Victor Lefranc parce qu'il me faut, sans plus tarder, les travaux que je vous ai commandés, et un sous-préfet disant à un imprimeur : « N'imprimez pas, parce que je vous le défends. »

Mais l'explication que donne M. le sous-préfet de Saint-Sever n'est, en définitive, qu'une explication faite après coup, comme vous allez voir; elle suppose, en effet, que les presses de M. Serres n'auraient pas pu être occupées concurremment par les commandes de la sous-préfecture et par les commandes de M. Lefranc. Or, il n'en est rien, et ce qui le prouve bien, ce qui le prouve d'une manière complète, c'est qu'en ce moment même, le 18 et le 19 mai, M. Serres a livré à M. Victor Lefranc 50 000 bulletins en deux jours.

M. Serres n'en était donc pas à se dire : « Comment faire pour imprimer la commande de M. Victor Lefranc et les com-

14

mandes de la sous-préfecture? Les 50 000 bulletins imprimés le
18 et 19 étaient un travail beaucoup plus important que le
tirage de la lettre de M. Victor Lefranc.

Voilà le fait.

Vous me permettrez, maintenant, d'en tirer brièvement la
moralité.

La première moralité qu'il contient, c'est que MM. les sous-
préfets, lors même qu'ils sont interrogés par la Chambre, ne
disent pas toujours la vérité. (*Ah! ah!*)

La seconde moralité à en tirer, c'est que l'action administrative dans la lutte électorale sait revêtir des formes très diverses;
tantôt c'est par l'intimidation qu'elle agit; tantôt, c'est par la
ruse.

Je crois qu'il est difficile de contester qu'il y ait quelque peu
de ruse dans la conduite de M. le sous-préfet de Saint-Sever.

Cette affaire nous apprend autre chose encore : c'est que le
monopole de l'imprimerie, le système des brevets peut devenir,
à l'occasion, un moyen commode d'étranglement électoral à
la dernière heure; et je m'explique par là, pour mon compte,
certaine scène qui s'est passée ici, au mois de février 1868, et
certaines résolutions du Gouvernement et de M. le ministre
d'État, qui furent alors fort diversement interprétées.

A cette date du 3 février 1868, la Chambre était saisie d'un
projet de loi sur la liberté de la presse, et, dans ce projet de loi,
il y avait un article qui abolissait les brevets d'imprimeur. Tout
à coup, un scrupule s'éleva dans l'esprit de M. le ministre
d'État, et il vint dire à la Chambre qu'il avait reçu une pétition
des imprimeurs de Paris...

M. LE MINISTRE D'ÉTAT. — Je demande la parole.

M. JULES FERRY. — ...qui prétendaient avoir droit à une
indemnité, et qu'en présence de cette réclamation de l'intérêt
privé, l'intérêt social supérieur qui avait dicté au Gouvernement
la résolution d'abolir les brevets devait céder la place.

On en est là depuis ce temps, Messieurs, et l'on se demande
tous les jours quand aboutira l'enquête, ou si l'article de loi,
proposé en 1868 par le Gouvernement, est pour jamais enterré
dans les cartons du ministère d'État.

Eh bien, oui, il y est enterré, et vous savez pourquoi l'administration a conservé le monopole des imprimeurs : pour s'en faire une arme électorale, comme le prouve l'affaire de l'imprimeur de Saint-Sever. (*Rumeurs en face et à droite de l'orateur*.)

Il va sans dire que la majorité valida l'élection de M. de Guilloutet ; mais l'opposition gagnait du terrain chaque jour et, malgré son assurance, M. Rouher était obligé d'évoquer le spectre rouge pour entraîner ses fidèles. L'Empereur lui-même sentait son ministre d'État si usé qu'il l'envoya quelques jours après présider le Sénat. Avant même que la vérification des pouvoirs fût terminée, et après une session de seize jours, le Gouvernement prorogea la Chambre sans ajournement fixe. C'est pour protester contre cette brusque prorogation que M. Jules Ferry adressa la lettre suivante à ses électeurs de la sixième circonscription de Paris [1] :

MES CHERS CONCITOYENS,

J'ai promis de vous rendre compte, à la fin de chaque session, du mandat dont vous m'avez honoré. Cette fois, le pouvoir a pris soin d'abréger ma tâche : à peine réunis, on nous congédie.

Cette brusque prorogation, qui ne laisse pas même aux élus du pays le temps de terminer la vérification de leurs pouvoirs, a excité parmi vous une grande surprise et un profond mécontentement. Le suffrage universel ne saurait, en effet, trop vivement ressentir l'injure qui lui est faite. Je n'examine pas si le décret de prorogation est légal ; en tout cas, la mesure est sans exemple, et rien moins que respectueuse. Elle laisse en suspens, pour un temps indéterminé, plus de cinquante circonscriptions électorales ; elle prive de représentation régulière, elle met en quelque sorte en interdit près de deux millions d'électeurs.

Mais c'est là, permettez-moi de le dire, le moindre défaut d'un acte si extraordinaire.

La Constitution de 1852 vient de recevoir, de la main du pouvoir lui-même, une profonde atteinte. Le Gouvernement reconnaît hautement que le régime qu'il a organisé n'est pas viable, et qu'il est temps d'y introduire des modifications sérieuses. Se peut-il rencontrer, dans la vie d'une nation, une heure plus solennelle, une crise plus décisive ? Et pourtant, la nation seule ne parlera pas ; le Conseil d'État et le Sénat vont décider, en tête à tête avec l'empereur, de nos nouvelles des-

1. Voir le *Temps* du 24 juillet 1869.

linées, et c'est ainsi que le pouvoir personnel, au moment même où il a l'air de céder à la volonté populaire, donne, à la face du pays, la preuve la plus manifeste de son accablante omnipotence.

Pour vous, chers concitoyens, qui ne croyez ni à l'efficacité des compromis, ni à la durée des replâtrages, vous ne vous laisserez pas prendre à ces velléités réformatrices : vous en prévoyez trop aisément l'inévitable avortement. Les gouvernements sont soumis, comme toutes les choses de ce monde, à des lois nécessaires : ils ne se font pas, à leur gré, et par un acte de leur fantaisie, despotiques ou parlementaires.

On ne sort des crises politiques analogues à celles que nous traversons qu'en se rappelant, à temps, que, dans une démocratie libre, le suffrage universel ne cesse jamais d'être le premier principe, la source toujours vivante du pouvoir constituant. Autrement, nous bâtissons sur le sable, et les événements se chargent de nous rappeler les principes méconnus et les droits foulés aux pieds.

JULES FERRY,

Député de la 6ᵉ circonscription
de la Seine.

Paris, 23 juillet 1869.

L'élection de Rochefort.

D'ailleurs, comme le disait M. Jules Ferry dans sa lettre, le gouvernement reconnaissait lui-même que le régime de 1852 n'était plus viable, puisque le Sénat était appelé à délibérer, dans le même temps, sur un projet de sénatus-consulte, destiné à introduire de graves modifications dans la Constitution. Le prince Napoléon prononça même un discours pour approuver la transformation des institutions dans le sens de la liberté. Au surplus, l'Empereur paraissait incapable de gouverner. Son état de santé inquiétait vivement la cour; le séjour qu'il fit à Vichy, en septembre 1869, ne le rétablit pas. Le maréchal Niel venait de mourir d'une maladie analogue. La province, jusque-là si calme, secouait sa torpeur et les masses ouvrières faisaient appel à la violence pour réaliser les chimères dont le socialisme incohérent du souverain avait favorisé le développement. C'est le 8 octobre 1869 que se produisit la collision entre la troupe et les mineurs d'Aubin. Il y eut, du côté des manifestants, 16 tués et 20 blessés. L'effet de cette bagarre fut immense. On le vit aux élections partielles des 21-22 novembre 1869. Il s'agissait de remplacer dans les première, troisième, quatrième et huitième circonscriptions de la Seine Gambetta, Bancel, E. Picard et J. Simon qui avaient opté pour les départements, et Bourbeau et A. Leroux, nommés ministres avant le dernier sénatus-consulte. Ces deux derniers furent réélus dans la Vienne et la Vendée, mais, à Paris, Rochefort l'emporta sur Carnot, Crémieux sur Pouyer-Quertier et Emmanuel Arago sur Alphonse Gent. Dans la quatrième circonscription, Glais-Bizoin obtint 13 353 voix contre H. Brisson (6 910 voix) et Allou 7846 [1]. L'élection de Rochefort eut pour résultat d'exaspérer l'Empereur et d'ajourner la constitution d'un nouveau cabinet. Mais les mouvements qui se produisirent dans le sein de la Chambre ne tardèrent pas à forcer la main au Pouvoir exécutif. Un manifeste élaboré par la gauche, qui s'était réunie les 14 et 15 novembre, réclama l'élection des maires [2] et une refonte complète de notre système militaire, ayant pour sanction la restitution au Parlement du droit de déclarer la guerre. Ce manifeste portait 27 signatures, notamment celle de M. Jules Ferry. MM. Barthélemy Saint-Hilaire et Lefèvre-Pontalis avaient également donné leur adhésion, à côté de Gambetta, Grévy, Picard, Bancel, J. Simon, J. Favre, etc.

Discours sur les élections.

Dès l'ouverture de la session (30 novembre), la gauche reprit courageusement sa campagne contre les falsifications du suffrage universel et contre la candidature officielle. M. Jules Ferry se signala entre tous par l'énergie de son attitude et la vivacité de son indignation. Dans la séance du 8 décembre [3], il attaqua l'élection de M. Dréolle (qui n'avait d'ailleurs été validée par le quatrième bureau de la Chambre qu'à la majorité de quatre voix). Dans la séance du 9, il se chargea de développer les protestations déposées contre l'élection de M. Chaix-d'Est-Ange dans la cinquième circonscription de la Gironde [4]. Les faits articulés étaient si pertinents et si scandaleux que, dans le quatrième bureau, une majorité ne put se former, 11 voix s'étant prononcées pour la validation et 11 contre. M. de Bouteiller, rapporteur, s'était contenté de présenter sommairement les arguments de l'attaque et ceux de la défense, en laissant à la

1. Le ballottage, peu favorable au champion du radicalisme, inspira à Ernest Picard les réflexions suivantes : « Le radicalisme n'est pas une politique, c'est une attitude ; et les électeurs ne nous envoient pas à la Chambre pour attendre, mais pour agir : ils nous demandent d'être inflexibles dans nos principes et dans notre indépendance, mais ils nous sauraient mauvais gré de sacrifier leurs intérêts présents au stérile plaisir de faire des déclarations empreintes du plus pur radicalisme. » *Électeur libre*, n° du 23 novembre 1869.
2. L'Empereur, dans son discours du Trône (29 novembre 1869), promit de choisir les maires au sein des Conseils municipaux et de faire élire le Conseil municipal de Paris par le Corps législatif.
3. *Officiel* du 9 décembre.
4. *Officiel* du 10 décembre.

Chambre le soin de se prononcer. M. Jules Ferry n'oublia de signaler aucune des manœuvres frauduleuses, aucun des actes de pression administrative qui viciaient l'élection et avaient rendu célèbre le nom du préfet de la Gironde, M. de Bouville. Nous nous bornerons à citer quelques passages de ce discours, documenté comme une page d'histoire :

Si vous avez été attentifs à la lecture du rapport qui vous a été fait au nom du 4ᵉ bureau, du 4ᵉ bureau partagé, vous avez pu remarquer que M. le préfet de la Gironde n'a pas seulement cherché à agir sur l'élection de la 5ᵉ circonscription par sa circulaire aux maires, du 20 mai, et par l'envoi des enveloppes contresignées. Il y a de plus un petit fait qui a son importance ici : c'est l'envoi — et ce fait est spécial à la circonscription qui a donné la majorité à M. Chaix-d'Est-Ange — c'est l'envoi d'une petite feuille sur papier blanc, sans signature, sans timbre, et qui se compose d'un dessin et d'un morceau de littérature.

Le dessin c'est le portrait de l'Empereur. Le morceau de littérature débute ainsi :

« Vive l'Empereur! Nous avons tous voté pour lui, nous voterons tous encore pour lui... »

Suit la phrase obligée sur la Révolution de 1848 et les 45 centimes; l'outrage, si facile à cette République de 1848, qu'il est de mode d'insulter depuis longtemps, et dont l'histoire dira qu'elle fut la plus pure, la plus généreuse et la plus assassinée des républiques. (*Vive approbation à gauche.* — *Exclamations ironiques en face et à droite.*)

« Je me garderai donc, dit le petit pamphlet, de voter pour les candidats qui veulent renverser le Gouvernement, qui se font appuyer par les républicains et qui sont soutenus par des journaux qui veulent tout démolir.

« Je voterai donc pour l'honorable M. Chaix-d'Est-Ange, qui est propriétaire dans notre département, qui a été nommé conseiller général d'un de nos cantons, et qui a déjà fait beaucoup pour nous.

« Je voterai pour l'honorable M. Chaix-d'Est-Ange parce qu'il ne veut pas renverser l'Empereur et qu'il pourra nous être utile.

« Votons tous pour lui!

« Vive l'Empereur!   « *Un électeur.* »

Ce petit écrit est remarquable à plusieurs titres, d'abord, parce qu'il a été répandu à profusion dans la circonscription, et par qui? Il faut que vous le sachiez et il ne peut y avoir de doute sur ce point. Il est résulté de l'enquête faite au sein du quatrième bureau que tout le maniement matériel de l'élection dans la cinquième circonscription, pour ne parler que de celle qui est en cause en ce moment, a été fait dans les bureaux de la préfecture, et les candidats sont venus, l'un après l'autre, déclarer qu'ils avaient remboursé au secrétaire général tous les frais de l'élection.

Ce petit écrit a été répandu par la préfecture, comme tous les autres, et cela faisait une triple artillerie, combinée avec l'envoi de la circulaire du 20 mai et des enveloppes contresignées.

Il est sur papier blanc; il n'a pas de timbre et il est anonyme, ce qui constituerait une contravention pour les simples mortels, candidats de l'opposition, mais ce qui paraît parfaitement légitime pour un préfet et pour un candidat en faveur.

Voilà le petit écrit, Messieurs, et je l'ai relevé principalement pour répondre à une expression de M. le ministre de l'intérieur.

M. le ministre s'est récrié hier parce que j'avais qualifié les candidatures officielles de candidatures césariennes. Eh bien, je lui demande s'il trouve quelque chose de plus césarien que ce petit papier : quant à moi, je ne vois rien de plus césarien que l'envoi du portrait de César à tous les électeurs... (*Mouvements divers.*)

Plus loin, M. Jules Ferry analysait des certificats de nombreux électeurs établissant que les maires répandaient partout contre le duc Decazes, adversaire de M. Chaix-d'Est-Ange, le bruit que le candidat indépendant n'aspirait à renverser l'Empire que pour rétablir les privilèges des nobles et du clergé, de la dîme, et pour reconstituer l'ancienne terre Decazes, enfin pour réduire le prix de la journée de travail. M. Ferry flétrissait en termes indignés cette grossière excitation d'une classe contre une autre :

M. JULES FERRY. — Messieurs, ce fait est un des faits graves de l'élection. Il est très grave, en effet, d'avoir mêlé à la lutte électorale l'excitation d'une classe contre l'autre ; cela est détestable, et il n'y a personne ici qui ne proteste avec la plus grande énergie contre toute politique qui aboutirait à l'excitation des classes les unes contre les autres. On ne fonde rien

sur la haine des classes les unes contre les autres, on ne fonde
aucun établissement libéral, et nous avons appris par une dure
expérience que c'est sur la méfiance, sur la peur et sur la mal-
veillance, suscitées entre les classes, que la dictature s'est
élevée dans ce pays. (*Réclamations sur plusieurs bancs. —
Assentiment à gauche.*)

On ne fonde rien, je le répète, on ne fonde pas la liberté sur
la haine fomentée entre les citoyens; on ne fonde rien non
plus sur la méfiance excitée entre les habitants des villes et les
habitants des campagnes. Et cependant M. le ministre de l'intérieur, hier, vous l'avez entendu, a présenté les habitants des
campagnes comme ayant le privilège, le monopole de l'économie
et du labeur, en ajoutant que le suffrage universel des campagnes serait toujours assez fort pour sauver le Gouvernement
des effets du suffrage universel des villes.

Je répudie cette distinction : c'est votre imagination, ou plutôt c'est votre politique qui l'a créée. (*Approbation à gauche.*)

Oh! oui, vous avez raison, le suffrage universel des villes ne
veut plus de vous ni de votre système. Nous ne demandons,
pour avoir aussi le suffrage universel des campagnes, que la
liberté électorale, que le franc jeu dans des élections.

Donnez la liberté, abandonnez les détestables pratiques des
candidatures officielles, et vous verrez que nous sommes la
logique, la conséquence, l'aboutissant inévitable du suffrage
universel libre : vous verrez qui aura la majorité devant le
peuple; vous verrez si ce sont ces prétendus fondateurs de la
liberté, qui, sous prétexte de la fonder, l'ont tuée dans un
guet-apens, il y a dix-huit ans, ou bien si ce seront ceux...

Sur un grand nombre de bancs. — A l'ordre! à l'ordre!

S. Ex. M. DE FORCADE, *ministre de l'intérieur.* — Parlez donc de
l'élection du 10 décembre 1848!

M. LE PRÉSIDENT SCHNEIDER. — Monsieur Ferry ne vous laissez pas
emporter par la passion ; cela vous entraînerait à prononcer des
expressions que vous regretteriez vous-même.

M. JULES FERRY. — Je ne regrette, monsieur le président,
aucune des expressions que j'ai prononcées, j'ai l'habitude de
mesurer les paroles dont je me sers.

Voix nombreuses. — A l'ordre! à l'ordre!

M. LE PRÉSIDENT SCHNEIDER. — Si vous ne les regrettez pas, expliquez-les; autrement je serais obligé de vous rappeler à l'ordre.

M. JULES FERRY. — L'explication de mes paroles, demandez-la à l'histoire de ce pays; demandez-la à la conscience publique; demandez-la à la conscience de nos gouvernants eux-mêmes qui sentent si bien qu'aujourd'hui ils sont jugés, qu'ils ont essayé, hier à cette tribune, d'établir un abîme entre le passé et l'avenir. (*Réclamations diverses.*)

M. LE PRÉSIDENT SCHNEIDER. — Vous venez de prononcer un mot que je recommande à tout le monde. Vous invoquez l'histoire : laissez l'histoire se prononcer et n'anticipez pas sur elle.

M. GUYOT-MONTPAYROUX. — Et pourquoi l'a-t-on fait hier?

M. LE PRÉSIDENT SCHNEIDER. — Lorsqu'on veut faire trop vite l'histoire contemporaine, on est exposé à juger sous l'empire des passions, et par conséquent à se tromper. (Très bien! très bien!)

M. JULES FERRY. — Il est bien certain que c'est l'histoire qui prononcera. Mais au moins la conscience de ce pays, et dans toutes les opinions, je dois le dire, a prononcé sur la pratique des candidatures officielles; tant qu'on ne l'aura pas abandonnée, on n'aura pas le droit de dire qu'on veut fonder la liberté.

Hier, pour la première fois, M. le ministre de l'intérieur prononçait les mots de « régime parlementaire », et c'était la menace à la bouche contre le suffrage universel des villes. (*Vives rumeurs sur plusieurs bancs.*)

M. LE BARON DE BENOIST. — C'est M. Jules Favre qui a inventé les populations aveugles et ignorantes des campagnes.

M. JULES FERRY. — Nous protestons contre cette distinction entre le suffrage universel des villes et le suffrage universel des campagnes! Vous voudriez faire croire que nous opposons le suffrage universel des villes au suffrage universel des campagnes : il n'en est rien. Nous n'attendons rien que du suffrage universel, mais nous pouvons tout en espérer. (*Marques d'approbation à gauche.*)

Il fallut bien que la Chambre entendît jusqu'au bout l'énumération de tous les scandaleux détails de cette élection, et l'orateur termina par une véhémente apostrophe :

Quant à l'élection en elle-même, vous le voyez, cette élection a concentré et réuni tous les abus possibles. Vous ne pouvez pas la valider à moins de mettre vos déclarations récentes, écrites et signées par un grand nombre d'entre vous, en contradiction avec vos actes.

A gauche. — Très bien!

M. Jules Ferry. — Et si vous la validez, nous en éprouverons une profonde tristesse assurément, car ce sera un pas de plus sur la pente de l'immoralité électorale. (*Allons donc!*) Hélas! oui; mais cette tristesse ne sera pas sans quelque consolation... (*Ah! ah!*) On saura du moins ce que valent dans votre bouche ces belles et nouvelles paroles de régime parlementaire... (*Interruption*); on saura ce que cela signifie, et dans ce pays, je l'espère, cessera enfin cette misérable comédie de la liberté, avec un suffrage universel conduit et mené à la baguette. (*Exclamations sur un grand nombre de bancs.*)

A gauche. — Très bien! très bien!

Il est inutile de dire que l'élection de M. Chaix-d'Est-Ange fut validée.

Quelques jours après, M. Jules Ferry remonta à la tribune à propos de l'élection du marquis de Campaigno, dans la deuxième circonscription de la Haute-Garonne. Ce candidat officiel avait obtenu 16801 voix, contre 12448 voix données au candidat libéral, M. Paul de Rémusat, et 3945 obtenues par M. Duportal, candidat radical. L'orateur de l'opposition mit en relief, une fois de plus, les procédés habituels aux préfets de l'Empire, comme le remaniement électoral de la circonscription, à la veille du scrutin, les promenades des maires dans les cafés, les lacérations d'affiches, etc. Nous n'emprunterons toutefois au discours de M. Jules Ferry que deux anecdotes qui peuvent donner une idée de la désinvolture aimable avec laquelle on traitait alors le suffrage universel.

J'aborde maintenant les deux scrutins dont je vous demande l'annulation, et la question générale qui domine le débat, la question des circonscriptions.

Les deux scrutins que j'attaque devant vous sont d'abord le scrutin de la commune de Montbéraud et le scrutin d'Aurignac. Je serai très bref sur l'un et sur l'autre.

A Montbéraud, il s'est passé, à mon sens, quelque chose de grave.

Il est constaté par l'enquête administrative qui a passé sous les yeux du 4e bureau, que, dans cette commune de Montbéraud, on a voté, non pas dans une soupière, mais dans une chambre à coucher, et que cette chambre à coucher, c'était la chambre à coucher du maire ; il est constaté de plus que l'urne y a passé la nuit... en compagnie de M. le maire. (*Bruyante hilarité.*)

Quand arriva le dépouillement du scrutin, on trouva dans l'urne 130 voix pour M. de Campaigno et 5 voix pour M. de Rémusat. Cela causa dans la commune un très grand émoi, et cet émoi se traduisit quelques jours après par un acte notarié dressé avec toutes les formalités légales par M. Dausseing, notaire au Plan, et revêtu de la signature de deux témoins instrumentaires dont l'honorabilité ne sera pas contestée ici : l'un était un ancien capitaine d'artillerie, et l'autre un ancien maire de Cazères, dans le canton voisin. Devant ce notaire, 41 électeurs de la commune de Montbéraud se présentèrent, affirmant qu'ils avaient voté pour M. de Rémusat.

Ce vote dans la chambre à coucher du maire, qui couche avec l'urne, ne laisse pas déjà d'être piquant. Voici maintenant la seconde anecdote contée par M. Jules Ferry :

M. JULES FERRY. — Le second scrutin dont j'ai à vous entretenir est celui d'Aurignac. Je serai bref.

A Aurignac, il s'est produit quelque chose de nouveau dans les pratiques de la candidature officielle ; elle est très inventive, très féconde et elle m'étonne tous les jours, pour mon compte.

Ici, s'est produit ce que j'appellerai le coup de filet électoral. et vous allez voir comment, à Aurignac, la veille et le matin du vote, s'était établie une lutte qui se rencontre fréquemment dans les collèges électoraux, surtout dans les petits villages. C'est la lutte des bulletins.

Je ne dis rien de nouveau, rien de blessant pour personne, rien dont tout le monde ne convienne, quand je dis qu'une des grandes infirmités du fonctionnement du suffrage universel, tel qu'il est constitué aujourd'hui, c'est que le secret manque au vote. (*Très bien ! très bien ! à gauche.*)

Avec l'habitude des bulletins imprimés sur papier mince et toujours transparent, avec le vote à la commune et le droit du maire, son devoir même de déplier le bulletin de l'électeur pour savoir s'il n'y en a pas deux, il n'y a réellement pas de secret du vote. (*Réclamations à droite et au centre. — Approbation à gauche.*)

Alors, entre les candidats, c'est une bataille, c'est une lutte d'expédients, c'est surtout, de la part du candidat de l'opposition, une recherche assidue des moyens de dissimuler son nom sur les bulletins de vote, en rendant ces bulletins aussi semblables que possible à ceux du candidat du Gouvernement.

Je ne dis là que ce que vous savez tous.

M. de Campaigno fit ainsi. J'ai là deux bulletins : le premier, parfaitement sincère, portant en grosses lettres le nom de M. de Campaigno, puis, en petites lettres, au-dessous, *député sortant*, avait été distribué à profusion dans la deuxième circonscription.

Mais, la veille du vote, on répandit partout d'autres bulletins de M. de Campaigno, sur papier très mince, tout à fait transparent et portant cinq lignes imprimées.

Immédiatement, M. de Rémusat, qui avait peut-être été prévenu un peu d'avance, fit imprimer des bulletins pareils pour le texte, la dimension, la contexture, l'apparence extérieure et le nombre de lignes.

Cela ne fit pas l'affaire du maire d'Aurignac; voyant que l'expédient des bulletins des derniers jours était déjoué par un contre-procédé de M. de Rémusat, le maire d'Aurignac, dans la nuit du samedi au dimanche, fit écrire à la main sur des morceaux de papier à lettre, beaucoup plus léger et plus transparent que le papier qui sert à l'impression des bulletins, un nombre de bulletins de M. de Campaigno suffisant pour ses administrés. Puis, le matin, à la première heure, lorsque le jour n'était pas encore levé, il fit distribuer par tous les agents de la commune ces bulletins manuscrits, chez tous les citoyens, en retirant, dit la protestation, les bulletins imprimés.

Qu'on les ait retirés ou non, il est évident que faire voter avec des bulletins sur papier à lettre, et non imprimés, c'était, pour M. le maire d'Aurignac, une manière de faire voter à bulletins ouverts.

Après la messe de sept heures, les tenants de M. de Rémusat apprennent ce qui a été fait dans la nuit. Que faire pour déjouer cette manœuvre? Imiter ces nouveaux bulletins? Le scrutin va s'ouvrir, se disent-ils : il ne nous reste qu'une demi-heure! Vite, allons chez nous écrire des bulletins semblables au nom de M. de Rémusat.

Le maire d'Aurignac, qui est un profond tacticien (*rires à gauche*), comprend le danger; que fait-il? On est sorti de la messe à 7 heures 35 minutes. Il reste encore vingt-cinq minutes avant l'ouverture du scrutin. Les tenants de M. de Rémusat sont déjà à écrire les nouveaux bulletins. Le maire se dit : Il faut en empêcher la distribution. Mais comment? Quelqu'un dit : Il n'y a qu'une chose à faire, c'est d'avancer l'horloge.

Et, en effet, on avance l'horloge de vingt-cinq minutes, et c'est à ce moment-là, au sortir de la messe, que le vote est ouvert. Les agents de la commune appellent les habitants de la commune au vote, et au bureau, sur le seuil de la porte de la mairie, le maire, le gendre du maire, la famille du maire, le juge de paix, tous les agents de la commune sont là qui recueillent les votes et qui les jettent dans l'urne.

Le ministère du 2 janvier 1870.

Malgré la vigoureuse intervention de Jules Favre et un magnifique discours de M. Thiers, qui se déclara *révolté* par les faits scandaleux qui viciaient l'élection de M. de Campaigno, elle fut validée, mais par une majorité déjà faible : 120 voix contre 91, la majorité absolue des votants n'étant que de 106. C'était un beau succès pour l'opposition[1]. La formation d'un groupe libéral dans le sein du Corps législatif, le profond découragement des mamelucks de l'absolutisme décidèrent l'Empereur à faire appel à des hommes nouveaux pour sauver la dynastie. Le *Journal officiel* du 28 décembre enregistra la démission des ministres et publia une lettre par laquelle Napoléon III priait M. Émile Ollivier « de désigner les personnes qui pouvaient former avec lui un cabinet homogène[2] ». Un décret du 27 décembre déclarait close la session extraordinaire du Corps législatif ouverte le 28 juin et déclarait ouverte la session ordinaire de 1870. Le 2 janvier 1870, M. Émile Ollivier constituait son ministère avec MM. Daru, Chevandier de Valdrôme, Buffet, général Lebœuf, Rigault de Genouilly, Segris, marquis de Talhouet, Louvet, maréchal Vaillant, Maurice Richard et de Parieu.

A peine né, le ministère du 2 janvier se trouva en présence des événements les plus graves et les plus imprévus. Le 10 janvier 1870, le prince Pierre Napoléon tua d'un coup de pistolet Victor Noir,

1. *Officiel* du 24 décembre 1869 : séance du Corps législatif du 23.
2. Dans la séance du Corps législatif du 27 décembre (*Officiel* du 28), M. Jules Ferry déposa sur le bureau de la Chambre un projet de loi électorale. Ce projet de loi, précédé d'un exposé des motifs, portait les signatures de Jules Ferry, Emmanuel Arago et Gambetta.

rédacteur de la *Marseillaise*. En vertu des décrets des 10 et 11 janvier,
la Haute cour prévue par l'art. 54 de la Constitution de 1852 et dont
la compétence était déterminée et l'organisation fixée par les sénatus-
consultes du 12 juillet 1852 et du 4 juin 1858, la Haute cour avait
été convoquée pour juger le prince meurtrier. Dans la séance du
Corps législatif en date du 12 janvier 1870, M. Jules Ferry développa
une interpellation sur le caractère inconstitutionnel des sénatus-
consultes dont il s'agit et des deux décrets qui convoquaient la Haute
cour[1]. Il convient de reproduire entièrement la curieuse discussion
qui s'engagea, dans cette circonstance, entre M. Jules Ferry et le
nouveau garde des sceaux, M. Émile Ollivier[2] :

M. LE PRÉSIDENT SCHNEIDER. — Maintenant, je propose à la Chambre
d'interrompre un instant la discussion du règlement pour donner
lecture d'une demande d'interpellation qui m'a été remise par
M. Jules Ferry. Elle est ainsi conçue :

« Je demande à interpeller le Gouvernement :

1° Sur le caractère manifestement inconstitutionnel de
l'article premier du sénatus-consulte du 4 juin 1858, lequel
établit une compétence de la Haute cour de justice contraire
aux principes fondamentaux de notre droit public en général,
et en particulier aux articles 1ᵉʳ et 54 de la Constitution du
14 janvier 1852 ;

2° Sur l'inconstitutionnalité qui viole pareillement les décrets
des 10 et 11 janvier 1870, rendus à l'égard du prince Pierre
Bonaparte et du prince Murat ;

3° Sur la nécessité de rapporter immédiatement ces deux
décrets et de rentrer dans le droit commun ;

« Et, vu l'urgence et les procédures illégalement engagées
en vertu des actes et décrets sus-énoncés, je demande à la
Chambre de fixer la discussion de la présente interpellation à
la séance prochaine.

                                    « *Signé :* JULES FERRY. »

S. EXC. M. ÉMILE OLLIVIER, *garde des sceaux, ministre de la justice et
des cultes.* — Je demande la parole.

M. LE PRÉSIDENT SCHNEIDER. — La parole est à M. le garde des
sceaux.

M. LE GARDE DES SCEAUX. — Messieurs, le Gouvernement n'accepte
pas l'interpellation. (*Mouvement.*)

---

1. Dans la séance du 28 mars 1870, M. Jules Ferry déposa une proposition
de loi, composée d'un article ainsi conçu : « La Haute cour de justice est
abolie. » (*Officiel* du 29 mars.)

2. *Journal officiel* du 13 janvier 1870.

Si l'interpellation présentée par l'honorable M. Ferry constituait une véritable interpellation, je motiverais mon opinion en disant que, dans les circonstances actuelles, au milieu d'une agitation qu'il ne faut pas accroître, il est bon, dans l'intérêt de tout le monde, que quelques jours se passent avant que nous abordions des discussions de principes qui, se rattachant à des événements actuels et irritants, se ressentiraient de l'agitation présente et l'augmenteraient.

Mais, en réalité, ce n'est pas d'une interpellation qu'il s'agit. Sous une forme d'interpellation, on propose à la Chambre de déclarer inconstitutionnel un sénatus-consulte, et, comme conséquence de cette nullité reconnue du sénatus-consulte, de casser deux décrets et d'annuler des actes de procédure qui s'accomplissent en ce moment. (*C'est cela! c'est cela!*)

Eh bien, la Constitution est formelle. Elle fixe la procédure à suivre pour arriver à une déclaration d'inconstitutionnalité.

Le simple citoyen doit employer la forme de pétition; le Gouvernement, la forme de proposition. Nous ne pouvons donc pas, d'une manière incidente et indirecte, permettre une usurpation de pouvoirs, et laisser exercer par le Corps législatif un droit qui, constitutionnellement, est réservé au Sénat. (*Très bien! très bien!*)

Sans doute il est quelquefois arrivé dans cette Assemblée que l'on a discuté la Constitution; il est quelquefois arrivé qu'on y a exprimé des vœux de réforme; — c'est à cet ordre de faits que se rattache l'interpellation des 116 qui, du reste, n'a même pas été discutée dans cette Assemblée, puisque le Gouvernement en a prévenu la présentation par un message; — mais jamais personne jusqu'à ce jour n'a élevé la prétention de faire ou de défaire les sénatus-consultes, de les déclarer nuls, de faire sortir l'Assemblée des députés de son rôle législatif, et de nous convertir en Constituante et en Convention décidant, sans aucune règle, ou plutôt en dehors de toutes les règles, sur des sujets dont la solution ne nous est pas attribuée.

Je demande donc à la Chambre de s'associer à la résolution du Gouvernement.

Sur un grand nombre de bancs. — Oui! oui!

M. LE GARDE DES SCEAUX... — Et d'abord à cause des circonstances dans lesquelles nous nous trouvons, et ensuite parce qu'il s'agit non pas d'une interpellation, mais d'un acte tendant à taxer d'inconstitutionnalité un sénatus-consulte, nous demandons à la Chambre de déclarer qu'il n'y a pas lieu d'accueillir l'interpellation. (*Très bien! très bien!*)

M. JULES FERRY. — Je demande la parole.

M. LE PRÉSIDENT SCHNEIDER. — La parole est à M. Jules Ferry.

Je crois devoir prévenir l'honorable membre auquel je viens de donner la parole, qu'il s'agit uniquement de savoir, quant à présent, si la demande d'interpellation doit être oui ou non acceptée, et que ce n'est pas le moment d'engager la discussion sur le fond.

M. Jules Favre. — Veuillez, monsieur le président, me permettre une observation en réponse à la vôtre.

M. le président Schneider. — Vous avez la parole.

M. Jules Favre. — M. le ministre de la justice — et assurément, je m'en félicite — vient de discuter l'interpellation dans son essence; il a pu, en quelques observations, démontrer ou chercher à démontrer que l'interpellation que vous soumettait notre honorable collègue, n'était point une interpellation véritable, et c'est sur cette raison qu'il s'est fondé pour engager la Chambre à la repousser. Il est donc bien juste que l'honorable M. Ferry ait la parole pour répondre à M. le ministre sur le fond même de la question.

M. le président Schneider. — La question de fond n'a pas été traitée par M. le ministre si je ne me trompe; il a uniquement fait appel à un état de choses constitutionnel. M. Ferry peut répondre sur ce terrain et dans ces limites; mais je ne crois pas qu'il y ait lieu d'élargir, quant à présent, le débat. (C'est vrai! c'est vrai!)

M. Jules Favre. — M. le ministre a dit beaucoup de choses en peu de mots. (C'est vrai! — On rit.) Il faut lui répondre.

M. Jules Ferry. — A moins que la Chambre ne juge à propos de m'interdire la parole par un vote immédiat de la question préalable. qui, je crois. n'est sollicitée par personne, j'ai le droit de répondre aux observations qui viennent d'être produites par M. le ministre de la justice. et d'y répondre sans entrer dans le fond du débat. (Parlez! parlez!)

Les observations de M. le ministre portent — et c'est précisément pour cela que je tiens et que j'ai le droit d'y répondre en ce moment — sur le caractère de l'interpellation.

En effet, M. le ministre de la justice vous a dit que cette interpellation ne méritait pas ce nom. qu'elle était un procès d'inconstitutionnalité dont la Chambre n'était pas juge.

Je crois que M. le ministre de la justice, très vigilant à prévenir, comme on l'a vu tout à l'heure, les empiétements de l'autorité de cette Chambre sur l'autorité d'une autre Assemblée, est moins vigilant à garder contre les emportements de la majorité à laquelle il fait appel. mais qui, je l'espère, ne l'entendra et ne le suivra pas.....

Voix nombreuses. — Si! si!

M. Jules Ferry..... Est moins vigilant, dis-je, à garder ce qui est notre droit à tous.

Quand nous déposons sur les bureaux du Corps législatif une interpellation, personne n'a le droit de dire que ce n'est pas une interpellation véritable. (*Réclamations sur plusieurs bancs.*) Non, messieurs, personne n'en a le droit. (*Assentiment à gauche.*) Autrement, il suffirait pour briser dans nos mains le droit d'interpellation, qui n'est pas le droit de la majorité, mais bien celui de la minorité, il suffirait qu'un seul membre, qu'un ministre se levât et vînt dire : Ce n'est pas une interpellation.

M. CORNEILLE. — C'est la Chambre qui juge !

M. JULES FERRY. — Oui ! c'est la Chambre qui juge, et c'est précisément parce que c'est elle qui juge que je m'adresse à elle et que je la prie de ne pas juger sans entendre.

Je vais vous expliquer, puisque M. le garde des sceaux a interprété mon interpellation dans un sens contraire, quel en est l'objet, et en quoi elle constitue une véritable interpellation.

M. le garde des sceaux argumente de la nécessité de protéger la Constitution.

Cette Constitution, elle a des protecteurs de différents ordres, et je ne sache pas qu'il soit d'un droit constitutionnel quelconque de prétendre que cette Assemblée n'est pas aussi, à sa façon et dans les limites de son droit, protectrice de la Constitution.

M. PINARD (du Nord). — Génératrice de la Constitution.

M. JULES FERRY. — Or, je vais montrer que le genre d'intervention que je demande à la Chambre, par mon interpellation, se pose dans des termes tels qu'il s'agit pour vous de dire si, oui ou non, vous voulez garder et protéger la Constitution.

En effet, le débat que je vous soumets par cette interpellation repose précisément sur un acte du pouvoir exécutif, qui a un caractère tout particulier, que je vous demande la permission de vous exposer, sans vouloir le moins du monde entrer dans le fond de la discussion, mais seulement pour vous mettre à même de juger entre M. le garde des sceaux et moi.

Qu'est-ce que c'est que la Haute Cour de justice ? il faut que je le dise à la Chambre...

M. LE COMTE DE CHARPIN-FEUGEROLLES. — Nous le savons bien!

M. JULES FERRY. — J'ignore qui m'a interrompu en disant : Nous le savons.

M. LE COMTE DE CHARPIN-FEUGEROLLES. — C'est moi, monsieur!

M. JULES FERRY. — Eh bien, M. de Charpin-Feugerolles méconnaît absolument la disposition légale que je vais avoir l'honneur de lui rappeler, si par hasard il la connaît. (*Exclamations et rumeurs.*)

M. LE PRÉSIDENT SCHNEIDER. — Permettez-moi, messieurs, de vous prier de ne pas interrompre l'orateur.

M. JULES FERRY. — Le caractère de la juridiction de la Haute Cour est tout à fait particulier. Cette juridiction n'est pas d'ordre public, en ce sens qu'il appartient au Pouvoir exécutif de la saisir.

Si la Haute Cour était une juridiction exceptionnelle, à coup sûr et portant le caractère de toutes les autres juridictions, c'est-à-dire fonctionnant par elle-même, je comprendrais l'objection de M. le garde des sceaux; mais il n'en est pas ainsi. Pour bien se rendre compte de la question, il faut bien méditer sur les deux ou trois sénatus-consultes qui régissent la matière. Ces sénatus-consultes, on a rarement l'occasion de les consulter, et je déclare naïvement que, moins heureux que l'honorable M. Charpin-Feugerolles, qui les connaît si bien, je ne les connaissais pas avant de les avoir étudiés aujourd'hui même.

M. LE COMTE DE CHARPIN-FEUGEROLLES. — Eh bien, moi, messieurs, je les connaissais.

M. JULES FERRY. — Je crois que beaucoup de membres de la Chambre, et j'ajoute sans y mettre d'allusion blessante, que quelques membres du ministère, ne les connaissent pas parfaitement, car si M. le garde des sceaux en eût eu une pleine et entière connaissance, il aurait procédé tout autrement.

En effet, rien ne forçait le Gouvernement, rien ne forçait le Pouvoir exécutif à saisir la Haute Cour, rien, entendez-vous bien, parce que 1° l'article 54 de la Constitution dit que la Haute Cour ne peut être saisie que par un décret impérial; et que 2° le sénatus-consulte organique du 10 juillet 1852 déclare,

dans un article que je n'ai pas là sous la main, mais qu'il sera
facile de vérifier, que la conséquence d'un fait criminel ou
délictueux ressortissant de la Haute Cour, est celle-ci : aussitôt
saisie, l'autorité judiciaire doit en référer au Gouvernement.
Alors le Gouvernement est saisi de la question de savoir s'il
convoquera, oui ou non, la Haute Cour. Le Gouvernement a
pleine et entière liberté de saisir ou de ne pas saisir la Haute
Cour. Mais si, dans un délai qui est de quinze jours, je crois, il
ne s'est pas prononcé, c'est le droit commun qui est appliqué.

Vous voyez quel est le caractère particulier de cette juridiction de la Haute Cour. C'est-à-dire que, toutes les fois que le
Gouvernement la convoque, il y a là un acte qui ressort de la
pleine initiative du Pouvoir exécutif, et que, par conséquent,
il peut être amené à la barre de la Chambre pour rendre
compte de cet acte comme de tous les autres.

Toutes les fois que le Pouvoir exécutif fait ou ne fait pas un
acte, il est justiciable de la Chambre, il est responsable devant
vous. Eh bien, quand j'interpelle le Gouvernement, c'est au
nom de cette responsabilité qu'il a assumée en faisant choix de
la Haute Cour, au lieu de la juridiction de droit commun, responsabilité qui passe par-dessus sa tête pour arriver à ces
circonstances critiques et brûlantes où nous nous trouvons.
Oui! si vous aviez été sages, si vous aviez été des hommes
politiques, si vous aviez connu le sénatus-consulte de 1852, vous
n'auriez pas fait à la conscience publique cette offense de
convoquer la Haute Cour. (*Oh! oh!*)

S. Exc. Émile Ollivier, *garde des sceaux.* — Lisez donc l'article
que vous invoquez.

M. Jules Ferry. — Permettez, je n'ai pas le texte sous
la main, par la raison bien simple... (*Rires ironiques en face et
à droite.*)

M. Gambetta. — Il existe, croyez-le bien ! C'est très facile de dire :
« Lisez le texte ! »

M. Jules Ferry. — Permettez, messieurs, je cherche le
texte...

Voici la disposition :

« Dans le cas prévu par l'article 10 du sénatus-consulte du
10 juillet 1852 — et non pas du sénatus-consulte de 1858 —

« dans le cas prévu par les articles précédents, les pièces sont transmises immédiatement au ministre de la justice; si, dans les quinze jours, un décret du président de la République n'a pas saisi la Haute Cour, les pièces sont renvoyées au procureur général, et la Cour d'appel statue conformément au Code d'instruction criminelle. »

C'est-à-dire que le droit commun reprend son empire.

Voilà, je crois, la question nettement posée, et c'est maintenant à M. le garde des sceaux de répondre.

Voix à droite et au centre. — Lisez! lisez!

M. LE GARDE DES SCEAUX. — Messieurs, si l'honorable M. Jules Ferry avait réduit son interpellation aux termes que vous venez d'entendre, le Gouvernement l'eût acceptée. S'il s'était borné à dire : Je crois que le Gouvernement avait l'option de convoquer ou de ne pas convoquer la Haute Cour ; il a convoqué, il a eu tort, et comme il est responsable, nous lui demandons compte de son erreur; si M. Ferry avait parlé ainsi, le Gouvernement eût accepté aussitôt le débat.

Sa prétendue interpellation, au contraire, tendrait à faire déclarer illégaux et inconstitutionnels plusieurs actes publics (*C'est cela!*) : le sénatus-consulte de 1858, les deux décrets du 10 et du 11 janvier 1870 qui convoquent la Haute Cour.

Nous serons toujours prêts à offrir nos actes à la discussion. Nous n'avons ni la volonté, ni le pouvoir de consentir au sacrifice de la Constitution dont nous sommes les gardiens. (*Très bien! très bien!*)

Je réponds aux reproches que M. Ferry a adressés à notre conduite.

Qu'il me permette de lui représenter, avant de le faire, qu'il n'est pas bien d'employer à tout propos dans les discussions ces grands mots : offense, atteinte à la dignité, aux principes. Nous aimons les principes de 1789, les principes modernes, les principes du droit commun autant qu'il peut les aimer lui-même, et si son argumentation eût été de nature à me démontrer mon erreur, je n'hésiterais pas — et je m'honorerais, je crois, en le faisant — à dire à cette tribune : J'ignorais et je me suis trompé.

Mais je n'ignorais pas et je ne me suis pas trompé. Je vais tâcher de le prouver à la Chambre ; et que l'honorable M. Ferry me permette d'ajouter, de le démontrer à lui-même, car je ne doute pas de sa loyauté.

L'honorable M. Ferry, pour dire que nous avions une option, a invoqué deux arguments.

Le premier a consisté à dire : la Haute Cour de justice ne peut être convoquée qu'en vertu d'un décret ; ce décret, vous pouviez ne pas le rendre ; en le rendant, vous avez mal agi.

Le second argument a consisté à invoquer l'article 10 du sénatus-consulte de 1852, en vertu duquel lorsque, dans un certain délai, la

Haute Cour n'a pas été convoquée, le droit commun reprend son empire, d'après M. Ferry.

Je vais expliquer à l'honorable M. Ferry, sans le taxer pourtant d'ignorance, le motif très naturel qui explique cette nécessité d'un décret pour convoquer la Haute Cour.

La Haute Cour n'est pas une juridiction permanente; (*C'est vrai!*) elle n'est pas comme un tribunal ordinaire qui fonctionne sans cesse; elle n'existe que virtuellement; chaque année, on nomme les membres qui composent la cour; mais les jurés eux-mêmes ne sont désignés qu'alors qu'une affaire est renvoyée.

Pour que, d'une part, cette Haute Cour sorte de l'espèce de torpeur, de l'assoupissement légal dans lequel elle vit; pour que, d'autre part, le jury soit constitué, un acte de la puissance publique est nécessaire. Cet acte de la puissance publique est un décret.

Le ministre de la justice, pas plus que le Gouvernement entier, dans mon interprétation, n'a le droit de refuser cette convocation, dès que les personnes en cause sont sujettes à cette juridiction du sénatus-consulte.

Le garde des sceaux n'a pas le droit de se poser une autre interrogation, et je suis ramené par là à l'examen du second argument présenté par l'honorable M. Ferry, et je me demande après lui : Y avait-il ou n'y avait-il pas nécessité?

La question est facile à résoudre.

L'honorable M. Ferry a cité un sénatus-consulte de 1852, mais ce n'est pas le sénatus-consulte de 1852 qui tranche la question : c'est un sénatus-consulte postérieur, portant la date de 1858, et qui est ainsi conçu :

« Article premier. — La Haute Cour de justice, organisée par le sénatus-consulte du 10 juillet 1852, connaît des crimes et des délits commis par des princes de la famille impériale et de la famille de l'Empereur, par des ministres, par des grands officiers de la Couronne, par des grands-croix de la Légion d'honneur, par des ambassadeurs. »

Ces mots « connaît des crimes et des délits » sont attributifs et constitutifs de compétence et de juridiction. Dès lors, le sénatus-consulte de 1852 eût-il admis une option, cette option a été détruite par le sénatus-consulte de 1858.

Un membre. — Non !

M. LE GARDE DES SCEAUX. — Vous dites non, moi je dis oui.

Le sénatus-consulte de 1858 supprime l'option que le sénatus-consulte de 1852 avait, selon vous, laissée ouverte. Il établit une compétence fixe et nécessaire; cette compétence est-elle bien établie, est-elle mal établie? Ce n'est pas ici le lieu de la discuter; seulement, vous me permettrez de dire que les motifs, par lesquels elle a été instituée, tiennent à l'ordre public.

On a considéré que, lorsque des personnes étaient dans une certaine situation — je ne dis pas sociale, car la différence de position

sociale ne peut motiver aucune différence dans la juridiction criminelle — mais dans une certaine situation politique, il y avait un
intérêt public de premier ordre à ce que les poursuites exercées
contre elles fussent soumises à des formes plus solennelles, protectrices de la société autant que d'elles-mêmes.

Un représentant de la nation est soustrait au droit commun.
Aucune poursuite ne saurait l'atteindre avant qu'une autorisation de
la Chambre soit intervenue. Qui s'est jamais plaint de ce privilège?

Le sénatus-consulte de 1858 se rattache à un ordre d'idées de cette
nature. Je pourrais indiquer parmi les raisons sociales qui l'ont
motivé le désir d'augmenter les garanties contre un accusé que de
trop puissantes influences protégeraient, s'il n'était pas envoyé devant
une juridiction organisée d'une manière plus puissante encore que
les juridictions ordinaires; mais je ne veux pas aborder ce débat; je
ne veux pas, en examinant si le sénatus-consulte a bien ou mal
statué, me rendre coupable moi-même de l'irrévérence envers la
Constitution que j'ai reprochée à mon honorable contradicteur.

Il n'est pas un jurisconsulte, parmi les jurisconsultes éminents dont
j'ai demandé l'opinion, qui, comme moi, n'ait pensé que, lorsqu'une
juridiction non pas exceptionnelle, le mot serait impropre, mais
spéciale, a été établie, dans un intérêt bien ou mal compris d'ordre
public, elle est obligatoire; le Gouvernement doit la respecter. Celui-
là même au profit de qui elle paraît instituée ne peut y renoncer.

Il est arrivé qu'un député poursuivi a déclaré qu'il renonçait à la
prérogative parlementaire: les tribunaux n'ont pas accepté cette
renonciation. L'immunité qui vous couvre, ont-ils répondu, n'est pas
établie dans votre intérêt: elle est d'ordre social; subissez-la, s'il ne
vous plaît pas de l'accepter.

La compétence fixée par le sénatus-consulte de 1858 est absolument de la même nature. Fondée ou non, tant qu'elle existe, elle est
d'ordre public; elle appartient à la Constitution elle-même; celui
qu'elle couvre n'a pas plus le droit de s'y soustraire que d'y renoncer.
(*Très bien! très bien!*)

En résumé, il ne s'agit pas du sénatus-consulte de 1852; ce sénatus-consulte laissât-il l'option, il a été abrogé en ce point par le
sénatus-consulte de 1858.

Nous eussions été heureux, dans l'intérêt de ceux qui sont poursuivis, de les soumettre à la juridiction ordinaire, plus rapide et
moins redoutable; mais, interprètes de la loi, nous avons dû ne
consulter que ses décisions, et nous y soumettre. (*Vif mouvement
d'approbation et d'adhésion.*)

M. Rochefort. — Je demande la parole pour un fait personnel.

M. le président Schneider. — M. Ferry a demandé la parole avant
vous.

M. Jules Ferry. — Messieurs, c'est en très peu de mots
que je vais essayer de répondre aux observations de M. le garde

des sceaux, observations qui prouvent, dans tous les cas, que mon interpellation est beaucoup plus sérieuse et mérite un examen beaucoup plus attentif qu'il n'a semblé le dire d'abord. Tout ce qui a été dit par lui comme par moi n'est autre chose que la discussion même de l'interpellation ; mais, puisque cette discussion se trouve liée par sa volonté même à la décision qu'il sollicite de vous, vous souffrirez que je rétablisse en très peu de mots les deux arguments que M. le garde des sceaux croit avoir réfutés.

Mon premier argument était tiré de l'article 54 de la Constitution ; est-ce que M. le garde des sceaux l'a détruit ? A-t-il pu nier que la Constitution, dans son article 54, ne laisse au Pouvoir exécutif le droit de saisir ou de ne pas saisir la Haute Cour de justice ? Non, mais, il a dit — ce qui, à mon sens, est une erreur capitale — que la Haute Cour de justice n'était pas une juridiction permanente, et que c'est pour la constituer que le Pouvoir exécutif intervenait.

Oublie-t-il donc que tous les ans le Pouvoir exécutif constitue la Haute Cour, et que, par conséquent, la Haute Cour existe à l'état permanent ? (*Interruptions.*) Tous les ans, au *Journal officiel*, il est fait choix des membres de la Cour de cassation qui composent la Haute Cour.

Quelques voix. — Et les jurés ?

M. JULES FERRY. — Et les jurés ? me dit-on. M. le garde des sceaux n'a pas eu dans la pensée l'objection qui est sortie des lèvres de mes collègues, et il n'a pas entendu s'abriter derrière ce fait que les jurés ne peuvent être constitués que lorsqu'une affaire se produit qui saisit la Haute Cour. L'argument ne serait nullement juridique. M. le garde des sceaux a prétendu dire et prouver devant vous que la Haute Cour était à l'état de torpeur, qu'elle n'existait pas d'une manière permanente comme toutes les cours. (*Nouvelle interruption.*) Je lui dis, moi, qu'elle existe. C'est élémentaire en droit.

M. BELMONTET. — Elle a une existence inactive.

M. JULES FERRY. — Je fais appel aux jurisconsultes qui sont ici. Ce n'est pas l'absence des jurés qui peut empêcher la cour d'exister. Il y a des magistrats qui la composent ; ils étaient connus avant le procès du prince Pierre Bonaparte, puisqu'on ne les a pas désignés pour ce procès. (*Interruption.*)

Quelques membres. — Et les jurés?

M. Jules Ferry. — Les jurés, je le répète, ne constituent pas la cour.

Le second argument que j'avais produit était celui-ci : l'article 10 du sénatus-consulte du mois de juillet 1852, qui a organisé la Haute Cour — et, sur ce point, M. le garde des sceaux m'a donné aux trois quarts raison... (*Exclamations ironiques sur plusieurs bancs.*)

Ou mes honorables collègues qui m'interrompent n'ont pas exactement suivi les développements de M. le garde des sceaux, ou leur interruption est incompréhensible. Je dis que M. le garde des sceaux m'a fait une très grande concession, car il a déclaré que si le décret — il l'a appelé décret à tort, c'est un sénatus-consulte — que si le sénatus-consulte du 12 juillet 1852 était la seule règle de la matière, l'option resterait encore, à l'heure qu'il est, au pouvoir exécutif.

Dès lors, mon interpellation, non seulement subsisterait tout entière, mais M. le garde des sceaux en aurait reconnu le bien fondé. Il a dit cela.

M. le garde des sceaux. — J'ai eu tort de le dire, je vais vous expliquer en quoi.

M. Jules Ferry. — Mais permettez, vous l'avez dit.

M. le garde des sceaux. — Je n'avais pas relu le texte.

M. Jules Ferry. — Permettez-moi d'achever ma réponse ; vous rectifierez ensuite vos observations.

Dans tous les cas, vous avez dit tout à l'heure que ce sénatus-consulte de 1852 n'existait plus, qu'il avait été abrogé par le sénatus-consulte de 1858. Voilà la preuve qu'il vous faut faire, et je l'attends encore ; vous vous êtes contenté de lire l'art. 1er du sénatus-consulte de 1858, qui ne déroge en rien à aucun article du sénatus-consulte de 1852, à la procédure organisée par ce sénatus-consulte, car s'il y dérogeait, la Haute Cour ne pourrait pas même se constituer.

La preuve que ce sénatus-consulte de 1852 n'est pas abrogé, c'est que, dans vos décrets des 10 et 11 janvier 1870, vous avez visé et le sénatus-consulte de 1852 et le sénatus-consulte de 1858. Voilà la question légale. Voilà les réponses que j'avais à faire à M. le garde des sceaux.

M. LE GARDE DES SCEAUX. — Voulez-vous me permettre de dire un mot?

M. JULES FERRY. — Bien volontiers.

M. LE GARDE DES SCEAUX. — Je ne parle pas de l'article 10 du sénatus-consulte de 1852 : c'est inutile en ce moment. Vous niez que le décret de 1852 ait été abrogé dans son article 10 par le sénatus-consulte de 1858?

M. JULES FERRY. — Ce n'est pas un décret, c'est un sénatus-consulte.

M. LE MINISTRE. — Vous avez raison. Vous niez que le sénatus-consulte de 1858 ait abrogé l'art. 10 du sénatus-consulte de 1852, et vous demandez que je vous fournisse la preuve.

M. JULES FERRY. — Oui!

M. LE GARDE DES SCEAUX. — Eh bien, je vais la fournir.

Il y a dans le sénatus-consulte de 1858 un article premier que je vous ai déjà lu et qui dit : « La Haute Cour de justice connaît des crimes et des délits, etc. » (Interruption à gauche.)

M. BELMONTET. — Attendez donc!

M. LE GARDE DES SCEAUX. — Et puis il y a un article dernier, l'art. 7, ainsi conçu : « Sont maintenues toutes les dispositions du sénatus-consulte du 10 juillet 1852 auxquelles il n'a pas été dérogé par les articles précédents. » (Exclamations en sens divers.)

L'abrogation de l'art. 10 résulte du rapprochement de ces deux textes.

M. JULES FERRY. — Ah! Eh bien, qui de nous deux a raison? J'en appelle à la bonne foi de l'Assemblée. C'est un singulier argument que vient de faire M. le garde des sceaux. Il vient de procéder par une pétition de principe; je suis désolé de le lui dire. M. le garde des sceaux, après avoir dit : La preuve que le sénatus-consulte du 10 juillet 1852 a été abrogé par le sénatus-consulte de 1858..... (Interruption.)

Plusieurs voix. — Il n'a pas dit cela!

M. JULES FERRY. — Écoutez, Messieurs! Ce n'est pas en devançant les observations de l'orateur qu'on peut éclaircir les questions.

M. LE PRÉSIDENT SCHNEIDER. — Je demande à la Chambre un peu de calme et de silence.

M. JULES FERRY. — M. le garde des sceaux avait donné une première preuve, tirée de l'article 1er du sénatus-consulte de 1858. J'en attendais une seconde, j'attendais un article qui aurait échappé à mon attention et qui aurait abrogé tous les sénatus-consultes antérieurs. Est-ce que c'est d'un pareil article que M. le garde des sceaux vous a donné lecture? Non : il vous donne lecture d'un article qui dit : « Sont maintenues toutes les dispositions qui ne sont pas contraires au présent sénatus-consulte. »

Plusieurs membres. Eh bien?

M. JULES FERRY. — Eh bien, que M. le garde des sceaux prouve que l'art. 4 du sénatus-consulte de 1858 est contraire à l'article 10 du sénatus-consulte de juillet 1852. Cette preuve, il ne peut la faire.

Vous aurez peut-être besoin un jour ou l'autre de cet article, et je vous engage fort à ne pas poser en principe aujourd'hui que le sénatus-consulte du 10 juillet 1852 est abrogé.

M. LE GARDE DES SCEAUX. — Je n'ai pas dit cela.

M. JULES FERRY. — Eh bien, en face de cette thèse légale que M. le garde des sceaux n'a nullement détruite... (*Exclamations à droite et au centre.*)

Si la Chambre n'était pas suffisamment éclairée...

Voix nombreuses. — Si! si!

M. JULES FERRY. — J'aurais repris ma démonstration, car alors je ne me serais pas suffisamment expliqué.

Il est de principe, en droit constitutionnel, politique et autre, qu'il n'y a pas d'abrogation tacite, qu'il n'y a d'abrogé que les dispositions anciennes qui ne peuvent pas se concilier avec les nouvelles. C'est là un principe élémentaire.

Eh bien, qu'on me dise en quoi l'article 1er du sénatus-consulte de 1858 est inconciliable avec l'art. 10 du sénatus-consulte de 1852.

Il est impossible de démontrer cette inconciliabilité. L'un statue sur le droit du pouvoir exécutif, l'autre statue sur les personnes que ce droit pourra couvrir. Il y a là deux ordres d'idées tout à fait différents, et il n'y a aucune incompatibilité d'humeur entre les deux thèses. Par conséquent, il n'y a pas d'abrogation tacite, pas d'abrogation expresse. Le décret de 1852 subsiste. L'option qu'a faite le Gouvernement reste à sa charge, comme un cas de responsabilité, et c'est sur cette responsabilité que je demande à interpeller le Gouvernement. Le Gouvernement a déclaré qu'il acceptait l'interpellation sur ce terrain ; c'était le seul que j'eusse en vue : je lui demande d'adhérer à ma demande.

M. LE GARDE DES SCEAUX. — Mais non : votre interpellation est discutée.

M. JULES FERRY. — Alors, donnez d'autres raisons.

M. LE GARDE DES SCEAUX. — Elle est discutée.

M. JULES FERRY. — Elle n'est pas discutée. (*Si! si!*) Je demande la fixation de la discussion à demain ; je le demande au nom des principes, au nom de la conscience et de la sécurité publiques. (*Mouvements divers. — Aux voix! aux voix!*)

M. BELMONTET. — Vous n'avez pas le monopole d'être l'interprète de la conscience publique.

M. LE PRÉSIDENT SCHNEIDER. — Je vais maintenant consulter la Chambre, non point sur la demande qui a été déposée par M. Ferry, mais sur l'interpellation, telle qu'elle vient d'être posée et à laquelle il a été répondu. (*Mouvements divers.*)

Plusieurs membres. — L'ordre du jour!

M. LE PRÉSIDENT SCHNEIDER. — La Chambre semble manifester le désir d'être consultée sur l'ordre du jour.

Voix nombreuses. — Oui! oui! L'ordre du jour!

M. GRANIER DE CASSAGNAC. — La question préalable!

M. LE PRÉSIDENT SCHNEIDER. — Si l'ordre du jour est adopté, il n'y aura plus d'interpellation.

M. JULES FERRY. — J'ai demandé la fixation d'un jour. Je demanderai à dire un mot, monsieur le président. (*Aux voix! aux voix!*)

M. LE GARDE DES SCEAUX. — Le Gouvernement s'oppose à la fixation d'un jour et demande l'ordre du jour.

M. JULES FERRY. — J'ai demandé un jour, et si la Chambre refuse de l'indiquer, ne fût-ce pas le jour convenable, le jour qu'il faut à la cause, il est nécessaire au moins qu'elle fixe un jour quelconque. (*Interruption.*)

Quant à procéder par la voie de l'ordre du jour, ce serait la négation du droit d'interpellation. (*Nombreuses exclamations.*)

M. MATHIEU (de la Corrèze). — Vous avez discuté ; la Chambre peut juger.

M. JULES FERRY. — Il n'y aurait plus de droit d'interpellation, je le répète, si vous prononciez l'ordre du jour. (*Aux voix ! aux voix !*)

M. CORNEILLE. — Vous venez de discuter l'interpellation pendant une heure.

M. LE PRÉSIDENT SCHNEIDER. — La question de responsabilité, la seule qui, en dernier lieu, ait été posée verbalement par l'honorable M. Ferry, a été suivie d'une discussion (*C'est évident !*) : par conséquent, la Chambre peut apprécier si elle est suffisamment éclairée... *Oui ! oui !*) et dans ce cas, elle a le droit de passer à l'ordre du jour. *Assentiment.*)

C'est donc sur l'ordre du jour, qui est généralement demandé, que je vais appeler la Chambre à prononcer. (*Oui ! oui ! l'ordre du jour !*)

M. JULES FAVRE. — Je demande à dire un mot... (*Parlez ! parlez !*)

M. LE PRÉSIDENT SCHNEIDER. — M. Jules Favre a la parole.

M. JULES FAVRE. — Si l'ordre du jour est voté, il est bien entendu que c'est en réservant d'une manière complète le droit d'interpellation... (*Exclamations diverses.*)

Ce qui me fait faire cette observation, c'est une équivoque involontaire qui a été jetée dans la discussion par M. le ministre de la justice.

M. le garde des sceaux, en commençant l'allocution qu'il a prononcée pour repousser l'interpellation de l'honorable M. Ferry, lui a refusé le caractère d'interpellation.

Je crois qu'il n'en avait pas le droit, il me permettra de le lui dire. Toute proposition, sous forme d'interpellation, présentée par un membre de cette Assemblée, doit être discutée, et, à moins qu'on n'admette une question préalable détournée, déguisée et qui ne serait, en réalité, qu'une forme hypocrite dont personne ne veut, il faut bien reconnaître que toute demande d'interpellation déposée appartient à la délibération.

Sous le bénéfice de ces observations, si la Chambre juge que pour la demande d'interpellation de mon honorable collègue et ami M. Jules Ferry, la délibération a été suffisante, il est parfaitement clair qu'elle est maîtresse de proposer l'ordre du jour.

Mais j'ai voulu lui présenter cette observation afin d'empêcher qu'il ne se créât un précédent qui pourrait être dangereux et permettre d'étouffer le droit d'interpellation. (*Mouvements divers.*)

Voix nombreuses. — L'ordre du jour !

M. LE PRÉSIDENT SCHNEIDER. — Je consulte la Chambre sur l'ordre du jour.

(*La Chambre, consultée, prononce l'ordre du jour.*)

Le budget de la Ville de Paris.

L'auteur *des Comptes fantastiques d'Haussmann* se devait à lui-même de ne pas perdre de vue les intérêts spéciaux de la Ville de Paris, dont il était d'ailleurs l'un des mandataires, et de défendre la cause des libertés municipales, confisquées par l'Empire avec toutes les autres libertés. Dans la séance du Corps législatif, en date du 24 janvier 1870, il déposa un projet de loi qui peut être considéré comme un complément du projet de Crémieux sur la nomination du Conseil municipal de Paris, mais qui portait sur l'administration municipale tout entière. La majorité eut le bon goût de saluer par des *assez! assez!* le dépôt du projet de M. Ferry [1]. Quelques jours après, dans la séance du 26 janvier [2], il eut l'occasion de développer ses vues sur l'administration parisienne, à propos de la discussion sur le projet de loi concernant les mesures à prendre pour le budget extraordinaire de la Ville. Voici comment s'exprima M. Jules Ferry, au début même de la discussion :

M. LE PRÉSIDENT BUSSON BILLAULT. — L'ordre du jour appelle la discussion du projet de loi concernant les mesures provisoires à prendre pour le budget extraordinaire de la Ville de Paris.

(Membres de la commission : MM. Creuzet, président; le baron de Mackau, secrétaire; le comte Le Peletier d'Aunay, rapporteur; Vendre, Boutellier, Pinart (Pas-de-Calais), Garnier-Pagès, Malaussena, Noubel.)

Siègent au banc des commissaires du Gouvernement : MM. Genteur, président de section au Conseil d'État, et Alfred Blanche, conseiller d'État.

M. LE PRÉSIDENT BUSSON BILLAULT. — Le projet de loi a été modifié par la commission, d'accord avec le Conseil d'État.

La parole est à M. Jules Ferry.

M. JULES FERRY. — Si la majorité de cette Chambre, en nous obligeant, malgré nos réclamations énergiques, et je puis le dire aussi, contrairement aux usages parlementaires... (*Rumeurs sur divers bancs*), à discuter à bref délai un projet de loi assurant les trois douzièmes provisoires du budget extraordinaire de la Ville de Paris, si la majorité a entendu nous empêcher d'apporter ici une discussion approfondie... (*Nouvelles rumeurs*) des

---

1. *Journal officiel* du 25 janvier 1870.
2. *Journal officiel* du 27.

affaires de la Ville, elle y a parfaitement réussi : car, dans
l'état actuel, une discussion d'ensemble est impossible. D'abord,
elle ne la supporterait pas; ensuite, nous n'avons pas même les
documents élémentaires qui peuvent servir de base à cette
discussion.

En effet, Messieurs, voici un projet de loi qui se réfère au
budget extraordinaire de la Ville de Paris, un projet de loi qui,
parce que vous l'avez voulu, vient en discussion à l'ouverture
de cette séance, et, parmi vous tous, il n'y a peut-être que moi
qui ai entre les mains le projet de budget de cette ville.

Un membre. — Eh bien, cela doit vous suffire.

M. JULES FERRY. — Je comprends que cela peut suffire à ma
discussion, mais je ne comprends pas que cela puisse suffire
pour la Chambre, qui semble oublier qu'elle est désormais
responsable des affaires de la Ville de Paris. Cependant, lorsqu'on a une telle responsabilité, je crois qu'on doit s'efforcer de
la prendre en conscience... *Murmures sur un grand nombre de
bancs),* c'est-à-dire en étudiant les chiffres ou en laissant à ceux
qui veulent bien les étudier le temps de s'en rendre maîtres.
Nouveaux murmures.)

Je me renfermerai, pour aujourd'hui, dans des observations
qui sont intimement liées au projet de loi et au vote que le Gouvernement vous demande. Je préciserai d'abord le caractère et
la portée de la loi dans des termes très brefs; ensuite, je prendrai acte des faits, de la réalité financière dont le projet de loi
et les documents qui l'accompagnent contiennent l'aveu tardif
et la preuve irréfragable.

Quel est le caractère et quelle est la portée du projet de loi ?

La Commission qui vous l'a proposé d'urgence s'attache à lui
donner un caractère tout à fait inoffensif. Ce projet de loi, vous
dit-elle, ne préjuge rien, n'engage rien, réserve toutes les
questions.

J'ai, sur ce point, une réserve expresse à faire.

Il y a deux parties dans les propositions de la Commission ; il
y a les dépenses et les voies et moyens. Je dois reconnaître et
dire de suite, à l'éloge de la Commission, que le projet de loi a
été présenté par le Gouvernement quand il engageait toutes
les questions, et que la Commission y a substitué un projet de

loi qui n'en préjuge, qui n'en engage plus qu'une, et je vous dirai tout à l'heure laquelle.

Ainsi, le Gouvernement, qui avait demandé à la Chambre d'autoriser la Ville de Paris à perpétuer une dette flottante qui n'est aujourd'hui autorisée par aucune loi, ce qui eût été une décision financière de la plus haute gravité, et une décision financière rendue dans les plus mauvaises conditions, puisque les éléments de la discussion font défaut à la Chambre en ce moment, le Gouvernement, qui avait proposé d'éterniser la dette flottante de la Ville, a rencontré sur son chemin la résistance de la Commission. J'en félicite la Commission. Voici le procédé beaucoup plus simple et beaucoup plus clair qui a été adopté par vos commissaires : ils ont demandé à la Ville quel était le montant des dépenses indispensables, des payements inévitables et nécessaires qu'elle avait à faire dans les trois premiers mois de l'exercice 1870. Quand ces chiffres, s'élevant à 17 679 000 fr., ont été connus, la Commission est venue devant vous et vous a proposé d'autoriser la Ville à les payer.

Cela est vrai, cela est bien, cela est sage, cela est plus sage que la proposition du Gouvernement. Mais voici la critique que j'adresse à la Commission.

À côté de la dépense, il faut nécessairement placer la recette, et à côté des engagements du budget extraordinaire, il faut placer, si l'on veut rester dans l'équilibre et dans la vérité financière, les voies et moyens du budget extraordinaire.

Or, si les détails ne manquent pas sur les dépenses, la Commission est à peu près muette sur les voies et moyens, et tout ce qui concerne ce point si important du projet de loi est traité d'une façon que je trouve un peu légère dans les lignes que voici, et que je vais vous faire connaître :

« La question des voies et moyens devait nous préoccuper d'autant plus que nous ne voulions, ainsi que nous l'avons dit plus haut, entraver en rien la liberté du Corps législatif, lorsqu'il aura à discuter dans son ensemble le budget extraordinaire de la Ville.

« Les explications que nous ont données MM. les commissaires du Gouvernement et l'examen sommaire que nous avons fait des budgets ordinaire et extraordinaire, tels qu'ils ont été votés par le Conseil municipal, ont établi qu'il y avait les ressources nécessaires pour acquitter les dépenses dont nous demandons d'autoriser le payement. »

Je dis qu'il y a là, sur cette grave question des voies et moyens, tout simplement un acte de foi de la Commission dans MM. les commissaires du Gouvernement et dans le Conseil municipal, ou plutôt, pour l'appeler de son vrai nom, dans la Commission administrative, qui a dressé et voté le budget de la Ville: Eh bien, cet acte de foi, je ne veux le faire à aucun degré.

M. GARNIER-PAGÈS. — Ni nous non plus.

M. JULES FERRY. — Je n'ai aucune foi dans le Conseil municipal de la Ville de Paris. Il paraît que cette assemblée se réunit encore; je le dis avec la plus grande modération, c'est là un scandale. (*Rumeurs.*)

M. LE MINISTRE DE L'INTÉRIEUR. — Je demande la parole.

M. JULES FERRY. — Si ce n'est pas un scandale, monsieur le ministre de l'intérieur, c'est qu'alors tout ce qui se passe ici depuis quinze jours est une grande comédie (*Murmures*): car il est vraiment incroyable que, dans la situation de la Ville de Paris, à l'heure qu'il est, il n'y ait qu'une seule chose de changée, un homme seul. Et parce que vous avez changé un homme, vous croyez avoir changé les choses ; vous croyez avoir donné satisfaction au sentiment public. Nous retrouvons à la Ville les mêmes bureaux, les mêmes principes, et sur ces bancs les mêmes commissaires du Gouvernement (*Bruit*), que je suis toujours très charmé d'entendre, mais à qui il m'est bien permis de rappeler que ce sont les mêmes qui, pendant si longtemps ont tout approuvé, tout plaidé, tout défendu, avec autant d'éloquence que de conviction.

Ils ont eu le double courage de suivre M. le préfet de la Seine jusqu'au bord du fossé, et le courage, plus rare et plus difficile, de lui survivre. (*Sourires sur plusieurs bancs.*)

Voici, par exemple, l'honorable M. Genteur, qui va me répondre et qui vous présente le projet de loi, et sur la parole duquel la commission de la Chambre statue et décide qu'il y a 17 millions dans les caisses de la Ville.

Eh bien, l'honorable M. Genteur, au mois de février dernier, pas plus tard, a affirmé à cette tribune deux choses, entre autres :

il disait d'abord que la dette de 59 millions de la Ville de Paris envers la Caisse des travaux, cette dette tout à fait irrégulière, serait complètement remboursée par l'exercice 1869.

Je parle à une Chambre qui connaît à merveille cette question; elle est encore présente à tous les souvenirs; vous savez que la Ville avait pris à la Caisse des travaux, outre les 100 millions d'émissions de bons que vous aviez autorisés, une somme de 59 millions. C'était une objection que nos maîtres et amis, les membres de l'opposition, faisaient au mois de février 1869, et M. le commissaire du Gouvernement répondait en assurant que, dans l'exercice de 1869, les 59 millions de dette irrégulière seraient complètement liquidés.

Il y a une autre assertion dans le discours du commissaire du Gouvernement : il jurait ses grands dieux que le budget de 1870 se solderait par un excédent de 31 millions de ressources disponibles. Malheureusement, ou plutôt heureusement, grâce à l'obligeance de M. le secrétaire général de la préfecture de la Seine, j'ai eu communication du budget de la Ville et du rapport de M. Haussmann, qui, d'ailleurs, avait été inséré au *Journal officiel*. Eh bien, de ce rapport lui-même il résulte que M. le commissaire du Gouvernement, l'honorable M. Genteur, était bien mal informé sur les deux points.

En effet, quant à cette dette illégale, cette dette flottante, irrégulière de 59 millions, que la Ville s'était abusivement constituée, en sus des 100 millions autorisés par la loi; quant à cette dette que MM. les commissaires du Gouvernement nous avaient promis que le budget de 1869 pourrait éteindre, non seulement le budget de 1869 ne l'a pas éteinte, et c'est le dernier mémoire de M. Haussmann qui nous l'a appris, mais à cette dette de 59 millions, qui n'est pas près de s'éteindre, la Ville a ajouté une dette nouvelle de 21 millions.

Voilà comment sont informés des affaires de la Ville MM. les commissaires du Gouvernement, et n'avais-je pas raison d'admirer leur dévouement et leur courage ?

M. Jules Favre *et autres membres à gauche*. — Très bien ! très bien !

M. Jules Ferry. — Quant à l'excédent prétendu de 31 millions, il y a, messieurs, une réponse décisive qui me dispense de toutes les autres. Ce budget, qui devait laisser un excédent

16

de 31 millions disponibles, savez-vous comment le Conseil d'État entend le liquider? Je puise ma réponse dans l'exposé des motifs du projet actuel, signé de M. Genteur lui-même. Le Conseil d'État propose premièrement qu'on renouvelle la dette flottante de la Ville; secondement, qu'on emprunte 35 millions, c'est-à-dire qu'on a reconnu dans les comptes de la Ville une erreur de 135 millions, un déficit de 135 millions, au lieu d'un excédent de 31 millions.

Je ne récrimine pas, messieurs. Tout cela est dans ce petit projet qu'on veut faire passer si vite. Tout cela doit être sévèrement examiné et vous en devez rigoureusement tenir compte.

Qu'est-ce que dit aujourd'hui le Conseil d'État et qu'est-ce que disent messieurs les commissaires du Gouvernement? Ils vous demandent un crédit provisoire de 17 millions. Ils vous disent : Ces 17 millions, la Ville les possède. Mais si, par hasard, elle ne les a pas, vous ne pouvez pas les voter à moins d'engager son avenir. Or, ce projet de loi qui vous est présenté, a précisément pour but et pour prétention de ne pas engager l'avenir. La question est donc de savoir si la Ville a les 17 millions qu'elle vous demande de l'autoriser à dépenser.

Eh bien, dans le rapport de la Commission, je ne trouve que deux arguments : l'un est fondé sur les déclarations des commissaires du Gouvernement; et ces déclarations, j'ai dit pourquoi je les récuse.

L'autre est fondé sur l'examen sommaire du budget de la Ville : très sommaire, en vérité, messieurs, car il suffit de rapprocher quelques chiffres de ce budget, quelques chiffres que je n'invente pas, que je ne compose pas pour la circonstance, mais que je tire des documents qui nous ont été distribués, pour être convaincu que l'examen sommaire des budgets ordinaire et extraordinaire de la Ville de Paris, prouve qu'elle n'a pas les 17 millions que vous allez l'autoriser à dépenser.

Ce que je dis là, je vais le prouver de deux manières :

Vous nous demandez pour le 1er trimestre de 1870, un crédit de 17 679 000 francs. Je suppose que vous avez examiné quel était le montant de la dépense extraordinaire pour l'année entière, et que vous avez pensé que le quart de cet ensemble représente 17 679 000 francs. A ce compte, et par une simple opération de multiplication, on arriverait, pour le budget extraordinaire indispensable de la Ville de Paris, pour l'année 1870, à une somme de 70 millions, et cette somme est au-dessous de la vérité.

La vérité, où est-elle? Vous avez, procédant sagement en cela, je le reconnais, examiné quelles étaient les dépenses les plus indispensables dans le budget extraordinaire de la Ville; vous en avez extrait, avec beaucoup de raison, les dettes d'abord, les bons de la Caisse ensuite, et enfin certains travaux.

Eh bien, je prends pour base le départ que vous avez fait vous-même, et j'examine ce que représentent, dans le budget extraordinaire de la Ville, les différents chapitres que vous en détachez et que vous présentez sous forme de trois douzièmes provisoires.

Si je totalise ces chapitres qui ont rapport : 1° à la dette; 2° aux bons de la Caisse; 3° aux travaux absolument indispensables, tels qu'ils figurent au budget extraordinaire de la Ville, j'arrive à une somme de 75 millions, et encore faut-il l'augmenter d'une autre somme de 4 millions, qui représentent les dépenses des entrepôts provisoires de Bercy et qui n'ont été compris dans aucun des chapitres du budget extraordinaire. Singulier phénomène, singularité de plus que devait nous révéler l'examen de la gestion des affaires de la Ville : nous apprenons aujourd'hui, par les notes annexées au dossier de la Commission, qu'il s'est fait à Bercy des travaux considérables, extraordinaires, terminés à l'heure qu'il est, avec une somme de 4 millions qu'on y a employée sans l'autorisation, que dis-je, sans l'autorisation? contre la volonté, formellement manifestée de la Chambre.

Vous savez bien ce qui s'était passé, l'année dernière, devant le Corps législatif. Il me semble encore entendre le ministre d'État d'alors, interpellé tout à coup sur la question du marché de Bercy, qui reproduisait les principales clauses contre lesquelles ont si énergiquement réclamé l'opinion publique et le sentiment de cette Chambre : je veux parler des clauses relatives aux bons de délégation; il me semble encore entendre mon honorable collègue et ami, M. Ernest Picard, opposant ce fait du marché de Bercy à M. Rouher, et M. Rouher lui répondant : Non, nous ne souffrirons pas cela.

Eh bien, vous l'avez souffert, l'administration précédente l'a souffert, et il semble que le nouveau cabinet veuille le souffrir également.

Vous l'avez souffert, et, en ce moment, les travaux sont faits; ils ont été exécutés sans crédits ouverts, sans ressources. Et c'est tellement exact que, si vous ne créez pas des ressources spéciales pour solder la dépense des entrepôts provisoires de Bercy, qui sont faits à l'heure qu'il est, la Ville tombera en faillite, puisque aucune somme n'est inscrite, pour cet objet, aux budgets ordinaire et extraordinaire de la Ville de Paris.

D'où je tire cette conclusion : c'est qu'aux 75 millions qui représentent, pour l'année 1870, le payement de trois nécessités premières : la dette, les travaux indispensables et les bons de la Caisse, il faut ajouter encore 4 millions, et l'on arrive ainsi à un chiffre de 79 millions.

Voilà ce que l'examen sommaire de la situation — pour me servir de l'expression de la Commission — nous révèle. Or, il faut que vous sachiez que, pour couvrir cette somme de 79 millions qui s'impose, il n'y a, au budget de la Ville de Paris, qu'une somme disponible de 40 à 46 millions, tout au plus.

Je ne discute pas les comptes de la Ville : nous y reviendrons quand on nous présentera le budget ordinaire aux excédents de 1870.

La Ville étale avec orgueil un excédent de 37 millions. Cet excédent est artificiel, je le montrerai, mais je l'accepte pour point de départ. Il y a 37 500 000 francs pour faire face à une dépense extraordinaire se montant à 79 millions. Il convient d'y ajouter 4 millions et quelque chose provenant des ventes de terrains ; puis 920 000 francs pour la subvention de l'État.

Nous ajouterons 4 millions. Cela fait 46 millions pour aller à 79 millions.

Vous voyez, ces rapprochements sont décisifs ; je dis donc que, à cette question posée par la Commission et qu'elle a résolue avec une trop grande confiance, à mon sens, y a-t-il 17 millions dans les caisses de la Ville ? On peut répondre résolument : Non, il n'y a pas 17 millions. Et comment y aurait-il 17 millions ? Si vous considérez le budget de 1869, vous voyez déjà qu'il se solde en déficit, car on n'était arrivé à l'équilibrer qu'au moyen d'aliénations de terrain qu'on espérait devoir monter à 25 millions. On n'en a vendu que pour 4 millions, qui vont entrer dans le budget de 1870.

Voilà deux budgets qui doivent s'aligner au moyen de 25 millions, pour l'un, et 25 millions, pour l'autre, et qui n'ont profité à eux deux que de 4 millions : c'est un déficit patent et avéré.

J'ajoute que pour prouver que votre caisse est vide, il y a, à côté de ce grand fait, le fait particulier dont je parlais tout à l'heure à la Chambre, la construction des entrepôts provisoires de Bercy.

Savez-vous avec quoi on a pourvu à une certaine partie de la dépense ? (Tout cela est dans le dossier de la Commission.)

Savez-vous par quels moyens, par quels procédés, par quelles ressources financières ? Avec les 15 millions qui avaient été déposés par la Compagnie des magasins généraux, en vertu de ce fameux traité de 40 millions, que M. Rouher a condamné à la tribune.

Vous êtes donc tellement embarrassés, et votre caisse est si vide, que vous avez été obligés, pour payer, de toucher à des fonds qui ne vous appartiennent pas ; et vous avouez que, pour faire face à ces dépenses, vous avez été obligés de prendre des fonds que vous n'aviez qu'en dépôt, et qui n'étaient pas à vous.

Cela démontre, avec la dernière évidence, que votre caisse est vide, et que vous n'avez pas, pour solder les dépenses, les voies et moyens correspondants.

Je demande qu'on établisse d'une manière sérieuse, et qui puisse être sérieusement discutée, que la Ville a 17 millions disponibles. Je le répète, la Ville ne les a pas. Si MM. les commissaires du Gouvernement disent que la Ville les a, je demanderai à récuser leur témoignage : car ils sont trop habitués à affirmer des faits que le lendemain vient démontrer faux. (*Réclamations sur plusieurs bancs.*)

J'appelle sur ce point les explications du Gouvernement et de la Commission.

M. LE PELETIER D'AUNAY, *rapporteur*, se dirige vers la tribune.

M. LE MINISTRE DE L'INTÉRIEUR. — Je demande la parole.

M. LE PRÉSIDENT BUSSON BILLAULT. — La parole est à M. le ministre de l'Intérieur.

M. LE MINISTRE DE L'INTÉRIEUR. — Je ne veux pas me substituer à M. le rapporteur de la Commission pour défendre les conclusions auxquelles elle est arrivée, mais j'ai un devoir à remplir et une observation à faire.

Le devoir, le voici :

Je ne veux pas suivre l'honorable préopinant dans ses critiques contre les personnes; cependant il a attaqué, d'une manière vive et violente le Conseil municipal de la Ville de Paris, il a provoqué sa démission; mon devoir à moi, ministre de l'Intérieur, est de remercier les hommes distingués et honnêtes qui en font partie, d'avoir assez de patriotisme et de dévouement pour conserver des fonctions désormais ingrates et difficiles (*Très bien!*), alors que, dans peu de jours, la loi aura à statuer sur la manière dont ce Conseil municipal sera formé; il faut, je le répète, beaucoup de dévouement et de patriotisme (*Oui! oui!*); il faut la dignité que donne une ferme conviction de son honnêteté et de son indépendance, pour rester à son poste dans des circonstances aussi difficiles. Mon devoir, comme ministre de l'Intérieur, était de leur rendre ici ce témoignage. (*Vives et nombreuses marques d'adhésion et d'approbation.*)

L'observation que j'ai à faire est celle-ci : l'honorable M. Ferry a mêlé à cette discussion la loi sur les octrois et la discussion générale du budget de la Ville de Paris. Or, je crois que, pour la clarté de la discussion, pour que la Chambre comprenne bien ce qu'on lui propose et ce qu'elle a à faire, il faut se borner à examiner le projet actuellement en discussion.

La Commission a reconnu que la Ville de Paris a besoin d'un crédit de 17 679 000 francs pour des dépenses urgentes, indispensables et à échéance tellement courte qu'elle n'a pas hésité à autoriser ce crédit. La Commission a reconnu également qu'il y avait 17 millions et au delà de clair et liquide dans les ressources de la Ville de Paris.

Je supplie la Chambre de renfermer le débat dans cette question : les dépenses sont-elles nécessaires? Les ressources sont-elles assurées? Nous aurons plus tard une discussion longue, complète, approfondie sur les finances de la Ville de Paris, sur les faits présents, sur les faits passés; mais aujourd'hui, cette discussion ne serait pas utilement possible, puisque le Gouvernement et le Conseil d'État n'ont pas reçu, à l'heure qu'il est, les explications et les renseignements qu'ils ont demandés à l'administration municipale.

Laissons donc pour l'avenir l'examen complet, scrupuleux, absolu des finances de la Ville de Paris, l'examen et les critiques, s'il y a lieu, des faits passés; mais restons aujourd'hui dans la loi qui nous est soumise; c'est une loi de nécessité, une loi d'urgence : il faut examiner si les dépenses sont nécessaires, si on peut s'y soustraire et si les ressources qu'on nous propose pour y satisfaire sont suffisantes et claires.

Ceci dit, je dois céder la parole à l'honorable rapporteur qui, bien mieux que moi, traitera une question qu'il a étudiée avec tant de soin. (*Très bien! très bien!*)

M. JULES FERRY. — Je demande à répondre.

M. LE PELETIER D'AUNAY, *rapporteur*, se lève pour parler.

M. GLAIS-BIZOIN. — J'ai une observation à faire avant que le rapporteur prenne la parole.

M. LE PRÉSIDENT BUSSON BILLAULT. — M. le rapporteur cède la parole à M. Ferry.

M. JULES FERRY. — Je ne dirai qu'un mot en réponse aux observations de M. le ministre de l'Intérieur.

La première, c'est qu'il y a une contradiction singulière de la part du cabinet entre ces deux actes : celui qui a relevé M. le baron Haussmann de ses fonctions de préfet, et l'éloge qu'il vient de faire du Conseil municipal de Paris.

Entre le dernier préfet de la Seine et le Conseil municipal, il y a identité, il y a connexité, il y a complicité absolue... (*Rumeurs au centre et à droite.*)

A gauche. — Oui! oui!

M. JULES FERRY. — Le Conseil municipal a été l'instrument servile des malversations du préfet. (*Murmures et réclamations.*)

Il est responsable de sa mauvaise gestion, et si vous le défendez, c'est que vous réclamez votre part de responsabilité. (*Oh! oh! — Adhésion à gauche.*)

Ma seconde observation, en réponse à M. le ministre, est celle-ci : Il est évident, à voir la façon dont M. le ministre entend le débat, que ce qu'on vous demande, au sujet du projet de loi sur le budget extraordinaire de la Ville de Paris, c'est ce qu'on vous a demandé dans plusieurs circonstances récentes, et c'est ce qu'on paraît vouloir vous demander tous les jours : c'est un vote de confiance. Or, je dis que c'est une étrange façon de comprendre le gouvernement parlementaire que de demander à la Chambre des votes de confiance tous les matins. (*Murmures.*)

Après ce discours et différentes observations de Garnier-Pagès et de Jules Favre, Glais-Bizoin insista spécialement sur l'illégalité des dépenses engagées par le Préfet de la Seine pour travaux préparatoires de l'entrepôt de Bercy et pour sept casernes d'octroi. Il déposa en conséquence, de concert avec M. Jules Ferry, un amendement ainsi conçu :

« Nous demandons : 1º le retranchement de 60 000 francs portés pour sept casernes d'octroi; 2º de 1 215 000 francs, pour dépenses faites pour appropriation des entrepôts provisoires. »

La prise en considération de l'amendement ne fut pas prononcée, et la Chambre vota immédiatement l'article unique du projet de loi qui ouvrait au Préfet de la Seine, sur les ressources du budget extraordinaire de la Ville de Paris pour 1870, un crédit provisoire de 17 679 106 fr. 69.

L'arrestation de Rochefort.

D'ailleurs, en ce mois de janvier 1870, les Parisiens oubliaient un peu le gaspillage de leurs deniers par des administrateurs sans contrôle. L'acquittement du prince Pierre Bonaparte par le Haut-Jury de Tours souleva les protestations les plus vives et, à l'enterrement de la victime, une véritable guerre civile faillit éclater. Le 17 janvier le Corps législatif, par 222 voix contre 34 autorisa des poursuites contre Henri Rochefort, à raison de l'article publié le lendemain de l'assassinat de Victor Noir. Condamné à six mois de prison et 3 000 francs d'amende, Rochefort fut arrêté, le 7 février, à la Marseillaise. Cette arrestation provoqua une sorte d'émeute faubourg du Temple; des barricades furent ébauchées et enlevées par la police. Le lendemain, les manifestations se renouvelèrent sur les boulevards et les sergents de ville les réprimèrent avec brutalité. Une fièvre ardente s'était emparée de tous les esprits, et l'agitation régnait, presque au même degré, dans l'enceinte du Palais-Bourbon. Dans la séance du 9 février[1], M. Jules Ferry souleva un véritable orage parlementaire, en posant deux questions au Gouvernement sur les faits qui s'étaient passés la veille. La première portait sur la dissolution par la police de deux réunions privées. L'ordre du jour étant prononcé sur cette première question, M. Jules Ferry remonta à la tribune :

M. JULES FERRY. — J'ai une seconde question à adresser. (*Ah! ah! — Assez!*)

Je demande au cabinet s'il est exact qu'hier soir tous les rédacteurs et tous les employés du journal *la Marseillaise* ont été arrêtés?

Plusieurs membres à droite. — C'est très bien !

M. JULES FERRY. — Je sais, messieurs les membres de la majorité, que vous voudriez voir arrêter d'un seul coup de filet tous les républicains de France. (*Exclamations.*) Mais c'est une satisfaction qui vous coûterait cher, et, dans tous les cas, ce n'est pas... (*Interruptions.*)

M. ROLLE. — Vous n'avez pas le droit de tenir ce langage.

1 *Journal officiel* du 10 février 1870.

Un autre membre. — Vous n'avez pas le droit de vous dire républicain.

M. Belmontet. — Et votre serment ?

M. Jules Ferry. — Je prends acte de vos protestations qui sont, autant que je puis les entendre, une rectification du mouvement joyeux que vous avez manifesté tout à l'heure, et je vous en félicite. (*Nouvelles et bruyantes interruptions.*)

M. Rolle. — Il n'y a point eu ici de mouvements joyeux ! Nous vous écoutons au contraire avec une tristesse profonde.

M. le président Schneider. — Je demande à la Chambre un peu de silence, pour que le président puisse entendre l'orateur.

M. Jules Ferry. — Je demande au Gouvernement si les faits que j'ai énoncés sont vrais ; et je déclare à MM. les ministres que l'opinion publique est tentée de voir dans cet acte extraordinaire un moyen détourné de rétablir le droit de suppression administrative que la dernière loi de la presse a entendu abolir. (*Bruit et vives interruptions.*)

M. le président Schneider. — La parole est à M. le garde des sceaux.

Plusieurs membres. — Ne répondez pas !

M. Jules Ferry. — S'il ne répond pas, il avoue !

S. Exc. M. Émile Ollivier, *garde des sceaux, ministre de la Justice.* — Permettez !

Tout ce que je puis répondre à la question posée, c'est ceci : Personne n'a été arrêté hier au journal *la Marseillaise* en vertu d'ordres donnés par le pouvoir administratif.

Une instruction judiciaire a été commencée ; la justice a saisi ceux qu'elle considère comme coupables. Je n'ai rien autre à ajouter. (*Très bien ! très bien !* — *L'ordre du jour ! l'ordre du jour !* — *La clôture !*)

M. Jules Ferry. — Je demande la parole contre l'ordre du jour !

M. le président Schneider. — M. Ferry demande la parole contre la clôture !

M. Jules Ferry. — La clôture n'est pas demandée... (*Si ! si !*) mais l'ordre du jour ; je demande à parler contre l'ordre du jour. M. le ministre de la Justice me répond : la justice informe...

Un membre à droite. — Vous n'y croyez pas à la justice.

M. Jules Ferry. — La justice, en pareille matière, m'est sou-

verainement suspecte. (*Vives réclamations et cris: A l'ordre!
à l'ordre!*)

M. LE PRÉSIDENT SCHNEIDER. — Je demande à la Chambre du silence :
veuillez, en effet, permettre au président d'accomplir son devoir, et,
si vous faites tant de bruit, vous ne pourrez pas même entendre que
le président rappelle M. Ferry à l'ordre, car il n'est pas permis de
dire dans cette enceinte que la justice est suspecte. Monsieur Ferry,
je vous rappelle à l'ordre. (*Vive approbation sur un grand nombre de
bancs.*)

M. JULES FERRY. — Je demande la parole sur le rappel à
l'ordre.

M. LE PRÉSIDENT SCHNEIDER. — Vous pouvez vous expliquer.

M. JULES FERRY. — Vous parlez d'ordre, et vous me rappelez
à l'ordre.

Le premier bien dans un pays c'est l'ordre moral, et l'ordre
moral repose sur la sincérité... (*Interruptions diverses.*) Eh
bien, veuillez me laisser le dire en honnête homme à d'honnêtes gens : en matière politique, dans ce pays, il n'y a pas de
justice. (*Nouveaux cris : A l'ordre! à l'ordre!*)

M. LE PRÉSIDENT SCHNEIDER. — Si c'est là l'explication, je maintiens
le rappel à l'ordre. (*Oui! oui! — Très bien!*)

M. JULES FERRY. — Et je me trouve d'accord avec M. le garde
des sceaux... (*Agitation*), qui a dit, en entrant en fonctions,
qu'il voulait séparer la politique de la justice. (*A l'ordre! à
l'ordre!*)

Je me trouve d'accord avec les hommes les plus modérés de
l'assemblée, avec la conscience du pays, car dix-huit ans de
despotisme... (*A l'ordre! à l'ordre!*)

M. LE PRÉSIDENT SCHNEIDER. — Devant ces explications, je maintiens
énergiquement le rappel à l'ordre. (*Très bien! très bien! — Assez!
assez!*)

M. Jules Ferry prononce, au milieu d'un bruit confus, des
paroles qui ne sont pas entendues, et descend de la tribune.

S. EXC. M. CHEVANDIER DE VALDROME, *ministre de l'Intérieur.* —
Comme il m'a été impossible d'entendre les dernières paroles de
M. Ferry, il m'est également impossible d'y répondre.

M. LE PRÉSIDENT SCHNEIDER. — Je constate en effet que les dernières
paroles prononcées par M. Ferry n'ont pas été entendues, même du

président, qui est placé le plus près de l'orateur, et, par conséquent, ces paroles ne figureront point dans les comptes rendus officiels.

M. Jules Ferry, *de sa place, avec véhémence.* — Puisqu'elles n'ont pas été entendues, je vais les répéter. (*Interruption.*) J'ai dit, et j'ai dit en homme d'honneur, en homme qui connaît les choses dont il parle...

M. le président Schneider. — Ne vous passionnez pas tant, monsieur Ferry.

M. Jules Ferry. — Je vais le redire, cela est bon à entendre et à répéter, j'ai dit que de tous les maux que dix-huit ans de pouvoir personnel ont infligés à ce pays-ci, le plus grand : c'est l'avilissement de la justice. (*Bruyantes réclamations! — Cris: A l'ordre! à l'ordre!*)

M. le président Schneider. — M. Ferry est pour le moment sous l'empire d'une trop vive excitation, pour que je veuille caractériser... (*Interruption*).

M. le garde des sceaux. — Vous avez tort... (*Oui! oui! — A l'ordre!*)
Comme chef de la magistrature, je demande le rappel à l'ordre. (*Très bien! — A l'ordre!*)

M. Jules Ferry. — Le président n'a pas d'ordre à recevoir du garde des sceaux.

M. le président Schneider. — Dans l'état de passion où se trouve en ce moment M. Ferry, je ne voudrais pas prononcer un second rappel à l'ordre.
Plusieurs voix à gauche. — Très bien! très bien!
Je ne désire point d'approbation, j'obéis à ma conscience. (*Très bien!*)
Je n'accepte surtout pas une approbation qui pourrait donner à ma pensée une signification qu'elle n'a pas.
Mais j'ai fait appel au calme, à la modération, et c'est pourquoi, en ce moment même, il me paraît préférable de ne pas appliquer la grave pénalité du second rappel à l'ordre.
J'espère que M. Ferry lui-même tiendra compte de ce sentiment de modération. (*Mouvements prolongés en sens divers.*)
Je consulte la Chambre sur la proposition qui a été faite de passer à l'ordre du jour.
(*L'ordre du jour est mis aux voix et prononcé*).
A la suite du vote, un grand nombre de députés descendent dans l'hémicycle. — La séance est suspendue pendant quelques instants.
M. le président Schneider. — La Chambre veut-elle continuer son ordre du jour? (*Oui! oui! — Non!*)
J'engage messieurs les députés à reprendre leurs places.

M. Delamarre. — Je demande la parole.

M. le président Schneider. — La parole est à M. Delamarre.

M. Delamarre. — Monsieur le président, après les fâcheuses paroles que nous venons d'entendre, je demande que la séance d'aujourd'hui soit levée pour témoigner de notre indignation. (Non! non! — Oui!)

M. le président Schneider. — Si la proposition n'est pas appuyée... (Non! non!)

M. le baron Vast-Vimeux. — Ce n'est pas le moment de lever la séance, il n'est que cinq heures; il est temps de donner notre attention aux affaires du pays. (Oui! oui!)

M. Magnin. — Continuons la séance, monsieur le président.

M. le président Schneider. — L'ordre du jour appelle la discussion de la demande d'interpellation de M. Mony sur le système financier de la France, en ce qui concerne les travaux publics[1].

L'élection de Guiraud.

Poursuivant sa campagne en vue de la conquête des libertés essentielles, M. Jules Ferry, dans la séance du 10 mars 1870[2], prit la parole, lors de la discussion de l'élection de M. de Guiraud dans la troisième circonscription de l'Aude, la première des élections contestées depuis l'avènement du ministère Ollivier. Il soutint brillamment cette thèse qu'aux candidatures officielles du Gouvernement on avait substitué les candidatures officielles de sous-préfectures. Voici le début du discours de M. Jules Ferry :

M. le président Jérome David. — La parole est à M. Jules Ferry sur l'élection du département de l'Aude.

M. Jules Ferry. — Messieurs, je suis certain qu'après avoir lu ce matin au *Journal officiel* le rapport sur l'élection de la 3e circonscription de l'Aude, personne ne sera surpris qu'un des membres du côté de l'assemblée auquel j'appartiens, intervienne dans cette affaire : la surprise serait, au contraire, que personne n'intervint.

Il y a, à propos de l'élection que je viens contester devant

1. M. Darimon dans son livre *les Cent-seize et le ministère du 2 janvier*, p. 253, fait les réflexions suivantes : « Cette séance a été douloureuse pour Ollivier. Il s'est aperçu que l'abîme se creusait de plus en plus entre lui et ses anciens amis de la gauche. On dirait qu'à leurs yeux le mot de liberté dans sa bouche est une véritable profanation. »

Et le même écrivain ajoute un peu plus loin, p. 255 : « Dans une conférence que Jules Favre a faite au Cirque des Champs-Élysées, il a décoché à Ollivier un trait cruel : « *Je n'appelle pas citoyens ceux qui, désertant la cause de la liberté, vont s'asseoir dans les Conseils du Prince.* »

2. *Journal officiel* du 11 mars 1870.

vous, des faits à éclaircir, des explications à demander au cabinet et des enseignements à tirer pour cette Chambre et pour le pays.

Ces trois choses font malheureusement défaut au rapport de mon cher et très honoré collègue M. Barthélemy-Saint-Hilaire, et j'ai le regret de venir ici en combattre les conclusions. Je suis pour le faire, permettez-moi cette réflexion personnelle, dans une situation d'impartialité bien grande.

L'adversaire de l'honorable M. de Guiraud n'a aucune de mes sympathies : j'ai voté avec enthousiasme l'annulation de son élection. Mais j'ai pour principe, messieurs, de mettre les questions de personnes au-dessous des questions de principes, et, encore que la personne de l'honorable M. de Guiraud doive m'être très sympathique ; encore qu'il soit venu siéger sur des bancs voisins du mien, je ne crois pas devoir, je ne crois pas pouvoir déroger à la loi que je me suis faite en matière électorale, et qui est celle-ci : toutes les fois que j'apercevrai dans une candidature, alors même qu'elle se qualifierait d'indépendante ou de libérale, les traits connus et détestés de la candidature officielle, je la démasquerai et je la combattrai. (*Très-bien ! à gauche.*)

Ce débat a d'autant plus d'opportunité que c'est la première élection contestée sous le régime nouveau et que c'est une occasion toute naturelle de savoir ce que la Chambre, ce que le cabinet entendent par la neutralité électorale, qu'ils ont si hautement, si largement proclamée dans la séance historique du 24 février.

Il y a deux sortes de neutralité en matière électorale : il y a une neutralité théorique et une neutralité pratique.

Je concède au Gouvernement et à l'Administration que la neutralité théorique a été parfaitement, largement, pompeusement gardée dans l'élection de la 3ᵉ circonscription de l'Aude.

Quant à la neutralité pratique et effective, il en a été tout autrement.

La neutralité théorique, elle se retrouve dans la déclaration de M. le ministre de l'Intérieur ; elle se retrouve, avec plus d'énergie encore et d'accent, dans la circulaire du préfet de l'Aude. Non seulement, il a proclamé la neutralité, mais encore on peut dire qu'il l'a chantée ; et c'est merveille de voir comme un préfet, qui sortait des luttes les plus ardentes des candidatures officielles, s'est vite monté au ton du lyrisme et de l'admiration pour la neutralité administrative, dont il donnait, pour la première fois de sa vie, l'éclatant et rare exemple.

Voici ce que disait le marquis de la Jonquière, préfet de l'Aude, aux électeurs de la troisième circonscription :

« Électeurs, vous êtes convoqués, aux 6 et 7 février, pour élire un député au Corps législatif.

« C'est sous le régime des principes nouveaux, inaugurés par l'Empereur et appliqués par un ministère libéral et profondément dévoué au pays, que vous êtes appelés à déposer un vote.

« Vous exercerez librement votre droit. »

Ce qui ne s'était pas fait jusqu'à présent. (*Rires à gauche.*)

« Votre choix entre les candidats sortira des seules inspirations de votre conscience, qui ne relève d'aucune puissance humaine, et nul ne vous demandera compte de vos préférences.

« Le Gouvernement vous défendrait au besoin contre des pressions illégitimes. »

Je trouve cela très beau ; je dirai même que je le trouve trop beau.

En effet, il ne nous déplaît pas assurément de trouver sous la plume d'un préfet qui a pratiqué pendant de longues années les candidatures officielles, cet éclatant désaveu de toutes ses pratiques de l'ancien système ; mais, au point de vue de la moralité publique, ne trouvez-vous pas qu'il y a une certaine atteinte à la conscience générale, dans un démenti si empressé, dans une conversion si soudaine, dans une palinodie si éclatante ? M. le marquis de la Jonquière a donc changé d'avis rapidement, il a fait son évolution.

Malheureusement, l'histoire de l'élection actuelle prouve que ces évolutions-là, elles se passent dans la tête des marquis et dans les bureaux des préfectures ; mais elles sont, en vérité, trop promptes, trop singulières, trop inexplicables pour emporter, aux yeux des populations, le caractère de sincérité, le caractère d'autorité qui leur sont indispensables. Ah ! M. le ministre s'apercevra, par ce premier exemple, de la faute que le cabinet a commise quand, voulant changer un système qui avait besoin d'être radicalement transformé, il s'est contenté de changer quelques hommes, en laissant en place le plus grand nombre des coupables. (*Assentiment à gauche.*)

Au-dessous du préfet, il y avait le sous-préfet; et c'est ici que nous passons de la neutralité théorique à l'intervention très pratique et très effective de l'Administration.

La circulaire de M. le préfet de l'Aude était très nette; elle eut son écho naturel dans une circulaire de M. le sous-préfet de Limoux.

Je vais vous la faire connaître, cette circulaire, je vais la soumettre à votre jugement et à vos consciences.

Je voudrais seulement faire une observation préalable. Quand on sort, à sept mois de distance, du système des candidatures officielles pour entrer dans le système de la neutralité, on est en face de quelle situation?

On est en face d'un pays accoutumé depuis longtemps aux pratiques de la candidature officielle, d'un pays dominé, écrasé par la candidature officielle depuis quinze ans.

M. Du Miral. — Écrasé, c'est un peu fort! (*Exclamations et rires*).
Voix à gauche. — Oui, écrasé!
M. Ernest Picard. — Ce n'est pas un fait personnel.

M. Jules Ferry. — Oui, écrasé : c'est ce que vous avez décidé. (*Bruit.*)

L'expression, dont je me sers à l'égard des candidatures officielles, vous paraît un peu dure... (*Non! non! à gauche.*)

Je puis, dans tous les cas, la mettre sous le couvert de cette Chambre, car si la Chambre n'avait pas pensé que la candidature officielle fût pour la liberté un véritable écrasement, elle ne l'aurait pas abolie dans la séance du 24 février dernier.

Vous l'avez abolie, et l'Administration l'a abolie.

Mais vous êtes en présence de ces populations campagnardes qui n'ont jamais connu, qui n'ont jamais pratiqué que celle-là depuis dix-huit ans. Elles entendent dire que le Gouvernement n'aura plus de candidatures officielles; mais elles ne s'y fient pas. Et quand on connaît le campagnard, comme vous le connaissez tous, on comprend que cela ne suffise pas, et que ce personnage, défiant et timide à l'excès, se dise : il n'y aura plus de candidature officielle; nous allons voir!

Eh bien, je dis qu'une situation comme celle-là, dont vous

comprenez toute la délicatesse, imposé à l'Administration, qui
veut rester neutre, un premier et essentiel devoir : c'est une
réserve absolue, parce que le moindre signe d'approbation ou
d'improbation qui passera sur le visage de l'administrateur que les
populations des campagnes sont accoutumées à regarder depuis
quinze ans, sera interprété comme une approbation ou une
improbation de la candidature. Il n'y a de réserve sincère que
le silence; il n'y a, en fait de neutralité, que l'art exquis de ne
rien faire.

Eh bien, nous allons voir si M. le sous-préfet de Limoux a
pratiqué cet art de ne rien faire.

L'orateur n'eut aucune peine à démontrer que le sous-préfet de
Limoux, ami personnel de l'un des candidats, M. de Guiraud (et qui
s'était déjà compromis pour lui lors de sa première lutte contre
M. Pereire, dont l'élection avait été annulée), que ce sous-préfet,
disons-nous, ne s'était fait aucun scrupule de favoriser de nouveau
par tous les moyens la candidature de M. de Guiraud, au point de
diffamer le candidat adverse, de faire arrêter ses partisans et de
retarder le départ des convois et des diligences. M. Jules Ferry
conclut en demandant au ministre de l'Intérieur si c'est ainsi qu'il
entendait la nouvelle neutralité électorale :

Cette élection, quand on en a le dossier sous les yeux, mais
elle est effrayante ! Il y a, comme l'a dit M. le rapporteur, plus
de 200 pièces ; j'ai voulu les examiner les unes après les autres,
et les étudier toutes. Elles ont été lancées, d'un côté, par le
comité Pereire ; de l'autre, par le comité Guiraud ; elles sont
toutes très précises ; elles ont toutes la même authenticité ; elles
sont revêtues de toutes les légalisations désirables ; elles prouvent que, des deux côtés, la pression administrative s'est
déchaînée, que les maires, partagés en deux camps : d'un côté
le camp Pereire, de l'autre le camp Guiraud, ont usé et abusé
de tous les moyens. (*Interruptions prolongées. — Rumeurs
diverses.*)

Messieurs, si vous trouvez que la liberté électorale se constitue par la masse des pressions administratives locales, vous
vous faites de la liberté une étrange idée. Je vous ai dit ceci,
que vous alliez sans doute apprendre de la bouche de l'honorable M. de Guiraud, je vous ai dit que, des deux côtés, on
accusait les maires de toutes les violences administratives ; ces

accusations sont partout, et notamment dans l'affaire de Cubières. Qu'est-ce que l'affaire de Cubières ?

A Cubières, un adjoint — ce sont les partisans de M. de Guiraud qui parlent — aurait, par une sorte de coup d'État municipal, et malgré la résistance du maire en titre, pris de force la boîte du scrutin, constitué un bureau, et tâché de faire voter sous cette pression.

Si l'on en croit, au contraire, les partisans de M. Pereire, cet adjoint remplissait les fonctions de maire depuis longues années. Le maire en titre habitait un département voisin, et il avait donné de longue date une délégation à son adjoint, délégation en vertu de laquelle celui-ci avait ouvert très pacifiquement et très simplement le scrutin à l'heure indiquée par le décret réglementaire. Et ce serait, toujours d'après la version pereiriste — je vous demande pardon de ce vocable — le maire qui serait intervenu et qui aurait emporté dans sa maison — non pas dans la maison commune, où l'adjoint avait établi le bureau électoral, mais dans sa propre maison — la boîte du scrutin avec les votes qu'elle contenait.

Il y a plus. Dans la lettre du maire de Cubières qui a été insérée au rapport du 9e bureau, il y a contre l'adjoint une accusation de la plus haute gravité : l'adjoint aurait dit : M. le maire, laissez-moi gagner mes 1 500 francs.

Toutes ces choses sont imprimées, messieurs : elles existent dans le dossier qui est sous les yeux de l'administration depuis un mois, tout cela est connu et facile à vérifier ; il s'est commis, si l'on écoute les deux partis, des atrocités électorales, et cependant, il n'y a eu personne de révoqué. Cet adjoint qui aurait fait les affaires de M. Pereire pour 1 500 francs, il n'est pas révoqué, et le rapport du 9e bureau nous convie à juger la question sur la parole de M. le maire de Cubières, quand cette parole n'a pas même eu assez d'autorité auprès du ministre de l'Intérieur, pour entraîner la révocation d'un adjoint.

Eh bien, il n'est pas possible que M. le ministre de l'Intérieur ne s'explique pas sur ces faits ; il n'est pas possible qu'un pareil déchaînement d'illégalités se soit produit, sans qu'il y ait eu un seul fonctionnaire révoqué, non, pas un ! pas même le sous-préfet !

M. le ministre de l'Intérieur nous doit enfin une explication

17

générale : il doit nous dire si c'est de la sorte que son administration entend la neutralité électorale.

Ces explications, cette satisfaction, il les doit aussi bien à nous, qui avons toujours condamné la candidature officielle, qu'aux 56 membres de cette Chambre qui ont eu le courage de lui rester fidèles, et à la majorité qui a ouvert les yeux à la lumière dans la séance du 21 février.

M. Dugué de la Fauconnerie. — Nous avons soutenu le droit du Gouvernement de s'affirmer par la désignation de ses préférences : nous n'avons jamais défendu des pratiques et des manœuvres de ce genre. Pour ma part, je les ai toujours et sous tous les régimes condamnées et réprouvées.

M. Jules Ferry. — Il faut que nous sachions s'il y a encore des candidatures officielles, ou si nous n'avons que l'apparence de l'abolition des candidatures officielles ; et s'il nous reste les candidatures officielles retournées, les candidatures officielles hypocrites, les candidatures officielles de sous-préfecture, remplaçant les candidatures officielles du Gouvernement. (*Vive approbation à gauche.*)

Le ministre de l'Intérieur, M. Chevandier de Valdrôme, n'obtint la validation qu'en désavouant hautement le sous-préfet de Limoux et le commissaire de police qui avait servi d'instrument à ses manœuvres.

Projet de réforme électorale.

Comme conclusion à sa campagne contre la candidature officielle et aux discours que nous avons reproduits, M. Jules Ferry avait déposé, de concert avec ses collègues Gambetta et Arago, une proposition de loi électorale en 97 articles. Elle vint en discussion dans la séance du Corps législatif en date du 27 mars 1870 [1], et M. Jules Ferry, appelé à prendre le premier la parole, s'exprima en ces termes :

M. Jules Ferry. — Messieurs, j'ai eu l'honneur de déposer sur le bureau de la Chambre, avec mes honorables collègues et amis Gambetta et Arago, un projet de réforme électorale. Ce projet de loi est très étendu et très complet : il se compose de 97 articles. (*Oh ! oh !*)

M. Paul Bethmont. — Ce n'est pas de trop.

1. *Journal officiel* du 30 mars.

M. JULES FERRY. — Les principes sur lesquels il est basé, et que je rappelle d'un seul mot, sont la substitution du scrutin de liste au scrutin par circonscription ; la substitution du vote au canton ou tout au moins à la grande commune, au vote à la commune ; l'augmentation du nombre des députés et la réduction de la durée du mandat ; enfin, des dispositions destinées à rendre efficace le principe, qui n'est encore qu'à l'état de promesse ministérielle, de l'abolition des candidatures officielles.

Je n'ai d'ailleurs, messieurs, l'intention ni de dérouler les détails de ce projet de loi, ni d'en approfondir les principes. Je ne veux traiter aujourd'hui qu'une question préjudicielle.

Ce projet de réforme électorale est-il assez mûri pour vous paraître digne de l'attention des bureaux ? Doit-il franchir cette première épreuve qui, par elle-même, ne l'oubliez jamais, ne préjuge rien et laisse le fond de la question tout entier.

Faut-il, pour me servir d'une expression qui était fort à la mode dans un temps auquel celui-ci commence à ressembler fort, faut-il déclarer qu'il y a quelque chose à faire ? Faut-il, au contraire, émettre sur ce projet la décision quelque peu dédaigneuse et fort expéditive que vous propose la Commission d'initiative ?

La Commission d'initiative nous oppose une double fin de non-recevoir, une fin de non-recevoir tirée de la Constitution, et une fin de non-recevoir tirée de l'opportunité.

Je vais les examiner l'une et l'autre.

La Commission d'initiative relève, dans notre projet de loi, la violation de trois dispositions principales de la Constitution, des articles 35, 36 et 38.

La Constitution a, en effet, décidé que le scrutin par circonscription était préférable au scrutin de liste ; la Constitution a décidé que le Corps législatif aurait une durée de six années ; la Constitution a décidé qu'il n'y aurait pas plus d'un député par 35,000 électeurs. Et là-dessus la Commission s'est écriée, saisie d'une véritable pruderie législative : Il ne faut pas même examiner ! Nous n'avons pas même le droit, dans cette Chambre, de parler de scrutin de liste ! Nous n'avons pas le droit de parler de l'augmentation du nombre des députés ! Nous n'avons pas le droit de parler de la durée du mandat ! Nous n'avons pas le droit de toucher à ces bases du système électoral, parce qu'elles sont dans la Constitution !

Je trouve, messieurs, ce scrupule d'autant plus méritoire qu'il devient tous les jours de plus en plus rare.

Il est remarquable, en effet, que la Constitution soit examinée, discutée, attaquée, réformée de tous les côtés et en tous lieux...

M. ERNEST PICARD. — Et pas assez !

M. JULES FERRY. — Excepté dans cette Chambre. Il n'y a que cette Chambre qui est incompétente, je ne dis pas pour réformer la Constitution, mais pour la discuter, pour l'examiner, en un mot, pour y toucher sur un point quelconque.

J'entends bien, messieurs, que vous ne pouvez pas vous attribuer, et je ne fais pas une semblable proposition, le droit de réformer à vous seuls la Constitution ; telle n'est pas la question que nous vous posons, à l'heure présente. Mais de ce que, constitutionnellement, légalement, vous n'êtes pas compétents pour réformer les articles de la Constitution, s'ensuit-il que vous deviez passer le front si bas devant eux ? que vous ne puissiez même les examiner ? que vous ne puissiez même vous demander s'ils n'ont pas fait leur temps ?

M. PAUL BÉTHMONT. — On ne peut pas même les lire !

M. JULES FERRY. — Quelle idée la Commission d'initiative se fait-elle du gouvernement parlementaire ? Mais le gouvernement parlementaire, sa dignité, sa force, son caractère essentiel, c'est d'être le libre examen en matière politique ! (*Très bien ! à gauche.*)

M. JULES FAVRE. — C'est la libre discussion !

M. JULES FERRY. — Il n'y a pas pour le gouvernement parlementaire de bornes posées à la discussion : il n'y a pas d'infaillibilité légale ou constitutionnelle, de quelque part qu'elle vienne.

M. ERNEST PICARD. — C'est en nous que réside le droit !

M. JULES FERRY. — D'ailleurs, vos décisions, vos impressions, vos résolutions, messieurs, elles ne se traduisent pas nécessairement par des articles de loi.

Supposez que vous renvoyiez aux bureaux un projet de loi

dans lequel la Constitution est atteinte, est-ce qu'il n'en pourra rien sortir qu'un texte d'abrogation formelle? Mais encore une fois, quelle idée la Commission d'initiative se fait-elle du gouvernement parlementaire, des débats de la Chambre, des débats des bureaux, des débats des commissions? Est-ce qu'il n'en peut sortir autre chose que des votes? Il en sort des directions, des lignes de conduite, des impressions pour le Gouvernement, pour le cabinet qui, dans la vraie théorie parlementaire, n'est autre chose que le délégué de la majorité de la Chambre.

Vous pouvez donc, en discutant un projet de loi, en faire sortir des dispositions formelles, mais vous pouvez aussi en faire sortir des indications, des vœux de réforme et de changements, et quelque dure qu'on nous prépare la nouvelle Constitution, dont nous avons eu hier un avant-goût, il sera toujours exact de dire que, même sous cette dure loi, la Chambre aura le droit de s'occuper des matières constitutionnelles, parce que c'est de la Chambre que le courant réformateur peut sortir pour aller jusqu'au cabinet; et c'est le cabinet qui, dans le régime parlementaire, est investi de la prérogative de proposer au peuple les modifications de la Constitution. (*Très bien! à gauche.*)

Il me semble, messieurs, à cet égard, qu'une expérience récente et celle de tous les jours a prononcé : mais les constitutions indiscutables, mais les constitutions qui ne se laissent pas regarder en face, les constitutions qui ne se laissent pas analyser, nous en sortons...

MM. Paul Bethmont et Jules Favre. — Nous y rentrons!...

Jules Ferry... et nos successeurs apprendront avec stupéfaction qu'il y avait une fois un sénatus-consulte de 1866 qui avait décidé qu'on ne discuterait pas la Constitution; et qu'il eut ce sort étrange et quelque peu comique, que c'est à partir de l'époque où il fut promulgué que la Constitution a été le plus discutée, le plus attaquée, dans les journaux, dans la Chambre, en dehors, au dedans : de sorte qu'elle ne fut démolie et à peu près détruite dans ses organes principaux qu'à partir du sénatus-consulte. (*Adhésion à gauche.*)

Eh bien, dans cette situation, votre Constitution me paraît

ressembler à un navire qui cherche la côte, qui croit sans cesse l'avoir trouvée, qui jette l'ancre tous les soirs, croyant l'avoir jetée sur le rocher, et qui, tous les matins, se réveille en pleine mer. (*Très bien ! à gauche.*)

Voilà ce que c'est que votre Constitution, votre immuabilité, et tous ces obstacles constitutionnels que la Commission d'initiative s'évertue à dresser devant nous !

Pour revenir au sujet qui nous occupe, messieurs, sur quel rocher jetez-vous l'ancre à l'heure qu'il est ? Sur un projet de réforme électorale ? sur la question de savoir s'il y aura un scrutin de liste ou un scrutin par département ? sur la question de savoir s'il y aura un député par 35,000 électeurs seulement, ou s'il y aura un député par 80,000 électeurs ? Est-ce là que vous voulez jeter l'ancre ? Est-ce là votre rocher immuable ? Est-ce là une vérité qui ne changera jamais ?

Mais c'est la vérité la plus contingente, la plus relative, la plus passagère, la moins permanente de toutes les vérités, (*Très bien ! à gauche.*)

Et pour vous le prouver, messieurs de la Commission d'initiative, que se passe-t-il à l'heure présente d'étrange, d'instructif et de piquant ? Depuis le dépôt de votre rapport, où vous dressiez devant nous la barrière constitutionnelle, voici quelqu'un qui n'est pas vous, qui tout à coup l'abaisse, sinon complètement, du moins pour une bonne partie, car nous avons appris, par le sénatus-consulte qui a été lu hier au Sénat, qu'il ne restait plus que deux points inconstitutionnels de ces quatre ou cinq points relevés par vous dans notre projet ; qu'il ne restait plus que le scrutin de liste et la durée des législatures.

En effet, le sénatus-consulte fait rentrer dans les matières purement législatives l'ordre des circonscriptions et la manière de les composer, et le nombre des députés.

Et voilà ce qui arrive à la Commission d'initiative : voilà l'aventure à laquelle on s'expose quand on proclame immuables, inattaquables, indiscutables, les dispositions de la Constitution de 1852 !

Je pourrais dire que bornée à ces points, et particulièrement à ce point unique qui est le plus gros, celui du scrutin de liste, l'objection constitutionnelle s'affaiblit beaucoup, et je pourrais

répéter ce que je vous disais tout à l'heure pour d'autres articles
de la Constitution : le plébiscite a parlé, il est vrai, du scrutin
de liste, mais il a parlé aussi, j'imagine, d'un Corps législatif
investi seul du pouvoir de faire les lois, et nous avons vu hier
un sénatus-consulte qui partage ce pouvoir législatif entre le
Sénat et le Corps législatif. (*Très bien ! très bien ! à gauche.*)

M. EMMANUEL ARAGO. — Un sénatus-consulte qui aggrave le pouvoir personnel ! (*Exclamations sur plusieurs bancs.*)

S. EXC. M. ÉMILE OLLIVIER, *garde des sceaux, ministre de la Justice
et des Cultes.* — Vous êtes seul à le croire.

M. EMMANUEL ARAGO. — Je suis le seul à le croire ?...

Quelques membres à gauche. — Non ! non !

M. EMMANUEL ARAGO. — Vous êtes bien le ministère des illusions !

M. VENDRE. — Vous, dans tous les cas, vous n'êtes pas nombreux.

M. LE GARDE DES SCEAUX. — Mieux vaut être le ministère des illusions que l'opposition des injustices ? (*Oui ! oui ! Très bien !*)

M. JULES FERRY. — Je voudrais que cet incident ne fût pas
jeté au travers de mon discours. Tout ce que je voulais dire et
ce que je voulais retenir, c'est que le scrupule à l'endroit du
plébiscite est de même nature et de même valeur que le scrupule à l'endroit de la Constitution, puisque le Gouvernement et
le Sénat s'apprêtent à fouler aux pieds le plébiscite, comme ils
ont fait de la Constitution.

Quant à moi, je demande seulement pour le Corps législatif
le droit d'examiner dans ses bureaux s'il n'y a pas lieu, par un
moyen quelconque, de substituer au système électoral actuel
un procédé électoral plus sincère, plus conforme à la nature du
suffrage universel, aux nécessités de la société nouvelle et du
temps présent, que j'appelle le scrutin de liste par départements.

Voilà, messieurs, la fin de non-recevoir tirée de la Constitution et du plébiscite. Je ne la crois pas bien redoutable, et si j'y
attache quelque importance, c'est bien moins dans l'intérêt de
mon projet de loi, qui n'en resterait pas moins un projet de
réforme électorale complète, digne de toute votre attention et
de votre sérieux examen, alors même que j'en ôterais la disposition sur le scrutin de liste.

Mais, si j'ai insisté, messieurs, c'est surtout au point de vue
de la dignité de la Chambre, et dans l'intérêt du travail législatif. Je dis que ces conclusions de la question préalable qu'on
cherche à faire passer ici en jurisprudence, ne sont pas

conformes à la dignité de la Chambre, et c'est à la dignité de la Chambre que je m'adresse pour la prier de les repousser. (*Très bien ! à gauche.*)

La Commission d'initiative nous oppose une autre fin de non-recevoir, celle-là plus grave et qui mérite plus d'examen : c'est la question d'opportunité.

La Commission d'initiative s'exprime sur ce point dans des termes qu'il est bon de vous rappeler :

« Aux yeux de votre Commission, dit-elle, c'est la question d'opportunité qui domine, lorsqu'il s'agit d'une modification à la loi électorale. Il en est ainsi principalement, si les modifications projetées s'appliquent à l'organisation même du Corps législatif, et si elles ont pour objet de changer à la fois le mode de nomination, les circonscriptions électorales et le nombre des députés.

« La Commission a pensé que ce n'est pas au début de la première session du Corps législatif nouvellement élu qu'il serait convenable d'ouvrir une discussion ayant pour objet de donner au Corps législatif des bases différentes, au droit électoral un nouveau mode d'exercice.

« On comprend l'utilité d'une revision de la loi électorale, au moment où l'on peut considérer comme possible un prochain renouvellement du Corps législatif; mais vous penserez sans doute, comme votre Commission, qu'une telle hypothèse est inadmissible, et que les intérêts du pays, qui réclament le calme et la tranquillité dans la marche des affaires publiques, répugnent à l'agitation inséparable d'un nouveau scrutin, ouvert à une époque si rapprochée d'une première élection.

« Les ministres, invités à donner à votre Commission leur opinion sur l'opportunité de la proposition, ont répondu que, dans leur pensée, cette proposition était inopportune. »

Vous voyez l'argument, messieurs. Je me permets de le résumer ainsi : La réforme électorale, c'est la dissolution..., et de la dissolution, nous ne voulons pas. L'obstacle paraît insurmontable, messieurs, et mes efforts semblent avoir quelque chose de puéril. En effet, je suis accusé par la Commission d'initiative de dire à cette assemblée : Il faut mourir, suicidez-vous.

Et si l'assemblée répond qu'elle ne veut pas se suicider,

il semble que je perds mon temps à vouloir le lui conseiller plus longtemps... (*Mouvements en sens divers.*)

Mais, messieurs, la chose n'est pas aussi simple, la question ne se pose pas d'une façon aussi brutale, et je vous soumettrai une première observation : c'est que ceux qui vous proposent le suicide, si la dissolution est un suicide, vous proposent en même temps d'être de la partie.

Ce ne sont pas des personnes placées hors de la Chambre, désireuses d'y entrer, qui vous disent : Faites-nous place! Ce sont des membres de la Chambre comme vous, qui montrent quelque désintéressement en vous faisant cette proposition, puisque le suicide est pour eux comme pour vous, et que tous, tant que nous sommes, sur l'océan électoral, nous avons nos écueils et nos périls. (*Approbation à gauche.*)

J'ajouterai qu'il n'est pas toujours loisible à une assemblée de vivre autant qu'elle le voudrait ; que les destinées des assemblées ne leur appartiennent pas plus que les destinées humaines n'appartiennent aux individus. Il y a des lois supérieures que les assemblées doivent reconnaître, et il est certains moments dans la politique où il est plus digne, plus sûr, plus sage et plus prudent d'aller au-devant de la mort que de l'attendre à domicile. (*Très bien! à gauche.*)

Mais, messieurs, ce sont là des généralités qui peuvent ne convaincre personne. Je voudrais entrer plus avant dans le débat : je voudrais en raisonner avec vous, non pour vous irriter — telle n'est pas mon intention, vous avez pu vous en apercevoir depuis le commencement de mon discours — mais je veux me placer à votre point de vue ; je veux, comme on doit le faire avec des adversaires qu'on a conservé l'espoir de convaincre, me mettre à votre place, dans cette situation d'hommes intelligents qui recherchent la règle politique, la règle de sagesse, de prudence et de dignité qu'il faut suivre.

Comment le débat, à l'heure qu'il est, se pose-t-il d'abord, et ne sortons point des termes de la question ?

Ce que je demande, ce que nous demandons, c'est un débat sur la question électorale ; pour le moment, nous ne demandons pas autre chose.

Je vous pose donc cette première question : un débat sur la

question électorale, sur la réforme électorale, sur l'ensemble de notre système électoral est-il nécessaire ?

M. ERNEST PICARD. — Il est indispensable ! (*Réclamations.*)

M. JULES FERRY. — Y a t-il quelqu'un ici qui ose dire que ce débat n'est pas nécessaire ?

Plusieurs membres. — Nous répondons : non !

M. GRANIER DE CASSAGNAC. — Tout le monde ici vous dira qu'il ne l'est pas !

M. JULES FERRY. — L'honorable M. de Cassagnac peut me faire cette réponse, car il est le pur des purs, lui qui n'a rien signé...

M. GRANIER DE CASSAGNAC. — C'est bien quelque chose ! Tout le monde n'en peut pas dire autant !

M. JULES FERRY... mais l'immense majorité de cette Chambre a signé des programmes, et pris des engagements : elle est liée par ses écrits comme par ses votes.

M. VENDRE. — Eh bien, moi qui ai signé, je ne me tiens pas du tout pour engagé comme vous le dites.

M. JULES FERRY. — Vous me répondrez. monsieur Vendre. Oui, la grande majorité de cette Chambre a pris des engagements.

M. VENDRE. — J'ai fait partie de cette grande majorité qui a signé le programme du 3 décembre. Vous nous faites dire tout le contraire e ce que nous avons dit et voulu dire, mes honorables collègues et moi.

M. JULES FERRY. — Vous pourrez me répondre quand vous m'aurez fait l'honneur de m'entendre.

Je vous ai dit tout à l'heure, messieurs, que je tentais une œuvre difficile, que je cherchais à vous convaincre, que j'avais l'espoir de vous convaincre, et vous-même aussi, monsieur Vendre, par conséquent...

M. VENDRE. — Sur ce point, cela vous sera assez difficile.

M. JULES FERRY. — Je vous prie, en attendant, de m'écouter.

Je dis qu'une discussion est nécessaire, qu'une réforme est nécessaire, et qu'il n'y a personne dans cette Chambre qui puisse dire sérieusement, et abstraction faite des opportunités politiques....

Une voix. — Abstraction impossible!

M. Jules Ferry. — Il n'y a personne qui puisse dire dans son âme et conscience, personne qui puisse affirmer que notre régime électoral est parfait, qu'il n'y a rien à y voir ou à y ajouter. Par exemple, quant au nombre des députés, y a-t-il quelqu'un ici qui ose dire que les députés sont assez nombreux? (*Réclamations à droite et au centre*).

A gauche. — Non! non! — Très bien!

M. Jules Ferry. — Tous les jours, nos travaux ne sont-ils pas entravés par le défaut du nombre des députés de cette assemblée? Cela est évident pour le bureau et pour l'assemblée. (*Non! non!* — *Si! si!*) Je n'insiste pas sur ce point.

Maintenant, y a-t-il beaucoup de membres dans cette assemblée qui puissent dire que le système électoral actuel ne laisse rien à désirer quant à la sincérité? Oh! alors, j'en appellerai à une déclaration formelle signée de 126 membres appartenant à la majorité de cette assemblée, et que je vous remettrai sous les yeux. Dans le programme dit du centre droit, signé de 126 membres de la majorité, il y a ces lignes qui constituent un engagement, une véritable lettre de change politique : « Une réforme électorale opérée avant le renouvellement du Corps législatif. »

A droite et au centre. — Eh bien ? eh bien ?

M. Jules Ferry. — Attendez! nous ne traitons en ce moment que la question de nécessité...

M. Darracq. — Nous avons cinq ans devant nous !
M. Granier de Cassagnac. — Le terme n'est pas échu!
M. le marquis de Quinemont. — Qui a terme ne doit rien !

M. Jules Ferry. — ... Permettez-moi de suivre mon raisonnement. Je me propose de démontrer d'abord que la réforme électorale est nécessaire. J'insiste sur cette démonstration parce qu'il paraît qu'elle n'est pas encore faite pour M. Vendre, qui est pourtant l'un des signataires du programme du centre droit.

M. Vendre. — Parfaitement! seulement je trouve étrange que vous vouliez savoir mieux que moi-même ce qui se passe dans ma conscience.

M. JULES FERRY. — Les 126 députés se sont exprimés ainsi : « Une réforme électorale, opérée avant le renouvellement du Corps législatif, ayant pour but notamment de déterminer par la loi le nombre et l'étendue des circonscriptions électorales, et de sauvegarder la liberté électorale. »

Donc, le régime actuel ne sauvegarde pas la liberté électorale ! C'est vous qui l'avez dit, écrit et signé.

M. GARNIER-PAGÈS. — C'est simple et logique cela !

M. VENDRE. — Nous avons dit : « Avant la fin de la législature ! » Une fois pour toutes, il ne faut pas l'oublier.

M. JULES FERRY. — Trouverez-vous également un grand nombre de membres dans cette assemblée qui jugent inopportune, ou du moins mal fondée en soi, — car je me réserve la question d'opportunité pour une autre partie de mon argumentation, — mais y a-t-il beaucoup de membres de cette assemblée qui considèrent les candidatures officielles que notre projet a pour but d'anéantir, comme compatibles avec la sincérité du régime électoral? Il y en a peut-être 56 ; il n'y en a pas un de plus, car 185 contre 56 ont condamné, dans cette Chambre, le système des candidatures officielles. Eh bien! sur tous ces points, n'ai-je pas fait ma démonstration? ma cause n'est-elle pas gagnée? n'est-il pas évident que la nécessité de la réforme électorale, qui restitue au suffrage universel sa sincérité, que cette nécessité apparaît éclatante comme la lumière du jour et s'impose à toutes les consciences dans cette Chambre?

Voilà un premier point qui est inattaquable. Mais, dit-on, si elle est nécessaire, elle peut ne pas être opportune.

Au centre et à droite. — Ah ! ah !
Un membre à gauche. — Elle est inopportune.

M. JULES FERRY. — Je dis que du moment qu'elle est nécessaire, elle est opportune. (*Très bien! à gauche*), et je vais tâcher de vous le démontrer.

Je ne suis pas de ceux, messieurs, qui bannissent et qui font fi de l'élément de l'opportunité dans les choses politiques.

L'opportunité joue un grand rôle dans la politique, qui est un art autant qu'une science... (*Interruption et rires à droite.*)

Et je vais vous dire comment je comprendrais l'objection tirée de l'opportunité. Je prendrai, par exemple, la Chambre des Communes d'Angleterre, produit d'une réforme électorale récente.

Je suppose qu'on apporte à cette Chambre des Communes un nouveau projet de réforme électorale, à l'heure qu'il est, en 1870, quand une année à peine s'est écoulée depuis la précédente réforme ; et je comprends à merveille qu'on réponde à ces réformateurs un peu trop pressés : « Mais attendez au moins que le système ait fonctionné. » Voilà une réforme électorale inopportune. Est-ce bien notre situation, messieurs ?

Nous sommes au commencement d'une législature, c'est vrai, mais nous sommes à la fin d'un système...

A gauche. — Très bien ! c'est cela !

M. JULES FERRY. — ... Le système est éprouvé, il est jugé, il est condamné. (*Vive approbation à gauche.*)

M. ERNEST PICARD. — Il faut l'exécuter ! (*Hilarité générale.*)
Un membre à droite. — C'est la peine de mort, et vous n'en voulez pas !

M. JULES FERRY. — La jeunesse de la législature ne peut pas rajeunir le système, qui est usé, que vous avez frappé vous-mêmes, car c'est vous-mêmes qui avez ouvert la porte aux assaillants ; c'est vous qui l'avez condamné, dans cette fameuse séance du 24 février sur laquelle on ne saurait trop revenir.

Je sais bien que l'honorable M. Vendre, qui m'interrompait tout à l'heure, et probablement un grand nombre de membres de la majorité, ont sur ce point-là leur réponse toute prête ; ils nous diront : « Nous avons consenti à l'abolition du système des candidatures officielles, mais pourquoi ? Parce que nous sentons bien que nous n'en avons pas besoin ; nous avons cédé à la pression ministérielle, à la pression de l'opinion publique, au préjugé de l'opinion publique, qui se figure que les candidatures officielles sont le secret de nos élections ; mais pas du tout, nos élections sont plus fortes que le système qui les a produites ; elles ont des racines profondes dans le pays. » Voilà ce que ne manqueront pas de dire plusieurs des 185.

Eh bien, je leur déclare que c'est trop peu de le dire, et que, du moment que cette suspicion légitime qui s'est formulée le

24 février par le vote des 185 contre les 56, s'est attachée au système électoral dont ils sont issus, ils sont tenus, pour montrer qu'ils n'ont pas peur d'une élection nouvelle... (*Exclamations*), qu'ils n'ont pas peur du suffrage universel (*Allons donc!*) ils sont tenus de se soumettre de nouveau à son verdict.

M. CORNEILLE. — Derrière nous est le pays qui, lui, réclame la tranquillité.

M. JULES FERRY. — De sorte que, de quelque manière qu'on interprète le vote du 24 février, comme nous ou comme vous, au bout il y a la réélection.

Comment! vous donneriez à tout le monde le droit de dire que vous marchandez quelques moments de ce pouvoir dont vous avez prononcé vous-mêmes l'arrêt de mort, que vous luttez pour une année d'existence! (*Vives réclamations.*)

Que vous avez peur du suffrage universel! (*Nouvelles réclamations.*)

M. VENDRE. — Nous en avons moins peur que vous; mais nous aimons mieux la tranquillité du pays.

M. JULES FERRY. — Vous aurez beau faire, messieurs, vous n'êtes pas une Chambre jeune... (*Rires sur plusieurs bancs*); vous êtes une Chambre vieille (*Nouveaux rires*). Une Chambre jeune serait fondée à dire: « Vous voulez m'envoyer au tombeau, mais je n'ai pas vécu encore: je demande à vivre et à faire mes preuves! » Vous n'êtes pas une Chambre jeune, je le dis avec tout le respect que j'ai pour vous (*Rumeurs ironiques*); le Gouvernement lui-même ne vous traite pas comme une Chambre jeune. Est-ce que c'est ici qu'est la vie? Où est la vie? Est-ce dans le Corps législatif? est-ce dans vos commissions parlementaires? Non! Elle est dans les commissions extra-parlementaires.

Quand il y a une belle matière à étudier, quand il y a un projet de décentralisation à examiner, quand il y a l'organisation de la Ville de Paris à régler, est-ce à vous qu'on s'adresse? On vous met en quarantaine. (*Réclamations au centre et à droite.*)

On vous subit, voilà tout!

Ainsi, hier, lorsqu'il s'agissait de la Ville de Paris, M. le ministre de l'Intérieur n'est-il pas venu vous prier de n'y pas toucher, et de ne pas porter la main sur ce qui est le domaine de la commission extra-parlementaire?

En vérité, si vous êtes une Chambre jeune, gouvernant par votre initiative, convenez qu'il n'y paraît guère. Hier encore, messieurs, il s'accomplissait un événement important pour le pays, un événement qui, pour vous surtout, est de première importance : le cabinet, votre délégué, présentait au Sénat une nouvelle Constitution. Qui la connaissait parmi vous? Où étaient les chefs de la majorité? avaient-ils été consultés comme cela se fait, comme cela doit être dans les pays libres? avaient-ils délibéré avec le cabinet?

Plusieurs membres. — Qu'en savez-vous?

M. JULES FERRY. — Quels sont ceux qui ont été appelés, consultés par le ministère? Nommez-les!

M. VENDRE. — C'est cela ce qui serait extra-parlementaire!

M. JULES FERRY. — Vous savez bien que ce n'est pas avec vous que le cabinet délibère dans cette Chambre. Le cabinet, qui est votre délégué, qui est censé émaner de la majorité de cette Chambre, ne semble pas même s'être aperçu que cette assemblée existait. Ce qui s'est fait hier en est la preuve, et les plus favorisés d'entre vous n'en savaient pas plus sur un pareil sujet que ceux qui siègent sur les bancs de ce côté (*l'orateur indique la gauche*), le plus loin des confidences du Gouvernement. (*Interruptions diverses.*)

M. LE COMTE D'AYGUESVIVES. — C'est une erreur!

M. JULES FERRY. — Voilà, messieurs, les réflexions que m'inspire le premier des arguments de la Commission d'initiative : à savoir qu'il n'y aurait pas convenance, au début d'une législature, à examiner la question électorale; je crois y avoir répondu.

Le second argument de la Commission est plus fort; la Commission dit : la réforme électorale, c'est la dissolution; elle l'amène nécessairement.

Messieurs, je trouve ces paroles graves. Si le seul examen d'une loi électorale dans les bureaux de cette Chambre entraîne nécessairement la dissolution de la Chambre, quelle est donc la fragilité de votre principe et de votre existence! (*Très bien! à gauche.*)

Comment! vous avez une existence si fragile qu'elle ne supporterait même pas, je ne dirai pas une loi de réforme électorale, mais l'examen et le débat sur la réforme électorale!

Il faut la confiner loin de tous les regards, loin de tous les discours, cette existence précieuse, de peur qu'au moindre souffle elle ne s'évanouisse.

Ce n'est pas moi qui l'ai dit, c'est la Commission. Si nous discutons une loi électorale, dit-elle, non sans quelque naïveté, la Chambre est perdue : il faut la dissoudre. (*Réclamations.*)

Mais si cela est vrai, c'est une raison de plus pour la dissoudre : car cela prouve que les griefs de l'opinion sont si justes, que les réclamations dont nous sommes les organes sont tellement fondées, que non seulement vous ne pourrez pas supporter le grand jour de l'élection, mais que vous redoutez même le grand jour de la discussion. (*Très bien! très bien! à gauche.*)

Je voudrais pourtant, messieurs, vous rassurer un peu... (*Hilarité bruyante.*)

M. VENDRE. — Oh! ce n'est pas nécessaire! Nous ne sommes pas du tout inquiets.

M. JULES FERRY. — Je voudrais vous démontrer que la discussion du système électoral dans les bureaux et même dans cette enceinte, n'emporte pas la dissolution immédiate, la dissolution dans l'année, celle que paraît redouter la Commission d'initiative. (*Nouvelle hilarité!*)

J'ai une autorité très grave à citer à l'appui de mon opinion, c'est celle de M. Daru, ministre des Affaires étrangères, dans la séance du 22 février. C'est lui qui va faire la réponse.

M. le ministre agitait, dans son discours, en réponse aux interpellations qui étaient parties d'un côté de la Chambre, la question de la dissolution. Dissoudra-t-on ou ne dissoudra-t-on pas? Et il ajoutait : « Mais n'est-ce pas sortir des vraisemblances et des nécessités actuelles que d'agiter aujourd'hui de pareilles questions (celle de la dissolution)? Quoi! nous avons une loi électorale à faire, une loi de la presse, une loi de sûreté générale, une loi de décentralisation, une enquête industrielle, un budget à voter, un long et laborieux chemin à parcourir ; et l'on nous demande, avant d'avoir commencé la journée, ce que nous ferons le lendemain ! »

M. le ministre des Affaires étrangères est de mon opinion, et c'est grande faveur pour elle d'avoir un tel appui. Il vous démontre par ces paroles, empreintes d'un grand bon sens et d'un sens politique véritable, que, par cela seul que vous aurez voté une loi électorale, vous n'amènerez pas nécessairement la dissolution, puisqu'il place au premier rang des lois que vous avez à faire, la loi électorale.

Un membre à droite. — Il y a des choses plus pressantes!

M. Jules Ferry. — Il n'est rien de plus pressé que la loi électorale, n'en déplaise à l'honorable interrupteur.

Je vais vous dire ici, avec une sincérité absolue, ce que je pense du rôle de cette Chambre, de ce qu'elle peut faire et de ce qu'elle doit faire. Je vais vous tracer très franchement le programme de son existence (*Exclamations.*)

Vous êtes ici pour faire d'abord la loi électorale ; pour faire ensuite cette partie de la loi municipale qui règle la nomination des maires ; pour abolir l'article 75 de la Constitution de l'an VIII, et puis, quand vous aurez fait cela, messieurs, vous ne serez plus bons à rien. (*Approbation à gauche. — Exclamations et rires au centre et à droite.*)

M. Vendre. — Parlez pour vous ! si cela vous plaît ; nous ne vous contredirons pas.

M. Jules Ferry. — Et vous aurez fait une grande chose, car vous aurez rendu, dans ce pays-ci, la liberté au suffrage universel, vous l'aurez délié, vous l'aurez affranchi.

M. Corneille. — Le suffrage universel n'est pas esclave.

M. Jules Ferry. — C'est une assez grande œuvre à faire pour une assemblée qui vit depuis dix-huit ans. Il ne s'agit donc pas, messieurs, en présentant un projet de loi électoral, de décréter que d'ici à six mois ou même à un an, cette Chambre sera dissoute, et qu'on procèdera à de nouvelles élections. Ainsi tombe l'argument tiré de la prudence et de la sagesse politique qui se trouve dans le rapport de la Commission d'initiative — la raison d'élections trop rapprochées.

Je crois percevoir une objection que je demande la permission de relever au passage : Mais comment sommes-nous bons à faire toutes ces lois, puisque vous prétendez que nous ne sommes bons à rien! Messieurs, vous êtes bons à cela. (*Ah! ah!*) Savez-vous pourquoi?

Parce que tout ce que vous ferez sur la loi électorale, la nomination des maires et l'abrogation de l'article 75, vaudra toujours mieux que ce qui est. Voilà pourquoi vous êtes très bons à le faire. (*Exclamations ironiques au centre et à droite.*)

Vous ferez certainement quelque chose de meilleur que ce qui est; ce n'est pas douteux.

Mais il y a des considérations d'un autre ordre dans la question que je vous soumets. La Commission d'initiative déclare qu'entre ces deux choses, une réforme électorale et la dissolution, il y a un enchaînement nécessaire, comme celui de la cause à l'effet.

Or, dit-elle, la nécessité d'une dissolution est tout à fait inadmissible, impossible; il est impossible qu'on dissolve la Chambre. Je trouve, messieurs, que la Commission d'initiative s'aventure beaucoup, et je vous fais remarquer quelle est la situation singulière que le rejet du projet de loi, si vous le prononcez, ferait au système tout entier dont vous faites partie.

Ce système n'aurait pas de loi électorale. En effet, il est impossible, après tout ce qui s'est dit, tout ce qui a été signé, tout ce qui a été voté dans cette Chambre, d'appliquer à des élections nouvelles le système électoral actuel.

M. GUYOT-MONTPAYROUX. — Très bien! très bien!

M. JULES FERRY. — Il est impossible de l'appliquer à la répartition actuelle des circonscriptions; il est impossible de ne pas augmenter le nombre des députés, de laisser debout ce système, dont les 126 eux-mêmes ont déclaré qu'il portait atteinte à la sincérité du suffrage universel. Cela est impossible. Eh bien, il sied à la Commission de dire que le Corps législatif ne sera pas dissous? Qu'en sait-elle?

Qu'en sait le cabinet? Qu'en sait qui que ce soit d'entre nous? La dissolution, c'est l'imprévu qu'il faut toujours prévoir. Est-ce que la Commission d'initiative a fait un pacte, je ne dirai pas avec l'éternité, mais avec le jour de demain? Est-ce que quelqu'un est sûr du lendemain ici ? (*Très bien! à gauche.*)

Ici, personne ne peut affirmer que, soit par le cours naturel des choses, soit par les incidents qui ne manquent jamais de se jeter à la traverse, soit par le fonctionnement de cette Constitution tripartite, de ces trois pouvoirs que le sénatus-consulte organise, et les frottements inévitables qu'il amènera, il n'arrivera pas que la question de dissolution se pose tout à coup.

La question de dissolution peut se poser, elle peut se poser sans loi électorale ; et alors quelle serait votre prétention, ou tout au moins, quel serait le résultat de votre système et du rejet de la loi?

Ce serait de mettre la Couronne dans l'impossibilité de nous dissoudre.

M. Léopold Javal. — C'est là la vraie question !

M. Jules Ferry. — Je me place à votre point de vue, je l'ai annoncé tout à l'heure, et je vous dis : Ne pas faire la loi électorale, c'est rendre la dissolution impossible, c'est forcer la main à l'initiative de la Couronne. Faites-y attention, vous n'êtes pas dans la Constitution, vous n'êtes pas dans le régime parlementaire.

M. Léopold Javal. — C'est vrai ; c'est bien la question.

M. Jules Ferry. — J'espère que nous entendrons sur ce point l'opinion du cabinet. S'il y a quelqu'un dans cette Chambre qui soit autorisé comme gardien de la prérogative de la Couronne, c'est le cabinet. Qu'il nous explique, si toutefois, — ce dont je ne sais rien encore, — le Gouvernement appuie les conclusions de la Commission d'initiative, qu'il nous explique comment va pouvoir fonctionner la prérogative de la Couronne, ou alors qu'il nous déclare qu'il a quelque part une garantie, une assurance contre la dissolution, c'est-à-dire contre l'imprévu nécessaire des choses humaines. (*Très bien! très bien! à gauche.*)

Je suis d'autant mieux fondé à interroger le cabinet que, lorsqu'il a été questionné sur ce point, au commencement de février, ou plutôt à la fin du mois de janvier, il s'est rendu dans le sein de la Commission d'initiative, et il a dit alors que la loi électorale était inopportune.

Mais, dans la séance du 22 février, que je rappelais tout à l'heure, le Gouvernement s'est expliqué autrement, et je me trouve en présence d'une déclaration ministérielle qui m'inspire une certaine hésitation ; à cette date, je vois que, dans les paroles de M. le comte Daru, la loi électorale est placée au premier rang.

Sur ce point, il faut donc des explications précises et catégoriques.

Ce n'est pas le moindre inconvénient des conclusions que vous propose la Commission d'initiative, que celui que je viens de signaler. Je vous ai montré qu'il constituait un vice, une lacune, dans le système parlementaire que vous voulez inaugurer. Mais, arrêtez un instant votre esprit sur les autres conséquences du *statu quo* auquel on veut vous condamner. Est-ce que vous croyez que, pour avoir, provisoirement, par un vote de rejet de notre projet, repoussé la réforme électorale, vous aurez empêché qu'on en parle désormais dans ce pays? Ne comprenez-vous pas, au contraire, que plus vous résisterez, plus l'opinion vous la demandera énergiquement?

Est-ce que la question est entière? Est-ce que vous n'êtes pas, par vos votes mêmes, par vos déclarations, par vos programmes, une assemblée vulnérable, puisque vous avez montré vous-mêmes le point où l'on peut vous frapper?

N'êtes-vous pas, par cette situation même, permettez-moi de vous le dire, une assemblée hésitante, parce qu'elle n'a pas un sentiment suffisamment assuré de sa propre force et de son indépendance vis-à-vis du cabinet? (*Allons donc ! allons donc !*)

Permettez-moi de vous dire ces choses qui n'ont dans ma pensée aucune portée offensante... (*Exclamations ironiques au centre et à droite*). qui ne sont de nature à offenser personne. Je dis que, dans la situation actuelle des choses, la Chambre éprouve quelques hésitations : c'est qu'elle n'est pas le gouvernement parlementaire qu'elle devrait être.

Un gouvernement parlementaire suppose une assemblée pleine d'initiative. pleine de vie et de volonté. (*Rires au centre et à droite.*)

Il ne faut pas confondre, messieurs, l'initiative des assemblées avec les propositions émanées de l'initiative de leurs membres. Je dis que la preuve que le Corps législatif manque d'initiative, c'est que ce n'est pas lui qui étudie les grandes réformes qui préoccupent, à l'heure qu'il est, le pays tout entier. Ce n'est pas lui qui est chargé de réformer la centralisation; ce n'est pas lui qui s'occupe de l'enseignement supérieur ; ce n'est pas lui qui statue sur les grands problèmes : on va chercher en dehors de lui...

S. Exc. M. ÉMILE OLLIVIER, *garde des sceaux, ministre de la Justice et des Cultes.* — Qui est-ce qui votera ?

M. JULES FERRY. — Vous me demandez qui votera? Ce sera assurément le Corps législatif (*Ah! ah!*). Mais, entre avoir l'initiative politique et avoir le dernier mot, il y a un abîme. Le Corps législatif, dans l'ancienne constitution, votait aussi, et personne n'oserait soutenir qu'il eût l'initiative politique, car il n'avait même pas l'initiative des lois. (*Approbation à gauche.*) Voter n'est donc pas vivre ; vivre c'est avoir une politique, c'est avoir un ministère pris non dans la minorité, mais dans la majorité de la Chambre.

M. MILLON. — Et les programmes ?
M. EMMANUEL ARAGO. — On retire les signatures des programmes !
(*Bruit.*)
M. VENDRE. — Qui retire sa signature ? Citez-en un seul.

M. JULES FERRY — Non ! Vous n'avez pas le gouvernement parlementaire : vous avez un gouvernement d'une espèce particulière et que j'appellerai le gouvernement ministériel, c'est-à-dire un gouvernement bâtard du gouvernement personnel. (*Oh! oh!*)
Voilà le gouvernement que nous avons : un cabinet succédant au pouvoir personnel, un cabinet maître de la Chambre, parce qu'il la tient sous la menace de la dissolution (*Oh! oh!*), et maître du Prince, tant qu'il plaira au Prince. Si vous appelez cela un gouvernement parlementaire, moi, je l'appelle un gouvernement ministériel, et un mauvais gouvernement ! (*Approbation à gauche. — Vives réclamations au centre et à droite.*)

Malgré un discours habile de M. Paul Bethmont, au nom du parti libéral, et une belle harangue de Gambetta, pour démontrer la nécessité de procéder immédiatement à une revision de la loi électorale, et d'abolir ce qui n'était qu'un décret de la période dictatoriale, la Chambre repoussa la proposition de M. Jules Ferry par 184 voix contre 64, sur 248 votants.

La réforme du jury.

Dans la séance du 8 avril 1870, la discussion du projet de loi[1]
relatif au jugement des délits commis par la voie de la presse et
autres délits politiques, et des propositions de MM. Garnier-Pagès,
Picard, Lefèvre-Pontalis sur le même sujet, fournit à M. Jules Ferry
l'occasion de soutenir un amendement qui réclamait le retour à la
loi des 7-12 août 1848 sur la composition du jury, et l'abrogation de
la loi du 4 juin 1853[2]. L'orateur présenta à la Chambre les observations suivantes :

M. JULES FERRY. — Je ne veux dire que quelques paroles
très brèves sur la situation singulière qui est faite à la Chambre
par l'attitude de la Commission et celle du Gouvernement. Je
viens préciser cette situation et je demande à la Chambre si
elle croit logique et convenable d'y rester.

Un point est commun à toutes les opinions dans cette Chambre ; tout le monde s'accorde à reconnaître que la loi actuelle
sur la composition du jury est mauvaise, qu'elle a besoin d'être
réformée, et pourtant, quand on pose la question de savoir qui
la réformera, on aboutit à ce résultat que la loi ne sera réformée par personne, ni par la Chambre, ni par le Gouvernement :
elle ne sera pas réformée par l'initiative parlementaire, car le
Gouvernement s'est opposé, hier, par la bouche de l'honorable
ministre de l'Instruction publique, à ce que l'amendement que
j'ai signé et qui est tout à fait semblable à celui de l'honorable
M. Birotteau, fût renvoyé à la Commission ; elle ne sera pas non
plus réformée par le Gouvernement, du moins dans des conditions acceptables, car le Gouvernement a déclaré qu'il ne pouvait prendre aucun engagement quant à l'époque de cette
réformation.

L'honorable ministre de l'Instruction publique s'est servi de
ce mot, qui par lui-même est vague et élastique, « ultérieure-

1. Ce projet avait pour objet d'attribuer au jury la connaissance des délits
de presse et des petits délits politiques.
2. M. Jules Ferry se trouvait, dans cette circonstance, en parfaite communauté d'idées avec l'amendement de MM. Birotteau et Crémieux, qui demandait que la loi de 1848, sur la constitution du jury (loi dont le père était
M. Crémieux), fût également appliquée soit pour les délits et les crimes
politiques, soit pour les crimes de droit commun.

ment », et un mouvement très marqué, et des paroles que nous avons pu recueillir de la bouche de M. le garde des sceaux ont donné à ce mot, si vague par lui-même, une signification plus indécise et plus élastique encore. M. le garde des sceaux a dit, si mes oreilles ne m'ont pas trompé : « Ne prenez pas d'engagement! » Ainsi le cabinet ne veut pas prendre d'engagement quelconque, quant à la réformation d'une loi que lui-même reconnaît mauvaise.

Ah! si la raison qu'avait donnée hier M. le ministre de l'Instruction publique pouvait être acceptée, on comprendrait, dans une certaine mesure, l'ajournement; mais cette raison ne me paraît pas de nature à entraîner l'esprit de la Chambre.

L'honorable ministre de l'Instruction publique nous a dit hier : « Il n'y a aucune urgence; les listes actuelles ont été faites en vue d'une situation qui n'est pas celle que la loi nouvelle va créer, et l'on n'accusera pas l'administration d'avoir composé et trié le jury en vue des sentences à rendre sur les délits de presse, puisque, l'année dernière, au mois d'octobre, quand on s'est occupé de la confection des listes, ces délits n'étaient pas dévolus au jury. » Voilà la raison qu'a donnée M. le ministre de l'Instruction publique, et pour laquelle il vous propose d'attendre et d'ajourner indéfiniment les amendements soumis à la Commission.

Eh bien, M. le ministre de l'Instruction publique est dans l'erreur, et il suffit de considérer d'un peu plus près le mode de composition et de triage de la liste du jury pour reconnaître qu'il importe infiniment, dès à présent, à la considération du jury, à son indépendance, à son autorité morale dans le pays, et par conséquent à l'avenir de cette grande institution, qu'en même temps qu'une loi déclasse les délits de la presse et les délits politiques, une autre loi vienne réformer la composition du jury de façon à l'appuyer et à le fortifier. (*Très bien! sur plusieurs bancs.*)

On dit que la composition du jury est actuellement placée en dehors de ces influences politiques qu'il est nécessaire — on en convient — d'écarter absolument dès que le jury est saisi des délits politiques. Je ne veux pas prolonger cette discussion, dont tout le monde a intérêt à presser la fin, ceux-là surtout qui attendent la loi nouvelle que nous préparons. Je vais seulement énoncer trois raisons qui n'ont besoin d'aucun développement et qui caractérisent de la manière la plus irrécusable le mode de composition et de triage actuel du jury.

Ma première observation est celle-ci. Dans la composition du jury, l'élément électif a été absolument écarté par la loi de 1853, et il a été écarté avec une insistance toute particulière de la part du Gouvernement. En étudiant les travaux préparatoires et la discussion de cette loi de 1853, l'on s'aperçoit que, comme cela est parfois arrivé dans le cours des dix-huit dernières années, la majorité de la Chambre et l'unanimité de la Commission se montraient plus libérales que le Gouvernement.

La Commission, à l'unanimité, avait demandé le maintien de l'élément électif dans la Commission chargée du triage des jurés, en la personne du conseiller général. C'était bien peu de chose, c'était fort inoffensif; et pourtant le Conseil d'État fut inflexible, et, comme il avait le dernier mot, la Chambre en dut passer par la volonté du Conseil d'État. Voilà, dans le texte et l'histoire de la loi elle-même, le caractère de la législation nouvelle bien fixé. Plus on y pénètre, et plus ce caractère se précise. Et ici, j'en appelle à un témoignage irrécusable, celui de l'honorable M. Langlais, dont le rapport fixa en quelques lignes l'esprit de la loi nouvelle. « La suppression des Commissions de 1848 n'a trouvé aucun contradicteur dans votre Commission. Elles furent le produit naturel d'une époque de défiance, où la liberté semblait s'enrichir de tout ce qu'on ôtait imprudemment à l'autorité. Pendant trente ans, la liste de service avait été l'objet de luttes ardentes. La révolution, en l'enlevant au Pouvoir, suivait sa pente, comme nous suivons la nôtre en la lui restituant. »

Voix à gauche. — C'est clair!

M. JULES FERRY. — Vous le voyez, le but principal, la pensée maîtresse de la loi de 1853, c'est de donner la composition de la liste de service au Pouvoir, à l'élément politique du pays, et la pratique, messieurs, la pratique ne fit qu'aggraver ce parti pris.

De quelle façon l'élément politique, le Pouvoir, par un de ses organes les plus actifs, les plus vigilants, intervenait-il dans la confection, dans le triage de la liste du jury? Par les parquets principalement, — par les préfets aussi, sans doute, — mais surtout par les parquets ; et vous allez voir à quel point cette intervention du ministère public était poussée.

Il y eut, sur le rôle à tenir par les parquets, trois circulaires du ministre de la Justice : une du 26 août 1853, une autre du 6 septembre 1856, une autre enfin du 26 juin 1857.

La première contient l'indication suivante :

« Les juges de paix devront communiquer au *procureur impérial* les listes provisoires pour qu'il les fasse vérifier.... et s'il connaît, en outre, *des causes morales d'inaptitude*, il devra en avertir le président de la Commission d'administration. »

.... « d'inaptitude. » — Je vous fais remarquer cet euphémisme qui n'a pas besoin de traduction.

Dans celle du 6 septembre 1856, je lis ceci :

« Les procureurs impériaux doivent, en octobre de chaque année, *appeler les juges de paix* et conférer avec eux sur la *meilleure composition* de la liste à faire.

« Ils doivent de plus, à la fin de chaque année, signaler au procureur général « les juges de paix qui ont failli à leur mission et ceux qui l'ont dignement remplie ».

Enfin la circulaire du 26 juin 1857 enjoint aux procureurs impériaux près les cours d'assises « de signaler à leurs collègues près les tribunaux d'arrondissement, les citoyens qui n'auraient pas montré l'aptitude convenable pour continuer à figurer sur les listes du jury ».

Comment, une pareille inquisition était conciliable avec le secret du vote, c'est ce que je ne me charge pas d'expliquer. (*Très bien ! à gauche.*)

Vous voyez quel esprit préside à la formation de la liste du jury.

Elle est faite non seulement par des fonctionnaires qui sont les organes du pouvoir, mais encore par l'organe même de l'accusation. (*Approbation à gauche.*)

Je dis qu'à ce double chef cette composition ne peut subsister un seul instant, car il faut que rien ne porte atteinte au caractère de l'institution ; il faut qu'elle soit respectée de tous et ne puisse être attaquée par personne. Il faut que ses premières décisions soient reconnues, acceptées, saluées par tout le monde.

Pour cela, il faut que sa composition soit radicalement changée. (*Oui! oui! Très bien! à gauche.*)

Il faut, messieurs, sortir de là; mais comment? La Commission est saisie de deux amendements qui se confondent. Certes, elle a eu le temps de les examiner. Elle a longtemps délibéré sur ce projet, qui est déjà ancien, et voici qu'à la dernière heure, elle arrive nous disant : Je ne puis pas réformer la composition du jury.

Pourquoi? Est-ce que les deux matières ne sont pas connexes? Il est impossible de voir une connexité plus étroite, et les considérations que je viens de présenter à la Chambre ont précisément pour but d'établir que cette connexité n'est pas seulement dans les mots, qu'elle est dans les choses.

Mais, dit-on, la Commission n'a pas reçu de mission pour cela! Eh bien, cette mission, nous la lui donnerons par le renvoi des divers amendements.

Voix à gauche. — Oui! oui! c'est cela! très bien!

M. JULES FERRY. — Quant à moi, je ne désire pas une autre Commission, je la trouve excellente : elle est libérale, elle a fait de bien bonnes choses. Je demande qu'elle achève son œuvre. Je ne sais pas si les hasards d'une nouvelle épreuve nous donneraient une Commission aussi bien composée. (*Rires approbatifs à gauche.*) Elle est saisie de la question, elle l'a abordée dans un esprit libéral. Pourquoi n'irait-elle pas jusqu'au bout? Elle le voudrait bien; elle en meurt d'envie. (*Nouveaux rires.*) Mais le Gouvernement lui a fait savoir que cela le contrariait. Le Gouvernement l'a déclaré à la séance d'hier, et probablement il aura manifesté le même sentiment dans le sein de la Commission. (*Dénégations au banc des ministres.*) Enfin, vous avez déclaré que la Commission se dessaisit.

Maintenant, que va faire le Gouvernement? Je ne trouve qu'une explication : puisqu'il ne peut s'engager à présenter un projet à bref délai, je pense qu'il médite quelque nouvelle Commission extra-parlementaire. Ce serait mieux que rien, mais on pourrait, en vérité, nous économiser celle-là. Nous avons une Commission parlementaire : qu'elle se saisisse, que le Gouvernement dise un mot, que la Commission ait un bon mouvement.

Reprenez votre œuvre, achevez-la ; c'est facile, cela peut être fait immédiatement. Prenez pour base de vos délibérations la loi de 1848. Je ne vous la donne pas pour une loi parfaite ; elle a besoin d'être amendée, mais l'entreprise n'est pas difficile.

Nous ne vous recommandons pas là une législation dont nous soyons particulièrement amoureux ; elle a fonctionné souvent d'une façon pénible et douloureuse pour le parti auquel j'appartiens.

De 1848 à 1852, la répression du jury a été très dure en matière politique ; tout le monde ici l'a reconnu : notre préférence pour la loi de 1848 est donc parfaitement désintéressée. (*C'est vrai ! c'est vrai ! à gauche.*)

Messieurs, on tournera longtemps autour de cette loi, on cherchera un procédé meilleur ; on ne trouvera pas mieux que la loi de 1848 modifiée.

C'est l'approximation du bien qui doit être le dernier terme de l'ambition du législateur : car le bien parfait, en matière de législation, n'existe pas sous le soleil. (*Vives marques d'approbation à gauche.*)

L'amendement fut rejeté par 139 voix contre 83, sur 222 votants.

Discours sur l'égalité d'éducation.

Par une sorte de pressentiment qu'on observe souvent chez les hommes doués d'une volonté vigoureuse, M. Jules Ferry avait, dès son entrée à la Chambre, donné à sa vie politique un objectif que la destinée lui a permis d'atteindre. Dès le 10 avril 1870, dans une conférence populaire, faite à la salle Molière, au profit de la Société pour l'instruction élémentaire, le futur organisateur de l'enseignement du peuple, le futur grand-maître de l'Université, disait : « Quant à moi, lorsqu'il m'échut ce suprême honneur de représenter une section de la population parisienne dans la Chambre des députés, je me suis fait un serment : entre toutes les questions, entre toutes les nécessités du temps, entre tous les problèmes, j'en choisirai un auquel je consacrerai tout ce que j'ai d'intelligence, tout ce que j'ai d'âme, de cœur, de puissance physique et morale : c'est le problème de l'éducation du peuple. » Nous croyons intéressant de reproduire cette conférence, dans laquelle M. Jules Ferry a tracé, pour ainsi dire, les grandes lignes du programme dont il a si fermement et si vaillamment poursuivi l'application au ministère de l'Instruction publique :

MESDAMES ET MESSIEURS,

L'accueil bienveillant que vous nous faites m'engage à commencer par un aveu ; je ne veux pas vous prendre en traître, — car cette Conférence n'est qu'une conversation où vous apportez, vous, votre bienveillante attention, et moi quelques études, quelques recherches, et rien de plus, novice que je suis dans ce bel art de la conférence, dont vous avez ici (*se tournant vers M. Jules Simon*) un des premiers maîtres. (*Nombreux applaudissements*).

L'aveu que j'ai à vous faire, c'est que je vais vous parler d'abord philosophie. Il faut de la philosophie en toute chose ; il en faut surtout dans le sujet qui nous occupe.

J'ai moi-même choisi ce sujet : je l'ai défini : DE L'ÉGALITÉ D'ÉDUCATION, et je suis sûr que, parmi les personnes qui me font l'honneur de m'entendre, il en est un grand nombre qui, à l'aspect de ce titre un peu général, un peu mystérieux, se sont dit : quelle est cette utopie? Or, ma prétention est de vous montrer que l'égalité d'éducation n'est pas une utopie ; que c'est un principe ; qu'en droit, elle est incontestable et qu'en pratique, dans les limites que je dirai, et en vertu d'une expérience décisive que j'ai principalement pour but de vous faire connaître, cette utopie apparente est dans l'ordre des choses possibles.

Qu'est-ce d'abord que l'égalité ? est-ce un mot retentissant ? une formule vide de sens ? n'est-ce qu'un mauvais sentiment ? n'est-ce qu'une chimère ?

L'égalité, messieurs, c'est la loi même du progrès humain ! c'est plus qu'une théorie : c'est un fait social, c'est l'essence même et la légitimité de la société à laquelle nous appartenons. En effet, la société moderne, aussi bien que la société ancienne, est la démonstration vivante et quotidienne de cette vérité, qui devient de nos jours de plus en plus visible : à savoir que la société humaine n'a qu'un but, qu'une loi de développement, qu'une fin dernière : atténuer de plus en plus, à travers les âges, les inégalités primitives données par la nature. (*Applaudissements*).

En voici deux exemples : Quelle est la première, la plus abu-

sive, la plus antique et la plus brutale des inégalités naturelles ?
c'est évidemment celle de la force musculaire. C'est sous la
force brutale que l'humanité a gémi pendant de longs siècles.
Dans les sociétés primitives, qu'est-ce qui règne ? la force brutale, la force musculaire, la force individuelle. Aussi, les sociétés
primitives sont-elles celles où l'inégalité est la plus accablante,
la plus outrageante pour l'humanité.

Dans ces temps primitifs, l'idéal de l'humanité, ce sont les
héros dont les poètes anciens nous ont conté les hauts faits :
les *Hercule*, les *Thésée*. Que sont en somme ces héros, ces
demi-dieux ? Permettez-moi l'expression : ce sont des gendarmes
(*rires*), ce sont de redoutables, d'excellents gendarmes qui
parcouraient le monde, comme dit un de nos grands poètes :

> ..... du Nord au Midi, sur la Création,
> Hercule promenait l'éternelle Justice
> Sous son manteau sanglant, taillé dans un lion.

Telle est la société antique ; elle estime par-dessus tout la
force musculaire, la force individuelle, et pour l'idéaliser, elle
l'imagine consacrée au rétablissement de l'ordre général. Mais
voyez la différence avec les temps modernes : aujourd'hui que
la force publique est à la disposition de tout le monde (*rires*).
la sécurité sociale est devenue le bien de tous, et si Hercule, le
grand gendarme idéal d'autrefois, s'avisait de vouloir faire la
police dans nos cités, s'il voulait seulement chasser les mons-
tres, sans s'être muni préalablement d'un port d'armes, le
moindre petit commissaire de police lui mettrait aussitôt la
main sur l'épaule et, sans difficulté, le conduirait au poste.
(*Rires.*)

Voilà un premier pas ; celui-ci est tout à fait acquis, dans
cette progression décroissante des inégalités naturelles, qui
est, à mes yeux, le fondement même et la légitimation de la
société. L'humanité a fait cette conquête ; l'avantage de la force
musculaire est annulé, ou à peu près. Mais n'est-il pas vrai
aussi que la société moderne, qui a extirpé cette inégalité-là,
en a conservé une autre, plus redoutable peut-être, celle qui
résulte de la richesse ? Cela est vrai, messieurs. Seulement,
considérez dès à présent combien cette inégalité, qui résulte
de la richesse, s'est déjà atténuée, affaiblie, modérée par le

progrès des temps. Il n'y a pas bien longtemps encore que, dans ce pays de France, la richesse conférait des droits exceptionnels. La possession de la terre, au siècle dernier, n'avait pas cessé d'être la source du pouvoir social, du droit public ; certaines propriétés conféraient certains droits, et le premier de tous, le droit de rendre la justice, comme à l'heure présente, dans cette libre et grande Angleterre, la fonction de juge de paix reste encore le monopole exclusif des propriétaires du sol : ainsi, chez nous, au siècle dernier, et surtout deux ou trois siècles avant, la possession de la terre conférait les droits de haute et basse justice.

Cet état de choses a disparu : la Révolution a passé sur ces outrages à la conscience humaine : mais, un peu plus tard, et plusieurs de ceux qui sont ici peuvent s'en souvenir, — la possession de la terre, la jouissance d'un certain capital entraînait encore un privilège : le droit de voter, le droit de contribuer à la formation des pouvoirs publics ; cela subsistait encore, il y a vingt ans ; ces temps sont loin, heureusement ! (*Applaudissements*).

Il n'y a pas jusqu'au droit de travailler, le plus essentiel de tous les droits, qui ne fût aussi, il y a quatre-vingts ans, en quelque manière, un privilège de la naissance ; les métiers étaient organisés en corporations ; les corporations se recrutaient dans des conditions déterminées ; les fils de maîtres avaient un droit personnel d'antériorité, de préférence, sur ceux qui avaient eu le malheur de naître en dehors des cadres de la corporation ; la Révolution arriva et balaya cette iniquité, ce privilège de la naissance, comme elle avait fait disparaître les autres privilèges et les autres iniquités.

En somme, voilà les deux grandes conquêtes de ce siècle : la liberté du travail et le suffrage universel ; désormais, ni le droit de travailler, ni le droit de voter, c'est-à-dire de contribuer à la formation des pouvoirs publics, ne sont plus attachés au hasard de la naissance : ils sont le patrimoine de tout homme venant en ce monde. (*Vifs applaudissements.*)

Cela étant, notre siècle peut se dire à lui-même qu'il est un grand siècle. J'entends souvent parler de la décadence du temps présent ; je vous l'avoue, messieurs, je suis rebattu de ces jérémiades, et j'ai d'ailleurs remarqué depuis longtemps que cette plainte est celle de gens qui résistent, sans peut-être s'en rendre compte, au courant de la civilisation moderne, et qui ne peuvent se résoudre à prendre leur parti de l'ère démocratique où nous sommes entrés. (*Applaudissements.*)

Non! nous ne sommes pas une société en décadence, parce que nous sommes une société démocratique ; nous avons fait ces deux grandes choses : nous avons affranchi le droit de vote et le droit au travail ; c'en est assez, et nous pouvons bien, une fois par hasard, nous qui nous laissons aller, comme tout le monde, à médire du temps présent, nous abandonner à un élan d'estime pour nous-mêmes, et dire : Oui ! nous sommes un grand siècle. (*Applaudissements nombreux.*)

Mais nous sommes un grand siècle à de certaines conditions : nous sommes un grand siècle à la condition de bien connaître quelle est l'œuvre, quelle est la mission, quel est le devoir de notre siècle. Le siècle dernier et le commencement de celui-ci ont anéanti les privilèges de la propriété, les privilèges et la distinction des classes ; l'œuvre de notre temps n'est pas assurément plus difficile. A coup sûr, elle nécessitera de moindres orages, elle exigera de moins douloureux sacrifices ; c'est une œuvre pacifique, c'est une œuvre généreuse, et je la définis ainsi : faire disparaître la dernière, la plus redoutable des inégalités qui viennent de la naissance, l'inégalité d'éducation. C'est le problème du siècle et nous devons nous y rattacher. Et, quant à moi, lorsqu'il m'échut ce suprême honneur de représenter une portion de la population parisienne dans la Chambre des députés, je me suis fait un serment : entre toutes les nécessités du temps présent, entre tous les problèmes, j'en choisirai un auquel je consacrerai tout ce que j'ai d'intelligence, tout ce que j'ai d'âme, de cœur, de puissance physique et morale, c'est le problème de l'éducation du peuple. (*Vifs applaudissements.*)

L'inégalité d'éducation est, en effet, un des résultats les plus criants et les plus fâcheux, au point de vue social, du hasard de la naissance. Avec l'inégalité d'éducation, je vous défie d'avoir jamais l'égalité des droits, non l'égalité théorique, mais l'égalité réelle, et l'égalité des droits est pourtant le fond même et l'essence de la démocratie.

Faisons une hypothèse et prenons la situation dans un de ses

termes extrêmes : supposons que celui qui naît pauvre naisse
nécessairement et fatalement ignorant ; je sais bien que c'est là
une hypothèse, et que l'instinct humanitaire et les institutions
sociales, même celles du passé, ont toujours empêché cette
extrémité de se produire ; il y a toujours eu dans tous les temps,
— il faut le dire à l'honneur de l'humanité, — il y a toujours eu
quelques moyens d'enseignement plus ou moins organisés, pour
celui qui était né pauvre, sans ressources, sans capital. Mais,
puisque nous sommes dans la philosophie de la question, nous
pouvons supposer un état de choses où la fatalité de l'ignorance
s'ajouterait nécessairement à la fatalité de la pauvreté, et telle
serait, en effet, la conséquence logique, inévitable d'une situation dans laquelle la science serait le privilège exclusif de la
fortune. Or, savez-vous, messieurs, comment s'appelle, dans
l'histoire de l'humanité, cette situation extrême ? c'est le régime
des castes. Le régime des castes faisait de la science l'apanage
exclusif de certaines classes. Et si la société moderne n'avisait
pas à séparer l'éducation, la science, de la fortune, c'est-à-dire
du hasard de la naissance, elle retournerait tout simplement au
régime des castes.

A un autre point de vue, l'inégalité d'éducation est le plus
grand obstacle que puisse rencontrer la création de mœurs
vraiment démocratiques. Cette création s'opère sous nos yeux ;
c'est déjà l'œuvre d'aujourd'hui, ce sera surtout l'œuvre de
demain ; elle consiste essentiellement à remplacer les relations
d'inférieur à supérieur sur lesquelles le monde a vécu pendant
tant de siècles, par des rapports d'égalité. Ici, je m'explique et
je sollicite toute l'attention de mon bienveillant auditoire. Je ne
viens pas prêcher je ne sais quel nivellement absolu des conditions sociales qui supprimerait dans la société les rapports de
commandement et d'obéissance. Non, je ne les supprime pas :
je les modifie. Les sociétés anciennes admettaient que l'humanité fût divisée en deux classes : ceux qui commandent et ceux
qui obéissent ; tandis que la notion du commandement et de
l'obéissance qui convient à une société démocratique comme la
nôtre, est celle-ci : il y a toujours, sans doute, des hommes qui
commandent, d'autres hommes qui obéissent, mais le commandement et l'obéissance sont alternatifs, et c'est à chacun à son
tour de commander et d'obéir. (*Applaudissements.*)

Voilà la grande distinction entre les sociétés démocratiques et celles qui ne le sont pas. Ce que j'appelle le commandement démocratique ne consiste donc plus dans la distinction de l'inférieur et du supérieur; il n'y a plus ni inférieur ni supérieur; il y a deux hommes égaux qui contractent ensemble, et alors, dans le maître et dans le serviteur, vous n'apercevez plus que deux contractants ayant chacun leurs droits précis, limités et prévus; chacun leurs devoirs, et, par conséquent, chacun leur dignité. (*Applaudissements répétés.*)

Voilà ce que doit être un jour la société moderne; mais, — et c'est ainsi que je reviens à mon sujet, — pour que ces mœurs égales dont nous apercevons l'aurore, s'établissent, pour que la réforme démocratique se propage dans le monde, quelle est la première condition? C'est qu'une certaine éducation soit donnée à celui qu'on appelait autrefois un *inférieur*, à celui qu'on appelle encore un *ouvrier*, de façon à lui inspirer ou à lui rendre le sentiment de sa dignité; et, puisque c'est un contrat qui règle les positions respectives, il faut au moins qu'il puisse être compris des deux parties. (*Nombreux applaudissements.*)

Enfin, dans une société qui s'est donné pour tâche de fonder la liberté, il y a une grande nécessité de supprimer les distinctions de classes. Je vous le demande, de bonne foi, à vous tous qui êtes ici et qui avez reçu des degrés d'éducation divers, je vous demande si, en réalité, dans la société actuelle, il n'y a plus de distinction de classes? Je dis qu'il en existe encore; il y en a une qui est fondamentale, et d'autant plus difficile à déraciner que c'est la distinction entre ceux qui ont reçu l'éducation et ceux qui ne l'ont point reçue. Or, messieurs, je vous défie de faire jamais de ces deux classes une nation égalitaire, une nation animée de cet esprit d'ensemble et de cette confraternité d'idées qui font la force des vraies démocraties, si, entre ces deux classes, il n'y a pas eu le premier rapprochement, la première fusion qui résulte du mélange des riches et des pauvres sur les bancs de quelque école. (*Applaudissements.*)

L'antiquité l'avait compris et les républiques antiques posaient en principe que, pour les enfants des pauvres et pour les enfants des riches, il ne devait y avoir qu'un même mode d'éducation. La société antique, excessive en toutes choses et facilement oppressive, parce qu'elle se confinait en général dans les murs

19

d'une étroite cité, ne craignait pas d'arracher l'enfant à la famille et de le livrer tout entier, corps et âme, à la république. (*Applaudissements.*)

Quand le christianisme vint remplacer la civilisation antique, une conception du même genre se rencontra chez les hommes supérieurs qui eurent, pendant une longue série de siècles, la direction de la société chrétienne. Je suis de ceux, messieurs, qui ont pour le christianisme une admiration historique (*rires*) très grande et très sincère ; je trouve qu'il s'est fait là, pendant dix-huit siècles, un travail d'hommes et de cerveaux humains qui est à confondre d'admiration, quand aujourd'hui on l'étudie d'un peu haut et qu'on l'analyse dans son ensemble. Ah ! c'étaient des hommes puissants par la pensée ; ce n'étaient pas seulement des prêtres, c'étaient des hommes d'État, ces organisateurs de la société chrétienne et catholique qui ont fondé tant de choses que nous avons tant de peine à transformer. Eh bien, on retrouve chez eux le principe dont nous parlons ; on reconnaît facilement, on peut toucher du doigt, dans la société catholique, dans la société du moyen âge, le principe de l'égalité d'éducation.

De même que la république antique arrachait les enfants à leurs familles en disant : l'enfant appartient à la république ; de même, le christianisme, arrivant dans des temps différents pour établir, par-dessus les divisions politiques et les différences de nationalités, une sorte de république chrétienne, le christianisme disait : l'enfant appartient à l'Église, et alors il institua pour l'enfant, non seulement pour l'enfant riche, — je le dis à son honneur, — mais tout autant pour l'enfant pauvre, un mode d'éducation dont le principe caractéristique était rigoureusement égalitaire. Au premier degré, on apprenait le catéchisme (*rires nombreux*) ; au second degré, on apprenait la langue sacrée, le latin, et puis, quand on avait appris ces deux choses, on savait tout ce qu'il importait de savoir dans la société chrétienne (*applaudissements et rires*) : on était un chrétien accompli, un savant, un *clerc*, on avait toute la science chrétienne.

Cet enseignement subsista pendant des siècles, puis il dégénéra, et, comme toutes choses, se décomposa. Ceux qui ont lu *Rabelais* peuvent se rappeler le premier chapitre de cette œuvre immortelle ; ils y verront, sous le titre de l'éducation de Gargantua, la plus comique parodie du système, avec le catalogue des livres vermoulus, des rudiments invraisemblables, des méthodes absurdes et grotesques qui formaient le fond de cette vieille pédagogie du moyen âge qui comptait Gargantua parmi ses plus beaux produits. (*Rires.*)

Après *Rabelais*, qui s'égayait sur ce sujet comme sur les autres, la critique austère se mit de la partie : entre autres, *Milton*, l'auteur du *Paradis perdu*, qui, comme vous le savez, a écrit sur toutes choses, sur la philosophie et sur la religion, car ce n'était pas seulement un poète, c'était un polémiste, un journaliste des plus passionnés et des plus féconds de son temps. Milton reprit avec chaleur la thèse que Rabelais avait esquissée ; il s'éleva avec éloquence contre ce système qui consiste, disait-il, à faire *ratisser* du latin aux jeunes générations pendant sept à huit ans, tandis qu'en un an ou deux on pourrait en voir la fin.

C'est qu'aussi, messieurs, à cette époque, le mouvement scientifique moderne faisait dans le monde sa première apparition ; et voilà ce qui donnait le coup mortel à l'éducation commune, arriérée et routinière de l'école chrétienne. D'une nouvelle direction de la pensée humaine, un nouveau système d'éducation devait sortir. Ce système se développa, se précisa avec le temps, et un jour il trouva son prophète, son apôtre, son maître dans la personne d'un des plus grands philosophes dont le dix-huitième siècle et l'humanité puissent s'honorer, dans un homme qui a ajouté à une conviction philosophique, à une valeur intellectuelle incomparable, une conviction républicaine, poussée jusqu'au martyre ; je veux parler de Condorcet. (*Applaudissements.*) C'est Condorcet qui, le premier, a formulé, avec une grande précision de théorie et de détails, le système d'éducation qui convient à la société moderne.

J'avoue que je suis resté confondu quand, cherchant à vous apporter ici autre chose que mes propres pensées, j'ai rencontré dans Condorcet ce plan magnifique et trop peu connu d'éducation républicaine. Je vais tâcher de vous en décrire les traits principaux : c'est bien, à mon avis, le système d'éducation normal, logique, nécessaire, celui autour duquel nous tournerons peut-être longtemps encore, et que nous finirons, un jour ou l'autre, par nous approprier.

Condorcet, d'abord, fondait l'enseignement sur une base scientifique. A ce moment, le vieil enseignement littéraire de l'Église avait encore de brillantes apparences; les collèges des jésuites formaient des élèves incomparables pour les vers latins et pour les exercices de mémoire; cette tradition, du reste, ne s'est pas interrompue : j'ai connu un jeune homme qui avait été élevé chez les jésuites et qui en avait rapporté un grand profit : il pouvait, en sortant de leur collège, réciter l'*Iliade* tout entière, les *douze chants*, en commençant par le dernier vers. (*Rires.*)

Condorcet exécute, en quelques mots, ce système classique qui n'est bon, dit-il, qu'à former des dialecticiens et des prédicateurs : il veut que désormais on forme des hommes et des citoyens.

Ce vieux système, messieurs, prenons-y garde, n'est pas si mort qu'on pourrait le croire; nous y avons tous passé, je parle pour moi au moins; sans remonter bien haut, il y a une vingtaine d'années, l'enseignement de l'Université française ressemblait singulièrement à celui des jésuites, et il semblait qu'on ne se proposât d'autre but dans les collèges que de former des gens capables d'exprimer leurs idées... et pour tout dire d'un mot, rien que deux espèces d'hommes : des journalistes et des avocats.

Je suis avocat, journaliste, et par conséquent je dois de grands égards à ces deux professions; seulement, je conviens, entre nous, que si l'humanité ne se composait que de journalistes et d'avocats, elle ferait une assez triste humanité. (*Applaudissements.*)

Non, ce qu'il faut former, ce ne sont pas des virtuoses assemblant des phrases avec art; ce sont des hommes et des citoyens! Cette idée domine tout le plan de Condorcet. C'est pourquoi il donne à l'enseignement général une base scientifique; il entendait par là non pas seulement les sciences mathématiques et naturelles, mais les sciences morales. Dans les pages consacrées à l'enseignement primaire, il est vraiment exquis de voir ce grand esprit se faisant petit pour les petits, expliquant que la lecture et l'écriture ne doivent être que les instruments de la première éducation morale, détaillant avec précision, avec tendresse, peut-on dire, la façon de confectionner le petit livre qui sera mis sous les yeux de ces petits enfants, les histoires que l'on y placera, les commentaires dont on doit les orner. Pour lui, la science morale doit se trouver au bas de l'échelle comme au sommet.

Ayant établi cette base, Condorcet y superposait trois étages : un enseignement primaire, un enseignement secondaire et un enseignement scientifique ou supérieur.

Dans sa pensée, ces trois degrés d'institution devaient être gratuits et communs à tous ; c'est là le côté grandiose de la conception ; ces trois degrés, qui s'étendent de 6 à 18 ans, comprennent d'abord l'enseignement primaire, qui va de 6 à 10 ans et qui se compose de la lecture, de l'écriture, de la morale, qui prend l'enfant dès le jeune âge, et qui a surtout pour but de lui révéler la grande famille à laquelle il appartient et qui s'appelle la patrie ; après la morale, le calcul, qui doit être poussé très loin, parce qu'il est nécessaire à tout le monde ; enfin, l'histoire naturelle la plus élémentaire, enseignée à l'enfance d'une façon toute particulière, analogue à la méthode actuelle des écoles primaires de l'Amérique du Nord.

J'entends par là un interrogatoire que le maître fait porter sur les choses, sur leur nature, sur leur provenance, sur les objets familiers, de manière à faire entrer dans l'esprit de l'enfant des notions exactes sur la composition et sur les usages des choses qui l'entourent.

Au second degré d'enseignement, — il y a là une conception profonde de la part de Condorcet, — le cours se divisait en deux parties, et cette division en deux parties avait cet avantage de résoudre un problème qui a préoccupé beaucoup d'esprits en ce temps-ci, qui les préoccupe encore, et qui va revenir, un jour ou l'autre, devant l'assemblée du pays : le problème de l'organisation de l'enseignement professionnel. Je crois qu'on n'a jamais touché de plus près la solution que Condorcet. Il établissait une instruction générale où l'on apprenait tout ce qu'il faut savoir de toutes les sciences, sans entrer dans le détail professionnel, et, à côté, des cours spéciaux entre lesquels l'élève pouvait choisir, qui fournissaient à chacun le moyen d'approfondir, au point de vue des professions diverses, les connaissances esquissées dans la section d'instruction générale.

Voilà ce que je voulais dire du système de Condorcet, et ce vaste enseignement, commun à tous les citoyens, qui prenait l'enfant à l'âge de 6 ans et qui le menait jusqu'à 18 ; ce vaste enseignement devait être GRATUIT, et le philosophe expliquait, par des raisons sur lesquelles je n'ai pas à revenir, comment cette gratuité était le seul système en harmonie avec une société démocratique. (*Applaudissements.*)

Le plan de Condorcet, ce qu'on a appelé l'utopie de Condorcet, survécut à son auteur. Il inspira toutes les discussions sur l'enseignement qui suivirent ; la Révolution a vécu là-dessus pendant longtemps.

A la Convention, Condorcet étant mort, de cette mort sublime que vous savez, après avoir écrit ce magnifique tableau *des Progrès de l'esprit humain*, qui est un des titres les plus glorieux de la pensée humaine, au dix-huitième siècle, son plan d'éducation fut l'objet des plus vives attaques ; on ne craignit pas de lui opposer un système trouvé dans les papiers de Lepelletier de Saint-Fargeau, ce conventionnel qui fut, comme vous le savez, assassiné dans un café par le garde du corps Pâris. Ce système était très long, très diffus, d'ailleurs tout à fait digne d'une république antique, une rêverie spartiate : le fond, c'était que l'enfant devait être enlevé à sa famille et appartenir à la République. Robespierre qui prétendait, uniquement parce qu'il n'en était pas l'auteur, que le plan de Condorcet n'avait aucune valeur, défendit, assez faiblement d'ailleurs, les conceptions de Lepelletier. Mais la Convention, qui était une assemblée d'un grand bon sens, les rejeta avec ensemble. Duhem, qui était montagnard, et non des moins farouches, s'écria : « Nous ne voulons pas de la république de Sparte, car Sparte n'était qu'un couvent » (il avait raison), et Grégoire dit : « Ce n'est pas par là que nous réformerons l'éducation ; l'enfant appartient à la famille, laissons-le lui, mais instituons un système nouveau d'éducation. *Reconstituons la nature humaine, en lui donnant une nouvelle trempe !* Il faut que l'éducation publique s'empare de la génération qui naît ! »

Donner une nouvelle trempe à l'humanité : tout le dix-huitième siècle est dans ces paroles : elles le peignent tout entier : philosophes et législateurs. Le dix-huitième siècle n'avait rêvé rien de moins que de régénérer l'humanité tout entière, et là, messieurs, seront sa gloire et son honneur éternels. (*Applaudissements chaleureux.*)

Malheureusement, messieurs, il manquait à ces grandes pensées le nécessaire, l'indispensable des grandes œuvres, l'argent ! La Convention n'était pas riche; il n'a jamais été donné, à un grand pays, de mener de front ces deux choses : la guerre et l'éducation du peuple. (*Applaudissements.*) Il faut choisir, et la Convention n'était pas libre dans son choix ; elle a sauvé la patrie, mais elle ne pouvait pas sauver l'éducation. On voit dans l'histoire de ce temps, si bien racontée par notre illustre maître, M. Carnot, que le Comité d'instruction publique de la Convention faisait des prodiges d'activité, qu'il rivalisait, à cet égard, avec le Comité de salut public, mais il n'en était pas moins le plus à court; l'argent manquait et on aboutit dans les derniers jours de la Convention, alors que l'enthousiasme républicain sortait un peu éteint de tant d'orages, à un projet tout à fait modeste qui ne comprenait que l'instruction primaire et qui avait le grand tort de ne pas la rendre obligatoire. Puis, les événements suivirent leur cours ; l'esprit public s'affaissa ; l'horizon devint de plus en plus sombre et plus sanglant ; l'Empire arriva : ce fut la nuit... (*Tonnerre d'applaudissements*), et, en fait d'instruction publique, le premier Empire ne nous donna que deux choses : l'école du peloton et l'école des frères ignorantins. (*Nombreux applaudissements.*)

Oui, messieurs, on trouve, une fois, dans les budgets du premier Empire, une subvention magnifique, digne de ce grand gouvernement, une subvention de 4654 fr. pour les frères ignorantins ! Et c'est tout ce que fit l'Empire pour l'instruction du peuple!

Depuis, vous savez quels efforts ont été faits, et combien les résultats laissent à désirer, malgré tant d'apôtres de l'enseignement populaire qui se sont rencontrés dans ce grand pays de France, et qui n'ont certes, comme celui qui nous préside à cette heure, marchandé à cette sainte cause ni le courage, ni l'éloquence. (*Bravo ! Bravo !*)

Nous n'avons pas renoncé aux traditions de Condorcet; nous cherchons à les réaliser sans y parvenir ; mais voici un phénomène admirable, et c'est surtout pour vous le décrire que je suis venu à cette tribune. Cette tradition qui sortait des entrailles, de l'esprit et du génie français; cette tradition, qui était l'œuvre propre et glorieuse du dix-huitième siècle, eh bien, où fleurit-elle, où rayonne-t-elle à cette heure, de façon à nous éblouir et à nous confondre? Par delà les mers, dans la libre et républicaine Amérique.

Il se passe là une chose curieuse, admirable, et qui, comme Français, me ravit; il y a là un système d'éducation qui est la réalisation, mot pour mot, du plan de notre grand Condorcet. Tout s'y retrouve, non pas sous la forme de ces plans qui honorent les assemblées qui les émettent, alors même qu'elles ne peuvent pas les réaliser, mais dans la vérité, dans la réalité, dans la pratique des choses. Tout s'y retrouve : d'abord l'enseignement à base scientifique, puis l'enseignement gradué comme le voulait Condorcet, et qui dure le même nombre d'années, qui prend l'enfant à six ans, et qui ne le laisse qu'à quinze ans.

Cet enseignement américain se divise en trois degrés, de quatre ans chacun. Par suite, il y a, en Amérique, trois sortes d'écoles publiques. Toutes les écoles dont je vais parler sont publiques, subventionnées non par l'État : — en Amérique, l'État est un pauvre (*rires*); — c'est la commune qui est riche, et c'est elle qui paye, en grande partie, toutes ces écoles ouvertes à tous.

Les trois degrés s'appellent : l'enseignement primaire, l'enseignement de grammaire (*grammar school*), et le haut enseignement (*high school*). C'est exactement l'idée de Condorcet. Ces trois espèces d'écoles sont également répandues sur tout le territoire, et l'Amérique fait preuve en cela d'une singulière puissance. La loi impose à toute commune (*township*, petit district), d'avoir non seulement une école primaire, — cela c'est bon pour la France, mais comme il convient à cette grande Amérique, où tout se taille dans le grand, chaque commune est obligée d'avoir une haute école. Cela vous étonne, messieurs; moi aussi, j'ai été surpris, et j'ai cru, en vérité, lire quelque beau roman social, ou quelque conte de fée. Eh bien, non ; cette découverte a été faite, elle est authentique, officielle, et elle est consignée dans le plus officiel de tous les documents : un rapport fait au ministre de l'Instruction publique par un honorable inspecteur de l'Université, professeur à la

Faculté des lettres, M. Hippeau, que M. Duruy avait envoyé en Amérique en mission spéciale. Cet homme excellent, mais, en sa qualité d'universitaire français, ayant bien, comme vous pensez, quelques préjugés, pouvait juger l'Amérique en complète impartialité. Il en convient, il ne se doutait pas de ce qu'il allait rencontrer ; mais aussi comme il a bien vu, comme il a bien dit, et comme il ne marchande pas les éloges aux choses qu'il a vues ! C'est un guide sur lequel on peut se reposer. C'est lui qui nous explique ce grand phénomène de la gratuité de l'enseignement, en Amérique, non seulement pour l'enseignement primaire, non seulement pour l'enseignement secondaire, non seulement pour l'enseignement que nous appelons supérieur dans notre langue à nous, non seulement pour l'enseignement spécial et professionnel, mais pour une partie du haut enseignement humanitaire. En effet, il y a en Amérique, dans toutes les cités qui comptent cinq cents familles, une école dans laquelle on apprend, en premier lieu, toutes les sciences positives qui font l'objet de nos trois degrés d'enseignement français, où l'on apprend, en second lieu, du latin et du grec tout ce qu'il importe d'en savoir ; on n'apprend pas à faire les vers latins, mais on apprend à lire les auteurs latins qui ne sont pas trop difficiles. Voilà ce qui est enseigné gratis à *sept millions d'enfants*, tandis qu'en France nous comptons 500 000 enfants qui fréquentent les écoles primaires. L'Amérique a 200 000 écoles publiques et gratuites ; l'Amérique a un budget de l'instruction publique, qui n'est pas le budget de la République américaine, mais qui est le budget des différents États, et surtout le budget des communes, et la somme totale est, savez-vous de combien ? C'est admirablement effrayant : la libre Amérique dépense tous les ans 450 millions pour les écoles publiques, et, moyennant ces 450 millions, on ouvre généreusement toutes les grandes sources du savoir humain à sept millions d'enfants, et l'on donne à ces sept millions d'enfants de toutes les classes une instruction qui n'est reçue que par le petit nombre des enfants de la bourgeoisie de France. (*Applaudissements.*)

Et ce n'est pas tout, messieurs : il n'y a pas seulement l'instruction gratuite, commune et publique ; il existe, côte à côte des pensions payantes ; il y a de grands collèges, des académies,

des universités, des fondations particulières, à nous faire
rentrer sous terre d'humiliation.

Comment subvient-on à de si grandes dépenses? Voici le
secret de ce budget. D'abord, dans tous les États nouveaux, le
Congrès a décidé, il y a environ vingt ans, que le trente-sixième
de la surface de chaque commune appartiendrait à l'école.
Dans ce pays où la terre abonde, et où elle se divise géométri-
quement, chaque commune formant un carré, comprend environ
six milles de superficie, soit deux de nos lieues carrées ; chaque
carré communal est divisé en trente-six parties égales et l'une
de ces parties appartient à l'école. Voilà la première source.

Seconde source : Il y a une quinzaine d'années, le budget de
la république fédérale se trouva possesseur d'un excédent de
150 millions. Voilà de ces choses qui ne se rencontrent qu'en
Amérique (applaudissements. La république américaine fut fort
embarrassée, vous le comprenez : 150 millions de trop, dont on
ne sait que faire : elle n'hésita pas, elle les restitua aux États,
en les priant seulement de les employer au chapitre de l'instruction publique.

Toutefois, d'après les calculs de M. Hippeau, ces deux ressources, si considérables qu'elles soient, ne représentent pas,
pour l'année 1866, le onzième de la dépense totale de l'instruction publique : de telle sorte que le reste de cette dépense a
été fait par des taxes locales, levées sur la propriété. Messieurs,
il y a là un grand spectacle et un grand enseignement, et s'il
en est ainsi, la situation de l'enseignement public en Amérique
peut se résumer dans les termes suivants :

En Amérique, le riche paye l'instruction du pauvre. Et je me
permets de trouver cela juste. (Applaudissements.)

Messieurs, il y a deux manières de comprendre, en ce monde,
le droit de la richesse: il y a celle du riche content de lui, qui
s'étale dans son bien-être, et qui éclabousse le pauvre, en
disant comme le pharisien de l'Évangile : « Mon Dieu, que je
vous remercie de ne pas m'avoir fait naître parmi ces misérables ! » Celui-là est un satisfait ; il estime qu'il est dans son
droit, et que personne au monde n'a rien à lui demander ;
laissons-le s'épanouir dans sa tranquillité ; mais, sans mettre
en question aucun principe social, disons que les âmes délicates se font une autre idée du devoir de la richesse. Celui-là

est bien étranger aux délicatesses de l'âme humaine, qui n'a jamais été frappé de ce qu'il y a d'inouï et de choquant dans la répartition des biens de ce monde ! Pour moi, je l'avoue, ce trouble de conscience, cette secrète inquiétude qu'inspire le spectacle de l'extrême inégalité des conditions, je l'éprouve depuis que j'ai l'âge de raison, et je me suis fait un devoir, c'est de chercher à atténuer, autant qu'il sera en moi, ce privilège de la naissance, en vertu duquel j'ai pu acquérir un peu de savoir, moi qui n'ai eu que la peine de naître, tandis que tant d'autres, nés dans la pauvreté, sont fatalement voués à l'ignorance. (*Bravo ! bravo !*)

Aussi, je le dis bien haut : il est juste, il est nécessaire que le riche paye l'enseignement du pauvre, et c'est par là que la propriété se légitime, et c'est ainsi que se marquera ce degré d'avancement moral et de civilisation, qui, peu à peu, substitue au droit du plus fort ou du plus riche, *le devoir du plus fort !* (*Applaudissements.*)

Tel est, messieurs, l'enseignement américain ; il a un dernier caractère auquel je tiens par-dessus toutes choses : c'est la liberté. Il est libre, et libre au point de ne laisser qu'une très petite place à une institution française, à ce système de l'internat, pour lequel je professe une horreur profonde : l'internat est très rare en Amérique, et, dans tous les cas, il ne s'applique jamais aux enfants d'un âge tendre, mais seulement à de grands garçons, et sans jamais prendre avec eux, comme on le fait chez nous, le caractère de la servitude et les allures de la caserne. (*Applaudissements.*)

Et savez-vous pourquoi cet enseignement a pour trait principal la liberté ? C'est qu'il dépend par-dessus tout de la commune, de la généralité des habitants et de ses élus, et non d'une administration quelconque.

Les communes sont, comme je l'ai déjà dit, des groupes occupant, en moyenne, deux lieues carrées ; la population choisit elle-même son bureau d'instruction publique, ses *select-men*, comme on dit, les uns chargés des finances, les autres du matériel, les autres de la surveillance des maîtres et des études. Et c'est comme cela qu'il y a, tout compte fait, sur la surface de l'Union Américaine, 500 000 citoyens qui se consacrent volontairement à la direction, à la surveillance, au progrès de

l'enseignement. Loin d'en être amoindrie, l'initiative individuelle en est surexcitée, et l'on a souvent des exemples comme
celui que je vais vous conter.

M. Vassart était brasseur dans une petite cité, dont je n'ose
pas vous dire le nom, car je prononce trop mal l'anglais; cet
honnête homme, devenu fort riche à fabriquer de la bière, eut
un jour le désir de fonder une école de troisième degré pour
l'éducation des filles. Il s'en vint trouver le bureau d'enseignement, portant sous le bras une petite cassette; il fit un petit
discours, puis il tira de sa boîte la modeste somme de 2 500 000
francs, prélevée sur ses économies. Il l'offrait pour construire
un collège de jeunes filles, avec les mêmes programmes que les
collèges de garçons.

Bientôt s'élève sur les bords de l'Hudson, dans cette petite
ville que je ne sais pas nommer, un palais magnifique; il est
bâti sur le modèle et les dimensions du palais des Tuileries; il
peut recevoir 400 jeunes filles qui y trouvent tout ce qu'il faut
pour leur instruction, non point l'éducation futile des pensions
de demoiselles, mais cette éducation égale, virile, qu'on réclame
ardemment pour elles dans notre pays.

Je me demande pourquoi nos mœurs sont si éloignées de ces
mœurs généreuses de la libre Amérique? Ce n'est pas que nous
soyons moins riches; la richesse de la France — ceux qui
nous gouvernent l'ont dit — est inépuisable, et la preuve qu'ils
ont raison de le dire, c'est qu'ils ne l'ont pas épuisée (*Applaudissements*); mais ce qui nous manque, c'est l'habitude, le bon
vouloir, la mode et, aussi, la liberté des fondations. Et c'est
pour cela que nous admirerons longtemps encore l'Amérique
sans rivaliser avec elle. Et c'est pour cela que cette noble
utopie, qui n'est pourtant qu'une idée française, dans son origine aussi bien que dans ses détails, il n'a pas été donné à la
France de la réaliser!

C'est aussi qu'ici-bas, messieurs, on ne saurait cumuler les
gloires de la guerre avec les gloires de la paix, et que, quand
on donne 700 millions par an au budget de la guerre, il n'est
point étonnant que l'on n'en trouve plus que 50 pour l'instruction du peuple! Il est triste de mettre nos misérables
chiffres à côté des chiffres grandioses de la jeune Amérique. Il
est humiliant de constater que la seule ville de New-York

dépense 18 millions par an pour l'instruction du peuple, tandis que la Ville de Paris, la cité opulente par excellence, la reine de l'esprit et des arts, la Ville historique qui a fait tant de choses et de si formidables, pour le peuple, et par le peuple, ne trouve à donner que 7 millions à l'éducation populaire. (*Applaudissements.*)

Je commence, messieurs, à abuser de votre bienveillante attention, et pourtant je ne suis pas au bout de la tâche que je m'étais tracée ; je ne puis pas la laisser, à ce point : car réclamer l'égalité d'éducation pour toutes les classes, ce n'est faire que la moitié de l'œuvre, que la moitié du nécessaire, que la moitié de ce qui est dû ; cette égalité, je la réclame, je la revendique pour les deux sexes, et c'est ce côté de la question que je veux parcourir maintenant en peu de mots. La difficulté, l'obstacle ici n'est pas dans la dépense, il est dans les mœurs ; il est, avant toutes choses, dans un mauvais sentiment masculin. Il existe dans le monde deux sortes d'orgueil : l'orgueil de la classe et l'orgueil du sexe ; celui-ci beaucoup plus mauvais, beaucoup plus persistant, beaucoup plus farouche que l'autre ; cet orgueil masculin, ce sentiment de la supériorité masculine est dans un grand nombre d'esprits, et dans beaucoup qui ne l'avouent pas ; il se glisse dans les meilleures âmes, et l'on peut dire qu'il est enfoui dans les replis les plus profonds de notre cœur. Oui, messieurs, faisons notre confession ; dans le cœur des meilleurs d'entre nous, il y a un sultan (*rires nombreux*) ; et c'est surtout des Français que cela est vrai. Je n'oserais pas le dire, si, depuis bien longtemps, les moralistes qui nous observent, qui ont analysé notre caractère, n'avaient écrit qu'en France il y a toujours, sous les dehors de la galanterie la plus exquise, un secret mépris de l'homme pour la femme. C'est vraiment là un trait du caractère français, c'est un je ne sais quoi de fatuité que les plus civilisés d'entre nous portent en eux-mêmes : tranchons le mot, c'est l'orgueil du mâle (*rires*). Voilà un premier obstacle à l'égalisation des conditions d'enseignement pour les deux sexes.

Il en existe un second, qui n'est pas moins grave, et celui-là, il vient de vous, mesdames, car cette opinion qu'ont les hommes de leur supériorité intellectuelle, c'est vous qui l'encouragez tous les jours, c'est vous qui la ratifiez (*rires*). Oui...

oui, mesdames, je le sais, vous la ratifiez, vous êtes sur ce point-là en plébiscite perpétuel. (*Applaudissements et rires.*)

Vous acceptez ce que j'appellerai, non pas votre servitude, mais, pour prendre un mot très juste, qui est celui de Stuart Mill, vous acceptez cet *assujettissement* de la femme qui se fonde sur son infériorité intellectuelle, et on vous l'a tant répété, et vous l'avez tant entendu dire, que vous avez fini par le croire. Eh bien, vous avez tort, mesdames, croyez-moi, et, si nous en avions le temps, je vous le prouverais.

Lisez du moins le livre de M. Stuart Mill sur l'*assujettissement des femmes*, il faut que vous le lisiez toutes : c'est le commencement de la sagesse ; il vous apprendra que vous avez les mêmes facultés que les hommes. Les hommes disent le contraire, mais en vérité, comment le savent-ils ? C'est une chose qui me surpasse. Diderot disait : Quand on parle des femmes, il faut tremper sa plume dans l'arc-en-ciel, et secouer sur son papier la poussière des ailes d'un papillon ; c'est une précaution que ne prennent pas, en général, les hommes, quand ils parlent des femmes ; non ! ils ont tous une opinion exorbitante sur ce point.

Les femmes, dites-vous, sont ceci et cela. Mais, mon cher Monsieur, qu'en savez-vous ? pour juger ainsi toutes les femmes, est-ce que vous les connaissez ? Vous en connaissez une, peut-être, et encore ! (*Rires.*)

Apprenez qu'il est impossible de dire des femmes, êtres complexes, multiples, délicats, pleins de transformations et d'imprévu, de dire : elles sont ceci ou cela ; il est impossible de dire, dans l'état actuel de leur éducation, qu'elles ne seront pas autre chose, quand on les élèvera différemment. Par conséquent, dans l'ignorance où nous sommes des véritables aptitudes de la femme, nous n'avons pas le droit de la mutiler. (*Applaudissements*).

L'expérience, d'ailleurs, démontre le contraire de ce préjugé français ; et c'est encore l'Amérique qui nous en fournit la preuve. M. Hippeau est allé à Boston, à Philadelphie, à New-York ; il a visité des établissements dans lesquels sont réunies des jeunes filles destinées aux hautes études ; des établissements mixtes où les jeunes filles et les jeunes garçons, par un phénomène extraordinaire, sont réunis sous l'œil d'un même maître, et cela sans aucun inconvénient pour la morale, — il faut le dire à l'honneur de cette race américaine que nous traitons parfois de si haut, que nous jugeons de loin un peu sauvage. En France, on a considéré comme un grand progrès de supprimer les écoles mixtes. En Amérique, la femme est tellement respectée qu'elle peut aller seule de Saint-Louis à New-York sans courir le risque d'une offense, tandis que chez nous une mère ne laisserait pas aller sa fille de la Bastille à la Madeleine avec la même confiance. (*Rires.*)

Dans ces écoles dont je vous parlais tout à l'heure, 12 ou 1500 jeunes gens des deux sexes se livrent aux mêmes études ; heureux sujet de comparaison : M. Hippeau l'a faite avec soin, il a voulu tout voir, s'informer de tout ; et, après avoir interrogé les professeurs et les élèves, il déclare qu'il est impossible de reconnaître une différence quelconque entre les aptitudes de la jeune fille et celles du jeune homme; qu'ils sont égaux en intelligence, qu'il y a des élèves forts et des élèves faibles dans les deux sexes, en proportion égale ; et j'en conclus que l'expérience est faite, et que l'égalité d'éducation n'est pas seulement un droit pour les deux classes, mais aussi pour les deux sexes.

C'est, à mon avis, dans cette limite que le problème posé aujourd'hui, de l'égalité de la femme avec l'homme, devrait être restreint. Procédons par ordre, commençons la réforme par le commencement ; on nous dit qu'il faut donner aux femmes les mêmes droits, les mêmes fonctions ; je n'en sais rien, je n'en veux rien savoir ; je me contente de revendiquer pour elles ce qui est leur droit, ce qu'on veut leur donner aujourd'hui, et le libre concours fera le reste.

Les femmes américaines se montrent du reste très propres à certaines fonctions. M. Hippeau raconte qu'il eut l'honneur d'être présenté à une doctoresse de médecine de Philadelphie, et c'était un excellent médecin, très bien occupé, très bien payé. Il y a 800 femmes médecins en Amérique, 200 000 institutrices, et cela prouve jusqu'à l'évidence que, du moment où les femmes auront droit à une éducation complète, semblable à celle des hommes, leurs facultés se développeront, et l'on s'apercevra qu'elles les ont égales à celles des hommes. (*Applaudissements.*)

Mon Dieu, mesdames, si je réclame cette égalité, c'est bien

moins pour vous que pour nous, hommes. Je sais que plus d'une femme me répond, à part elle : Mais à quoi bon toutes ces connaissances, tout ce savoir, toutes ces études? à quoi bon? Je pourrais répondre : à élever vos enfants, et ce serait une bonne réponse, mais comme elle est banale, j'aime mieux dire : à élever vos maris. (*Applaudissements et rires.*)

L'égalité d'éducation, c'est l'unité reconstituée dans la famille.

Il y a aujourd'hui une barrière entre la femme et l'homme, entre l'épouse et le mari, ce qui fait que beaucoup de mariages, harmonieux en apparence, recouvrent les plus profondes différences d'opinion, de goûts, de sentiments ; mais alors ce n'est plus un vrai mariage, car le vrai mariage, messieurs, c'est le mariage des âmes. Eh bien, dites-moi s'il est fréquent ce mariage des âmes? dites-moi s'il y a beaucoup d'époux unis par les idées, par les sentiments, par les opinions? Il se rencontre beaucoup de ménages où les deux époux sont d'accord sur toutes les choses extérieures, où il y a communauté absolue entre eux sur les intérêts communs; mais quant aux pensers intimes et aux sentiments, qui sont le tout de l'être humain, ils sont aussi étrangers l'un à l'autre que s'ils n'étaient que de simples connaissances. (*Applaudissements.*)

Voilà pour les ménages aisés. Mais dans les ménages pauvres, quelles ressources, si quelque savoir reliait la femme à son mari ! Au lieu du foyer déserté, ce serait le foyer éclairé, animé par la causerie, embelli par la lecture, le rayon du soleil qui colore la triste et douloureuse réalité. Condorcet l'avait bien compris, et il disait : que l'égalité d'éducation ferait de la femme de l'ouvrier, en même temps que la gardienne du foyer, la gardienne du commun savoir. (*Très bien ! très bien !*)

Dans tous les cas, il faut bien s'entendre, et bien comprendre que ce problème de l'éducation de la femme se rattache au problème même de l'existence de la société actuelle.

Aujourd'hui, il y a une lutte sourde, mais persistante entre la société d'autrefois, l'ancien régime avec son édifice de regrets, de croyances et d'institutions qui n'acceptent pas la démocratie moderne, et la société qui procède de la Révolution française ; il y a parmi nous un ancien régime toujours persistant, actif, et quand cette lutte, qui est le fond même de l'anarchie moderne, quand cette lutte intime sera finie, la lutte politique sera terminée du même coup. Or, dans ce combat, la femme ne peut pas être neutre ; les optimistes, qui ne veulent pas voir le fond des choses, peuvent se figurer que le rôle de la femme est nul, qu'elle ne prend pas part à la bataille, mais ils ne s'aperçoivent pas du secret et persistant appui qu'elle apporte à cette société qui s'en va et que nous voulons chasser sans retour. (*Applaudissements.*)

C'était bien là la pensée, à une époque récente, d'un ministre, dont je puis bien dire un peu de bien, maintenant qu'il est tombé, l'ayant beaucoup attaqué quand il était debout. Quand M. Duruy voulut fonder l'enseignement laïque des femmes, vous souvenez-vous de cette clameur d'évêques, de cette résistance qui le fit reculer et qui entrava son œuvre ? Que cet exemple soit pour nous un enseignement ; les évêques le savent bien : celui qui tient la femme, celui-là tient tout, d'abord parce qu'il tient l'enfant, ensuite parce qu'il tient le mari ; non point peut-être le mari jeune, emporté par l'orage des passions, mais le mari fatigué ou déçu par la vie. (*Nombreux applaudissements.*)

C'est pour cela que l'Église veut retenir la femme, et c'est aussi pour cela qu'il faut que la démocratie la lui enlève ; il faut que la démocratie choisisse, sous peine de mort ; il faut choisir, Citoyens : il faut que la femme appartienne à la Science, ou qu'elle appartienne à l'Église. (*Applaudissements répétés.*)

La fermeture de l'École de médecine.

M. Jules Ferry a toujours été populaire parmi cette élite de jeunes gens qui fréquentent les cours de nos Facultés et représentent l'espoir du pays. Dans les périodes de troubles politiques, lorsque les masses peu cultivées, qui avaient aussi injurié Gambetta, poursuivaient de leur haine aveugle l'homme à qui la France doit la Tunisie et le Tonkin, ainsi que le prodigieux développement de l'instruction populaire, les étudiants parisiens ont constamment témoigné à l'ancien député du VI° arrondissement une respectueuse admiration. Entre lui et eux, a constamment existé un courant de sympathie profonde. Dès 1870, M. Jules Ferry s'était constitué le défenseur des étudiants. Dans la séance du 12 avril [1], il prit la parole

1. *Journal officiel* du 13 avril 1870.

pour protester contre la fermeture par le ministre de l'Instruction publique, M. Segris, de la Faculté de médecine, à la suite des manifestations dirigées contre M. Tardieu. Cette mesure interrompait les études de deux mille jeunes gens. M. Jules Ferry s'exprima en ces termes :

M. JULES FERRY. — Messieurs, je voudrais adresser une question à M. le ministre de l'Instruction publique.

Je viens appeler son attention sur la situation actuelle de l'École de médecine. C'est un sujet beaucoup moins brûlant que tous ceux qui nous occupent depuis quelques jours, mais il n'est jamais indifférent que deux mille jeunes gens se trouvent, privés d'études, sur le pavé de Paris. (*Mouvements divers.*)

Vous savez qu'à la suite de tumultes violents et réitérés, dont je n'entends en aucune manière prendre la défense, M. le ministre de l'Instruction publique a signé un arrêté qui ferme d'une manière absolue, pendant le délai d'un mois, les cours, les bibliothèques et jusqu'aux cliniques des hôpitaux.

Je ne veux pas examiner l'origine du conflit survenu entre les élèves de l'école et un de leurs professeurs. (*Parlez !*)

Le fond du débat n'appartient en rien à cette Chambre.

Quelques membres. — Mais si ! au contraire.

M. JULES FERRY. — J'en dirai seulement ce simple mot : c'est qu'il ne faut pas croire — et je vous prie de considérer que je n'apporte ici que des renseignements sérieusement et personnellement contrôlés — il ne faut pas croire, comme se l'imagine une partie du public, que les troubles de l'École de médecine soient l'effet d'une turbulence sans motif ou d'une passion politique.

Au fond, messieurs, dans ce conflit, dont je ne veux pas vous faire juge, parce qu'il ne nous appartient pas, j'affirme qu'il y a chez les étudiants, sous une forme violente sans doute et que personne ne peut défendre, un sentiment délicat et tout professionnel ; ils croient, à tort ou à raison, que les rapports des médecins légistes avec le parquet, avec l'accusation dans les affaires criminelles, n'ont pas toujours conservé toute la réserve et toute la retenue obligatoires.

Voilà le sentiment qui se traduit, je le répète, d'une manière violente, inconsidérée ; mais c'est un sentiment élevé et juste au fond qui est dans l'esprit des étudiants de l'École de médecine (*Mouvements divers.*)

M. Glais-Bizoin. — C'est vrai!

M. Jules Ferry. — A la suite de ces tumultes, le ministre de l'Instruction publique a donc, comme j'avais l'honneur de le dire à la Chambre, fermé les cours, et de plus, suspendu tous les examens.

Je voudrais appeler son attention sur les deux parties de la mesure.

D'abord, quant à la fermeture des cours, est-il bien sûr que cette mesure soit légale? est-il bien sûr qu'elle soit équitable? Est-il bien sûr qu'elle soit habile?

Je crois d'abord la légalité de la mesure très douteuse. J'ai étudié avec beaucoup d'attention les règlements universitaires et notamment celui de 1823, qui régit l'École de médecine; j'y ai vu des pénalités prévues et échelonnées avec un très grand soin; j'ai remarqué que ce code pénal de l'École de médecine fut précisément édicté au lendemain d'une époque très troublée, et tumultueuse à ce point que, l'année d'avant, en 1822, l'École de médecine avait été brisée et supprimée par le ministre de l'Instruction publique, à raison des orages qui s'étaient produits à la séance de rentrée. On avait donc, en 1823, mis le plus grand soin à prévoir, à édicter, à échelonner les diverses pénalités. Eh bien, je trouve dans le nombre des pénalités soit individuelles, comme l'exclusion temporaire, soit collectives comme la privation d'inscriptions pour la totalité des élèves qui suivent un cours, lorsqu'il est impossible de retrouver l'auteur et le coupable du tumulte. Mais je n'ai trouvé nulle part cette mesure, véritablement exorbitante, qui consiste à fermer tous les cours à la fois, et à briser les études de deux mille élèves pendant un temps plus ou moins long, parce qu'un seul cours, qui n'intéresse qu'une petite partie des élèves et qui ne s'adresse, dans le cas actuel, qu'aux élèves de quatrième année, aura été troublé par le tumulte, par l'outrage, par des actes d'insubordination commis envers le professeur.

Mais la légalité de l'arrêté me semble plus contestable encore, et je prierai M. le ministre de l'Instruction publique de l'examiner de plus près, quand il s'agit des examens, c'est-à-dire de la collation des grades.

Comment! voilà la situation qui est faite, dès à présent, à l'École de médecine de Paris, c'est-à-dire au plus grand nombre des candidats aux grades qui sont, dans notre pays, une condition essentielle de l'exercice de la médecine, puisque c'est l'École de médecine de Paris qui reçoit le plus grand nombre de médecins dans le courant de l'année.

Eh bien, par le fait qu'un cours, un seul cours, a été troublé pendant deux ou trois séances, voilà les deux tiers des personnes qui se consacrent à la médecine de ce pays, hors d'état de passer leurs examens; de sorte que, si, — ce qui, je l'espère, n'arrivera pas, — le même tumulte se reproduit, et si la mesure prise par M. le ministre de l'Instruction publique passe en habitude et en jurisprudence, il arriverait que l'État, qui s'est arrogé, dans ce pays, le droit de donner seul les grades, ne pourrait plus remplir cet office public. Et je trouve que l'État a bien fait, car j'estime que, même avec la liberté de l'enseignement, la collation des grades doit être réservée à l'État, à l'administration. Ainsi, voilà l'État qui cesse de remplir cette fonction essentielle; le voilà qui ferme les cours et les examens, et qui prive un grand nombre de citoyens du droit d'exercer la médecine, en même temps qu'il prive de médecins une partie de la population. Je dis que c'est une illégalité.

J'ajoute, et c'est ma dernière observation, que la mesure n'est peut-être pas d'une habileté heureuse; à mon sens, loin d'apaiser les esprits, elle ne peut que les aigrir, et il pourrait arriver, — ce que je considérerais comme un très grand malheur, — qu'il se creusât un fossé entre toute cette jeunesse, qui peut être bouillante, indisciplinée à ses heures, mais qui est très généreuse dans le fond, et une école pour laquelle je professe un grand respect, car elle compte dans son sein, en grand nombre, des esprits libres et éminents. (*Vive approbation à gauche.*)

Après la réponse du ministre qui invoqua la nécessité de maintenir l'ordre et de faire respecter les professeurs, M. Jules Ferry remonta à la tribune pour insister sur la question de légalité.

M. JULES FERRY. — Je demande à ajouter un mot. (*Assez! assez!*)

M. LE PRÉSIDENT MÈGE. — Il me semble que l'incident doit être considéré comme clos : une question a été adressée et il a été répondu. (*Interruption à gauche.*)

M. JULES FERRY. — Je demande à dire un seul mot sur la question de légalité, qui est la seule sur laquelle le débat puisse s'établir d'une façon fructueuse, parce que tout ce qui appartient à l'arbitraire ministériel, nous pouvons le critiquer, mais l'arbitraire ministériel reste le maître dans les choses qui sont de son ressort. Ce que je soutiens, c'est qu'il n'entre pas dans les attributions ministérielles de fermer l'École et de suspendre les examens.

M. le ministre a dit deux choses. Il a cité un précédent d'abord ; il a dit qu'en 1822 on avait fermé l'École. Voici ce qui s'est passé en 1822. (*Assez ! assez !*) Messieurs, c'est très court, et je ne fais pas de phrases...

En 1822, une ordonnance royale a, non pas fermé, mais supprimé l'École, supprimé les professeurs, et réorganisé l'École sur de nouvelles bases. Cela c'est légal. Voulez-vous le faire ? Parce qu'il y aura eu cinquante tapageurs au cours de M. Tardieu, allez-vous détruire l'École, supprimer les professeurs, anéantir les examens et réorganiser le tout ? Cela n'est pas soutenable.

Maintenant, vous demandez ce qu'il fallait faire. Permettez-moi de dire qu'il y a dans le code universitaire un certain nombre de mesures beaucoup moins graves que celle à laquelle vous avez eu recours, et que vous auriez pu employer. D'abord, vous auriez pu fermer la porte du cours à tous ceux qui n'ont pas besoin d'y pénétrer, ce qui eût réduit infiniment le nombre des assistants, car ce cours n'est exigé que pour les élèves de quatrième année.

Vous pouviez ensuite, appliquant l'article 35 de l'ordonnance de 1823, faite pour ce cas spécial, rétablir l'ordre par des punitions individuelles, ou si les punitions individuelles étaient impossibles, — je parle des punitions académiques individuelles, — le second paragraphe de l'article 35 vous autorisait à priver d'inscription la totalité des élèves du cours. C'est un châtiment assez rigoureux, puisqu'il y a toujours, en pareil cas, des innocents qui payent pour les coupables. Mais ce moyen devait passer avant les mesures extrêmes ; vous ne l'avez pas employé, et c'est pour cela que je vous ai interpellé. (*Approbation à gauche.*)

La Justice sous l'Empire.

Le lendemain [1], M. Jules Ferry s'en prenait au garde des sceaux Émile Ollivier, qui, tout entier à la préparation du plébiscite, destiné à ratifier le sénatus-consulte du 20 avril, venait d'inviter la Chambre à s'ajourner à partir du 14 avril jusqu'au jeudi qui suivrait le vote plébiscitaire. L'interpellation de M. Jules Ferry portait sur l'état de l'instruction, en ce qui concerne le fameux complot contre la sûreté de l'État et la vie de l'Empereur que l'opposition attribuait à l'imagination féconde de M. Piétri. Le dialogue entre la gauche et le garde des sceaux ne manqua pas de vivacité :

M. JULES FERRY. — Messieurs, j'ai demandé la parole pour adresser une question à M. le garde des sceaux.

Lorsque je lui ai fait part hier, à la fin de la séance, de l'intention où j'étais de l'interpeller aujourd'hui sur l'état de l'instruction, en ce qui concerne le grand complot, M. le garde des sceaux s'écria avec un dédain superbe (*Rumeurs*) qu'il me prévenait d'avance qu'il ne me répondrait pas.

Cette déclaration n'a pas pourtant changé mon intention.

M. LE GARDE DES SCEAUX. — Si je vous ai bien compris, vous aviez dit que vous m'interrogeriez sur le fameux complot.

M. JULES FERRY. — Mon intention est de vous interroger sur l'état de l'instruction, en ce qui concerne le complot, et j'imagine difficilement qu'un député puisse ici poser au garde des sceaux une question relative au complot et qui touche à autre chose qu'à l'état de l'instruction.

M. LE GARDE DES SCEAUX. — Je vous répondrai sur ce point.

M. JULES FERRY. — Voici donc ma question : Est-il vrai qu'à la date des 7 et 8 février dernier, une instruction, qui n'est pas encore près de se terminer, ait été commencée, et qu'à ses débuts cette instruction ait impliqué 450 accusés ?

Est-il vrai que la plupart des personnes arrêtées l'ont été en

1. Séance du 13 avril. *Journal officiel* du 14.

vertu de mandats délivrés par M. le préfet de police, avec cette circonstance que le plus grand nombre de ces mandats, suivant un usage déplorable, mais qui tend malheureusement à passer dans la pratique de l'administration, que la plupart de ces mandats, dis-je, étaient délivrés en blanc?

Est-il vrai qu'un grand nombre de ces mandats d'amener avaient été lancés à la légère, à ce point que les journalistes qui avaient été l'objet de ces mesures de rigueur, ont été renvoyés, après une détention qui a varié entre quinze jours et trois semaines, sans avoir été interrogés?

Est-il vrai qu'après avoir compris à l'origine 450 personnes, cette inculpation de complot contre la sûreté de l'État et contre la vie de l'Empereur s'est réduite au chiffre, plus modeste, mais encore redoutable, de 71 personnes?

Est-il vrai que, depuis, un certain nombre de ces 71 personnes ont été mises en liberté, mais que le vide a été presque aussitôt comblé par de nouvelles arrestations?

Est-il vrai enfin que cette instruction, qui a commencé le 8 février dernier, en est seulement à ce point qu'il faudra six semaines encore, si l'on en croit une note qui a paru dans les journaux judiciaires, pour qu'elle aboutisse à sa solution juridique?

Je demande si ces faits sont vrais, s'ils sont à la connaissance de M. le garde des sceaux, et, s'ils sont à sa connaissance, je demande s'il les approuve.

Il est bon que chacun sache, dans la Chambre et dans le pays, si le Gouvernement approuve un ensemble de pratiques qui aboutit à remplacer les habitudes régulières de la justice par de véritables coups de filet, dirigés par la police. (*Très bien! à gauche. — Réclamations sur plusieurs bancs*); par des pratiques qui ont cette conséquence qu'au lieu de rechercher les indices avant de faire les arrestations, comme la loi et l'équité l'ordonnent, on commence par arrêter les gens, en masse et sans preuves, et l'on cherche les preuves à loisir, quand on les tient sous les verroux? (*Très bien! à gauche.*)

Ces faits sont-ils vrais? et s'ils le sont, ne faut-il pas dire que nous sommes, au point de vue des garanties de la liberté individuelle, le dernier pays qui soit sous le soleil? (*Réclamations sur plusieurs bancs. — Approbation à gauche.*)

M. LE GARDE DES SCEAUX. — Il s'est fait, en effet, en février, un assez grand nombre d'arrestations, mais vous savez que c'est à la suite d'une émeute, de barricades, construites... (*Interruptions a gauche.*)

M. EUGÈNE PELLETAN. — Dans l'imagination de M. Piétri !

M. LE MINISTRE. — Il me semble que ce n'est pas moi qui les ai faites ! (*Rires et approbation sur plusieurs bancs.*)

M. EUGÈNE PELLETAN. — Non, mais c'est dans l'imagination de M. Piétri qu'elles ont existé.

M. EMMANUEL ARAGO. — Vous tâchez d'en profiter dans tous les cas. (*Rumeurs.*)

M. LE GARDE DES SCEAUX. — Ce sont des procédés, monsieur Arago, qui ne sont pas de notre Gouvernement. Lorsque nous sommes obligés d'arrêter des malheureux et de sévir, c'est pour nous une cause de profonde tristesse, soyez-en bien convaincu, et non pas une occasion de profiter, comme vous le dites.

M. EMMANUEL ARAGO. — Permettez-moi de vous dire ceci... (*Rumeurs.*)

Plusieurs voix — Laissez parler !

M. EMMANUEL ARAGO. — Il y a parmi les prévenus des chefs d'industrie ; j'en connais. (*Exclamations.*)

J'ai été appelé comme avocat à les voir dans leurs cellules de Mazas, et je vous déclare que j'ai rencontré là des hommes qui sont depuis deux mois éloignés de leurs affaires, qui, après six semaines n'avaient pas été interrogés, de telle sorte que, sous ce Gouvernement comme sous les plus mauvais, on se soucie peu de la liberté individuelle. (*Allons donc !*)

M. LE GARDE DES SCEAUX. — Je reprends.

A la suite de barricades dressées, d'un appel à l'insurrection, un assez grand nombre de personnes ont été arrêtées. Je n'ai pas à discuter la manière dont la justice a procédé. (*Interruption à gauche.*)

Je suis certain, sans m'en être enquis, qu'elle a agi selon la loi, et qu'elle n'a accompli que son devoir. Je ne suis intervenu que pour adresser aux magistrats des recommandations qui entraient trop dans leurs propres inspirations pour qu'il fût nécessaire de les renouveler plus d'une fois ; j'ai adressé aux magistrats la recommandation de procéder avec la plus grande célérité ; il a été fait ainsi.

L'instruction s'est poursuivie sans relâche et, ce matin, j'ai acquis la certitude que l'ordonnance du juge d'instruction serait rendue non pas dans six semaines, mais dans quelques jours. J'ajoute que, bien souvent, dans ce pays, des procédures de complot se sont instruites ; la moyenne de la durée de l'instruction a été de quatre à cinq mois. C'est la première fois qu'une affaire aussi compliquée et aussi importante aura été terminée après deux mois. Cela prouve que, dans cette circonstance comme dans toutes les autres, le Gouvernement n'a d'autre souci que d'allier le devoir rigoureux que lui impose sa situation de gardien de la sécurité publique, avec les sentiments de justice et surtout d'humanité (*Très bien! très bien!*)

M. EUGÈNE PELLETAN. — Et les mandats en blanc !

M. EMMANUEL ARAGO. — Six semaines sans interrogatoire, c'est contraire à la loi !

M. LE GARDE DES SCEAUX. — Le fait ne peut pas être exact.

M. EMMANUEL ARAGO. — C'est parfaitement exact, et si vous voulez, je citerai le nom d'un prévenu ; il s'appelle Brunnereau.

Il est resté six semaines sans être interrogé. (*Interruptions.*)

Et le pays sait, à merveille, en présence d'actes si exorbitants, que nous sommes, au point de vue des pouvoirs laissés entre les mains des juges d'instruction, à une époque où l'on a ressuscité la lettre de cachet. (*Exclamations et rires ironiques sur plusieurs bancs.*)

M. JULES FERRY. — Je ne puis me contenter de la réponse que vient de faire M. le garde des sceaux.

Elle donne satisfaction seulement à une partie de mes réclamations ; elle nous apprend, en effet, ce qui est relativement une bonne nouvelle, que les anxiétés des accusés et de leurs familles vont cesser d'ici à quelques jours, et que tout le monde connaîtra son sort.

Mais, M. le garde des sceaux n'a pas justifié, parce que c'était injustifiable, les procédés qui ont été employés à l'origine de cette instruction, et pendant la plus grande partie de sa durée. Je dis que ce n'est pas accomplir les obligations qui sont imposées par les lois aux magistrats instructeurs, que de jeter, comme je l'expliquais tout à l'heure, de vastes coups de filet sur une population (*Oh! oh!*) ; qu'attirer à soi toute cette prise, de l'examiner, de l'analyser pendant des semaines, et alors de renvoyer, souvent sans interrogatoire, ceux sur lesquels on n'aurait jamais dû mettre la main. Je dis que c'est là la violation des garanties individuelles. Je dis qu'un mandat d'amener n'est pas un acte qu'on puisse faire à la légère ; je dis qu'on n'a pas le droit, dans une grande cité, d'arrêter à tort et à travers ; je dis qu'on aboutit de la sorte à diviser la population en deux classes : ceux qui sont suspects et ceux qui ne le sont pas. Oui ! il y a des suspects par le temps qui court. (*Allons donc! allons donc!*)

J'en ai plusieurs exemples, messieurs ; je pourrais vous les citer ; je pourrais vous dire les noms d'une quantité de citoyens qui ont été renvoyés, après une captivité de six semaines, et qui n'avaient commis d'autre crime ou d'autre délit que d'avoir été arrêtés, il y a six mois, et relâchés, à la suite d'une affaire qui ressemble trop à celle-ci, et par les procédés employés, et par les magistrats qui la dirigeaient, par la pratique et par les résultats, pour que nous ne nous sentions pas pénétrés d'une profonde et légitime défiance.

Je demande à M. le ministre la Justice de s'expliquer sur toutes ces pratiques. (*Rumeurs.*) Je lui demande de s'expliquer sur ces mandats en blanc qui scandalisent depuis tant d'années tous les gens de justice, et qu'on trouve dans toutes les affaires criminelles où la politique est mêlée.

Et M. le garde des sceaux ne peut pas s'abriter derrière cette fin de non-recevoir : que les procédés de la justice ne lui appartiennent pas.

Les procédés de la justice vous appartiennent, monsieur le ministre. Par la loi de l'an IV, par la loi de l'an X, et par le décret du 10 avril 1810, vous êtes constitué chef de la Justice ; vous êtes chargé de veiller sur la façon dont la justice s'accomplit; d'après le sénatus-consulte de thermidor an X, vous avez sur les tribunaux un droit de donner aux juges tous les avertissements nécessaires, aux termes de la loi de l'an IV, et le Code d'instruction criminelle est conçu dans le même esprit.

Par conséquent, j'affirme que vous devez surveiller toutes ces choses, que vous en répondez, et que, si vous les laissez faire, c'est que vous les approuvez. Cette procédure, que vous avez tolérée, est un scandale, et vous en êtes le complice! (*Réclamations.*)

M. LE GARDE DES SCEAUX. — A votre aise!

M. JULES FERRY. — Comment! A votre aise!

M. EUGÈNE PELLETAN. — Ils sont à leur aise à Mazas! Vous ne répondez pas?... (*Non! non! — Aux voix!*)
M. LE GARDE DES SCEAUX. — J'ai répondu!
M. EUGÈNE PELLETAN. — Pardon! Messieurs... (*La clôture! la clôture!*)
M. LE GARDE DES SCEAUX. — Je vous ai donné des explications que je crois satisfaisantes : vous me répondez en m'accusant de complicité dans des actes scandaleux. J'en suis désolé, mais comme je ne crois pas à ces actes, et que je suis bien sûr de ne les avoir pas commis, je ne puis, si, malgré tout, il vous plaît de m'accuser, que vous répondre : à votre aise.

M. Emmanuel Arago. — Avez-vous toujours cru cela ?

M. Jules Ferry. — Il ne suffit pas d'en être sûr, vous devez vous en informer. (*La clôture ! la clôture !*)

M. Emmanuel Arago. — Quand vous défendiez des détenus politiques, vous ne teniez pas le même langage.

M. Eugène Pelletan. — Je ne vous accuse pas, monsieur le garde des sceaux... (*La clôture !*)

Un membre à droite. — Ce n'est pas à vous qu'il s'est adressé, c'est à M. Ferry.

M. le président Jérôme David. — Monsieur Pelletan, je ne vous ai pas donné la parole.

La Chambre demande la clôture de l'incident. (*Oui ! oui !*)

M. Eugène Pelletan. — J'ai demandé la parole auparavant.

M. le président Jérôme David. — Je ne vous l'avais pas donnée, et vous ne pouvez pas la prendre. Je vous répète que la Chambre demande la clôture. (*Oui ! oui !*)

M. Eugène Pelletan. — Je demande la parole contre la clôture et pour un fait personnel.

M. le président Jérôme David. — M. Pelletan a la parole contre la clôture.

M. Eugène Pelletan. — M. le garde des sceaux, m'interpellant, m'a dit : « A votre aise. »

Voix diverses. — Non ! non ! Il ne s'adressait pas à vous !

M. le garde des sceaux. — Non ! ce n'est pas à vous que je m'adressais, puisque vous n'aviez encore rien dit.

M. Eugène Pelletan. — Que M. le garde des sceaux me permette de le lui dire, je ne l'accuse pas de complicité ; je l'accuse de mutisme (*la clôture !*) et quand on lui a posé une question aussi grave que celle-ci : Délivre-t-on, oui ou non, des mandats en blanc ? je crois que, sur un fait de cette gravité, il ne peut pas garder le silence. (*Très bien ! à gauche. — La clôture ! la clôture !*)

M. le président Jérôme David. — M. Pelletan, vous avez demandé et je vous ai donné la parole contre la clôture, et vous ne parlez pas de la clôture. (*La clôture ! la clôture !*)

M. Eugène Pelletan. — Nous allons nous disperser, laissez-moi finir.

Je demande à M. le garde des sceaux si le fait est vrai ou si il est faux.

Plusieurs membres. — Parlez contre la clôture !

M. Eugène Pelletan. — S'il est faux, il est de l'intérêt du pays, et de M. le ministre lui-même, qu'il le démente ; et s'il est vrai — son silence me prouve qu'il est vrai — alors les lettres de cachet sont ressuscitées en France. (*Exclamations et rires à droite. — Approbation à gauche.*)

Voix nombreuses. — La clôture ! la clôture !

M. LE PRÉSIDENT JÉRÔME DAVID. — Personne ne demandant plus la parole, je déclare l'incident clos.

Le plébiscite et l'armée.

Malgré la scission qui se produisit dans le ministère par suite des démissions de M. Buffet et du comte Daru, malgré l'hostilité du centre gauche, qui diminuait de 83 voix la majorité parlementaire, M. Émile Ollivier, l'ancien ennemi de la candidature officielle, poursuivait avec la plus grande énergie sa campagne plébiscitaire, recommandant aux fonctionnaires de tout ordre une activité dévorante, saisissant les journaux, poursuivant l'*Internationale*, sollicitant le concours des évêques et télégraphiant aux magistrats « d'élever leur zèle à la hauteur des circonstances[1] ». Grâce à cette pression admi-

1. C'est pour assurer la liberté du scrutin plébiscitaire, que M. Jules Ferry avait signé, avec plusieurs de ses collègues, une proposition de loi que Gambetta présenta dans la séance du 13 avril 1870 :

M. LE PRÉSIDENT MÈGE. — M. Gambetta a la parole pour le dépôt d'un projet de loi.

M. GAMBETTA. — Messieurs, dans une de vos précédentes séances, l'honorable ministre de la Justice déclarait que les règles ordinaires de la matière électorale ne s'appliquaient pas à la matière plébiscitaire ; je me suis rallié spontanément à cette opinion, et j'ai pensé que, au lieu de poser incidemment tous les jours une question sur tel ou tel point de la procédure plébiscitaire, il était expédient et urgent de saisir la Chambre d'un projet de loi qui résumât sur ce point les exigences légitimes de l'opposition et du suffrage universel.

C'est de ce projet de loi que je vous demande la permission de vous donner lecture. Il ne porte absolument que sur la procédure.

Projet de loi tendant à organiser la procédure du vote plébiscitaire :

« Art. 1er. — La période plébiscitaire est de vingt jours pleins pour toute la France.

« Le délai court à partir du jour de l'affichage, dans chaque commune, du décret qui ouvre les comices.

« Art. 2. — Le scrutin ne durera qu'un seul jour, de six heures du matin à huit heures du soir.

« Les votes seront recueillis, émargés, comptés suivant les règles ordinaires.

« Art. 3. — Les maires transmettront au président du Corps législatif, dans le plus bref délai, les listes d'émargement et les procès-verbaux auxquels auront donné lieu les opérations du vote.

« Une Commission, nommée par la Chambre, sera chargée de dépouiller tous les scrutins et d'en publier le résultat détaillé.

« Art. 4. — Pendant toute la durée de la période plébiscitaire, tout citoyen électeur aura le droit de publier, imprimer et distribuer ou faire distribuer et afficher, sans timbre ni cautionnement, par dérogation aux lois et règlements sur le colportage et sur l'affichage, et sans autre formalité que

nistrative, grâce aussi à l'indifférence des masses pour les questions constitutionnelles, et aux illusions de certains libéraux, qui voyaient dans la nouvelle transformation du régime un acheminement vers la liberté, le résultat du vote du 8 mai fut :

7 350 142 oui.
1 538 825 non.
112 975 nuls.

Le président du Conseil monta au Capitole, en s'écriant que ce plébiscite était un Sadowa à l'intérieur. L'empereur déclara l'Empire affermi sur sa base. Mais il y avait des ombres au tableau : 48 000 soldats avaient voté *non*. A Strasbourg, par exemple, la garnison n'avait pas voté d'une manière satisfaisante pour l'Empire. Le 6e de ligne avait émis 453 non et 66 oui ; le 5e d'artillerie 708 oui et 306 non. A l'École de santé, on avait relevé 150 non contre 27 oui et 22 nuls. Sur l'ordre du ministre de la Guerre, 15 militaires furent arrêtés et 12 traduits devant un conseil de guerre. Un ordre ministériel licencia trois élèves de l'École de santé, pour avoir organisé des réunions incompatibles avec la discipline militaire. Ces faits motivèrent dans la séance du Corps législatif en date du 8 juin 1870 une interpellation de Raspail, à laquelle répondit le maréchal Lebœuf, ministre de la Guerre[1]. M. Jules Ferry répliqua en ces termes aux explications ministérielles :

M. JULES FERRY. — Je demande la parole.

M. LE PRÉSIDENT SCHNEIDER. — La parole est à M. Ferry.

M. JULES FERRY. — Messieurs, il m'est impossible je l'avoue, de trouver satisfaisantes les explications de M. le ministre de la Guerre. (*Oh ! oh !*) Vous me permettrez, j'espère, de dire très brièvement pourquoi, et d'insister, en la posant d'une façon

le dépôt préalable, tout bulletin de vote et tout écrit traitant de matières politiques constitutionnelles.

« Art. 5. — Durant la même période, tous les citoyens français, sans distinction de circonscription, peuvent aller et venir sur toute la surface du territoire, s'assembler pacifiquement et sans armes, organiser, jusqu'au dernier jour, des réunions publiques, pour y traiter de toutes matières politiques, sans être astreints à aucune autre condition que de déposer, à la maison commune, douze heures avant l'assemblée, la notification du local et de l'heure de la réunion.

« Art. 6. — Le présent projet sera délibéré, rapporté, discuté et voté d'urgence. »

Tel est le projet de loi que j'ai cru devoir soumettre, en mon nom personnel et au nom des collègues qui se sont associés à ma démarche. Ce sont MM. *Jules Ferry*, Crémieux, Emmanuel Arago, Jules Simon, de Kératry, Dorian, Steenackers et Barthélemy-Saint-Hilaire.

1. *Journal officiel* du 9 juin 1870.

plus précise, sur la question qui a été adressée à M. le ministre
de la Guerre.

Je ne suis nullement un ennemi de la discipline militaire ;
bien au contraire, j'y suis fort attaché, et je conseille à M. le
ministre de la Guerre de la maintenir. Si j'étais un ennemi de
cette discipline, si j'apportais ici un esprit de parti, je n'aurais
vraiment qu'à laisser passer les rigueurs que l'on a dénoncées
à cette tribune, car elles sont en elles-mêmes souverainement
impolitiques, et si quelque chose pouvait faire pénétrer dans
l'armée, ce qu'à Dieu ne plaise ! l'esprit de conspiration, ce sont
les rigueurs prodiguées à des gens qui n'ont pas conspiré. (*Murmures.*) Non ! qui n'ont pas conspiré, comme vous allez le voir.
Mais je ne souhaite pas, messieurs, que l'esprit de conspiration pénètre dans l'armée. Je ne souhaite pas que l'armée cesse
de pratiquer ce grand et salutaire principe de la subordination
du pouvoir militaire au pouvoir civil qui est la garantie non
seulement de la liberté, mais de la civilisation.

Vous voyez donc que nous avons un terrain commun, et
c'est sur ce terrain commun que je me place pour vous dire
que vous avez exposé, pendant la période plébiscitaire, la
discipline militaire, telle que vous la comprenez, à un véritable péril. Grâce à vous, et par votre faute, la question s'est
posée de cette façon véritablement douloureuse : ou de laisser
la discipline militaire exposée à certaines blessures, ou de
porter une atteinte profonde à la liberté électorale du soldat
et à sa dignité de citoyen.

M. GARNIER-PAGÈS. — Très bien ! très bien !

M. JULES FERRY. — Quelles ont été les conséquences de
cette détermination, prise par vous, de faire voter l'armée, non
pas dans les sections ouvertes aux citoyens, mais dans des
collèges spéciaux et distincts, de les faire, en un mot, voter
comme armée et non comme citoyens? (*Approbation à gauche.*)

Ces conséquences, elles étaient inévitables ; vous les voyez
se dérouler ici-même, et la première a été d'enlever au vote
militaire toutes les garanties essentielles que le droit commun
s'est plu à disposer autour du scrutin pour le protéger.

Vous avez fait voter l'armée dans des sections militaires, fermées à toute surveillance.

S. Exc. M. Émile Ollivier, *garde des sceaux, ministre de la Justice et des Cultes.* — La validité des votes de l'armée n'est pas en discussion. Je demande le rappel à la question. (*Oui! oui! — Très bien! — Réclamations à gauche.*)

M. Jules Ferry. — Je ne conteste pas la validité des votes militaires; j'élève la question, ce qui m'est bien permis; j'attire l'attention de la Chambre sur un ensemble de faits et de pratiques que je trouve regrettables.

M. le président Schneider. — Vous n'avez à discuter ni le vote de l'armée ni directement, ni indirectement. (*Très bien! très bien! — Rumeurs à gauche.*)

M. Jules Ferry. — S'il me convenait de discuter la validité du vote militaire, je le ferais ouvertement.

J'ai l'habitude de dire sans détour ce que je pense, parfois avec une franchise que la majorité trouve excessive; si donc je voulais attaquer la validité du vote de l'armée, je l'attaquerais. Je n'attaque en ce moment que la procédure plébiscitaire.

M. le garde des sceaux. — Vous n'en avez pas le droit.

Un membre. — Il n'y a en discussion qu'une interpellation sur les faits de Strasbourg.

M. Jules Ferry. — Je vous demande pardon : je suis dans la question. J'ai le droit d'examiner les pratiques ministérielles dans leur ensemble.

Je dis que vous avez fait voter les militaires dans des sections fermées.

M. le président Schneider. — Permettez-moi de vous faire observer...

M. Jules Ferry. — Je maintiens mon droit.

M. le président Schneider. — Je n'ai en aucune façon l'intention de toucher à votre droit; mais le mien est de vous rappeler que les interpellations sur lesquelles la Chambre est appelée à statuer portent sur les rigueurs qui auraient été exercées contre des soldats de la garnison de Strasbourg, et en aucune façon sur la question que vous traitez en ce moment. (*Très bien! très bien!*)

M. Jules Ferry. — J'envisage l'ensemble du vote militaire, et j'en ai le droit.

M. le garde des sceaux *et plusieurs membres.* — Mais non! mais non!

M. LE PRÉSIDENT SCHNEIDER. — Si vous voulez traiter cette question, déposez une interpellation, et la Chambre saura si, oui ou non, elle peut la laisser débattre ; mais quant à présent, vous êtes renfermé dans un cercle étroit : c'est le texte de l'interpellation de M. Raspail. C'est là-dessus seulement que la Chambre a à statuer et que vous avez actuellement à discuter. (*Marques nombreuses d'assentiment. — Rumeurs à gauche.*)

M. JULES FERRY. — Les interpellations de M. Raspail et la réponse que leur a faite M. le ministre de la Guerre nous amènent naturellement, nécessairement, à examiner quels sont les droits des militaires convoqués au vote plébiscitaire, quelles sont les garanties qu'on leur a offertes...

M. GAMBETTA. — C'est clair !

M. JULES FERRY. — Et comme vous-même, monsieur le ministre de la Guerre, vous avez mis très haut : la régularité du vote, premièrement; secondement, son indépendance...

M. LE MINISTRE DE LA GUERRE. — Oui ! oui !

M. JULES FERRY. — J'ai le droit de parler d'abord de la régularité, et je vous dis : ce que je ne trouve pas régulier, ce n'est pas qu'on ait fermé au public les sections établies dans les casernes : cela est conforme à la discipline militaire, et quand, à moi-même et à d'autres citoyens électeurs, on a interdit les casernes de Paris où l'on votait, je trouve qu'on a bien fait; seulement, je trouve mauvais qu'on fasse voter dans les casernes. (*Approbation à gauche.*)

Maintenant, qu'est-ce qu'il faut encore à un électeur, militaire ou civil, pour voter en connaissance de cause et en pleine liberté? Il lui faut le droit de s'éclairer, de se concerter; il lui faut le droit de réunion, une certaine pratique du droit de réunion.

Ah ! vous ne direz pas que je ne suis pas dans la question de Strasbourg. (*Dénégations.*)

M. LE GARDE DES SCEAUX. — Non, vous n'y êtes pas! (*Interruptions. Bruit.*)

M. JULES FERRY. — J'y suis en plein, monsieur le ministre de la Justice, et la preuve en est dans les interruptions.

M. LE GARDE DES SCEAUX. — Les interruptions ne prouvent qu'une chose, c'est que le Gouvernement n'entend pas laisser discuter le vote plébiscitaire et la Constitution. (*Très bien! très bien!* — *Réclamations à gauche.*)

M. Gambetta. — Ce n'est pas de cela qu'il s'agit.

M. Jules Ferry. — Nous n'abandonnons, en aucune façon, le droit de discuter la Constitution, mais nous ne la discutons pas dans ce moment-ci; nous discutons les faits pour lesquels ont été frappés, de la façon que vous savez, trois élèves de l'École de santé de Strasbourg. Ces faits, ou plutôt ce seul fait, a consisté — c'est ma prétention, et je vais vous en donner les preuves — ce fait a consisté uniquement dans la présence de ces trois jeunes gens dans des réunions plébiscitaires.

Voix diverses. — Illégales !

M. Jules Ferry. — Étaient-elles légales ou illégales? C'est ici que la jurisprudence de M. le ministre de la Guerre devient insaisissable, car si les soldats se rendent dans des réunions publiques civiles, ils ont le sort de ces deux militaires sur lesquels mon ami M. Gambetta, au commencement de l'année, a adressé une interpellation à M. le ministre de la Guerre; et s'ils se présentent à des réunions où il n'y a que des militaires, ils sont également punis. Que faire alors, et quel est le terrain légal pour le militaire? (*Très bien! très bien! à gauche.*)

Il y a eu à Strasbourg, deux réunions : l'une, d'élèves de l'École de santé, l'autre, de soldats. La réunion des élèves de l'École de santé a été tenue dans un lieu clos et couvert entre élèves de la même école...

Plusieurs voix. — Hors des délais !

M. Jules Ferry. — Pardon; elle n'a pas eu lieu hors des délais, comme l'a dit M. le ministre : elle a lieu le 1er mai, et, d'ailleurs, il n'y a pas de délais pour des réunions ayant un caractère privé et formées d'élèves de la même école. Il n'y avait chez M. Gloxin que des élèves de l'École de santé qui se sont livrés à ce scrutin préparatoire d'où sont sortis les 71 *non* et le *oui* unique dont parlait tout à l'heure M. Raspail, et j'en conviens, cette réunion n'a pas été étrangère au vote de l'École militaire de santé, qui a donné 150 *non* et 26 *oui*.

Il faut qu'on nous dise en vertu de quel principe, si ce n'est pas en vertu de l'arbitraire, recouvert de ce grand mot de discipline militaire, on interdit ainsi à des électeurs militaires de

21

se réunir entre eux, dans un endroit privé, pour s'entendre sur un scrutin préparatoire.

Mais voilà précisément ce que M. le ministre de la Guerre n'a pas fait et ne pouvait pas faire.

Mais, dit M. le ministre de la Guerre, il y a eu une autre réunion de 250 à 300 soldats, hors des portes de la ville, le 5 et le 6 mai ; cette réunion, messieurs, ne renfermait que des soldats, de simples soldats.

M. LE MINISTRE DE LA GUERRE. — C'est vrai !

M. JULES FERRY. — On n'a pas reproché un seul instant aux élèves de l'École de santé d'avoir assisté à cette réunion ; mais alors, s'ils n'ont pas assisté à cette réunion, de quoi sont-ils coupables ? Et les soldats eux-mêmes, à quel point de vue sont-ils coupables ? Est-ce au point de vue de la discipline ? Comment ! voilà des soldats qui choisissent, pour se réunir, un endroit isolé des fortifications ; la réunion est tellement secrète que les chefs ne la connaissaient pas plusieurs jours après ? Est-ce là une violation de la loi sur les réunions publiques ? Non, n'est-ce pas ? Alors, c'est une violation de la discipline : c'est donc que votre discipline défend aux soldats de s'entendre et de se concerter avant le vote.

Je vous défie de sortir de ce dilemme.

Vous avez bien dit qu'à la suite de cette réunion, on avait poussé les cris de : *Vive la République!* Il me semble que, si le fait est exact, si un pareil fait s'est passé dans la garnison de Strasbourg, si des cris séditieux ont été prononcés dans une réunion de deux cents militaires, comme le relatent les rapports, soumis à M. le ministre de la Guerre...

M. LE MINISTRE. — Les témoignages !...

M. JULES FERRY. — Il me semble tout à fait extraordinaire qu'on n'ait pas poursuivi, et qu'on n'ait pas fait passer devant un conseil de guerre des soldats en état de conspiration flagrante et permanente, et qui auraient crié : *Vive la République!*

C'est invraisemblable ! mais, encore une fois, je le répète, les élèves de l'École de santé n'ont eu aucune espèce de lien avec la réunion des soldats. Or, c'est aux élèves de l'École de santé, comme on voulait bien me le rappeler tout à l'heure, que se rapporte l'interpellation de M. Raspail.

Eh bien! je vais vous édifier sur ces élèves de l'École de santé : vous allez voir, par des documents que ne récusera pas M. le ministre de la Guerre, quel est le vrai caractère de la mesure qui les a frappés.

Voici l'ordre, en date du 28 mai 1870, notifié aux élèves par le directeur de l'École de santé, ordre qui explique et qui avoue tout ce que nous vous reprochons à cette tribune :

« Le général commandant la 6ᵉ division militaire m'informe par sa lettre, en date du 28 mai, que S. Exc. M. le ministre de la Guerre a licencié les élèves Dupuy, Nicomède et Lauriès, pour avoir organisé des réunions et des manifestations incompatibles avec la discipline militaire. »

Ainsi, vous décidez, et telle est votre jurisprudence, que les réunions des élèves de l'École de santé, réunions dans lesquelles ces élèves se présentaient, parlaient et agissaient comme électeurs, sont des réunions incompatibles avec la discipline militaire? (*Oui! oui!*)

Je retiens l'aveu.

Mais écoutez la fin de la lettre.

La lettre du général se termine par le paragraphe suivant : « Vous ne devrez pas laisser ignorer aux élèves de l'École du service de santé militaire que M. le maréchal, ministre de la Guerre, a sévèrement blâmé la conduite d'un trop grand nombre d'entre eux... »

Je le crois bien, ils avaient voté 150 *non !*

«... et que son Excellence est parfaitement décidée à recourir aux dernières mesures de rigueur si de nouveaux désordres venaient à se produire. »

M. LE MINISTRE DE LA GUERRE. — Oui, parfaitement!

M. JULES FERRY. — On n'a pas allégué d'autres désordres que des faits politiques, c'est-à-dire des faits qui tiennent à la liberté même des électeurs, à leur droit de se concerter sur leurs votes.

Il n'y a pas eu d'autres désordres que ceux-là.

M. CREUZET. — Et les cris de : *Vive la République !*

M. JULES FERRY. — Il ne s'agit ici que de l'École; l'allégation des cris de : *Vive la République!* s'applique à la réunion des soldats, à cette réunion nocturne...

M. LE MINISTRE DE L'INTÉRIEUR. — Une réunion nocturne en plein jour. (*On rit.*)

M. JULES FERRY. — « Le directeur de l'École espère que cet avertissement suffira pour engager les élèves à ne s'occuper que de leurs études, à se conformer aux règlements de l'École et de la discipline militaire. »

Je vous le demande à vous, messieurs de la majorité, qui approuvez ce bon conseil donné à la jeunesse, je vous demande qui les a détournés de leurs études? qui les a priés de s'occuper d'autres choses que de leurs études, sinon le Gouvernement même qui les a appelés à une épreuve plébiscitaire? (*Approbation à gauche.*) Et je dis que, pour des faits aussi futiles, au point de vue de la discipline... (*Oh! oh!*), oui, au point de vue de la discipline : si la discipline peut vivre avec la liberté électorale, ces faits sont futiles, car c'est un exercice élémentaire de cette liberté que de se réunir pour savoir s'il faut voter *oui* ou *non*. Ainsi, après avoir été vous-mêmes les provocateurs de leur action politique, les punir de cette action même, prendre trois jeunes gens qui étaient arrivés au doctorat, les arracher à l'école pour leur mettre sur les épaules la capote du soldat et les envoyer dans un régiment, je dis que c'est là une discipline moscovite et non pas une discipline française. (*Nouvelle approbation à gauche.*)

Maintenant, M. le ministre de la Guerre, interpellé sur la proclamation du colonel du 9e de ligne, a répondu fort spirituellement, comme toujours, en la qualifiant de causerie, et il trouve que la causerie du colonel du 9e est en mauvais style. Cela est assurément bien évident; mais ce n'est pas pour le style que nous l'attaquons, c'est pour le fait même. Vous avez défendu la proclamation du colonel du 9e ligne, par cette raison que le colonel adressait cette réprimande à des soldats qui avaient participé à une réunion illicite.

Eh bien, de la proclamation même du colonel il résulte que cette réunion se composait uniquement d'une vingtaine de musiciens, attablés de 6 à 8 heures du soir chez un marchand de vins, sous la présidence d'un jeune homme de la ville, âgé de dix-neuf ans. Voilà une réunion illicite! Mais alors quelles sont les réunions licites? où sont-elles? si 20 soldats, dans un lieu clos, ne peuvent pas se réunir sans s'attirer les foudres de l'autorité militaire! Mais tout cela n'est rien, messieurs : il y a autre chose que la proclamation du colonel du 9ᵉ ; si elle était isolée, vous pourriez dire qu'il n'est pas étonnant, dans une armée aussi nombreuse que la nôtre et dans un si grand nombre de régiments, de rencontrer un colonel excessif dans son zèle et malencontreux dans ses expressions ; mais il y a d'autres faits du même genre. Il y a le colonel du 61ᵉ qui ne reproche pas des réunions illicites à ses soldats : il leur reproche l'exercice même de leur liberté de citoyens, il leur reproche leurs votes négatifs ; vous allez voir !

« 61ᵉ de ligne. — Le colonel est loin de faire des compliments au régiment sur son vote d'hier ; il n'aurait pu croire qu'il y eût autant de mauvais soldats dans le 61ᵉ. » (*Exclamations à gauche.*) « Le rouge de la honte lui monte au visage quand il compare les 297 votes négatifs du régiment aux 41 votes du même genre du 86ᵉ, son camarade de brigade.

« Il aime à croire que beaucoup, surtout parmi les jeunes soldats, n'ont agi si stupidement que par une faiblesse et une crédulité bien naïves. » (*Nouvelles exclamations à gauche.*)

« Tous, du premier au dernier, nous devons prendre notre part de responsabilité et nous ne tarderons pas probablement à en subir les conséquences.

« Le régiment n'a qu'un moyen d'effacer la flétrissure imprimée à son numéro, jusqu'ici sans tache, par un moment de défaillance, c'est de redoubler, à l'occasion, de fermeté, de dévouement et de fidélité au drapeau. Ces observations seront lues à trois appels consécutifs.

« Aujourd'hui, tous les officiers se trouveront à l'appel, et, après avoir fait lire les observations ci-dessus, les commandants de compagnie s'efforceront de faire comprendre aux hommes toute l'indignité de leur conduite. »

M. LE GARDE DES SCEAUX. — Mais en a-t-on puni ?

M. JULES FERRY. — Je ne sais pas si l'on en a puni ou si l'on n'en a pas puni ; mais ce n'est pas par une question de ce genre que le Gouvernement peut nous répondre ; il faut qu'il désavoue, qu'il réprimande le colonel.

M. LE MINISTRE DE LA GUERRE. — Je ne désavoue pas et je ne blâmerai pas le colonel. (*Très bien! très bien!*)

M. JULES FERRY. — J'en prends acte, monsieur le ministre !

M. LE MINISTRE DE LA GUERRE. — Prenez-en acte tant que vous le voudrez.

M. JULES FERRY. — J'en prends acte devant le pays qui nous entend tous! (*Exclamations diverses.*)

M. ROLLE. — Il a raison, le maréchal!
M. DE JOUVENCEL prononce au milieu du bruit quelques paroles qui ne parviennent pas jusqu'à nous.

M. JULES FERRY. — Pardon, mon cher collègue, laissez-moi continuer !

M. LE PRÉSIDENT SCHNEIDER. — Monsieur de Jouvencel, vous voyez que votre collègue lui-même se plaint de ce que vous l'interrompiez de cette façon.

M. JULES FERRY. — M. le ministre de la Guerre, avec une grande douceur, je prends acte devant le pays, qui nous entend tous les deux... (*Oui! oui!*) je prends acte de votre déclaration, et quand l'interpellation n'aurait eu pour résultat que de la provoquer, elle aurait été utile. Votre réponse fait luire la vérité sur cette affaire, et cette vérité, la voici en trois mots : pour vous, à l'origine, le plébiscite de l'armée n'était qu'une formalité. (*Nouvelles exclamations.*)

M. LE MINISTRE DE LA GUERRE. — Je demande la parole.

M. JULES FERRY. — Il est devenu, après le vote, un gros souci, et, par suite, une cause d'arbitraire et une source de persécutions. (*Approbation à gauche. — Protestations au centre et à droite.*)

Le régime de l'Algérie.

L'attention de M. Jules Ferry se portait déjà au delà des questions que soulevait la politique intérieure du Gouvernement. Par un singulier pressentiment du rôle prépondérant qu'il devait jouer plus tard dans l'expansion de notre nouvel empire colonial, il s'intéressait passionnément, dès 1870, aux actes du Pouvoir exécutif qui modifiaient, souvent à la légère, l'organisation des colonies. Déjà, dans la séance du 9 mars, le Corps législatif avait nettement condamné le régime militaire qui avait si longtemps entravé l'essor de l'Algérie. Le Gouvernement lui-même, sous la pression de l'opinion publique, avait dû restituer au pouvoir législatif un grand nombre de matières qui étaient restées jusque-là dans le domaine constitutionnel. Mais un décret du 11 juin, provoqué par le gouvernement général de l'Algérie, et présenté par le ministre de la Guerre, venait de régler, à titre provisoire, les élections du conseil général de l'Algérie, et conférait l'électorat, non seulement aux Français, mais aux indigènes et aux étrangers. A l'occasion d'une proposition de MM. le comte le Hon et Jules Favre, relative à l'Algérie, M. Jules Ferry critiqua vivement, dans la séance du 17 juin 1870, ce décret provisoire du 11 juin qui lui paraissait constituer un empiètement sur les prérogatives du Corps législatif[1]. Il y a intérêt à citer ce discours, au moment où, sous la présidence de M. Jules Ferry, une commission sénatoriale étudie l'ensemble de l'organisation algérienne.

M. LE PRÉSIDENT BUSSON BILLAULT. — L'ordre du jour appelle la discussion sur les conclusions de la Commission d'initiative parlementaire, tendant à renvoyer aux bureaux la proposition de MM. le comte Le Hon et Jules Favre, relative à l'Algérie.

M. JULES FERRY. — Je demande la parole.

M. LE PRÉSIDENT BUSSON BILLAULT. — Vous avez la parole.

M. JULES FERRY. — Messieurs, lorsque j'eus l'honneur, il y a quelques jours, de déposer une demande d'interpellation, relative aux affaires algériennes, interpellation que je transforme aujourd'hui en observations sur la proposition de loi qui vous est soumise, je n'avais pas l'intention de réveiller un débat qui s'est produit dans cette assemblée, avec beaucoup d'éclat et avec beaucoup de profit, puisqu'il a donné le spectacle d'une miraculeuse entente entre les opinions habituellement les plus opposées, les plus hostiles. Aussi, n'ai-je pas hésité à reporter sur la proposition de loi de MM. Le Hon et Jules Favre les questions importantes que j'entends soumettre au Gouvernement.

Messieurs, je n'ai pas l'intention de vous faire un long exposé : je parle surtout, en ce moment, au nom des prérogatives de la Chambre, et je la prie d'écouter attentivement les observations très brèves que j'ai à lui présenter.

1. *Journal officiel* du 18 juin.

J'aime beaucoup, messieurs, les solutions définitives, et je croyais que le vote de l'ordre du jour motivé qui a signalé la séance du 9 mars dernier, après une discussion de trois séances. avait résolu définitivement, et pour un long temps, la question algérienne, dans cette assemblée.

Je l'ai cru, messieurs, jusqu'à l'apparition des décrets provisoires du 31 mai, bientôt suivis du décret provisoire du 11 juin. Aujourd'hui j'ai des doutes, plus que des doutes, et je crois qu'il est nécessaire, qu'il est indispensable, que ces doutes soient levés par une déclaration catégorique du Gouvernement.

Vous savez, messieurs, pour l'avoir tous lu au *Journal officiel*, que le décret du 11 juin établit et règle les élections du conseil général pour l'Algérie. Il traite le sujet sous un titre provisoire, mais dans toute son étendue; il résout, de la façon la plus nette et avec les plus grands détails, les questions les plus graves qu'une loi semblable puisse soulever.

Il résout notamment la grande question de l'électorat, en conférant les droits électoraux non seulement aux Français, non seulement aux indigènes, mais aux étrangers.

Or, messieurs, il m'a paru que ce décret du 11 juin, — pour ne pas abuser de vos moments, je ne dirai rien des deux précédents décrets, et je concentrerai ma discussion sur le point qui m'a paru le plus attaquable, et le plus difficile à expliquer, — ce décret du 11 juin me semble être un empiétement, sans doute inconscient, de la part de M. le ministre de la Guerre, sur les prérogatives de l'assemblée.

Je ne dissimulerai pas à la Chambre qu'à un point de vue exclusivement juridique, la question peut offrir des difficultés : ces difficultés proviennent d'une longue tradition et d'anciennes habitudes d'arbitraire, d'arbitraire administratif, établies en Algérie depuis quarante ans. Tout a été, pendant quarante ans, réglé par décret en Algérie, et, à l'heure qu'il est, si nous nous placions sur le terrain des subtilités juridiques, nous pourrions discuter pendant longtemps.

M. le ministre de la Guerre, s'il était un jurisconsulte subtil, pourrait me dire : Mais les limites entre le droit du décret et le droit du législateur, entre le droit de l'administration et le droit de la Chambre, où les trouvez-vous?

Nous n'aurons pas, je l'espère, de controverses de ce genre :

la loyauté de M. le ministre, n'aura pas recours à des subtilités
de légiste.

D'ailleurs, ce qui pouvait être discutable avant le vote du
9 mars, ne l'est plus à l'heure présente. Avant le 9 mars, on
pouvait dire : l'Algérie, c'est le domaine favori du pouvoir
exécutif dans ce pays-ci depuis quarante ans; l'Algérie, c'est,
depuis quinze ans, un champ d'expérience pour le Gouvernement personnel; l'Algérie est essentiellement vouée au régime
administratif. Mais, depuis quelques mois, messieurs, deux événements importants sont survenus, qui rendent impossible
désormais un pareil langage : l'un de ces faits, c'est le vote
unanime du 9 mars que je rappelais en commençant; le
second, c'est l'acte solennel qui a abrogé l'article 27 de la
Constitution.

Si nous plaçons le décret du 11 juin en face du vote du
9 mars, et si nous essayons, en hommes de bonne foi, de mettre
ce décret d'accord avec le vote du 9 mars, nous les trouvons
absolument contradictoires.

Qu'est-ce qui s'est passé ici le 9 mars? quelle a été la grande
conquête réalisée par les partisans du droit commun en Algérie? Cette conquête a été double; à mon sens, il ressort deux
choses de ces débats mémorables : en premier lieu, la condamnation du régime militaire, et, en second lieu, la restitution au
pouvoir législatif du règlement des affaires de l'Algérie. Je ne
dis pas de tous les détails de l'administration, — je sais faire la
part des choses humaines, — mais des règles générales et des
principes de l'organisation algérienne.

Eh bien, au premier rang de ces principes organiques et fondamentaux, je place l'organisation municipale, l'organisation
départementale et le droit de représentation pour l'Algérie. Ces
trois principes sont sur la même ligne.

Si j'avais besoin, messieurs, de rappeler à vos souvenirs
quelques paroles ministérielles, il ne me serait pas difficile de
trouver dans les déclarations si catégoriques qui furent faites
dans la séance du 9 mars par M. le garde des sceaux, la preuve
de ce que j'avance.

La question des attributions du Corps législatif, dans ses
rapports avec l'Algérie, fut, dans cette séance du 9 mars, envisagée à deux points de vue par M. le garde des sceaux. Il se

plaça d'abord sur le terrain du droit existant, du sénatus-
consulte, et, expliquant à la Chambre, quelle était la portée et la
nature de ce sénatus-consulte, dont l'honorable M. Le Hon et
M. le ministre de la Guerre, après lui, avaient entretenu la
Chambre, il déclara que ce sénatus-consulte avait été conçu de
façon à étendre, autant que possible, la sphère des attributions
législatives, et il dit :

« Les modifications que M. le ministre de la Guerre a introduites ont consisté à étendre, autant qu'il l'a pu, avant même
qu'il s'agit de supprimer l'article 27 de la Constitution, le
nombre des matières qui sortiraient du domaine constituant
pour être remises au pouvoir législatif; sur les quinze ou seize
articles dont se compose le sénatus-consulte, il y en a certainement les trois quarts qui ne sont absolument que les répétitions
les uns des autres.

« On pourrait, dans un langage non juridique, les traduire
par ces expressions : le Corps législatif sera saisi du droit qui,
jusqu'alors, était réservé au Sénat. C'est là le fond du sénatus-
consulte, à l'exception de quelques principes essentiels. Le général Lebœuf a remis au Corps législatif le pouvoir de tout
régler, de tout connaître et de tout décider. »

Et puis, à quelques instants de là, dans la même séance,
M. le garde des sceaux est amené par l'insistance de l'honorable
M. Jules Favre à s'expliquer d'une façon plus directe sur l'article 27 de la Constitution; il exprime le désir, qui s'est réalisé
depuis, d'abroger cet article 27 :

« Nous voulons, dit-il, faire sérieusement des actes sérieux.
Si, ayant obtenu l'assentiment de l'Empereur, nous arrivons à
nous entendre avec le Sénat, dont le concours est nécessaire
pour supprimer l'article 27 de la Constitution, et dont il serait
profondément irrévérencieux, pour notre part, de supposer le
vote acquis, alors qu'il n'est pas même saisi; si l'article 27 est
abrogé à un terme rapproché, nous saisirons avec empressement l'occasion de faire une première application du droit
nouveau, en restituant au domaine de la loi, sinon toutes les
questions tranchées par le sénatus-consulte, du moins le plus
grand nombre d'entre elles.

« Tel est notre désir; nous avons cru néanmoins utile de
présenter le sénatus-consulte au Conseil d'État; d'abord parce

que M. le ministre de la Guerre s'y était obligé. L'Algérie ne nous laissait pas respirer, et c'est la première fois que nous entendons ses défenseurs nous dire : « Ne vous hâtez pas! » Jusqu'à cette discussion, ils nous représentaient sans cesse les changements comme urgents et devant être opérés toute affaire cessante.

« Nous ne trouvons aucun inconvénient à ce que le Conseil d'État continue son étude : cela accélérera le mouvement nécessaire de la préparation législative. Le Conseil d'État examinera les choses en elles-mêmes, et quand le Sénat aura prononcé, il ne nous restera plus qu'à inscrire en tête de son travail : Sénatus-consulte ou loi. »

Vous le voyez, messieurs, le Gouvernement, dans cette séance mémorable du 9 mars, n'entrevoyait que deux hypothèses possibles : ou le maintien de l'autorité sénatoriale pour la réglementation des affaires de l'Algérie, ou la substitution du pouvoir législatif au pouvoir du Sénat.

Mais assurément il n'est entré dans la pensée d'aucun de ceux qui entendaient ces paroles du Gouvernement, de supposer que les attributions enlevées au Sénat, c'est au Pouvoir exécutif, exprimant sa volonté par un simple décret, qu'elles seraient restituées. Pourtant, c'est par un décret que le Gouvernement vient de réglementer les élections des conseils généraux qui devaient, à coup sûr, dans la pensée de tout le monde, rentrer dans les attributions législatives, si elles cessaient d'appartenir au Sénat.

Je prévois l'objection qu'on va me faire ; le Gouvernement dira que le décret du 11 juin est une mesure provisoire. Le ministre de la Guerre, en le soumettant à la signature de l'Empereur, a déclaré que c'était à titre provisoire qu'il proposait de régler la situation des conseils généraux et les élections pour ces conseils.

Cette première réponse, qu'on ne manquera pas de me faire, ne me paraît pas satisfaisante, et voici pourquoi :

Il y a longtemps qu'on l'a dit, le provisoire, en France, c'est tout ce qui dure ; ainsi nous sommes encore, à l'heure qu'il est, soumis à un régime provisoire qui remonte à de très longues années.

Quant à l'Algérie, elle a toujours été placée sous le régime du provisoire ; toujours on a retardé pour elle le jour de l'organisation définitive.

En compulsant les actes législatifs et les décrets qui ont réglementé la situation algérienne, j'y ai trouvé une démonstration saisissante de ce que j'ai l'honneur de vous dire.

Le décret du 17 mai 1866 sur l'organisation municipale en Algérie, se pare aussi de ces couleurs provisoires, s'abrite sous le prétexte d'une loi provisoire : c'est en attendant qu'il soit possible de régler définitivement la Constitution algérienne, conformément à l'article 27 de la Constitution, que le Pouvoir exécutif prend sur lui d'organiser les municipalités en Algérie !

Je ne voudrais pas, et la Chambre qui a voté l'ordre du jour du 9 mars, ne peut pas plus que moi vouloir que ce provisoire qui, pour l'organisation municipale de l'Algérie, dure depuis plus de quatre ans, devienne un définitif, à temps indéterminé, pour l'organisation départementale et pour les conseils généraux. Aussi, monsieur le ministre, quand vous avez dit : C'est un décret provisoire, vous ne m'avez pas rassuré; vous n'avez rassuré ni la Chambre ni la colonie, parce que c'est toujours à titre provisoire que, depuis quarante ans, les décrets ont été rendus, et que nous sommes dans un provisoire qui n'a ni fin ni terme.

Le décret du 11 juin connaît bien sa faiblesse, et, pour prévenir le reproche, — qu'il est si facile de lui adresser, — il ajoute : J'ai devancé le désir des colons ; c'est à la prière de l'Algérie elle-même que nous organisons dès à présent les conseils généraux.

Je ferai sur ce point deux observations à M. le ministre de la Guerre, qui, j'en suis sûr, y répondra avec sa loyauté habituelle :

Est-ce qu'il était absolument impossible au commencement du mois de juin, lorsque le Conseil d'État fut appelé à délibérer ce décret provisoire du 11 juin; est-ce qu'il était impossible de transformer le projet de décret délibéré par le Conseil d'État en un projet de loi émanant de l'initiative du Gouvernement ? Est-ce qu'il était impossible de saisir la Chambre ? Est-ce que le temps vous manquait pour cela ? Est-ce que la préparation n'était pas complète ? Est-ce que le Conseil d'État n'étudie pas ces matières depuis cinq ou six mois ? Est-ce que le résultat de ses études n'est pas dans le sénatus-consulte dont vous nous parliez le 9 mars? Est-ce que vous n'aviez pas le temps jusqu'à la fin de la session de saisir le Corps législatif? Y avait-il un inconvénient quelconque à le faire, au lieu de résoudre la question d'une manière dictatoriale?

Vous dites que vous avez voulu devancer les vœux des colons; vous pouviez les satisfaire et satisfaire en même temps la Chambre, en réalisant les promesses faites, ici même, au mois de mars dernier, en présentant un projet de loi qui pouvait être voté avant la fin de la session, et, par conséquent, arriver à temps pour la prochaine session des conseils généraux qui, en Algérie, n'a lieu qu'au mois d'octobre.

Il ne me restera plus qu'une question à soumettre à M. le ministre de la Guerre. Je comprendrais que le Pouvoir exécutif prît sur lui de rendre un décret purement réglementaire et tout à fait inoffensif. Mais est-ce que le décret du 11 juin peut être qualifié d'inoffensif? (*Non! à gauche.*) Est-ce qu'il ne touche à aucune question pendante, grave, digne de l'examen, et de l'examen approfondi du Corps législatif?

Non: il résout d'autorité la question de l'électorat en Algérie; il déclare que les étrangers seront électeurs pour les conseils généraux. Trouvez-vous qu'une pareille décision ne porte atteinte à aucun principe, et qu'il n'y ait aucun péril dans un précédent d'une telle gravité?

Je vous avoue que, sur la question de savoir s'il convient d'attribuer le droit électoral pour les conseils généraux de l'Algérie aux étrangers, je n'ai pas d'opinion arrêtée; mais les raisons me paraissent si fortes dans un sens comme dans l'autre, que mon esprit hésite; et j'admire l'administration de la guerre qui, de prime-saut, sans débat, a résolu cette grosse question.

Je crois que mon indécision sur ce sujet est partagée par beaucoup de ceux qui m'entendent; je crois que la Chambre, pour se faire une opinion sur cette question, qui est une question constitutionnelle, une question d'organisation fondamentale, aurait besoin de réfléchir; pour cela, une étude sérieuse dans les bureaux et une discussion approfondie en séance publique ne seraient pas de trop.

Je dis donc que votre décret a le tort de trancher la question dès à présent, pour les conseils généraux, et, ce qui est

bien plus dangereux, il compromet et préjuge la question pour
l'élection des députés.

Quand les habitudes seront prises, quand les étrangers auront
été admis à figurer sur les listes électorales; quand ils auront
élu des conseillers généraux, il y aura un préjugé acquis en
faveur de leur admission au vote pour l'élection des députés;
et c'est pour cela que j'affirme que le pouvoir législatif, qui
seul est compétent pour résoudre cette difficile question, a
reçu une atteinte dans une de ses prérogatives essentielles.

Je suis tout prêt à admettre que M. le ministre de la Guerre
n'a pas provoqué le décret du 11 juin, mais qu'il est venu du
gouvernement général, et je suis profondément convaincu que
le gouvernement général a vu dans ce décret du 11 juin une
façon de rétablir son crédit en Algérie. Il s'est empressé de
réaliser, à sa façon, un des desiderata de l'Algérie, pour pouvoir
dire aux Algériens : Vous voyez; ce que vous demandiez, je
vous l'accorde spontanément. Je crois dire qu'il y a très mal
réussi, car, à l'heure qu'il est, les conseils généraux algériens
sont profondément troublés. Il y a eu des démissions de
membres des conseils depuis le décret du 11 juin, et la colonie est loin d'avoir été rassurée par le décret; elle voit, au
contraire, dans ce décret, la preuve que le pouvoir militaire,
que l'organisation militaire, qui l'opprime depuis si longtemps,
et dont la Chambre a voté l'abolition, n'a renoncé à aucune de
ses prétentions; qu'elle est installée dans la colonie et qu'elle y
restera, malgré le Corps législatif.

Si telle n'est pas la pensée du Gouvernement, — j'expose ici
les craintes des Algériens, — si telle n'est pas l'opinion du
Gouvernement, je vais lui offrir un moyen de rassurer tout le
monde.

Je ne fais pas cette interpellation pour embarrasser le
Gouvernement, mais pous rassurer les Algériens. Que M. le ministre de la Guerre veuille bien, à propos du projet de loi qui
va être renvoyé aux bureaux, déclarer à la Chambre qu'il a
été si loin de sa pensée de vouloir préjuger la question de l'organisation définitive des conseils généraux, qu'il est tout prêt à
se rendre dans la Commission que nos bureaux nommeront, à
lui apporter les délibérations du Conseil d'État, à collaborer
avec elle, et qu'il entend que, d'ici à la fin de la session, il sorte

de là non seulement un système sur les conseils généraux, mais une loi électorale générale.

Cela est possible : nous en avons le temps, la question est étudiée, elle est connue de tout le monde, et si l'on ne veut pas la résoudre, oh! alors, c'est que les colons ont raison de se plaindre, et c'est que j'ai bien fait, quant à moi, d'apporter leurs plaintes à la tribune. (*Très bien! à gauche!*)

M. LE PRÉSIDENT BUSSON BILLAULT. — La parole est à M. le ministre de la Guerre.

S. Exc. M. LE MARÉCHAL LEBOEUF, *ministre de la Guerre*. — Messieurs, le Gouvernement n'a pas à combattre le renvoi aux bureaux du projet de loi de MM. Jules Favre et Le Hon. Quand la Commission aura été nommée, si son président me fait l'honneur de m'y appeler, je m'empresserai de m'y rendre et de donner toutes les explications que l'on voudra bien me demander.

Quant aux autres questions posées par l'honorable M. Jules Ferry, il me permettra de lui dire que je ne suis pas jurisconsulte, que je n'ai aucune prétention à passer pour subtil, mais que je tiens à rester dans la catégorie des hommes de bonne foi dont il parlait tout à l'heure. (*Très bien! très bien!*)

Les décrets qui ont paru au *Journal officiel* sont provisoires et essentiellement transitoires.

M. Jules Ferry n'a pas attaqué le décret qui rend aux préfets toute leur autorité dans le territoire civil, et je ne pense pas qu'il le veuille attaquer. Son argumentation a porté exclusivement sur le décret relatif aux conseils généraux. Ce décret, messieurs, était indispensable, il est impossible d'en arrêter l'exécution.

En voici les raisons :

Je n'ai pas pu présenter de loi relative à l'Algérie au mois de mars, comme le demande M. Ferry, pour un motif bien simple: c'est que, dans la séance du 9 mars, mon honorable collègue et ami M. le garde des sceaux, avait annoncé que le Gouvernement, qui procédait à une revision de la Constitution de 1852, comptait demander l'abolition de l'article 27.

En présence de cette abolition probable, si j'avais présenté une loi, ou plutôt si j'avais présenté un sénatus-consulte, car c'était alors la seule forme régulière, j'aurais cru manquer d'égards envers le Corps législatif. J'ai dû attendre que la nation eût prononcé et que le plébiscite fût voté. Nous sommes arrivés ainsi au milieu de mai. Pour proposer, après cette époque, une loi électorale spéciale à l'Algérie, il devenait nécessaire de la présenter successivement aux deux Chambres.

Une double discussion aurait amené nécessairement des délais considérables.

Admettez, en effet, que la loi eût été promulguée vers le 15 juillet,

par exemple, voici le temps nécessaire pour procéder à la confection de nouvelles listes électorales.

Les maires procèdent à la formation des nouvelles listes. Le délai ne peut être moindre de............................	10 jours
Ces listes publiées, un délai de vingt jours est accordé pour les réclama-tions, ci..............................	20 —
Il est statué sur les réclamations par les commissions municipales dans les cinq jours............................	5 —
Les décisions sont notifiées dans les trois jours..................................	3 —
Un délai de cinq jours est accordé pour l'appel devant les juges de paix.....	5 —
Le juge de paix a dix jours pour statuer.	10 —
La notification du jugement a lieu dans les trois jours..	3 —
Les listes sont closes deux jours après..	2 —
Total....	58 jours

Ainsi donc, messieurs, après l'établissement des listes il fallait deux mois pour la validité des nouvelles listes électorales!

M. JULES FERRY. — En septembre!...

M. LE MINISTRE. — Permettez!... Il fallait ensuite procéder aux élections. Or, messieurs, les opérations électorales en Algérie, à rai-son même des distances, à raison des options, etc., exigent au moins cinq ou six semaines. Le décret de convocation des conseils généraux aurait, en outre, exigé au moins quinze jours : nous n'aurions donc pas pu réunir les conseils généraux avant la fin de novembre, au plus tôt.

Or, quand vous aurez voté le budget de l'Algérie pour 1871, il faudra le renvoyer à l'examen des conseils généraux, qui auront à en faire la sous-répartition par provinces. Il est indispensable que cette opération soit accomplie dans la première quinzaine d'octo-bre. Il y avait donc impossibilité matérielle pour le Gouvernement de procéder autrement. C'était une nécessité d'adopter pour cette année des mesures transitoires. (*Très bien! très bien!*)

M. JULES FERRY. — Un seul mot, en réponse aux observa-tions de M. le ministre de la Guerre.

M. le ministre a dit d'abord que je n'avais pas attaqué le décret relatif aux attributions des préfets, et il en a conclu que ce décret était au-dessus de toute critique. Si je n'en ai rien dit, c'est que je l'ai bien voulu; et il ne serait pas difficile de vous

faire voir que la substitution d'autorité que paraît contenir le
décret du 31 mai, est en réalité illusoire, car, si les préfets sont
affranchis de l'autorité des généraux de division, ils restent sous
la subordination du gouverneur général, qui est toujours
l'expression la plus haute du régime militaire.

Mais ce n'est pas sur ce point que portent mes observations.
M. le ministre de la Guerre déclare que c'est sous le coup d'une
nécessité absolue qu'il a fallu prendre des mesures transitoires.
Il nous a démontré que la loi promulguée le 15 juillet aurait eu
besoin de deux ou trois mois pour arriver à son plein exercice.
Or, avec deux mois on arrivait en septembre, avec trois mois,
en octobre. Mais puisqu'il s'agissait d'une mesure transitoire,
il me semble qu'on pouvait, sans engager le principe, abréger les
délais, et il était très légitime de la part du Gouvernement, de
demander cette abréviation de délais au Corps législatif. Du
reste, je n'insiste pas sur ce point, mais je prierai M. le ministre
de la Guerre de vouloir bien répondre à ma dernière question.

Il a dit : J'aurai l'honneur de me rendre devant la Commission si elle me convoque. Oui, sans doute, je sais parfaitement
que M. le ministre de la Guerre se rendra au sein de la Commission, si elle l'y appelle ; mais là n'est pas la question : je lui
demande, laissant de côté, s'il veut, la question des délais, et
admettant qu'il ait été dans la nécessité de prendre des mesures
transitoires, je lui demande de reconnaître un fait, et de nous
prouver à tous que ce sont bien, en effet, des mesures transitoires. Et le fait et la preuve, ce sera cette déclaration qu'il va
se mettre, au nom du Gouvernement, en collaboration intime
et immédiate avec la Commission nommée par les bureaux, et
que, dès à présent, le Gouvernement entend s'occuper du droit
électoral en Algérie, et donner à l'élection de la représentation
nationale et des conseils généraux, en Algérie, une assiette
définitive. Voilà la déclaration que je réclame de M. le ministre.

M. LE GARDE DES SCEAUX. — Je demande la parole.

M. LE PRÉSIDENT BUSSON BILLAULT. — M. le garde des sceaux a la
parole.

M. LE GARDE DES SCEAUX. — Je répondrai très nettement à la question qui a été posée au Gouvernement par l'honorable M. Ferry.

Le Gouvernement ne s'oppose pas à ce qu'on renvoie la proposition de MM. Le Hon et Jules Favre à une Commission, mais quand

il sera appelé devant cette Commission, il lui demandera de renvoyer l'examen du projet de loi à la session prochaine. (*Rumeurs à gauche.*)

Au moment où va commencer la discussion du budget et où nous allons être appelés à suivre devant l'autre Chambre les secondes délibérations de lois importantes que le Corps législatif a votées et dont il désire la prochaine application, nous nous déclarons dans l'impossibilité absolue de procéder à l'étude grave, sérieuse, difficile, d'une organisation, même partielle, de l'Algérie.

Le Gouvernement a promis à notre colonie une réforme organique de son système. Cette promesse, il la renouvelle et il la tiendra. Dès le début de la session prochaine, il proposera à la Chambre, sous forme de loi, l'organisation de l'Algérie qui lui paraîtra la meilleure, afin que cet important problème soit, une fois pour toutes, abordé et définitivement tranché. Mais, dans cette session, il se refusera à toute discussion sur cette matière, ainsi que sur tout ce qui ne sera pas compris dans le budget et dans deux ou trois projets particuliers dont les rapports sont prêts ou vont l'être. Sur tous les autres objets, il est résolu à demander le renvoi à l'année prochaine. (*Oui! oui! Très bien! très bien!*)

M. ERNEST PICARD. — Il faudra que l'Algérie attende; elle en a pris l'habitude depuis de bien longues années.

Ernest Picard profita de l'occasion qui s'offrait pour réclamer l'admission au Parlement de députés de l'Algérie, n'en fit-on nommer qu'un seul. M. Paul Bethmont, après M. Jules Ferry, insista sur le danger de faire entrer des étrangers dans les conseils électifs de l'Algérie ; puis, la Chambre renvoya aux bureaux la proposition de MM. Le Hon et Jules Favre.

Le chemin de fer du Saint-Gothard.

Ce n'est pas sans une poignante émotion qu'on relit aujourd'hui la discussion qui eut lieu dans la séance du Corps législatif en date du 20 juin 1870, à propos de l'affaire du chemin de fer du Saint-Gothard[1]. En 1852, M. de Cavour, qui avait déjà conçu le projet du percement du Mont-Cenis pour mettre l'Italie en relation avec la France à travers les Alpes, s'était préoccupé d'ouvrir son pays à l'Allemagne. Il s'était abouché avec la Suisse et la Prusse, et avait provoqué des études techniques qui, en 1866, aboutissaient à un projet de chemin de fer par le Saint-Gothard, au moyen d'un souterrain de 14 900 mètres. Le grand duché de Bade, le Wurtemberg promettaient leur concours pécuniaire à l'entreprise, et, le 15 octobre 1869, une convention, passée entre la Suisse et l'Italie posait les bases de l'entreprise. La Confédération de l'Allemagne du Nord, à qui ladite

1. *Journal officiel* du 21 juin.

convention fut ensuite soumise, ne manqua pas de l'encourager, et le puissant homme d'État qui dirigeait sa politique vit là l'occasion d'établir une communication ferrée entre les forteresses des bords du Rhin et les sources du Tessin, pour permettre aux troupes prussiennes d'être transportées en une nuit jusqu'à Venise. Dans la séance du Reichstag, en date du 24 mai 1870, M. de Bismarck, à l'appui d'une demande de subvention pour le chemin du Saint-Gothard, présentait les considérations qui suivent :

« .... Des nécessités politiques exigent la création d'une route reliant l'Allemagne à l'Italie.

« Il a fallu de graves circonstances, des circonstances mûrement pesées pour amener le Gouvernement au désir inaccoutumé, je pourrais même dire sans précédent, de proposer à la Confédération et à des gouvernements voisins une demande de fonds vraiment énorme en faveur d'une ligne de chemin de fer, située non seulement en dehors de la Confédération du Nord, mais en dehors même de l'Allemagne. Les considérations qui ont décidé le Gouvernement à cette démarche inusitée sont, je le crois du moins, tellement évidentes, elles ont été si bien examinées, elles sont en partie de nature tellement délicate que je vous prie de me dispenser de vous les énumérer encore une fois publiquement. (*Très bien! très bien!*)

« .... On ne peut penser à mettre en comparaison les avantages que le Saint-Gothard présente sur le Splügen ou le Splügen sur le Saint-Gothard, quand on songe aux intérêts que l'Allemagne, et surtout l'Allemagne du Nord, a dans l'affaire du Saint-Gothard.

« .... Pour nous, le principal est d'avoir une communication directe avec l'Italie, qui est notre amie, et qui, je l'espère, l'est pour longtemps. »

Il ne s'agissait donc pas seulement d'une question commerciale, mais d'une question politique, qui pouvait aboutir, selon la remarque de M. de Kératry, à une violation du traité de Prague. Comme remède, M. Estancelin engageait vivement la Chambre à donner la subvention nécessaire pour terminer les travaux du Simplon, et M. Mony, l'auteur de l'interpellation, demandait au Gouvernement de perfectionner les voies navigables du midi de la France. Quant à M. de Gramont, le ministre des Affaires étrangères, il était plein de confiance dans la neutralité de la Suisse, et trouvait très inoffensif le projet de M. de Bismarck. Ce n'était pas tout à fait l'avis du ministre de la Guerre, le maréchal Lebœuf, qui voulait bien admettre qu'au point de vue stratégique, la ligne du Saint-Gothard, quand elle serait ouverte, changerait un peu les conditions militaires entre la France et les pays voisins ; que même l'équilibre militaire en serait légèrement modifié ; mais « avec 400 hommes il se chargeait de détruire la nouvelle ligne ». C'est alors que M. Jules Ferry prit la parole et prononça ces paroles prophétiques :

M. JULES FERRY se lève pour parler.

Voix nombreuses. La clôture ! la clôture !

M. LE PRÉSIDENT SCHNEIDER. — Je dois consulter la Chambre sur la clôture.

M. JULES FERRY. — Messieurs, j'ai le droit de parler après un ministre, et je prends la parole non pas contre la clôture, mais pour répondre à M. le ministre des Affaires étrangères.

Je précise la question de mon honorable ami, M. de Kératry, et je demande à M. le ministre des Affaires étrangères de nous prouver qu'avant l'interpellation de l'honorable M. Mony, le Gouvernement français avait entamé avec le gouvernement fédéral les négociations que lui commandait le juste souci des intérêts du pays. Qu'on nous apporte une dépêche, qu'on nous produise une pièce qui montre que la France est intervenue comme partie au contrat : c'était son droit...

M. LE COMTE D'AYGUESVIVES. — Il fallait payer alors !

M. JULES FERRY. — Le droit de la France est partout où elle a un intérêt. (*Réclamations.*) Et si vous ne voulez voir dans le traité du 15 octobre 1869 qu'une question de chemin de fer, si les discours du Reichstag de la Confédération du Nord, dont on vous a lu les extraits tout à l'heure, ne vous ont pas ouvert les yeux, c'est que vous êtes toujours la même majorité qui a laissé faire Sadowa. (*Vives réclamations et cris : A l'ordre !*)

Vous voulez qu'on me rappelle à l'ordre, et moi je vous rappelle au patriotisme. (*Nouveaux cris : A l'ordre ! à l'ordre !*)

M. LE PRÉSIDENT SCHNEIDER. — Monsieur Ferry...

M. ROLLE. — Votre langage n'est pas patriotique !

M. LE BARON ZORN DE BULACH, *avec vivacité.* — Pourquoi ces insultes continuelles à la majorité ? Nous ne pouvons pas les tolérer.

M. LE PRÉSIDENT SCHNEIDER. — Monsieur de Bulach, n'interrompez pas et permettez au président de faire son devoir.

M. JULES FERRY. — En vérité, je suis surpris de trouver M. de Bulach parmi mes adversaires !

M. LE BARON ZORN DE BULACH. — Je ne suis pas votre adversaire pour ce que vous avez dit tout à l'heure : vous avez raison, mais n'attaquez pas sans cesse la majorité !

M. BELMONTET. — Les paroles de M. Ferry sont un outrage à la Chambre !

Nouveaux cris. — A l'ordre ! à l'ordre !

M. LE PRÉSIDENT SCHNEIDER. — Monsieur Ferry, je vous rappelle à l'ordre : il arrive trop souvent qu'en montant à la tribune, vous semblez chercher à blesser la majorité, à irriter ses susceptibilités les plus légitimes. (*C'est vrai ! — Très bien ! très bien !*)

M. JULES FERRY. — Je demande à m'expliquer.

M. ROLLE. — Ce sont vos journaux qui ont soutenu la politique prussienne !

M. LE PRÉSIDENT SCHNEIDER. — Vous avez la parole pour vous expliquer.

M. JULES FERRY. — Je respecte les susceptibilités de la majorité, et en vérité...

M. LE BARON ZORN DE BULACH. — Mais vous continuez cependant à nous attaquer...

M. LE PRÉSIDENT SCHNEIDER. — Monsieur de Bulach, veuillez, je vous le répète, ne pas continuer à passionner la situation par vos interruptions.

M. LE BARON ZORN DE BULACH. — Je me tais, monsieur le président, mais il est des paroles contre lesquelles il est difficile de ne pas protester.

M. JULES FERRY. — Il y a aussi des susceptibilités patriotiques et nationales que tout le monde doit respecter, et ce sont elles qui m'ont fait monter à cette tribune.

M. ROLLE. — Vous n'avez pas le droit de parler comme vous l'avez fait ! Ce n'est pas seulement comme membre de la majorité que je me sens blessé ; c'est surtout comme Français. (*Agitation.*)

M. JULES FERRY. — Quand je dis que les autorités compétentes de ce pays ont laissé faire Sadowa, je ne dis que l'exacte vérité, je ne fais que constater un fait notoire, et j'en appelle à l'illustre M. Thiers lui-même, qui vous a avertis, messieurs de la majorité, et vous avez refusé de l'entendre. (*Réclamations diverses.*)

M. ROLLE. — M. Thiers vous a-t-il chargé de parler en son nom ?

M. LE COMTE DE LA TOUR. — Toute l'opposition était pour la Prusse et l'Italie !

A droite. — C'est vrai ! c'est vrai !

M. LE PRÉSIDENT SCHNEIDER. — M. Ferry vient de s'expliquer, mais je lui demande instamment, après l'avoir rappelé à l'ordre, de se souvenir que la minorité d'une Chambre a intérêt à ne pas blesser les susceptibilités de la majorité ; si l'on veut que les discussions puissent avoir lieu en toute liberté et utilement, il importe que chacun respecte ses collègues et s'abstienne de faire entendre ici des paroles irritantes. (*Marques générales d'assentiment.*)

M. JULES FERRY. — Je respecte tous mes collègues... (*Exclamations*), et je demande qu'on fasse respecter dans ma personne la liberté de discussion ; je demande à discuter librement.

M. BELMONTET. — C'est la liberté de l'injure que vous voulez !

M. JULES FERRY. — Il n'est pas sorti de ma bouche une seule expression inconvenante. Je n'ai manqué à aucune convenance parlementaire. (*Réclamations.*)

Je n'ai pas cherché à provoquer cet incident ; mon intention n'est nullement de susciter des orages dans la Chambre. (*Nouvelles réclamations.*) Non, messieurs, la question est trop haute et trop grave, elle touche trop profondément mon cœur de Français, comme elle doit toucher le vôtre, pour que je cherche l'occasion de vaines disputes et d'inutiles orages. J'attire votre attention sur un point qui me paraît engager la responsabilité du Gouvernement et de la Chambre. J'apporte ici des raisons : je vous prie de les entendre.

Le Gouvernement français avait deux façons d'intervenir dans la convention du 15 octobre ; il y en a une que je ne lui conseille nullement. Il pouvait prendre le rôle de participant. Mais là ne se bornait pas le droit d'intervention du Gouvernement français, et M. le ministre des Affaires étrangères l'a si bien compris que toute son argumentation a consisté à dire à la Chambre que la neutralité de la Suisse était sérieusement garantie, et qu'il s'en était assuré.

Je lui demande donc de montrer à la Chambre qu'il est intervenu directement, comme c'était son devoir, auprès de la Confédération helvétique, pour se faire rendre compte des mesures que cette Confédération songeait à prendre pour sauvegarder sa neutralité. Il ne l'a pas fait, et c'est un premier grief. Le Gouvernement croit mettre sa responsabilité à couvert derrière la neutralité de la Suisse ; il croit avoir répondu à toutes les objections quand il a dit : la Suisse est neutre ; elle gardera sa neutralité !

Eh bien, messieurs, ce n'est là qu'une déception ; et mon esprit qui, pendant toute cette discussion, oscillait entre des

avis contraires, a été déterminé par les observations si loyales
de M. le ministre de la Guerre.

M. le ministre de la Guerre nous a déclaré, avec sa loyauté de
soldat, qu'il y avait quelque chose de changé dans la situation
de l'Europe par le projet de chemin de fer du Saint-Gothard.
(*Non ! non !*) Il a déclaré et expliqué que les conditions de
l'équilibre militaire étaient modifiées, et il avait raison.

Est-ce que la neutralité de la Suisse est de nature à conjurer
le péril qui est avoué par M. le ministre de la Guerre ?

Interrogeons l'histoire de la Suisse. Oui, j'en suis convaincu ;
elle a eu à toutes les époques le bon vouloir de maintenir sa
neutralité ; mais elle n'en a jamais eu le pouvoir. Est-ce qu'elle
l'a maintenue en 1815 et pendant les guerres de la Révolution ?
Et pourquoi voulez-vous que ce petit État, devenu d'autant
plus petit que ses voisins sont devenus plus grands, sacrifie
quelque chose à une neutralité si coûteuse, d'une part, et si
richement récompensée, d'autre part, par des avantages matériels ? car il faut bien comprendre la situation de ce petit État
neutre.

La neutralité suisse est sujette à toutes sortes de considérations. La Suisse, en sa qualité de puissance neutre et de
puissance de transit, n'a qu'un souci : c'est le souci commercial.

Eh bien ! quand, au prix des énormes sacrifices que s'impose
la Confédération helvétique, elle aura construit un tunnel à
travers le Saint-Gothard, il lui faudra, je vous l'affirme, plus
que de la vertu pour le détruire d'une manière irréparable :
vous savez que l'art moderne de la guerre possède des moyens
aussi rapides pour refaire les chemins de fer qu'il en possède
pour les détruire.

M. DE DALMAS. — Je demande la parole.

M. JULES FERRY. — Vous vous indignez d'entendre des
vérités... (*Exclamations.*)

Une voix. — Ce ne sont pas des vérités !

M. JULES FERRY. — Laissez-moi les dire comme je les
comprends ; j'ai presque fini. Je trouve que la moralité de ce
débat, la voici — permettez-moi de l'exprimer comme je
l'entends :

Dans le système européen qui a été détruit à Sadowa, la France était couverte par plusieurs neutralités : d'abord, par la neutralité de la Suisse, et ensuite, par la neutralité de la Confédération germanique. Alors, messieurs, la neutralité suisse pouvait paraître une neutralité sérieuse, parce qu'elle s'appuyait à la neutralité de la Confédération germanique ; mais, aujourd'hui, cette neutralité suisse, elle est profondément entamée des deux manières : d'abord, elle est matériellement atteinte par le percement des Alpes : car, il faut en prendre son parti, ce qui a fait sa force réelle, son efficacité dans le passé, c'est qu'elle s'appuyait à une forteresse naturelle. La neutralité de la Suisse et l'état de forteresse naturelle inexpugnable des Alpes étaient deux choses corrélatives. Mais du moment que les Alpes sont percées en deux ou trois points, que le rempart naturel se trouve traversé, il n'existe plus de neutralité de la Suisse dans la nature, et il reste une simple neutralité spéculative qui n'est plus couverte politiquement par la neutralité allemande, ce qui dès lors, place les petits États suisses, impuissants, entre la Confédération du Nord et l'Italie.

Ma conclusion la voici : ce n'est pas par des établissements de voies ferrées, ni par des constructions stratégiques et par des édifications de forteresses, c'est par une bonne politique que vous pourrez, — je ne dirai pas guérir, vous ne guérirez jamais la plaie de Sadowa, c'est un malheur irréparable, — mais par une bonne politique vous pourrez du moins l'atténuer. (*Exclamations diverses.*)

    Un membre. — Ce n'est pas patriote ce que vous dites là !

M. JULES FERRY. — La vérité doit passer avant le patriotisme, quand la vérité est un conseil pour le patriotisme. (*Bruit.*)

Oui, par de bonnes alliances, par le culte de ces alliances que vous avez perdues, et c'est là le grand enseignement de l'incident actuel : vous avez si bien manœuvré que vous livriez l'Allemagne au géant de l'Allemagne du Nord, tandis que vous vous aliéniez l'amitié de l'Italie ; et c'est pour cela que l'Italie est allée vers l'Allemagne du Nord.

C'est un état de choses que vous rencontrerez sous vos pas, à vos moindres démarches du côté de l'Allemagne ou

du côté de l'Italie, et cet état de choses ce sont vos fautes qui
l'ont créé.

L'alliance de l'Allemagne et de l'Italie est faite contre vous ;
ne l'oubliez pas. (*Approbation à gauche. — Exclamations au
centre et à droite.*)

Jules Ferry et M. Thiers.

Ainsi M. Jules Ferry avait aperçu avec M. Thiers les conséquences
terribles que devaient entraîner pour notre pays la victoire de
Sadowa et l'incohérence de la politique de Napoléon III qui avait
précipité l'Italie dans les bras de la Prusse et laissé la voie ouverte
aux cyniques machinations de M. de Bismarck.

On n'a pas encore mis en relief avec une précision suffisante la
sagacité des vues prophétiques de M. Jules Ferry, la clarté des avertissements donnés par lui au gouvernement impérial, alors qu'il
n'était pas encore trop tard pour réparer les fautes commises. Dès
le 4 mai 1866, il s'élevait avec force dans le *Temps* contre les aberra-
tions de l'*Opinion nationale*, qui avait développé cette thèse qu'en
déclarant la guerre à l'Autriche, la Prusse faisait les affaires de la
Révolution. Examinant les résultats éventuels d'une victoire des
Prussiens, il demandait si par hasard la Vénétie était seule au
monde..... « Nous avons le droit, ajoutait le rédacteur du *Temps*,
de calculer ce que l'affranchissement de la Vénétie peut coûter à la
liberté du monde. En regard de Venise affranchie, nous avons le
droit de placer l'Allemagne asservie, le régime constitutionnel anéanti
de l'Elbe au Danube, le militarisme et l'absolutisme remportant par
la main de M. de Bismarck la plus éclatante, la plus perfide de ses
victoires. Si l'affranchissement de la Vénétie est un pas en avant
pour la liberté européenne, vous nous accorderez bien, j'imagine,
que le triomphe de M. de Bismarck serait une reculade. Si la constitution d'une Italie indépendante peut être une force pour la France,
vous ne nierez point que l'établissement d'une grande Allemagne ou
plutôt d'une grande Prusse absolutiste et militaire, ne puisse réserver à notre pays des périls jusqu'à présent ignorés de l'histoire?
Souffrez donc que nous réservions nos enthousiasmes et que nous
suspendions nos sympathies. »

Au moment même où paraissait cet article, M. Thiers, dans la
séance du Corps législatif en date du 3 mai, prononçait le fameux
discours où, avec l'autorité d'un grand homme d'État, il mettait
dans tout son jour l'ineptie du second Empire, qui, par l'organe de
M. Rouher, venait de promettre à l'Italie, du haut de la tribune
française, que la France resterait neutre dans le conflit italo-prussien
avec l'Autriche. Après avoir retracé l'historique de l'affaire des
duchés et dévoilé le plan audacieux de la Prusse qui tentait de res-
susciter à son profit l'Empire germanique, il arrivait à cette conclu-

sion que « se prêter à la politique prussienne, ce serait trahir les intérêts de la France ». Il conseillait à l'Empire une intervention immédiate soit auprès de la Prusse elle-même, soit auprès de l'Italie.

Dans le numéro du *Temps* daté du 5 mai, M. Jules Ferry s'associa complètement à ces conclusions de M. Thiers et les accentua avec une émotion patriotique :

« Tous ceux qui liront cet admirable discours prendront leur part de l'émotion qui a rempli la Chambre. M. Thiers a raconté l'affaire des duchés depuis la conférence de Londres jusqu'aux tristes lauriers de Düppel, depuis l'évocation du duc d'Augustenbourg jusqu'à la confiscation de Gastein ; et jamais il n'a fait voir une argumentation plus saisissante, une composition plus savante, un art plus exquis de dire et de ne pas dire, une ironie plus vengeresse et plus mordante. C'est un fouet à la main qu'il déroule cette odieuse et burlesque histoire. M. de Bismarck est trois fois cuirassé s'il ne sent pas les coups. En face du ministre arrogant et sans foi qui est, à l'heure qu'il est, l'ennemi le plus insolent du régime parlementaire, s'est dressé, de toute la hauteur de l'esprit et de l'éloquence, le défenseur le plus illustre et le plus passionné du gouvernement des assemblées. Ce duel de la libre parole et de l'absolutisme triomphant, de la diplomatie à ciel ouvert et de la politique de conspiration, du droit enfin et de la force, marque ce discours, entre tous ceux de M. Thiers, d'un caractère incontestable de grandeur.

« Mais ce qui lui donne sa physionomie particulière et sa réelle importance, c'est l'accueil qu'il a reçu de toute la Chambre. La Chambre a acclamé ses plus fières invectives, applaudi avec passion, j'allais dire avec fureur, ses ironies les plus sanglantes. Quand l'orateur, recherchant la conduite que le Gouvernement aurait pu tenir, a parcouru, l'une après l'autre, « les formes douces et les formes dures » que la France aurait pu employer sans tirer l'épée pour manifester à la politique prussienne sa désapprobation profonde, la majorité a manifesté, de la façon la plus bruyante, la plus précise et la plus claire, que ce ne sont pas les formes douces qui, à son gré, devraient avoir la préférence. »

C'est à propos de cet article que M. Thiers adressa à M. J. Ferry la lettre du 5 mai que nous avons déjà partiellement citée (V. page 166) et qui contenait cette phrase : « La France entière est ardente contre la nouvelle coalition italo-prussienne. »

.Des rapports fréquents s'établirent alors entre les deux hommes d'État, mais M. Jules Ferry, malgré sa profonde déférence pour son illustre collègue, n'abdiqua en rien l'indépendance de ses jugements. Il suffira pour le prouver de citer encore un article du *Temps*, en date du 15 juillet 1866. Examinant le projet de sénatus-consulte élaboré par le Gouvernement et sorti triomphant des délibérations de la Commission sénatoriale, M. Jules Ferry avait signalé la différence profonde qui existait entre la Constitution de 1852 et la Charte de 1830. Il avait fait allusion aux lois de septembre 1835, qui punissaient des peines les plus sévères l'offense à la personne du roi, l'attaque au principe ou à la forme du Gouvernement, et particulièrement la violation du principe de l'irresponsabilité monarchique.

« Le ministre de l'Intérieur de cette époque, écrivait M. Jules Ferry, avait le tort de confondre dans ses discours la discussion avec l'attaque : qu'est-ce que cela prouve? Si cela prouve contre M. Thiers, cela ne prouve pas pour le sénatus-consulte. »

Et le rédacteur du *Temps* reprochait à M. Troplong, rapporteur de la Commission sénatoriale, de s'appuyer sur la constitution et les lois du régime de 1830 pour chercher une sanction aux violations éventuelles de la Constitution impériale. Il faisait remarquer que le roi, en 1835, était irresponsable et la Charte de 1830 immuable, tandis que la Constitution de 1852 avait proclamé son caractère perfectible et la responsabilité du Pouvoir. Donc, on ne pouvait comparer deux régimes dissemblables et conserver encore des illusions sur l'efficacité des lois de Septembre.

C'est à cet article que M. Thiers répondit par deux lettres qu'il n'est pas sans intérêt de reproduire :

Trouville (Hôtel de Paris), 15 juillet 1866.

MON CHER MONSIEUR FERRY,

« Je ne sais pas pourquoi vous êtes si expéditif avec moi et pourquoi vous me livrez si aisément à M. Troplong auquel il était si facile de répondre. La Constitution de 1830 contenait tous les principes essentiels de la liberté constitutionnelle. Il n'y manquait qu'une loi électorale plus large et la pratique par le temps ancien. On était dans le système des constitutions fixes qu'on ne laisse pas discuter; et on se bornait à ne pas vouloir laisser proclamer la République sous la monarchie, et à ne pas permettre le cri : *aux armes!* contre le gouvernement établi. Il était donc tout naturel alors de ne pas permettre la discussion de la Constitution, et ce que je disais vous le diriez sous la République.

« Aujourd'hui, le cas est tout différent. La Constitution contient le despotisme pur; et, pour nous faire prendre patience, on nous a dit que la Constitution était perfectible; on nous a promis le couronnement de l'édifice. Défense de la discuter aujourd'hui. C'est donc simplement nous interdire de demander ce qu'on nous a promis. C'est ôter à la Constitution actuelle ce qu'on regardait comme une excuse nécessaire de tout ce qui lui manque, la perfectibilité. C'est donc le despotisme sans excuse et sans espérance.

« Vous pouviez donc, en me donnant mon véritable rôle, poser la question dans ses véritables termes et faire à M. Troplong la véritable réponse. Du reste, je ne me plains pas pour moi, qui puis heureusement me passer de la presse, mais pour la liberté elle-même qu'on défend si mal en livrant ses vrais défenseurs.

« Adieu, cher Monsieur, ou à revoir. Recevez mes amitiés. »

A. THIERS.

M. Ferry s'excusa sans doute d'avoir froissé les susceptibilités de l'ancien ministre de Louis-Philippe, car M. Thiers lui écrivit de nouveau, le 20 juillet suivant :

Trouville, 20 juillet 1866.

« N'allez pas croire, mon cher Ferry, que je vous en veuille, parce que je vous ai adressé ces quelques observations. C'est justement parce que j'étais le point sur lequel on visait en lâchant ce sénatus-consulte, qu'en repoussant l'attaque dont j'étais l'objet, on aurait fait manquer le coup. Je n'ai point exagéré en disant qu'on ne devait, à cette époque, ni attaquer, ni discuter. Il s'agissait de la monarchie anglaise, alors tout entière contenue dans la Charte de 1830 (sauf la pratique qui restait à acquérir). Or, dans cette constitution, on ne doit pas même parler du roi, tout le gouvernement étant dans le ministère, et les ministres, à cette époque, étant livrés à la complète discussion. Il n'y avait donc aucun usage à faire de mes paroles d'il y a 30 ans, qui étaient alors aussi fondées qu'elles le seraient en Angleterre aujourd'hui.

« Du reste, laissons là cette petite querelle, et l'hiver prochain nous ferons ce que nous pourrons ; mais la vérité est une arme à beaucoup de tranchants, et nous trouverons bien celui qui pourra être présenté à l'ennemi.

« La médiation est le plus ridicule avortement qui se puisse imaginer, et nous avons abouti au résultat inévitable, et que je n'avais que trop prédit, de la France descendant au second rôle...

« Tout à vous de cœur.

A. THIERS. »

Quatre années plus tard, et séparés peut-être par des divergences sérieuses sur les aspirations de la démocratie française et sur la constitution intérieure de l'État, M. Thiers et M. Jules Ferry allaient se retrouver d'accord pour essayer de sauver au moins l'honneur national, dans l'effroyable tempête où la France elle-même, grâce à l'aberration du gouvernement impérial, menaçait de sombrer.

La déclaration de guerre à la Prusse.

Malgré les nuages qui s'accumulaient à l'horizon, malgré les avertissements très nets de M. Benedetti[1], le cabinet Ollivier qui, à peine arrivé aux affaires, avait proposé, en février 1870, une réduction sur le contingent de 1870, conservait son imperturbable optimisme et, dans la séance du 30 juin, le maréchal Lebœuf maintenait sa proposition de réduction de 10000 hommes sur le contingent comme « une invitation au désarmement ». M. Émile Ollivier était si peu ému par les objurgations de M. Thiers, qu'il s'écriait : « *Le Gouvernement n'a aucune inquiétude;* à aucune époque, le maintien de la paix ne lui a paru plus assuré. De quelque côté qu'il porte les yeux, il ne voit aucune question irritante engagée ; tous les cabinets comprennent que le respect des traités s'impose à tous. Si le Gouvernement avait la moindre inquiétude, il ne vous eût pas proposé, cette année-ci, une réduction de 10000 hommes; il vous eût très nettement demandé de vous associer à sa sollicitude et d'augmenter les forces de l'armée. »

Et quelques jours après, le maréchal Prim offrait le trône d'Espagne au prince de Hohenzollern qui l'acceptait, avec la connivence du roi de Prusse! Tombant dans le piège tendu par M. de Bismarck, M. de Gramont invitait, par dépêche du 7 juillet, M. Benedetti à « obtenir du roi de Prusse qu'il révoquât l'acceptation du prince de Hohenzollern ». Et il ajoutait : «sinon *c'est la guerre* ». Le 12, le ministre des affaires étrangères, dans une note remise par lui à M. de Werther, ambassadeur de Prusse à Paris, dictait lui-même la réponse qu'il demandait au roi Guillaume : « Sa Majesté s'associe à la renonciation du prince de Hohenzollern[2]. »Ce n'est pas tout : M. de Gramont télégraphiait, le même jour, à M. Benedetti, pour lui enjoindre de voir le roi de Prusse et de l'inviter « à donner l'assurance qu'il n'autoriserait pas de nouveau la candidature du prince de Hohenzollern ». Il était évident que le roi n'accepterait pas cette

---

1. Dépêche de M. Benedetti du 31 mars 1869, sur les entrevues de M. Rancès y Villanuova avec M. de Bismarck, au sujet de la candidature du prince Léopold de Hohenzollern au trône d'Espagne. — Dépêche du même, en date du 11 mai 1869.

2. La renonciation du prince Léopold, ou plutôt celle de son père, le prince Antoine, avait été télégraphiée au maréchal Prim le 12 juillet et communiquée, le même jour, au Gouvernement français par M. Olozaga.

mise en demeure, et, en effet, il *refusa absolument* d'autoriser M. Benedetti à transmettre à l'Empereur une semblable déclaration[1]. Il se
borna à faire dire à notre ambassadeur « qu'il *approuvait* » la renonciation du prince Léopold, et qu'on pouvait en informer l'Empereur.
Puis, il refusa de donner audience à M. Benedetti et, ce dernier
l'ayant rencontré à la gare d'Ems, le roi lui annonça qu'il repartait
le lendemain matin pour Berlin. Le 15, M. de Gramont, au Sénat, et
M. E. Ollivier, au Corps législatif, annonçaient que la guerre allait
s'ouvrir et que le Gouvernement avait rappelé les réserves. M. Thiers
fit vainement entendre une protestation vigoureuse : « Est-il vrai que
vous rompez sur une question de susceptibilité ? Voulez-vous que
l'Europe tout entière dise que le fond est accordé, et que, pour une
question de forme, vous vous êtes décidés à verser des torrents
de sang ! Prenez-en la responsabilité ?... Laissez-moi vous dire que
je regarde cette guerre comme souverainement imprudente... Plus
que personne, je désire la réparation des événements de 1866, mais
je trouve l'occasion détestablement choisie. Je déclare que, quant à
moi, je décline la responsabilité d'une guerre aussi peu justifiée ».
A quoi Émile Ollivier fit la réponse historique : « Oui, de ce jour
commence pour les ministres, mes collègues, et pour moi, une grande
responsabilité. Nous l'acceptons, *le cœur léger*. » — Le chargé d'affaires
de France à Berlin fut chargé de notifier l'état de guerre à la Prusse,
à partir du 19 juillet, et, le 20, M. de Gramont vint informer le Corps
législatif de l'envoi de la déclaration de guerre.

La France se trouvait ainsi précipitée avec une légèreté impardonnable dans une lutte à laquelle ses gouvernants ne l'avaient nullement préparée.

Il nous reste à préciser le rôle de M. Jules Ferry dans la courte
période qui nous sépare du 4 Septembre.

Le secret des opérations militaires[2].

En premier lieu, dans la séance du 19 juillet, le Corps législatif
discuta un projet de loi, élaboré par le Gouvernement, d'accord avec
la Commission, pour interdire le compte rendu des opérations militaires.

M. LE PRÉSIDENT SCHNEIDER. — L'ordre du jour appelle la discussion
du projet de loi concernant l'interdiction de rendre compte des opérations militaires.

Membres de la Commission : MM. Sénéca, président ; le baron de
Mackau, secrétaire et rapporteur ; Denat, Berger, Josseau, Nogent-
Saint-Laurens, Chagot, de Forcade la Roquette.

M. LE PRÉSIDENT SCHNEIDER. — La parole est à M. de Mackau pour
présenter le rapport.

1. Dépêche de M. Benedetti à M. de Gramont, 13 juillet.
2. *Journal officiel* du 20 juillet 1870.

M. LE BARON DE MACKAU, *rapporteur*. — Messieurs, la Commission chargée par vous d'examiner le projet de loi dont vous aviez déclaré l'urgence à la séance d'hier, et qui porte: interdiction de rendre compte des mouvements et opérations militaires, a rempli sa tâche avec le soin scrupuleux qu'exigeait la mission dont elle était investie.

La lutte dans laquelle vont se trouver engagés les intérêts les plus sacrés du pays justifie aux yeux de votre Commission les dispositions législatives qui vous sont soumises. Elle ne doute pas que le patriotisme éclairé de ceux mêmes qui peuvent être touchés par la mesure proposée, ne leur fasse accepter sans hésitation une loi imposée par les circonstances, momentanée comme elles, et qui ne saurait compromettre en rien le principe même de la liberté de la presse que nous sommes tous d'accord de sauvegarder.

Il ne s'agit pas, en effet, messieurs, d'atteindre un principe de droit public, mais seulement de prévenir des abus, à un moment où une seule indiscrétion, propagée par la presse, peut donner l'éveil à l'étranger, apporter une perturbation profonde dans nos intérêts les plus chers, et compromettre, avec l'honneur de notre drapeau, la vie de nos soldats.

Votre Commission a donc reconnu qu'il convenait de confier momentanément au Gouvernement un pouvoir nécessaire; mais elle s'est aussitôt préoccupée de le limiter, dans sa durée comme dans ses effets, et de donner aux intéressés les garanties de responsabilité que comportait la situation.

C'est dans cette pensée qu'elle a modifié le projet de loi qui vous est soumis.

Elle a cru d'abord qu'il convenait de faire interdire les comptes rendus par un arrêté ministériel, inséré au *Journal officiel*, et non par une simple note.

Elle a trouvé, en second lieu, que la suppression, en cas de récidive, ne devait pas être maintenue, et que la suspension pendant un délai qui ne pourrait excéder six mois, était une répression suffisamment efficace.

Elle a enfin constaté par un article nouveau le caractère provisoire de la loi, voulant en limiter les effets à la durée de la guerre.

Quant à la pénalité édictée par le § 1er de l'article 2, elle a cru devoir la maintenir; pour être efficace, cette pénalité doit, en pareil cas, être sérieuse; elle peut d'ailleurs être atténuée par l'application de l'art. 463 du Code pénal, conformément aux dispositions de l'art. 12 de la loi du 11 mai 1868.

Tel est, messieurs, l'ensemble sommaire du travail auquel s'est livrée votre Commission; elle espère que le patriotisme de tous rendra inutile la loi qu'elle vous propose; mais il est des heures où tout doit être prévu, afin de dégager la responsabilité de chacun et d'assurer au pays, dans la lutte qu'il va traverser, un succès prompt et décisif.

La Commission a appelé dans son sein M. le garde des sceaux et M. le ministre de l'Intérieur. Elle leur a fait connaître les modifications qu'elle avait en vue.

Les honorables ministres y ont donné leur adhésion.

Votre Commission a donc l'honneur de vous proposer, d'accord avec le Gouvernement, un projet de loi ainsi conçu :

« Art. 1er. Il pourra être interdit de rendre compte par un moyen de publication quelconque des mouvements de troupes et des opérations militaires sur terre et sur mer.

« Cette interdiction résultera d'un arrêté ministériel inséré au *Journal officiel*.

« Art. 2. Toute infraction à l'article 1er constituera une contravention qui sera punie d'une amende de 5 000 fr. à 10 000 fr.

« En cas de récidive, le journal pourra être suspendu pendant un délai de six mois.

« Art. 3. La présente loi cessera d'avoir effet si elle n'est pas renouvelée dans le cours de la prochaine session ordinaire ». (*Aux voix ! aux voix !*)

M. JULES FERRY. — Je demande la parole.

M. LE PRÉSIDENT SCHNEIDER. — M. Ferry a la parole.

M. JULES FERRY. — Messieurs, si le projet de loi qui vous est soumis et sur lequel je vous demande la permission d'apporter quelques brèves observations à cette tribune, me paraissait rentrer dans les mesures de guerre que nécessite en ce moment la défense de la patrie, je l'aurais voté sans observations, comme j'ai fait des autres; mais, dans mon âme et conscience, j'estime qu'il y a bien moins dans ce projet une mesure pour la guerre, qu'une mesure contre la liberté (*Réclamations*), et je viens ici en déduire les motifs.

Je le trouve inutile et dangereux. Il est dangereux, messieurs, par trois raisons : premièrement, parce qu'il se caractérise par l'élasticité infinie, par le vague extrême de la définition; parce qu'en second lieu, il implique l'arbitraire dans l'exécution, et, en troisième lieu, parce qu'il admet l'excès dans la répression. (*Exclamations.*)

Messieurs, je ne vous demande que quelques instants d'attention.

M. le rapporteur se prépare à me répondre ; je vais discuter cette question posément.

M. LE RAPPORTEUR. — Je n'ai pas dit que je répondrais.

M. Jules Ferry. — Permettez : j'aimais à le croire.

Une voix. — C'est inutile !

M. le rapporteur. — Je demande à réserver mon appréciation sur l'opportunité de ma réponse.

M. Jules Ferry. — Si vous ne voulez pas me répondre, je n'y tiens pas autrement.

Je veux dire que la discussion peut avoir lieu, malgré le moment où nous sommes, et quoique le projet ait été déclaré urgent, nous ne pouvons pas, pour notre compte, le laisser passer sans discussion.

M. le président Schneider. — Parlez ! Vous avez la parole.

M. Jules Ferry. — Je dis que la définition est vague. De quels termes se sert-on ? « Mouvements et opérations militaires. »

Quelques voix. — Eh bien ?

M. Jules Ferry. — Je demande quelle est la nouvelle relative aux faits de guerre, de quelque nature qu'elle soit, qui ne puisse rentrer dans cette formule ?

Voix à gauche. — C'est évident !

M. Jules Ferry. — Je vous prie de remarquer qu'avec l'intention de ne frapper que des indiscrétions relatives à la marche de nos troupes, la loi qu'on vous propose de voter atteint nécessairement toutes les nouvelles relatives à un fait de guerre quelconque. Cela me paraît incontestable.

Le deuxième reproche que je fais à la loi est celui-ci : c'est l'arbitraire dans la poursuite. Et savez-vous pourquoi ? Par la combinaison de ces deux principes : le premier, que c'est une contravention que vous créez et qu'il n'est pas loisible au juge d'examiner la question de bonne foi. (*Si ! si !*)

M. Mathieu (de la Corrèze). — Cela a été jugé cent fois.

M. Jules Ferry. — C'est que, d'autre part, le Gouvernement est le maître de la poursuite. (*Interruptions diverses.*)

De sorte que le Gouvernement a le droit de choisir qui il poursuivra (*Nouvelle interruption*), et que les tribunaux n'ont pas le droit de ne pas condamner. (*Bruit.*)

Je maintiens que le Gouvernement est maître de la poursuite

et que, par conséquent, il a le droit de choisir; et je soutiens
que les tribunaux n'ont pas le droit de ne pas condamner, parce
qu'il s'agit, non d'un délit, mais d'une contravention : c'est donc
l'arbitraire dans la poursuite.

M. GAMBETTA. — Très bien!

M. JULES FERRY. — En troisième lieu, je reproche à la loi de
comporter un excès dans la répression qui lui fait dépasser de
beaucoup le but qu'elle avoue.

M. GLAIS-BIZOIN. — C'est évident!

M. JULES FERRY. — Comment! pour la première contravention, pour la nouvelle la plus innocemment produite, avec la
bonne foi la mieux constatée, une condamnation de 5 000 fr. à
10 000 fr. d'amende, et pour la seconde fois la suppression! Mais
c'est énorme! c'est excessif! (*Rumeurs*) et c'est tellement excessif
que cela constitue un pas en arrière sur la législation de 1861
(*Interruption*), car, en 1861, le Corps législatif a rayé du décret de
février 1852 une disposition analogue qui, pour deux contraven-
tions, exposait le journal à la suspension et à la suppression. Je
reconnais que la suppression n'est plus dans le projet de loi
amendé, mais elle était dans le projet du Gouvernement, et ce
qui subsiste dans le projet de la Commission, c'est la suspension
de six mois, ce qui est une peine excessive.

M. LE RAPPORTEUR. — C'est un maximum!

M. LE GARDE DES SCEAUX. — Serait-on bien avancé quand une
publication indiscrète nous aurait fait perdre une bataille?

M. JULES FERRY. — Monsieur le garde des sceaux vous pensez
bien que j'ai prévu l'objection. Je vais y arriver. Je vous prie de
croire que si j'avais la conviction que votre loi pût sauver
d'un péril quelconque notre armée, je ne discuterais pas à cette
tribune! (*Interruptions*.) Mais je vais vous prouver que vous êtes
en face de fantômes et de chimères. (*Oh! oh!*)

Voici donc quel sera l'effet de la loi : ou bien cette loi va mettre
dans les mains du ministère un arbitraire illimité, qui lui
permettra de choisir des journaux confidents, qui parleront tout
à leur aise, tandis que les autres craindront de rompre le silence;
ou bien, si le ministère ne veut pas être taxé d'arbitraire, la loi
aura cet effet inévitable de condamner au silence tous les jour-

naux, excepté le *Journal officiel :* car, comme je vous le démon-
trais en commençant, il n'y a pas une nouvelle de guerre, si
éloignée qu'elle soit d'une indiscrétion compromettante, qui ne
puisse tomber sous le coup de la loi, exposer le journal à la
suspension de six mois, et, par conséquent, l'instinct de la
conservation fera une loi à tous les journaux de se taire sur tous
les faits de guerre sans distinction. (*Rumeurs diverses.*) Voulez-
vous cela?

Quelques voix. — Oui !

M. Jules Ferry. — Je crois, messieurs, que ce résultat aurait
infiniment plus d'inconvénients que d'avantages. L'avantage,
suivant vous, c'est d'empêcher des indiscrétions périlleuses?
Est-ce que ce danger existe? (*Oui! oui !*)

Comment! vous supposez que nos ennemis lisent les journaux
français... (*Exclamations et rires à droite.*)

Vous ne me laissez pas achever ma phrase et vous lui donnez
un sens ridicule.

Je disais : Comment! vous supposez que nos ennemis ont
besoin de lire les journaux français pour se mettre au courant
des mouvements de nos troupes?

M. le baron Reille. — C'est élémentaire de lire en temps de guerre
les journaux du pays que l'on combat.

M. le garde des sceaux. — Cela tient lieu d'espions.

M. le baron Eschasseriaux. — Vos discours sont traduits à l'étranger.

M. Jules Ferry. — Qu'est-ce que mon discours a d'offensant ;
qu'a-t-il d'inquiétant pour le patriotisme? (*Interruptions et bruit*) ?

M. Eschasseriaux. — Les discours prononcés ici vont à l'étranger :
ils circulent déjà en Prusse.

M. Jules Ferry. — Ce que je dis en ce moment est dangereux? Vous n'en croyez rien! Je disais, messieurs, que vos
craintes ne me paraissent pas sérieuses ; qu'il n'est pas à craindre
(*Rumeurs*) que des indiscrétions de journaux puissent avoir
quelque effet sur le succès d'une campagne; et la preuve, messieurs, c'est que nous avons eu d'importantes campagnes à
l'extérieur, la campagne d'Italie, par exemple, et que l'on n'a
pas songé à défendre aux journaux de donner les nouvelles de
la guerre. Citez-moi un inconvénient de la publicité complète
sur les faits de guerre qui a existé à cette époque?

M. Guillaumin. — Ce n'était pas sur le territoire.

M. Jules Ferry. — Citez-moi, de plus, une législation actuelle, dans un pays libre, qui contienne une disposition pareille. Messieurs, il n'en existe pas une seule, et permettez-moi de vous dire que la peur des journalistes trouble un peu vos esprits (*Exclamations et rires à droite et au centre. — A gauche : Oui! oui!*); mais les journalistes ne savent rien que ce qu'on leur dit. (*Interruptions.*) Je le répète, messieurs, les journalistes ne savent rien que deux ordres de choses : celles qu'on leur dit, c'est-à-dire rien ou presque rien, et celles qu'ils inventent, ce qui n'est pas dangereux.

Voix nombreuses. — Allons donc! allons donc!

M. Jules Ferry. — Mais, messieurs, c'est l'évidence même ; ce qu'ils inventent ne peut être la révélation du plan de campagne.

Un membre. — Mais on ne pourrait plus défendre le pays!

M. Jules Ferry. — De votre propre aveu, cette loi n'est portée que contre l'indiscrétion, contre l'indiscrétion compromettante. Eh bien, contre l'indiscrétion, vous êtes défendus, d'abord, par la discrétion de ceux qui gardent le plan de campagne, et surtout par une mesure que je comprends, celle-là, et que je vous recommande : c'est la précaution bien simple de ne pas admettre de reporters dans vos quartiers généraux comme cela se fait constamment.

M. le garde des sceaux. — Nous n'en admettons aucun.

M. Jules Ferry. — Eh bien ! avec cette seule mesure, vous pouvez être sûrs que vos plans de campagne ne seront pas révélés.

Je vous le répète, messieurs, jamais l'on n'a senti la nécessité d'une loi pareille, qui, du reste, n'existe dans aucun pays libre.

Quelques membres à gauche. — C'est vrai! c'est vrai!

M. Jules Ferry. — Je vous prie maintenant, messieurs, de considérer l'autre côté de la question : votre loi, c'est la suppression de la publicité.

Vous voyez bien que, nécessairement, vous allez à la suppression de la publicité, à l'interdiction de toutes les nouvelles de guerre qui ne seront pas de source officielle. Eh bien, est-ce en l'année 1870 que vous pouvez former ce rêve qu'une nation va courir les grands, les glorieux hasards d'une guerre comme celle qui se prépare, et qu'elle consentira à ne rien savoir?

Sur un grand nombre de bancs. — Assez! assez!

M. Jules Ferry. — Mais, messieurs, aujourd'hui, la publicité, c'est un droit d'abord, permettez-moi de vous le dire; ceux qui ont leurs fils, leurs époux à la bataille, ont le droit de tout savoir, comment les opérations sont conduites, de les connaître et même de les critiquer... (*Exclamations sur un grand nombre de bancs.*)

Messieurs, il est évident que chacun, en France, a le droit de savoir ce qui se passe.

Eh bien, pour savoir ce qui se passe, il faut autre chose, au temps où nous vivons, que la vérité officielle; il faut la vérité vraie, pleine et entière, et nous ne l'aurions pas avec les bulletins officiels. (*Rumeurs.*)

Non seulement, messieurs, la publicité est un droit pour tous, mais c'est une force, sachez-le bien... (*Réclamations diverses.*)

M. Guyot-Montpayroux. — Mais c'est évident!

M. Jules Ferry... car elle seule peut tenir en communion perpétuelle d'idées l'armée qui combat et le pays qui est derrière elle. (*Interruption.*)

Messieurs, rappelez-vous notre histoire. On ne savait plus à Paris, sous le premier Empire, que ce que les bulletins de la grande armée voulaient bien faire savoir; or, nous avons appris par la correspondance du grand capitaine lui-même à quel point ces bulletins étaient généralement et systématiquement falsifiés. (*Dénégations sur plusieurs bancs.*)

M. Belmontet. — Non! non! Demandez-le à M. Thiers!

M. Jules Ferry. — Il en résulta que l'armée et le Gouvernement se trouvèrent un jour sourdement mais profondément séparés du pays. De sorte que, quand les forces officielles eurent été anéanties, l'ennemi ne trouva plus devant lui qu'un pays désorganisé, et qu'il arriva ce que vous savez...

Voix nombreuses. — Assez! assez! — La clôture.

M. Jules Ferry. — Messieurs, je remplis ici un devoir de conscience et je l'accomplirai jusqu'au bout.

Quelques voix à gauche. — Parlez! parlez!
Autres voix à droite. — Parlez! mais parlez du projet de loi!

M. Jules Ferry. — Je crois me maintenir dans la question et je demande que l'on me fasse l'honneur de m'entendre.

Ici, messieurs, je relève contre le projet de loi qu'on veut vous faire voter une dernière objection.

Ce projet de loi, je ne le trouve pas habile, je le trouve même le contraire de l'habileté. Savez-vous ce qui arrivera? C'est que, tout en voulant, — car j'aperçois bien le but que vous poursuivez, — tout en voulant vous mettre en garde contre les écarts des imaginations parfois si promptes à la panique... (*Vives protestations et murmures sur un grand nombre de bancs.*)

Sur divers bancs. — Vous calomniez le pays! — Vous insultez la nation!

M. Jules Ferry. — Il ne faut pas vous méprendre sur le sens de mes paroles. (*Nouvelles protestations. — De vives interpellations sont adressées à l'orateur, mais elles se perdent dans le bruit.*)

M. le président Schneider. — Laissez à l'orateur la liberté d'expliquer le mot qu'il a prononcé.

M. le marquis de Pirée. — Panique française, allez-vous nous dire!.. Allez-vous-en avenue des Marmousets, à Versailles, entonner le chant des Myrmidons, au lieu de nous faire entendre ici des pleurnicheries antipatriotiques! (*Rires et bruit.*)

M. le président Schneider. — Permettez à M. Ferry de s'expliquer.

M. Jules Ferry. — Messieurs, vous vous méprenez sur le sens de mes paroles. (*Oh! oh!*) Permettez... (*Interruption.*) Voulez-vous me laisser parler?...

J'abordais, de la meilleure foi du monde, une objection qui me semble sérieuse et que j'avais entendu formuler autour de moi.

M. le garde des sceaux. — Ce n'est pas nous qui l'avons formulée!

M. Jules Ferry. — Je ne dis pas que c'est vous, monsieur le ministre: nous ne vous avons pas encore entendu; par conséquent, je ne puis pas préjuger votre argumentation.

J'ai entendu dire ceci par les partisans mêmes du projet de loi : L'imagination française est prompte à s'enflammer, dans les succès comme dans les revers...

Plusieurs voix. — Ce n'est pas cela que vous disiez !
Autres voix. — Il ne s'agit pas de cela !

M. JULES FERRY... et, par conséquent, ajoutait-on, il faut la mettre au régime... Vous protestez? tant mieux; car, si cette objection n'existe pas, il n'y a plus de raison sérieuse en faveur du projet de loi. (*Assez ! assez ! — Aux voix !*)

Messieurs, j'imagine que discuter pendant cinq minutes un projet qui constitue un état de choses inouï dans ce pays, qui crée des pénalités exorbitantes, ce n'est pas donner trop de temps à la défense de la liberté, à la défense des citoyens.

En résumé, messieurs, il serait plus viril de la part du Gouvernement et de la Chambre (*Ah ! ah !*) de se montrer confiants dans l'opinion publique et dans la force dont elle est douée ; j'ai le droit de dire que le projet qui vous est présenté est humiliant et injurieux pour la nation française. (*Violents murmures sur un grand nombre de bancs.*) Oui, humiliant, parce qu'il respire une profonde défiance de l'opinion publique et de la puissance régulatrice qui lui est propre. Pour moi, j'ai plus de confiance dans le patriotisme et le bon sens public, dans le sentiment national, dans la loyauté, dans la gravité de ceux qui tiennent une plume. Aussi, je le répète, le projet de loi est non seulement inutile et dangereux, mais il est offensant pour le pays ; et c'est pour cela que j'engage le Gouvernement à le retirer, et que je prie, dans tous les cas, la Chambre de ne pas le voter. (*Approbation sur quelques bancs à gauche.*)

Sur un grand nombre de bancs. — Aux voix ! aux voix !
M. LE RAPPORTEUR. — Messieurs je dois...
Sur les mêmes bancs. — Ne répondez pas ! ne répondez pas ! — La clôture ! la clôture !
M. LE RAPPORTEUR. — En présence du désir de la Chambre, je me rassieds.
M. LE PRÉSIDENT SCHNEIDER. — Je consulte la Chambre sur la clôture de la discussion générale.
(*La clôture de la discussion générale est mise aux voix et prononcée.*)
M. LE PRÉSIDENT SCHNEIDER. — Nous allons passer à la discussion des articles, s'il n'y a pas d'opposition. (*Non ! non !*)
Je donne lecture de l'article premier.

« Il pourra être interdit de rendre compte par un moyen de publication quelconque des mouvements de troupes et des opérations militaires sur terre et sur mer.

« Cette interdiction résultera d'un arrêté ministériel, inséré au *Journal officiel*. »

M. GAMBETTA. — Je demande la parole sur l'article premier.

M. LE PRÉSIDENT SCHNEIDER. — Vous avez la parole.

M. GAMBETTA. — Messieurs, vous faites d'urgence une loi pénale qui est une loi de circonstance et dont vous bornez la durée au moment même ou vous l'apportez.

Avec quelque rapidité que l'on fasse les lois, même des lois exceptionnelles, transitoires, passagères, — et je désire que celle-ci, qui me semblait inutile dans son esprit, soit inappliquée dans la pratique, — ce n'est pas une raison pour ne pas les rédiger conformément aux principes généraux qui dominent la législation française.

Je dis que l'article premier du projet de loi présente une rédaction vicieuse, sur laquelle je demande à présenter quelques brèves observations.

Cet article dit, en effet, que toute sorte d'indiscrétion commise, — et c'est ici que j'attire votre attention, — par un moyen de publication quelconque, sera punie de..., etc.

Il me semble impossible, messieurs, que vous mainteniez une formule aussi compréhensive, aussi vague. Ce que vous voulez frapper, c'est évidemment la publication de nature nuisible, et, selon vous, c'est celle qui se produit ou par des journaux, ou par des écrits, ou même par des paroles tenues dans un lieu où l'on aurait rassemblé exprès une certaine fraction de la population.

Je vous prie de considérer que ces mots « par un moyen de publication quelconque » portent beaucoup plus loin, et qu'ils peuvent être adaptés à des conversations privées tenues dans des lieux publics ou réputés tels. (*Dénégations sur plusieurs bancs.*)

Messieurs, les dénégations mêmes que provoque une pareille interprétation m'apportent le meilleur argument que je puisse invoquer pour légitimer ma critique.....

Malgré ces observations de Gambetta qui, sur l'article premier, demanda à la Chambre d'indiquer les cas empruntés à la loi de 1819 que le projet de loi voulait atteindre, et réclama le renvoi de l'article à la Commission, ce renvoi fut repoussé et l'ensemble de la loi fut voté, séance tenante, par 207 voix contre 19.

Le dernier ministère de l'Empire.

Cependant les événements se précipitaient. Le 21 juillet, l'Empereur annonçait qu'il partait pour l'armée avec le Prince impérial. Dès le 7 août, après la bataille de Fræschwiller, le ministère

convoquait de nouveau les Chambres et déclarait Paris en état de
siège. Dans sa proclamation du lendemain, le Gouvernement témoignait déjà une grande défiance contre la capitale. Au cours de la
séance du Corps législatif en date du 9, la déclaration d'Émile
Ollivier fut accueillie par les députés d'une manière plus que froide,
malgré les flatteries prodiguées par le chef du cabinet « non seulement à la garde nationale courageuse et dévouée de Paris, mais à
la garde nationale de la France entière ». On se rappelait les
hautaines observations du maréchal Leboeuf qui, dans la séance du
16 juillet, avait nettement refusé le concours des gardes nationales.
M. Jules Ferry se joignit à ses collègues de la gauche pour demander
à la Chambre de choisir parmi les députés un comité exécutif de
15 membres « qui serait investi des pleins pouvoirs du Gouvernement
pour repousser l'invasion étrangère ». Cette proposition souleva un
tel tumulte que le président dut se couvrir et suspendre la séance.
M. de Kératry somma ensuite l'Empereur « de céder sa place au
patriotisme du Corps législatif »; puis, l'Assemblée ayant adopté, sur
la proposition de Clément Duvernois, un ordre du jour ainsi conçu :
« La Chambre, décidée à soutenir un cabinet capable d'organiser la
défense du pays, passe à l'ordre du jour, » le ministère Ollivier
donna aussitôt sa démission et le général de Palikao fut chargé de
constituer un cabinet.

C'est dans ces circonstances que s'ouvrit la séance du 10 août. Le
comte de Palikao fit d'abord connaître la composition du nouveau
ministère[1]. Le Corps législatif rejeta ensuite l'urgence, par 117 voix
contre 117, sur la proposition suivante, déposée par M. Estancelin et
70 députés : « La Chambre déclare que, tant que l'ennemi sera sur le
sol de la France, c'est un devoir patriotique pour elle de rester en
permanence. » Puis, M. Jules Ferry, qui était l'un des signataires
de la proposition précédente, demanda la parole[2] :

M. JULES FERRY, *de sa place.* — Je demande à poser une
question, monsieur le président.

M. LE PRÉSIDENT SCHNEIDER. — S'il ne s'agit que du règlement de
l'ordre du jour, votre question pourrait venir opportunément.

M. JULES FERRY. — J'ai une question à poser au cabinet.
(*Rumeurs diverses.*)

M. le ministre président le Conseil d'État a été prévenu, et

---

1. Le cabinet se composait de MM. de Palikao (*Guerre*), Henri Chevreau
(*Intérieur*), Magne (*Finances*), Grandperret (*Justice*), Clément Duvernois
(*Commerce*), Rigault de Genouilly (*Marine et Colonies*), Jérôme David (*Travaux publics*), de La Tour-d'Auvergne (*Affaires étrangères*), Busson-Billault
(*président du Conseil d'État*), Brame (*Instruction publique*).
2. *Journal officiel* du 11 août 1870.

il se croit autorisé à répondre au nom du cabinet tout entier.

Ma question a pour objet l'usage que le cabinet entend faire des pouvoirs conférés au Gouvernement par l'état de siège. (*Interruptions sur divers bancs.*)

A gauche. — Très bien! très bien!

M. JULES FERRY. — La Chambre a donné tout à l'heure un grand exemple d'union patriotique. (*C'est vrai!*) J'ai le regret de constater que cette union est aujourd'hui troublée par des mesures répressives dont le caractère n'est pas en rapport avec l'importance de la crise que nous traversons... (*Nouvelles interruptions.*)

M. CRÉMIEUX. — Laissez donc parler!

M. JULES FERRY. —En vertu des pouvoirs conférés par l'état de siège, l'administration précédente avait, à la date d'hier, supprimé sans motifs, arbitrairement par conséquent, j'ai le droit de le dire, le journal *le Réveil*. Voici l'original de la signification du décret : il porte la date du 9 août.

Il me revient que l'administration actuelle continuant, pour son malheur, les errements de l'administration précédente... (*Réclamations.*)

A droite. — Comment, pour son malheur!
M. ESQUIROS. — Pour le malheur de la France!

M. JULES FERRY... a pris une mesure semblable vis-à-vis du journal *le Rappel*.

Je demande à M. le président du Conseil d'État si cela est vrai.

Portant la question plus haut, je demande au cabinet s'il croit nécessaire, s'il croit conforme à la grandeur et à la gravité de la situation de maintenir le décret d'état de siège. (*Rumeurs.*)

L'état de siège, messieurs, — et cette explication répond aux murmures que je viens d'entendre, — l'état de siège n'est point l'état de guerre.

M. GAMBETTA. — C'est cela!

M. JULES FERRY. — Il y a dans notre législation deux états différents, motivés par le péril public et gradués d'après le caractère et l'étendue du danger: l'état de guerre et l'état de siège.

Et entre l'état de guerre et l'état de siège, la différence principale est celle-ci...

Un membre à droite. — Mais nous la connaissons! (*Réclamations à gauche.*)

M. DE JOUVENCEL. — Pour moi, je ne la connais pas et je désirerais la connaître.

M. LE COMTE DE KÉRATRY. — L'état de siège est contre les citoyens.

M. DUGUÉ DE LA FAUCONNERIE. — Contre les ennemis de l'intérieur!

M. EUGÈNE PELLETAN. — Les ennemis de l'intérieur sont ceux qui livrent la France à l'étranger et qui refusent d'armer la cité.

M. JULES FERRY. — L'état de guerre, tel qu'il est défini par la loi de 1791 et le décret de 1863, a pour caractère principal de donner à l'autorité militaire tous les droits et tous les pouvoirs que nécessite la défense militaire.

Je n'ai pas besoin de vous faire passer sous les yeux les articles qui constituent à cet égard une loi de prévoyance complète, faisant face à tous les dangers de l'état de guerre.

Mais qu'est-ce que l'état de siège, messieurs?

M. LE COMTE DE LA TOUR. — On ne peut pas discuter cela!

M. JULES FERRY. — Est-ce une variété de l'état de guerre ? ne le croyez pas, messieurs. L'état de siège, c'est la suspension des libertés les plus essentielles, c'est le droit de livrer les citoyens aux tribunaux militaires, en les enlevant à leurs juges naturels; c'est le droit de perquisition et d'arrestation illimité... (*Réclamations à droite*), le droit de suppression des journaux ; en un mot, c'est la dictature contre l'insurrection : eh bien, je sais que nous sommes en état de guerre et dans une grande guerre; mais je défie qui que ce soit d'oser dire, après ce qui s'est passé depuis deux jours, que nous soyons en état d'insurrection. (*Vive approbation à gauche.*) Si on le disait, je ferais appel à ceux qui ont pu voir hier l'aspect de Paris et des abords du Corps législatif. (*Oh! oh!*)

M. LE COMTE DE LA TOUR. — Est-ce qu'une partie de la Prusse n'est pas en état de siège ?

M. JULES FERRY. — Que celui-là donc se lève, qui osera dire qu'il a entendu sortir de cette grande foule qu'anime, à cette heure, une seule pensée, un seul délire, le délire du patriotisme... (*Très bien ! très bien ! autour de l'orateur. — Réclama-*

tions à droite), un seul cri de sédition, un seul appel insurrectionnel.

M. LE PRÉSIDENT SCHNEIDER. — Je rappelle à M. Ferry qu'il a demandé la parole pour poser une question, et qu'il n'y a pas lieu à de longs développements.

Plusieurs membres à gauche. — C'est la question même!

M. GAMBETTA. — La Chambre écoute, monsieur le président.

M. JULES FERRY. — Je dis, messieurs, et j'affirme que de ces immenses foules parisiennes que vous ne connaissez pas, il n'est pas sorti d'autre cri que ce cri patriotique et généreux : Des armes! des armes!

J'ai vu, messieurs, messieurs les questeurs ont vu comme moi, à un certain moment le maréchal Baraguey d'Hilliers traversant à pied la foule, et tous ces braves gens lui pressaient les mains, touchaient ses vêtements en lui demandant des armes! des armes! (*Murmures à droite.*) J'en suis témoin, messieurs.

M. LE BARON ESCHASSERIAUX. — Ils ont insulté la Chambre à l'issue de la séance.

M. GAMBETTA. — C'est la population de Paris qui saura le mieux vous défendre.

M. JULES FERRY. — Messieurs, le moment est trop grave, pour se payer d'artifices oratoires et de vaines formules.

Je vous l'atteste sur mon honneur et sur ma conscience, cette population de Paris que je connais mieux que vous, n'a qu'un cri, n'a qu'un vœu : des armes! des armes pour repousser l'étranger. (*Assez! assez!*) Si donc Paris n'est pas en insurrection, je demande à quoi sert l'état de siège? à quoi servent ces régiments qui seraient beaucoup mieux à la frontière? (*Très bien! — Applaudissements à gauche*).

Eh quoi! Messieurs, l'ennemi a repoussé une de nos armées, et vous gardez ici 25 000 hommes, pour servir vos fausses et folles terreurs! Eh bien! laissez-moi vous le dire. en terminant; ce sont là des terreurs qui ressemblent à une trahison vis-à-vis de la patrie! (*Nouvelle approbation à gauche*).

Voix à droite. — L'ordre du jour! l'ordre du jour!

M. LE MINISTRE PRÉSIDENT LE CONSEIL D'ÉTAT se lève pour parler. (*Ne répondez pas! ne répondez pas! — L'ordre du jour! l'ordre du jour!*)

M. LE PRÉSIDENT SCHNEIDER. — On demande l'ordre du jour...
(*Oui! oui!*)
Je consulte la Chambre.

M. JULES FERRY, *à la tribune.* — Je demande la parole
contre la clôture.

M. LE PRÉSIDENT SCHNEIDER. — L'épreuve est commencée.
L'ordre du jour est mis aux voix et prononcé.

M. JULES FERRY. — Je proteste.

M. GARNIER-PAGÈS. — On ne nous a pas répondu parce qu'on ne
pouvait pas nous répondre.

M. HORACE DE CHOISEUL. — C'est un ministère d'exécution.

S. EXC. M. CLÉMENT DUVERNOIS, ministre de l'Agriculture et du
Commerce. — Avant de le qualifier, attendez au moins qu'il soit
constitué.

Le Corps législatif essayait, avec une activité fébrile, de conjurer
les périls que faisaient courir à la France nos premiers désastres,
fruits de l'impéritie du Gouvernement impérial.

Une loi promulguée à l'*Officiel* du 12 août 1870 élevait à 1 milliard
le montant des ressources que le ministre des Finances était autorisé
à se procurer par la loi du 21 juillet. Une autre loi, promulguée le
même jour, dispensait la Banque de France de l'obligation de
rembourser les billets en espèces, et prescrivait aux caisses publiques
et aux particuliers de recevoir les billets de la Banque comme
monnaie légale. La garde nationale était rétablie dans tous les
départements, et un crédit provisoire de 50 millions mis à la disposition des ministres de l'Intérieur et de la Guerre pour hâter l'organisation de cette milice. En vertu de la loi du 10 août, tous les
anciens militaires non mariés ou veufs sans enfants, de 25 à
35 ans, étaient appelés sous les drapeaux. Le général Trochu recevait le commandement du douzième corps, en formation à Châlons
et le général Vinoy celui du treizième corps, en formation à Paris.
Par dépêche du 12 août, le ministre de l'Intérieur, de concert avec
son collègue de la Guerre, prescrivait aux préfets de réunir les
gardes mobiles, y compris la classe de 1869, et de les habiller provisoirement avec des blouses bleues.

La prorogation des effets de commerce.

Dans la séance du 12 août[1], M. Argence donna lecture du rapport de la Commission qui avait été chargée d'examiner d'urgence
le projet de loi relatif à la prorogation des échéances des effets de

1. *Journal officiel* du 13.

commerce. Après avoir exposé les motifs qui portaient la Commission à rejeter divers amendements, le rapporteur proposa l'adoption des dispositions suivantes :

Article premier. — Les délais dans lesquels doivent être faits les protêts et tous actes conservant les recours pour toute valeur commerciale souscrits avant la promulgation de la présente loi, sont prorogés d'un mois. Les intérêts sont dus depuis l'échéance jusqu'au payement.

Art. 2. — Aucune poursuite ne pourra être exercée, pendant la durée de la guerre, contre les citoyens appelés au service militaire en vertu de l'article 2 de la loi du 11 août 1870.

Le ministre du Commerce, appuyé par Ernest Picard, demandait que la question fût tranchée séance tenante; mais beaucoup de députés ne trouvaient pas la loi suffisamment explicite et réclamaient le renvoi au lendemain. De ce nombre était M. Jules Ferry qui présenta les observations suivantes :

M. JULES FERRY. — Je prie la Chambre d'écouter les raisons pour lesquelles je ne puis me trouver d'accord ni avec M. le ministre du Commerce, ni avec mon honorable ami M. Picard.

J'ai parfaitement compris qu'hier, en nous présentant la mesure du cours forcé des billets de banque, M. le ministre des Finances déclarât que des mesures de cette nature, aussitôt qu'elles sont proposées, devaient être votées. Pourquoi? parce que la mesure, si elle avait été retardée d'un jour, aurait laissé une journée entière à la panique pour se produire.

En est-il de même dans les circonstances présentes, et le retard de vingt-quatre heures que nous vous demandons peut-il affecter en quoi que ce soit les intérêts du commerce et de l'industrie ? Je ne le crois pas, messieurs, car il est bien entendu que sur le principe de la mesure nous sommes tous d'accord.

Nous pensons tous qu'il y a quelque chose à faire d'énergique. en rapport avec la crise que traverse notre commerce. Seulement ce que nous ne pouvons pas discuter, permettez-moi de le dire, au pied levé, comme on le propose, c'est le mode. Ce mode, sera-ce la suspension des poursuites ? Sera-ce la prorogation des échéances? Comprendra-t-on dans les poursuites celles des dettes civiles aussi bien que celles des dettes commerciales?

Ce sont-là des questions très délicates qu'il importe de résoudre avec toute maturité, et je crois que demander à la Chambre vingt-quatre heures de réflexion sur une pareille question, — que, pour mon compte, je vous le dis en toute conscience, moi jurisconsulte de profession et habitué à étudier les textes, je me sens incapable de résoudre à l'heure qu'il est, sur l'audition du rapport ; — je crois que demander vingt-quatre heures, ce n'est pas demander trop et je pense qu'en cette matière comme en toute autre, les votes d'acclamation sont les plus mauvais des votes. (*Mouvements divers*.)

Malgré l'opposition du ministre du Commerce, M. Clément Duvernois, la Chambre donna raison à M. Jules Ferry et renvoya la discussion au lendemain.

Les Séminaristes. Lois militaires.

Dans la séance du 14 août[1], MM. Emmanuel Arago et Girault présentèrent des pétitions tendant à soumettre les séminaristes comme les autres citoyens au service militaire. L'honorable M. Girault déposa même une proposition de loi en ce sens. M. Jules Ferry demanda la parole :

M. LE PRÉSIDENT SCHNEIDER. — La parole est à M. Ferry.

M. JULES FERRY. — J'ai l'honneur de déposer sur le bureau de la Chambre une pétition de gardes mobiles partant pour la frontière, pétition couverte de nombreuses signatures, qui tend au même but que celles qui viennent d'être déposées.

Je dépose également un projet de loi pour lequel je demande l'urgence et que je qualifie ainsi : Projet de loi pour l'application de l'article 2 de la loi du 10 août 1870.

Ce projet a pour but de combler une double lacune, qui nous a été signalée et qui l'a été sans doute à plusieurs d'entre vous par de nombreuses lettres.

Cette lacune est relative aux exonérés des classes de 1865 et 1866, qui n'ont pas encore vingt-cinq ans.

Aux termes de la loi de 1868, ils ne doivent pas faire partie de la garde nationale mobile ; d'autre part, comme ils n'ont pas vingt-cinq ans, ils ne tombent pas sous l'application de l'article 2 de la loi que vous avez votée le 10 août dernier.

Voilà le but de la première disposition de mon projet ; et

1. Dans la séance du 16 août, Emmanuel Arago, Garnier-Pagès, Jules Simon, Barthélemy-Saint-Hilaire, déposèrent d'autres pétitions demandant aussi que les séminaristes fussent astreints au service militaire. (V. le *Journal officiel* du 15.)

j'ajouterai, à l'honneur de mes honorables correspondants, que le fait m'a été signalé par un grand nombre d'exonérés appartenant à ces deux classes, qui demandent eux-mêmes l'honneur de concourir à la défense nationale.

Plusieurs membres à droite. — Qu'ils s'engagent !

M. Jules Ferry. — Je donne lecture de ma proposition :

« Article premier. L'article 2 de la loi du 10 août 1870 est applicable aux jeunes gens des classes de 1865 et de 1866 qui, s'étant fait exonérer, n'avaient pas 25 ans accomplis au moment de la promulgation de la dite loi.

« Art. 2. Sont également soumis aux dispositions de l'art. 2 de la loi du 10 août 1870, tous les citoyens qui ont profité des dispositions des §§ 3°, 4°, 5° et 6° de l'article 14 de la loi du 21 mars 1832. »

Ces catégories, que je vous rappelle, sont :

« 3° Les élèves de l'école polytechnique, à condition, etc...

« 4° Ceux qui, étant membres de l'instruction publique, auraient contracté, avant l'époque déterminée pour le tirage au sort, et devant le conseil de l'Université, l'engagement de se vouer à la carrière de l'enseignement. »

M. Jules Simon. — Voulez-vous me permettre de vous interrompre un moment ?

C'est pour dire à la Chambre que les élèves de l'école normale, exempts en vertu de cet article, se sont tous engagés dans l'armée. (*Très bien ! très bien ! à gauche.*)

M. Jules Ferry, *continuant sa lecture.* — « 5° Les élèves de grands séminaires régulièrement autorisés à continuer leurs études ecclésiastiques, etc...

« 6° Enfin les jeunes gens qui auront remporté les grands prix de l'Institut ou de l'Université. »

Je demande l'urgence pour cette proposition.

L'urgence, j'imagine, n'a pas besoin d'être autrement motivée. (*Assentiment.*)

M. Edouard André (Gard). — Les jeunes gens de la classe de 1865, ayant vingt-quatre ans, ne sont pas non plus appelés. (*C'est une erreur !*) J'appelle l'attention de la Chambre sur ce point.

M. Jules Ferry. — Mais ils sont dans la garde nationale mobile.

M. LE PRÉSIDENT SCHNEIDER. — Je vais consulter successivement la Chambre sur les demandes d'urgence qui viennent d'être présentées; d'abord sur celle qui s'applique à la proposition de M. Girault, laquelle ne porte que sur un point spécial, et ensuite sur celle qui est relative au projet de M. Ferry, qui est complexe et s'adresse à deux catégories de personnes.

Je consulte la Chambre sur la demande de M. Girault.

(L'urgence n'est pas déclarée sur la proposition de M. Girault.)

M. LE PRÉSIDENT SCHNEIDER. — Maintenant je consulte la Chambre sur la proposition de M. Ferry.

(L'urgence est déclarée sur la proposition de M. Ferry.)

On n'était plus au temps où les propositions des députés de la gauche étaient rejetées avec le plus injurieux dédain [1]. La majorité comprenait instinctivement quelle part de responsabilité elle avait dans tous les malheurs du pays; mais, dès que des nouvelles de la frontière paraissaient un peu plus rassurantes, les hommes de l'Empire revenaient à leurs anciennes habitudes d'intolérance et

---

1. La Chambre n'hésitait pas à nommer M. Jules Ferry rapporteur de projets de loi importants, par exemple de celui qui autorisait la Ville de Paris à prélever 5 millions sur les ressources du budget extraordinaire de 1870, pour venir en aide aux familles dont les soutiens étaient appelés sous les drapeaux. Dans la séance du 14 août (*Journal officiel* du 15), M. Jules Ferry présenta le rapport suivant :

M. JULES FERRY, *rapporteur*. — Messieurs, le Gouvernement vous demande d'autoriser la Ville de Paris à prélever une somme de 5 millions sur les ressources du budget extraordinaire de 1870, pour venir en aide aux familles dont les soutiens sont appelés sous les drapeaux.

La Commission, à laquelle ce projet de loi a été renvoyé d'urgence, vous propose de l'adopter.

La dépense est de celles qui ne se discutent pas; elle constitue une dette sacrée de la patrie.

Quant aux voies et moyens, les bons que la Ville de Paris a été autorisée à émettre, par la loi du 23 juillet 1870, jusqu'à concurrence de 63 millions, pourront largement y pourvoir.

Ces 63 millions étaient destinés à des travaux d'édilité indispensables, mais que la crise nationale a nécessairement suspendus. Une seule œuvre réclame, à cette heure, tous les bras comme toutes les âmes : le salut de la France.

Paris est le cœur de la nation; comme il est le gardien de la liberté; il saura être, à la face du monde, le rempart de l'indépendance. (*Mouvement sur plusieurs bancs à droite.*)

La Commission vous propose l'adoption de la proposition suivante :

« *Article unique.* — La Ville de Paris est autorisée à prélever une somme de 5 millions sur celle de 63 millions que l'article 30 de la loi du 23 juillet 1870 l'a autorisée à se procurer, au moyen de l'émission des bons de la caisse municipale, pour l'exécution de travaux neufs, et à employer ladite somme de 5 millions à venir en aide aux familles de Paris dont les soutiens sont appelés sous les drapeaux. »

Le Corps législatif adopta, séance tenante, le projet de loi, à l'unanimité de 259 votants.

fermaient la bouche à leurs adversaires. C'est ainsi que, dans la séance du 16 août, le ministre de la Guerre ayant annoncé que les Prussiens avaient dû échouer dans leurs tentatives pour couper la ligne de retraite de l'armée de Metz et qu'une armée considérable allait avant peu donner la main à l'armée de Metz « et se trouverait tout naturellement sous les ordres du maréchal Bazaine, le véritable, le seul général en chef de l'armée du Rhin », la majorité refusa d'entendre M. Jules Ferry qui voulait parler de la singulière proclamation de l'Empereur, par laquelle il annonçait, sous la date du 14 août, aux habitants de Metz son départ dans la direction de Verdun. Voici comment le *Journal Officiel* [1] rapporte cet incident :

M. KELLER. — Messieurs, voici le troisième jour que notre armée livre bataille à l'ennemi; nous attendons tous de ses nouvelles avec une espérance mêlée d'anxiété.

M. COCHERY. — Avec espérance, mais sans anxiété.

M. KELLER. — Sous l'empire de ce sentiment, je ne comprendrais pas que nous puissions nous livrer à des délibérations ordinaires. Je propose à la Chambre de se déclarer en permanence et de suspendre tout débat jusqu'à ce que M. le ministre de la Guerre ait pu nous apporter des nouvelles décisives sur le sort de la bataille. A mes yeux, nous serions des Byzantins si nous avions le courage de discuter en de pareils moments.

M. GLAIS-BIZOIN. — Non! C'est exagérer la situation. Nous pouvons délibérer avec calme.

M. LE PRÉSIDENT SCHNEIDER. — M. le ministre de la Guerre a la parole.

S. EXC. M. LE COMTE DE PALIKAO, ministre de la Guerre. — Je n'ai qu'un mot à répondre.

Il n'y a pas eu ce qu'on peut appeler une bataille ; il y a eu des engagements partiels dans lesquels, pour tout homme qui a le sens militaire, il est incontestable que les Prussiens ont non pas subi un grand échec, — ce n'est pas une victoire pour nous, — mais à la suite desquels ils ont été obligés d'abandonner la ligne de retraite de l'armée française. (*Marques unanimes de satisfaction.*)

Il y a des détails dans lesquels, vous le comprendrez tous, messieurs, je ne puis entrer ici. (*Oui! oui! Passez!*)

J'ai fait connaître à quelques-uns de MM. les membres de la Chambre, en les leur mettant sous les yeux, des dépêches télégraphiques que j'ai reçues ce matin. Ces dépêches ne sont pas officielles, mais elles me viennent d'une source qui, ordinairement, les rend pour moi très bonnes et très sûres; elles me viennent de la gendarmerie. (*Très bien! très bien!*)

Ces dépêches, je les ai fait voir, je le répète, à plusieurs membres de la Chambre. Elles disent que dans l'affaire qui a eu lieu, et sur laquelle on ne pouvait encore donner de détails, les Prussiens se sont rabattus sur Commercy. Les ennemis ont dû, évidemment,

1. Voir le numéro du 17 août, séance du 16.

essuyer un échec, puisque, voulant couper notre ligne de retraite de Metz, ils ont été obligés, après trois ou quatre affaires successives, de descendre vers Commercy en se retirant.

Voilà les seuls renseignements qu'il m'est permis de donner à la Chambre. (*Très bien! très bien!*)

J'ajoute que nous désirons que la Chambre ait la plus grande confiance en ce qui se fait à l'armée. (*Oui! oui!*)

Je l'ai déjà dit, je ne peux pas entrer dans certains détails. (*C'est évident! c'est évident!*)

Nous constituons, en ce moment-ci, une armée considérable qui pourra donner avant peu, je l'espère, la main à l'armée du Rhin, et qui se trouvera tout naturellement sous les ordres du maréchal Bazaine, le véritable, le seul général en chef de l'armée du Rhin. (*Très bien! très bien!*)

M. GLAIS-BIZOUIN. — Il ne faut plus dire, s'il en est ainsi, que la patrie est en danger.

M. LE MINISTRE DE LA GUERRE. — Je demande à la Chambre si elle a besoin de me retenir plus longtemps dans cette enceinte.

De toutes parts. — Non! non!

M. CREUZET. — Pas plus que M. le ministre de l'Intérieur!

M. JULES FERRY, *de sa place.* — Je demande à faire une simple observation.

Sur plusieurs bancs. — Non! non! C'est inutile!

M. JULES FERRY. — La déclaration de M. le ministre est accueillie par nous tous et sera accueillie par le pays tout entier avec satisfaction : car on avait vu avec stupéfaction, et j'ose dire avec indignation qu'une proclamation...

Sur un grand nombre de bancs. — Assez! assez! L'ordre du jour!

Quelques membres à gauche. — Montez à la tribune, monsieur Ferry!

M. JULES FERRY, *à la tribune.* — Je répète que l'opinion tout entière avait vu avec étonnement et indignation deux actes : l'un consistant en une proclamation aux habitants de Metz, proclamation que je m'abstiens de qualifier... (*Assez!* — *L'ordre du jour!* — *A l'ordre! à l'ordre.*)

M. LE PRÉSIDENT SCHNEIDER. — Monsieur Ferry, je vous avais donné la parole pour présenter une observation; mais, dans ce moment-ci, vous avez à faire des déclarations qui n'ont rien de commun avec ce que nous avons actuellement à discuter. (*Marques nombreuses d'assentiment.*)

M. JULES FERRY. — Je vous demande pardon...

A droite et au centre. — A l'ordre ! à l'ordre !

M. LE PRÉSIDENT SCHNEIDER. — Je ne puis vous maintenir la parole sur ce terrain.

M. JULES FERRY. — On a toujours la parole pour répondre à un ministre.

M. LE PRÉSIDENT SCHNEIDER. — Il n'y a pas ici à répondre à un ministre.

Sur un grand nombre de bancs. — Vous avez raison ! L'ordre du jour ! l'ordre du jour !

M. JULES FERRY. — Mais, monsieur le président...

M. LE PRÉSIDENT SCHNEIDER. — Devant la manifestation de la Chambre je vous engage à ne pas insister.

On demande l'ordre du jour.

(L'ordre du jour est mis aux voix et prononcé.)

M. JULES FERRY, *toujours à la tribune.* — Messieurs!...

Voix nombreuses. — Vous n'avez pas la parole ! A l'ordre ! à l'ordre !

M. LE COMTE DE LA TOUR et d'autres membres à droite et au centre. — Soyez Français! (*Agitation.*)

M. LE PRÉSIDENT SCHNEIDER. — Monsieur Ferry, en présence de la manifestation persistante de la Chambre et du vote qui vient d'être rendu, je ne puis pas vous maintenir la parole. (*Très bien! très bien!*)

M. JULES FERRY. — J'en conclus...

Cris répétés. — A l'ordre ! à l'ordre !

(M. Ferry descend de la tribune. — Une certaine agitation règne dans l'assemblée.)

La parole fut donnée ensuite à M. de Forcade pour lire le rapport de la Commission qui avait été chargée d'examiner d'urgence les propositions : 1° de M. Jules Ferry relative aux jeunes gens des classes 1865 et 1866, et aux dispensés en vertu de la loi du 31 mars 1832; 2° de M. le baron Reille et de plusieurs de ses collègues, relative aux anciens militaires, mariés ou veufs avec enfants.

Le rapporteur reconnut que la loi du 1er février 1868 sur la garde mobile n'avait été déclarée applicable qu'aux célibataires ou veufs sans enfants (des classes 1865 et 1866) et qu'elle ne concernait pas les jeunes gens de ces classes qui, par l'exonération, avaient fourni un soldat à l'armée. Il ajoutait qu'il n'était pas juste de maintenir cette exception, lorsque tous les hommes de 25 à 35 ans, célibataires ou veufs sans enfants, étaient appelés sous les drapeaux, alors même qu'ils avaient fourni des remplaçants dans l'armée active.

Mais, tandis que M. Jules Ferry voulait incorporer dans l'armée active les jeunes gens exonérés des classes 1865 et 1866, la Commission proposait seulement de les incorporer dans la garde mobile. Sur le second point (dispense du service militaire, par application des paragraphes 3, 4, 5 et 6 de l'art. 14 de la loi du 22 mars 1832), la commission était d'avis de maintenir les causes d'exemption établies par les lois de 1832-1868, et de ne pas appliquer la loi du 10 août 1870 aux citoyens âgés de 25 à 35 ans qui se seraient déjà consacrés à l'exercice des différents cultes reconnus par l'État, soit pour l'éducation des enfants, soit pour le service religieux. En conséquence, la Commission proposait le projet de loi suivant :

« Article premier. — Les jeunes gens des classes de 1865 et 1866, célibataires et veufs sans enfants, qui ne font pas encore partie de la garde nationale mobile, y seront immédiatement incorporés.

« Art. 2. — Les anciens militaires âgés de moins de 45 ans, même mariés avec enfants, ou veufs avec enfants, peuvent être admis, comme remplaçants pour tous les citoyens appelés sous les drapeaux par la loi du 10 août 1870.

« Art. 3. — La présente loi sera exécutoire à dater du jour de sa promulgation. »

Après le vote des deux premiers articles, M. J. Ferry demanda la parole et s'exprima ainsi :

M. JULES FERRY. — Ma proposition se composait de deux articles ; le second a été rejeté par la Commission ; je voudrais expliquer à la Chambre, en le reproduisant sous forme d'amendement, quelles ont été les raisons qui m'avaient déterminé à le présenter.

M. LE PRÉSIDENT SCHNEIDER. — M. le rapporteur a fait connaître les motifs pour lesquels la Commission n'a pas adopté votre amendement.

M. JULES FERRY. — Je voudrais donner à la Chambre quelques explications sur ce point.

Plusieurs voix. — C'est voté !

M. JULES FERRY. — Cela ne peut pas être voté, puisque la Commission ne l'a pas proposé.

M. LE RAPPORTEUR. — C'était à l'occasion de la discussion générale que vous pouviez présenter des observations à ce sujet.

M. JULES FERRY. — C'est un amendement que je propose.

M. LE PRÉSIDENT SCHNEIDER. — C'est un amendement qui formerait, alors, un article 3?

M. JULES FERRY. — Parfaitement.

Plusieurs voix. — Parlez! parlez!

M. JULES FERRY. — Un seul mot, messieurs... (*Aux voix !
aux voix !*)

M. LE PRÉSIDENT SCHNEIDER. — M. Ferry demande la parole pour soutenir le paragraphe qu'il avait présenté et qui n'a pas été adopté par la Commission. (*Parlez! parlez!*)

M. JULES FERRY. — La Chambre peut être assurée que je n'abuserai pas de son attention. Je ne veux pas me livrer ici à une discussion, puisque votre résolution paraît formée, mais la Chambre comprendra que je ne puis pas abandonner, sans mot dire, une disposition qui, dans ma pensée, avait son importance puisque j'en avais fait l'objet de l'article 2 de ma proposition de loi.

Je tiens seulement à dire qu'en présentant cette disposition, je n'ai nullement été poussé par le désir de faire à des sentiments et à des institutions respectables une sotte querelle. Je respecte infiniment tout ce qui doit être respecté et avant tout la conscience de mes concitoyens et de mes collègues. Il ne sortira pas de ma bouche une parole qui puisse blesser la conscience de qui que ce soit. (*Parlez !*)

Mon intention a été celle-ci : je n'aurais pas proposé mon projet de loi si la loi était restée dans les termes mêmes de l'article qui a été voté. L'art. 2 de la loi du 10 août 1870 ne comporte en effet aucune exception. C'est la levée en masse, dans l'acception la plus large des termes. Ce qui m'a déterminé à présenter à la Chambre la proposition qui est aujourd'hui en discussion, c'est une déclaration de l'honorable M. de Forcade, le rapporteur de la première Commission. Il vous a dit à l'une des dernières séances que la Commission n'avait entendu présenter l'article 2 que sous les réserves et les exceptions édictées par l'article 14 de la loi de 1832.

Ma proposition a pour but de faire disparaître toutes ces réserves, toutes ces exceptions, toutes ces distinctions. Je proposais de faire rentrer dans le droit commun aussi bien les membres de l'instruction publique que les séminaristes, de mettre les séminaristes et les instituteurs au-dessous de vingt-cinq ans dans la garde mobile, de faire, en un mot, que cette levée en masse qui doit mettre debout tous les citoyens, ne s'arrêtât à aucune catégorie de personnes.

La Chambre paraît bien résolue à ne pas entrer dans cette voie ; je n'insiste pas ; seulement, je la prie de considérer qu'au moment où une nation armée, que dis-je, une nation ? une race ennemie, se jette tout entière sur nous, il n'est peut-être pas fort opportun d'établir des catégories et des privilèges parmi les citoyens.

Je n'en dis pas davantage. (*Très bien ! à gauche.*)

M. LE PRÉSIDENT SCHNEIDER. — M. Ferry n'insistant pas, il n'y a pas lieu à discussion.

M. JULES FERRY. — Je ne retire pas mon amendement ; je demande à le lire et que la Chambre soit consultée. (*Aux voix ! aux voix !*).

M. KELLER. — Je ne veux pas répondre à M. Ferry, qui paraît avoir lui-même renoncé à sa proposition. Je demande seulement à émettre un vœu : c'est que la porte soit ouverte plus largement qu'elle ne l'est aujourd'hui à tous ceux qui s'offrent comme infirmiers et comme aumôniers. (*Assentiment.*)

Des centaines d'hommes sont tout prêts à exposer leur vie sur le champ de bataille pour le soin des blessés. Ils ne réclament ni titre ni indemnité. Les bureaux de la guerre ont opposé jusqu'à présent à ces dévouements une résistance fâcheuse : qu'à l'avenir, la porte leur soit ouverte à deux battants : ce sera répondre au désir ardent du clergé, dont personne ici ne conteste le zèle patriotique. (*Très bien! très bien!*)

M. LE PRÉSIDENT SCHNEIDER. — M. Ferry a demandé à donner lecture de son amendement ; la Chambre sera ensuite consultée.

M. JULES FERRY. — Voici les termes de l'amendement :

« Sont également soumis aux dispositions de l'article 2 de la loi du 10 août 1870, tous les citoyens qui ont profité des dispositions des 3°, 4°, 5° et 6° de l'article 14 de la loi du 21 mars 1832. »

M. LE PRÉSIDENT SCHNEIDER. — Je consulte la Chambre sur l'amendement de M. Jules Ferry.

(Le Corps législatif, consulté, n'adopte pas l'amendement.)

M. LE RAPPORTEUR donne lecture de l'article 3 :

« Art. 3. — La présente loi sera exécutoire à partir du jour de sa promulgation. »

(L'article 3, mis aux voix, est adopté.)

L'ensemble du projet de loi fut ensuite adopté, à l'unanimité de 253 votants.

Dans la séance du 18 août[1] M. Jules Ferry réclama avec instance l'armement des gardes nationaux et la modification de la loi de 1834 sur la détention, le commerce et la fabrication des armes de guerre. Le comte de Palikao, ministre de la Guerre, venait de faire connaître à la Chambre que le Gouvernement, par décret du 17 août, avait nommé le général Trochu commandant supérieur de Paris, avec mission « de concentrer tout ce qui se rattachait à la défense de la capitale[2]. M. Pelletan venait d'inviter le ministre de l'Intérieur à hâter l'habillement et l'armement des gardes nationales, pour qu'ils ne fussent pas fusillés par l'ennemi, s'ils étaient pris, les armes à la main sous le costume des cultivateurs. M. Ernest Picard avait insisté ensuite pour que l'administration ne se chargeât pas seule du salut du pays et fit appel à l'industrie privée pour procurer des uniformes et des armes. Il demandait, en outre, que les municipalités parisiennes, nommées par le Pouvoir exécutif, fussent entourées de citoyens notables pour « mettre en œuvre tout ce qui pouvait y être mis ». M. Jules Ferry présenta alors les observations suivantes :

M. JULES FERRY. — J'appuie avec beaucoup d'énergie les paroles de mon honorable collègue et ami M. Picard, et j'y ajoute une seule considération.

Il est évident qu'il y aurait grande utilité, grand avantage à faire intervenir l'industrie privée dans la fabrication de l'armement ; il est évident que l'industrie privée est en mesure, et dans une proportion peut-être plus considérable qu'on ne croit, d'augmenter le nombre des armes qui doivent être mises à la disposition des populations, mais à la condition, — et j'appelle sur ce point toute l'attention du Gouvernement, — que la loi de 1834 sur la détention, le commerce et la fabrication des armes de guerre soit préalablement modifiée ou par une circulaire ministérielle, ou par une proposition de loi, que je suis prêt à formuler. Il est impossible, en effet, tant que sera

---

1. *Journal officiel* du 19 août.

2. « Cherchant, comme je vous le disais, un homme intelligent, actif, énergique, capable de réunir dans sa main tous les pouvoirs nécessaires pour effectuer l'armement de Paris, j'ai songé à M. le général Trochu et je l'ai rappelé moi-même du camp de Châlons où il pouvait être remplacé par un autre général. » (*Très bien.*) *Ibid.*

maintenue cette loi de 1834, qu'on puisse faire intervenir l'industrie et l'initiative privées dans cette grande question de l'armement de la population. (*Mouvements en sens divers.*)

Ainsi, messieurs, beaucoup de gardes nationaux, qui pourraient acheter des armes excellentes, ne peuvent pas le faire, parce que, dans l'état actuel de la législation, on n'a le droit ni d'en acheter ni d'en vendre.

J'appelle sur cette question l'attention du Gouvernement. Je voudrais qu'il nous dît qu'il en comprend l'importance. S'il ne la comprenait pas, j'aurais alors l'honneur de déposer une proposition sur laquelle je demanderais l'urgence.

Et comme le ministère, par l'organe de M. Jules Brame, ministre de l'Instruction publique, en faisant appel à la confiance du Corps législatif, manifestait l'intention de ne s'occuper de la garde nationale qu'après l'armée active et la garde mobile, ce qui paraissait contradictoire avec le projet d'armement simultané de ces trois éléments de force militaire, M. Jules Ferry déposa immédiatement sa proposition.

M. JULES FERRY. — J'ai l'honneur de déposer sur le bureau de la Chambre une proposition ainsi conçue :

« Les articles 1, 2, 3 et 4 de la loi du 24 mai 1834, qui interdisent la fabrication, le commerce et la détention des armes de guerre, sont suspendus pendant la durée de la guerre. » (*Réclamations à droite.*)

Je demande l'urgence.

M. ÉDOUARD DALLOZ. — Je demande la parole.

M. LE PRÉSIDENT SCHNEIDER. — Je vous la donnerai après le vote.

M. ROULLEAUX-DUGAGE. — Alors les fabricants pourront vendre des armes aux Prussiens. (*Vives réclamations et murmures à gauche. — Bruits divers.*)

M. JULES FAVRE. — Notre honorable collègue M. Roulleaux-Dugage a fait une observation qui peut-être a produit quelque impression sur l'esprit de ses collègues.

Quelques membres à droite. — On ne l'a pas entendue !

M. JULES FAVRE. — Il a dit que les fabricants français vendraient des armes aux Prussiens, si on les relevait de la loi de 1834. Je n'ai pas besoin de répondre par des raisons de patriotisme. (*Mouvement à droite.*) Il y en a une plus grave : celui qui vendrait des armes de guerre aux ennemis serait passible de mort.

Voilà la raison que je veux faire valoir.

En manifestant gratuitement une pareille appréhension, vou

portez atteinte au caractère de nos concitoyens. (*Approbation à gauche.*)

M. LE PRÉSIDENT SCHNEIDER. — Je mets aux voix l'urgence demandée par M. Ferry.

(La Chambre, consultée, se prononce contre l'urgence.)

M. Jules Favre demanda que la commission d'initiative fût saisie dès le lendemain de la proposition de M. Jules Ferry, et demanda « les raisons sur lesquelles avait pu s'appuyer une Chambre française pour refuser d'armer les populations ». Puis M. Thiers prit la parole pour appuyer la proposition de M. Jules Ferry:

M. THIERS. — Je demande la parole.

M. LE PRÉSIDENT SCHNEIDER. — La parole est à M. Thiers.

M. THIERS. — Permettez-moi de vous dire, de dire à tout le monde ici : Calmons-nous, et occupons-nous de ce qui est sérieusement utile.

Un membre à droite. — On nous insulte sans cesse!

M. THIERS. — Puisqu'il reste un moyen d'examiner très prochainement la question dont il s'agit, ce qui est d'une grande importance, il me semble qu'on peut demander à la commission d'initiative de hâter l'examen qu'elle aura à faire de ce projet. On a éprouvé quelque défiance contre la mesure que vient de présenter l'honorable M. Ferry. Je me borne à dire que je crois qu'on s'est trompé; nous avons le plus grand intérêt dans ce moment à attirer vers nous le commerce des armes de guerre (*Interruptions à droite.* — (*Ecoutez! Ecoutez!*)

M. CREUZET. — Je demande la parole.

M. THIERS. — Écoutons-nous les uns et les autres sur un sujet à propos duquel nous ne pouvons pas suspecter nos intentions réciproques. (*Très bien!*)

M. BIROTTEAU. — Il n'y a qu'une pensée parmi nous : défendre le pays!

M. THIERS. — Il y a très près de nous des industries très actives en fait d'armes de guerre, et j'ose dire qu'elle tiennent au lucre. Je ne désignerai aucun de nos voisins, mais si vous faites cesser l'interdiction du commerce des armes de guerre, je suis certain que vous pourrez arriver à faire des marchés, je n'oserai pas dire avantageux, car, dans un moment comme celui-ci, on paye très cher, mais vous pourrez attirer vers le pays des approvisionnements d'armes considérables.

Je ne suis pas étonné — car dans l'état d'excitation où nous sommes, la défiance a une grande part dans les sentiments de tout le monde, — je ne suis pas étonné de la crainte qu'on éprouve que les armes françaises soient vendues à l'étranger. Mais, en mettant de côté les considérations patriotiques, il est bien évident que le commerce étranger aura bien plus d'intérêt à apporter des armes en France aujourd'hui, parce qu'il aura chance de les pouvoir faire payer plus cher qu'ailleurs; son intérêt même l'attirera vers nous.

Je crois donc, — je ne prétends pas traiter la question d'une manière complète aussi rapidement que cela...

M. ROULLEAUX-DUGAGE. — Je demande la parole.

M. THIERS. .... — je crois que la question se prête à des considérations très différentes de celles que j'ai vues percer dans les esprits d'une partie de la Chambre. Je l'engage, autant qu'il dépend de moi, à hâter, puisqu'elle le peut, l'examen de cette question qui n'est pas une de celles que fait naître l'agitation des esprits, mais qui mérite, par son importance, d'être sérieusement examinée. (*Très bien! très bien!*)

C'est seulement dans la séance du 25 août que M. Jules Ferry put défendre sa proposition tendant à suspendre pendant la durée de la guerre les articles 1 à 4 de la loi du 24 mai 1834 sur la fabrication des armes de guerre. Il s'exprima en ces termes [1] :

M. JULES FERRY. — Messieurs. le rapport qui vous a été lu hier, au nom de la Commission, par l'honorable M. Mangini, facilite, il me semble, une partie de ma tâche. L'honorable rapporteur reconnaît que la proposition qui vous est soumise a évité avec un soin scrupuleux de toucher aux dispositions de la loi de 1834, que l'on peut considérer comme des dispositions de sûreté générale, et que nous n'avons eu qu'un objet en vue : la nécessité de faciliter et de précipiter l'armement national.

Je veux donc me placer sur le terrain choisi par la Commission elle-même ; je veux examiner les objections de l'ordre économique et les objections de l'ordre militaire qui sont faites à ma proposition ; et, quand je vous en aurai, comme je l'espère, démontré la fragilité, il faudra bien arriver à cette conclusion : ou qu'au fond de la pensée de la Commission, il y a une raison politique, ce qui serait en contradiction avec ses déclarations formelles, ou que ma proposition doit être adoptée.

Le rapport de l'honorable M. Mangini offre une étrange singularité quand on le prend dans son ensemble. En effet, il condamne, comme ne l'a jamais fait depuis 1834 aucun monument législatif, et la loi de 1834 et celle de 1860. Il les condamne dans les termes les plus sévères, et pourtant il conclut à leur maintien!

Que dit M. Mangini de la loi de 1834?

Il lui fait un reproche grave et dont elle ne se relèvera pas :

1. *Journal officiel* du 26 août 1870.

« Sous la loi du 24 mai 1834, le pays s'était désintéressé presque complètement, quant à l'industrie privée, de la fabrication des armes de guerre. En effet, cette législation, sans contenir une prohibition absolue, entourait cette branche d'industrie de tant de restrictions qu'elle la rendait pour ainsi dire impossible. »

Et pour la loi de 1860 :

« D'autre part, dit M. Mangini, les restrictions qui restaient dans la loi étaient beaucoup trop grandes pour permettre à l'industrie privée de faire ces frais d'établissement, et elle s'est bornée presque uniquement à opérer la transformation d'anciens fusils en différents systèmes plus ou moins perfectionnés.

« L'État seul fit les frais d'une grande installation ; de plus, il fit, pour ainsi dire, concurrence à l'industrie nationale, en fabriquant des armes pour l'étranger, afin d'occuper le personnel de ses fabriques. En un mot, l'industrie privée de la fabrication des armes de guerre ne s'est point développée en France. »

Ainsi voilà deux lois dont je vous demande la suspension provisoire et dont la Commission demande le maintien, tout en avouant que ces lois ont été fatales à la production et à l'industrie des armes de guerre dans notre pays. (*Très bien!* à *gauche.*)

M. Gambetta. — Et à notre sécurité.

M. Jules Ferry. — Je dis que c'est là une singulière façon de les défendre. Ainsi, il est reconnu que le régime de prohibition sous lequel nous avons vécu a laissé l'industrie armurière en France au-dessous de celle des autres nations. Rien de moins surprenant d'ailleurs : cette industrie est soumise comme les autres à la grande loi de l'émulation et la concurrence, et il n'est pas plus raisonnable — c'est le rapport qui le pose en principe — de croire que l'État puisse être meilleur fabricant d'armes que les particuliers, qu'il ne le serait de prétendre que l'État serait meilleur fabricant de machines à vapeur.

Aujourd'hui, le besoin est extrême. L'armement, de l'aveu de tout le monde, a besoin d'être développé, d'être complété avec rapidité.

Que fallait-il donc faire dans l'état d'esprit de la Commission? Quelles sont les conclusions qui ressortent des prémisses de M. Mangini?

Ce serait de lever la prohibition, comme à l'égard de cet ancien système protecteur qui régissait les céréales, quand il y avait disette à l'intérieur, on supprimait momentanément l'échelle mobile. (*Mouvements divers.*)

Quelles sont donc, messieurs, les raisons qui ont empêché la logique de faire ici son œuvre?

Je vais les relever une à une dans le rapport et les réfuter l'une après l'autre.

M. le rapporteur examine d'abord la partie de ma proposition relative à la fabrication de la poudre, et il y oppose cette raison que je vous recommande, à savoir que l'industrie privée créerait des approvisionnements de poudre et ces approvisionnements pourraient tomber entre les mains de l'ennemi.

La raison me paraît, que M. le rapporteur me permette de le lui dire, bien peu solide, car elle s'appliquerait également aux dépôts d'armes qui sont, en temps de guerre, exposés aux incursions et aux entreprises de l'ennemi.

M. le rapporteur aurait mieux fait de dire que la question de la fabrication de la poudre est corrélative à la question de la fabrication des armes. La Commission ayant un parti pris invincible sur la question de la fabrication des armes, ne pouvait, sans inconséquence, toucher à la législation actuelle qui régit la fabrication de la poudre.

Arrivons donc à la vraie question : celle de la fabrication des armes. Elle est double, vous a dit avec raison M. le rapporteur. Elle touche à la fois à la liberté de fabrication et à la liberté d'importation.

Pourquoi la Commission ne veut-elle pas rendre libre l'industrie armurière française?

La Commission en donne une première raison : c'est que cette industrie n'aurait pas le temps de s'organiser.

Eh bien, en ce cas, tout au moins ma proposition est inoffensive.

Où est le mal? Vous dites que le temps manquera; vous vous défiez de l'industrie privée, l'initiative industrielle? mettez-les à l'épreuve.

Mais, ajoute M. le rapporteur, la liberté ferait tort aux

fabriques de l'État, et voici comment M. le rapporteur, qui est homme du métier, explique ce danger.

Il dit : comme il n'y a pas en France de fabriques d'armes de guerre autres que celles de l'État, le nombre des ouvriers armuriers se trouve limité par cette situation même, de sorte que la liberté de création de grandes fabriques d'armes de guerre, faisant concurrence aux fabriques de l'État, n'aboutirait qu'à une conséquence : enlever à ces fabriques leurs ouvriers, et, par conséquent, élever le prix de produit, sans augmenter la quantité produite.

Voilà l'objection dans toute sa force ; je n'ai pas cherché à l'affaiblir.

J'y réponds par un fait sur lequel j'appelle le témoignage des hommes compétents qui sont ici, et particulièrement de mon honorable collègue et ami M. Dorian, qui l'attestera à la Chambre. Les ouvriers des manufactures de l'État sont des engagés militaires ; ce sont des soldats qui donnent à l'État, sous forme de service industriel, ce que le reste de la nation donne sous forme de service militaire... (*Interruptions.*)

M. LE BARON DE SOUBEYRAN. — Ce n'est pas exact : tous ne sont pas soldats.

M. LE COMTE CHARPIN-FEUGEROLLES. — Non, pas tous !

M. JULES FERRY. — Pas tous, mais en immense majorité. (*Dénégations à droite.*)

M. LE BARON DE SOUBEYRAN. — C'est une erreur de fait.

M. JULES FERRY. — Je maintiens le fait, sur lequel pourront s'expliquer tout à l'heure des personnes tout à fait compétentes ; je dis que l'immense majorité de ces ouvriers appartient à l'armée, et que ce n'est pas en temps de guerre que ces ouvriers s'exposeraient à briser les liens qui les rattachent à l'armée, par l'appât d'un haut salaire. L'objection tombe devant cette seule réflexion. Au point de vue économique, messieurs, l'argument n'est pas plus solide. Que vous dit le rapporteur? Que l'industrie privée s'appliquerait, de préférence, à fabriquer des armes de luxe, c'est-à-dire des armes plus chères que celles que fournit l'industrie de l'État à l'armée nationale, et que, par conséquent fabriquant des armes plus chères, elle pourrait donner de plus hauts salaires.

Messieurs, économiquement parlant, ce n'est pas exact, par cette simple raison que la fabrication des armes de guerre destinées aux troupes régulières, et la fabrication des armes de luxe, que les gens riches pourraient seuls acquérir, ne peuvent se comparer quant à la proportion de leurs produits. La production des armes de luxe sera toujours un infime élément de la production générale, et en ce moment surtout elle serait tout à fait sans action sur le cours des salaires sur le marché. (*Très bien ! à gauche.*)

A ce double point de vue, économique et militaire, l'objection qui m'est opposée est mauvaise, et je n'hésite pas à déclarer qu'elle est futile, monsieur le rapporteur, jusqu'à ce que vous m'ayez réfuté.

J'arrive à l'importation : le commerce des armes de guerre est également interdit, il est interdit de la manière la plus formelle, sauf pour l'exportation.

La loi de 1860, qui s'était flattée de rendre à l'industrie armurière quelque vie, ne lui avait donné la liberté qu'à la condition d'une autorisation préalable, et seulement pour l'exportation.

Aujourd'hui la situation est singulièrement renversée. C'est j'imagine l'exportation des armes qu'il faut interdire et l'importation qu'il faut encourager.

Pourquoi M. le rapporteur et la Commission ne veulent-ils pas que l'importation soit libre ?

Il n'y a, dans le rapport, messieurs, qu'un seul argument : il est exposé avec beaucoup d'art, je le reconnais : il est tiré de l'unité d'armement.

On déclare que la libre importation des armes de guerre en France y introduirait des armes d'une variété extrême ; que la variété des armes entraîne la variété des cartouches, et qu'il peut y avoir, en certains cas, dans cette variété d'approvisionnements, un véritable péril ; on peut, en cas d'erreurs, se trouver avoir dans les mains des fusils et des cartouches qui ne soient pas pour ces fusils.

Aussi, dit M. le rapporteur, faut-il conserver dans l'armement un certain ordre, et c'est ce qu'il appelle l'unité d'armement.

Messieurs, il y a beaucoup de choses à répondre à cette objection. Une première réponse, c'est que l'armement français est très loin, à l'heure qu'il est, de cette unité que vous rêvez pour lui : il existe à l'heure qu'il est sept ou huit types différents dans l'armée française.

J'ajoute que le péril, s'il existe, s'il peut se présenter dans certains cas, si l'erreur dont vous parlez est possible, ce péril ne doit pas entrer en balance avec la nécessité où nous sommes d'armer les bras de tous les citoyens, et je dis que cette prétendue unité d'armement, en l'état actuel des choses, c'est en réalité l'unité de désarmement; c'est le contraire du patriotisme et du bon sens. (*Très bien ! à gauche.*)

Messieurs, le droit individuel de s'armer, au temps où nous sommes, c'est un droit naturel, un droit primordial. Il est inconcevable et incompréhensible que les habitants des provinces envahies, à l'heure qu'il est, s'ils ont une arme de guerre chez eux, s'ils ont plus de deux kilos de poudre pour leur défense, commettent un délit, sont en état de rupture de ban avec la société, puissent être amenés en police correctionnelle : cela est pourtant, messieurs ; une telle situation est une sorte de barbarie indigne du temps où nous vivons; c'est un excès de réglementation qui nous abaisse, qui nous affaiblit, qui nous met en péril...

A *gauche.* — Très bien!

M. Ernest Picard. — Et qui nous livre !

M. Jules Ferry. — Voilà pour l'armement industriel. Et au point de vue de l'armement officiel de la nation, au point de vue des ressources de l'armée, est-ce que l'état actuel est suffisant? est-ce que la liberté d'importation ne vous rendrait pas d'immenses services? Vous avez entendu M. le ministre de la Guerre dire hier : Je ne demande pas mieux que d'acheter tous les fusils qu'on me présentera, à condition qu'on y ajoute un certain nombre de cartouches.

Or, pour que l'on présente à M. le ministre de la Guerre des fusils de l'étranger destinés à compléter l'armement français insuffisant, ne faut-il pas que l'entrée de ces fusils puisse se faire, ne faut-il pas qu'elle soit libre, ne faut-il pas que la barrière soit levée ? Nous arrivons donc à la nécessité de lever la barrière ; mais ici la Commission nous arrête et dit : Pour cela, il faut s'en rapporter au Gouvernement, le Gouvernement lèvera la barrière, il permettra l'importation, il entrera en négociation avec la fabrication étrangère, il fera le nécessaire par la voie administrative et bureaucratique; il armera la France dans le temps voulu, c'est-à-dire tout de suite.

Est-ce que c'est admissible, messieurs? Il y a à cela toutes sortes de difficultés et d'inconvénients; je vous les signale, parce qu'ici je raisonne froidement, sur le terrain des faits, de l'industrie et du commerce, et je me flatte que mes paroles pourront faire une certaine impression sur vos esprits.

Voyons! Vous voulez que l'État organise, quoi? Comment cela s'appelle-t-il dans le langage diplomatique? Ce n'est pas autre chose qu'une immense contrebande de guerre organisée par l'État et par ses agents.

Je dis que c'est périlleux, au point de vue diplomatique; et c'est pour cela même que l'industrie doit être mise à la tête d'un commerce qui se concilie difficilement avec les devoirs de la neutralité. Je dis que vous ne pouvez pas poser en principe que l'État se fera contrebandier d'armes de guerre; et non seulement cela ne vaut rien, au point de vue international, mais j'ajoute que, au point de vue commercial, l'État est le plus mauvais des acheteurs et le plus incapable des commerçants.

Tous ceux qui approchent de l'administration militaire, qui connaissent les affaires du ministère de la Guerre, vous diront que les achats faits par le ministère à l'étranger n'ont pas été heureux en général; l'État est facilement trompé dans ces sortes d'affaires, et on lui vend trop souvent de cette nature de marchandises qu'on appelle vulgairement de la camelotte. L'État est donc un mauvais acquéreur. Je ne veux pas en donner toutes les raisons, il faudrait pour cela entrer dans le détail de beaucoup de vices qui sont malheureusement inhérents à notre administration militaire.

Messieurs, l'industrie libre seule est propre au commerce des armes de guerre; c'est l'industrie privée qui peut seule faire affluer sur le marché français les armes dont nous avons besoin. Vous ne sauriez imaginer combien de difficultés rencontrent au ministère de la Guerre les négociants français, qui offrent au Gouvernement des armes achetées à l'étranger; j'en pourrais citer plusieurs exemples; je pourrais vous dire, parce que je le sais, et que je suis autorisé à l'affirmer à la

25

tribune, qu'à l'heure qu'il est, il y a un armurier de Paris qui offre au Gouvernement 20000 chassepots. On n'en veut pas ! Je pourrais vous citer un autre fabricant, bien connu de plusieurs membres de cette Chambre, qui a offert des armes au ministère de la Guerre, et qui n'en a reçu que des réponses impertinentes.

Et je n'ai besoin, en vérité, que de vous rappeler la règle qui a été posée hier par M. le ministre de la Guerre. M. le ministre de la Guerre a déclaré que la règle était de n'acheter d'armes étrangères, qu'à une condition, c'est qu'on fournit en même temps autant de fois 400 cartouches qu'on offre d'armes. Eh bien, les fabricants déclarent que cette exigence équivaut, pour eux, à une véritable prohibition. Et je voudrais faire remarquer à la Chambre et aussi à l'administration militaire, qu'une pareille exigence, outre qu'elle est un obstacle insurmontable au commerce, est en contradiction formelle avec ce qu'a dit le ministre lui-même, à savoir que la fabrication des cartouches en France est à peu près illimitée. Si la fabrication des cartouches en France est à peu près illimitée, laissez donc entrer les armes sans cartouches et ne dites pas aux négociants qu'ils auront à livrer 400 fois autant de cartouches qu'ils livrent de fusils.

M. DORIAN. — On ne doit pas s'approvisionner de cartouches fabriquées à l'étranger. C'est une imprudence.

A gauche. C'est vrai ! — Très bien !

M. GARNIER-PAGÈS. — Il y a à Paris des fabricants qui offrent de faire autant de cartouches qu'on voudra.

M. JULES FERRY. — L'argument de M. Dorian est décisif. Exiger des importateurs qu'ils livrent autant de cartouches qu'ils vendront de fusils c'est manquer au devoir de vigilance qui incombe à l'autorité militaire. On ne peut pas se fier aux cartouches venant de l'étranger.

Enfin, messieurs, il me semble que la leçon des événements est assez dure, et quand on nous dit : il faut vous en rapporter à la vigilance du ministère de la Guerre, quelque confiance que nous ayons dans le général qui le détient entre ses mains, nous ne pouvons pas oublier que c'est par la même fin de non-recevoir que l'administration précédente avait coutume de repousser toutes les plaintes qui venaient de notre côté. Ici même, messieurs, il y a six semaines à peine, nous adjurions le ministre de la Guerre d'armer les gardes nationales, et il nous répondait, comme on fait aujourd'hui : C'est inutile, nous armerons celles qu'il nous conviendra d'armer.

M. ERNEST PICARD. — On a dit que les départements de l'Est étaient armés, et ils ne le sont pas !

M. JULES FERRY. — Qu'est-ce qu'a donc fait l'administration de ce droit d'armement dont elle veut retenir le monopole? Est-ce qu'elle a armé la France? Non seulement les départements de l'Est ne sont pas armés, mais il y a des agents du Gouvernement qui refusent les armes qu'on leur envoie. Je puis citer le préfet d'un département qui m'est cher; on lui avait offert d'armer des volontaires, il a répondu : « Nous ne voulons pas de fusils, car nous ne voulons pas de volontaires. J'ai renvoyé tous les hommes valides hors du département. »

Voilà ce que fait l'administration. Voilà ce que l'officiel fait pour la France. L'officiel ne sauvera pas la France; messieurs, la France ne se sauvera que par elle-même! (*Vif assentiment à gauche.*)

En 1867, une institution s'est essayée, qui vous rendrait aujourd'hui d'immenses services; c'étaient les francs-tireurs. Les francs-tireurs sortaient de ce département dont je parlais tout à l'heure. Il arriva ici, à Paris, un très beau corps de francs-tireurs, qui fut fort applaudi, qui fut fêté au château ; on décora même l'officier qui le commandait. Les francs-tireurs repartirent pour la montagne, disant : nous allons maintenant nous organiser et constituer une force devant laquelle l'étranger s'arrêtera, si jamais il touche le sol de la France. Quelque temps après, un règlement contresigné par le ministre de la Guerre obligeait tous les francs-tireurs à prendre un engagement dans la garde mobile. De ce jour-là, on n'a plus vu un seul franc-tireur, et aujourd'hui quel est l'état des départements de l'Est!... Je vous demande pardon, mon sentiment est profond, car j'appartiens à cette province où les sentiments patriotiques sont restés peut-être plus vivaces qu'ailleurs; aujourd'hui, messieurs, ces départements tendent les bras, ils vous demandent des armes, et vous ne pouvez pas leur en donner. (*Vive adhésion à gauche.* — *Rumeurs sur divers bancs.*)

Ainsi, messieurs, si vous prenez le rapport de la Commission dans ses termes, si vous n'y voyez que ce qu'elle y a mis, je crois qu'après la discussion à laquelle je viens de me livrer et que j'ai voulu faire très minutieuse et très méticuleuse, afin qu'elle fût décisive, je crois que vous ne pouvez pas adopter les conclusions de la Commission, parce que, mettant les choses au pis, la liberté provisoire que je demande, ne pourrait être qu'inoffensive. Vous ne pouvez pas, d'autre part, affirmer, dans votre âme et conscience, qu'elle ne rendra pas de grands services, car vous n'avez pas la mesure de ce que peut faire à un moment donné, et dans un temps très court, l'initiative individuelle.

Il faut donc qu'il y ait d'autres raisons, des raisons politiques! Qu'on ose donc les déduire ces raisons, qu'on les produise ici, qu'on nous dise la vérité, à savoir que, si on n'arme pas les gardes nationales, si on hésite à rendre libre la fabrication des armes de guerre, c'est que l'on craint que ces armes ne tombent entre les mains des ennemis du Gouvernement; que l'on dise cela, et que l'on sache enfin, que, s'il y a quelque chose en ce moment qui paralyse la défense nationale, c'est l'intérêt dynastique. (*Dénégation au centre et à droite.*)

A gauche. — C'est cela! — Très bien!

Malgré les instances de l'opposition, malgré les déclarations d'hommes comme M. Dorian, qui affirmait qu'à eux seuls les armuriers de Saint-Étienne prenaient l'engagement de fournir 10 000 fusils dans un délai de quinze jours, le ministre répondit que l'administration de la guerre voulait rester seule maîtresse du choix des armes et de leur distribution; le Corps législatif rejeta la proposition de M. Jules Ferry par 180 voix contre 60.

Sedan. — La fin de l'Empire.

En dépit des assurances officielles, personne n'avait plus confiance dans le personnel de l'Empire pour arrêter l'invasion étrangère. La Chambre qui, sur les instances du ministre de la Guerre et de la Commission, avait d'abord repoussé la proposition, faite par M. de Kératry, d'adjoindre neuf membres élus par le Corps législatif au Comité de défense des fortifications dont le général Trochu était président depuis le 21 août, accueillait, le 26, avec enthousiasme, la nomination de M. Thiers, en qualité de membre du Comité; le président Schneider, le ministère, par l'organe de M. Chevreau, remerciaient vivement l'illustre homme d'État d'accepter ce périlleux honneur. Mais le Gouvernement continuait à refuser des armes à la garde nationale de Paris, et, le 31 août, M. de Palikao restait encore imperturbable dans son optimisme, en affirmant à la tribune que, depuis que les Prussiens avaient pénétré en France, ils avaient perdu au moins 200000 hommes, et dépensaient 10500000 fr. par jour ! Mais, dans la soirée du 3 septembre, Paris apprenait la catastrophe de Sedan [1]. Il fallait remonter à la bataille de Poitiers pour trouver l'exemple d'un pareil désastre. L'Empereur et 40000 hommes étaient prisonniers de l'ennemi ! Une immense émotion s'empara de la capitale. Des bandes tumultueuses se répandirent sur les boulevards, pendant la soirée du 3, et d'innombrables voix criaient *Déchéance! A l'Hôtel de Ville! Vive la France!* La police fit des charges à l'épée et au casse-tête, et plusieurs personnes furent grièvement blessées. Paris, en s'éveillant le 4 septembre, put lire dans tous les journaux la confirmation de la catastrophe de Sedan, et la proclamation du ministère, qui se terminait par ces mots vagues : « Le Gouvernement, d'accord avec les pouvoirs publics, prend toutes les mesures que comporte la gravité des événements ».

Nous ne referons pas ici un nouveau récit de la journée du 4 Septembre. Il nous suffira de caractériser le rôle de M. Jules Ferry qui s'est chargé lui-même, par ses dépositions devant la Commission d'enquête élue par l'Assemblée nationale, de revendiquer la responsabilité qui lui appartient dans la défense de Paris contre les Allemands, et dans la lutte contre la Commune [2]. Voici ces dépositions qui appartiennent à l'Histoire, et dans lesquelles M. Jules Ferry n'a oublié qu'une chose : mettre en relief le rare courage dont il a fait preuve, à maintes reprises, au milieu des péripéties tragiques de cette grande crise nationale. Témoin et acteur obscur de la journée du 4 Septembre [3], qui ne fut pas une révolution, mais le simple

1. Il résulte de la déposition du général Palikao devant la Commission d'enquête nommée par l'Assemblée nationale, p. 175, que c'est seulement vers cinq heures que le ministère fut convoqué officiellement par l'impératrice pour recevoir communication des événements de Sedan.

2. Le *Journal officiel de la République française*, en date du 5 septembre, contient la composition du *Gouvernement de la Défense nationale* « ratifié par l'acclamation populaire ». Il était remis à onze membres, tous députés de Paris : MM. Arago (Emmanuel), Crémieux, Jules Favre, Ferry, Gambetta, Garnier-Pagès, Glais-Bizoin, Pelletan, Picard, Rochefort, Jules Simon. Le général Trochu était appelé à la Présidence du Gouvernement; M. Étienne Arago était nommé maire de Paris, avec MM. Floquet et Brisson pour adjoints.

Par décret du 6 septembre 1870 (*J. off. du* 7), M. Jules Ferry, membre du Gouvernement fut « délégué par le Gouvernement et le ministre de l'Intérieur près l'administration *du département de la Seine* ».

3. Voir notre article de la *Revue bleue*. SOUVENIRS DU 4 SEPTEMBRE, n° du 7 septembre 1889,

effondrement de l'Empire, nous avons pu constater alors avec quel
sang-froid M. Jules Ferry a su prévenir, au moment de l'arrivée de
Rochefort à l'Hôtel de Ville, la proclamation d'un gouvernement
anarchique. Au 31 octobre, c'est encore lui, qui après avoir réuni
plusieurs bataillons de la garde nationale, délivra de vive force, et à
travers mille dangers, le gouvernement de la Défense nationale,
que Flourens et ses hommes tenaient prisonnier à l'Hôtel de Ville,
et, lui donnant pour réconfort 500 000 suffrages de Parisiens
patriotes, permit à la capitale de résister trois mois de plus, c'est-à-
dire bien au delà des prévisions les plus optimistes.

Quant à l'ensemble des actes de M. Jules Ferry, pendant le siège
de Paris, nous nous bornerons à mettre en face des calomnies
grossières qu'à dirigées contre cet éminent homme d'État la haine
coalisée de la réaction et de l'intransigeance, le jugement exprimé
dans sa déposition devant la Commission d'enquête par le Président
du Gouvernement, M. le général Trochu, dont les convictions ne
sont pas assurément d'accord avec celles de M. Jules Ferry [1].

« Pendant le siège de Paris, beaucoup de personnes ont été enga-
« gées dans des crises redoutables, mais très peu l'ont été à l'état
« de permanence, dans des crises non interrompues. Il y en a
« deux selon moi, qui ont été dans cette difficile situation et qui
« ont fait preuve d'un très remarquable courage, d'une très grande
« suite dans les vues, d'un équilibre singulier, et je leur en garde
« un souvenir tout spécial. L'une d'elles, quant aux services rendus
« pendant le siège, est restée parfaitement inconnue et personne
« n'en parle. L'autre est livrée aux colères publiques. C'est ainsi
« que les choses se passent ordinairement dans l'un ou l'autre sens.
« La première est le général de division Caillier. Le général Cail-
« lier a été, pendant tout le temps du siège, sans avoir un soldat à
« sa disposition, au milieu de Belleville, rue de Puebla, dans un
« petit quartier général qu'il n'a pas quitté un seul instant. Il
« n'avait pour tout auxiliaire, contre les événements et les agita-
« tions qui le pressaient, que la garde nationale même de Belle-
« ville, et sachant bien que les vrais périls et les grands efforts
« étaient au dehors, il n'avait pas demandé d'autres troupes. Dans
« les deux derniers mois du siège, je lui avais donné, comme réserve
« d'en cas, 400 douaniers, qui étaient à sa portée, à la porte de
« Romainville.
« Le général Caillier, pénétré comme moi de la conviction
« qu'une bataille dans Paris, petite ou grande, amènerait la reddi-
« tion de Paris, avait déployé là beaucoup de prudence, beaucoup
« d'habileté, mêlée à beaucoup de fermeté, et enfin ce fait incroyable
« s'est produit, qu'il ne s'est jamais rien passé de grave à Belleville
« pendant toute la durée du siège. Je suis heureux de rendre ici
« cet hommage à un officier général dont on n'a jamais prononcé

1. *Enquête sur le 4 septembre.* Tome Ier, p. 308.

« le nom, qui a rendu des services de premier ordre, qui les a
« rendus avec le plus pur patriotisme et gratuitement, puisque,
« comme deux autres de mes plus méritants et dévoués auxiliaires
« que je veux nommer, le général Schmitz, et le commandant
« Bibesco, il a décliné toute espèce de récompense. L'événement a
« été trop rare pour que je n'aie pas le devoir d'en consigner ici
« le souvenir.

« La seconde personne est M. Jules Ferry. M. Ferry n'a jamais
« quitté l'Hôtel de Ville pendant toute la période vraiment critique
« du siège; il a été soumis à des épreuves continuelles, souvent
« intolérables, dont j'ai été quelquefois le témoin, et qui auraient
« affaibli le courage de beaucoup d'hommes courageux. M. Jules
« Ferry s'est montré non pas très énergique, mais, en de certaines
« crises particulières à ce temps, très audacieux. Assailli par les
« instances des municipalités, par les exigences des corporations
« qui existaient ou se formaient dans Paris tous les jours; par des
« députations armées et non armées qui se succédaient à l'Hôtel de
« Ville, les uns conseillant, les autres menaçant; par des habitants
« venant réclamer au sujet du pain, au sujet de la viande, au sujet
« de toutes les distributions de denrées, de bois, etc., etc., M. Ferry
« répondait à tout, pourvoyait à tout dans la mesure du possible;
« et quand il était poussé à bout, j'ai plus d'une fois remarqué
« l'audacieuse énergie avec laquelle, dans une situation vraiment
« inquiétante et dans l'isolement, il résistait. Il avait spécialement
« cette attitude le 31 octobre, et j'en puis parler parce que, entre
« les mains des insurgés, il était mon voisin de captivité.

« Ainsi, messieurs, M. le général Caillier et M. Jules Ferry sont,
« à mon avis, les deux personnes qui ont été le plus directement
« et le plus continuellement aux prises avec les difficultés inté-
« rieures du siège et avec les périls spéciaux que créait leur situa-
« tion. L'un et l'autre, dans les circonstances que je viens de dire,
« ont eu la meilleure et la plus ferme attitude.

« Cette même attitude, je l'ai toujours vue à M. Jules Ferry dans
« le conseil du Gouvernement. Ainsi, dans la question des insur-
« gés du 31 octobre, il a été très énergique, et je crois me rappeler
« qu'au moment de l'incident de la démission dont je vous parlais
« tout à l'heure, exprimant son propre sentiment, il disait qu'il se
« démettrait lui-même si les arrestations n'étaient pas ordonnées.

« Je sais très bien, messieurs, que ces données-là ne ressemblent
« guère à celles qui ont cours; mais enfin les voilà telles qu'elles
« sont, et si je ne les ai pas exprimées dans ma précédente déposi-
« tion, c'est que personne ne me les a demandées, et que j'ignorais
« les préoccupations qu'avait à ce sujet M. Jules Ferry. »

Appelé à déposer, les 24, 27 et 30 juin 1871 et 25 mai 1872, devant
la Commission chargée par l'Assemblée nationale de faire une
enquête sur les *Actes du Gouvernement de la Défense nationale*,
M. Jules Ferry s'exprima ainsi qu'il suit :

Déposition de M. Jules Ferry sur les actes
du Gouvernement de la défense nationale.

M. JULES FERRY est introduit.

M. LE PRÉSIDENT. — La Commission est prête à vous entendre sur tous les faits relatifs à l'établissement du Gouvernement de la Défense nationale; ensuite, nous vous adresserons quelques questions sur les actes de ce Gouvernement dont vous étiez membre.

M. JULES FERRY. — J'aurais peut-être beaucoup trop de patience à demander à la Commission. Comme je suis interrogé le premier, que d'ailleurs j'ai pour principe la solidarité absolue des actes auxquels j'ai souscrit, je voudrais donner à la Commission des explications générales. J'en aurai ensuite de particulières à donner. Je viens, en effet, rendre compte d'actes auxquels j'ai pris part comme membre du Gouvernement, et d'actes qui me sont personnels et qui se rattachent à une administration qui a duré pendant plusieurs mois. Je vous demande la permission de vous parler aujourd'hui uniquement des actes généraux.

Le Gouvernement dont j'ai fait partie rencontre à l'heure qu'il est plusieurs espèces d'adversaires, et il se trouve en présence d'accusations très diverses.

Certains adversaires du Gouvernement de la Défense nationale lui reprochent son origine d'abord; ils lui reprochent ensuite l'usage qu'il a fait de son pouvoir; ils le qualifient d'usurpateur et l'accusent d'avoir voulu garder, malgré la volonté du pays, le pouvoir qu'il avait usurpé, pour le plaisir de l'exercer. On lui reproche également de n'avoir pas fait pour la paix tout ce qu'il aurait pu faire.

D'autres adversaires, qui se rencontrent ou qui ne se rencontrent pas dans cette Commission, adressent, au Gouvernement de la Défense, des reproches d'un autre genre. Ils lui reprochent de n'avoir pas su bien conduire la défense militaire, d'avoir mal administré les ressources considérables que renfermait la Ville de Paris, pendant le temps qu'a duré le siège.

La question de la défense militaire est en trop bonnes mains, elle a un avocat trop habile et trop naturellement indiqué pour que je ne la lui laisse pas tout entière. J'ai, pendant tout le siège accordé au général Trochu la plus absolue confiance. Cette confiance a duré jusqu'à la fin et je crois que, sous beaucoup de rapports, l'Histoire la justifiera. Les opérations militaires ne sont nullement de ma compétence ; je m'en réfère à ses explications, acceptant la responsabilité d'avoir beaucoup cru au général Trochu, parce que, de tous les généraux que j'ai rencontrés pendant cette période, il était, en somme, celui qui croyait le plus à la défense, et qui se montrait le plus décidé à la conduire jusqu'au bout.

J'aurai, non pas aujourd'hui, parce que ce serait trop long, et que d'ailleurs j'ai certains documents à recueillir, un mot à dire de ma gestion personnelle, particulièrement au sujet des subsistances pendant le siège de Paris. Il a été débité à ce sujet une si grande quantité d'inepties qui n'ont jamais été réfutées, que je tiens à en faire justice devant vous, mes juges naturels. Mais je crois répondre à la principale préoccupation de la Commission qui m'entend, en m'expliquant sur les accusations qui pèsent sur le Gouvernement de la Défense nationale à raison de son origine, de l'usage qu'il a fait de son pouvoir, du retard mis aux élections et enfin du refus maladroit et calculé qu'il aurait opposé aux ouvertures pacifiques.

Quand on dit, comme je l'entends et je le lis tous les jours, que ce Gouvernement est le produit d'une conspiration républicaine, ourdie de longue main et qui a éclaté le 4 septembre, on méconnaît absolument les causes, les origines, les antécédents de ce grand fait historique, et la constitution même des éléments révolutionnaires que la Ville de Paris contenait dans son sein, en très grand nombre, à cette époque.

Je ne crains pas de dire que la première origine du 4 septembre est dans le plébiscite de mai 1870. Ce n'est pas là un paradoxe ou une attaque rétrospective contre un gouvernement tombé.

Le plébiscite a eu sur les événements du 4 septembre une double et désastreuse influence. Il a d'abord inspiré au gouvernement personnel une infatuation qui l'a mené jusqu'à la guerre : il a ensuite infligé au Corps législatif qui, pendant toute cette période, était le maître de la nation et pouvait la sauver, il a infligé, dis-je, au Corps législatif, une faiblesse incurable, et l'histoire de ses débats le prouve.

J'ai entendu dire qu'il entrait dans vos intentions de faire remonter assez haut vos investigations. Je ne parlerais des faits anciens que si j'y étais provoqué et comme témoin; en ce moment, je prends les choses à la dernière réunion du Corps législatif, lorsqu'il fut convoqué après le désastre ˙de Reich-shoffen, le 7 août, pour le 9.

Il y avait à ce moment dans la population parisienne une excitation, une agitation toute naturelle, mais il y eut, et il ne faut pas l'oublier quand on juge le peuple de Paris à cette distance, un grand sentiment patriotique dominant l'excitation politique et la colère légitime. Que ce sentiment patriotique ait été bien inspiré dans cette occasion, et qu'on ne puisse pas regretter que, puisqu'une révolution devait se faire, elle ne se soit pas opérée ce jour-là, c'est ce que les historiens examineront plus tard. Il est évident que si le Corps législatif ou si la population de Paris avait pu à ce moment prendre la direction des affaires, la partie militaire n'eût pas été aussi complètement perdue qu'elle l'a été depuis, par cette très bonne raison qu'après la faute d'avoir déclaré la guerre, d'avoir opposé à l'ennemi une préparation insuffisante et des dispositions militaires tout à fait puériles, il y eut une faute qui couronna toutes les autres et amena la catastrophe finale, ce fut de priver Paris de son armée de secours, en envoyant le corps de Mac-Mahon à la recherche d'une jonction impossible avec l'armée qui venait d'être battue. Si la révolution eût été faite à ce moment ou si le Corps législatif eût voulu prendre le pouvoir, il pouvait empêcher cette fatalité, qui était la dernière et qui impliquait la condamnation absolue de nos efforts.

Quoi qu'il en soit, ce jour-là, le 9 août, il y eut beaucoup d'émotion, une grande agitation autour de la Chambre. L'agitation alla — c'est un fait dont je puis invoquer des témoignages — jusqu'à l'envahissement du petit jardin qui est sur le quai, attenant au Corps législatif. Celui qui vous parle fit, à ce moment-là, un appel énergique aux sentiments patriotiques de cette foule affolée, la fit reculer et obtint qu'elle n'entrât pas.

M. Hébert, questeur, était présent, et il pourrait attester que c'est un peu grâce à moi que le Corps législatif ne fut pas envahi le 9 août.

Nous pensions, en effet, à faire toute autre chose que des actes violents : nous pensions obtenir du Corps législatif un acte de virilité qui eût été un acte de salut. J'ai été frappé, en relisant le *Journal officiel*, à l'occasion de la déposition que j'avais à faire devant vous, de la persistance et de la modération des efforts du groupe auquel j'appartenais pour obtenir du Corps législatif cet acte de salut et de virilité. Nous l'avons mis, nous et ceux qui siégeaient sur des bancs voisins des nôtres, cinq ou six fois en demeure de faire la seule chose qu'il y eût à faire, de dire : « Nous sommes le pays, notre devoir est de veiller sur les restes de l'armée française, et de nous préoccuper des mesures qu'on prend pour la défense. » Ce n'était pas seulement, de la part de ceux qui conseillaient à la Chambre cette démarche décisive, la préoccupation, que je considère comme très légitime, de substituer au gouvernement personnel le gouvernement du pays; c'était un acte de salut du jour et du moment, c'était un acte de bonne direction militaire. Vous savez tous que dans le Comité de défense, où vers la fin, à grand'peine, et en se faisant bien prier, on avait laissé entrer M. Thiers, c'est malgré lui, malgré le général Trochu — ils furent les seuls à protester — qu'il fut résolu que l'armée du général Mac-Mahon quitterait les approches de Paris, où elle aurait fonctionné de la façon la plus efficace comme armée de secours, pour aller dans le Nord...

M. le comte Daru. — Le Comité de défense a discuté cette question, mais n'a pas été consulté par le Gouvernement.

M. Jules Ferry. — J'ai recueilli ce témoignage de la bouche même des personnes que j'ai nommées. On discutait, soit dans le Comité de défense, soit dans une réunion qui eut lieu en dehors du Comité, la question de savoir si l'armée du maréchal Mac-Mahon devait revenir sous Paris, ou au contraire se diriger vers le théâtre des hostilités et faire la tentative de jonction qui nous a perdus. M. le général Trochu pourra préciser le fait.

M. le comte Daru. — Je puis le préciser. Lorsqu'après le désastre de Reichshoffen, M. le maréchal Mac-Mahon demanda le corps du général Vinoy, composé de 30 000 hommes et formé dans Paris, M. le général Trochu protesta et tint à faire insérer dans le procès-verbal de la séance du Comité de défense sa protestation, dans laquelle il disait qu'on ne pourrait pas défendre Paris si le corps du général Vinoy s'éloignait.

J'ajoute, que M. Thiers était de cet avis et déclarait que l'éloigne-
ment du corps d'armée de Vinoy rendrait la défense de Paris impossible ; ce à quoi M. le maréchal Vaillant répondait que l'on constituerait un nouveau corps d'armée sous les ordres du général Renault,
que ce corps remplacerait le corps du général Vinoy. On a discuté,
mais le Comité de défense n'a pas été consulté sur cette question
par M. le ministre de la Guerre ; il s'est saisi accidentellement de
cette question.

M. JULES FERRY. — Je voudrais seulement relever devant
vous toutes les occasions qui furent, dans ce mois d'août, fournies au Corps législatif par les divers groupes opposants, de
prendre en main la direction des affaires.

Le 9 août, dans la séance de rentrée, se produit la proposition de M. Jules Favre, qui demandait la constitution d'une
Commission de quinze membres. Cette proposition fut repoussée
par 190 voix contre 53. J'ai noté à l'*Officiel* ces deux interruptions : M. Gambetta disant : « Vous y viendrez ! » M. Jules
Favre ajoutant : « Quand vous y viendrez, il sera trop tard ! »
parole malheureusement prophétique.

Vous savez que ce jour-là même le ministère Ollivier se
disloqua et fut remplacé par le ministère Palikao.

Un peu plus tard, le 22 août, nouvelle proposition, qui est
une réédition adoucie de la première. Il y a, en effet, ceci de
remarquable, que la première proposition, à mesure qu'elle se
reproduit, se fait plus modeste et cherche à se montrer moins
effrayante. Le 22 août, M. de Kératry propose d'adjoindre neuf
députés au Comité de défense. La Chambre, après avoir voté à
l'unanimité l'urgence sur la proposition, revient sur sa décision,
à cause de l'opinion contraire formellement exprimée par M. le
général Palikao. Les bureaux se réunissent et M. Thiers est
nommé rapporteur. Là se manifesta une proposition intermédiaire, qui consistait à réduire de neuf à trois le nombre des
députés adjoints au Comité de défense. Cette proposition, qu'on
considérait comme très importante, aussi bien en elle-même
qu'à raison de la personne du rapporteur, revient plusieurs fois
aux séances suivantes, et M. Thiers demande lui-même l'ajournement du rapport, parce qu'on désirait arriver à un arrangement avec le Gouvernement. La Commission était unanime
pour la constitution de ce Comité avec trois membres pris dans
la Chambre ; le Gouvernement résistait énergiquement.

Le 27 août, la proposition se déplaçant et se dirigeant en quelque sorte vers les bancs plus rapprochés du Gouvernement, se retrouve sous une autre forme dans la bouche de M. Latour-Dumoulin. Il demande que cinq membres soient nommés pour se tenir en communication avec les ministres, et concourir aux moyens employés pour la défense de Paris et de la France. Ce n'était même plus la Chambre entrant dans le Comité de défense; c'était la Chambre constituant un Comité pour entrer en relations avec ceux qui dirigeaient la défense.

M. le général Palikao repousse encore énergiquement, et sur l'heure même, la proposition de M. Latour-Dumoulin.

Le 31 août, à la veille de l'événement décisif, la proposition reparaît sous une dernière forme. C'est M. Keller qui, sur les nouvelles désastreuses arrivées de Strasbourg, monte profondément ému à la tribune, et demande la nomination d'une Commission pour examiner la situation des départements envahis, notamment du Haut-Rhin et du Bas-Rhin, et l'envoi d'un commissaire spécial, désigné par la Chambre.

M. le général Palikao repousse encore la proposition, pose la question de confiance et nous déclare, — ce que j'ai toujours considéré comme une exagération infinie, — que, depuis leur entrée en France, les Prussiens avaient perdu 200 000 hommes.

On arrive ainsi à la catastrophe de Sedan; le bruit s'en répandit dans la soirée. Mais avant d'aborder ce point de mon récit, je voudrais, m'arrêtant au 3 septembre, vous faire remarquer quelle était la vraie situation du parti auquel j'appartiens, et notamment de la députation de Paris pendant toute cette période.

Notre attitude apparaît dans les débats publics, et bien plus encore dans les délibérations sans nombre tenues soit avec des personnages de marque, soit avec de simples députés, dans les couloirs et les bureaux de la Chambre.

Je crois qu'aucun de ceux qui faisaient partie du Corps législatif à cette époque, et qui se sont trouvés en rapport avec nos amis Jules Favre, Gambetta, Picard, avec l'un quelconque d'entre nous, ne contestera que notre attitude était celle d'hommes profondément attristés et préoccupés des événements, profondément découragés et prévoyant le dénouement épouvantable de toute cette crise contre laquelle nous avions lutté,

et ne cessant de répéter à nos collègues : Vous n'avez plus
qu'une chose à faire, c'est, en face du gouvernement personnel,
qui s'est perdu dans une entreprise impossible, de prendre le
pouvoir, d'être enfin le pays qui vous a nommés, de constituer
un Gouvernement dans la Chambre. Respectez, autant que la
situation des choses vous le permettra, les formes, les formules
constitutionnelles, mais prenez la réalité du pouvoir, la direction de la défense ; ne vous confiez pas aveuglément, après le
ministère Ollivier, au ministère Palikao. Le conseil que nous
vous donnons est bien désintéressé, nous ne voulons pas être
de ce Comité de défense, de cet organisme parlementaire qu'il
faut constituer. Nous n'y avons pas intérêt, nous ne voulons
pas que le Gouvernement, qui est l'idéal de notre vie politique.
soit inauguré dans les aventures. Il faut, pour tirer la France
de la crise où elle est, un Gouvernement anonyme.

Ceci, nous le disions à nos amis, aux impatients qui nous
entouraient ; nous le répétions à satiété dans tous les conci-
liabules.

Je cite un fait dont les témoins existent tous. C'était, autant
que mes souvenirs me le rappellent, bien peu de jours avant le
4 septembre ; on n'avait pas encore la nouvelle du désastre de
Sedan, mais tous les hommes de bon sens le prévoyaient, le
sentaient venir. C'était peut-être le 31 août, le 1er septembre.
Ce jour-là, nous nous trouvâmes réunis. MM. J. Favre, Gambetta, Magnin, Thiers et moi, dans un des bureaux du Corps
législatif. On ferma la porte. Nous dîmes : on ne peut sortir de
cette épouvantable situation que par la constitution d'un Gouvernement quelconque, issu de la Chambre. Et alors, allant à ce
qui était pratique, on examina quels seraient les noms qu'on
pourrait proposer à la Chambre, dans la circonstance que tout
le monde prévoyait. Pas de républicains : la Chambre n'en
accepterait pas ; d'ailleurs nous ne voulons à aucun prix qu'un
de nous fasse partie du Comité. Mais d'autres noms sont possibles ; ceux de M. le président Schneider, qui acceptera assurément cette situation ; de M. le général Trochu, gouverneur
de Paris, qui ne peut pas la refuser ; de M. le général Palikao,
ministre de la Guerre, de M. Thiers, enfin... Ici, M. Thiers
disait : Non ! non ! pas plus moi que vous. Nous étions arrivés
à cette combinaison. Cette liste a couru dans la Chambre,

appuyée par des personnes autorisées, et, à un certain moment,
ces trois noms du général Trochu, de M. Schneider, du général
Palikao, constituant, avec un ou deux membres de la majorité,
une sorte de Gouvernement provisoire, qui aurait eu l'avantage de ne pas rompre complètement le lien avec le passé et
de continuer l'ordre légal, rencontrèrent quelques succès,
quelque crédit dans les couloirs de la Chambre.

Je vous cite ce fait pour vous indiquer combien les hommes
qui ont fait depuis partie du Gouvernement de la Défense
nationale, étaient peu amoureux de ce pouvoir qu'un grand
désastre national allait jeter dans leurs mains, pour vous montrer que la combinaison que la force des choses nous imposait,
le 4 septembre, n'était nullement celle que nos esprits, que nos
goûts, que l'intérêt bien compris de nos idées et de la forme de
Gouvernement que nous préférions, devaient nous dicter.

Vous savez que la nouvelle du désastre de Sedan arriva dans
la nuit du samedi 3 au dimanche 4 septembre. Le général
Palikao l'avait annoncée dans la séance du jour avec quelques
réticences. D'autres, mieux informés, connaissaient le désastre
dans toute son étendue, et c'est alors, dans la séance de nuit,
que M. Jules Favre déposa, non plus au milieu des protestations générales, mais au milieu d'un silence glacial, qui est le
caractère même de la crise, une proposition qui d'abord frap-
pait la dynastie napoléonienne de déchéance, et déclarait
ensuite qu'une Commission, nommée par la Chambre, serait
investie de tous les pouvoirs, avec mission de résister à
outrance et de chasser l'ennemi.

J'appelle votre attention sur la mission donnée à cette Commission de résister à outrance. Si vous relisez tous les débats
législatifs de ce mois d'août, vous serez frappés de cette
expression : *résister à outrance*, qui part de tous les bancs ; elle
part de la majorité, du centre gauche, de l'opposition la plus
avancée. Chose curieuse ! la fameuse formule : « Pas un pouce
« de notre territoire ne doit être enlevé à la France », a été
prononcée pour la première fois dans la séance du 22 août, par
un membre de la majorité, le comte de La Tour. De son côté,
M. Lefébure déclarait qu'on ne déposerait les armes que
lorsque l'ennemi serait refoulé.

Tel était le sentiment bien légitime de cette Assemblée qui,

malgré son origine, ses faiblesses, et tout ce qu'on lui a
reproché avec raison, était profondément patriote. Son
sentiment, qui était celui d'une profonde déception, de la surprise d'un désastre inouï, de la colère, se traduisait par ces
mots : résistance à outrance! Il est impossible que du jour au
lendemain, la France soit tombée si bas, et, qu'en une seule
journée, nos armées soient anéanties !

C'était le cri de tout le monde, des conservateurs comme des
révolutionnaires : « Nous ferons de la France une grande gué-
« rilla, de Paris une Saragosse! » Toutes ces exclamations de
patriotisme se rencontraient sur tous les bancs de l'Assemblée.
Il n'y avait pas, à ce moment, dans le pays, au moins dans le
pays légal tel qu'il existait à Paris, d'autre sentiment.

La proposition de M. Jules Favre fut remise au lendemain...

M. DE DURFORT DE CIVRAC. — Elle fut remise au soir.

M. JULES FERRY. — C'était dans la séance de nuit.

M. PERROT. — Le général de Palikao avait donné communication
de la nouvelle en disant que n'ayant pas eu le temps de prévenir ses
collègues, on n'était pas encore en mesure de délibérer, et il demandait qu'on ajournât la question au lendemain. M. Jules Favre déposa
sa proposition en accordant qu'on ne pouvait pas délibérer immédiatement.

M. LE MARQUIS DE JUIGNÉ. — Dans la séance du jour, M. Jules Favre
avait proposé la dictature militaire en désignant le nom, aimé en ce
moment, du général Trochu, mais sans parler de déchéance.

M. JULES FERRY. — La proposition, déposée le 3, fut ajournée
au lendemain.

Le lendemain à, midi — je demande la permission de citer
des souvenirs personnels qui appartiennent un peu à l'histoire —
avec deux de mes collègues, nous nous rendîmes chez M. le
président Schneider, pour savoir ce que le Gouvernement
avait décidé sur notre proposition. Nous trouvâmes M. Schneider
en train de s'habiller. Il nous dit, avec beaucoup de sang-froid,
qu'on apportait une proposition qui n'était pas tout à fait celle
que nous désirions, mais qui commençait à s'en rapprocher. En
effet, une heure après, le général Palikao apporta à la Chambre
la proposition de former un Conseil de Gouvernement et de
Défense nationale de cinq membres, dont il eût été lui, le
général Palikao, le lieutenant-général.

Dans ce même moment, M. Thiers et ses amis rédigeaient une troisième proposition, dont je vous rappelle les termes caractéristiques : « Vu les circonstances, la Chambre nomme une Commission composée d'un nombre de membres à fixer ; une Constituante sera convoquée dans le plus bref délai possible. » Je trouve au bas, parmi les signatures, les noms de MM. de Guiraud, marquis d'Andelarre, et de plusieurs de nos collègues d'aujourd'hui.

L'urgence fut votée sur les trois propositions ; on se retira dans les bureaux à une heure, et c'est une demi-heure après que la foule pénétra dans le Corps législatif.

Comment y pénétra-t-elle et quel fut le caractère de cet envahissement ? Je crois que cela n'a jamais été bien déterminé et que c'était pourtant bien clair ; je voudrais le préciser devant vous.

Remarquez d'abord le caractère de cette journée du 4 septembre : on ne pense qu'à la Chambre, parce que c'est de la Chambre que peut venir le salut. L'impératrice est aux Tuileries ; qui s'en occupe ? Le peuple ne songea même pas à y mettre les pieds, et l'impératrice put s'évader sans aucune difficulté, au moment même où la colonne qui venait d'envahir la Chambre se dirigeait, par le quai, vers l'Hôtel de Ville. Assurément, si la majorité avait, trois ou quatre jours plus tôt, et même la veille au soir, pris résolument la direction des affaires, il n'y aurait pas eu de révolution du 4 Septembre ; j'en ai l'absolue certitude. La majorité a manqué quatre ou cinq fois de sauver le pays.

Elle a été mise en demeure, le pouvoir lui a été présenté sous toutes les formes ; elle s'y est refusée. Au milieu de sentiments divers, il y avait un sentiment honorable qui la guidait. J'ai entendu un membre de la majorité, le plus officiel des candidats officiels, dire qu'on ne voulait pas faire ce que le Corps législatif avait fait en 1813. Vainement répondions-nous que la situation de 1870 différait essentiellement de celle de 1813 ; nos conseils n'étaient pas écoutés et la majorité, sous la parole du général comte de Palikao, repoussa toutes les occasions qui lui étaient fournies jusqu'au 3 septembre. Je dis même que si, dans la séance du 4, au lieu d'aller dans les bureaux, le Corps législatif avait voté immédiatement

26

la proposition de M. Thiers, on aurait pu empêcher l'envahissement.

Mais comment cet envahissement s'est-il opéré? par qui? comment la garde de l'Assemblée a-t-elle été violée? Sur tous ces points, qui complètent le tableau de la journée, je vais vous donner quelques éclaircissements.

Lorsque, vers midi, nous arrivâmes à l'Assemblée, il y avait une agglomération considérable sur la place de la Concorde et le quai des Tuileries. Ce qui y dominait, c'étaient les gardes nationaux sans armes : car ce qui a tenu la tête de ce mouvement tout à fait spontané du 4 Septembre, c'est l'ancienne garde nationale de Paris, les soixante bons bataillons, choisis, triés ; ce sont ces bataillons qui, les uns sans armes, les autres avec leurs armes, s'approchèrent du Corps législatif, l'entourèrent et peu à peu y pénétrèrent. L'Assemblée était gardée, du côté du quai, par la garde de Paris; il y avait là quelques pelotons qui se retirèrent, à un moment donné, sur l'ordre du président. Un bataillon de la garde nationale, dont je ne me rappelle plus le numéro d'ordre, traversa, tambour en tête, le pont de la Concorde, et prit la place des gardes municipaux. Ne croyez pas qu'à l'intérieur du palais, les dispositions militaires eussent été négligées. Il y avait dans la cour d'honneur et dans celle de Bourgogne des régiments de marche. Un des traits caractéristiques de ce moment de la journée, c'est que, lorsque la foule, ceux qui étaient devant étant poussés par ceux qui étaient derrière, voulut pénétrer par la grille du quai, les soldats, qui étaient là en grand nombre, répondirent aussitôt aux cris de la foule et mirent la crosse en l'air.

Voilà comment le Corps législatif fut envahi. Il était gardé, mais sa garde, en proie aux mêmes sentiments d'agitation, à la même fièvre patriotique que la foule elle-même, n'eut pas un seul instant la pensée de tirer sur le peuple, sur la garde nationale surtout.

Le Corps législatif resta longtemps envahi dans les couloirs sans l'être dans la salle même des séances. On vint prévenir les députés dans les bureaux, et on leur dit : Il faut rentrer. Ils ne le voulurent pas, ou ils ne rentrèrent qu'en petit nombre. Le président Schneider reprit le fauteuil. C'est alors qu'un certain nombre de membres de la gauche, Gambetta en tête, adjurèrent le peuple de laisser les choses se faire régulièrement, et de ne pas envahir la salle. Ces adjurations eurent quelque effet pendant quelques minutes; mais, comme par derrière, il y avait une grande foule qui n'entendait rien, la salle fut envahie. M. Schneider se retira, et nous fûmes portés, on peut le dire, M. Jules Favre et moi d'un côté, M. Gambetta et quelques autres députés parmi lesquels était M. de Kératry, de l'autre, jusqu'à l'Hôtel de Ville.

L'aspect de cette journée restera toujours présent à mon souvenir. Je n'ai pas vu l'envahissement de la Chambre en 1848, mais j'en ai lu souvent le récit, j'en ai vu des témoins; ce n'était pas du tout la même chose. Il y avait dans la foule du 4 septembre une exubérance de contentement qu'il est permis de trouver un peu puérile. Toute cette population s'imaginait que, par cela seul que l'Empire n'existait plus et que le pays allait se gouverner lui-même, le pays était sauvé. Nous avons fait le chemin depuis le Corps législatif jusqu'à l'Hôtel de Ville au milieu du peuple armé, mais il y avait des fleurs aux fusils, des guirlandes; c'était un air de fête dans la cité; jamais révolution ne se fit avec une telle douceur; nous rencontrions les omnibus qui continuaient à circuler, et ceux qui s'y trouvaient nous saluaient gaiement. On criait beaucoup, mais c'était dans une note moyenne. M. le général Trochu vous a déjà raconté un des incidents de cette promenade. J'étais, en effet, au bras de M. Jules Favre quand nous le rencontrâmes sur le quai, venant à cheval, suivi de quelques officiers d'état-major, M. Jules Favre lui dit : Général, il n'y a plus de Corps législatif, le Corps législatif est complètement dissous ; nous allons à l'Hôtel de Ville ; veuillez aller au Louvre, nous aurons l'honneur de vous y faire prévenir.

M. le général Trochu rentra au Louvre. Nous allâmes à l'Hôtel de Ville, où la troupe de ligne nous laissa pénétrer sans la moindre résistance. Là, Gambetta, qui nous devançait de quelques instants, venait de trouver le préfet de la Seine, M. Alfred Blanche, assis à son bureau. M. Alfred Blanche lui dit en souriant : « Je vous attendais, » et disparut immédiatement.

Ici, je note encore que, lorsque la colonne dont nous tenions la tête, arriva à l'Hôtel de Ville, les officiers de la ligne qui commandaient les compagnies de garde vinrent au-devant de la manifestation et échangèrent avec nous quelques poignées de mains. Seulement, le spectacle, à l'intérieur de l'Hôtel de Ville, était un peu différent de ce qu'il était au Corps législatif, et je veux vous dire par quel trait caractéristique il se révélait à nous comme renfermant un véritable péril. Pour mettre cette dernière couleur au tableau que j'essaie de vous présenter dans toute sa vérité, comme je le ferais dans un livre écrit pour l'histoire, j'ai besoin de vous expliquer quelle était notre situation, à nous, députés républicains de Paris, vis-à-vis d'une certaine portion du parti républicain.

Cette situation était très difficile. Nous avions été nommés en 1869, et cette élection avait déjà montré quel genre de difficultés des hommes politiques, républicains, voulant faire de la politique sérieuse et parlementaire, allaient rencontrer dans les dispositions et dans le tempérament de leurs électeurs parisiens. M. Jules Favre ne fut élu qu'au second tour, et avec beaucoup de peine. Il s'était produit, dès lors, dans les réunions publiques, des violences de très mauvais augure. Après notre nomination et pendant cette sorte d'interrègne dans les institutions impériales qui aboutit à la constitution d'un ministère parlementaire, pendant cette période qui comprend plusieurs mois, nous eûmes, il faut bien qu'on le sache, et nous devons le dire pour l'histoire de notre temps, maille à partir à chaque instant avec le parti que nous appelions alors d'un nom très doux, le parti des impatients, qui devint plus tard le parti des exaltés, et enfin le parti anarchique, dont on a eu tant de peine à triompher dans ces derniers temps.

Dès le jour où nous avons été nommés, nous avons trouvé ce parti sur notre chemin comme un ennemi. A chaque instant, on nous convoquait à des réunions, et dans ces réunions on nous mettait en accusation. A chaque instant, on imaginait des manifestations impossibles. Vous vous rappelez peut-être celle qui devait avoir lieu en octobre 1869, la Chambre n'ayant pas été convoquée dans le délai qu'on disait fixé par la loi. Certains clubs avaient décidé qu'il était du devoir des députés de se trouver sur la place de la Concorde à une date donnée, qui était, je crois, le 26 octobre.

Quand ensuite le ministère parlementaire fut constitué, nous

avons eu l'affaire des funérailles de Victor Noir, l'affaire Pierre
Bonaparte comme on l'appelait, et nous avons été dans la
situation d'hommes qui n'avaient pas le gouvernement, mais
qui étaient obligés de résister à la queue de leur parti, absolument comme s'ils l'avaient eu. Une portion de ceux qui nous
avaient élus ne comprenant absolument rien à la situation, à la
politique, obéissant uniquement à leurs passions et aux excitations des journaux et des réunions, ne rêvaient que manifestations, copiées sur les manifestations de la première Révolution,
et c'était véritablement pour nous un sujet de perpétuels
tourments.

A la tête de ce parti des impatients, figurait une homme qui a
fait partie de l'Assemblée actuelle, M. Millière ; il paraissait
être le plus avisé de tous ces meneurs. Quand nous arrivâmes
à l'Hôtel de Ville le 4 septembre, M. Millière y était déjà, et il
n'y était pas seul. Deux hommes surtout nous frappèrent par
leur attitude et par leurs efforts ; c'était d'une part M. Millière,
qui haranguait la foule dans la grande salle du trône, et de
l'autre M. Delescluze, qui rôdait autour du cabinet où nous
avions constitué la première commission du Gouvernement.

Quand nous n'aurions pas eu la connaissance approfondie des
différents éléments révolutionnaires que renfermait la Ville de
Paris, quand nous n'aurions pas su, pour en avoir fait l'expérience depuis plusieurs mois, qu'il y avait là, derrière nous, un
parti anarchique qui n'attendait qu'un moment de défaillance
de notre part, pour prendre la direction de l'opinion
parisienne, la présence de MM. Millière et Delescluze et de
leurs acolytes à l'Hôtel de Ville, les discours qu'ils tenaient
eussent été pour nous un trait de lumière. Heureusement, à ce
moment-là et par suite de la résistance si admirable qu'il avait
faite à la déclaration de guerre, M. Jules Favre était en possession d'une popularité qu'il n'avait pas eue avant et qu'il n'a pas
revue depuis. Il fut véritablement porté à l'Hôtel de Ville par
le grand courant de l'opinion, et il lui suffit d'apparaître pour
que tous ces Messieurs descendissent des escabeaux où ils
étaient hissés et rentrassent dans l'ombre.

De cette situation découlait la composition même du Gouvernement de la Défense nationale. Nous n'avions, je l'avoue (on
tirera de cet aveu toutes les conclusions qu'on voudra), nous

n'avions aucun projet à cet égard. Les événements se déroulaient si vite et les fatalités s'enchaînaient avec une telle rapidité, nous étions d'ailleurs si bien convaincus qu'un Gouvernement anonyme, dans lequel nous ne serions pas vaudrait infiniment mieux pour dénouer la crise, que nous n'avions pas arrêté de parti sur cette question que les événements venaient de poser: comment constituer le Gouvernement?

A ce moment, nous eûmes une inspiration que je crois heureuse. Nous nous dîmes : voilà toute sorte de gens qui feront du Gouvernement qui succède au Gouvernement impérial quelque chose d'odieux ou de grotesque, et qui achèveront de perdre l'honneur du pays; il ne faut pas qu'ils touchent au pouvoir. Mais il y a des députés de Paris; Paris sent que l'étranger s'approche. Paris est en quelque sorte fondé à se donner à lui-même ne fût-ce qu'un gouvernement municipal. Eh bien, puisqu'il a ses mandataires élus, le Gouvernement nouveau doit être exclusivement composé des mandataires élus de Paris.

Comme cette idée était juste et simple, elle réussit; elle fut immédiatement acceptée, et c'est pour cela que vous n'avez pas vu figurer dans le gouvernement provisoire des noms plus ou moins chers à la démagogie parisienne, et que vous y avez vu le nom d'un de nos collègues qui manque à la députation actuelle, celui de M. Rochefort. Nous étions en effet dans le petit cabinet de l'Hôtel de Ville que M. le général Trochu vous a décrit (en commettant, il me permettra de lui faire amicalement cette observation, une légère erreur : le cabinet n'était pas éclairé par une lampe puisqu'il était trois ou quatre heures de l'après-midi). Nous étions dans ce petit cabinet lorsqu'un grand bruit nous arriva de la place de l'Hôtel de Ville. Un remous populaire considérable se produisit : c'était M. Rochefort qu'on venait de chercher dans sa prison. Nous avions posé la règle, et bien que nous eussions eu avec M. Rochefort beaucoup de difficultés, car il nous avait attaqués les uns et les autres dans son journal, nous n'hésitâmes pas un instant, et plus tard M. le général Trochu n'hésita pas non plus à comprendre que, comme le dit dans la soirée M. Jules Favre à ses collègues réunis au Corps législatif, il valait mieux qu'il fût dedans que dehors. Ainsi la règle salutaire qui constituait une barrière : un Gouvernement composé des élus de Paris, se trouva observée et acceptée par tout le monde.

Quel fut le caractère de ce Gouvernement? Comment se définit-il lui-même? Quelles étaient ses intentions?

Il y a si longtemps que je l'entends attaquer que j'ai été heureux de m'en rendre compte à moi-même, et de m'en donner la preuve. Je me suis remis à relire tous les actes officiels de ce Gouvernement, comme on lirait l'histoire d'une autre époque; je les ai jugés dans ma conscience, car nous venons de traverser des crises assez redoutables pour pouvoir nous juger nous-mêmes. Eh bien, je ne crains ni le jugement de l'histoire, ni le vôtre, sur le caractère du Gouvernement de la Défense nationale et sur ses intentions.

Dire que ce Gouvernement ne voulait pas les élections, dire que ce Gouvernement ne voulait pas une paix honorable, c'est le calomnier de la façon la plus injuste, la plus contraire à tous les documents. Dire que ce Gouvernement fut l'œuvre, la cons-piration, l'usurpation d'un parti, c'est fermer les yeux à la vérité. Il n'y a jamais eu de Gouvernement qui eût moins que le Gouvernement du 4 Septembre le caractère de Gouvernement d'un parti. Il le montra, dès le premier jour, en rompant avec la queue de son parti, avec cette queue que les partis qui veulent prendre en main les affaires de leur pays doivent toujours couper, au préalable, et il la coupa en prenant dès la première heure le titre de Gouvernement de la Défense nationale. J'ai relevé dans tous nos actes, depuis le 4 septembre, le caractère de grande réserve vis-à-vis du pays, le caractère de généralité que nous voulions donner à ce Gouvernement, le caractère de l'exclusivité qu'on lui reproche et qu'il a pu montrer plus tard dans d'autres circonstances, mais qu'il n'a pas eu à son origine, pendant ses premiers mois. Ce caractère d'exclusivisme ne s'est jamais rencontré dans les actes auxquels j'ai participé person-nellement.

La première proclamation que je trouve à l'*Officiel*, datée de 3 ou 4 heures de l'après-midi, le 4 septembre, s'exprime ainsi:

« Le nouveau Gouvernement est avant tout un Gouvernement de Défense nationale. »

Une autre proclamation à la garde nationale porte:

« Le pouvoir personnel n'est plus; la nation tout entière reprend ses droits et ses armes. »

Une autre proclamation, la première en date je crois, dit :

« Le peuple a devancé la Chambre qui hésitait, il a mis ses représentants non au pouvoir, mais au péril. »

Le lendemain, dans une proclamation à l'armée, que j'ai entendu avec une grande surprise l'autre jour, à la tribune, critiquer par un de nos collègues, et que j'ai voulu relire et copier afin de me rendre compte de l'esprit qui l'animait, que disions-nous à l'armée? Lui tenions-nous ce langage anarchique que nous attribuait l'honorable M. Haentjens? Voici ce que nous disions :

« Quand un général a compromis son commandement, on le lui enlève; quand un Gouvernement a mis en péril par sa faute le salut de la patrie, on le destitue. C'est ce que la France vient de faire.

« En abolissant la dynastie responsable de nos malheurs, elle a accompli d'abord à la face du monde un grand acte de justice. Elle a exécuté l'arrêt que toutes nos consciences avaient rendu; elle a fait en même temps un acte de salut. »

Et voici comment nous terminions :

« Soldats! en acceptant le pouvoir dans la crise formidable que nous traversons, nous n'avons pas fait œuvre de parti. Nous ne sommes pas au pouvoir, mais au combat; nous ne sommes pas le Gouvernement d'un parti, nous sommes le Gouvernement de la Défense nationale. »

Et ce langage, messieurs, nous l'affichions sur les murs, nous le tenions à la face de la population de Paris et de la France.

Le même jour, messieurs, dans l'*Officiel* du 6 septembre, c'est-à-dire parmi les actes du 5, le second jour de notre existence gouvernementale, M. Gambetta écrivait aux préfets :

« Notre nouvelle République n'est pas un Gouvernement qui comporte les dissensions politiques, les vaines querelles. C'est, comme nous l'avons dit, un Gouvernement de défense nationale, une *République de combat* à outrance contre l'envahisseur. Entourez-vous donc de citoyens animés, comme nous-mêmes, du désir immense de sauver la Patrie...

« Appliquez-vous surtout à gagner le concours de toutes les

volontés, afin que, dans un immense et unanime effort, la France doive son salut au patriotisme de tous ses enfants. »

Et dans ce même numéro, une note, qui a aussi son importance.

« Le Gouvernement, » disait cette note, « reçoit à chaque instant, les adhésions chaleureuses des députés de l'opposition élus par les départements. Tout le monde a compris que là où est le combat, là doit être le pouvoir. C'est sur Paris que marche l'armée envahissante : c'est dans Paris que se concentrent les espérances de la patrie.

« Pour affronter cette lutte suprême, dans laquelle il suffit de persévérer pour vaincre, la population parisienne a pris pour chefs les mandataires qu'elle avait déjà investis de sa confiance, et le général dévoué sur lequel repose spécialement l'organisation de la défense.

« Rien de plus logique et de plus simple. Quand Paris aura fait son devoir, il remettra à la nation le mandat redoutable que la nécessité lui impose, en convoquant une Assemblée constituante. »

Messieurs, les actes, et des actes positifs, à ce point de vue de la convocation d'une Assemblée constituante, ont suivi de très près. Je voudrais vous montrer la série de ces actes, car je crois que c'est là une des grandes préoccupations de la Commission ; je voudrais aussi vous faire toucher du doigt les raisons pour lesquelles ces actes n'ont pas été poussés jusqu'au bout ; je voudrais vous montrer tout à la fois, et l'intention persistante de convoquer l'Assemblée constituante, intention qui, du premier jour jusqu'au dernier, a animé le Gouvernement de la Défense nationale, et l'obstacle, le véritable obstacle, à cette convocation.

Le 8 septembre, MM. les électeurs sont convoqués pour le 16 octobre, à l'effet de nommer une Assemblée constituante.

Le Gouvernement s'exprime ainsi pour motiver cette convocation.

« Le pouvoir gisait à terre,..... »

Et en effet, messieurs, nous n'avons jamais eu la prétention d'avoir renversé l'Empire. Nous n'avons pas renversé l'Empire ; nous avons toujours dit qu'il n'y avait pas là la victoire d'un parti quelconque sur l'empire. L'Empire avait péri dans la défaite, il s'était lui-même anéanti : le pouvoir gisait à terre, comme nous le disions.

Ce qui avait commencé par un attentat finissait par une désertion. Nous n'avons fait que ressaisir le gouvernail échappé à des mains impuissantes.

« Mais l'Europe a besoin qu'on l'éclaire. Il faut qu'elle connaisse par d'irrécusables témoignages que le pays tout entier est avec nous. Il faut que l'envahisseur rencontre sur sa route non seulement l'obstacle d'une ville immense résolue à périr plutôt que de se rendre, mais un peuple entier, debout, organisé, représenté : une Assemblée enfin qui puisse porter en tous lieux, et en dépit de tous les désastres, l'âme vivante de la patrie. »

Et le décret de convocation suivait pour le 16 octobre.

Messieurs, bien peu de jours après, l'époque de cette convocation était avancée, et un décret du 16 septembre convoquait les électeurs municipaux pour le 28 septembre et fixait les élections de la Constituante au 2 octobre.

Cette mesure, messieurs, était expliquée dans une circulaire de M. Jules Favre et commentée dans une circulaire de M. Gambetta. Elle se rattachait essentiellement à cette grande et historique démarche tentée par M. Jules Favre à Ferrières auprès de M. le comte de Bismarck. Aussi M. Jules Favre la notifiait-il à tous nos représentants auprès des Cours étrangères et dans des termes que je mets sous vos yeux, parce que c'est dans la répétition incessante de cette idée, de cette formule, de cette aspiration vers la convocation d'une Assemblée qui pourrait traiter avec l'étranger ou examiner s'il y avait lieu de ne pas traiter, c'est dans la répétition de cette pensée que gît l'intérêt du récit que je vous présente.

M. Jules Favre écrivait en ces termes, à la date du 17 septembre :

« Le décret par lequel le Gouvernement avance les élections a une signification qui certainement ne vous a pas échappé, mais que je tiens à préciser.

« La résolution de convoquer le plus tôt possible une Assemblée, résume notre politique tout entière. En acceptant la tâche périlleuse que nous imposait la chute du gouvernement impérial, nous n'avons eu qu'une pensée : défendre notre territoire, sauver notre honneur, et remettre à la nation le pouvoir qui émane d'elle, que seule elle peut exercer. Nous aurions désiré que ce grand acte s'accomplît sans transition ; mais la première nécessité était de faire tête à l'ennemi, et nous devions nous y dévouer... »

Suit une phrase sur la distinction qu'il faut faire entre les généraux prussiens et les hommes d'État prussiens ; les hommes d'État prussiens, dit M. Jules Favre, hésiteront à poursuivre une guerre impie qui a déjà coûté 200,000 hommes.

« Il n'y a pas un homme sincère en Europe qui puisse affirmer, dit un peu plus loin M. Jules Favre, que, librement consultée, la France eût fait la guerre à la Prusse.

« Je n'en ai jamais tiré cette conséquence que nous ne soyons pas responsables. Nous avons eu le tort, et ce tort nous l'expions cruellement, d'avoir toléré un Gouvernement qui nous perdait. Maintenant qu'il est renversé, nous reconnaissons l'obligation de réparer, dans la mesure de la justice, le mal qu'il a fait. Mais si la puissance avec laquelle il nous a si gravement compromis, se prévaut de nos malheurs pour nous accabler, nous opposerons une résistance désespérée, et il demeurera bien entendu que c'est la nation, régulièrement représentée par une Assemblée librement élue, que cette puissance veut détruire. »

Telle était, en effet, la situation véritablement patriotique, politique, irréprochable à tous les points de vue, que prenait le Gouvernement de la Défense nationale. Il allait à la Prusse et il lui disait : « Vous avez déclaré, il y a quelques jours à peine, que vous faisiez la guerre, non pas au pays, à la France, mais à la dynastie. Eh bien, la dynastie est tombée, la France seule est devant vous, non seulement sous cette forme que vous avez raison de trouver incomplète, incorrecte, d'un gouvernement créé par le hasard à Paris, mais sous la forme d'une Assemblée librement élue. Voulez-vous vous prêter à de libres élections? Voulez-vous donner un gage de votre sincérité, par cette première concession d'un armistice qui permette de faire les élections avec dignité et avec sécurité? Le voulez-vous? Si vous ne le voulez pas, c'est que vous voulez détruire la France et l'équivoque sous laquelle vous vous abritez sera démasquée et tous les voiles seront déchirés. »

Voilà l'attitude que prenait le Gouvernement de la Défense nationale dans ces jours du 16, du 17 et du 18 septembre. Cette attitude, il la prenait officiellement, et le 19 et le 20 avaient lieu les deux entrevues entre M. Jules Favre et M. de Bismarck.

En même temps que le décret sur les élections législatives paraissait, un second décret fixait les élections municipales de Paris à la date du 28 septembre, et les élections municipales au 25.

Je rappelle ici, Messieurs, un fait infiniment curieux, un de ceux qui m'ont le plus frappé comme expression de l'état d'esprit de la population parisienne.

La population de Paris, on ne peut pas se le dissimuler, ne voyait pas de très bon œil la convocation d'une assemblée. Elle n'avait pas ce sentiment essentiellement politique, et qui est pour nous la leçon même de l'histoire, à savoir, que plus une assemblée (et il s'agissait alors d'une Assemblée constituante) est rapidement convoquée après un grand ébranlement politique, plus il y a de chances pour que cette assemblée soit imprégnée de l'esprit qui a présidé à la révolution. Au point de vue des calculs de partis, et non pas seulement au point de vue de la situation à prendre vis-à-vis de la Prusse et surtout de l'Europe sur laquelle nous comptions encore, au point de vue des intérêts du parti auquel appartenaient les membres du gouvernement de la Défense nationale, il y avait le plus grand intérêt à faire les élections le plus tôt possible, et si les républicains ne sont pas en plus grand nombre dans l'Assemblée actuelle, c'est parce que les élections n'ont été faites que le 8 février, au lieu d'avoir été faites dans le mois d'octobre. J'en ai, comme preuve, tous les témoignages qui nous arrivaient de province, et je suis sûr que si chacun de vous était appelé à donner son avis, vous conviendriez tous, par l'expérience que vous avez des populations que vous représentez, que la composition de la Chambre eût été tout autre en octobre qu'en février.

Eh bien, messieurs, non seulement la population de Paris n'entrait pas dans cet ordre d'idées, mais elle était mécontente qu'on convoquât pour le 28 septembre un conseil municipal. Oui, Messieurs, nous avons pu observer ce fait extrêmement curieux! A ce moment-là, à cette date du 28 septembre, les électeurs parisiens ne trouvaient pas bon que l'on songeât à un conseil municipal, et des manifestions arrivèrent à l'Hôtel de Ville, demandant l'ajournement des élections municipales. Il fallut faire comprendre que, puisque les élections municipales se faisaient par toute la France, il fallait bien les faire à Paris. Dans la réunion des maires de Paris, il y eut une opposition formelle et un grand désir de voir ajourner ce conseil municipal. « Il ne s'agit pas d'élections, nous disait-on ; les Prussiens sont à nos portes, il faut prendre des fusils ! » et l'on songeait beaucoup plus à se porter vers les remparts que vers l'urne électorale.

En poursuivant, messieurs, cette analyse de nos actes officiels, et je ne vous apporte ici que des actes officiels, avec le commentaire des faits et des incidents que j'ai pu recueillir personnellement, on rencontre, deux jours après, une note relative au voyage de Ferrières.

Le voyage de Ferrières s'était accompli le 19 et le 20 septembre. A cette occasion nous avions eu notre première difficulté intérieure, et une agitation très marquée s'était manifestée dans la cité. Je ne sais si le voyage de Ferrières avait été ébruité ; toujours est-il que la population parisienne, très exaltée par l'approche des Prussiens, s'imagina que le Gouvernement de la Défense nationale songeait à traiter et à céder du territoire. Nous dûmes alors dire officiellement, sur les murs, que nous ne nous reconnaissions en aucune façon le droit de céder quoi que ce soit du territoire français. Le soir, lorsque cette affiche eut été lue, elle satisfit la plus grande partie de la population. Mais la partie la plus difficile à satisfaire se rendit à l'Hôtel de Ville, et les délégués, parmi lesquels étaient bon nombre de chefs de bataillons de la garde nationale, nous tinrent ce langage :

« Vous avez dit : « Ni un pouce de notre territoire, ni une pierre de nos forteresses ; c'est bien, mais ce n'est pas encore assez ; il faut ajouter : ni un écu de notre argent. »

Il fallut expliquer la situation. Je cite ce fait pour vous montrer à quel degré singulier d'infatuation nationale la population parisienne en était arrivée !

M. LE PRÉSIDENT. — C'étaient des chefs de bataillons de la garde nationale !

M. Jules Ferry. — C'étaient des chefs de bataillon de la garde nationale, qui, non contents de la déclaration sur l'intégrité du territoire, voulaient aussi qu'on prît l'engagement de ne pas payer d'indemnité.

Vous allez voir que le Gouvernement ne cédait pas à ces pressions de bas étage, et que, au contraire, il proclama dans les actes suivants qu'il était tout prêt à traiter avec la Prusse, non sur le pied d'une cession territoriale, mais sur le pied d'une indemnité pécuniaire, légitimement léguée à la France par la politique impériale.

On voit, le 22 septembre, une note à l'*Officiel*, qui est ainsi conçue :

« Nous acceptons, disait l'*Officiel*, des conditions équitables, nous ne céderons ni un pouce de notre territoire, etc...

« La Prusse répond à nos ouvertures en demandant à garder l'Alsace et la Lorraine par droit de conquête. Elle ne consentirait même pas à consulter les populations : elle veut en disposer comme d'un troupeau. Et quand elle est en présence de la convocation d'une Assemblée, qui constituera un pouvoir définitif et votera la paix ou la guerre, la Prusse demande comme condition préalable d'une armistice, l'occupation de places assiégées, le fort du Mont-Valérien, et la garnison de Strasbourg prisonnière de guerre. Pour nous, l'ennemi s'est dévoilé ; il nous place entre le devoir et le déshonneur ; notre choix est fait. Paris résistera jusqu'à la dernière extrémité, les départements viendront à son secours, et Dieu, aidant, la France sera sauvée ! »

Un membre. — A quelle date ?

M. Jules Ferry. — C'était à l'*Officiel* du 22 septembre :

Le lendemain paraissait à l'*Officiel* le rapport de M. Jules Favre sur les entrevues de la Haute-Maison et de Ferrières. Je vais vous lire deux ou trois passages de ce rapport. Un tel flot d'idées fausses et d'erreurs a passé sur cet événement qu'il faut se retrouver en présence des documents authentiques pour en apprécier la rigoureuse sincérité.

M. Jules Favre raconte, dans son rapport du 23 septembre, toutes ses démarches ; la première datait du 10 septembre. Uniquement préoccupé de cette idée, de placer en face de la

Prusse la nation représentée, il avait envoyé, dès le 10 septembre, un télégramme à M. de Bismarck pour lui demander une entrevue, ne voulant pas, comme il le disait, pour n'avoir pas osé faire le premier pas, que M. de Bismarck pût dire un jour « que si on lui avait fait des propositions, il aurait peut-être traité ! » Il passe donc sur les scrupules, sur les périls qu'il y avait dans de pareilles démarches. Ces périls étaient immenses : ils venaient de Paris même, ils venaient de l'exaltation de cette population si extraordinairement nerveuse, impressionnable, presque indomptable, et qu'on n'a pu dompter que par l'esprit patriotique, en exaltant et en maintenant, comme seule garantie de l'ordre, le délire patriotique qui l'animait. Eh bien, cette population parisienne se révoltait à la seule idée qu'on pût traiter avec l'étranger, et voilà le péril que bravait l'audacieux négociateur ! M. Favre s'en alla très courageusement à Ferrières. Il dit, dans son rapport publié à l'*Officiel* du 23 septembre : « Si à ce moment, où venait de s'accomplir un fait aussi considérable que celui du renversement du promoteur de la guerre, la Prusse avait voulu traiter sur les bases d'une indemnité à déterminer, la paix était faite. »

M. Jules Favre rapporte ensuite sa conversation avec M. le comte de Bismarck, et le récit de cette conversation a été accepté et reconnu, sauf des nuances, par M. de Bismarck lui-même, dans une lettre dont je vous donnerai connaissance tout à l'heure. Ainsi, le rapport de M. Jules Favre était la photographie exacte de l'entretien.

Le caractère de cette conversation est celui-ci : M. de Bismarck dit à M. Jules Favre très franchement : « Vous voulez une Assemblée, moi, je n'en veux pas. — Cela a été dit, messieurs. — Je n'ai pas intérêt à avoir une Assemblée. Votre assemblée sera belliqueuse, elle ne nous pardonnera pas plus Sedan que le Corps législatif précédent n'avait pardonné Waterloo et Sadowa, où vous n'aviez rien à voir. Cette Assemblée sera pour la guerre, et je ne veux pas d'Assemblée. »

Voilà ce qui fut dit à la Haute-Maison.

Et alors, pressé par M. Jules Favre de préciser les satisfactions territoriales qu'il faudrait au vainqueur, M. de Bismarck déclare qu'il veut le Haut et le Bas-Rhin, une partie de la Moselle avec Metz, Château-Salins et Soissons. Et il veut cela pour rogner les ongles à la France, il veut cela comme une garantie territoriale, la seule que dont la Prusse puisse se contenter. Il dit à M. Jules Favre : « Je sais très bien que cette guerre n'est pas la dernière; il y en aura une autre, et c'est pour cela qu'il nous faut Strasbourg, la clef de la maison, et avec Strasbourg les deux départements du Rhin, une partie du département de la Moselle, avec Metz, Château-Salins et Soissons. »

Un membre. — J'ai entendu contester le mot Soissons. Soissons est tellement éloigné des villes de Metz et de Château-Salins, qu'on croyait, à l'époque où ce document a paru, qu'il y avait là une faute d'impression.

M. JULES FERRY. — Non, M. Jules Favre nous a dit Soissons.

Un autre membre. — Le même sentiment existait dans la province.

M. JULES FERRY. — Soissons est un poste militaire important.

Un membre. — Le hasard a mis entre mes mains une carte allemande, faite en 1861, et désignant les territoires que la Prusse entendait s'approprier dans une guerre prochaine avec la France, et Soissons n'y était pas compris.

M. JULES FERRY. — Enfin, il a dit Soissons. Cela n'a pas été maintenu, mais il a dit Soissons.

Et alors la conversation se continue; la discussion se presse, M. Jules Favre se récrie : « En face de pareilles exigences, je n'ai plus rien à vous dire; mais au moins, si vous avez l'intention d'obtenir de pareilles concessions de la France, que vous croyez vaincue, laissez une Assemblée se réunir. » Du tout, répond M. de Bismarck. « Pour convoquer une Assemblée il faudrait un armistice, et, dans l'état de nos armes, un armistice nous serait désavantageux. Je n'en veux pas. »

Voilà l'entretien du premier jour. Le second jour la conversation devient, comme l'a dit plus tard M. de Bismarck, un peu plus pratique, à Ferrières. Il est intéressant de revoir ces choses, surtout avec le souvenir des débats récents qui ont été soulevés sur ce point important de l'histoire.

A Ferrières, en principe, M. de Bismarck consent à un armistice. Mais il le subordonne aux conditions suivantes : on lui donnera, comme gage, Strasbourg, Toul, Phalsbourg, et, si

l'Assemblée veut se réunir à Paris, le Mont-Valérien. Le négociateur bondit à cette proposition. « Comment, vous voulez
qu'une Assemblée française se réunisse à Paris sous le feu des
forts occupés par vous? »

— « Cherchons alors, dit M. de Bismarck, une autre combinaison. L'Assemblée se réunira à Tours, mais on nous livrera
toujours les places désignées qui nous sont nécessaires, et, de
plus, la garnison de Strasbourg sera prisonnière de guerre. »

On n'a pas pu tirer d'autres conditions de M. de Bismarck.

M. Jules Favre revint auprès du Gouvernement dans la nuit,
nous rassembla et nous dit : « Voilà ce que M. de Bismarck
propose. M. de Bismark veut bien consentir à un armistice,
mais il faut lui donner en échange Strasbourg, Toul, Phalsbourg, Bitche aussi — il en est question dans la lettre de M. de
Bismarck, il n'en est pas question dans celle de M. Jules Favre
— et la garnison de Strasbourg qui fait, par sa résistance
héroïque, l'admiration de Paris et de la France entière, la
garnison de Strasbourg se rendra prisonnière de guerre. »

M. Jules Favre nous transmit cette proposition, et, à l'unanimité, nous avons déclaré que nous n'en voulions pas, que
l'armistice ainsi proposé ne pouvait être accepté sans compromettre l'honneur de la France, que rendre Strasbourg et sa
garnison prisonnière de guerre, c'était une humiliation que
nous ne subirions jamais, et nous avons, messieurs, repoussé
catégoriquement, à l'unanimité et sans discussion, la proposition d'armistice ainsi formulée. Et de cette décision je suis prêt,
pour mon compte, à prendre ma part de responsabilité. Je crois
que nous avons agi comme vous auriez tous agi en pareille
circonstance, et qu'on n'eût pas trouvé un seul Français qui
n'eût dit : Non ! à une si outrecuidante prétention.

Les points qui pourraient rester obscurs dans les propositions
faites par M. de Bismarck se sont trouvés, messieurs, comme je
le disais tout à l'heure, non pas rectifiés, mais éclaircis par les
explications qu'il donna lui-même.

Le 27 septembre il écrivit, et fit insérer dans un journal
allemand, une réponse au rapport de M. Jules Favre. Vous
trouverez cette réponse dans l'*Officiel* du 18 octobre. Elle est
très curieuse, messieurs, elle jette un jour complet sur la
situation respective des deux parties. Malgré sa grande habileté

27

et son habituelle perfidie, M. de Bismarck est forcé de convenir que le récit de M. Jules Favre est exact et véridique :

« Relativement aux demandes que nous devions faire avant de signer le traité définitif, j'ai déclaré expressément à M. Jules Favre que je me refusais à entamer le sujet de la nouvelle frontière réclamée par nous, jusqu'à ce que le principe d'une cession de territoire eût été ouvertement reconnu par la France. Comme conséquence de cette déclaration, la formation d'un nouveau département de la Moselle, contenant les circonscriptions de Sarrebourg, Château-Salins, Sarreguemines, Metz, Thionville — tout ce qu'ils ont pris, messieurs — fut mentionnée par moi comme un arrangement conforme à nos intentions. Mais, en même temps, je n'ai nullement renoncé à notre droit de faire de nouvelles stipulations dans un traité de paix, proportionnellement aux sacrifices qui nous seraient imposés par la continuation de la guerre. »

Il réserve son droit de demander plus! M. de Bismarck continue et déclare que, sur le terrain de la cession de territoire et de la paix définitive, la conversation a été plutôt académique — c'est le terme dont il se sert. Mais, dit-il, elle est devenue pratique à Ferrières, le lendemain, et là fut exclusivement discutée la question de l'armistice. Il insiste beaucoup sur ce point : Je n'ai parlé, dit-il, que d'armistice !

M. de Bismarck ajoute qu'ayant pris les ordres du roi, il avait offert au négociateur français l'alternative suivante : ou bien la reddition d'une partie dominante de la défense de Paris, le Mont-Valérien, ou un des forts importants, mais c'était le Mont-Valérien qu'il avait spécifié, et, dans ce cas, liberté de communication pour les élections, liberté d'aller et de venir, liberté "alimentation pour les habitants. Que si, au contraire, on ne ui livrait pas une partie dominante de la défense de Paris, alors l'investissement continuerait devant Paris dans toute sa rigueur; les hostilités continueraient devant Metz; Strasbourg serait rendu, sa garnison serait prisonnière de guerre; Toul et Bitche seraient rendus, mais les garnisons auraient les honneurs de la guerre, à la différence de celle de Strasbourg. A ces conditions seulement, M. de Bismarck accordait un armistice, qui, comme vous le voyez, n'en était pas un; c'était le contraire de l'armistice.

Voilà, messieurs, la réponse que fit M. de Bismarck à M. Jules Favre. J'avais raison de dire que cela n'était pas une rectification, mais une confirmation du rapport de M. Favre.

Dites maintenant si, à des propositions ainsi formulées, nous pouvions répondre par l'affirmative. Nous avons dit non, et les choses ont dû suivre leur cours.

Messieurs, ce refus de M. de Bismarck d'accorder un armistice à la France est tout entier dans cette pensée qu'il manifestait dans l'entrevue de la Haute-Maison, avec un véritable cynisme, qu'il ne voulait pas que la France eût une Assemblée, parce que cette Assemblée serait belliqueuse. Il a bien voulu que la France délibérât plus tard, quand elle a été abaissée, ruinée, fatiguée par la guerre; mais, à ce moment, il avait peur du sentiment patriotique, et je ne doute pas qu'une Assemblée n'eût voté, à cette époque, la continuation de la guerre. C'est précisément pour cela que M. de Bismarck n'en voulait pas.

Ce refus, Messieurs, vous l'entendez bien, ne fit qu'exalter à Paris, dans le Gouvernement et chez les esprits les plus calmes, le sentiment patriotique. On vit que toute espèce d'accommodement était devenu impossible, et que Paris devait se résigner à une lutte à outrance, et c'est alors que fut ordonné l'ajournement des élections. J'ai dû vous montrer à quel moment, par quel enchaînement de faits, cette décision fut amenée, et vous en pourrez maintenant comprendre le mobile.

Le lendemain de ce rapport, le 23 septembre, paraissait à l'*Officiel* le décret suivant :

« Par décision du Gouvernement de la Défense nationale, et à raison des obstacles matériels apportés à l'exercice des droits électoraux par les événements militaires, les élections municipales de Paris, fixées au 28 septembre, n'auront pas lieu à cette date.

« Par les mêmes motifs, les élections à l'Assemblée nationale constituante, fixées au 2 octobre, sont également ajournées. »

Le décret qui parut le lendemain reproduisait la même pensée : « Considérant les obstacles matériels que les événements militaires apportent en ce moment à l'exercice des droits électoraux, il n'y aura pas d'élection à Paris le 28 septembre, ni dans les communes de la Seine. Il n'y aura pas d'élections à la Constituante.

« De nouvelles dates seront fixées dès que les événements le permettront. »

Nous étions, en effet, messieurs, en face d'une impossibilité, non seulement morale, mais matérielle. Il était bien avéré que M. de Bismarck ne se prêterait à quoi que ce fût pour faciliter, soit la communication des candidats avec les électeurs, soit le vote des populations, qui étaient dès lors soumises à l'occupation prussienne dans vingt-trois départements, et que, par conséquent, les élections rencontreraient des obstacles matériels insurmontables.

M. LE PRÉSIDENT. — Quelle est la date ?

M. JULES FERRY. — Nous étions alors au 24 septembre.

Messieurs les militaires appuyaient fort sur ce raisonnement. Je tiens à constater ce fait, que M. le général Trochu attestera et que M. le général Le Flô pourra confirmer, car ils n'ont jamais varié là-dessus ; les généraux nous disaient : « Du moment qu'il ne s'agit plus d'élections avec armistice, avec suspension d'armes, pour permettre au pays de se livrer avec dignité et avec sécurité au travail électoral, des élections intervenant en face de l'ennemi sont un affaiblissement de la défense ; il ne faut pas inviter le pays à faire deux choses à la fois. Il ne s'agit pas d'élections en ce moment, il s'agit de batailles ; il ne s'agit pas de prendre un bulletin de vote, il s'agit de prendre un fusil. Il faut enrôler la population tout entière, l'exercer, et ce n'est pas le moment de l'appeler aux élections. »

L'impression générale était si favorable à l'ajournement des élections, qu'au même moment, à Tours, où nous avions envoyé M. Crémieux, la Délégation prenait une résolution analogue. Et, sur la foi des nouvelles de Paris, apprenant le rejet des propositions faites par M. Jules Favre, apprenant que M. de Bismarck ne voulait pas entrer en armistice, M. Crémieux nous écrivait une dépêche ainsi conçue :

« Nous avons fait afficher dans toute la France la proclamation et le décret suivants :

« Proclamation à la France.

« Avant l'investissement de Paris, M. Jules Favre a voulu voir M. de Bismarck. La Prusse veut continuer la guerre : il lui faut l'Alsace et la Lorraine. Pour consentir à un armistice, reddition de Strasbourg, Toul, etc. A d'aussi insolentes prétentions on ne répond que par la lutte à outrance.

« Décret :

« Vu la proclamation ci-dessus qui constate la gravité des circonstances, le Gouvernement décrète :

« Toutes élections municipales et pour l'Assemblée constituante sont suspendues et ajournées.

« Nous envoyons partout des hommes pour surexciter l'esprit de la défense nationale. Nous faisons les plus grands efforts pour jeter sur les derrières de l'armée prussienne toutes les forces possibles. » Puis quelques détails sur les mesures militaires prises et sur le commandement de la première armée de la Loire.

C'est toujours le même sentiment : on ne veut pas d'arrangement, il faut se battre. Ce n'est pas au moment où l'on va se battre qu'il convient de faire des élections.

Voilà, messieurs, pourquoi les élections à l'Assemblée constituante furent ajournées, et cet ajournement n'était pas du tout, comme vous le voyez, inspiré par le désir de conserver un pouvoir usurpé, mais par un sentiment de dignité nationale et de défense militaire qui était alors à peu près général.

Sur un autre point, sur les élections municipales parisiennes, nous avons pris, messieurs, et nous avons dû prendre, à la même époque, pour des raisons différentes et que je vais vous dire, un parti analogue. Je tiens à dire ces raisons et à motiver ce parti pris, parce que je n'ai jamais varié à cet égard, et je crois avoir bien fait.

Nous n'avons pas voulu, messieurs, d'élections municipales à Paris. Nous les avions décrétées, comme toutes les autres, à la date du 16 septembre. Mais, au milieu de toutes ces émotions qui se succédaient, et dans cet état tout à fait nouveau d'une grande capitale, absolument investie et privée de communications avec le dehors, la situation des esprits à Paris était devenue très grave.

Je vous disais tout à l'heure que, par un singulier phénomène, à la fin de septembre, nous avions reçu des municipalités, des bataillons de la garde nationale, la prière de ne pas faire les élections municipales à Paris. Tel avait été le premier mouvement de bon sens. « Il ne s'agit pas, nous disait-on, de faire des

élections municipales et de se diviser sur la politique au moment
où tout le monde doit apprendre l'exercice, rester uni et courir
aux remparts. »

Mais, messieurs, le parti que nous avions empêché de s'emparer de l'Hôtel de Ville le 4 Septembre, et qui nous a, depuis,
sous notre Gouvernement comme pendant le second siège de
Paris, tant de fois reproché de lui avoir volé sa place, ce parti
s'aperçut bien vite que les élections municipales à Paris pouvaient devenir, contre le Gouvernement de la Défense nationale, une machine de guerre formidable. Et le cri de : « Vive
la Commune! » commença à retentir dans Paris. Il fut le signe
de ralliement des premières manifestations.

Paris avait eu une très belle tenue pendant tout le mois de
septembre ; la garde nationale s'était organisée dans un calme
parfait. Malheureusement, elle avait dû admettre dans son sein
bien des éléments étrangers, peu disciplinables. Dans cette
grande effervescence d'une capitale, qui voit approcher l'ennemi
et qui réclame des armes pour tous ses enfants, des armes
avaient été données un peu à tort et à travers. L'esprit de la
population parisienne, l'esprit de la garde nationale, s'étaient
donc modifiés. De là des éléments favorables à un changement
de direction du Gouvernement, sous forme d'élections municipales. Ces éléments se trouvaient dans la garde nationale de
Paris.

Des rassemblements armés, des descentes de bataillons
armés, eurent lieu dans les premiers jours de septembre et dans
les premiers jours d'octobre, sur la place de l'Hôtel-de-Ville.
Ce furent nos premières *journées*, journées extrêmement pacifiques, se terminant toutes à la gloire du Gouvernement, parce
qu'il y avait dans la garde nationale un fond de résistance, de
conservation et de docilité tout à fait remarquable.

Les bons bataillons étaient, il est vrai, en retard sur les mauvais, mais ils arrivaient toujours à temps pour faire la police de
la place, et donner leur appui au Gouvernement.

Nous eûmes de la sorte une ou deux manifestations, prenant
pour prétexte des critiques plus ou moins puériles sur l'organisation et la direction militaires. C'est ainsi que le Gouvernement tout entier, présidé par le général Trochu, reçut, le 4 ou
le 5 octobre, à l'Hôtel de Ville, une députation des officiers de

la garde nationale de Belleville, avec le commandant Flourens
en tête.

Je ne veux pas, messieurs, entrer dans des explications
oiseuses ; mais permettez-moi, en deux mots, de vous dire ce
qu'était alors Flourens et le rôle qu'il a joué.

Flourens avait organisé les bataillons de la garde nationale
de Belleville ; il était apparu aux habitants de ce quartier avec
le souvenir de la part qu'il avait prise à la guerre de Crète et ce
je ne sais quoi qui lui gagnait la foule.

Flourens avait demandé à l'état-major de la garde nationale
le grade de colonel. Pour obtenir cette nomination, il vint
trouver le général Trochu, l'accabla de caresses — car il y
avait de tout dans ce cerveau mal équilibré : douceur et furie !
— il protesta de son attachement à l'ordre, de son dévouement
au Gouvernement, si bien que le général Trochu, voulant faire
quelque chose pour cette tête folle, pour cette espèce de
paladin, d'aventurier révolutionnaire, dont on croyait pouvoir
tirer parti quelque jour pour un coup de main, le fit nommer,
non pas colonel, ce qui eût été illégal, mais *major de tranchée*.

C'est avec ce titre qu'il venait à la tête de ses officiers nous
expliquer, à l'Hôtel de Ville, qu'il avait un secret pour débloquer Paris, et qu'il connaissait beaucoup mieux la tactique que
le Gouvernement. On discuta ; la discussion démontra
complétement aux officiers venus avec Flourens que leur major
n'avait pas le sens commun, et Flourens, se voyant battu,
donna, sur l'heure, sa démission.

Pour mettre fin à ces manifestations armées. nous fîmes
insérer à l'*Officiel* du 7 octobre une note très severe, dans
laquelle nous disions aux bataillons de la garde nationale qu'ils
n'étaient point armés pour manifester sur la place de l'Hôtel-
de-Ville, mais uniquement pour se livrer aux travaux de la
défense. Nous fîmes plus : nous prononçâmes l'ajournement
indéfini des élections municipales parisiennes.

En effet, messieurs, ces manifestations armées aux cris de :
Vive la Commune ! étaient un grave péril pour la ville assiégée.
C'était tout un parti qui guettait un instant de défaillance de
notre part pour s'emparer du pouvoir, et la main de Blanqui
était visible dans toutes ces manifestations. Pour en finir avec
les cris de : Vive la Commune ! nous voulûmes alors trancher

la question des élections municipales, et cette déclaration parut
à l'*Officiel* du 8 octobre :

« Le Gouvernement avait pensé qu'il était opportun et
conforme aux principes de faire procéder aux élections de la
municipalité de Paris ; mais depuis cette résolution prise, la
situation ayant été profondément modifiée par l'investissement
de la capitale, il est devenu évident que des élections faites
sous le canon seraient un danger pour la République. Tout doit
céder à l'accomplissement du devoir militaire et à l'impérieuse
nécessité de la concorde ; les élections ont donc été ajournées
et elles ont dû l'être.

« D'ailleurs, en présence des sommations que le Gouvernement a reçues, et dont il est encore menacé de la part de
gardes nationaux en armes, son devoir est de faire respecter sa
dignité et le pouvoir qu'il tient de la confiance populaire. En
conséquence, convaincu que les élections porteraient une dangereuse atteinte à la défense, le Gouvernement a décidé leur
ajournement jusqu'à la fin du siège. »

Je crois, messieurs, que cette résolution était sage. J'ai
entendu dire à des gens, dont je respecte beaucoup le jugement, que nous avions eu tort de ne pas faire à cette époque
des élections municipales à Paris ; je crois, au contraire, que
nous avons agi sagement en ne les faisant pas, car ces élections
auraient constitué à côté de nous un contre-gouvernement dans
lequel nous aurions peut-être été admis, dans les premiers
moments, mais dont la majorité, nécessairement anarchique,
nous aurait jetés par les fenêtres à la première occasion. J'ai
entendu dire, un jour, à M. Bethmont, que par les élections
municipales on aurait empêché le 31 octobre. Je crois, au
contraire qu'on lui aurait donné un corps et une âme, et qu'on
en aurait, dès le mois de septembre, assuré le complet succès.

La note que je viens de vous lire ne pouvait passer sans
produire une vive émotion.

Dès le matin, on vit descendre les bataillons de Belleville
aux cris de : « Vive la Commune ! » Le chef de bataillon Blanqui
était au milieu d'eux. Mais, en même temps, les bons bataillons
furent avertis. Ceux du quartier Saint-Germain et des quartiers
de la Bourse, — le 84e bataillon entre autres, — vinrent se
ranger autour du Gouvernement. Alors la manifestation,

d'hostile qu'elle était d'abord, se transforma en une grande ovation, à laquelle de nombreux bataillons, arrivant de tous les coins de Paris, vinrent successivement prendre part. Telle fut la journée du 8 octobre.

Le lendemain, de tous côtés, la garde nationale envoyait au gouvernement des adresses d'adhésion et de dévouement approuvant notre conduite, disant que nous avions bien fait d'ajourner les élections. L'esprit de la population était excellent, et je ne puis vous en donner de meilleure preuve que l'invitation qui me fut faite d'aller visiter les bataillons de Belleville. Flourens avait été arrêté, ou, menacé d'arrestation à la suite des incidents du 8 octobre, pour avoir rassemblé ses bataillons sans ordre : bref, il avait disparu, et, lui ôté, les dispositions des hommes qu'il commandait, étaient des plus sympathiques. Je me rendis à Belleville, où les commandants me firent voir les cinq bataillons du quartier, ils eurent grand soin de me faire remarquer que les gardes nationaux ne poussaient qu'un cri : *Vive la République!* En effet, je n'entendis pas un seul cri de : Vive la Commune! je me trompe : une seule fois ce cri fut poussé, mais il fut aussitôt réprimé avec une brutalité des plus rassurantes. La garde nationale rangée sur le boulevard de Puebla, se montra ce jour-là d'une absolue docilité. Assurément comme vous le voyez, les choses ont bien changé depuis, mais je dois vous les montrer telles qu'elles étaient au commencement[1].

1. M. Gustave Flourens, après avoir donné sa démission, a cru pouvoir reprendre ses fonctions à la suite d'une prétendue élection, restée ignorée de l'autorité compétente, et dont il n'existe d'ailleurs aucun procès-verbal. En outre, s'appuyant sur un titre irrégulier, M. Flourens, dans la journée d'hier, a fait battre le rappel sur un prétexte faux, afin de pousser les gardes nationaux sur l'Hôtel de Ville avec des intentions insurrectionnelles. En raison de ces faits, qui constituent une double violation de la loi militaire et de la loi civile, une instruction vient d'être commencée.

M. Jules Ferry a écrit au maire du XX⁰ arrondissement la lettre suivante :

MON CHER MAIRE,

Plusieurs officiers de la garde nationale de votre arrondissement m'ont fait l'honneur de me prier de me rendre à Belleville, pour constater par moi-même les dispositions patriotiques de la population que vous administrez. J'ai accepté avec joie cette offre spontanée, et j'ai trouvé tout à l'heure, rue de Puebla, au lieu ordinaire des exercices, cinq bataillons du XX⁰ arrondissement, ceux-là mêmes qu'une direction unique avait entraînés, il y a

Nous sommes arrivés vers le milieu d'octobre. A ce moment se place une mesure qui a trait à l'histoire militaire du siège : je ne ferai que l'indiquer, c'est la mobilisation de la garde nationale.

Le Gouvernement était préoccupé d'associer la garde nationale à la défense, et celle-ci, du reste, le réclamait très énergiquement. Pour répondre à certaines attaques, je dirai en passant que le gouvernement militaire n'a jamais cessé de croire que la garde nationale, dans certaines conditions, pouvait rendre de vrais services. Nous fîmes donc paraître un décret de mobilisation de la garde nationale. Seulement, pour recruter cette garde nationale mobilisée, nous avions eu recours au moyen le plus simple, l'appel aux volontaires : on ouvrit les registres d'inscription, on invita les gardes nationaux à s'inscrire ; mais, je dois le dire, les registres restèrent à peu près vides, personne ne voulant se faire inscrire ; la raison que l'on donnait était celle-ci : c'était qu'il était très difficile, particulièrement pour les gens mariés, de s'arracher aux supplications de la famille, en dehors d'un appel général et absolu.

Il y avait dans la garde nationale de Paris un esprit belli-

trois jours, dans une démarche intempestive, et qui, redevenus, depuis vingt-quatre heures à peine, maîtres d'eux-mêmes, ont, comme par enchantement, retrouvé leur équilibre.

Combien je regrette que mes collègues du Gouvernement, que la population parisienne tout entière n'aient pu assister à une manifestation dans laquelle ont éclaté avec un élan, un ensemble, une cordialité que je n'oublierai de ma vie, les véritables sentiments de la garde nationale de Belleville ! Vous nous l'avez dit souvent, mon cher Maire, et je suis heureux de pouvoir en témoigner après vous : c'est sur de fausses apparences qu'on attribue parfois aux gardes nationaux du XX\ arrondissement des dispositions hostiles à l'ordre général, des sentiments malveillants pour le Gouvernement de l'Hôtel de ville. Sur toutes les lèvres, je n'ai trouvé qu'un cri, un seul : *Vive la République !* dans tous les cœurs, qu'un même sentiment : l'esprit de concorde républicaine et une abnégation d'autant plus noble qu'elle est aux prises avec de plus vives souffrances. C'est bien toujours le même peuple qui voulait mettre, en d'autres temps, « trois mois de misère au service de la République ».

Je ne parle pas des détails militaires : l'aspect des bataillons, la tenue du corps d'officiers, les ateliers d'habillement, tout cela me paraît digne des plus grands éloges.

Recevez, mon cher Maire, la nouvelle assurance de mes sentiments fraternels.

11 octobre.

JULES FERRY.

(*Journal officiel* du 12 octobre 1870.)

queux qu'on ne pouvait méconnaître, et ce peu d'empressement nous étonna beaucoup. Il nous vint de nombreuses manifestations tendant toutes à cette conclusion : Forcez tout le monde à partir, ou vous n'aurez personne. C'est la mesure que l'on prit plus tard, en établissant un appel par catégories ; toujours est-il que c'était du temps de perdu ; mais à qui la faute ? et quand on nous reproche la formation tardive des compagnies de marche, on ne doit pas oublier que si elles n'ont pas été formées quinze jours plus tôt, c'est que personne, d'abord, n'avait voulu en faire partie.

Un membre. — Vous ne nous avez pas parlé du départ de M. Gambetta.

M. Jules Ferry. — M. Gambetta était parti le 7 octobre ; avant la manifestation que je viens de raconter.

M. le Président. — Était-ce avant la proclamation de M. Crémieux ?

M. Jules Ferry. — C'est après, car la proclamation de M. Crémieux a été apportée dans les derniers jours de septembre par une estafette qui était parvenue à rompre les lignes prussiennes.

M. le Président. — M. Crémieux alors est revenu à résipiscence puisqu'il a rapporté le décret qui convoquait les élections ?

Un membre. — J'ai un souvenir parfaitement présent à la mémoire. J'étais là au moment où M. Gambetta venait de descendre de ballon, et il me dit qu'il venait avec la mission d'ajourner les élections qui étaient fixées au 16 octobre.

M. Jules Ferry. — Nous avions fixé les élections au 16, puis nous les avions ajournées. Gambetta était parti le 7 octobre, alors que nous avions décidé l'ajournement des élections, et pour faire respecter notre décision.

Un membre. — M. Gambetta était donc porteur d'un décret ajournant les élections ?

M. Jules Ferry. — Il était chargé de faire exécuter la décision que nous avions prise le 24 septembre.

Un membre. — Quelle était enfin sa mission ?

M. Jules Ferry. — Voici dans quelles conditions M. Gambetta était parti de Paris.

Il était parti de Paris avec de pleins pouvoirs et on les lui avait donnés sous cette forme qu'il aurait voix prépondérante.

La délégation, vous le savez, se composait de MM. Crémieux, Glais-Bizoin et de l'amiral Fourichon. Eh bien! pour donner à M. Gambetta le caractère que nous voulions lui donner, nous rendions un décret par lequel il était décidé qu'en cas de division entre les membres de la délégation, M. Gambetta aurait voix prépondérante.

Un membre. — Quelle était la raison de son départ?

M. JULES FERRY. — La raison avait trait aux élections, mais sa mission était plus générale. Il devait surexciter le sentiment de la défense; car les personnes qui faisaient partie de la délégation n'avaient pas l'activité, la jeunesse nécessaires pour réveiller le pays et exciter son patriotisme.

Notre pensée sur le siège de Paris à ce moment, comme toujours, était celle-ci : Il faut tenir jusqu'au bout, parce qu'il est impossible que l'Europe n'intervienne pas, — nous croyions à cette époque encore que l'Europe interviendrait, — ou que les départements ne se lèvent pas en masse. Les départements ont des armes, des hommes; si Paris tient bon, avec ces ressources d'armes et d'hommes, la province débloquera Paris. Tel était notre raisonnement; il était bien simple, et la résistance de Paris n'aurait pas eu de sens si l'on n'avait pas cru à l'une de ces deux choses : soit à l'intervention étrangère, amenant un armistice et, par conséquent, une assemblée, soit à un secours venu des départements. C'était notre seul mobile, et si nous avions pensé que les départements ne se lèveraient pas, nous n'aurions pas envoyé M. Gambetta en province.

Sa mission était donc d'organiser la défense, d'exciter, de réchauffer, de donner la vie, de mettre de l'ordre dans cette confusion que nous sentions, même à travers la distance, dans le Gouvernement de Tours. En même temps, M. Gambetta avait mandat de ne pas faire les élections.

Je crois, du reste, et on l'a dit depuis, que l'arrivée de M. Gambetta fut ainsi comprise dans les départements; la nouvelle de sa venue les anima et fut une cause de confiance et d'espérance.

Je reviens, messieurs, au moment où j'ai été interrompu, c'est-à-dire à l'exposé des événements qui ont terminé le mois d'octobre.

Pendant ce mois, nous avions eu quelques affaires militaires
qui ne furent pas très heureuses. Ainsi l'affaire de la Malmaison,
sous le commandement du général Ducrot, notre première
tentative sur la route de Versailles. Vous savez aussi, qu'avant
l'investissement, nous avions prié M. Thiers de se faire l'intermédiaire du nouveau Gouvernement auprès des puissances de
l'Europe. M. Thiers s'était rendu à Vienne, à Londres, à Saint-
Pétersbourg, pour tâcher d'intéresser les puissances à la
destinée de notre pays, et nous attendions, pendant tout le mois
d'octobre, avec une vive anxiété, le résultat de la mission de
M. Thiers.

Je dirai même que, parmi les raisons qui nous avaient déterminés à ne pas faire d'élections municipales à Paris, c'est-à-dire
à ne pas ouvrir la porte à des éléments dont nous n'étions pas
sûrs, ou plutôt que nous n'étions que trop sûrs de voir tourner
à mal, nous avions été surtout frappés de la nécessité de laisser
les choses intactes et entières, au moins jusqu'à ce que le
résultat de la mission de M. Thiers fût connu dans la capitale.

Je crois que c'est le 30 octobre au matin que nous apprîmes
le retour de M. Thiers[1].

1. En effet, l'*Officiel* du 31 octobre 1870 contient une note, datée du 30, qui
annonce que « M. Thiers est arrivé aujourd'hui à Paris, et s'est transporté
sur-le-champ au ministère des Affaires étrangères. » Ce même numéro
annonce « la douloureuse nouvelle de la reddition de Metz. »
Enfin, il publie les discours prononcés à l'Hôtel de Ville dans la réunion
des maires des départements de la Seine, Seine-et-Oise, Seine-et-Marne et
de l'Oise.
Après les discours d'Étienne Arago, maire de Paris, de Jules Favre,
ministre de l'Intérieur par intérim, M. Jules Ferry, chargé de l'administration du département de la Seine, prononça l'allocution suivante :

MESSIEURS,

La Commission des maires des communes de la Seine me prie de vous
dire pourquoi elle ne présente pas un rapport semblable à celui que l'honorable M. Jozon vient de nous lire. C'est parce que, d'une part, la Commission
a été prévenue trop tard de cette réunion, d'autre part, les affaires de ces
communes sont pour ainsi dire quotidiennement réglées de façon à donner,
autant que possible, satisfaction à tous les intérêts. C'est donc uniquement
pour compléter le tableau qui vous a été tracé que je prends la parole, désireux de constater publiquement que leur situation est aussi bonne, aussi
tolérable que les circonstances le permettent.
Dès les premiers temps de la crise, la Ville de Paris, à laquelle je suis
heureux de rendre publiquement ce témoignage, a fait pour les communes
de la banlieue des efforts vraiment maternels. (*Vive approbation.*) En effet,

Vous savez, messieurs, quelle désastreuse coïncidence de faits malheureux s'étaient groupés autour de cette date des 30 et 31 octobre.

C'est à ce moment que Metz capitulait.

Strasbourg avait capitulé au commencement d'octobre. Il y eut une complication d'obscurités dans les informations qui aggravaient la situation, et voici comment.

Nous n'avons jamais eu pendant le siège, — je tiens à préciser cela nettement, — la moindre communication du maréchal Bazaine. Nous avons fait pour entrer en rapport avec lui tous les efforts imaginables; ce fut même le premier souci du général Trochu après le 4 septembre; nous envoyâmes beaucoup d'émissaires; mais soit qu'ils n'aient pu franchir les lignes

elle a commencé par loger les habitants réfugiés, elle a facilité la rentrée de leurs produits, elle a fait des sacrifices considérables pour les nourrir, elle a ouvert ses écoles à leurs enfants; elle a fait plus, elle a assuré aux communes du département, qui depuis trop longtemps le réclamaient vainement, le droit aux bienfaits de l'assistance publique. La Ville de Paris a accompli là une véritable révolution, qui a été, permettez-moi de le dire, la juste récompense des efforts et des souffrances dont, mieux que personne, vous pouvez attester la grandeur, car il n'est pas une âme humaine, fût-elle de pierre ou de bronze, qui ne se sentirait profondément émue en présence de si rudes épreuves, si vaillamment supportées.

Vous aviez, d'ailleurs, à un autre titre, messieurs, droit à cet acte de justice. Votre garde nationale se signale tous les jours par son zèle et son dévouement. Comme je suis à même de le constater chaque jour, si nous avons des efforts à faire, c'est surtout pour la contenir. Si nous la laissions faire, son ardeur est telle que, sans calculer le péril, elle voudrait dès aujourd'hui reprendre possession des communes que vous avez dû abandonner. Aussi, sans nous départir des règles de la prudence, avons-nous, d'accord avec vous, messieurs les maires, autorisé les gardes nationales de vos communes à établir des postes partout où cela a été jugé possible.

En vérité, messieurs, nous donnons au monde un grand spectacle, C'est à l'école du malheur que nous refaisons notre éducation patriotique, politique et sociale. Nous entrons dans une période de grandeur austère, succédant à une époque de corruption et d'asservissement. Nos ennemis se flattaient que nous sortirions de cette crise vaincus et détruits; nous en sortirons régénérés, et c'est une France nouvelle qui surgira de ce cataclysme. En même temps que l'étranger nous aura réappris le patriotisme, dans ce qu'il a de plus pénible et de plus héroïque, il nous aura enseigné aussi, dans ce qu'elle a de plus profond et de plus généreux, cette grande vertu républicaine sans laquelle il n'y a pas de peuple libre : la solidarité! (*Applaudissements prolongés*).

Ce langage patriotique a provoqué de nouveaux témoignages de vive sympathie, et c'est au milieu des acclamations qu'a été levée cette séance, qui atteste une fois de plus que le pays est, comme le Gouvernement, résolu à tous les sacrifices pour le salut de la France et de la République.

(*Journal officiel* du 31 octobre 1870.)

d'investissement de Paris, soit qu'ils n'aient pu franchir les lignes d'investissement de Metz, — et vous savez que l'armée prussienne excellait dans l'investissement, — rien ne nous est parvenu.

Cette impossibilité explique bien des choses ; et cependant nous arrivions difficilement à faire comprendre à la population de Paris que nous étions dans l'impossibilité d'avoir des communications avec le dehors. Nous avions beau soudoyer des messagers, leur promettre d'énormes sommes, recourir aux déguisements, nous avons presque toujours échoué. Est-il arrivé de province deux ou trois messagers, c'est tout au plus ; et encore, en disant trois, j'exagère, car je crois qu'on ne cite que deux exemples ; quant à nous, nous n'avons jamais pu faire passer personne.

Un membre. — N'avez-vous pas eu connaissance d'un messager du département de l'Oise, qui est passé trois fois ; un nommé Grimbert, je crois ?

M. JULES FERRY. — Parfaitement, mais il n'est passé que deux fois. La seconde dans des circonstances, disait-on, assez dramatiques ; il franchit la Seine sous le feu de l'ennemi.

Un membre. — Il est passé deux fois pendant les combats, — pas autrement.

M. JULES FERRY. — Toujours est-il que nous n'avions rien reçu du maréchal Bazaine à la fin d'octobre, et que nous n'avions qu'un seul souci, c'était d'entrer en communication avec lui. Nous savions cependant que le maréchal Bazaine était en pourparlers plus ou moins directs, soit avec les Prussiens, soit avec Napoléon III ; nous le savions par certains journaux étrangers qui nous avaient été envoyés par notre agent à Bruxelles. Inquiets de cette situation, nous rédigeâmes, en conseil, une pièce que je n'ai pas en ce moment, mais que je retrouverai peut-être et que j'aurai l'honneur de vous communiquer ; c'est une lettre adressée au maréchal Bazaine. Je tiens à retrouver ce document et à le mettre sous vos yeux, car il est de nature à vous prouver notre détachement absolu de toute passion de parti.

Pour faire parvenir notre lettre au maréchal, nous la fîmes photographier d'après ce procédé de réduction microscopique mis en usage pour les correspondances, et qui rendit de si grands services. Malheureusement, nous ne pûmes faire partir cette importante missive, et, fût-elle partie, qu'elle serait arrivée trop tard. Je ne sais s'il transpira quelque chose de cet incident, mais je dois citer un fait qui semble s'y rattacher et qui eut une influence énorme sur les événements du 31 octobre. Un journal, le *Combat*, le journal de M. Félix Pyat, était averti de la situation du maréchal Bazaine, — je ne sais par quelle source, — et, le 28 octobre, le *Combat* eut un article dans lequel il était dit que le Gouvernement cachait un grand secret, que le maréchal Bazaine était en train de traiter avec le gouvernement prussien et avec l'empereur déchu, qu'il avait envoyé à cet effet un colonel au quartier général prussien et à Napoléon III.

Les nouvelles qui nous étaient arrivées la veille et l'avant-veille de province par les pigeons et par M. Gambetta, étaient absolument contraires aux affirmations du journal *le Combat*. On nous disait que le maréchal Bazaine tenait toujours, qu'il avait eu un avantage très marqué; il est vrai qu'on ne fixait pas la date de la dernière sortie, et nous savons maintenant qu'elle était antérieure au moins de deux semaines à la date de la reddition.

Nous, de la meilleure foi du monde, confiants dans les nouvelles apportées par les pigeons, nous déclarâmes à l'*Officiel* que l'article du journal *le Combat* était une odieuse calomnie contre le maréchal Bazaine, une manœuvre inspirée par le plus détestable esprit. C'est dans l'*Officiel* du 29 octobre que parut ce démenti adressé au journal *le Combat*. Ce fut également pendant ces journées des 29 et 30 octobre qu'eut lieu une opération militaire, entreprise très légèrement et qui tourna très mal pour nous : je veux parler de l'attaque du Bourget.

C'est, je crois, le 29 octobre[1] que des francs-tireurs entrés pendant la nuit dans le Bourget en chassèrent les compagnies prussiennes...

Un membre. — Je crois que vous faites une erreur de date ; c'est le 27 et le 28 que les Prussiens attaquèrent le Bourget avec des masses énormes d'artillerie et le 30 que le général de Bellemare se replia.

1. C'est dans la nuit du 27 au 28 que les francs-tireurs de la Presse enlevèrent le Bourget. Le 28 au soir, une première attaque des Prussiens fut repoussée, grâce au capitaine Faurez. Le 30, deux divisions de la Garde

M. JULES FERRY. — En effet, nous n'avions fait jusque-là que des reconnaissances très solides, comme les appelait le rapport militaire. La population parisienne fut frappée, enorgueillie, enivrée de cette première victoire : on avait pris le Bourget! oui. on avait pris le Bourget qui n'avait aucune importance stratégique; seulement, comme les Prussiens ne voulaient pas nous laisser le Bourget, non que la position les inquiétât, mais parce que eux aussi obéissaient au même sentiment d'orgueil militaire qui pouvait nous le faire garder. l'ennemi massa une artillerie considérable contre ce petit village. Pour le défendre il aurait fallu engager une grande bataille. Tel ne fut pas l'avis du général Trochu. Il n'avait donné aucun ordre pour prendre le Bourget : le Bourget n'entrait nullement dans ses plans; il refusa d'accepter la bataille, et le Bourget fut évacué. La nouvelle en arriva dans la nuit du 29 au 30. par conséquent se répandit dans toute la ville le 30[1]; ce fut une consternation. Vous comprenez l'état d'anxiété, de malaise de cette population si impressionnable, condamnée à une espèce de prison, ne voyant la bataille que par petits morceaux, car la condition même du siège forçait la garde nationale à un service qui était pénible par sa dureté, mais en lui-même peu périlleux; le temps se passait en longues conversations, car on causait beaucoup sur le rempart et je crois que rien n'a plus contribué à surexciter une population si naturellement impressionnable.

La population prit donc très mal l'affaire du Bourget. A ce moment même, arrivait la nouvelle de la reddition de Metz, et M. Thiers nous apportait des propositions d'armistice.

De sorte que, dans cette nuit du 30 au 31 octobre, trois faits, dont deux considérables, allaient peser sur l'esprit du peuple de Paris.

M. Thiers, arrivé le 30 octobre, confirmait la nouvelle de la

royale (25 000 hommes) enlevèrent le Bourget à 1 600 français, livrés à eux-mêmes. P. R. Voir ALFRED DUQUET, *Paris, la Malmaison et le Bourget et le* 31 *octobre*. Paris, Charpentier, 1893.

1. Le 30, à deux heures, les Prussiens étaient maîtres du Bourget. Voir DUQUET, p. 156, note 1, d'après l'historique du bataillon de la Garde royale et le rapport du capitaine O'Zou de Verrie qui résista le dernier. Ce n'est que le 30 au soir que l'on connut sur les boulevards la nouvelle de la reprise du Bourget par l'ennemi. P. R.

reddition de Metz que nous mettions encore en doute, il apportait ce que nous considérions comme une compensation dans notre malheur, ce qu'il considérait comme un immense succès, une sorte d'intervention des puissances neutres, notamment de la Russie, qui se faisaient les intermédiaires des propositions d'armistice. M. Thiers, qui avait tâté le terrain, nous disait que, cette fois, c'était un armistice avec ravitaillement, impliquant la liberté de faire les élections, même dans les pays occupés par les Prussiens ; que l'Alsace et la Lorraine concourraient au vote et seraient appelées à donner leur avis. Telles étaient les nouvelles apportées par M. Thiers! une bonne nouvelle et une mauvaise.

Nous affichâmes côte à côte la nouvelle de la reddition de Metz et celle de l'armistice. Nous n'avions pas besoin de faire connaître l'affaire du Bourget : elle était connue depuis la veille[1].

Lorsque le matin ces nouvelles furent connues du public, i s'ensuivit un grand ébranlement moral que nous avons vu plusieurs fois se produire pendant le siège.

Pour moi, la bonne tenue de la population parisienne depuis le commencement du siège jusqu'à la fin, sauf les journées du 31 octobre et du 22 janvier, est un phénomène d'équilibre moral très curieux à observer.

Nous étions un Gouvernement reposant sur la force morale, nous n'avions pas autre chose à notre disposition : nous avions pour soutenir l'ordre, pour le défendre contre le parti anarchique qui formait une petite partie de la population, quoi?

La garde nationale et encore la garde nationale.

Eh bien, ce que la garde nationale permettait qu'on fît de nous, la population pouvait le faire, et notre sort était à tout instant entre les mains de la garde nationale.

Le 31 octobre au matin, la population parisienne nous était, du haut en bas de l'échelle, absolument hostile.

L'affaire du Bourget, la reddition de Metz que nous avions démentie quelques jours avant, dans l'innocence de notre âme, l'annonce de l'armistice que nous n'avions peut-être pas

---

1. L'*Officiel* du 31 contient toutefois une troisième note, intitulée *Perte du Bourget*. Les deux autres concernent l'*armistice* et la *capitulation de Metz*. P. R.

suffisamment expliqué, ou que nous avions expliqué comme on le fait pour des gens connaissant la politique et sachant ce que c'est qu'un armistice, tout cela jeta la population dans un trouble immense. L'armistice même prit, à ses yeux, la forme d'une capitulation.

Dès les premières heures de la journée, je ne dirai pas que le Gouvernement fut condamné par tout le monde, mais il y eut, de toutes parts, un mouvement de défiance tellement marqué que les bataillons qui étaient habitués à nous soutenir quand on nous annonçait des manifestations armées sur la place de l'Hôtel-de-Ville, restèrent chez eux.

La place de l'Hôtel-de-Ville fut envahie par une foule immense, les grilles furent forcées, les escaliers pris d'assaut; on battit le rappel, mais la garde nationale ne bougea pas.

Non seulement la masse ne bougea pas, mais un bataillon conduit à notre secours par le général Tamisier, commandant la garde nationale de Paris, leva la crosse en l'air, en arrivant sur la place, et le général Tamisier étant entré dans la salle du Gouvernement, y devint captif avec nous.

Voilà dans quelle situation nous étions, et, je le répète, à cause de ce grand ébranlement moral, nos soutiens habituels s'étaient retirés de nous, et tout le monde trouvait, en ce moment, que nous méritions d'être destitués.

Il y eut, dans cette journée, toutes sortes d'incidents que je ne vous raconterai pas. Après nous avoir tenus pendant plusieurs heures sous le coup de menaces, de manifestations insolentes, on s'était flatté d'obtenir nos démissions. C'était le plan des meneurs.

Il y avait des gens entraînés par les circonstances : les événements de la journée l'ont montré; mais il y avait des meneurs bien résolus, et ce sont les mêmes que vous retrouverez dans les douloureux événements des mois de mars, avril et mai derniers. Il y avait des exaltés qui se montraient poitrine découverte, mais il y avait derrière eux ceux qui se proposaient de prendre la direction des affaires lorsque la cohue violente aurait passé sur nous.

On voulait notre démission ; on fut surpris lorsque nous la refusâmes. Flourens et ses tirailleurs occupaient toutes les salles, tous les couloirs; nous étions de véritables captifs. Fort heureusement, un bataillon de la rive gauche, le 106°, que M. Charles Ferry avait rencontré descendant de garde, arriva sur les lieux. Ces braves gens, profitant d'un moment de tumulte, enlevèrent le général Trochu et moi qui étais à ses côtés et nous emportèrent littéralement hors de l'Hôtel de Ville, non sans que nous y laissions une partie de nos vêtements.

Malheureusement, la foule s'était refermée sur nos compagnons ; et quand nous fûmes hors de danger, le général Trochu et moi, nous nous aperçûmes que MM. Jules Favre, Jules Simon, Garnier-Pagès et Pelletan étaient restés captifs, avec le général Tamisier.

Tout cela se passait la nuit déjà tombée, car nous fûmes enlevés, le général Trochu et moi, à huit heures du soir.

Le général Trochu avait estimé, et très-justement à mon avis, qu'un mouvement comme celui-là ne pouvait être et ne devait être comprimé que par la garde nationale.

Il s'était dit qu'on ne pouvait faire intervenir l'armée régulière, aller la prendre aux avancées pour délivrer les membres du Gouvernement prisonniers dans l'Hôtel de Ville. Si le Gouvernement est à ce point abandonné des bataillons fidèles, il n'a plus qu'à déposer son mandat. C'était, pensait-il, l'affaire exclusive de la garde nationale de venir à bout de l'émeute. Seulement le commandant de la garde nationale et son chef d'état-major étaient enfermés, et il s'agissait de les délivrer.

La garde nationale s'était réunie très lentement. Mais lorsque l'on apprit que c'étaient Flourens et ses hommes qui étaient à l'Hôtel de Ville, tenant le Gouvernement captif, l'opinion changea. — Il faut, disait-on, mettre fin à cette honteuse comédie.

C'est alors que le général Tamisier étant captif, et le général commandant la première division militaire ne voulant pas prendre le commandement, le général Trochu me dit : Prenez-le. La colonne à la tête de laquelle je me trouvais placé était imposante. Il n'y avait d'abord que dix bataillons ; il en vint quinze, puis vingt. Nous arrivâmes en force à l'Hôtel de Ville et nous prîmes quelques dispositions d'attaque.

Un membre. — Voulez-vous me permettre une observation. Est-ce que M. Roger du Nord n'a pas eu le commandement de cette colonne avant que vous l'ayez pris?

M. JULES FERRY. — Non, mais il était là, je crois.

Le même membre. — Je croyais que le général Trochu, personne ne se trouvant là pour prendre le commandement, l'avait confié à M. Roger du Nord, et que, plus tard, étant intervenu, vous l'aviez repris de ses mains.

M. JULES FERRY. — Le colonel Roger du Nord était avec moi. Nous avons mené l'affaire ensemble.

Le même membre. — N'était-il pas parti d'abord avec le commandement général de la colonne?

M. JULES FERRY. — C'est une erreur! Après avoir été enlevé par le 106e bataillon, je me dirigeai vers le Louvre, je trouvai là le général Trochu, qui a toujours apporté dans toutes ces crises beaucoup de sang-froid et qui était convaincu que celle-là finirait par l'intervention de la bonne garde nationale. Il me fit entrer dans sa salle à manger et me dit : « Vous allez prendre le commandement, puisque le général commandant la division ne veut pas ou ne peut pas le prendre. » Roger du Nord était, lui, à l'état-major, au milieu des officiers. A ce moment les bataillons se groupaient péniblement. La première compagnie qui s'était massée sur la place Vendôme, partit sous ma direction. J'avais à côté de moi le colonel Ferri Pisani et le colonel Roger; mais le colonel Roger n'a jamais pris le commandement. Je sais qu'il a été dit, et je sais par qui, du reste, que j'avais enlevé le commandement de la colonne au colonel Roger. Mais ce n'est pas le colonel Roger qui a dit cela. D'ailleurs le fait est inexact. Il était parfaitement naturel qu'un membre du Gouvernement payât de sa personne, et qu'alors qu'il s'agissait de délivrer ses collègues, il allât le premier exposer sa poitrine. Or, messieurs, l'entreprise avait ses périls.

Nous arrivons sur la place, nous entourons l'Hôtel de Ville, et croyant choisir un bon point d'attaque, nous frappons à la porte qui donne sur la place Lobau. La porte, bien entendu, était gardée, et l'on surveillait notre arrivée. Nous avons su, depuis, qu'un décret avait été rendu par le nouveau gouvernement qui venait de se constituer, enjoignant aux citoyens fumistes de monter sur les toits pour reconnaître les positions de l'ennemi.

Nous frappons à la porte, et nous sommons d'ouvrir. On

répond que si le citoyen Ferry veut entrer, il peut entrer seul. Alors les tirailleurs du 14ᵉ, commandés par ce brave Arnauld de Vresse qui a été blessé à mort dans le second siège, arrachent la grille, et attaquent la porte à coups de crosse.

On tire sur nous plusieurs coups de feu des fenêtres voisines; nous allions riposter et nous nous apprêtions à faire sauter la porte, une énorme porte de chêne, lorsqu'on nous fit savoir qu'il arrivait un parlementaire, et que les assiégés demandaient à s'entretenir avec nous. Ce parlementaire, c'était M. Delescluze, qui n'était pas, je dois le dire, au nombre des envahisseurs, et qui, pendant toute cette journée, a affecté de garder une sorte de neutralité conciliante.

M. Delescluze vint me dire : « Ne poussez pas plus loin votre attaque de vive force; c'est inutile. Les gens qui sont là comprennent qu'ils ne sont pas les plus forts. Je vous ferai observer qu'ils tiennent là Jules Favre, Jules Simon, tous vos amis, que la vie de ces messieurs peut être en danger, et que, par conséquent, le plus sage est d'obtenir que l'Hôtel de Ville soit évacué purement et simplement. Je m'en charge. »

La question étant ainsi posée, tout le monde eût fait comme moi, et accepté une solution qui permettait de mettre fin au conflit sans effusion de sang.

C'était la recommandation toute particulière que m'avait faite le général Trochu : il ne voulait pas que devant l'ennemi les rues de Paris fussent ensanglantées par la guerre civile. De plus, nous avions nos amis en grand péril : j'étais donc parfaitement dans la lettre et dans l'esprit de ses instructions. M. Delescluze rentra et nous attendîmes. Nous attendîmes deux heures. Pendant ce temps, les assiégés, qui avaient demandé à parlementer, tentèrent d'enlever, sur la place même, le chef de la colonne assiégeante; à un moment donné, je me vis entouré par quelques hommes, des tirailleurs de Flourens, qui me dirent : « Vous êtes prisonnier du peuple, vous allez nous suivre à l'intérieur. » Fort heureusement, la garde nationale n'était pas loin, et l'on me dégagea. Enfin, dans la nuit, comme rien ne sortait de l'édifice, on fit entrer les gardes mobiles, casernés près de là, par les souterrains de l'Hôtel de Ville. Les gardes mobiles occupèrent la cour et nous ouvrirent la porte. M. Delescluze a insinué dans son journal que j'avais promis, lorsqu'il vint me trouver en parlementaire, que toutes les personnes qui étaient là auraient la vie et la liberté sauves. J'ai démenti cette allégation dans une lettre formelle ; en tous cas, il est évident qu'à quelque point de vue qu'on se place, soit au point de vue supérieur du droit que nous avions de reprendre l'Hôtel de Ville, soit même au point de vue des conventions, après deux heures d'attente sans réponse, les assiégeants rentraient dans leurs droits et que la convention, si elle avait eu lieu, aurait été rompue. La garde nationale occupa les escaliers de l'Hôtel de Ville, et nous pénétrâmes dans la grande salle. Là, nous trouvâmes nos amis gardés à vue ; Flourens qui continuait à haranguer debout sur la table, et Millière qui cherchait à lui persuader qu'il était temps de s'en aller. Nous fîmes lestement évacuer tout ce monde et nous rentrâmes ainsi, vers quatre heures du matin, en possession de l'Hôtel de Ville.

Mais cette crise nous imposait un devoir : c'était de faire que cette journée fût la dernière.

Pour cela, il fallait consulter la population de Paris, et dès le lendemain nous nous adressâmes aux Parisiens pour leur dire : Il est temps que toutes les manifestations finissent ; il faut que le Gouvernement soit reconnu et qu'il reçoive de cette acceptation toute la plénitude de la force qu'un gouvernement doit avoir. Il faut qu'il ait ce pouvoir et que vous le consacriez dans ses mains dans toute son étendue.

Nous convoquâmes les électeurs dans un délai de quarante-huit heures, pour qu'ils eussent à s'expliquer, par oui ou par non, sur la question de savoir si le Gouvernement de la Défense conserverait ses pouvoirs. Vous savez que la population répondit par 550,000 oui, contre environ 60,000 non.

Pour terminer ce que j'ai à dire sur la journée du 31 octobre, j'ajouterai que — tout en faisant voter au peuple de Paris ce plébiscite qui impliquait non seulement la consécration du Gouvernement, mais la condamnation absolue de la Commune, nous avions cependant compris qu'il fallait faire quelque chose pour les élections municipales. Nous avons décidé, non l'élection d'un conseil municipal, mais la nomination de maires et d'adjoints ; et je dois dire que l'épreuve que nous tentâmes alors fut favorable, car l'immense majorité des municipalités fut constituée dans un sens favorable au Gouvernement.

Il y avait donc à Paris, au commencement du mois de novembre, un Gouvernement appuyé sur 500,000 suffrages, et, en même temps, des municipalités régulièrement élues, puisant dans l'élection une force morale que n'avaient pas les maires provisoires qui les avaient précédées.

C'est sous ce régime que s'écoulèrent les derniers mois du siège.

Je vous demanderai la permission d'en rester là pour aujourd'hui. Si vous avez quelques questions à me faire sur les points que je viens de vous raconter, j'y répondrai volontiers, à moins que vous ne désiriez les remettre à une autre séance, car j'aurai encore à vous demander quelques moments d'entretien.

M. LE PRÉSIDENT. — Après ce que vous venez de dire, les membres de la Commission jugeront à propos de conférer ensemble. Il est probable qu'à la suite de cet entretien, ils auront quelque éclaircissement à vous demander.

Nous vous ferons connaître l'heure de notre prochaine réunion.

(*Séance du 24 juin 1871.*)

M. JULES FERRY est introduit.

M. LE PRÉSIDENT. — J'aurai des questions à vous adresser, qui m'ont été suggérées par quelques membres de la Commission, mais il faudrait peut-être mieux que nous entendissions d'abord votre témoignage, car les questions pourraient porter sur des points que vous traiterez.

M. JULES FERRY. — Comme la Commission le jugera convenable.

Quant à ce qui touche particulièrement mon administration, il me manque encore quelques documents relativement aux subsistances, un point qui n'occupe peut-être pas une grande place dans vos préoccupations, mais qui est d'une grande importance pour moi. Je demanderai dans la prochaine séance une demi-heure ou trois quarts d'heure pour expliquer l'administration intérieure. J'achèverai aujourd'hui de tracer le tableau général que j'ai commencé à la dernière séance, et je répondrai ensuite à vos questions.

Je me suis arrêté au 31 octobre. Je demande la permission d'en dire encore deux mots ; je voudrais en bien préciser le caractère et surtout les conséquences.

M. LE PRÉSIDENT. — Je vous adresserai alors plusieurs des questions qui m'ont été transmises sur le 31 octobre, afin d'épuiser tout ce qui a rapport à cette journée.

Les membres du Gouvernement provisoire, qui se sont trouvés pendant quelque temps dans une sorte d'état de détention, avaient-ils promis quelque chose ? Y avait-il eu une sorte de convention avec ceux qui les tenaient ainsi en chartre privée ? N'y a-t-il pas eu une affiche, signée par la Commune de Paris ou tout au moins émanée de ce parti, apposée dans Paris, avec les signatures des membres du gouvernement insurrectionnel qui avaient voulu s'établir à l'Hôtel de Ville, et de MM. Dorian et Schœlcher ? Cette affiche ne témoignait-elle pas d'une sorte de convention ? Comment cette convention a-t-elle été rompue, fort légitimement rompue, lorsque vous êtes arrivé le soir à l'Hôtel de Ville, et que vous avez pu délivrer vos collègues du Gouvernement provisoire.

M. JULES FERRY. — Je ne puis vous donner d'une manière complète les renseignements que vous désirez, par une raison très simple, c'est que, pendant ces prétendues négociations, j'étais hors de l'Hôtel de Ville, ayant été délivré avec le général Trochu par quelques compagnies du 106ᵉ bataillon, vers 8 heures du soir. Jusque-là, le Gouvernement avait été autour d'une table comme celle-ci, entouré de toute part par la foule armée et non armée, résistant d'une manière absolue à toute espèce de menaces, d'intimidation, et opposant la résistance passive la plus invincible à toutes les tentatives faites par ceux qui dirigeaient l'insurrection pour arracher au Gouvernement un acte légal ou quasi légal. On nous demandait notre démission ; tous, l'un après l'autre, nous déclarâmes que nous n'avions pas de démission à donner, que nous avions été les élus de Paris, et que nous ne reconnaissions à personne, à aucune minorité, le droit de nous demander notre démission.

Ce qui se passa dans l'intérieur de l'Hôtel de Ville à partir du moment où nous fûmes enlevés, M. Trochu et moi, où nous nous échappâmes, vous sera beaucoup mieux raconté par MM. Schœlcher, Dorian et par les membres du Gouvernement restés captifs. Je n'ai jamais cru à des promesses quelconques faites par les membres du Gouvernement. Voici seulement ce que je sais de l'histoire de l'affiche :

Un certain nombre de personnes, absolument étrangères à l'insurrection, mais frappées de la situation extraordinaire du Gouvernement et croyant que tout était fini, la garde nationale n'étant pas venue, la nuit s'étant faite, le Gouvernement restant captif dans l'Hôtel de Ville, crurent qu'il y avait là un fait brutal auquel il importait, dans l'intérêt de la société elle-même, d'opposer le plus tôt possible un fait légal, et alors cette affiche fut faite et signée par deux des adjoints de Paris, MM. Floquet et Brisson, qui y apposèrent volontairement leurs noms et y ajoutèrent ceux de deux autres adjoints qui n'étaient pas alors à l'Hôtel de Ville et qui, en réalité, n'ont pas participé à cet acte. MM. Dorian et Schœlcher devaient, en outre, d'après l'affiche, présider à l'élection du nouveau gouvernement qui devait remplacer le gouvernement prisonnier.

Je ne sais donc, sur ce qui s'est passé à l'intérieur de l'Hôtel de Ville, que ce que le public en sait lui-même. Il y a eu des harangues de toutes sortes, des groupes ayant des attitudes diverses. Dans cet immense bâtiment, en effet, il y avait un groupe autour du Gouvernement, à l'une des extrémités de l'Hôtel de Ville, et, à l'autre bout, un groupe autour des municipalités, des maires, du maire de Paris, M. Étienne Arago qui, je lui rends hautement ce témoignage, a montré une extrême fermeté et un grand courage dans cette journée. Il y avait, dans ces groupes, divers courants d'arrangements, de négociations, on y parlait d'élections pour le lendemain ; mais je crois, et mon impression n'a pas été changée par tout ce que j'ai entendu raconter depuis, que le Gouvernement n'avait prêté les mains à aucune de ces négociations faites en dehors de lui et, par plusieurs, dans des intentions excellentes.

Pendant ce temps, nous réunissions la garde nationale et nous entourions l'Hôtel de Ville. J'ai eu à m'expliquer dans les journaux de l'époque sur ce qui avait pu intervenir de transactionnel et sur les caractères de la capitulation accordée aux envahisseurs. Je pourrais retrouver la lettre dans les journaux du commencement de novembre, et la donner à la Commission.

Voici cette lettre : l'original en a été retrouvé dans les papiers de Delescluze et figure aux archives de la Commission du 18 mars sous le numéro 1529 :

MONSIEUR LE RÉDACTEUR,

« Je lis dans un article du *Tribun*, reproduit par le *Réveil*, le *Combat* et par d'autres journaux, un récit de la nuit du 31 octobre au 1ᵉʳ novembre que je déclare, en ce qui me concerne, parfaitement inexact.

« Il y est dit que j'aurais adhéré à une sorte de transaction rédigée par les personnages qui occupaient l'Hôtel de Ville et dont il m'aurait été donné communication.

« Je n'ai reçu communication d'aucun écrit de ce genre et, par conséquent, je n'y ai pas souscrit.

« Voici ce qui s'est passé :

« Arrivé devant l'Hôtel de Ville avec une colonne de gardes nationales beaucoup plus que suffisante pour l'enlever, j'ai fait cerner l'édifice occupé par l'insurrection, sommé le poste qui gardait la porte du côté de l'église Saint-Gervais et essuyé avec la garde nationale deux coups de feu, en guise de réponse.

« Peu après, M. Delescluze est descendu, venant en parlementaire. J'ai consenti, sur sa demande, pour éviter un conflit qui paraissait lui répugner autant qu'à moi et dont le dénouement d'ailleurs ne lui semblait pas plus douteux qu'à moi-même, à laisser sortir de l'Hôtel de Ville les personnes qui l'occupaient au cri *unique* de « *Vive la République!* » sous cette réserve expresse que le Gouvernement resterait en possession de l'Hôtel de Ville, et que le général Tamisier, sortant le premier, présiderait au défilé.

« J'ai bien voulu attendre, deux heures durant, la réponse que M. Delescluze avait promis de me rapporter immédiatement. Pendant ce temps, les tirailleurs de M. Flourens tentèrent de pratiquer sur ma personne, en vertu d'ordres venus du dedans, une arrestation qui n'est pas l'incident le moins ridicule de cette journée où le grotesque se mêle à l'odieux à chaque pas.

« C'est ainsi que certaines gens entendent le respect des suspensions d'armes.

« A la fin, perdant patience, je suis monté avec des détache-

ments du 106e bataillon, des 14e et 4e, avec les carabiniers du
capitaine de Vresse, et nous avons mis à la porte ces messieurs.

« Mais ce fut de ma part, monsieur le rédateur, un acte de
pure mansuétude ; et, maître absolu de l'Hôtel de Ville depuis
plusieurs heures, n'ayant qu'un souci, celui de contenir l'ardeur
des cinquante mille gardes nationaux qui m'entouraient, je ne
laisserai dire par personne que les factieux, assiégés dans
l'Hôtel de Ville, aient capitulé avec moi : ils n'ont ni accepté ni
exécuté les conditions apportées en leur nom ; j'ai fait grâce au
grand nombre, et voilà tout.

« Veuillez agréer, monsieur le rédacteur, mes cordiales
salutations.

JULES FERRY. »

Les journaux d'une certaine couleur, le journal de M. Delescluze, même des journaux plus modérés, avaient dit : Il y a eu,
ce jour-là, une sorte de capitulation qui impliquait non seulement la vie sauve pour tout le monde, mais la liberté sauve.
Vous ordonnez des poursuites, vous arrêtez les chefs : vous
manquez à la capitulation.

Je répondis très nettement : D'abord, il n'est pas admissible
qu'un acte quelconque, fait par un Gouvernement captif,
l'oblige ; quelles qu'aient été les négociations intérieures de
l'Hôtel de Ville, il est impossible de leur reconnaître un caractère légal et obligatoire. La seule partie du Gouvernement qui
pouvait s'engager était celle qui était restée libre : deux membres du Gouvernement seulement ont agi au dehors et, par
conséquent, ont agi librement : ce sont M. Trochu et moi. J'ai
été à la tête de la garde nationale qui a repris l'Hôtel de Ville,
et je n'ai stipulé quoi que ce soit. Après avoir frappé à la porte,
sommé les gardes nationaux qui occupaient l'intérieur et essuyé
les deux ou trois coups de feu qui aient été tirés dans cette
journée, je vis descendre un parlementaire, qui était M. Delescluze, et qui me dit : je crois que l'affaire va pouvoir se terminer sans effusion de sang ; nous avons persuadé aux gens
qui sont là-dedans qu'il n'y avait rien à faire ; évidemment, vous
êtes les plus forts ; pour éviter un conflit sanglant, il faut laisser
sortir tout le monde. Je répondis : à ces conditions, oui ; ouvrez-

nous donc les portes de l'Hôtel de Ville, et tout le monde sortira. J'attendis pendant plus de deux heures avec patience, avec mansuétude, l'exécution de cette promesse. Comme elle ne se réalisa pas, nous entrâmes dans l'Hôtel de Ville dont les mobiles, pénétrant par le souterrain, nous avaient ouvert la porte, et nous expulsâmes tous ceux qui l'occupaient.

Voilà ce que je racontai dans cette lettre. Je dis que les engagements pris dans l'intérieur de l'Hôtel de Ville n'avaient pas été exécutés, que, dans tous les cas, ils ne portaient que sur un point : c'est que nous laisserions sortir ceux qui s'y trouvaient.

Ma pensée, celle qui doit diriger dans ces sortes d'affaires, était qu'il importait de punir les chefs, mais que beaucoup de gens étaient entrés là par hasard et portés par la foule. Pendant que nous entourions l'Hôtel de Ville, des soubassements, des étages inférieurs du bâtiment, des gardes nationaux nous criaient : « Nous sommes entrés à l'Hôtel de Ville avec de bonnes intentions, ce n'est pas pour violenter le Gouvernement, mais parce que d'autres y entraient. » Sur 1,200 individus qui occupaient l'Hôtel de Ville, plus de la moitié ne demandaient qu'à rentrer chez eux et à reconnaître le Gouvernement. Mais, à ce moment, nos collègues étaient sous le fusil des plus coupables, de cette bande de tirailleurs de Belleville que Flourens avait amenés, et tous ces gens, très doux au commencement de la journée, s'exaltaient par la fatigue et par le vin, et, dans la nuit, devenaient très menaçants et très redoutables. Il y avait là un péril. Ce péril, d'une part, le devoir, de l'autre, que m'avait imposé M. le général Trochu de terminer la journée sans verser une goutte de sang, m'imposaient la nécessité de laisser sortir tout le monde.

La situation du Gouvernement était parfaitement nette; la partie captive ne pouvait être obligée, la partie libre n'avait pris aucun engagement.

Pour vous montrer que tel avait été le caractère de la journée et que je n'avais fait qu'exécuter les instructions très politiques du Gouverneur de Paris, voici une petite note que je trouve à l'*Officiel* du 6.

Après le plébiscite, quand tout fut fini, arrivèrent les récriminations; un certain nombre de journaux accusèrent le chef d'état-major du gouverneur, le général Schmitz, de n'avoir pas pris les mesures nécessaires pour couvrir le Gouvernement. Ces attaques furent assez vives pour nécessiter une réponse du général Trochu. Voici la petite note qu'il mit dans l'*Officiel* du 6 :

« On a attaqué le général Schmitz pour n'avoir pris aucune disposition au moment de l'envahissement de l'Hôtel de Ville.

« Le chef d'état-major général a été le fidèle exécuteur des instructions reçues du gouverneur, au moment où celui-ci se rendait à l'Hôtel de Ville. Elles exprimaient formellement que c'était à la garde nationale qu'il appartenait d'intervenir pour rétablir l'ordre, s'il était troublé. Ces dispositions, conformes à l'esprit dont le Gouvernement a toujours été animé, ont été maintenues par un message spécial émanant de lui, alors même que l'attentat commis à l'Hôtel de Ville avait eu un commencement d'exécution. C'est donc au commandant en chef qu'incombe la responsabilité de ce qui a été fait, et il l'assume d'autant plus volontiers que son inébranlable confiance dans la résolution que saurait montrer la garde nationale au moment voulu, et dans les effets politiques de cette intervention, a été justifiée d'une façon plus éclatante. Les plus chers intérêts de la défense et du pays ont été sauvegardés sans l'effusion d'une goutte de sang. Ce sera l'honneur de cette journée, et une partie en revient à la ferme prudence avec laquelle le chef d'état-major, pénétré des vues du gouverneur, en a poursuivi l'application, sans se laisser entraîner par sa propre émotion ou par les instances qui le pressaient. »

Voilà ce qui vous explique comment ce fut moi, membre civil du gouvernement, qui reçus du général Trochu le commandement de la garde nationale. Seul en effet, je pouvais, en me plaçant à la tête des colonnes, assumer la responsabilité du commandement, dans une conjoncture si délicate où nos collègues étaient menacés de mort et où il s'agissait avant tout de les délivrer et d'éviter l'effusion du sang. Nous étions sous l'empire d'un sentiment très vif de patriotisme. Il nous semblait que Paris serait déshonoré si un coup de fusil était tiré par un Parisien sur un Parisien, si, en face des Prussiens, les Parisiens s'égorgeaient. Il est depuis arrivé des choses abominables et nous sommes tombés bien loin de cet idéal ; mais enfin nous

nous faisons un honneur d'avoir, jusqu'au moment de la capitulation, maintenu l'ordre matériel dans la ville (il n'y a eu de coups de fusil tirés et de mort d'homme que le 22 janvier); d'avoir maintenu l'obéissance dans la troupe civique qui a concouru à la défense, et cela sans effusion de sang, sans répression, appelant seulement les bons bataillons, ceux dont nous étions sûrs, contre les mauvais, et n'exposant jamais l'armée, qui était aux avancées, à un choc avec la garde nationale, qui était à l'intérieur.

Voilà ce que j'avais à répondre à la question posée par M. le président. En parlant du 31 octobre, je vais sans doute rencontrer d'autres questions que l'on désirait me poser.

Je ferai une autre observation sur cette journée. Depuis que les événements se sont déroulés d'une façon tragique, on nous a fait ce reproche, commode après coup : Pourquoi n'avez-vous pas fait fusiller ces gens-là dans la nuit du 31 octobre? Vous n'auriez pas eu les événements du 18 mars.

M. le général Trochu a déjà répondu en partie à ce reproche en faisant ressortir la situation extraordinaire, très périlleuse du Gouvernement, qui était dans l'intérieur de l'Hôtel de Ville, raison capitale et déterminante pour éviter le conflit. Mais il faut se reporter à l'époque où s'accomplissaient ces événements. La légitime réaction qui s'est produite dans les esprits n'existait pas : la situation était beaucoup moins violente. Faire fusiller les gens du 31 octobre, c'était une extrémité et une responsabilité que n'auraient pas prise même les militaires les plus décidés que Paris comptait alors. Il y a dans l'Assemblée un général très énergique, le général Ducrot qui est enclin à trouver que le Gouvernement a manqué, notamment le 31 octobre, d'énergie dans la répression. Eh bien! M. le général Ducrot, qui avait aussi des répressions nécessaires à exercer, étant à la tête de troupes très mauvaises, très indisciplinées, dont une partie avait lâché pied à Châtillon, M. le général Ducrot n'a fait fusiller personne !

Si vous lisiez les journaux du temps, vous verriez la tempête qui s'est élevée contre nous, lorsque nous avons, le 2 ou le 3 novembre, fait arrêter les principaux auteurs du 31 octobre. Les journaux les plus modérés disaient : Mais enfin voilà un Gouvernement qui sort d'un plébiscite qui lui a donné 550,000 voix : il a donc une force énorme, incalculable, écrasante, et il fait des poursuites après coup ! Il ne tient pas compte de cette situation délicate de la nuit du 31 octobre, où il y a eu des négociations, des arrangements : il vaudrait mieux cent fois passer l'éponge là-dessus.

Nous avons donc été, pour cela même, l'objet de récriminations et d'attaques très vives, et nous avons bravé les journaux et l'opinion publique, telle qu'elle existait à ce moment, en faisant faire des arrestations. J'en appelle à tous ceux qui étaient à Paris à ce moment : l'impression générale était que le 31 octobre n'était qu'une échauffourée, on n'apercevait pas le danger qui s'est révélé plus tard ; on ne voyait pas encore le noyau, le germe de la Commune dont les forfaits ont épouvanté le monde ; on ne voulait voir qu'un trouble public produit par l'accumulation des mauvaises nouvelles : la reprise du Bourget, la capitulation de Metz et l'armistice mal compris. Cela, disait-on, avait donné l'occasion d'un plébiscite ; ce plébiscite avait raffermi le pouvoir : il faut employer les calmants et proclamer une amnistie complète.

Mais il est arrivé quelque chose de plus extraordinaire, et qui achèvera de vous montrer la situation morale de Paris, de tous ceux qui habitaient Paris à cette époque. Lorsque l'instruction fut faite et que les auteurs du 31 octobre arrivèrent devant les Conseils de guerre, le Conseil de guerre les acquitta. Il acquitta, plus tard, ce qui est plus fort encore, les auteurs du 22 janvier, et là pourtant il y avait eu mort d'homme, il y avait eu une véritable attaque dirigée du dehors sur l'Hôtel de Ville.

C'est dans une situation pareille qu'on pourrait nous faire le reproche de ne pas avoir procédé à des exécutions sommaires ? J'en ai dit assez sur ce point.

M. LE PRÉSIDENT. — Ainsi, il y a eu une instruction commencée contre les auteurs du 31 octobre par M. Cresson, préfet de police, je crois, qui a succédé à M. Edmond Adam. Sur quels ordres cette instruction a-t-elle été ensuite abandonnée ?

M. JULES FERRY. — L'instruction n'a pas été abandonnée. Dès le premier novembre, nous prîmes la résolution de faire arrêter les meneurs. Puisque je suis appelé à en déposer, je dois dire que c'est moi qui en dressai la liste : j'y fis porter notamment deux hommes dont la participation au 31 octobre n'était pas clairement établie, mais contre qui il y avait, à mon avis, des preuves morales accablantes : MM. Félix Pyat et Millière. M. Félix Pyat fut arrêté; M. Millière, qui excellait à se dérober aux recherches de la police, se cacha et ne fut pas pris. L'instruction fut commencée ; un certain nombre d'hommes, Félix Pyat, Lefrançais, Vermorel.....

Un membre. — Blanqui !

M. Jules Ferry. — Blanqui échappa. On n'a pas Blanqui comme on veut; mais Blanqui était sur la liste.

M. le comte Daru. — Il y a eu quatorze arrestations faites.

M. Jules Ferry. — Je vous donnerai la liste exacte. M. Cresson a dû garder de ces choses un souvenir très complet.

L'instruction a été suivie et a été faite avec soin. Le magistrat vint à l'Hôtel de Ville pour interroger les membres du Gouvernement. Chacun de nous fit une déposition très longue. Non seulement cette instruction se continua, mais elle aboutit à une poursuite devant le Conseil de guerre. M. Félix Pyat fut mis en liberté sous caution, et, s'il y eut en définitive un non-lieu, c'est la justice qui prononça ; on ne trouva pas de preuves, puisqu'il y eut une ordonnance de non-lieu, mais M. Pyat ne fut pas mis en liberté par le Gouvernement. C'est la justice seule qui doit en répondre.

M. le Président. — Qui fut chargé de l'instruction ?

M. Jules Ferry. — C'est M. Leblond, procureur général, qui la requit; c'est M. Guerenet, juge d'instruction, qui la fit. Elle n'a pas été faite par l'autorité militaire, qui n'est pas outillée pour faire des instructions : elle en donne la preuve à l'heure qu'il est. Lorsque l'instruction fut prête, le dossier fut transmis à l'autorité militaire et le commandant de la 1re division rassembla le Conseil de guerre. Ce Conseil acquitta MM. Lefrançais, Maurice Jolly, Vermorel et trois ou quatre autres; il condamna Blanqui par contumace. C'est à raison de cette condamnation que Blanqui est aujourd'hui sous le coup d'une peine capitale. Vallès a eu, je crois, deux ans de prison. Il était en prison lorsqu'il a été délivré dans la nuit du 22 janvier avec Flourens; le directeur de Mazas ouvrit la porte.

29

M. LE PRÉSIDENT. — Ainsi ce sont MM. Étienne Arago, Schœlcher et Dorian qui ont signé cette affiche, annonçant qu'il y aurait nomination de la Commune.....

M. JULES FERRY. — D'un Conseil municipal.

M. LE PRÉSIDENT. — Et qui a été apposée à Paris le lendemain, 1ᵉʳ novembre.

M. JULES FERRY. — Cette affiche fut composée dans la nuit; je l'ai su depuis, et, dès midi, une note à l'*Officiel* déclara que toute espèce de convocation était nulle. Nous avions repris possession de l'Hôtel de Ville dans la nuit même.

M. LE PRÉSIDENT. — Dans la nuit du 31 octobre, M. Picard était parmi les membres du Gouvernement qui étaient libres.

M. JULES FERRY. — M. Picard avait quitté l'Hôtel de Ville au moment où il avait été envahi. Il s'est rendu au ministère des Finances qu'il n'a pas quitté de la nuit; il a fait battre le rappel dans l'après-midi, mais je ne l'ai pas vu dans la nuit.

M. LE PRÉSIDENT. — Par conséquent, il n'a pas assisté avec vous à la reprise de l'Hôtel de Ville.

M. JULES FERRY. — Non : il n'a assisté aux incidents, ni de l'après-midi, ni de la nuit.

M. CALLET. — Il se rattache au 31 octobre, une question que je crois importante; je ne sais si M. Ferry pourra nous en donner la solution.

Il envisage cette journée comme un événement fortuit. Cependant, le même jour et presque à la même heure, une insurrection semblable éclatait à Marseille, à Saint-Étienne et dans d'autres villes. Il parut à tous ceux qui ont vu de près ces événements, en province, qu'il y avait une intelligence complète, et, par conséquent, des moyens de communication, entre ces sociétés de la province et celles de Paris. De sorte que nous sommes en présence d'un Gouvernement qui ne pouvait pas communiquer avec la province, avec la Délégation de Tours, auxquelles les plus grandes nouvelles n'arrivaient pas, et de comités révolutionnaires en communication permanente avec la capitale. On savait ce qui devait se faire à Paris, on se concertait avec Paris.

M. JULES FERRY. — Je ne crois pas que la communication dont parle notre collègue ait eu un caractère de permanence : je ne m'expliquerais pas comment, dans l'état d'investissement où était Paris, et alors que pour faire sortir un messager, chargé d'une mission très importante, nous rencontrions des difficultés presque insurmontables, il aurait pu y avoir des communications permanentes, organisées entre le parti révolutionnaire de Paris et celui des grandes villes, à moins que l'ennemi ne s'y fût prêté.

Je sais qu'il y a eu ce même jour, presque à la même heure, des tentatives de soulèvement à Marseille et à Saint-Étienne : je crois que la raison en est dans la solidarité toute naturelle des différents groupes révolutionnaires. J'entends bien que cette solidarité devait exister ; mais le même événement est venu, à la même heure, mettre le feu à tous ces éléments. La nouvelle de la prise de Metz a causé un ébranlement général qui s'est traduit à Paris par un mouvement, à Marseille et à Saint-Étienne par des tentatives de mouvement.

Je ne sais ce que l'instruction faite à Marseille et à Saint-Étienne a pu révéler à cet égard.

M. CALLET. — A quelle époque Cluseret a-t-il quitté Paris ! N'a-t-il pas pu s'échapper pendant le siège ?

M. LE COMTE DARU. — M. le général Trochu nous a dit à la tribune, qu'il avait fait arrêter Dombrowski, parce qu'il allait et venait des lignes parisiennes aux lignes prussiennes. Ce Dombrowski ne pouvait-il pas communiquer avec Marseille ? Il était, si je ne me trompe, membre de l'Internationale russe.

M. JULES FERRY. — C'est possible. La Commission fera peut-être bien de faire des recherches dans ce sens. Dombrowski, Cluseret ont peut-être su et rapporté ce qui se passait en province. On prévoyait la chute de Metz, parce qu'on était mieux renseigné qu'à Paris.

M. LE PRÉSIDENT. — A Tours, M. Gambetta savait la chute de Metz.

M. JULES FERRY. — Il l'a sue avant nous évidemment.

M. LE COMTE DARU. — Il l'a sue par un officier, qui a pu s'échapper dans une sortie. Il savait d'ailleurs plusieurs jours à l'avance le nombre de rations de vivres qui restaient à la ville de Metz. Il pouvait en être informé par Bourbaki, et savoir le jour précis où Metz se rendrait.

M. JULES FERRY. — Je suis dans la plus complète ignorance de ce qui s'est fait à Tours et à Bordeaux.

M. LE COMTE DARU. — Si je ne me trompe, une dépêche en petit caractère, mise dans une fausse dent, est arrivée, portée par un officier, à Tours. Dans cette dépêche, M. le maréchal Bazaine faisait savoir qu'il n'avait plus que pour tant de jours de vivres, et que, si on ne venait pas à son secours, il serait obligé de capituler. L'officier porteur de cette dépêche a, depuis, réclamé je ne sais quelle récompense. On n'avait pas à Tours plus qu'à Paris, des nouvelles fréquentes de Metz, mais on savait à Tours l'époque précise où Metz serait obligé de capituler faute de vivres.

M. JULES FERRY. — Quant à nous, nous ne l'avons su d'une façon certaine que par M. Thiers le 30. Vous trouverez, le 29 dans l'*Officiel*, une note indignée contre le journal le *Combat* qui l'annonçait. Je rapproche ce fait des circonstances que relevait M. Callet. Il est évident que M. Félix Pyat avait des informations que nous n'avions pas. Il parlait en homme fort bien renseigné. Il l'était sans doute par les avant-postes prussiens. Par qui et comment? C'est ce qui reste à éclaircir, ce qui probablement ne sera jamais éclairci. Peut-être les nouvelles arrivaient-elles par la légation américaine qui a su beaucoup de choses, qui ne nous a pas toujours dit tout et qui a eu des communications avec toute espèce de feuilles de Paris.

Le concert a pu s'établir beaucoup plus facilement en province, puisqu'on pouvait connaître avec plus de précision le moment de la chute de Metz, que tout Paris, sauf peut-être quelques meneurs, ignorait, et nous-mêmes complètement.

Je reviens aux conséquences de la journée du 31 octobre. Elles furent considérables. Cette journée donna une assiette très forte au Gouvernement; le plébiscite, ces 530 000 voix le rendirent pour longtemps incontesté et incontestable; nous fûmes absolument débarrassés de toutes les agitations de la rue, et la population ouvrit un long crédit au Gouvernement de la Défense nationale. La situation intérieure de Paris se trouvait alors ainsi constituée : un Gouvernement appuyé par un vote considérable, et une organisation de municipalité de laquelle je veux vous dire un mot.

Du 4 septembre au 31 octobre, il n'y avait eu à Paris que des maires provisoires, non élus, choisis dans les premiers moments de la révolution, fort au hasard, et, en somme, l'Assemblée des maires, avec laquelle j'avais d'assez fréquents rapports comme représentant le Gouvernement, n'était pas très bien composée : elle était peu éclairée, elle était surtout désireuse de s'occuper de la défense, c'est-à-dire de toutes les choses qui ne la regardaient pas.

Lorsque le 31 octobre arriva, il fut démontré que, quelque heureux qu'eût été l'événement pour nous, quelque force qu'il nous eût donnée, la situation municipale de la Ville de Paris ne pouvait pas rester telle qu'elle était. Nous ne pouvions ni reprendre les anciens maires ni en nommer de nouveaux. Alors nous avons fait ce que toute bonne politique commandait de faire; en face d'adversaires qui nous avaient combattus au cri de : Vive la Commune! nous avons voulu prendre dans ce cri, dans l'idée qu'il représentait, ce qu'il y avait de possible, de légitime, de conciliable avec la consécration du suffrage universel que nous venions de recevoir. Nous n'avons pas voulu faire un Conseil municipal.

J'étais, dans les Conseils du Gouvernement, l'adversaire énergique d'un Conseil municipal, car il nous aurait amené, dans un temps donné, la Commune. Mais le Gouvernement, tout en étant l'adversaire de la Commune, voulait que l'élément électif intervînt dans la constitution des municipalités, et, après avoir déclaré positivement, dans le décret de convocation, dans les notes de l'*Officiel* et dans les affiches, que les maires qui allaient être nommés étaient les agents du pouvoir exécutif, nous appelâmes les électeurs à voter. Ces élections donnèrent des résultats presque universellement satisfaisants.

Dans le choix des maires, surtout dans 18 arrondissements sur 20, la politique du Gouvernement, le groupe d'hommes à la fois républicains et conservateurs auxquels il se rattachait, furent consacrés. Deux arrondissements donnèrent des résultats déplorables. Le XXᵉ nomma Ranvier, Millière, Lefrançais, qui avaient été poursuivis ou arrêtés à la suite du 31 octobre; nous avons dû dissoudre cette municipalité et constituer une Commission provisoire, qui d'ailleurs a administré, sans rencontrer de difficultés matérielles, le XXᵉ arrondissement, ce terrible arrondissement de Belleville, depuis le 5 novembre jusqu'à la fin du siège.

Le XIXᵉ arrondissement avait donné des résultats qui ne valaient pas mieux que ceux du XXᵉ. Mais il était impossible d'attaquer M. Delescluze, qui n'avait joué, le 31 octobre, qu'un rôle de conciliateur, au moins en apparence, et qui n'était pas personnellement compromis. C'est de ce côté que nous vinrent les plus grandes difficultés.

Les maires élus eurent le pouvoir que vous savez, un pouvoir d'intendance bien plus que d'administration. Il s'agissait de nourrir, plus tard de chauffer, de secourir tout un peuple d'indigents.

M. LE PRÉSIDENT. — Les maires nommés au début, avant cette élection, avaient été choisis par les membres du Gouvernement provisoire?

M. JULES FERRY. — C'était M. Étienne Arago qui avait fait la liste. Nommé lui-même par le Gouvernement, il avait donné une délégation à ces vingt maires. Ces choix ont été approuvés par le ministre de l'Intérieur; mais le conseil du gouvernement n'a jamais eu à délibérer sur la liste des maires, et quand elle a paru dans l'*Officiel*, elle nous a causé à tous une certaine surprise.

M. LE PRÉSIDENT. — Ces maires choisis par M. Étienne Arago délibéraient-ils ensemble?

M. JULES FERRY. — Ils délibéraient à l'Hôtel de Ville dans la salle du Conseil municipal.

M. LE PRÉSIDENT. — Est-ce qu'il n'y a pas eu des procès-verbaux de ces délibérations?

M. JULES FERRY. — Tout cela a été brûlé dans l'incendie de l'Hôtel de Ville.

M. LE PRÉSIDENT. — M. Mottu n'était-il pas maire du XIᵉ arrondissement?

M. JULES FERRY. — Oui, M. Mottu était maire; il a été révoqué, au mois d'octobre, par M. Étienne Arago qui l'avait nommé et lui a retiré sa délégation. C'était à l'occasion de la question des écoles.

M. LE PRÉSIDENT. — Il a expulsé les sœurs et les frères des écoles?

M. JULES FERRY. — Il a remplacé complètement l'enseignement congréganiste par l'enseignement laïque. Il y eut d'interminables discussions à ce sujet. Moi qui avais, comme délégué à la Préfecture de la Seine, la nomination des instituteurs, je me suis toujours refusé à consacrer cette infraction à la loi.

M. Étienne Arago eut alors une idée excellente et qui nous fut très utile pendant cette période.

Vous allez voir par là dans quelle pensée de conciliation les affaires de la Ville de Paris étaient menées. S'apercevant qu'il se préparait une tempête à l'occasion de cette affaire Mottu (vous savez quelles passions étaient aux prises dans Paris sur la question de l'enseignement, l'exemple de M. Mottu dans le XIe arrondissement pouvait être suivi dans d'autres arrondissements, le Gouvernement pouvait rencontrer de graves difficultés, d'autant plus qu'il n'avait pas encore, à ce moment, l'assiette que devait lui donner plus tard le plébiscite), — M. Arago se dit : Nous allons faire nommer une Commission, mettre la question des écoles à l'étude. C'était le meilleur moyen de l'enterrer. La Commission fut nommée et je pourrais retrouver le rapport de M. Vacherot qui aboutissait à des conclusions extrêmement sages. Il déclarait qu'il fallait attendre la fin du siège avant d'examiner une question aussi brûlante, qui pouvait mettre dans Paris toutes les passions aux prises. M. Mottu ayant résisté, fut révoqué et remplacé par M. Arthur de Fonvielle, qui administra l'arrondissement jusqu'au 5 novembre. Mais, le 5 novembre, M. Mottu fut élu par une forte majorité.

M. LE COMTE DARU. — Vous disiez tout à l'heure que les élections des maires avaient été bonnes.

Il y avait aussi, à côté de celle de M. Mottu, celle de M. Bonvalet et de quelques autres qui laissaient assez à désirer.

M. JULES FERRY. — M. Bonvalet était inoffensif.

M. LE COMTE DARU. — Nous savons quelle a été sa conduite après le 18 mars, nous savons aussi quelle a été la conduite de M. Léo Meillet.

Ils n'étaient pas tous aussi bons que vous le prétendez.

M. JULES FERRY. — Je parle des maires. M. Léo Meillet n'était pas maire : il était adjoint de M. Pernolet.

M. LE COMTE DE RESSÉGUIER. — L'élection a amené des hommes préférables à ceux qui avaient été nommés par le Gouvernement provisoire. Ce que nous reprochons à celui-ci, ce sont les choix qu'il a faits au début.

M. LE PRÉSIDENT. — La question qui a été posée a mis en lumière ce fait, que les maires choisis primitivement valaient moins que ceux nommés par l'élection après le 31 octobre ; cela importait à savoir. Maintenant, M. Ferry, vous pouvez poursuivre.

M. Jules Ferry. — Il était indispensable de recourir à l'élément électif et, en même temps, c'était périlleux.

Il y avait cependant un esprit de sagesse qui dominait l'assemblée des maires ; je ne dis pas celle des maires et des adjoints : il faut distinguer entre eux. Les maires nommés le premier jour du scrutin, avaient été choisis avec soin ; les adjoints n'avaient été nommés que le second jour par des électeurs fatigués, et beaucoup moins nombreux. Grâce au bon esprit des maires, l'administration put se continuer pendant toute la durée du siège sans conflit.

Je me permettrai de dire que, pour éviter les conflits, il a fallu une certaine adresse, et que cette assemblée n'était pas toujours facile à manier. En résumé, j'ai présidé cette assemblée des maires, du commencement à la fin, sans avoir eu de conflits, ni de difficultés avec elle.

Dans les derniers temps du siège, nous avons été bien heureux d'avoir près de nous une représentation quelconque de la population de Paris. C'était un devoir de sagesse pour nous de réunir les maires, de les avertir de la situation, de leur dire : Voilà où nous en sommes pour les subsistances ; il faut aller négocier. Nous avons reçu de leur part, dans ces tristes jours, un concours dont il faut leur savoir gré.

Je leur sais gré aussi d'avoir, antérieurement à cette époque difficile, expulsé, en refusant de s'associer à lui, un élément très mauvais qui était représenté par Delescluze. Dans les premiers jours de janvier, il y eut une réunion des maires au ministère de l'Intérieur, présidée par le Ministre, que j'assistais comme maire de Paris.

On entendit la lecture d'un factum de Delescluze, qui était la mise en accusation du Gouvernement de la Défense nationale. Il demandait que les adjoints délibérassent au même titre que les maires, et que de ces adjoints et de ces maires on constituât une Commune. Il fut à peu près seul de son avis, et, de rage, il donna sa démission et nous délivra de sa présence. L'assemblée, ainsi épurée, montra jusqu'à la fin du siège le meilleur esprit.

M. le Président. — Y a-t-il eu des procès-verbaux de ces réunions au ministère de l'Intérieur ?

M. Jules Ferry. — Oui, et j'espère pouvoir vous apporter demain un de ces procès-verbaux que j'ai retrouvé. C'est le procès-verbal d'une réunion qui a une grande importance à mon point de vue; elle est du 9 ou du 10 décembre.

Dans cette réunion des maires, présidée par M. Jules Favre, une grosse question, au point de vue des subsistances parisiennes, fut soulevée : celle du rationnement.

Vous y verrez à quel point l'idée du rationnement était antipathique à ces représentants de la population.

Le sténographe qui avait pris la délibération a retrouvé ce matin le premier texte du procès-verbal; il me l'apportera et je vous le transmettrai.

Mais, s'il y a eu des procès-verbaux pour les réunions du ministère de l'Intérieur qui étaient exceptionnelles, pour les réunions des maires, qui avaient lieu hebdomadairement, je n'ai jamais voulu qu'on tînt de procès-verbaux, désirant conserver à cette assemblée un caractère officieux, et ne pas la constituer en Conseil municipal.

Ainsi cette assemblée n'intervenait aucunement dans la gestion financière de la ville, dans son administration générale ; elle acceptait que la direction de toutes les affaires restât entre les mains du Gouvernement; elle ne voulait pas se constituer en Commune, ni même en Conseil municipal, et l'existence de procès-verbaux aurait pu nous jeter dans une voie où nous ne voulions pas entrer.

M. le Président. — C'est cependant, d'après ce que vous venez de dire, dans une de ces réunions que la première pensée de l'armistice qui devait intervenir a été communiquée aux maires avant d'être communiquée à la population parisienne.

M. Jules Ferry. — M. Jules Favre, lorsqu'il est revenu pour la première fois de Versailles après la conversation qui jeta les premières bases de l'armistice, a immédiatement réuni les maires.

M. le Président. — La Commission vient d'entendre les explications que vous avez bien voulu lui donner sur les faits qui ont précédé et suivi le 31 octobre.

Sur ce point, il reste une question à vous adresser et pour laquelle nous vous demandons quelques mots d'explication. Vous venez d'examiner cet ensemble de faits et de pensées révolutionnaires très violentes qui ont amené le 31 octobre; mais ces faits et ces pensées n'ont-ils pas également empêché l'armistice que préparait M. Thiers et qu'il était en train de négocier avec M. de Bismarck?

M. JULES FERRY. — J'allais précisément arriver aux conséquences diplomatiques. J'ai là-dessus quelques pièces à vous faire passer sous les yeux.

Le 31 octobre est la démonstration la plus saisissante de la volonté qu'avait le Gouvernement de la Défense nationale de faire des élections, à une condition, c'est que l'ennemi s'y prêterait au moyen d'un armistice.

Lorsque M. Thiers, arrivant à Paris après n'avoir fait que traverser Versailles et sans avoir voulu entamer de conversations avec M. de Bismarck, lorsque M. Thiers, dis-je, nous réunit dans la soirée du 30 octobre, au ministère des Affaires étrangères, il nous parut que cette cause des élections avec armistice, qui était notre cause et notre but, était gagnée. L'impression de M. Thiers, impression résultant de cette longue course qu'il avait faite à travers l'Europe, était que nous allions obtenir très probablement de la Prusse l'armistice avec ravitaillement, car le droit des gens n'en reconnaît pas d'autre, l'armistice nécessaire pour faire des élections. Nous étions donc pleins d'espérance, et c'est cette espérance qui nous a rendus peut-être un peu imprudents dans les communications faites par nous au public.

Nous fîmes ces communications avec une très grande sincérité; nous apprîmes au public la prise de Metz, sans détour, croyant que la nouvelle de l'armistice et l'espérance d'une fin prochaine de la guerre, feraient équilibre à la mauvaise nouvelle, et que la bonne nouvelle compenserait la mauvaise.

Notre espérance était très grande.

Nous savions bien que nous allions rencontrer dans l'opinion parisienne un obstacle. Aussi, instruit dans la matinée de l'état de Paris, ayant reçu à l'Hôtel de Ville une ou deux délégations amies, je courus au ministère des Affaires étrangères, espérant y trouver encore M. Thiers. Je le trouvai, en effet, avec M. Jules Favre et je dis à ces messieurs : « Nous n'avons pas assez expliqué à la population de Paris ce que c'est que cet armistice, il faut que nous fassions une nouvelle affiche pour le public, donnant des éclaircissements complets. »

Voici l'affiche que je rédigeai avec messieurs Thiers et Jules Favre au ministère des Affaires étrangères, le 31 au matin, et que j'emportai avec moi pour la faire apposer sur les murs de Paris. Elle le fut en effet, à l'heure même où l'Hôtel de Ville était envahi. Vous la trouverez dans l'*Officiel* du 1er novembre. Elle va vous montrer dans quel état d'esprit nous étions. La voici :

« Le public ne doit pas se méprendre sur le caractère de la proposition d'armistice qui émane des puissances neutres. Cet armistice n'est point le commencement d'une négociation de paix. Il n'a qu'un but nettement défini, la convocation d'une assemblée pour mettre la France en mesure de décider de son sort, dans la crise où l'ont précipitée les fautes du gouvernement déchu.

« L'armistice a été présenté par les puissances neutres qui ont demandé elles-mêmes les sauf-conduits au moyen desquels M. Thiers est rentré à Paris. L'armistice, tel qu'il est proposé, ne saurait porter aucun préjudice à la France. Il est subordonné à des conditions que le Gouvernement de la Défense nationale avait précédemment demandées lors de l'entrevue de Ferrières : le ravitaillement et le vote de la France entière.

« Le Gouvernement de la Défense nationale n'a absolument rien à changer à la politique qu'il a proclamée à la face du monde. Il est convaincu d'avoir exprimé la résolution du pays tout entier. Il ne doute pas que les élus de la France, réunis à Paris, ne ratifient solennellement son programme, et il a plus que jamais le ferme espoir que la justice de notre cause sera finalement reconnue par toute l'Europe. »

Voilà la petite note que nous avons fait afficher. Nous supposions qu'elle produirait de bons effets et qu'elle calmerait les esprits en leur expliquant ce que c'était que l'armistice.

Ce qui se passa les deux jours suivants, le 2 et le 3, entre M. Thiers et M. de Bismarck, et toutes les circonstances qui ont révélé l'influence du 31 octobre sur cette négociation, si heureusement commencée, tout cela est rapporté très exactement dans une circulaire de M. Thiers, une espèce de compte rendu de sa mission, dont nous n'avons eu connaissance, à Paris, qu'au commencement de décembre, à l'*Officiel* du 2, mais qui est datée du 9 novembre. Je vais vous en mettre sous les yeux les principaux passages : cette note répond à la question de M. le Président, et ensuite elle vous fait voir que la Prusse était de mauvaise foi, qu'elle n'a pas voulu d'armistice, parce qu'elle ne voulait pas d'élections.

M. Thiers dit, dans cette circulaire, que, le 1er novembre, M. de Bismarck, causant avec lui des conditions de l'armistice, les avait toutes acceptées, même celles du ravitaillement, et qu'il ne faisait aucune objection sur le principe du ravitaillement, qu'il discutait seulement sur les quantités. Et en effet, dans la nuit du 30 au 31 octobre, M. Thiers avait demandé au ministre du Commerce, M. Magnin, de lui donner des indications sur ce sujet, car le ravitaillement devait avoir lieu, jour par jour, sur une base fixe. M. de Bismarck en discutait seulement les chiffres. Voilà le témoignage de M. Thiers.

Les conférences se succédèrent et une dernière conférence devait avoir lieu le 3 novembre. C'est alors qu'arrivèrent les nouvelles de Paris. M. Thiers entra chez M. de Bismarck et le trouva très préoccupé. M. de Bismarck dit à M. Thiers : « Savez-vous ce qui se passe à Paris? Une révolution! » M. Thiers répondit : « Je n'y crois pas, et s'il y a eu un mouvement, je crois qu'il aura été très vite comprimé par le bon esprit de la population, qui est très patriote et amie de l'ordre. » C'est alors que M. Thiers envoya à Paris un de nos collègues, M. Cochery. M. Cochery vint à Paris le 3 novembre et assista à la proclamation du plébiscite. Il retourna ensuite à Versailles et raconta que le mouvement avait abouti à une consécration éclatante du Gouvernement de la Défense nationale.

Le soir du 3 novembre, muni des nouvelles apportées par M. Cochery, M. Thiers se présente de nouveau chez M. de Bismarck. Mais alors l'esprit du chancelier était évidemment modifié. « J'ai vainement insisté auprès du comte de Bismarck, dit la note circulaire, sur le grand principe des armistices, qui veut que chaque belligérant se trouve, au terme de la suspension des hostilités, dans la même situation qu'auparavant; que de ce principe, fondé en justice et en raison, était dérivé cet usage du ravitaillement des forteresses assiégées et de leur approvisionnement jour par jour : autrement, un armistice suffirait à amener la reddition de la plus forte forteresse du monde. Aucune réponse ne pouvait être faite, du moins je le pensais, à cet exposé de principes et d'usages incontestés et incontestables.

« Le chancelier répondit, parlant non en son nom propre, mais au nom des autorités militaires, — ce qui, vous le savez, était l'habitude du chancelier; quand il est embarrassé, il fait intervenir les autorités militaires, — que nous donner un mois de répit, c'était nous donner le temps d'organiser nos armées, que des équivalents militaires devaient être donnés en retour. »

M. Thiers répond qu'assurément s'il y a quelques avantages, il y a aussi quelques désavantages pour l'armée prussienne à accorder un armistice. « Mais, puisque vous en avez admis le principe, c'est que ces désavantages sont, à vos yeux, compensés par les avantages que vous trouvez dans une assemblée avec laquelle vous pourrez traiter. » M. de Bismarck répondit : — « Non; les militaires ne les trouvent pas suffisants, il nous faut un équivalent militaire. » — Lequel? demande M. Thiers. — « Une position dominante hors Paris, répond M. de Bismarck, un fort, peut-être plusieurs! » M. Thiers se lève à ces paroles : — « C'est Paris que vous nous demandez! car, nous refuser le ravitaillement pendant l'armistice, c'est nous prendre un mois de notre résistance ; exiger de nous un ou plusieurs de nos forts, c'est nous demander nos remparts...

« Je fis remarquer à M. le comte de Bismarck qu'il était facile d'apercevoir qu'à ce moment l'esprit militaire prévalait dans les résolutions de la Prusse sur l'esprit politique qui avait dernièrement conseillé la paix et tout ce qui pouvait y conduire. »

Ce document est daté du 9 novembre, et, dans le dossier du Gouvernement de la Défense nationale, c'est une des pièces auxquelles je tiens le plus, pour mon compte, car elle démontre qu'il ne fut pas douteux pour notre clairvoyant négociateur que M. de Bismarck ne voulait pas, à ce moment, d'élections, et c'est pour cela qu'il refusa les conditions d'armistice. En nous accordant l'armistice sans ravitaillement, ou à la condition de livrer un ou plusieurs de nos forts, il se moquait de nous, et il n'y aurait eu, de notre part, ni dignité, ni sécurité à accepter de faire les élections dans de pareilles conditions.

Quant à l'influence qu'a exercée le 31 octobre, au point de vue diplomatique, vous la voyez là autant qu'on peut la saisir.

Il est certain que, sans cet événement, il y avait grande chance pour que la négociation se continuât les jours suivants sur le même pied, c'est-à-dire sur le pied du ravitaillement, discuté quant au chiffre, et certes nous aurions été fort accommodants sur les quantités. L'influence du 31 octobre a donc été réelle. Ce qui s'est passé dans l'esprit du conseil du gouvernement prussien, nul ne peut le savoir, mais il y a eu là un changement de volonté bien évident. Le chancelier a-t-il vu là un indice de faiblesse, la confirmation des paroles qu'il avait prononcées devant M. Favre, qu'un jour la *populace* de Paris interviendrait et renverserait le Gouvernement de la Défense nationale? Je n'en sais rien.

Voilà tout ce que je puis vous dire des rapports du 31 octobre avec la situation diplomatique de la France.

M. LE COMTE DARU. — Toute l'Europe savait à cette époque que la Russie était intervenue auprès de la Prusse pour disposer cette puissance à accorder l'armistice, qui devait nous permettre de réunir une Assemblée. Nous l'avons su en province, mieux que vous à Paris où vous étiez enfermés, mais vous l'avez su néanmoins. Je tiens, sur ce point, à appeler votre attention. M. Thiers, si je ne me trompe, a dit dans sa circulaire du 9 novembre, que la Prusse inclinait à nous accorder l'armistice. Comment se fait-il que M. de Bismarck, qui avait très bien accueilli ces premières ouvertures, qui témoignait beaucoup de bonnes dispositions pour réaliser cette parole, en quarante-huit heures ait complètement changé? Je ne le sais pas, je vous le demande. Si ce n'est point l'événement du 31 octobre, comment expliquer ce changement?

M. JULES FERRY. — Évidemment, cela ne peut être que le 31 octobre.

M. LE COMTE DARU. — J'insiste sur ce point, parce que les Prussiens prétendent qu'ils voulaient une réunion de l'Assemblée. On peut n'avoir pas grande foi dans ce qu'ils disent; mais M. de Bismarck a affirmé, dans les dépêches diplomatiques, qu'il avait toujours voulu la convocation d'une Assemblée nationale.

Vous disiez tout à l'heure que l'événement du 31 octobre avait modifié les dispositions du grand chancelier, que M. de Bismarck ne trouvait pas la France assez abattue alors, qu'il refusait l'armistice avec ravitaillement pour nous épuiser davantage, et que, pour vous, le seul armistice possible était l'armistice avec ravitaillement. Cependant, il est avéré que, dans les premières ouvertures de M. de Bismarck avec M. Thiers, le ravitaillement était consenti. M. de Bismarck avait intérêt à la réunion d'une Assemblée nationale ; il a déclaré dans toutes ses dépêches qu'il voulait cette réunion. Il la voulait précisément à l'époque dont vous parlez. M. Thiers l'a dit et les documents le prouvent. Plus tard, il a changé d'opinion : il n'a plus voulu de l'armistice avec ravitaillement, c'est certain. On a peut-être fondé des espérances sur nos discordes après le 31 octobre. C'est là, du moins, une explication assez naturelle.

M. JULES FERRY. — Oui, M. de Bismarck a cédé, mais pas de son plein gré. Il a cédé à l'Europe. Vis-à-vis de l'Europe, comme vis-à-vis de M. Thiers, dans les premières négociations, il a paru consentir à l'armistice avec ravitaillement, puisqu'il discutait sur les quantités de vivres à faire entrer dans Paris. Et puis, il a changé du 1er au 3 novembre.

Un membre. — Une question sur ce point. Vous devez savoir quels étaient alors les approvisionnements de Paris ; ils ont duré trois mois après cette époque, ils auraient pu durer plus longtemps si on avait commencé le rationnement plus tôt. Par conséquent, vous aviez pour trois mois de vivres, et même pour quatre mois, en commençant le rationnement ce jour-là. Il y avait un intérêt supérieur à laisser de côté vos premières prétentions et à accepter l'armistice, même sans ravitaillement, de façon à avoir une Assemblée nationale qui vous déchargeât de toute responsabilité, et qui permit à la France de faire ce qui lui aurait convenu.

M. JULES FERRY. — Il nous a paru que l'armistice sans ravitaillement, c'était le refus d'armistice, c'était l'impossibilité de faire des élections, c'était l'absence d'engagement de la part de la Prusse, et, par conséquent, les élections livrées à l'arbitraire de l'ennemi, de l'ennemi qui occupait vingt-trois départements.

Le même membre. — Mais non, les élections ne se faisaient pas sans armistice. La Prusse acceptait l'armistice sans ravitaillement, et il y avait alors un intérêt supérieur à réunir une Assemblée nationale.

M. JULES FERRY. — Notre impression, qui était celle de M. Thiers, manifestée avec beaucoup de netteté dans sa circulaire du 9 novembre, c'était que la Prusse ne voulait pas d'élections, ne voulait pas de la paix. Vous ne voulez pas d'élections ; eh bien ! la guerre, la guerre à outrance !

Un membre. — M. Thiers n'était pas de cet avis. Saviez-vous quel était à cette époque, le chiffre de vos approvisionnements ?

M. Jules Ferry. — Oui, à peu de chose près.

Le membre. — Vous saviez alors que vous en aviez encore pour trois mois ?

M. Jules Ferry. — Non : nous ne pensions pas pouvoir aller au delà du 15 décembre. Et puis, nous avons découvert que nous pouvions aller jusqu'au milieu de janvier, et, grâce à la grande économie qui était apportée à la consommation de Paris, nous avons pu aller jusqu'à la fin de janvier.

M. de Rainneville. — Si vous aviez commencé le rationnement plus tôt, vous auriez pu aller un mois de plus.

M. Jules Ferry. — C'est une très grande erreur.

M. de Rainneville. — Le rationnement a été mal mené ; ainsi, au début, l'on a donné du blé aux chevaux.

M. Jules Ferry. — Nous avons su qu'en effet on avait nourri certains chevaux avec du blé, et la raison en est très simple, c'est que le blé coûtait meilleur marché que l'avoine. L'avoine était presque exclusivement aux mains des compagnies de transport et du ministère de la Guerre. Mais, comme à la fin nous avons mangé l'avoine des chevaux, au point de vue de la durée de la résistance de Paris, le résultat a été le même. J'ai d'ailleurs été toujours convaincu que l'abus qui consistait à donner aux chevaux du blé ou du pain, — abus impossible à prévenir, — ne s'était produit que sur des quantités tout à fait insignifiantes.

Notre impression a été, je le répète, celle-ci : nous nous trouvions en face d'un revirement inattendu ; nous avions espéré, grâce à l'intervention des puissances et aux négociations de M. Thiers, obtenir la reconnaissance de ce droit, qui appartenait essentiellement à la nation française, de nommer une Assemblée, mais de la nommer avec un armistice tel que le reconnaît le droit des gens, c'est-à-dire avec ravitaillement. Puis, tout à coup, notre adversaire change de tactique, refuse le ravitaillement. Nous avons vu là la preuve que la Prusse ne voulait ni des élections, ni de la paix. Telle était aussi l'opinion de M. Thiers. C'est donc une manœuvre, un acte de déloyauté, une façon de rompre les négociations. Eh bien, aux armes, il faut aller jusqu'à la fin et se battre à outrance. Comment faire des élections avec les Prussiens occupant vingt-trois départements, sans que les hostilités soient suspendues! Cela n'était pas possible.

Plusieurs membres. — Mais il y avait armistice : il y avait donc cessation des hostilités !

M. JULES FERRY. — C'était sans exemple, un armistice sans ravitaillement !

La preuve que nous voulions la réunion d'une Assemblée, c'est l'entrevue de Ferrières. Cette entrevue et la négociation de M. Thiers n'avaient pas d'autre but. Ce n'est pas pour autre chose que M. Thiers était allé dans les cours principales de l'Europe, à Londres, à Vienne, à Saint-Pétersbourg.

M. LE COMTE DE RESSÉGUIER. — Il est certain que la Délégation de Tours voulait la réunion d'une Assemblée nationale, et je m'étonne qu'à Paris vous eussiez un avis aussi tranché sur l'impossibilité de faire les élections en France, vous qui n'étiez pas en communication avec la province, tandis que la Délégation de Tours, qui, elle, était en communication exacte avec la province, persistait dans un avis différent et voulait laisser la France maîtresse de ses destinées. Assurément cela eût mieux valu et pour la guerre et pour la paix.

M. JULES FERRY. — Messieurs, après le 31 octobre et le rejet de la négociation de M. Thiers, il ne nous a pas été possible de connaître ce désir de la France par aucun symptôme.

Un membre. — Mais avant?

M. JULES FERRY. — Avant, M. Thiers était à Saint-Pétersbourg, à Vienne, à Londres pour obtenir les élections avec armistice, mais avec un armistice avec ravitaillement, et nous avions reçu à Ferrières l'accueil que vous savez.

M. DELSOL. — La Délégation de Tours a voulu les élections, jusqu'à l'arrivée de Gambetta.

M. LE PRÉSIDENT. — Je demande à la Commission la permission de lui adresser une observation : je crois que nous aurons l'occasion de traiter plus tard toutes ces questions, non pas seulement entre nous, mais à mesure que paraîtront d'autres membres du Gouvernement du 4 septembre. Je crois donc qu'il ne faut pas demander tout à M. Ferry. Il est évident que M. Ferry a eu sa part dans le Gouvernement : il vient de nous donner des éclaircissements, mais je crois que nous ne pouvons pas lui demander compte de tout ce qui s'est passé. Ainsi, sur le 31 octobre, sur la négociation entreprise à Versailles par M. Thiers, etc., il y a encore certaines obscurités

30

dans mon esprit; je ne vous le cache pas. Mais ces obscurités, nous ne pourrons les éclairer et obtenir des renseignements précis que lorsque nous entendrons, par exemple,M. Jules Favre ; je crois qu'il n'est pas bon de trop insister aujourd'hui sur ce point ; M. Ferry ne peut nous donner que ce qu'il sait. — Reste la question de ravitaillement sur laquelle M. Ferry reviendra quand il aura des pièces qui lui sont nécessaires.

M. JULES FERRY. — Je voulais dire ceci pour en finir sur les élections, car il faut s'expliquer avec une entière bonne foi; j'accepte la responsabilité de tout ce que j'ai fait. Eh bien, la situation d'esprit du Gouvernement de Paris était assurément imprégnée de l'esprit de la population. J'en conviens parfaitement : on n'était pas à Paris au même point de vue qu'à Tours ou à Bordeaux. Il est certain que la Délégation de Tours ou de Bordeaux, en communication intime et constante avec la province, considérait comme possibles des élections, même faites sans armistice, ou avec un armistice sans ravitaillement. Quant à nous, l'état de notre esprit était absolument contraire. Il n'entrait pas dans notre cerveau qu'on pût accepter de la Prusse des élections faites sans armistice ou avec armistice sans ravitaillement. Cela nous paraissait une humiliation, un abaissement, et nous ne croyions pas la France assez malade pour subir ce dernier outrage. Voilà pourquoi nous désirions des élections avec armistice, mais un armistice avec ravitaillement. Il nous paraissait que ce refus des conditions qui étaient dans toutes les traditions européennes, était un acte de déloyauté, et nous ne voulions pas d'élections à ce prix. Voilà notre état d'esprit ; c'était celui de la population de Paris tout entier. Nous pensions qu'un Gouvernement qui se permettrait de faire des élections avec un armistice sans ravitaillement, ce qui était une sorte de capitulation, serait un Gouvernement perdu.

M. DELSOL. — En envoyant une délégation à Tours, le Gouvernement du 4 Septembre a voulu précisément laisser échapper une partie du gouvernement à la pression des circonstances du siège, à la pression de Paris. Eh bien, c'est en ce sens qu'il ne me semble pas avoir été conséquent avec lui-même lorsqu'il a tranché, de l'intérieur de Paris, une question de politique générale que la Délégation de Tours me semblait plus en mesure de trancher que lui.

M. Jules Ferry. — Vous ne devez pas oublier que les négociations étaient engagées depuis le mois de septembre. L'entrevue de Ferrières avait échoué, mais nous espérions encore dans la négociation de M. Thiers, et nous fûmes ravis de la voir si bien commencer, parce que ce que nous voulions, c'était une assemblée nationale, à la seule condition qu'elle fût élue librement. Mais, après l'échec de cette négociation, l'opinion que nous eûmes de la province ne nous vint plus que par les dépêches de M. Gambetta. C'était à peu près le seul moyen d'information dont nous jouissions. Eh bien, cette opinion, c'était que la province elle-même avait été révoltée de l'attitude prise par la Prusse et que personne ne parlait plus d'armistice.

Ainsi, je vais vous citer une dépêche, la première que nous ayons reçue de Gambetta. Elle est datée du 16 novembre ; elle ne nous est arrivée que le 24 ; elle va depuis le 31 octobre jusqu'au seize novembre.

M. Antonin Lefèvre-Pontalis. — Quel jour Gambetta avait-il quitté Paris ?

M. Jules Ferry. — Le 7 octobre.

Sa résolution avait été prise dès le 4, mais les vents n'étaient pas favorables au départ du ballon tout préparé sur la place Saint-Pierre.

Gambetta eût voulu partir beaucoup plus tôt.

Un membre. — A cette époque, avait-il mission d'empêcher les élections ?

M. Antonin Lefèvre-Pontalis. — Il avait un décret du Gouvernement de Paris, qui les empêchait.

M. Jules Ferry. — Je crois qu'il est nécessaire de bien s'entendre. Dire que nous avions envoyé Gambetta près de la Délégation de Tours uniquement pour empêcher les élections, n'est pas l'exacte vérité. Il y avait, en effet, un décret qui les empêchait, mais la véritable mission de Gambetta, c'était d'organiser la défense, et non uniquement de faire rapporter le décret de la Délégation de Tours qui fixait les élections au 16 octobre.

Un membre. — Elles avaient été fixées d'abord au 2, puis ensuite au 16 octobre ?

M. Jules Ferry. — C'est nous qui les avions fixées au 2,

mais, après l'échec de la négociation de Ferrières, nous dûmes les ajourner. Nous ne pouvions faire des élections avec un armistice sans ravitaillement et nous dîmes : — Puisque la Prusse nous met dans cette situation, nous la dénonçons à l'Europe. La Prusse nous a dit qu'elle ne faisait pas la guerre à la France, mais à une dynastie ; la dynastie est déchue, et cependant elle poursuit la guerre : nous la dénonçons. Elle a dit encore que, devant elle, ne se trouve plus un Gouvernement constitué avec lequel elle puisse traiter. Nous voulons alors faire des élections ; pour cela, il nous faut un armistice, et elle nous le refuse. — Dans le rapport de l'entrevue de Ferrières, rapport qui est certifié conforme à la vérité par M. de Bismarck lui-même, lors de la première conversation, le chancelier dit à M. Jules Favre : « Des élections ! une assemblée ! je n'en veux pas. Une assemblée élue maintenant serait belliqueuse : c'est votre pays qui tient à faire la guerre au nôtre ; c'est une guerre de races. » En réalité, M. de Bismarck ne voulait pas nous accorder d'armistice et nous ne pouvions pas sans cela faire des élections.

M. LE COMTE DE RESSÉGUIER. — Il est évident qu'un conflit a existé entre le Gouvernement de Paris et celui de Tours au sujet des élections. A partir de la négociation de Ferrières, le Gouvernement de Paris est parfaitement décidé à ne pas faire d'élections et il envoie à la Délégation l'ordre de les ajourner. En effet, le décret paraît à Tours le 24 septembre, en même temps que le récit de la négociation de Ferrières. Mais se ravisant, quelques jours après, et cédant au vœu général de la France, le Gouvernement de Tours, malgré les ordres qu'il a reçus de Paris, proclame de nouveau la nécessité des élections et, le 2 octobre, il convoque les électeurs pour le 16. Paris se décida alors à envoyer M. Gambetta pour empêcher les élections.

M. ANTONIN LEFÈVRE-PONTALIS. — La volonté de faire les élections est permanente à Tours, tandis qu'à Paris on n'en veut à aucun prix.

M. JULES FERRY. — Ce n'est pas tout à fait exact. On a eu à Tours, ainsi que je l'ai prouvé par les citations que je vous ai faites, au même moment qu'à Paris, la pensée que la situation faite à la France par la négociation de Ferrières devait faire ajourner les élections, et qu'il fallait prendre avant tout le fusil.

M. ANTONIN LEFÈVRE-PONTALIS. — Je crois qu'il y a erreur dans votre esprit.

M. LE COMTE DE RESSÉGUIER. — Je le crois aussi.

L'*Officiel* du 25 septembre, à Tours, publie le récit de la négociation de Ferrières ; donc il était en communication avec le Gouvernement de Paris, car il ne pouvait être informé que par lui. En même temps que la Délégation qui faisait publier ce récit, elle ajournait les élections. Il est tout naturel de supposer qu'elle ne les ajournait que sur l'injonction qu'elle avait reçue du Gouvernement de Paris, en même temps que la communication de l'entrevue de Ferrières.

M. LE PRÉSIDENT. — C'est probable.

Il est évident que le Gouvernement de Tours cédait à l'injonction que lui faisait le Gouvernement.

M. LE COMTE DE RESSÉGUIER. — Vous dites qu'immédiatement après la négociation de Ferrières, le Gouvernement de Tours s'est décidé à ajourner les élections. Il est à croire que cette décision n'a pas été spontanée mais imposée.

M. JULES FERRY. — Sur ce point, je fais des réserves.

M. LE COMTE DE RESSÉGUIER.— Le Gouvernement de Paris, cédant à l'influence des clubs, ne veut pas d'Assemblée ; le Gouvernement de Tours s'inspire du sentiment de la France : il veut que les élections aient lieu le 16.

Paris insiste et Gambetta arrive pour faire prévaloir sa volonté.

En résumé, les deux dates auxquelles devaient avoir lieu les élections, le 2 octobre d'abord et le 16 ensuite, coïncident avec des instructions venues de Paris pour empêcher ces élections.

M. JULES FERRY. — Je crois qu'il n'y a pas eu d'instructions à la première date ; il y en a eu seulement à la seconde.

M. LE PRÉSIDENT. — Du reste, dans votre première déposition, vous disiez que la dépêche de M. Crémieux avait été faite sans avoir consulté Paris, qu'il avait pris sur lui le retrait de la convocation électorale. Cela coïncide avec ce que vous dites.

M. de Rességuier a fait ressortir deux points. Il est évident que, le 24 septembre, et je le retrouve dans les notes que j'ai prises sur votre première déposition, on était d'avis d'ajourner la convocation des électeurs à Tours comme à Paris. C'est bien entendu.

M. JULES FERRY. — Et, je crois, par un concert spontané.

M. LE PRÉSIDENT. — En même temps, je crois qu'il est bien établi par votre déposition que, lorsque M. Crémieux a fait un décret qui annonçait les élections pour le 16 octobre, la proclamation et le décret avaient été faits sans consulter le Gouvernement de Paris.

M. JULES FERRY. — Oui !

M. LE PRÉSIDENT. — Par conséquent, le 24 septembre, pour ajourner les élections, les Gouvernements de Paris et de Tours sont d'accord, et au contraire, au commencement d'octobre, lorsque M. Crémieux annonce les élections pour le 16, ils ne sont plus d'accord. Paris est étonné d'apprendre que M. Crémieux ait proclamé les élections. C'est alors qu'arrive M. Gambetta. Évidemment, les élections, qui devaient avoir lieu dans toute la France, qui avaient été proclamées par le Gouvernement de Tours, se trouvent empêchées par l'intervention de M. Gambetta. Voilà les faits qui résultent de votre déposition, et il en résulte également que Paris, en ce moment, était tout à fait opposé à la convocation électorale.

M. LE COMTE DARU. — L'opinion générale en province voulait les élections; Paris n'en voulait pas.

M. JULES FERRY. — Nous étions dans le courant de la guerre à outrance. Et tenez, puisque nous sommes ici pour faire notre confession, je dirai ceci : c'est que nous avons commis la faute de ne pas organiser assez tôt la délégation de province ; voilà mon aveu. Le Gouvernement de Tours eût dû être formé dix, quinze jours plus tôt; mais Paris était le poste du péril, et personne ne voulait abandonner ce poste ; ce fut avec peine que les délégués acceptèrent leur mission. Quand nous vîmes à l'œuvre ces délégués — dont je suis loin de nier le dévouement — nous nous dîmes : le Gouvernement de la Délégation de Tours n'est pas assez fortement constitué, et c'est alors que nous fîmes partir Gambetta. Nous avions confiance dans son énergie, autant que dans la modération de son esprit. Ceux qui ont connu M. Gambetta au Corps législatif, comprendront notre confiance. M. Gambetta s'y était révélé comme un esprit très sérieux, très modéré, et nous ne pouvions envoyer personne de plus énergique, ni de plus capable de modération et de sagesse.

Pour achever mon récit, je vous demande la permission de vous dire très brièvement la fin du siège, afin de vous montrer quel était notre état d'esprit et aussi l'état d'esprit de la population parisienne, depuis le 31 octobre jusqu'au 28 janvier.

Il y a une réaction continuelle des nouvelles de la province sur l'état de Paris, et de l'état de Paris sur la direction des affaires de province. Il y a un enchaînement qui justifie ce que je vous disais dans ma première déposition : c'est qu'on n'a jamais vu une série de fatalités si étroitement liées que celles dont se compose le siège de Paris. Nous voici tout à fait investis : la garde nationale a en nous une grande confiance; les premiers jours de novembre sont employés à la réorganisation générale; puis le 15 novembre nous arrive la nouvelle de la victoire de Coulmiers. Ce fut une joie immense ; on alla jusqu'à dire : voilà la France qui reprend sa supériorité militaire, c'est une première victoire qui en annonce d'autres ; avons-nous bien fait d'accepter la guerre à outrance? devons-nous nous féliciter que M. de Bismarck ait refusé l'armistice ? Telle fut l'impression de la population parisienne, et cette impression est fortifiée par la dépêche de Gambetta du 16 novembre.

M. LE PRÉSIDENT. — M. le général Trochu ne paraît pas avoir eu la même confiance que vous dans les conséquences de la bataille de Coulmiers.

M. JULES FERRY. — Oui! mais, quant à nous, nous étions enivrés de joie.

M. LE PRÉSIDENT. — M. le général Trochu nous a dit que la bataille de Coulmiers l'avait forcé à changer son plan de bataille; quant à moi, j'avoue que j'aurais bien voulu que ces inconvénients se renouvelassent souvent.

M. JULES FERRY. — Voilà cette bonne nouvelle, cette dépêche du 16 novembre qui nous arrive le 24. Gambetta nous disait : «200,000 hommes sur la Loire, — 100,000 hommes de plus au 1er décembre, 200,000 mobilisés. Orléans fortement tenu. » — Les puissances européennes manifestent leurs sympathies et leur surprise par les journaux, par les représentants des cours. — Et il ajoutait : « Sauf de rares exceptions, on ne veut plus d'élections, ni d'armistice. Le refus de ravitaillement de Paris a été unanimement blâmé et attribué à M. de Bismarck. On n'a voulu voir dans ce refus qu'un stratagème pour affamer Paris et donner aux troupes prussiennes, dégagées de Metz, le temps d'arriver et de faire échec à notre armée de la Loire. »

Un membre. — Cette appréciation de l'opinion en province peut être contestée.

M. JULES FERRY. — Voilà ce que nous en savions.

Un membre. — A quelle date receviez-vous ces dépêches ?

M. JULES FERRY. — Elles sont toutes dans le *Journal officiel;* nous ne les cachions pas.

Un membre. — Avec des modifications, et vous faisiez bien.

M. JULES FERRY. — Nous les avons toutes publiées. sauf

une des dernières, qui attaquait vivement le général Trochu.

Voilà les dépêches qui nous arrivaient de province.

Le général Trochu avait changé son plan et porta ses attaques sur la Marne. Vous savez quelle a été la conséquence des combats de Villiers-sur-Marne. Les premières journées furent un succès; au départ, le général Ducrot fit une proclamation célèbre; et, le premier jour, l'entrée en matière fut à la hauteur des espérances qu'il nous avait données; la seconde journée fut aussi très belle, les troupes couchèrent sur la position conquise. Et par une sorte d'intuition, le même jour, à la même heure où Paris tendait à sortir, l'armée de province combattait pour se rapprocher.

Un membre. — Je vous demande pardon de vous interrompre; mais je vous ferai observer que l'armée de province avait reçu l'ordre formel de marcher sur Paris; quand on connut la sortie du général Ducrot, on partit le lendemain sur un ordre de M. Gambetta ou de son délégué, M. de Freycinet. Ce n'est donc pas une coïncidence, mais un ordre qui faisait marcher les deux armées en même temps.

M. JULES FERRY. — Je sais que la sortie devait avoir lieu le 29 novembre, qu'elle n'eut lieu que le 30, que l'on perdit 24 heures; je ne sais pas quelle influence cela put avoir sur l'armée de la Loire; toujours est-il que l'armée de la Loire se battait au moment même où nous opérions notre sortie sur la Marne.

La mauvaise nouvelle de la reprise d'Orléans par les Allemands nous fut donnée, comme vous le savez, par M. de Moltke. Il y a encore là un trait du caractère et de l'esprit de la population parisienne. Le 5 décembre, M. de Moltke envoyait au général Trochu une note conçue à peu près en ces termes : Il vous paraîtra peut-être utile de savoir que l'armée de la Loire a été battue, et que la ville d'Orléans a été reprise; si vous doutez de ces nouvelles, vous pouvez les faire vérifier. »

M. le général Trochu répondit à M. de Moltke qu'il le remerciait de ses renseignements, mais qu'il ne croyait pas nécessaire de les vérifier.

Ce fut un enthousiasme dans la population parisienne. C'est bien de ce ton qu'il faut leur répondre, disait-on; d'ailleurs la nouvelle n'est pas vraie, ce sont des menteurs. Ils n'ont pas vaincu à Orléans; nous avons peut-être reçu un petit échec, mais il n'ont pu détruire l'armée de la Loire.

Le 16 et le 18 décembre arrivent de nouveaux pigeons qui nous apportent les dépêches du 5 et du 11. Gambetta nous raconte ainsi les événements de la Loire :

« Les choses sont moins graves que ne le disent les Prussiens; on a divisé l'armée, après l'évacuation d'Orléans, en deux armées : Chanzy et Bourbaki, — Faidherbe opère au nord. — l'armée, malgré sa retraite, est intacte et n'a besoin que de quelques jours de repos. »

Le lendemain, arrive un autre pigeon porteur d'une dépêche qui s'étend sur la retraite du général Chanzy, et dit, « l'armée de la Loire est loin d'être anéantie. — Faidherbe a repris La Fère, — nous n'avons pas de nouvelles de vous depuis plus de 8 jours, ni par les Prussiens, ni par les étrangers : nous sommes fort inquiets de votre sort.

« Le mouvement de retraite des Prussiens s'est accentué, ils paraissent las de la guerre, — pertes énormes, — ravitaillement difficile. — Si nous pouvons durer, nous triompherons. — Le Gouvernement de la Défense nationale est partout obéi et respecté. » C'est alors qu'eut lieu la tentative de sortie vers le Nord, sur la foi de ces affirmations venues de la province.

Vous connaissez la journée du 21 décembre. Le général Trochu fit sortir jusqu'à cent bataillons dans la plaine de Saint-Denis; le Bourget devait être enlevé d'abord par un coup de surprise, il ne le fut pas; le corps d'armée de l'aile droite n'arriva pas à temps, bref ce fut une déplorable journée; on rentra dans les lignes au milieu de la consternation générale; ajoutez à cela un froid des plus violents, et, pendant la nuit, de nombreux cas de congélation. C'est à ce moment, messieurs, qu'on entendit pour la première fois ce cri de « vive la paix ! » poussé par nos soldats grelottants, mécontents surtout de l'échec qu'ils venaient de subir.

A cette date du 21 décembre, commence la plus cruelle période de nos épreuves. A partir du 21 décembre, le prestige du gouvernement militaire était tombé, et la population de Paris lui devenait très hostile. On disait bien qu'on allait recommencer les opérations, et que la gelée seule empêchait de poursuivre le travail des tranchées ; la population n'avait plus confiance. En même temps, le bombardement des forts commence; le pain noir, la diminution des subsistances, le froid intense qu'on ne peut combattre faute de combustible, tous les malheurs fondent sur nous à la fois. Nous avons bien des adversaires, bien des ennemis, mais les plus cruels doivent se tenir pour satisfaits, car nous avons été condamnés à un épouvantable supplice; le supplice de tout savoir et de ne pouvoir rien dire; d'être seuls à savoir l'heure où les vivres manqueraient, où la famine commencerait, au milieu d'une population qui ignorait tout et ne soupçonnait rien, qui comptait sur nous, et qui ne calculait pas qu'au commencement du siège, nous lui avions annoncé deux mois de vivres, et qu'il y en avait depuis lors quatre d'écoulés!

De plus, nous recevions des nouvelles de province qui annonçaient des échecs et qui annonçaient aussi des succès, car s'il était certain que l'armée du général Chanzy était en retraite et repoussée jusque sous les murs de Laval, d'un autre côté, on nous affirmait que, dans l'Est, le général Bourbaki pouvait tout sauver, ce qui nous dédommageait de la défaite de Chanzy.

Le 31 décembre, nous réunimes un conseil de guerre. Je crois que je pourrai vous communiquer le procès-verbal de ce conseil, car il a été gardé par un secrétaire du Gouvernement. Ce conseil de guerre fut tenu à l'hôtel du gouverneur, en conséquence de l'échec du 21. Ce conseil de guerre, qui témoignait de l'affaiblissement de notre confiance dans le gouvernement militaire, était composé des trois généraux commandant les corps d'armée, les généraux Vinoy, Ducrot et l'amiral La Roncière le Noury, deux généraux d'artillerie et du génie, les généraux Guyot et Chabaud-La-Tour, et de quatre divisionnaires. C'était à peu près tout. Je mettrai sous vos yeux le procès-verbal; par conséquent je n'insiste pas, je le résume seulement. On demanda: y a-t-il quelque espérance de percer les lignes? les militaires répondirent: non! Les lignes prussiennes sont constituées de telle sorte, et nos moyens d'action sont tellement affaiblis que nous ne pouvons percer les lignes. — Faut-il pour cela mettre bas les armes, et croyez-vous que le siège de Paris puisse se terminer de cette façon? Sur ce second point, la réponse des militaires fut négative. Ils croyaient devoir à l'honneur de l'armée française un dernier effort. Il fallait que, dans cet effort suprême, on associât la garde nationale et l'armée : ce serait le couronnement de cette noble et longue résistance !

De cette délibération est sortie l'affaire de Buzenval.

Bien que le général Trochu eût proposé une action autrement audacieuse : il voulait, lui, marcher sur Châtillon même, et donner l'assaut à ces terribles pièces de siège qui couvraient de leur feu le faubourg Saint-Germain...

Mais ce plan n'eut qu'une voix dans le Conseil de guerre.

L'affaire du 19 janvier fut décidée ; elle ne fut définitivement fixée que lorsque de nouvelles dépêches — ce furent les dernières — nous eurent rendu quelque lueur d'espoir.

La dépêche du 9 janvier est une des dernières que nous reçûmes de Gambetta ; elle arriva en même temps qu'une dépêche de l'*agence Havas* : nous l'avons, comme toutes les autres, fait connaître au public. L'affaissement de la population était tel qu'on n'aurait pu obtenir de la garde nationale ni de l'armée le moindre effort, sans la pensée d'un secours arrivant de la province.

La dépêche de Gambetta ne nous arriva que le 9 janvier, mais elle portait la date du 23 décembre, et elle était expédiée de Lyon. Voici comment Gambetta expliquait la situation :

« Démoralisation et lassitude chez les Prussiens. Belfort « approvisionné pour huit mois. Toute la ligne bien gardée de « Montbéliard à Dôle, de Dôle à Autun, le Morvan et le Niver-« nais jusqu'à Bourges. »

« Excellente situation de Bourbaki ; manœuvre dont on « attend les meilleurs résultats. »

Le général Trochu a déclaré que ce plan, entre les mains de Bourbaki, était bon, mais qu'il venait un peu tard.

La dépêche ajoute :

« Chanzy a fait lâcher prise aux Prussiens. Il refait ses troupes, et va reprendre l'offensive.

« Le Havre est dégagé ; Rouen abandonné, après avoir été pillé. Les gardes nationaux mobilisés deviennent, au feu, d'excellents soldats. Le pays est, comme nous, résolu à la lutte à outrance. »

M. LE PRÉSIDENT. — On ne peut pas mentir plus complètement

(assentiment); non seulement mentir, mais tromper. C'est le contraire de la vérité.

M. JULES FERRY. — Peu de jours après, un pigeon nous apportait la dépêche du général Faidherbe, qui avait gagné la bataille de Bapaume : c'était un vrai succès.

Le même pigeon apportait une dépêche *Havas* encore plus explicite. Elle annonçait d'abord la victoire de Faidherbe à Pont-Noyelles, elle insistait beaucoup sur le combat de Nuits, où Garibaldi avait mis en déroute les Prussiens. La dépêche *Havas* insistait aussi sur l'affaiblissement des Allemands : « Ils « ont perdu 300 000 hommes depuis leur entrée en France; ils « ont 100 000 malades. — 600 000 hommes tournent toutes les « sorties de Belfort. »

Le 10, arrivait une autre dépêche de Gambetta, datée du 3.

« La première armée de la Loire portée vers l'Est, sous « Bourbaki; 150 000 hommes en tout. — Affaire de Nuits. — « Dijon évacué par les Prussiens le 27 décembre. — Nous mar- « chons sur Vesoul, ce qui pourrait bien débloquer Belfort. — « Chanzy est bien au Mans. — Les Prussiens n'osent franchir « la Loire, et ont évacué la vallée du Loiret. — Nos bonnes « chances augmentent tous les jours. — Les Prussiens ont « perdu 500 000 hommes. — Lyon est bien. »

Voici enfin une dépêche de M. de Chaudordy, du 14 janvier.

Nous avions pris l'habitude de considérer M. de Chaudordy comme un homme très grave, très réservé, qui mettait dans ses informations moins d'enthousiasme que M. Gambetta.

M. de Chaudordy nous avait écrit, le 14 janvier :

« Chanzy a perdu la bataille du Mans : 10 000 prisonniers; 12 canons : pas découragés. Bourbaki vainqueur à Villersexel. »

M. LE PRÉSIDENT. — Les deux nouvelles étaient vraies.

M. JULES FERRY. — Voilà, messieurs, sous quelle impression se trouvait le Gouvernement de la Défense nationale quand il décida la sortie de Buzenval. L'élan fut très beau; malheureusement, comme on vous l'a expliqué, des troupes aussi jeunes, aussi inexpérimentées, ne sont pas capables d'un élan de longue durée. L'action, qui avait été glorieuse au commencement, finit par une retraite; à la nuit tombante, on lâcha pied devant les canons allemands, et l'on abandonna les positions.

Le mécontentement qui avait éclaté à Paris après l'évacuation du plateau d'Avron, se reproduisit alors avec une telle intensité, que le commandement ne put plus rester entre les mains du général Trochu; le Gouvernement fut obligé de lui demander sa démission dans la nuit du 21 janvier. Mais, je tiens à le dire, dans ces circonstances si douloureuses pour lui, il tint une conduite pleine de noblesse; il fut admirable vis-à-vis des maires qu'il avait lui-même convoqués, pour leur exposer l'état des choses. Il fut admirable dans le conseil : il offrit sa démission de Gouverneur de Paris, et consentit à rester président du Gouvernement. Le général Vinoy fut nommé général en chef à sa place.

Le mouvement que nous avions prévu était inévitable. Il éclata; mais sa préparation remonte à une époque antérieure au 22 janvier. Quant à moi, je n'oublierai jamais cette malheureuse journée. Je m'étais rendu auprès du Gouvernement, réuni en conseil au ministère de l'Intérieur. Je voulais ouvrir les yeux à quelques membres du Gouvernement qui conservaient encore des illusions sur les approvisionnements, et j'avais amené avec moi le directeur de la caisse de la boulangerie, l'honorable M. Pelletier. Pendant que mon chef de service était là, exposant les chiffres et les quantités, je reçois la nouvelle qu'on menace d'attaquer l'Hôtel de Ville. En effet, le 201e bataillon de la barrière d'Italie était sur la place de l'Hôtel-de-Ville, et, quelques instants après, il ouvrait le feu. J'avais donné, en partant, des ordres formels : on devait prévenir tout conflit, tenir les troupes exactement renfermées dans l'intérieur de l'édifice, et nos défenseurs prêts à tout, mais bien cachés dans les embrasures.

Notre loyauté était si grande, qu'un de nos officiers, le commandant des mobiles, M. de Legge, un de nos collègues, était, au moment des premiers coups de feu, entre la grille et le bâtiment, seul avec M. Vabre, colonel commandant l'Hôtel de Ville, et un adjudant, l'adjudant Bernard. Ce dernier eut le bras fracassé; M. Vabre n'échappa à la mort qu'en se plaçant derrière la guérite qui porta longtemps les traces des balles. La porte ayant été refermée devant eux, ils reçurent des décharges terribles pendant plusieurs minutes.

C'est alors que les gardes mobiles, sans attendre aucun commandement, tirèrent sur les agresseurs, et en un clin-d'œil la place de l'Hôtel-de-Ville fut balayée.

Depuis ce moment jusqu'au 18 mars, on ne vit plus un chat, passez-moi cette expression, sur la place de l'Hôtel-de-Ville; on n'y rencontra plus aucune espèce de manifestation. Même le 18 mars, ce n'est qu'à la nuit close que les gardes nationaux insurgés se glissèrent le long des murs, de l'autre côté de la place, de façon à se tenir à distance respectueuse de cet édifice d'où leur était venue, deux mois auparavant, une si juste correction.

Voilà en gros l'affaire du 22 janvier.

Le 22 janvier était un dimanche. Dès le 23, le lundi, M. Jules Favre était allé, dans le plus grand secret, aux avant-postes prussiens, chez le comte de Bismarck. L'armistice fut signé le 28. Or, voici quelle était la situation de nos vivres le 27 janvier.

Le 27 janvier, il nous restait 42 000 quintaux de blé, d'avoine et de son, qui constituaient 35 000 quintaux de farine panifiable, à cause du rendement inférieur de l'avoine. La guerre avait 12 000 quintaux de riz et 20 000 quintaux d'avoine.

La consommation a été réduite, grâce à la bonne administration des subsistances, que je me propose de vous démontrer dans une autre séance; la consommation, dis-je, avait été réduite, depuis le 18 janvier, à 5 300 quintaux par jour. Sur ce pied, nous avions devant nous sept jours de pain, peut-être un jour de plus chez le boulanger, et peut-être aussi trois ou quatre jours chez les détenteurs de blé. Bref, nous pouvions compter sur environ dix jours de vivres, dix ou onze jours. Mettez douze, parce que, dans une ville comme Paris, les ressources offrent toujours un certain imprévu.

On pouvait donc compter sur dix ou douze jours de pain. Il y avait cependant une circonstance inquiétante, c'est que nos moulins ne fabriquaient notre farine qu'au jour le jour, et en quantités nécessaires seulement pour la subsistance du jour; de sorte qu'il suffisait d'un obus prussien, tombant sur les moulins de l'usine Cail, pour affamer une population de 2 millions d'âmes, ayant encore des subsistances pour quelques jours.

Quant à la viande, il restait encore 33 000 chevaux dans Paris, y compris les chevaux de la guerre, sur 100000 chevaux entrés dans Paris en septembre.

Sur ces 33000 chevaux, même en consommant ceux de la guerre, on n'en pouvait compter que 22000 pour la subsistance, parce que Paris ne peut pas se passer de chevaux plus que de pain, ne fût-ce que pour le service des farines qu'il fallait transporter tous les jours des moulins chez les boulangers.

On consommait à Paris 650 chevaux par jour, en comptant l'armée et la population civile ; ce qui mettait la ration de viande à 25 ou 30 grammes par jour. C'est avec cela que Paris vivait depuis le 25 décembre, et, depuis dix jours, la ration de pain n'était que de 300 grammes.

Nous comptions donc que dans dix jours, c'est-à-dire quand il n'y aurait plus de pain, on aurait mangé 6500 chevaux.

Nous avions une réserve de 3000 vaches, que nous gardions pour les malades et les petits enfants. On aurait pu les manger ; mais, comme il n'y avait plus de pain, il aurait fallu tuer encore 3000 chevaux. Nous aurions pu, de cette façon, fournir pendant une semaine encore à l'alimentation de Paris.

Voilà, messieurs, l'exposé fidèle des faibles ressources qui nous restaient ; ce triste tableau, chacun pouvait le commenter avec ses souffrances personnelles, et, cependant, la nouvelle de la capitulation fut acceptée, fut subie par la population avec un profond chagrin et une grande déception, la plus grande qui ait pu jamais frapper l'esprit d'un peuple.

Nous avons dû, dans ces conditions, capituler, dans le même moment où nous apprenions les derniers revers de Chanzy, l'insuccès de l'armée du Nord, la défaite et la mort de Bourbaki.

Un membre. — Il n'est pas mort.

M. JULES FERRY. — La nouvelle de sa mort a couru, et on y a cru.

Vous voyez, messieurs, dans quelles extrémités terribles les négociations furent entamées ; c'est au moment où toutes les ressources du pays étaient épuisées, où la France ne pouvait plus rien, où l'effort suprême de Paris coïncidait avec l'effort suprême de la province. Nous croyons que cette coïncidence, dans laquelle notre persistance, je pourrais dire notre sagesse, est entrée pour quelque chose, restera dans l'histoire comme une complète justification de notre rôle, qui a été terrible pendant les trois derniers mois, au milieu d'une ville assiégée dans des conditions inouïes jusqu'alors.

En résumé, nous avons cru devoir tenir et nous avons tenu jusqu'au moment où il a été certain qu'il n'y avait plus rien à faire pour la défense.

(Séance du 27 juin 1871.)

M. LE PRÉSIDENT. — Nous allons vous entendre sur les questions qui vous restent à traiter.

M. JULES FERRY. — Je voudrais vous parler rapidement, pour ne pas abuser de votre bienveillante attention, de l'administration civile pendant le siège.

Nous avons, sur ce terrain, rencontré des adversaires différents de ceux que nous rencontrons sur le terrain politique. Ceux-ci nous accusaient d'avoir trop prolongé la résistance. Une portion de l'opinion publique nous a accusés, au contraire, au point de vue de l'aménagement des subsistances, de n'avoir pas fait tout ce qu'il fallait pour faire durer la résistance aussi longtemps qu'elle devait durer. On nous reprochait, dans les départements, d'avoir tenu trop longtemps. A Paris, on nous a fait le reproche contraire. Je crois que, sur le terrain de l'aménagement des subsistances et de l'administration civile de la Ville de Paris, nous avons rempli notre devoir, qui était celui de toute place assiégée : tenir jusqu'à la dernière bouchée de pain.

Nous n'avons jamais compris autrement la situation de Paris, et si nous n'avons pas absolument conformé toute notre politique à ce programme, en ce sens qu'on peut dire qu'à ce point de vue, il eût été rationnel de ne laisser dans Paris qu'un gouverneur militaire et d'envoyer le Gouvernement en province, c'est qu'il est impossible de traiter une ville de deux millions d'âmes, qui renferme toutes les passions, tous les éléments de désordre que renferme Paris, comme une place ordinaire. Pour maintenir dans le devoir de la défense la population parisienne, ce n'était pas trop d'un certain nombre d'hommes politiques connus d'elle, ayant une certaine action sur elle, à côté d'un général. Un chef militaire eût été dans l'impossibilité d'accomplir cette tâche, les troupes dont il disposait étaient trop jeunes. Vous l'avez vu, d'ailleurs, toutes les difficultés de ce siège se sont dénouées par l'intervention de la garde nationale.

Voici des chiffres qui prouvent que, quant aux subsistances, nous avons, je ne dirai pas fait un miracle, mais résolu un problème qui paraissait insoluble. Quand nous nous sommes trouvés en face des ressources de Paris, au mois de septembre 1870, un premier coup d'œil nous révéla qu'il y avait pour deux mois de vivres. Vous trouverez à l'*Officiel* du mois de septembre, postérieurement à l'investissement, une note du ministre du Commerce qui annonçait à la population de Paris, comme une bonne nouvelle, qu'il y avait pour deux mois de vivres. Nous avons, par économie et par industrie, vécu quatre mois et demi. Je crois qu'il y a quelque éloquence dans le rapprochement de ces deux chiffres : cette espérance de deux mois, cette réalité de quatre mois et demi.

Cette différence s'explique par diverses circonstances. J'ai là le procès-verbal du conseil municipal retrouvé, par hasard, dans un dossier. Au mois d'août, on se posait cette question : Paris est exposé à un investissement, combien faut-il acheter de vivres, emmagasiner de provisions? Le conseil municipal délibéra et déclara qu'il fallait pour un mois de vivres. On ne prévoyait pas que le siège de Paris pût dépasser cette durée. La Ville de Paris acheta, en effet, 210 000 quintaux métriques de farine, qui représentaient, à raison d'une consommation moyenne de 7 000 quintaux par jour, des vivres pour trente jours.

Fort heureusement, d'autres ressources furent accumulées, par la force même des choses et des événements.

Beaucoup d'approvisionnements, préparés pour les armées, refluèrent sur Paris. L'administration de la guerre se trouva posséder des richesses considérables ; elle put nous céder, en différentes fois, plus de 55 000 quintaux. Il se trouva aussi que, pour les besoins militaires, l'État avait acheté 118 000 quintaux, destinés aux armées qui restèrent dans Paris.

31

Un de nos premiers soins, en arrivant au Gouvernement, fut de réquisitionner tout ce qu'il y avait à Paris en farines. La réalisation de ces réquisitions nous donna 108000 quintaux.

Enfin, et ce fut là la grande ressource et le secret de la prolongation de la défense ; dans les jours qui s'écoulèrent entre le 4 septembre et l'investissement, les cultivateurs de la banlieue, auxquels la Ville de Paris donna asile généreusement, leur offrant le logis et le vivre, lui apportèrent, en échange, une quantité considérable de blés, d'avoines, d'orges, de seigles, représentant 282000 quintaux de farine panifiable.

Il y eut, c'est une des choses intéressantes que nous avons faites, un effort considérable pour arriver à moudre dans Paris une quantité de farines, dont il n'y a pas d'autres exemples. Nous étions arrivés, dans les derniers mois du siège, à moudre jour par jour ce qui était nécessaire à l'alimentation de la population. Il avait fallu pour cela établir des moulins dans toutes les gares de chemins de fer. Les Compagnies nous ont prêté, avec un remarquable dévouement, un très puissant concours. Cela ne suffisait pas encore, et lorsque je pris la direction de la mairie, au 14 novembre, je fus dans la nécessité de commander des moulins beaucoup plus faciles à construire, les moulins Falker, dont on avait dit beaucoup de mal, et dont on avait commencé, puis abandonné la construction au commencement du siège. Le conseil municipal en avait délibéré, les hommes spéciaux, les meuniers avaient dit qu'on ne pouvait rien faire de ces petits moulins, qu'ils donnaient une mauvaise farine, que jamais la population de Paris ne voudrait manger de ce pain-là. Ces moulins nous sauvèrent. Sans les 300 paires de meules que M. Cail construisit dans l'espace d'un mois, — œuvre qui lui fait beaucoup d'honneur, mais où il a perdu la santé et la vie, — la situation de Paris eût été terrible ; la population serait morte de faim sur des blés non moulus.

Voilà comment la quantité de farines propres à la panification put s'élever de la consommation de deux mois à celle de quatre mois et demi.

Quant à l'organisme grâce auquel cette quantité de subsistances fut aménagée, le voici : au sommet, il y avait une Commission des subsistances, dans laquelle figuraient plusieurs membres du Gouvernement ; M. Jules Simon la présidait ; nous y avions fait entrer des hommes spéciaux, notamment l'honorable et habile directeur du chemin de fer de l'Est, M. Sauvage. La Ville et l'État faisaient la distribution des deux matières essentielles de l'alimentation ; le pain et la viande. La viande était distribuée par le Ministère du Commerce qui, ayant fait l'acquisition des bestiaux amenés dans Paris pour le ravitaillement, se trouvait tout porté pour délivrer la viande aux mairies. L'administration de l'Hôtel de Ville n'a jamais eu aucune part dans cette distribution ; les maires seuls en étaient chargés ; le Ministère du Commerce leur livrait directement ; eux seuls étaient en mesure d'organiser, tant bien que mal, car ces choses s'organisent toujours mal, quoi qu'on fasse, la distribution de la viande à une si énorme masse de population.

La Ville de Paris fit la distribution des farines par l'intermédiaire de la caisse de la boulangerie, qui s'est trouvée dépositaire de toutes les farines délivrées aux boulangers, et qui a distribué 787,000 quintaux métriques.

Pendant le siège, et même depuis, nous avons eu à nous défendre contre une utopie qui a couru dans les milieux les plus divers. On nous disait : Le vrai procédé pour nourrir une population en temps de siège, c'est de faire masse de tout ce qui existe de substances alimentaires et de les partager au prorata, et si vous aviez opéré de cette façon, vous auriez réalisé une sérieuse économie et prolongé la durée de la résistance.

C'est là, en effet, le rationnement qu'on peut pratiquer à l'égard d'une population armée, disciplinée et peu nombreuse : c'est le rationnement militaire ; mais je le tiens, appliqué à une population civile, à un peuple de deux millions d'âmes, pour la plus immense chimère que l'on puisse imaginer. Nous avons eu à lutter contre cette folie. C'était un des grands griefs du parti démagogique contre le Gouvernement de la Défense nationale. Le rêve de ce parti était de faire un universel emmagasinage et d'appeler tout le monde à la gamelle patriotique. Son rêve était surtout d'entrer dans toutes les maisons, de saisir toutes les provisions. Ce qu'il y a eu là d'erreurs, de fantaisies dans les imaginations populaires, est incroyable. On se figurait que les riches avaient amassé des quantités de charcuterie, et c'étaient à chaque instant des querelles dans la presse contre certains maires ou adjoints, à qui on disait : « Vous devriez faire des perquisitions, tout requérir, tout partager. » Nous avions à résister à ce mouvement, à ces absurdités qu'on voulait nous imposer. Nous avions déjà beaucoup de peine à distribuer, tant bien que mal, et plutôt mal que bien, la viande et la farine. Quant à la charcuterie, à l'épicerie, le commerce de détail est évidemment un distributeur bien supérieur à l'État, qui ne sera jamais que l'organe d'un communisme grossier, organe impuissant et sans précision. Nous n'avons jamais voulu toucher à ce commerce de détail, et je crois que les souffrances de la population de Paris eussent été incomparablement plus cruelles si nous étions entrés dans la voie de l'accaparement, de la répartition universelle.

Nous avons exercé le droit de réquisition sur l'alimentation fondamentale de la population, sur la farine. Nous n'avons, sans doute, pas retrouvé tout ce que nous avions réquisitionné. Il ne fallait pas songer à emmagasiner dans des magasins publics les quantités immenses de farines, de blés, que contenaient les magasins privés. Seulement les propriétaires de ces blés et farines en étaient constitués dépositaires responsables. Nous n'avons néanmoins pas tout retrouvé, mais il ne faut pas en conclure, comme on l'a souvent répété, qu'on ait gâché une quantité notable d'aliments pendant le siège de Paris. Il y a encore là une erreur populaire. On a souvent dit : la preuve qu'on en a gâché, c'est qu'on a donné du pain, du blé aux chevaux. Quand cet abus m'a été signalé, je me suis adressé aux maires, et je leur ai prescrit de faire des enquêtes. Mais on ne citait presque jamais de faits précis. Il a pu y avoir quelques exemples de pain donné aux chevaux, mais je crois que ce pain ne venait pas de la population civile et ne pouvait provenir que des rations militaires, effectivement trop élevées. Le soldat recevait 750 grammes de pain ; il ne les mangeait pas, et, de ce côté, il a pu se rencontrer des détournements de pain de la nourriture humaine à la nourriture animale.

Une observation très simple répond d'ailleurs à cette critique. Si l'on a donné aux chevaux une certaine quantité de blé, — que je crois très petite, — parce que le blé était moins cher que l'avoine, on a donné de l'avoine aux hommes, de sorte qu'il n'y a eu aucune déperdition de l'alimentation totale.

On parle de nourriture gâchée dans une ville qui croyait avoir pour deux mois de vivres et qui s'en est trouvé pour quatre mois et demi ! C'est une façon de gâcher qui mérite des éloges.

J'ai conservé un très curieux tableau que je me suis fait donner à la fin du siège. Ce tableau, dressé par la caisse de la boulangerie, indique jour par jour les quantités de farine livrées aux boulangers pour les besoins de la population. Le résultat de ce tableau est celui-ci :

La consommation moyenne de la Ville de Paris en farine est au moins de 7,000 quintaux ; et encore c'est celle de la Ville sans le surcroît de population amenée par le siège, c'est-à-dire avec 1,700 ou 1,800,000 habitants, au lieu de 2 millions. Eh bien, cette consommation de 7,000 quintaux par jour, minimum insuffisant pour les besoins normaux d'une population de deux millions d'âmes, a été réduite par la bonne administration, par un bon aménagement, à une moyenne de 6,368 quintaux par jour. De sorte que Paris a été, du commencement à la fin, soumis, sans s'en douter, à un véritable rationnement.

Ce rationnement nous a valu beaucoup de plaintes et de récriminations, et il ne se passait pas de jour où les gémissements des boulangers, qui n'avaient pas toute la farine sur laquelle ils comptaient, ne se fissent jour dans les journaux. Vous entendiez dire : Comme l'Hôtel de Ville administre mal ! les boulangers n'ont pas assez de farine : ils se plaignent !

Nous savions bien qu'ils n'avaient pas assez de farine, mais ne voulant pas, par les raisons que je disais, et ne pouvant pas établir un rationnement proprement dit, nous exercions une pression sur les boulangers, nous n'ouvrions le robinet qu'avec une grande parcimonie pour ménager nos précieuses subsistances ; et nous avons réussi, puisque nous étions arrivés à une moyenne de 6,360 quintaux qui ne dépassait que de 500 quintaux le rationnement effectif que nous avons dû établir dans les derniers temps du siège. Savez-vous ce que cela fait de pain ? De 810 à 820,000 kilogrammes, ce qui n'est pas beaucoup pour 2 millions d'habitants.

On nous a dit encore, et cette objection à l'égard du rationnement a été faite par l'honorable M. de Rainneville.....

M. DE RAINNEVILLE. — Je ne veux pas que vous vous mépreniez sur la portée de mon observation. Elle tendait seulement à ceci : comment, puisque vous aviez pour quatre mois et demi de vivres, avez-vous pu faire votre compte de façon à croire que vous en aviez seulement pour deux mois ? Si vous aviez su en avoir pour quatre mois et demi, peut-être auriez-vous accepté l'armistice proposé sans ravitaillement. Je rends du reste justice à l'administration de la Ville de Paris ; j'y étais et je reconnais que vous avez fait ce qu'il était possible de faire pour les distributions de vivres dans l'état de trouble où était la Ville.

M. Jules Ferry. — Ces choses se font toujours mal.

J'étais content que la question eût été posée parce qu'elle me rappelait un reproche qui a été formulé de tous les côtés et que j'ai les moyens d'y répondre de la manière la plus satisfaisante.

Un membre. — Savez-vous si la consommation militaire est comprise dans les 7 000 quintaux.

M. Jules Ferry. — Elle n'y est pas comprise.

Le même membre. — Par conséquent, tous les chiffres que vous nous donnez se rapportent à la population civile.

M. Jules Ferry. — Oui, — cependant l'armée mangeait bien un peu sur cette quantité ; il arrivait des mobiles qui achetaient en arrivant du pain chez les boulangers.

Un membre. — Je crois que l'armée donnait plus de pain qu'elle n'en mangeait.

M. Jules Ferry. — Le soldat a eu 750 grammes jusqu'à la fin de décembre.

M. le général d'Aurelle de Paladines. — Était-ce 750 grammes de pain ?

M. Jules Ferry. — On donnait 750 grammes de pain et encore du biscuit. Nous avons demandé la réduction de la ration.

M. de Rainneville. — Tous les jours, à l'intendance, on changeait le chiffre des rations. On donnait surtout trop d'eau-de-vie.

M. Jules Ferry. — On a baissé la ration à 500 grammes et on a donné du biscuit.

M. le général d'Aurelle de Paladines. — La ration de pain est de 750 grammes, celle du biscuit de 600.

Un membre. — La ration de biscuit est aussi considérable que celle de pain; le biscuit représente une plus grande quantité de matière nutritive.

M. JULES FERRY. — C'est à Vincennes, après l'affaire du 21 décembre, que le général Trochu prit le parti de réduire la ration militaire.

M. DE DURFORT DE CIVRAC. — Je ne crois pas que l'administration de Paris ait été attaquée sur ce point d'une manière sérieuse. Tout le monde a rendu justice aux efforts que le Gouvernement a faits pour prolonger la défense au delà de tout ce qu'on pouvait supposer. Je crois qu'il ne serait pas nécessaire de faire porter l'enquête sur ce point.

M. JULES FERRY. — Soit! je donnais ces explications soit pour vous, soit pour le dehors. Si votre conviction n'était pas faite sur ce point, je pourrais vous montrer quelle résistance invincible nous rencontrions dans l'esprit de la population contre un rationnement effectif. Lorsqu'au 10 ou 11 décembre, je réunis les maires au Ministère de l'Intérieur, sous la présidence de M. Jules Favre, la question du rationnement fut traitée. Si je la soulevais à ce moment, ce n'était pas que je crusse son application immédiate possible; on n'aurait jamais fait vivre la population de Paris plus de quinze jours avec 300 grammes de pain : réduire à cette ration des gens qui ne mangent que du pain, c'était les condamner à mort. Mais je voulais préparer le fonctionnement du rationnement, pour le moment où il faudrait y recourir, comme on l'a fait au 19 janvier. Nous le préparions aussi en vue d'un désastre possible, venant de l'interruption de nos moutures. Comme nous étions obligés de moudre au jour le jour la quantité de blé nécessaire à l'alimentation, si un obus était tombé sur l'usine Cail, il aurait fallu diminuer de moitié ou des deux tiers la quantité de pain distribué, jusqu'à ce que les moulins eussent été réparés.

Mais quand je parlai de rationnement dans cette réunion du 11 décembre, les maires déclarèrent qu'ils donneraient tous leur démission s'il était appliqué, et je fus obligé de leur démontrer que l'intérêt de la défense, qui leur tenait tant au cœur, pouvait exiger d'un moment à l'autre ce rationnement. Mais la seule crainte du rationnement avait excité une telle panique que nous fûmes obligés de mettre à l'*Officiel*, du 12 ou 13 décembre, une note dans laquelle nous déclarâmes que le pain ne serait pas rationné. Il ne le fut plus que dans les derniers jours du siège. M. le général Trochu avait insisté beaucoup sur la nécessité d'une déclaration de cette nature, dans l'intérêt même de la défense ; on ne devait pas, selon lui, affaiblir le moral de la population en réduisant à l'excès sa subsistance.

Nous n'avons donc pas voulu rationner le pain à cette époque. Au lieu de rationner, nous avons changé la qualité du pain. C'était, j'en conviens, du pain détestable. J'en porterai jusqu'au tombeau la responsabilité ; la population de Paris ne me pardonnera jamais ce pain-là.

M. DE RAINNEVILLE. — C'est votre honneur cependant.

M. JULES FERRY. — C'est le pain noir, le pain du siège, le pain Ferry, comme on l'appelle. Je porte ce fardeau. Je le porte d'ailleurs très facilement, de même que toutes les responsabilités que j'ai pu encourir, et même celles qui ne sont pas de mon fait.

Le rôle que nous avons rempli était un rôle sacrifié d'avance ; nous ne l'ignorions pas. Ce pays n'aime pas les vaincus ; nous avons eu le malheur d'être vaincus ; mais nous verrons luire le jour de la justice et j'aime à croire que ce jour commence ici.

Si vous aviez quelques autres questions à me poser, soit sur l'histoire du siège, soit sur l'administration de la Ville, je suis entièrement à votre disposition.

M. LE PRÉSIDENT. — La nomination des magistrats, des préfets, de tous les fonctionnaires en général se rattachait-elle à la branche de service dont on était chargé ?

M. JULES FERRY. — Nous avons procédé comme procède un gouvernement régulier. Nous considérions que l'ensemble du Gouvernement représentait, suivant l'occasion, ou le pouvoir législatif, ou le pouvoir exécutif. Les nominations de magistrats, de préfets ont été faites en conseil de Gouvernement.

Nous n'avons nommé des préfets qu'une fois. La première liste présentée par M. Gambetta a été discutée en conseil, comme ces choses se discutent On était très pressé d'avoir des préfets, et le choix du ministre de l'Intérieur, en pareille occasion, est l'élément déterminant.

Quant aux magistrats, je ne crois pas que nous en ayons beaucoup nommé. Nous avions réservé le principe de l'inamovibilité de la magistrature, et ne voulions pas engager l'avenir, quoique ayant tous un parti arrêté sur ce principe.

A Paris, le nombre des fonctionnaires changés est insignifiant. Je me suis fait une loi de conserver la plupart des hauts fonctionnaires de l'administration de la Ville, bien que plusieurs fussent compromis par l'administration précédente, et qu'on eût pu se donner une popularité facile en les révoquant. Il y avait là des capacités éprouvées, je n'ai pas cru devoir les changer.

Je ne vois pas bien le but de la question qui m'a été posée.

M. LE PRÉSIDENT. — Nous désirons savoir si les nominations se faisaient en conseil de Gouvernement, ou si, suivant les événements, les membres chargés d'une portion des services publics faisaient les nominations qui les regardaient.

M. JULES FERRY. — Ils faisaient les présentations.

Pour les magistrats, je crois qu'il y a un décret qui déléguait à M. Crémieux ou à M. Emmanuel Arago, qui a fait fonctions de garde des sceaux depuis le départ de M. Crémieux, le droit de nomination. M. Arago en a usé avec beaucoup de discrétion.

Un membre. — Pour Paris?

M. JULES FERRY. — Je ne crois pas qu'en province nous ayons nommé un seul magistrat, d'autant plus que M. Crémieux était parti dans les premiers jours de septembre et que nous ne nous serions pas permis de faire en dehors de lui des nominations.

A Paris, M. Arago y a mis la plus grande réserve, et deux ou trois magistrats du parquet seulement ont été changés.

Nous avons nommé des juges de paix. Le chef de service apportait les décrets tout prêts. Le Gouvernement nommait, mais en conseil ces choses ne se discutent guère.

M. DELSOL. — Les nominations de magistrats ont été faites par M. Crémieux, dans toute la France, excepté à Paris.

Un membre. — Il y a une volée de préfets qui se sont échappés de Paris et se sont abattus en même temps dans tous les départements. Leur nomination était-elle l'œuvre du Gouvernement ou M. Gambetta en a-t-il seul la responsabilité?

M. JULES FERRY. — M. Gambetta nous a soumis sa liste.

Nous l'avons acceptée, après une discussion sérieuse, qui a porté sur plusieurs noms, lesquels sont restés plusieurs jours ne suspens. Je crois que des préfets ont été renouvelés en province. Après la levée du siège, nous avons trouvé un personnel nouveau.

M. CALLET. — Ce ne sont pas les mauvais préfets qu'on a changés. On en a changé un dans la Haute-Loire, pour je ne sais quelle circulaire où il rassurait le clergé et les instituteurs congréganistes, tandis que les Esquiros, les Duportail et autres n'étaient pas changés. Mais cela ne regarde point le Gouvernement de Paris.

M. JULES FERRY. — J'accepte la responsabilité des préfets nommés. Il y en a eu de très bons.

M. LE COMTE DARU. — Il y en a eu aussi de très mauvais.

M. CALLET. — D'où viennent les mutations fréquentes qui ont eu lieu à la préfecture de police, et qui ont amené la désorganisation dans les services ? Je ne m'explique pas cette succession de MM. de Kératry, Edmond Adam, Cresson, Chopin.

M. JULES FERRY. — La police a été la plus grande difficulté de notre administration. Je puis le dire parce que nous sommes entre nous ; nous n'avons plus eu de préfet de police après M. de Kératry. C'est tout ce qu'il y a de plus difficile à rencontrer, même au temps normal. Pendant le siège, la difficulté était presque insurmontable. Voici pourquoi : c'est que le préfet de police manquait nécessairement de moyens d'action.

La révolution du 4 Septembre avait porté à l'ancienne organisation de la police un coup presque mortel. Les commissaires de police, le préfet de police s'étaient mêlés à la politique, s'y étaient jetés à corps perdu ; la police politique avait tout à fait pris le pas sur la police municipale, et les vieilles traditions de police, que j'ai entendu avec plaisir rappeler par M. Mettetal, qui est un administrateur, un fonctionnaire attaché à la règle, ces vieilles traditions avaient été complètement abandonnées. La police impériale s'était abîmée dans la chute de l'empire. Il était difficile de faire opérer une arrestation ; cependant, nous l'avons fait, et voici un souvenir qui a quelque chose d'assez piquant. Nous avons fait arrêter en septembre le nommé Vésinier qui, depuis, a été de la Commune, pour avoir, dans une réunion publique, provoqué et prononcé l'expropriation de M. Godillot. Savez-vous qui l'a arrêté ? C'est un individu dont

j'ose à peine prononcer le nom : Rigault. Il avait pris à la préfecture de police le poste de Lagrange, commissaire de police
politique. Mais, en général, la police était difficile : on ne trouvait plus d'agents qui eussent le courage de faire des arrestations. J'ai, dans vingt séances du Gouvernement, en février, en
mars, demandé l'arrestation du comité central de la garde
nationale. Le général d'Aurelle a vu que ce n'était pas chose
facile.

M. LE GÉNÉRAL D'AURELLE DE PALADINES. — C'est vrai !

M. JULES FERRY. — Le préfet de police répondait toujours
que c'était une affaire militaire. Le commandant militaire
répondait que c'était une affaire de police ; et, comme personne
ne voulait se charger de l'arrestation, elle ne se faisait pas.

M. LE PRÉSIDENT. — Il y a eu des réunions de maires à l'Hôtel
de Ville après comme avant le 31 octobre ?

M. JULES FERRY. — J'ai vu de près les deux périodes, ayant
été fréquemment appelé auprès des maires et adjoints, dont
les réunions constituaient une espèce de conseil municipal
assez difficile à conduire. Certains membres de cette assemblée
n'avaient, avant le 31 octobre, qu'une préoccupation : se mêler
de ce qui ne les regardait pas, demander quand on ferait la
grande sortie, s'occuper de toutes les inepties qui étaient dans
l'esprit public à ce moment-là. En somme, avec des discours, on
les apaisait, et il y avait au fond un vrai bon sens. Sous mon
administration je n'ai jamais voulu que la réunion des maires et
adjoints prît un caractère permanent.

Je réunissais les maires seuls à l'Hôtel de Ville, toutes les
semaines, pour traiter des intérêts communs. Nous avons eu
une ou deux fois à écarter certains adjoints entreprenants, mais
enfin nous avons triomphé de tous les obstacles ; la réunion des
maires devint très pratique, très utile ; et il faut le dire, à l'éloge
des maires et de leurs adjoints, parmi lesquels il y avait des
têtes très chaudes, au moment terrible de la capitulation, la
réunion, loin de nous susciter des difficultés, s'attacha à les
aplanir devant nous : la population fut prévenue par les magistrats municipaux, et l'intervention de cette assemblée fut
comme un tampon dans cette crise.

M. LE COMTE DE RESSÉGUIER. — Paris s'inquiétait extrêmement de ces réunions et s'étonnait que le Gouvernement provisoire n'interdît pas des délibérations politiques, qui lui paraissaient déjà être l'embryon de la Commune de Paris.

M. JULES FERRY. — Si, dans la première période, on a quelquefois parlé politique dans les réunions municipales, les choses sont ensuite rentrées dans l'ordre, et, du 4 novembre à la fin, la réunion des maires et adjoints n'a parlé politique que dans les limites que le Gouvernement jugeait convenables; elle ne l'a fait que dans les derniers jours, alors que la question des subsistances se mêlait à la politique, et quand il fallait préparer la population à la crise finale.

M. LE COMTE DE RESSÉGUIER. — C'est de la première période que le Gouvernement est surtout responsable. Il est responsable des maires et des adjoints qu'il avait choisis, il est responsable des réunions illégales qu'il favorisait et qui devaient nécessairement aboutir à la Commune.

M. JULES FERRY. — Les maires étaient convoqués régulièrement à l'Hôtel de Ville. S'ils traitaient des questions politiques, c'était incidemment.

J'ai assisté à plusieurs de ces réunions, et j'ai vu ceux qui les présidaient, M. Étienne Arago et ses adjoints, faire les plus grands efforts pour qu'on parlât uniquement des subsistances.

M. LE PRÉSIDENT. — Il n'y a pas eu de procès-verbaux de ces réunions?

M. JULES FERRY. — Il y avait des procès-verbaux des premières réunions, je crois, mais tout cela a péri dans l'incendie de l'Hôtel de Ville.

M. LE COMTE DE RESSÉGUIER. — Ces procès-verbaux étaient affichés sous la forme d'un bulletin sur les murailles de Paris, et ces bulletins inquiétaient justement la population.

M. LE COMTE DARU. — N'a-t-on pas fait afficher sur les murs de Paris une récompense de 25 fr. pour ceux qui seraient délateurs, qui indiqueraient les subsistances existant chez les particuliers?

M. JULES FERRY. — C'était seulement pour ceux qui découvriraient l'existence d'au moins un quintal de blé; il ne s'agissait pas de toutes les subsistances. Du reste, cet arrêté, pris après le 19 janvier, à un moment où pour nous un quintal de blé avait une valeur considérable, a été révoqué le lendemain et n'a jamais reçu d'exécution. Nous ne sommes jamais entrés dans la voie des perquisitions.

M. LE PRÉSIDENT. — Pourquoi M. de Kératry a-t-il quitté Paris ?

M. JULES FERRY. — Il avait donné sa démission de préfet de police.

Un membre. — A Paris, étiez-vous dans l'ignorance complète du vœu des provinces au sujet des élections ?

M. JULES FERRY. — Dans l'ignorance absolue. Nous n'étions renseignés que par les dépêches de M. Gambetta et celles de M. de Chaudordy. Ces dernières avaient un caractère plus mesuré, mais elles étaient dans le même ordre d'idées. On nous disait : la province est à la défense ; elle ne s'occupe pas de la question des élections.

M. ANTONIN LEFÈVRE-PONTALIS. — Quand, le 1ᵉʳ octobre, le Gouvernement de Tours a pris la mesure si sage de convoquer les électeurs, il a dû adresser au Gouvernement de Paris un rapport justificatif de cette mesure. Ce rapport vous est-il parvenu ?

M. JULES FERRY. — Nous n'avons pas connu ce rapport. Nous avons vu une décision tout à fait contraire à celle que nous avions prise, et nous avons tranché la question dans le sens qui nous paraissait le plus convenable.

M. LE PRÉSIDENT. — Qui a pris l'initiative de la dissolution des conseils municipaux, décrétée pour certaines grandes villes, le 13 ou 14 septembre ? Est-ce de Paris que cet ordre est parti ?

M. JULES FERRY. — J'en serais surpris ; je n'ai aucun souvenir à cet égard. Cela rentrait dans les attributions du ministre de l'Intérieur ; mais je n'ai pas souvenir qu'il ait dissous des conseils municipaux. Desquels s'agit-il ?

Un membre. — Le conseil municipal d'Auxerre, par exemple, et bien d'autres, a été dissous le 13.

M. JULES FERRY. — Je vous ai cité, dans une de mes premières dépositions, une circulaire de M. Gambetta sur les élections municipales, datée du mois de septembre. Elle respire le meilleur esprit ; vous la trouverez à *l'Officiel.* Il y a là les meilleures doctrines sur l'importance des conseils municipaux, sur la nécessité de refaire les élections, non seulement parce que les anciennes pouvaient être suspectes, à raison du régime sous lequel elles avaient eu lieu, mais parce que les conseils municipaux étaient appelés à jouer un rôle plus important, puisqu'il fallait poursuivre une large décentralisation.

(*Séance du 30 juin 1871.*)

M. Jules Ferry. — Je désire m'expliquer sur la déposition du général Ducrot qu'a publiée, le 26 mars dernier, l'*Indépendance belge*. Je pouvais faire deux choses à cette occasion : ou engager une polémique dans les journaux, ou venir m'expliquer devant la Commission. J'ai préféré le second parti.

Cette déposition même, le caractère qu'elle a pris, l'insistance de certaines déclarations qui reposent sur des erreurs manifestes, m'ont fait croire que je ne m'étais peut-être pas suffisamment expliqué sur les incidents du 31 octobre, et que je ferais bien de compléter mon témoignage en soumettant à la Commission tous les documents ayant trait à cette affaire.

Je vais signaler à la Commission un ou deux documents précis, un ou deux faits sur lesquels elle pourra faire entendre des témoins que je désignerai, et se former ainsi une opinion définitive ; ce sera toute ma réponse au général Ducrot, et la Commission voudra bien l'insérer à côté de l'attaque.

Je fais un premier reproche au général Ducrot. Il est venu témoigner devant vous de faits dont il n'avait pas une connaissance personnelle. Il témoigne, non de ce qu'il a vu, mais de ce qu'il a entendu dire dans le trouble et la confusion de cette nuit extraordinaire. Quant aux faits qui se sont passés à l'Hôtel de Ville et qui engagent ma responsabilité, il ne les connaît pas, il ne les a pas vus, il les rapporte par ouï-dire, car il n'était pas là : comme s'il était permis, en matière aussi grave, d'apporter à une Commission d'enquête autre chose que des témoignages précis et incontestables !

Non seulement les faits sont tout à fait inexacts, mais la couleur générale en est profondément altérée, et le rôle qu'on me donne est répugnant. Me présenter, dans la journée du 31 octobre, comme le complice secret de l'attentat, l'homme qui enlève le commandement de la garde nationale à M. Roger du Nord, pour empêcher la garde nationale d'agir et prouver aux émeutiers l'avantage d'une transaction, tout cela est tellement contraire à mon attitude politique, à ma nature morale et politique que je n'ai point le goût de le réfuter. J'aime mieux vous citer un document, daté de cette époque même, du lendemain même de l'attentat. C'est une lettre relative aux événements du 31 octobre et qui a paru dans les journaux du temps. L'original, trouvé chez Delescluze, est dans les archives de la Commission du 18 mars.

Il est bon de la mettre sous les yeux de la Commission, et de l'insérer officiellement dans le procès-verbal de la séance de ce jour, parce qu'elle a, sur toute espèce d'explication rétrospective, cet immense avantage d'être un document écrit au plus fort de la lutte, et qui caractérise, de la façon la plus nette et la plus vive, mon rôle et mon attitude.

J'adressai cette lettre aux journaux qui attaquaient le plus violemment le Gouvernement de la Défense nationale, à la suite de cette échauffourée du 31 octobre.

Un membre. — N'est-ce pas à la suite d'un article du *Combat ?*

M. JULES FERRY. — C'était en effet à la suite d'un article du *Combat* et du *Tribun*.

Voici cette lettre dont je désire donner lecture à la Commission :

RÉPUBLIQUE FRANÇAISE.

Gouvernement de la Défense nationale.

Paris, le 2 novembre 1870.

MONSIEUR LE RÉDACTEUR,

Je lis dans un article du *Tribun*, reproduit par le *Réveil*, le *Combat*, et par d'autres journaux, le récit de la nuit du 31 octobre au 1er novembre, que je déclare, en ce qui me concerne, parfaitement inexact.

Il y est dit que j'aurais adhéré à une sorte de transaction, rédigée par les personnes qui occupaient l'Hôtel de Ville et dont il m'aurait été donné communication.

Je n'ai reçu aucune communication d'écrit de ce genre et, par conséquent, je n'y ai pas souscrit.

Voici ce qui s'est passé : Arrivé à l'Hôtel de Ville avec une colonne de garde nationale beaucoup plus que suffisante pour l'enlever, j'ai fait cerner l'édifice occupé par l'insurrection, sommé le poste qui gardait la porte du côté de l'église Saint-Gervais, et essuyé avec la garde nationale deux coups de feu, partis des fenêtres en réponse.

Peu après, M. Delescluze est descendu, venant en parlementaire : j'ai consenti, sur sa demande, pour éviter un conflit qui paraissait lui répugner autant qu'à moi, et dont le dénouement d'ailleurs ne lui semblait pas plus douteux qu'à moi-même, à laisser sortir de l'Hôtel de Ville les personnes qui l'occupaient, au cri « unique » de : *Vive la République!* sous cette réserve expresse que le Gouvernement resterait en possession de l'Hôtel de Ville, et que le général Tamisier, sortant le premier, présiderait au défilé.

J'ai bien voulu attendre, deux heures durant, la réponse que M. Delescluze avait promis de m'apporter immédiatement. Pendant ce temps, les tirailleurs de M. Flourens tentèrent de pratiquer, sur ma personne, en vertu d'ordres venus du dedans, une arrestation qui n'est pas l'incident le moins ridicule de cette journée, où le grotesque se mêle à l'odieux à chaque pas. C'est ainsi que certaines gens entendent le respect des suspensions d'armes.

A la fin, perdant patience, je suis monté avec des détachements du 106e bataillon, du 14e, du 4e, avec les carabiniers du capitaine de Vresse, et nous avons mis à la porte tous ces messieurs.

Mais ce fut de ma part, monsieur le rédacteur, un acte de pure mansuétude, et, maître absolu de l'Hôtel de Ville depuis plusieurs heures, n'ayant qu'un souci, celui de contenir l'ardeur des 50 000 gardes nationaux qui m'entouraient, je ne laisserai dire par personne que les factieux assiégés dans l'Hôtel de Ville aient capitulé avec moi. Ils n'ont ni accepté, ni exécuté les conditions apportées en leur nom ; j'ai fait grâce au grand nombre et voilà tout.

Veuillez agréer, monsieur le rédacteur, toutes mes salutations.

« *Signé :* Jules FERRY. »

J'en appelle aux hommes de bonne foi : ce ton, cette attitude, que vous avez là pris sur le fait, n'est-ce pas précisément le contraire du rôle que le général Ducrot m'attribue?

Maintenant permettez-moi de reprendre les principaux passages de la déposition, et de vous faire voir que, des faits qui y sont rapportés, les uns sont alignés sans l'ombre d'une preuve, et que, contre les autres, il y a preuve contraire.

Ainsi d'abord, le général Ducrot insinue, car c'est par insinuations qu'il procède, que j'ai enlevé le commandement de la garde nationale à M. Roger du Nord, afin de paralyser son énergie; d'où il suit que, si la colonne avait été commandée par M. Roger du Nord, les choses se seraient passées différemment, et que je me serais mis à la tête de la garde nationale dans l'intention d'empêcher la garde nationale de se battre.

Vous pourriez, sur le premier point, interroger plusieurs de nos collègues, M. Lambert Sainte-Croix, par exemple; il y en a d'autres encore. Ils pourront vous dire ce que j'ai fait et ce que j'ai dit à l'état-major de la garde nationale. Ils vous diront à quel point de désorganisation et d'abandon se trouvait l'état-major à ce moment, et s'il était indifférent, pour le succès de l'entreprise qu'on allait diriger contre l'Hôtel de Ville, que quelque membre du Gouvernement fût là, avec la garde nationale, prenant le commandement et, par conséquent, la responsabilité des événements si graves qui allaient se produire.

Il n'y avait, à l'état-major, ni ordres, ni direction. Le commandant en chef de la garde nationale et son chef d'état-major étaient aux mains de l'insurrection. M. Roger du Nord, lui-même, n'était pas alors connu de la garde nationale comme il l'a été depuis, après tant de faits d'armes aux avant-postes. On cherchait une autorité, une responsabilité, des ordres. L'autorité militaire s'était désintéressée de la question. Le général Schmitz, d'après les instructions formelles du général Trochu, avait refusé de donner des ordres. Le général Trochu m'avait dit à moi-même, au Louvre, après que nous avions été délivrés par le 106e bataillon : « Ceci est avant tout une affaire de garde nationale : c'est à la garde nationale, à la garde nationale seule de rétablir l'ordre. » Par là, le général Trochu avait l'espérance qu'on pourrait éviter un conflit sanglant.

On a trop oublié que nous avions trois grands intérêts à

éviter les conflits : le premier, c'était de ne pas diviser les défenseurs de Paris. Le second, qui n'était pas le moins important, c'est que nous avions à ce moment même, un négociateur à Versailles : M. Thiers venait de partir ; nous croyions tous que le principe d'un armistice sérieux, c'est-à-dire avec ravitaillement, serait accepté par les Prussiens, et nous songions avec effroi que, si la nouvelle de la captivité du Gouvernement de la Défense nationale dans l'Hôtel de Ville et d'une insurrection triomphante arrivait aux avant-postes prussiens, c'en était fait de la négociation. Enfin, un conflit sur la place de l'Hôtel-de-Ville pouvait mettre en péril la vie des membres du Gouvernement captifs à l'intérieur du palais. Il y avait donc là un triple danger.

Néanmoins, je suis bien aise de rappeler à la Commission que la colonne dont j'avais la direction, après avoir entouré l'Hôtel de Ville, l'a résolument attaqué ; que nous avons commencé par agir de vive force, arraché la grille, enlevé les factionnaires, et tenté d'enfoncer, puis de faire sauter le poste. C'est alors qu'on a tiré sur nous. Il me sera permis de dire, pour faire justice des insinuations et des calomnies, que j'étais là au premier rang, que j'ai reçu le feu des insurgés, que tout le monde le sait, excepté le général Ducrot, et que ce n'est pas là le rôle d'un homme qui vient pour pactiser.

C'est alors, au bruit des coups de feu, que Delescluze est descendu avec M. Dorian, et qu'eut lieu cette scène sur laquelle nous avons tant débattu, et à l'occasion de laquelle j'ai écrit dans les journaux de Paris la lettre dont je vous ai donné lecture en commençant.

Que s'est-il passé à ce moment-là ? MM. Dorian et Delescluze venaient me dire : « Il est facile de terminer le conflit sans verser de sang : on va évacuer l'Hôtel de Ville. »

M. le général Ducrot a soutenu, et quelques autres personnes ont déclaré, qu'à ce moment-là, j'avais accepté une espèce de compromis ; que je m'étais engagé, au nom du Gouvernement, à toute une série de mesures politiques : le vote pour la constitution de la Commune, l'amnistie pour tous les délits ; on a même dit qu'on m'avait apporté un petit écrit que j'avais ratifié et qui contenait toutes ces belles choses.

J'ai toujours opposé à ces assertions, et dès la première

heure, comme vous l'avez vu, la dénégation la plus éclatante et la plus formelle. J'aurais accepté la constitution de la Commune pour le lendemain! D'abord c'était absolument invraisemblable, car, pour la Commune, j'en avais été, dès le principe, l'adversaire le plus résolu. Je ne voulais même pas des élections municipales. J'estimais qu'étant enfermés dans Paris, sans communications avec la France, et en l'absence d'une Assemblée nationale, du jour où il y aurait un conseil municipal élu, fatalement, inévitablement, le pouvoir glisserait des mains du Gouvernement de la Défense nationale aux mains du conseil municipal.

Je me suis donc toujours opposé aux élections municipales; les procès-verbaux du Gouvernement en font foi.

M. CHAPER. — Je vais vous poser une question, si vous le permettez, au sujet de ces procès-verbaux.

M. Dréo, en communiquant à la Commission les procès-verbaux des séances du Gouvernement de la Défense nationale, s'est opposé à ce que ces procès-verbaux fussent imprimés; il parlait en son nom et au nom du Gouvernement de la Défense nationale.

Puis, il y a eu des pourparlers dans lesquels nous avons essayé de déterminer M. Dréo, en ce qui le concerne du moins, à consentir à la publication de ces procès-verbaux.

Comme vous allez vous absenter et qu'il est possible que, pendant votre absence, la question vienne à la tribune, le jour où je déposerai mon rapport, je demande si, pour votre part, vous consentez à cette publication.

Nous avons fait une analyse de ces procès-verbaux, en écartant toutes les questions personnelles étrangères au Gouvernement, mais en conservant les faits politiques et ce qui concerne les membres du Gouvernement eux-mêmes, puisqu'ils appartiennent à l'histoire; j'ai promis de ne pas faire imprimer les procès-verbaux, mais j'insiste auprès des personnes intéressées pour qu'on nous en donne l'autorisation.

M. JULES FERRY. — Cette question, je l'ai déjà résolue; M. Dréo m'a demandé si j'autorisais la publication de ses procès-verbaux. Je n'en avais jamais eu connaissance. Il n'a jamais été fait de véritables procès-verbaux de nos séances; il n'est guère d'usage, dans les conseils de Gouvernement, d'avoir des procès-verbaux, et nous n'avions pas d'ailleurs le temps d'y songer. Nous nous en rapportions sur ce point à M. Dréo. Ses notes, que j'ai parcourues depuis, m'ont paru fidèles.

Quand M. Dréo m'a posé la question, j'ai répondu que, pour

ma part, je consentais à cette publication, que je la désirais même. Je ne puis engager que moi-même en donnant cette autorisation, car les autres membres du Gouvernement de la Défense nationale pourraient y mettre obstacle ; mais, je le répète, pour ce qui me concerne, j'y consens.

Pour en revenir au 31 octobre, il y a une grande différence entre la thèse que m'oppose aujourd'hui le général Ducrot et celle qu'en son temps Delescluze avait imaginée. Delescluze n'a jamais dit qu'il eût traité avec moi. Lisez le *Réveil* du 2 ou 3 novembre : il a dit que certaines conventions avaient été arrêtées dans l'intérieur de l'Hôtel de Ville avec certains membres du Gouvernement, et qu'il était descendu pour me les notifier.

Un membre. — Reconnaîtriez-vous l'écrit qu'il vous a présenté ?

M. JULES FERRY. — Il ne m'a été présenté aucun écrit. Je l'ai dit dans ma lettre du 2 novembre. Je n'ai d'ailleurs pris aucune espèce d'engagement. Je ne pouvais traiter que la question militaire. J'étais là uniquement pour exécuter les instructions du gouverneur de Paris. A quel titre, de quel droit aurais-je engagé le gouverneur, absent et libre, mes collègues prisonniers, sans discussion, sans délibération préalables, sur une question aussi grave que la constitution d'un Gouvernement nouveau et l'élection d'une Commune dans Paris ? Je le répète, je n'ai débattu avec Delescluze que la question militaire, la question de l'évacuation de la place assiégée. J'ai exigé que l'Hôtel de Ville fût remis aux membres du Gouvernement, stipulé qu'un seul cri serait poussé : *Vive la République !* ce qui excluait le cri de *Vive la Commune !* et M. Ducrot prétend que j'avais consenti aux élections de la Commune pour le lendemain !

Je ferai remarquer d'ailleurs que Delescluze ne se présentait pas à moi comme chef ou membre d'un gouvernement insurrectionnel ; il venait, comme M. Dorian, en vertu d'un mandat de conciliation qu'il ne tenait que de lui-même, et pour éviter l'effusion du sang. Telle était du moins son attitude.

M. CHAPER. — En quels termes se présentait M. Dorian ?

M. JULES FERRY. — Il me disait : Nous avons obtenu de ces gens-là qu'ils se retirassent. Ce sont des fous qui ne savent où ils vont, mais, par-dessus tout, il faut éviter l'effusion du sang. Nous avons obtenu que l'Hôtel de Ville serait évacué immédiatement.

M. Dorian ne me dit pas même qu'il y eût une affiche lancée, indiquant les élections municipales pour le lendemain. Il me dit seulement : « N'est-ce pas? nous passerons l'éponge sur tout ceci. » Je lui répondis : — « Pour cela, non ! Je ne puis prendre aucun engagement. » M. Dorian s'est rappelé ma réponse quand le débat a été porté dans le conseil du Gouvernement, et c'est pour cela qu'au moment où les poursuites furent ordonnées, notre honorable collègue ne donna pas sa démission.

Ainsi, quant aux élections communales, je n'ai rien promis; Delescluze n'a songé à rien me demander. Je lui ai déclaré seulement — mes souvenirs sont très précis sur ce point — qu'après une pareille aventure, je ne resterais pas un jour de plus au Gouvernement, si le peuple de Paris n'était pas consulté et notre titre régularisé. Et c'est, vous le savez, ce qui se fit dès le lendemain.

Quant aux poursuites, lorsque la question s'est posée dans les conseils du Gouvernement, c'est moi qui les ai demandées, c'est moi qui ai dressé les listes. J'espère que l'on me fera l'honneur de croire que si je m'étais cru engagé, je ne les aurais ni demandées, ni dressées. Je vous renvoie sur ce point encore aux procès-verbaux de M. Dréo. Je m'expliquai, dès le premier jour, sur le prétendu compromis, comme je le fais aujourd'hui; les poursuites, je suis de ceux qui les ont provoquées; tout Paris l'a su et certain parti ne me l'a jamais pardonné. C'est bien le moins, qu'on me laisse dans la vérité de mon attitude.

M. Chaper. — Il y a eu le 1er novembre, si j'ai bonne mémoire, et d'après les procès-verbaux des conseils du Gouvernement, une séance qui n'y est que mentionnée et qui ne figure pas dans le procès-verbal. Le matin, peut-être vers 9 heures, elle se tint entre quatre membres du Gouvernement...

M. Jules Ferry. — Oui, c'est vrai.

M. Chaper. — MM. Trochu, Jules Favre, vous, monsieur, et peut-être M. Picard...

M. Jules Ferry. — Oui, c'était M. Picard.

M. CHAPER. — ..... une séance dans laquelle vous avez pris quelques mesures, probablement celles de faire arracher les affiches posées pendant la nuit. Cette séance a donné lieu, dans le Conseil qui eut lieu plus tard, à la suite de cette réunion du matin, à des récriminations très vives ; un de vos collègues, peut-être même deux, ont été sur le point de se retirer. Les récriminations portaient justement sur l'attitude des quatre membres que je viens de nommer. Le fait que je rapporte confirme du reste complètement ce que vous avez dit, quant à votre conduite et aux déterminations que vous aviez prises. Que se passa-t-il dans cette séance? Pouvez-vous nous en donner les détails? Vous les rappelez-vous? Je vous fais cette question parce que le procès-verbal de cette réunion n'a pas été fait, et qu'elle a été l'objet de discussions très vives, à la suite desquelles vous pouvez vous rappeler que M. Jules Simon...

M. LE COMTE DARU. — Et M. Arago.

M. CHAPER. — ..... Et M. Arago ont été sur le point de se retirer.

M. JULES FERRY. — Mon Dieu, il y avait...

M. CHAPER. — Oh ! du reste l'explication de la réunion elle-même est toute naturelle : on n'avait pas eu le temps de convoquer tous les membres du Gouvernement, et quelques-uns d'entre eux seulement avaient pu s'y rendre.

M. JULES FERRY. — Je sais bien ; dès la première heure du jour, je montai chez le gouverneur. Je m'imaginais qu'on avait mandé tous les autres membres du Gouvernement. Ils n'y ont pas paru. Il nous a semblé que nous ne devions pas engager, d'une manière définitive, le Gouvernement : nous nous contentions de maintenir le *statu quo ;* nous nous opposions à la publication des affiches signées Dorian et Schœlcher ; nous ne voulions pas d'une fantasmagorie d'élections municipales ; nous avons donc donné l'ordre d'arracher ces affiches. Voilà ce qui fut fait le matin.

Quant au petit incident de la séance du soir...

M. CHAPER. — Oh ! je ne parlais pas de la séance du soir. Ainsi là il avait été bien convenu que vous poursuivriez ? C'est le point capital.

M. JULES FERRY. — Oui, il a été dit que nous poursuivrions, en réservant, bien entendu — et cela ne pouvait être autrement — le droit de nos collègues absents. M. Edmond Adam, qui s'était trouvé là, dès la première minute, n'a pas, autant qu'il m'en souvienne, dans le premier moment, donné son opinion sur les·poursuites. Il était tout naturel, je le dis en passant, que le préfet de police, dans de pareilles circonstances, se trouvât chez le gouverneur de grand matin. Je me rappelle bien que c'est en sa présence que nous avons échangé nos idées sur les poursuites et même essayé d'en dresser la liste.

M. CHAPER. — Eh bien, alors, pouvez-vous nous dire — car les procès-verbaux ne l'expliquent pas d'une manière suffisante — ce qui a motivé l'attitude si singulière du préfet de police qui, le soir, a donné sa démission avec éclat, parce qu'on se proposait de poursuivre ceux qui étaient des criminels?

M. JULES FERRY. — Mon Dieu, M. le préfet de police s'était peut-être beaucoup engagé. Voilà mon impression.

M. CHAPER. — Il n'était cependant pas dans l'Hôtel de Ville.

M. JULES FERRY. — Il a été au dehors et au dedans. Je crois qu'il s'était beaucoup engagé, oh ! à bonne intention. Je crois — c'est mon appréciation — je crois que l'événement l'avait infiniment troublé.

M. CHAPER. — Il vaut mieux cette explication qu'une autre. Veuillez remarquer, monsieur, que je suis obligé de faire le rapport sur cette partie des événements du 31 octobre. Or les pièces que j'ai entre les mains, les procès-verbaux, et la déposition même de M. Adam, me laissent convaincu que le préfet de police avait des engagements pris avec Delescluze et autres. A son point de vue, j'aime mieux l'explication que vous donnez.

M. JULES FERRY. — Assurément, M. Adam fut extrêmement troublé pendant toute cette journée. Si nous avions à discuter les responsabilités...

M. CHAPER. — Nous sommes ici pour cela.

M. JULES FERRY. — ... il est évident qu'il y aurait à relever de sa part beaucoup d'abandon et beaucoup trop de confiance, car il était exclusivement chargé de la garde de l'Hôtel de Ville et il ne l'a pas gardé. Ainsi, il y a une lettre qu'a conservée M. Étienne Arago, et dans laquelle le préfet de police disait au maire de Paris : « Surtout ne convoquez pas trop tôt la garde nationale ».

M. LE COMTE DARU. — Je me rappelle ce fait. M. Étienne Arago écrivait au préfet de police : « Vous aurez un mouvement pour demain ; vous pouvez y compter... » M. Edmond Adam répondait : « Vous vous pressez trop ; à tout instant vous me demandez des gardes nationaux; vous avez peur continuellement. » Ce ne sont peut-être pas les termes, mais c'est le sens de la lettre.

M. JULES FERRY. — Mon impression, je le répète, est qu'il s'était beaucoup trop engagé.

M. CHAPER. — C'est aussi celle qui m'est restée.

M. JULES FERRY. — Je dois ajouter cependant que M. Dorian — qui a vu les choses de près — n'a pas cru que ces engagements eussent revêtu le caractère de contrat que nos adversaires s'efforçaient de leur donner. Devant le Conseil de guerre, M. Dorian les a qualifiés d'engagements tacites.

M. CHAPER. — A proprement parler, il n'a pas été question de contrat.

M. JULES FERRY. — Un contrat? Avec qui ? Il n'y a pas là matière à contrat.

Messieurs, pour juger les responsabilités et les intentions, gardez-vous d'oublier les circonstances et la date de l'événement. Le Gouvernement du 4 Septembre était un Gouvernement irrégulier, j'en conviens, mais enfin c'était le seul qu'eût alors la France, et c'était un Gouvernement occupé de traiter avec les Prussiens la question d'un armistice qui permît de faire des élections et de rendre le pays à lui-même. Or le Gouvernement était sous le couteau. Il plaît au général Ducrot de soutenir qu'il aurait mieux valu laisser fusiller le Gouvernement, comme on a, au mois de mai dernier, laissé fusiller l'archevêque de Paris, plutôt que de traiter avec la Commune.

On me permettra de répondre que les circonstances n'étaient pas les mêmes. A part l'intérêt et le droit d'affection que M. Ducrot n'est pas obligé de comprendre, il y avait un intérêt politique considérable à ce que les membres du Gouvernement ne fussent pas alors massacrés; il y avait un intérêt politique considérable à éviter l'explosion d'une guerre civile, qui eût rendu impossibles les négociations entamées.

C'est dans ces circonstances que se place l'intervention de M. Dorian; c'est en tenant compte de ces circonstances qu'il importe de l'apprécier. Je proclame, quant à moi, que sa conduite fut de tout point loyale, honnête, droite : il n'a jamais joué le double jeu dont on l'a acccusé. Que pour faire évacuer l'Hôtel de Ville par certains bataillons qui étaient le dernier obstacle au rétablissement de l'ordre, M. Dorian ait un peu forcé la note et qu'il ait pu dire : « Allez-vous-en; on passera l'éponge sur tout cela ! » je le trouve fort vraisemblable. Mais M. Dorian, très honorablement, très honnêtement, a aussi compris que le Gouvernement avait des devoirs supérieurs à remplir, qu'il n'était au pouvoir de personne de l'engager par cette intervention tout officieuse, et qu'en cela, il n'y avait rien qui ressemblât à un contrat. Aussi M. Dorian demeura-t-il au milieu de nous.

M. CHAPER. — Je voudrais appeler votre attention sur un mot de la conversation qui eut lieu sur le quai de Gesvres. MM. Dorian et Delescluze sont venus; on a causé, et ces messieurs commençaient toutes leurs phrases par *nous : Nous* avons dit... *Nous* avons fait... Ce *nous*, qui était-ce ? Était-ce M. Dorian, M. Blanqui et Flourens ?...

M. JULES FERRY, *vivement*. — Non! non !

M. CHAPER. — Remarquez que M. Dorian ayant été attaqué avec une grande vivacité, je suis obligé de poser cette question.

M. JULES FERRY. — Je vous remercie de m'avoir fait la demande ; je suis très heureux de pouvoir m'expliquer sur ce point. Le rôle de M. Dorian a été extrêmement difficile. On voulait faire de lui un dictateur malgré lui...

M. CHAPER. — Malgré lui !

M. JULES FERRY. — C'est absolument vrai. M. Dorian était l'idole de la foule. Dans cette foule, il y avait de mauvais éléments, il y avait des scélérats, mais il y avait aussi des gens enflammés, honnêtes, peu éclairés, qui, le matin même, venaient d'apprendre, d'un seul coup, la prise de Metz et les négociations pour l'armistice. Du mot « armistice » ils ne se rendaient aucun compte : pour eux, c'était le synonyme de capitulation. Or toute cette foule s'était éprise de M. Dorian, parce que M. Dorian s'était beaucoup occupé de la fabrication des armes et des canons, et que son nom pour eux voulait dire : résistance à outrance. J'ai assisté à cette partie de la journée du 31 octobre, alors que j'étais encore à l'intérieur de l'Hôtel de Ville. J'ai vu M. Dorian se débattant contre la popularité d'une façon qui aurait eu un côté comique, si les circonstances n'avaient pas été si graves. Je l'entends encore s'écrier : « Mes amis, vous n'y pensez pas! Vous voulez faire de moi un dictateur! mais je ne suis qu'un forgeron, qu'un fabricant de canons et de fusils; je suis très bon pour travailler le fer, non pour me mettre à la tête d'un gouvernement! D'ailleurs, je suis là avec mes amis; je ne veux à aucun prix les abandonner ». Toute cette nuit, il a tenu ce langage et sa conduite a été aussi nette, aussi loyale que possible. Maintenant, que, par le fait de cette attitude de conciliateur, il ait été entraîné plus loin qu'il ne l'aurait voulu, qu'il ait autorisé la publication de l'affiche que vous avez dans votre dossier, tout cela s'explique, quand on veut bien considérer les deux périodes très distinctes dont se compose cette journée du 31 octobre. Quiconque habitait Paris à cette époque, a pu croire, à quatre heures de l'après-midi, que le Gouvernement de la Défense était complètement renversé, et qu'il se ferait, le lendemain, pour le remplacer, des élections sous la présidence de M. Dorian.

M. CHAPER. — Cela a, en effet, paru dans tous les journaux.

M. JULES FERRY. — A ce moment, le rôle de M. Dorian était un rôle préservateur. Qu'était-il arrivé? La garde nationale nous avait abandonnés; le général Tamisier était venu à l'Hôtel de Ville avec des bataillons qui avaient levé la crosse en l'air; on avait battu le rappel dès une heure de l'après-midi, sur l'ordre donné par Jules Favre, qui fut aussitôt porté à l'état-major par M. Charles Ferry, son chef de cabinet; la garde nationale ne venait pas. La soirée s'avançait, la nuit tombait; les gardes nationaux n'arrivaient pas. A ce moment, le rôle de M. Dorian n'était-il pas un rôle préservateur? Le moyen unique de donner à la population saine de Paris le temps de se retourner, de réfléchir et de faire des choix qui la sauvassent du gouvernement de Blanqui et de Flourens? C'est ainsi que j'explique l'intervention de M. Dorian dans la confection de l'affiche. Je tiens à le redire, parce que c'est la vérité même. La journée du 31 octobre peut se diviser en deux parties : dans la première, abandon complet de l'opinion, et cela à un tel point que je pourrais citer tel magistrat de Paris, rencontré le lendemain à onze heures du matin, et complètement convaincu qu'il vivait depuis la veille sous la dictature de Blanqui.

Ce petit fait vous montre à quel point l'opinion était prête à tout subir. J'ajoute que, parmi les raisons qui auraient pu la déterminer à courber la tête, il y avait la grande raison des Prussiens sous les murs, et je suis convaincu que la révolution, à ce moment, a tenu à un cheveu. Si les gens du 31 octobre avaient été moins affolés, s'ils avaient eu un plan concerté d'avance, s'ils l'avaient suivi, s'ils s'étaient montrés alors tels qu'on les a vus sous la Commune, s'ils avaient réalisé contre nous leurs menaces de fusillades, je crois que la garde nationale aurait été aussi surprise et aussi inerte qu'au 18 mars, et que le lendemain Paris se serait réveillé sous la Commune.

M. LE COMTE DE RESSÉGUIER. — Ce qu'on n'a pas du tout compris à Paris, c'est que jusqu'à trois heures, jusqu'au moment où Paris a appris avec stupéfaction que le Gouvernement était renversé, on n'ait vu réunis que les bataillons du désordre et non pas ceux de l'ordre.

M. JULES FERRY. — Mais cela peut s'expliquer.

M. LE COMTE DE RESSÉGUIER. — C'est qu'on n'avait pas battu le rappel dans les quartiers où étaient les bons bataillons!

M. JULES FERRY. — Pardon : je vous ai dit qu'on avait battu le rappel dès une heure de l'après-midi, mais il fallait, en tout temps, un intervalle de plusieurs heures pour que ce rappel pût produire son effet. Il y avait d'ailleurs, je le répète, parmi la population parisienne, une impression de détente, d'abandon, de mécontentement, d'irritation contre le Gouvernement, analogue, quoique dans une proportion moindre, à celle qui a fait que, le 18 mars, les gens d'ordre sont restés chez eux. Pourquoi, à cette époque, n'a-t-on vu paraître que les mauvais bataillons, et pas les bons!

M. LE COMTE DE RESSÉGUIER. — C'est que les mauvais sont toujours prêts et réunis plus vite. J'ajoute, du reste, que, le soir du 31 octobre, les gardes nationaux de l'ordre ont marché en colonne serrée pour reprendre l'Hôtel de Ville.

M. JULES FERRY. — C'est exactement vrai, mais ce qui les a décidés, c'est qu'on leur a dit que Blanqui était à l'Hôtel de Ville. Si ce nom de Blanqui n'avait pas été prononcé, les élections nouvelles, indiquées par l'affiche de MM. Dorian et Schœlcher, étaient faites dès le lendemain. Il n'en est pas moins vrai que l'abandon moral dont je viens de vous parler et cet état particulier de l'opinion que je vous ai signalé, existaient réellement. On explique parfaitement le 31 octobre par le 18 mars : ce sont les mêmes mécontentements et les mêmes hésitations.

Il me reste maintenant à achever l'analyse de la déposition de M. le général Ducrot. Je ne veux pas reprendre tous les passages qui contiennent des attaques dirigées contre moi sans être appuyées de la moindre preuve ; il y a trop d'inexactitudes dans le récit et de passion dans les jugements. Je veux m'attacher seulement aux erreurs les plus importantes.

M. le général Ducrot dit :

« Ce plan fut adopté ; je connaissais l'existence de ce souterrain. et j'envoyai, ou plutôt ce fut le général Schmitz qui envoya des instructions au commandant de Legge et lui ordonna d'entrer par les souterrains... »

Vous savez très bien, messieurs, que M. le commandant de Legge a, en sa possession, une lettre du général Schmitz qui lui interdisait de faire un seul mouvement.

M. LE COMTE DARU. — Cela dépend des heures, il y a eu des ordres différents. M. de Legge reçut, en effet, d'abord l'ordre de ne pas bouger ; puis, à minuit, minuit moins un quart, il reçut l'ordre du général Schmitz de passer par le souterrain pour pénétrer dans l'Hôtel de Ville.

M. JULES FERRY. — Je ne connaissais pas l'existence de ce second ordre ; M. de Legge n'a jamais parlé que du premier.

M. MAURICE. — M. Roger du Nord avait reçu également un pareil ordre.

M. JULES FERRY. — Je continue l'inventaire des inexactitudes.

Plus loin, il s'agit des affiches qui fixaient les élections à midi, et un membre de la Commission demande : qui a ordonné ces affiches ? M. le général Ducrot répond : « Le Gouvernement, qui se considérait comme lié par cet engagement pris la nuit, lorsque M. Jules Ferry *nous avait dit :* Nous avons traité avec les insurgés... » Je n'ai rien dit de pareil au général Ducrot, que je n'ai vu qu'un instant au Louvre avant de partir pour l'état-major, et à qui je n'ai pas même adressé la parole. Tous les faits que je viens de citer réfutent une assertion si légère ; ma lettre du 2 novembre est absolument décisive à ce sujet. Du reste, sur ce point, le général Trochu pourra vous donner tous les renseignements dont vous aurez besoin. Il désire lui-même être entendu.

M LE COMTE DARU. — Vous nous aviez dit, je crois, que le Gouvernement avait consenti, à deux heures, sur la demande des maires présidés par M. Étienne Arago, à faire annoncer à la population de Paris que les élections municipales auraient lieu.

M. JULES FERRY. — Je rappellerai à ce sujet, à M. Chaper, un fait consigné dans les procès-verbaux. Lorsque l'Hôtel de Ville était déjà envahi, les maires vinrent à nous très émus et nous dirent : « Si vous annoncez les élections municipales, nous répondons de l'ordre ». On délibéra, et c'est sur ma proposition qu'on autorisa les maires à annoncer que les élections municipales étaient arrêtées, en principe, *mais sauf fixation de date.*

M. CHAPER. — Je me rappelle même une idée qui me fit sourire : ce fut celle de mettre au nombre des candidats aux élections municipales les membres du Gouvernement de la Défense pour leur donner l'investiture du suffrage universel.

M JULES FERRY. — Nous avons, je ne dirai pas délibéré, en ce moment il n'y avait pas de délibération possible, mais permis d'annoncer qu'on ferait des élections municipales. On dit même aux maires : si vous croyez calmer par là la population parisienne, faisons des élections municipales, mais vous vous trompez, ce ne sont pas les élections municipales que l'on veut ici, c'est la Commune.

M. LE COMTE DARU. — Les maires dans leurs *Bulletins de la municipalité,* qu'ils affichaient depuis deux mois, ne cessaient de demander les élections municipales. En relisant attentivement ces *Bulletins,* vous y trouverez l'explication du 31 octobre et du 18 mars. Les maires ne demandaient pas seulement à faire les élections.

M. JULES FERRY. — Il y en avait de bons.

M. LE COMTE DARU. — L'esprit du conseil que vous présidiez, à en juger par ses bulletins, n'était pas bon.

M. JULES FERRY. — Je n'ai présidé que le conseil des maires élus le 5 novembre. Auparavant, je me rendais souvent auprès de l'Assemblée municipale pour répondre à une foule de questions étrangères à la municipalité, mais c'était Étienne Arago qui la présidait.

M. LE COMTE DARU. — Puisque vous voulez préciser votre déposition, je vous demande la permission de relever une inexactitude que vous avez commise? Vous nous avez dit que, dans le conseil du 1er novembre, vous aviez proposé des poursuites; ce n'est pas dans le conseil du 1er novembre, mais dans celui du 2 au 3 novembre, alors que M. Cresson, nommé préfet de police après la démission de M. Adam, vint vous trouver, vers minuit, et vous dit : « Ces gens-là vont recommencer : Blanqui et autres sont dans un café de la place de l'Hôtel de Ville; ils préparent une seconde insurrection. » La veille, dans le conseil du 1er novembre, il avait été décidé qu'on ne ferait point de poursuites, que l'engagement pris par M. Dorian serait tenu, et cela avait été décidé malgré M. Jules Favre, malgré vous, je crois?

M. Jules Ferry. — Malgré moi, M. Chaper se le rappellera.

M. LE COMTE DARU. — Je ne le conteste pas. Dans la nuit du 1er novembre, il y eut, dans le conseil, des membres du Gouvernement qui prirent la parole, M. Jules Favre entre autres, et qui dirent : cet engagement n'existe pas pour nous; il faut poursuivre ou nous ne sommes pas un gouvernement. Le général Trochu fut de cet avis; vous aussi, vous le dites, cela suffit; mais la majorité du conseil décida qu'il ne serait pas fait de poursuites. Dans la nuit du 2 au 3, en apprenant que le travail révolutionnaire se poursuivait comme si rien n'était arrivé, et sur la demande de M. Cresson, disant : « si vous n'arrêtez pas ces gens-là, demain ils vont recommencer, » le Gouvernement, indigné de voir avec quelle facilité on oubliait l'indulgence qu'il avait montrée, décida qu'il serait fait des poursuites. Ce fut alors qu'on vous demanda de dresser une liste de 24 noms; vous avez dressé cette liste, dans laquelle ne se trouvait pas Delescluze, auquel on tenait compte de la facilité avec laquelle il s'était prêté aux négociations.

M. Jules Ferry. — Puisque vous désiriez préciser les faits, permettez-moi, M. le comte Daru, de donner un souvenir précis à la Commission. Je me rappelle fort bien que la liste des vingt-quatre inculpés a été entre les mains de M. Edmond Adam, alors encore préfet de police; une partie de ces noms qui figurent sur cette liste avait été inscrite par M. Adam lui-même; seulement, mis en présence de la liste entière, M. Adam avait demandé à réfléchir. Ainsi, mon souvenir est très précis; cette liste n'a peut-être pas été arrêtée le matin du 1er novembre, mais à coup sûr dans la journée, et elle a été entre les mains de M. Adam qui l'a transmise à M. Cresson. Celui-ci vous a dit dans sa déposition qu'il avait arrêté les personnes dont on lui avait donné les noms : c'est M. Edmond Adam et moi qui en avions dressé la liste.

M. LE COMTE DARU. — Seulement, vous ne l'avez proposée au Gouvernement que dans la nuit du 2 au 3, et c'est dans la nuit du 2 au 3 que le Gouvernement s'est décidé à l'accepter.

M. JULES FERRY. — J'ajoute, quant à M. Cresson, que ce n'est pas lui qui a déterminé le Gouvernement à ordonner les poursuites, puisque M. Edmond Adam n'a donné sa démission qu'à la suite du vote qui les ordonnait.

Un membre. — Il y a quelques heures que je relisais des procès-verbaux des délibérations du Gouvernement de la défense ou plutôt les notes de M. Dréo ; j'ai donc les faits parfaitement présents à la mémoire. Il est certain que la majorité du conseil avait décidé d'abord que l'on passerait outre sur le passé, mais qu'on s'armerait d'une rigueur impitoyable pour l'avenir. Ainsi, c'est bien la situation que rappelait M. le comte Daru. Je tenais à apporter ici mon témoignage, puisqu'il y a seulement quelques heures que je relisais les termes mêmes de la délibération. Il y avait donc une sorte d'amnistie accordée au passé, en réservant toutes les rigueurs des poursuites pour ce qui concernait l'avenir.

M. LE COMTE DARU. — Le fait est certain. Il était utile de constater que les poursuites n'avaient pas été décidées dans le conseil du 1er novembre, mais dans la nuit du 2 au 3.

M. JULES FERRY. — Je fais appel au témoignage de M. Chaper, qui connaît bien nos procès-verbaux ; est-ce que dans le premier conseil tenu le 1er novembre au soir, le procès-verbal n'établit pas qu'il a été question d'un compromis auquel j'aurais pris part? Est-ce que vous n'avez pas lu que j'ai tout aussitôt déclaré que ce compromis n'avait pas existé? Ceci se passait le 1er novembre.

Je ne nie pas que la décision du Gouvernement n'ait été d'abord contraire et que les nouvelles menées du parti anarchique n'aient ensuite déplacé la majorité du conseil, mais je tiens à établir, parce qu'on l'a contesté, la parfaite netteté de mon attitude.

M. PERROT. — Je demande à poser une question à M. Jules Ferry. Comment explique-t-il que le Gouvernement ait cru à un engagement pris? Comment, s'il l'a cru, l'a-t-il nié, et, en le niant, a-t-il agi le 1er novembre comme s'il l'avait cru?

M. JULES FERRY. — Il y avait deux actions distinctes dans cette scène : l'action du Gouvernement qui était à l'intérieur de l'Hôtel de Ville, et la même au dehors, entourant le palais.

Quant à moi, j'ai toujours nié et je nierai toujours tout engagement ou compromis, mais je n'ai pas connu personnellement ce
qui s'est passé dans l'intérieur de l'Hôtel de Ville.

La question douteuse entre toutes, ce n'est pas de savoir si le
Gouvernement était engagé ; ni M. Jules Simon, ni M. Jules
Favre n'avaient souscrit d'engagement : ils avaient gardé un
profond silence.

M. LE COMTE DARU. — C'est vrai.

M. JULES FERRY. — Ils avaient refusé d'entrer en pourparlers
avec l'espèce de gouvernement insurrectionnel au milieu duquel
M. Dorian, pris de force par l'enthousiasme populaire, cherchait à se débattre pour tirer d'affaire le Gouvernement et la
Ville de Paris. C'est par égard pour les engagements qui auraient
pu être pris par M. Dorian, pour les paroles qui auraient pu
être échangées dans la nuit entre les membres du Gouvernement captifs et la foule armée, c'est eu égard aux scènes de
l'intérieur de l'Hôtel de Ville, et aussi pour une raison de
réserve politique fondée sur les élections en cours, et qu'on ne
voulait pas avoir l'air d'influencer, que le Gouvernement s'était
décidé d'abord à ajourner les poursuites.

M. LE COMTE DARU. — Nous sommes d'accord sur ces faits et sur
votre rôle. Tout cela du reste est attesté par des pièces que nous
avons entre les mains.

M. JULES FERRY. — Il me reste à parler des prisonniers
relaxés. M. le général Ducrot a dit dans sa déposition, que
non seulement on avait relâché les prisonniers, mais qu'on les
avait réarmés. C'est absolument inexact. Voici comment les
choses se passèrent.

Lorsque j'entrai dans l'Hôtel de Ville, les mobiles qui occupaient la cour qu'on appelle la cour du préfet, située du côté de
l'église Saint-Gervais, me dirent qu'ils avaient pris 250 individus ; — « ces gens sont dans les caves, voulez-vous venir les
voir? » — J'y allai et je trouvai un ramassis de gens éperdus,
se voyant à la veille d'être passés par les armes : c'était un
mélange d'hommes, de femmes, d'enfants, de gens en habits
de gardes nationaux et en habits civils. Je demandai où on avait
pris tous ces gens-là. On me répondit : « aux abords des

escaliers de l'Hôtel de Ville, dans les cours, ça été comme un coup de filet. » Un peu après, nous montâmes avec les gardes nationaux, nous fîmes évacuer les salles. Une ou deux heures plus tard, quand tout était calme. M. le comte de Legge, qui avait fait cette capture, vint me demander ce qu'il en fallait faire. Je lui répondis d'abord : — nous les tenons, gardons-les. — Mais un officier de la garde nationale, M. Kergall, qui en disposait, me fit observer que tous les chefs s'étaient enfuis, que tout le monde avait quitté l'Hôtel de Ville et qu'il n'y avait peut-être pas grand intérêt à garder le *fretin*. L'observation était juste, et je donnai l'ordre de relâcher cette tourbe affolée. Les mobiles chassèrent leurs prisonniers à coups de pied : je l'ai vu, et M. de Legge a dû vous le raconter.

M. le comte de Legge pourra vous dire également que les armes ne leur furent point rendues. M. Ducrot a été mal informé, sur ce point comme sur tous les autres. J'ai dû, pour tout éclaircir, m'enquérir de ce qu'étaient devenues les armes saisies. Le colonel Ibos en avait parlé dans sa déposition devant la Commission du 18 mars. Il m'a dit qu'il vint me les demander pour son brave 106ᵉ bataillon ; que je les fis immédiatement rechercher, mais qu'on ne put les retrouver. M. Ibos en concluait que M. Étienne Arago les avait rendues aux prisonniers. Eh bien, ce n'est ni M. Étienne Arago, ni moi, qui avons disposé de ces armes. C'est M. le comte de Legge qui a remis ces 200 ou 250 fusils à M. Kergall, dont j'ai déjà parlé ; ce jeune officier commandait une compagnie du 247ᵉ bataillon de la garde nationale, et il avait rendu au Gouvernement toutes sortes de services pendant cette déplorable nuit. M. Kergall était le compatriote de M. de Legge ; il avait servi dans les zouaves pontificaux ; son bataillon inspirait toute confiance, et comme sa compagnie n'était pas armée. M. de Legge prit sur lui de lui remettre les armes prises sur les insurgés prisonniers dans les caves. J'ai dans les mains la déclaration de M. Kergall, que vous entendrez d'ailleurs sur ce fait et sur d'autres, relatifs à cette nuit du 31 octobre. Sa déclaration est conforme à celle de M. de Legge. Il est donc faux que j'aie réarmé les prisonniers.

Un membre. — Avaient-ils conservé leurs armes dans la cave ?

M. JULES FERRY. — Non ! car lorsque je suis entré dans la

33

cour, ces gens étaient désarmés et se sont jetés à mes genoux, demandant grâce.

M. LE COMTE DARU. — Ainsi M. Kergall a reçu ces armes pour son bataillon ?

M. JULES FERRY. — Oui, et lui-même confirmera ce récit, après lequel il ne restera plus rien de cette partie de la déposition à laquelle je réponds.

Il y a encore un point sur lequel je voudrais que vous entendissiez le général Trochu.

M. le général Ducrot assure que le général Trochu m'envoya, le 1ᵉʳ novembre au matin, M. Bibesco, pour former une cour martiale. Or, M. Bibesco m'avait quitté à 10 heures du soir, pour aller quérir un pétard, et je ne l'ai pas revu de la nuit.

M. LE COMTE DARU. — Le général Ducrot a dit que c'était le lendemain que le général Trochu avait envoyé M. Bibesco à l'Hôtel de Ville.

M. JULES FERRY. — C'est une erreur. Le général Trochu savait bien que nous ne pouvions constituer de cours martiales, en dehors des 13ᵉ et 17ᵉ corps d'armée et des troupes de Saint-Denis. Nous étions liés par notre propre loi. Nous ne pouvions déférer les inculpés qu'à des conseils de guerre, et nous l'avons fait. Le général Ducrot ne peut pas le nier, mais il ajoute : « On a dit que les conseils de guerre avaient acquitté les hommes qu'on leur avait donnés à juger, mais il ne faut pas perdre de vue que les conseils de guerre ont fonctionné deux mois après l'affaire; ce qui, le matin même de l'événement, était très possible, devenait beaucoup plus difficile deux mois et demi après, alors que tous ces gens, qui avaient été arrêtés isolément, étaient relâchés, lorsque les éléments de l'instruction étaient dispersés et qu'il n'y avait plus nécessité de l'exemple d'une répression immédiate. »

Tout cela est inexact. Les 22 personnes désignées sur les listes ont été arrêtées toutes, à l'exception de Blanqui, de Millière et de Flourens : celui-ci s'était échappé d'abord, mais il fut ensuite arrêté par les gardes nationaux des avant-postes de Choisy, au commencement de décembre. L'instruction fut commencée le jour même et poussée avec une grande activité; elle avait été remise à un magistrat de l'ordre judiciaire,

M. Quérenet, juge d'instruction, qui interrogea les membres
du Gouvernement, reçut leurs dépositions et forma ainsi le
dossier des conseils de guerre. Il y a eu absence d'instruction,
dit M. Ducrot! C'est inexact : l'instruction a été faite avec
beaucoup de soin ; c'était un gros volume. Maintenant, pourquoi
a-t-on tardé à mettre les insurgés du 31 octobre en jugement?
Pourquoi la justice militaire n'a-t-elle pas fonctionné plus
rapidement? Je l'ignore, mais ce n'est la faute ni du Gouvernement, ni du juge d'instruction. Je pourrais d'ailleurs citer
bien d'autres exemples de cette inexplicable lenteur. Dans une
rectification que j'ai adressée à la Commission du 18 mars, j'ai
relevé toutes les poursuites et les résultats des poursuites inten-
tées pendant le siège, pour des méfaits de l'ordre politique.
Vous y verrez, que non seulement les insurgés du 31 octobre
ont été presque tous acquittés, à la date du 23 février, mais vous
y trouverez des choses plus étranges encore et qui, à coup sûr,
sont des symptômes de l'état de l'opinion, en dehors de la sphère
et de la responsabilité du Gouvernement. Voici un fait extrêmement grave qui fut jugé quelques jours après l'affaire du
31 octobre. C'est le mouvement tenté dans la nuit du 27 au
28 janvier par Piazza et Brunel, après l'armistice. Brunel, cet
incendiaire fameux qui a brûlé le *Tapis Rouge*, une espèce de
monstre, et Piazza, un autre chef de bataillon, quelque peu
suspect d'accointances bonapartistes, font sonner le tocsin à
l'église Saint-Laurent et se mettent en marche vers l'Hôtel de
Ville et vers les forts, avec une poignée de gardes nationaux
qui répondent à leur appel. On les arrête; on saisit un ordre
écrit et signé par Brunel, prenant le titre de chef d'état-major
de la garde nationale. Il y avait là le fait d'insurrection armée
le mieux caractérisé, et dans quel moment? Au moment où l'on
venait de signer l'armistice avec les Prussiens! Les insurgés sont
traduits devant le conseil de guerre, présidé par le colonel
Alavoine. Piazza est défendu par M. Émile Flourens, le second
fils du savant, ancien maître des requêtes. Le conseil de guerre
se déclare incompétent, parce qu'il n'est pas composé conformément à la loi ; un autre conseil est formé, présidé, cette fois,
par le général Valentin, qui a été depuis préfet de police; et de
ce conseil ainsi présidé, que sort-il? Un acquittement sur le
chef d'excitation à la guerre civile, et seulement une condam-

nation à deux ans de prison pour usurpation de titres et de fonctions. Eh bien! quand on écrit l'histoire que vous êtes chargés de faire, il faut tenir compte de ces éléments. Il ne faut pas nous accuser de défaillance ou d'énervement dans la répression; nous ne pouvions faire mieux que de renvoyer les insurgés devant les conseils de guerre; on ne pouvait pas nous demander de les juger nous-mêmes.

Voilà ce que j'avais à dire à la Commission sur les faits, les causes et les suites du 31 octobre, et je la remercie de m'avoir écouté avec tant de patience.

M. Perrot. — Je voudrais adresser encore une question à M. Jules Ferry. Comme membre du Gouvernement, avez-vous eu connaissance, dans les premiers jours de novembre, de deux dépêches envoyées par M. Gambetta à M. Jules Favre, concernant la conduite qu'avait tenue le Gouvernement à l'occasion du 31 octobre; blâmant le Gouvernement d'avoir fait appel à une espèce de plébiscite; lui disant qu'il compromettait ainsi la situation de la Délégation, qu'il la rendait insoutenable en province. Ce sont des dépêches dont la Commission n'a pas encore constaté l'existence certaine, qui ont pu être détruites, et il est important de savoir si vous avez eu connaissance de ces dépêches.

M. Jules Ferry. — Je n'ai à cet égard aucun souvenir. Je suis un peu surpris de ce que vous me dites. Le fait était sorti de mon souvenir.

M. de Rainneville. — Qui peut avoir gardé ces dépêches?
Un membre. — C'est peut-être M. Jules Favre.
M. Chaper. — Le fait serait important à établir.

M. Jules Ferry. — Je ne me rappelle rien au sujet de ces dépêches, ce qui ne prouve nullement, d'ailleurs, qu'elles n'aient pas été communiquées au Gouvernement.

M. le Président. — Il y a une partie de ces dépêches, imprimées dans l'ouvrage de M. Jules Favre.
Un membre. — Oui! mais une partie seulement.
M. Chaper. — Vous aviez dû être frappé du reproche qu'on vous faisait de recourir à une sorte de plébiscite.
M. Perrot. — Indépendamment de cette dépêche, il y en avait une autre qui contenait une demande formelle de créer en province une magistrature souveraine; — on soutenait la convenance de faire disparaître tout ce qui restait de fonctionnaires de l'empire, dans l'instruction publique, dans les finances, etc., etc.

M. Jules Ferry. — Cela est très possible.

M. LE COMTE DARU. — Cela est dans l'ordre des idées de M. Gambetta.

M. JULES FERRY. — Ma mémoire est peut-être infidèle, mais je ne me rappelle pas cette dépêche. D'ailleurs, voici ce qui a pu se passer : un pigeon arrivait porteur d'une dépêche; on la déchiffrait, on commençait à la lire; retenu par mes fonctions, j'arrivais quelquefois une heure trop tard, et je ne connaissais qu'imparfaitement le contenu de la dépêche. D'autres membres du Gouvernement vous renseigneront peut-être sur la dépêche à laquelle vous faites allusion; quant à moi, elle n'a pas laissé de trace dans mon esprit.

M. LE PRÉSIDENT. — La Commission vous remercie de ces nouveaux renseignements et fera ajouter cette déposition à celles qu'elle a déjà reçues de vous.

(*Séance du 23 mai 1872.*)

Déposition de M. Jules Ferry sur le 18 Mars.

La déposition faite par M. Jules Ferry, le 23 juin 1871, devant la Commission d'enquête instituée par l'Assemblée nationale sur l'insurrection de 1871, démontre par toute une série de dépêches et de pièces authentiques que M. Jules Ferry, malgré l'affolement des autorités militaires, dans cette lamentable journée du 18 mars, protesta vivement contre l'ordre écrit, donné et renouvelé par le général Vinoy au général Derroja, d'évacuer l'Hôtel de Ville et les casernes; qu'il sortit le dernier de l'Hôtel de Ville, à dix heures du soir; qu'enfin, il réunit les maires à la mairie du Ier arrondissement, et n'abandonna l'idée d'organiser la résistance que quand tout espoir fut perdu. M. Jules Ferry n'échappa, ce soir-là, au sort des généraux Lecomte et Clément Thomas — car la foule entourait la mairie du Ier arrondissement en poussant les cris de : *Mort à Ferry! Il nous faut Ferry!* — qu'en passant par le presbytère et l'église Saint-Germain-l'Auxerrois [1].

M. LE PRÉSIDENT. — M. Ferry, voulez-vous avoir la bonté de vous asseoir. La Commission n'est pas encore complète, mais je ne voudrais pas, cependant, vous faire attendre trop longtemps.

Nous n'avons pas ici à nous occuper de ce qui s'est passé depuis le 4 septembre jusqu'au 18 mars, à moins qu'il ne s'agisse de

---

1. *Enquête parlementaire sur l'insurrection du 18 mars.* Tome II, p. 60.

faits se rattachant directement à l'insurrection du 18 mars. Nous vous demandons de vouloir bien concentrer vos observations sur l'objet de nos études.

Nous cherchons à préciser les faits qui se sont passés du 18 mars au 28 mai, et à en apprécier le caractère; nous vous demandons de vous expliquer uniquement sur ces faits, que vous devez bien connaître, puisque vous étiez au centre de l'insurrection.

Voilà le cadre dans lequel je vous prie de vous renfermer; sans cela, vous pourriez nous dire des choses fort intéressantes, mais en dehors de l'étude à laquelle nous devons nous livrer.

M. Jules Ferry. — Je tâcherai de me renfermer dans le programme que vient de me tracer M. le Président.

Je vais d'abord vous dire très rapidement comment s'est passée la journée du 18 mars. Ce récit fait nécessairement partie de votre enquête, et puis, remontant un peu plus haut, je vous montrerai comment elle a été amenée par une série de fatalités.

On a souvent employé ce mot en racontant l'histoire de notre époque; mais je crois qu'on a vu rarement un enchaînement de fatalités plus inéluctables que celles qui se sont produites pendant une année dans notre pays.

Vous êtes saisis de la recherche des causes de l'insurrection du 18 mars. Sur les causes générales, des considérations pleines d'élévation et d'éloquence ont déjà été présentées; des choses excellentes seront certainement dites encore. Je voudrais, moi, et je ne suis venu ici que pour cela, réagir dans une certaine mesure contre l'opinion qui me paraît très répandue aujourd'hui, que l'insurrection du 18 mars serait le résultat d'une conspiration très anciennement organisée, et organisée par une société, dont le nom est aujourd'hui célèbre, de l'*Internationale*.

Je suis très loin de méconnaître l'importance de ce phénomène social qui se résume et se personnifie dans la Société l'*Internationale*.

J'avouerai même que les derniers événements ont donné à cet élément de trouble social une importance qu'en d'autres temps j'aurais été porté à dédaigner ou à estimer moins haut, mais qu'actuellement, j'y reconnais un phénomène très grave, qui mérite toute l'attention de l'observateur et du législateur. Je crois qu'il s'est passé, je dis s'est passé, car le danger me paraît écarté pour un temps, dans notre démocratie française, un enchaînement d'événements qui répond à une certaine partie de l'histoire de l'antiquité que nous avons tous étudiée. Nous pouvons dire que nous avons eu, à l'état de tentative, heureusement très rapidement déjouée, la guerre servile après la guerre punique; si l'on remonte à l'histoire de ces deux guerres, servile et punique, on aperçoit des éléments analogues et dont la ressemblance est frappante avec ceux qui ont engendré l'insurrection du 18 mars et les événements qui ont suivi. Mais je n'ai pas l'intention de m'étendre sur ce côté général de la question; je voudrais surtout préciser les circonstances d'un ordre en quelque sorte secondaire, qui ont déterminé l'explosion.

Je crois que l'on ferait fausse voie, que l'on s'abuserait étrangement et qu'on se mettrait dans l'esprit des préoccupations démesurées, si on attribuait uniquement aux éléments de guerre sociale qui existent dans notre civilisation moderne, les événements du 18 mars; je voudrais dire, en très peu de mots, comment je les comprends, indiquer à la Commission les causes qui, suivant moi, auraient pu être écartées, si les évènements avaient été différents, et dégager de la sorte vos esprits de préoccupations excessives. Je suis persuadé, en effet, que les événements du 18 mars n'ont eu la gravité redoutable qu'ils ont affectée, qu'à cause des circonstances extraordinaires qui les ont précédés.

Au nombre des causes secondes, de ce que j'appellerai des causes secondes et déterminantes de l'insurrection, je placerai, tout d'abord, un état moral de la population parisienne, que je qualifierais volontiers ainsi : « la folie du siège », c'est-à-dire un état d'esprit déterminé par un changement d'habitudes et de vie, radicalement contraire aux habitudes, à la vie, à la tenue habituelle de notre société moderne; une société faite pour le travail qui se trouve, tout à coup, par suite d'événements extraordinaires, jetée dans la vie militaire. Cinq mois de cette existence toute nouvelle, le travail interrompu, tous les esprits tournés vers la guerre; et cette lutte de cinq mois, aboutissant à une immense déception, une population tout entière qui tombe du sommet des illusions les plus immenses que jamais population ait conçues, dans une réalité qu'il avait été malheureusement impossible de lui révéler à l'avance, voilà ce que j'appelle la folie du siège; et je soutiens qu'à l'exception de ceux qui, se trouvant auprès du Gouvernement, avaient, par leur situation même, une connaissance plus exacte des choses, il n'y a pas eu de Parisien qui n'ait éprouvé cette folie du siège.

Vous tous, messieurs, vous avez dû en reconnaître les atteintes chez les personnes avec qui vous avez des relations habituelles; quant à moi, je n'ai trouvé personne qui n'ait été plus ou moins possédé de cette démence, résultat des illusions militaires, entretenues pendant cinq mois, et de la colère extraordinaire qui suivit la déception finale.

Quand on tient ce premier point, on tient l'une des extrémités du fil, et l'on arrive jusqu'à l'autre bout.

Le Gouvernement de la Défense nationale a maintenu l'ordre matériel depuis le 4 septembre jusqu'à la capitulation. Jusqu'à cette époque, alors même que nous étions tous, et que tous les hommes de bon sens devaient être profondément inquiets des effets de cette capitulation, il avait été du devoir du Gouvernement de ne pas dire à la population parisienne jusqu'à quel point elle était près de la fin de cette résistance où elle avait mis toute son âme, et où elle s'est acquis tant d'honneur. Et, à côté du Gouvernement, les journaux avaient excité la confiance à un degré extraordinaire, maintenu et réchauffé les illusions. Quand nous arrivâmes au moment suprême, il se posa un grand problème pour nous : comment la population parisienne va-t-elle supporter cette chute de l'empyrée sur la terre? La population parisienne résista à cette grande épreuve, et cela grâce à ce sentiment de la nécessité qui est dans la vie le plus grand soutien, et qui fait qu'en présence d'un mal irréparable, l'humanité courbe la tête.

La population parisienne avait beaucoup souffert matériellement. La liberté de franchir les portes de la ville, le ravitaillement firent une sorte de contrepoids matériel à ses douleurs morales; il y eut une sorte de réaction physique qui fut très salutaire et ne contribua pas peu au rétablissement de l'équilibre. Et, je vous assure, messieurs, moi qui n'ai pas quitté un instant l'Hôtel de Ville, depuis le 4 septembre jusqu'au 18 mars : moi qui ai assisté à tout le drame, je vous assure qu'à la fin de janvier et au commencement de février, il y avait les plus grandes chances pour que Paris revînt à l'état normal, à l'ordre, au travail.

Le ravitaillement s'était effectué avec une grande facilité et il

y avait chez tout le monde le désir de reprendre la vie au point
où on l'avait laissée avant le siège.

Aussi je place, sans hésiter, au nombre des causes secondes,
mais déterminantes, dont je parlais tout à l'heure, cette volonté
exprimée par les Prussiens et dont il fut impossible de les faire
revenir, d'entrer dans Paris et d'occuper un quartier de Paris.

Je considère que c'est là, parmi les causes de l'insurrection
du 18 mars, un élément d'une extraordinaire importance et qui
a décidé de la violence de la crise, et de la forme particulière
qu'elle a revêtue. Si les Prussiens n'avaient pas fait à la population parisienne cette injure, à laquelle elle ne s'attendait pas,
d'entrer chez elle — nous aurions eu sans doute d'autres crises
— car nous ne nous sommes jamais fait d'illusions à cet égard ;
il était impossible que quatre cent mille hommes armés
reprissent le travail, que quatre cent mille hommes qu'on
nourrissait à rien faire, quittassent la vie militaire pour la vie
civile, sans qu'il y eût une crise ; — mais je suis persuadé
qu'elle aurait été fort différente et beaucoup moins grave.

Lorsque les Prussiens manifestèrent la pensée d'entrer dans
Paris, la situation générale était extrêmement délicate pour le
Gouvernement. En effet, il s'était opéré, au moment où les
portes de Paris furent ouvertes, un relâchement général de tous
les liens et une désorganisation générale de tous les éléments
dont l'accord avait maintenu l'ordre dans Paris pendant tout le
temps du siège. Nous avions réalisé un véritable problème
d'équilibre, messieurs, car il faut bien se rendre compte que le
Gouvernement de la Défense nationale, pendant tout le temps
que Paris a été investi, n'a eu à sa disposition que des forces
morales. Il a été un gouvernement d'opinion ; il n'avait pas à sa
disposition une force matérielle dont il fût sûr et qu'il pût
opposer à un puissant mouvement d'opinions en sens contraire ;
et quand, dans deux circonstances mémorables, au 31 octobre
et au 22 janvier, le Gouvernement a triomphé, c'est parce que
le mouvement d'opinion s'est prononcé avec une grande intensité en sa faveur.

Le 31 octobre, il était contre le Gouvernement dans la première partie de la journée ; il lui est revenu, avec une force irrésistible, dans la seconde. Le 22 janvier, le mouvement lui était
beaucoup plus défavorable, parce que tout le monde sentait

approcher la capitulation, mais la force matérielle était venue à son aide avec plus d'efficacité, et quelques coups de fusil suffirent pour dissiper les émeutiers, peu résolus et hésitant eux-mêmes sur le plan qu'ils devaient suivre.

Mais tout cela tenait à des habitudes prises, à la constitution de certains pouvoirs; et toutes ces habitudes et tous ces pouvoirs se sont trouvés désorganisés par la capitulation.

Ainsi la principale force du Gouvernement, force matérielle qui contenait aussi une grande force morale, c'était la garde nationale. Mais, lorsque la capitulation fut annoncée, la garde nationale se trouva désorganisée de toutes les manières, d'abord par la démission de son commandant en chef, l'infortuné Clément Thomas; son état-major le suivit, et avec lui tous ceux qui avaient maintenu l'ordre pendant cinq mois et demi.

Non seulement l'état-major fut désorganisé, mais aussi le commandement dans les rangs inférieurs. Les chefs de bataillon les meilleurs, les plus sûrs, ceux que nous avions trouvés auprès de nous au 22 janvier et au 31 octobre, et en même temps qu'eux beaucoup d'hommes qui s'étaient montrés les plus fermes soutiens de l'ordre, lassés de la longueur du siège, désireux d'aller retrouver en province leurs familles ou leurs affaires, s'empressèrent de quitter Paris. Il y eut une émigration considérable qui désorganisa le commandement.

Pendant le siège, nous avions maintenu l'équilibre de la garde nationale au moyen d'une institution tout à fait empirique, mais qui nous avait parfaitement réussi, celle des secteurs.

La garde nationale avait été placée sous le commandement d'officiers supérieurs de la marine, qui ont montré, pendant ces longs mois, non seulement une grande énergie militaire, mais des aptitudes civiles dont j'ai été souvent frappé. Et nous pouvons dire que c'est à ces amiraux, commandants de secteurs, que nous avons dû le maintien de l'ordre dans la garde nationale; ils avaient sur elle un ascendant que le Gouvernement n'avait pas; ils avaient été associés à ses périls, à ses espérances; ils n'avaient pas contre eux tout ce que nos malheurs avaient fait rejaillir sur nous d'impopularité inévitable. Les chefs des secteurs étaient les maîtres de la garde nationale. Le général Caillé, par exemple, qui commandait le secteur de Belleville, avait fait des merveilles. Il n'y avait jamais eu d'émotion vio-

lente à Belleville : il l'avait maintenu par son autorité personnelle. Mais lorsque arriva la grande débandade après la capitulation, les commandants de secteurs demandèrent à se retirer.

Le commandant supérieur de l'armée, le général Vinoy, ne
manifesta peut-être pas un désir assez vif de les conserver ; ils
partirent ; les secteurs furent désorganisés. Au 18 mars, on ne
savait plus où étaient les secteurs ; il y avait eu, pour le malheur public. non seulement des changements de personnes,
mais des changements de locaux. Je recevais à l'Hôtel de Ville,
à cette date même du 18 mars, des dépêches de maires ainsi
conçues : « Où donc est notre secteur? Je ne sais à qui m'adresser pour obtenir un bataillon. »

En résumé, messieurs, il est incontestable qu'au commencement de février, lorsque la première satisfaction du ravitaillement eût été un peu épuisée, Paris se trouva dans une situation très critique par cette accumulation dans ses murs d'un
aussi grand nombre d'hommes armés sans organisation, sans
gouvernement, qui ne reconnaissaient plus aucune autorité.

Mais je crois encore que la force acquise et les habitudes
prises auraient pu maintenir l'état des choses, sans cet événement qui est une des causes principales, parmi les causes
secondes, l'entrée des Prussiens.

Et je vais vous montrer que l'entrée des Prussiens a été
déterminante. Jusqu'au moment où il en a été question, la
garde nationale n'a pas mis la main sur un canon. Les premiers canons ont été enlevés sur la nouvelle de l'approche des
Prussiens ; et ils ont été enlevés ceux-là, messieurs, croyez-le
bien, par des citoyens fort attachés à l'ordre, par des gardes
nationaux de Passy et d'Auteuil, et enlevés où? au Ranelagh,
où malheureusement il y avait des batteries oubliées.

Eh bien, dans cette population mise hors d'elle-même, qui
acceptait si difficilement que Paris pût être vaincu, qui était
si disposée à mettre tous ses désastres sur le compte de la
trahison, la pensée que cette entrée des Prussiens était encore
une nouvelle trahison, gagna beaucoup d'esprits. Ces choses
se disaient et elles trouvaient créance auprès de ceux qui
croient tout ce qui se dit ; c'est ainsi qu'on arriva successivement à mettre la main sur tous les canons, et l'insurrection
se trouva posséder des canons, uniquement parce que les

Prussiens étaient entrés dans Paris; si bien que vous ne pouvez pas, messieurs, tout en tenant le compte que la raison indique des causes générales de l'insurrection, perdre de vue que ce fait, qui lui a donné un caractère si formidable, est encore l'œuvre de nos ennemis. Je suis convaincu, quant à moi, que les choses auraient tourné autrement si les Prussiens n'étaient pas venus parader dans nos murs. Je suis persuadé que, si des accidents étaient inévitables, ils auraient eu un autre caractère et une bien moindre intensité.

C'est encore à ce moment que se rattache et se détermine le courant qui a aggloméré les divers éléments de l'insurrection. C'est là que vous pouvez les saisir sur le vif.

Le comité central de la garde nationale, qui a joué un si grand rôle dans cette affaire, existait déjà assurément. Il y avait depuis longtemps dans la garde nationale un foyer de conspiration contre les chefs élus : c'était le corps des délégués des compagnies, chargés de les représenter pour l'élection des officiers. Dès le mois de janvier, le Gouvernement de la Défense nationale, ému de ce mouvement intérieur de la garde nationale, avait fait paraître dans le *Journal officiel*, où je pourrais la retrouver, une note dans laquelle il rappelait aux délégués de la garde nationale qu'ils n'en étaient pas les véritables chefs, et que les seuls chefs étaient les chefs élus.

Qu'étaient-ce que ces délégués? C'était une institution de 1851. Pour nommer les chefs de bataillon, on réunissait les officiers et un certain nombre de délégués par compagnie. Ces délégués s'étaient imaginé qu'ils étaient la représentation permanente et le véritable commandement. Des réunions se tinrent, des brochures furent publiées où tous ces pouvoirs étaient affirmés. C'est à l'occasion de ces brochures et de ces réunions que parut une note qui rappela aux délégués qu'ils devaient se dissoudre immédiatement après les élections.

De la réunion et du concert des délégués sortit le comité central de la garde nationale. Mais le comité ne prit l'initiative et la force directrice qu'à la faveur de l'entrée des Prussiens. Le comité se montra, pour la première fois, à la fin de février, une certaine nuit, où le bruit se répandit que les Prussiens allaient entrer le lendemain. Alors tout Paris retentit du bruit des tambours et des clairons, et une partie des bataillons de la

garde nationale se réunit; je dis une partie, parce que, bien
qu'on ait sonné le tocsin et battu le rappel de toutes parts, les
gardes nationaux vinrent en très petit nombre. Je me rappelle
que M. Dubail, maire du Xe arrondissement, me disait cette
nuit-là même : « On sonne le tocsin, mais vous pouvez être sans
grande inquiétude : il n'est venu que deux ou trois cents gardes
nationaux. » Les Prussiens n'entrèrent pas cette nuit-là; je
crois que ce fut un grand bonheur; s'ils étaient entrés, nous
aurions pu assister à d'horribles scènes; car, s'il n'y avait pas
un grand nombre de bataillons sur pied, des milliers d'hommes
sans armes, de femmes et d'enfants allaient au-devant d'eux
affolés, tandis que, lors de l'entrée de l'armée allemande, le
1er mars, tout se passa à l'honneur de la population parisienne qui eut une tenue admirable, et qui laissa les Prussiens
dans un isolement complet; si bien qu'ils emportèrent de cette
aventure un sentiment profond d'humiliation et de ressentiment.

Mais le mouvement insurrectionnel avait pris sa forme : c'était
la reconstitution de la garde nationale sous d'autres chefs, et
la garde nationale mettant la main sur les canons; alors, le
comité central qui, pour être composé d'inconnus, n'en était
pas moins guidé par un instinct politique très habile, vit qu'il y
avait là un commencement d'opérations bon à poursuivre; et,
dans tout Paris, les gardes nationaux du comité central se
mirent à recueillir les armes, les munitions et les canons partout
où ils purent en prendre.

Le malheur, c'est que, pour résister à cette organisation révolutionnaire de la garde nationale, nous n'avions plus qu'une
organisation légale profondément affaiblie par le départ des
principaux chefs de bataillon et par l'absence d'un commandant en chef. Et il ne se passait pas de jours où, dans notre
Conseil, je n'implorasse la nomination d'un commandant de
la garde nationale. Le hasard a fait qu'une dépêche que
j'écrivais alors s'est retrouvée; je suis heureux de pouvoir vous
la faire connaître, parce qu'elle indique bien la situation. Cela
vous montrera que ce que je vous dis n'est pas une théorie
faite après coup, mais une observation très exacte des faits.

C'était le 4 mars, à la suite de l'occupation prussienne, au
moment où les Prussiens venaient d'évacuer Paris. On me

demandait de Bordeaux des nouvelles ; M. Jules Simon, qui était alors ministre de l'Intérieur, me disait : « Édifiez-nous sur l'état de Paris. »

Alors j'écrivis ceci :

« Le 4 mars, 11 h. 50 m. du matin.

« Cette dépêche, je l'ai retrouvée dans un journal de la Commune. L'insurrection avait retrouvé au ministère de l'Intérieur un certain nombre de dépêches, et le journal *La Commune* les classait sous ce titre :

« *Le prologue d'un coup d'État.* »

Parmi ces dépêches, était celle que je vais vous lire :

« Maire de Paris à Jules Simon, Bordeaux,

« 4 mars 1871, 11 h. 50 m. du matin.

« Le péril ici est dans l'anarchie de toutes choses ; la tranquillité matérielle est maintenue sans difficulté, grâce à un laisser-aller complet qui est imposé par la nécessité.

« La garde nationale n'est plus qu'un immense désordre ; elle a, depuis la démission de Clément Thomas et le départ de beaucoup de ses officiers, cessé de former un corps. Les secteurs ont été désorganisés au même moment ; tout l'ancien mécanisme s'est trouvé détruit. Aujourd'hui, une partie des bataillons, la minorité sans doute, obéit à un comité occulte, fort bien organisé, qui, pour le moment, paraît n'avoir d'autre but que de rassembler, en les prenant partout, même par force, fusils, canons, munitions. Belleville et Montmartre sont occupés militairement par la garde nationale, qui obéit au comité, non à ses chefs de bataillon, destitués de fait.

« La masse prend plaisir à jouer au soldat, les meneurs pensent à autre chose. Un bon général de la garde nationale pourrait encore reprendre en mains les bons éléments qui ne manquent pas, mais qui n'ont plus de centre. Je répète cela depuis dix jours au Conseil. »

(Extrait du journal *La Commune*, du 26 mars 1871.)

M. JULES FERRY. — Cette dépêche précédait de peu l'arrivée du général d'Aurelles de Paladines qui venait d'être nommé général de la garde nationale. Il fut impuissant à réunir les divers éléments de l'ordre : il arrivait trop tard.

Cependant beaucoup de tentatives de conciliation furent encore faites. Les maires intervinrent, animés de beaucoup de dévouement et d'un grand désir d'apaiser les esprits. Plusieurs réunions de maires eurent lieu dans ce but au ministère de l'Intérieur.

Il y avait quelque chose d'assez bizarre, je dirai presque d'enfantin, dans cette manie des canons.

Beaucoup de gens s'étaient emparés de ces canons, uniquement pour pouvoir dire qu'ils avaient des canons, et sans avoir la pensée de s'en servir même contre les Prussiens, puisque l'armistice venait d'être signé. Ils disaient : « Ces canons sont à nous, nous les avons payés. » Il y avait, en effet, peut-être 200 pièces qui avaient été fondues à l'aide de souscriptions.

Quoi qu'il en soit, il avait d'abord paru possible d'arriver à reprendre ces canons par voie de conciliation. Les maires des XIVe, XVe, XVIIe et XVIIIe arrondissements, en un mot les maires de tous les arrondissements excentriques, s'y étaient employés.

Nous eûmes à ce sujet beaucoup de conférences au ministère de l'Intérieur. Les maires nous disaient : « Attendez encore, ayez patience ; on a promis de les rendre ; c'est pour demain. » Il y avait, en effet, des gens qui promettaient de les rendre et qui n'avaient réellement pas de mauvaises intentions.

Il y en avait d'autres, au contraire, qui suivaient un plan parfaitement arrêté et résolu.

Quant à moi, après tant de tentatives infructueuses, je demeurai convaincu, — et c'est encore ma conviction aujourd'hui, — qu'on ne nous rendrait jamais les canons de bonne volonté. Il y avait un parti pris évident de ne pas les rendre.

Ici se place un incident malheureux qui a précédé de 24 heures à peine le 18 mars. Il existait à la place Royale un parc d'artillerie de 80 canons. On avait obtenu de l'officier qui les gardait qu'il les restituerait à l'autorité légitime, c'est-à-dire au commandant de la place, le général Vinoy.

Toutes les dispositions furent prises en conséquence et l'on vint la nuit, à une heure convenue, réclamer les canons. L'offi-

cier de service, qui appartenait à un bon bataillon, répondit :
« Je veux bien livrer les canons ; mais comme je ne vous
connais pas, je ne le ferai que si vous avez un ordre écrit. » —
Malheureusement, l'officier d'artillerie qu'on avait envoyé,
n'avait pas d'ordre écrit.

Il retourna au quartier-général pour en chercher un. Mais
pendant ce temps-là, la chose s'ébruita ; le bataillon de la place
Royale fut relevé et, quand on revint, on se trouva en face de
gens hostiles qui, craignant un coup de main sur la place
Royale, transportèrent tous les canons au faubourg Saint-
Antoine, dans un autre parc d'artillerie, situé rue Basfroi.

La mèche était éventée ; la méfiance était devenue générale,
si bien que, lorsqu'à la réunion du Gouvernement, la question
nous fut posée par le chef du Pouvoir exécutif, je n'hésitai pas
à me prononcer pour une intervention matérielle, et à dire que
puisqu'on n'avait pas voulu rendre les canons volontairement,
il fallait les prendre de force.

J'exprimai l'avis qu'il ne serait pas très difficile, par une
opération militaire bien conduite, par un coup de main exécuté
la nuit ou de grand matin, d'occuper les buttes Chaumont et
surtout la butte Montmartre, où les canons se trouvaient
entassés, de telle sorte qu'il serait impossible de s'en servir
contre la troupe qui gravirait la butte pour s'en emparer.

Cette opinion fut aussi celle du Conseil, et le 18 mars, suivant
les dispositions prises par le général Vinoy, de grand matin, les
troupes gravirent les hauteurs des buttes Chaumont et des
buttes Montmartre, sans aucune espèce de difficultés, mirent la
main sur les canons, firent prisonniers les petits groupes de
gardes nationaux qui se trouvaient là, et nous fûmes tout à fait
maîtres du mouvement à cette première heure.

Ici se place la question de savoir comment ce premier succès
a pu aboutir au formidable échec de la journée.

Est-ce, comme on l'a dit, parce qu'on a perdu du temps ou
parce qu'en réalité on n'a pas pu enlever les canons ? Il est
certain que ce n'est que vers dix heures qu'arrivèrent les pro-
longes d'artillerie nécessaires à l'enlèvement des canons, et
qu'à cette heure déjà, les choses avaient changé de face et le
mouvement avait pris le dessus.

Dans cette journée, j'ai échangé de nombreuses dépêches

avec le Chef du Pouvoir exécutif, avec le commandant supérieur et avec le préfet de police.

Comme je ne voulais pas laisser entre les mains des insurgés ces dépêches, qui auraient pu les éclairer sur nos projets et surtout sur l'état moral de nos troupes, je les ai emportées avec moi, le 18 mars au soir, lorsque je fus obligé de quitter l'Hôtel de Ville.

Je suis heureux de les avoir aujourd'hui et, si vous le permettez, je vais vous les lire, parce qu'elles vous donneront le tableau exact, minute par minute, de cette malheureuse journée, depuis 7 heures du matin, jusqu'à 11 heures du soir.

La première dépêche est de 6 h. 25 m., 18 mars 1871.

« Maire de Paris à Préfet de police.
« Savez-vous quelque chose ? J'ai mission de télégraphier ce « qui se passe.

« Signé : Jules FERRY. »

M. Thiers m'avait dit, en effet, de lui télégraphier ce qui se passerait dès le matin.

Le Préfet de police me répond :

« 18 mars 1871, 6 h. 50 m. du matin.

« Renseignements assez rares à cause des difficultés de « passage pour nos agents. — Les buttes Chaumont ont été « occupées par les troupes sans résistance sérieuse. Je vous « télégraphierai ce que je saurai. »

A 7 heures du matin, je fais connaître ces résultats au Chef du Pouvoir exécutif par la dépêche suivante :

« 18 mars 1871.

« Maire de Paris à Chef du Pouvoir exécutif à Versailles, et « à Affaires étrangères à Paris.
« Il est 7 heures, — buttes Chaumont occupées sans « résistance sérieuse, — nous ne savons rien de plus ici ni à la « Préfecture de police, — calme absolu, — pas de rappel de la « garde nationale.

« Signé : Jules FERRY. »

34

A 7 h. 20 m., le Préfet de police m'envoie la dépêche que
voici :

« 18 mars 1871.

« Général Valentin, Préfet de police à général Vinoy,
« Guerre, Intérieur, Affaires étrangères, Garde nationale,
« Maire de Paris.

« La batterie du moulin de la Galette vient d'être prise sans
« coups de fusils. — Les gardes nationaux ont déposé leurs
« armes.

« *Signé :* VALENTIN. »

Le moulin de la Galette, ce sont les buttes Montmartre.
A 8 h. 32 m., nouvelle dépêche du Préfet de police.

« 18 mars 1871.

« Général Valentin à Affaires étrangères, Intérieur, Guerre,
« Général en chef de la garde nationale de Paris.

« L'ensemble des rapports satisfaisant jusqu'à présent. Il y
« aurait des préparatifs de résistance à la salle de la Marseil-
« laise avec des barricades, — Montmartre paraît être occupé
« après un très faible engagement, Belleville aussi, pour la plus
« grande partie, avec certains points résistants.

« Demande générale du désarmement des quartiers
insurgés. »

« 18 mars 1871, 9 h. 10 m.

« Préfet de police à Affaires étrangères, Intérieur, Guerre,
« Général en chef de la garde nationale, Maire de Paris.

« Les drapeaux rouges de la place de la Bastille sont
abattus. »

Il y avait, en effet, des drapeaux rouges qui flottaient depuis
longtemps sur la colonne ; un marin les avait enlevés.

A ce moment, nous entendîmes une forte canonnade. Je fis
prendre des informations et, pensant qu'on pouvait être inquiet
de cette canonnade, je traduisis les informations que je venais
de recueillir dans la dépêche suivante :

« 18 mars 1871, 9 h. 40 m.

« Maire de Paris à Préfet de police, Guerre, Affaires étran-
« gères, Intérieur. Garde nationale.

« Le canon que vous avez entendu ce matin et il y a une
« heure, est celui des Gobelins. — Les gardes nationaux du
« prétendu général Duval ont tiré à blanc, mais ils ont des
« munitions.

« Une quinzaine de pièces sont disposées autour de la mairie
« du XIIIᵉ dans la direction des avenues. — Le général Duval
« recrute les gamins du quartier, leur donne des pioches pour
« construire des tranchées.

« Le quartier, à peu près dépourvu de troupes, appartient
« absolument au comité central et Duval y règne en maître. —
« Trois gendarmes, envoyés en ordonnance, sont captifs dans
« la cour de la mairie.

« *Signé :* Jules FERRY. »

A 10 heures du matin, j'envoie une nouvelle dépêche.

« 18 mars 1871.

« Maire de Paris à Garde nationale, place Vendôme.

« Le maire du XIIIᵉ arrondissement vient d'arriver ; il demande
« où il peut s'adresser pour avoir un piquet, et quel est le nou-
« veau secteur ; répondez-moi de suite. — D'après le maire, les
« canons sont moins nombreux que ne le portait le précédent
« rapport — pas d'écouvillons — munitions mouillées ; rien de
« sérieux, mais, à mon avis, il faut veiller et envoyer là un
« bon piquet.

« *Signé :* Jules FERRY. »

« 18 mars 1871, 10 h. 20 m.

(Les choses commencent à se gâter.) — « Général Valentin à
« général Vinoy, Guerre, Intérieur, Maire de Paris, Général
« garde nationale.

« Beaucoup d'effervescence dans le XIᵉ arrondissement. —
« Des gardes nationaux ont barré la rue de la Roquette par
« deux barricades. Des gardes nationaux descendent vers la
« Bastille. »

Presque en même temps, à 10 h. 35 m., je télégraphiai ce qui
suit, d'après mes renseignements :

« Maire de Paris à Préfet de police, Guerre, général Vinoy,
« Affaires étrangères, Intérieur.

« Les canons enlevés de la place Royale » — ceux dont je

parlais tout à l'heure — « ont été conduits rue Basfroi et rue
« de la Roquette.

« On a élevé une barricade dans le faubourg Saint-Antoine,
« au coin de la rue Saint-Bernard.

« Le faubourg est barré à la hauteur du poste Montreuil. —
« Le régiment qui est sur la place de la Bastille ne paraît pas
« dans de bonnes dispositions et fraternise beaucoup trop.

« *Signé :* Jules FERRY. »

« 18 mars 1871, 10 h. 30 m. du matin.

(Le mouvement se dessine dans le sens d'un désastre). —
« Police à Chef du Pouvoir exécutif, Intérieur, Guerre, Justice,
« Général en chef, Commandant de la garde nationale, Maire
« de Paris.

« Très mauvaises nouvelles de Montmartre. Troupe n'a pas
« voulu agir. Les buttes, les pièces et les prisonniers repris par
« les insurgés qui ne paraissent pas descendre. Le comité
« central serait au parc de la rue Basfroi.

« Le mouvement très intense, XIᵉ arrondissement et rue de la
« Roquette. »

« 18 mars 1871, 10 h. 45 m. du matin.

« Général Valentin à Intérieur, Vinoy, Guerre, Affaires
« étrangères, Justice, Maire de Paris.

« On n'avance pas du côté de La Villette. Toutes les mau-
« vaises nouvelles de Montmartre confirmées, les barricades
« s'élèvent dans Ménilmontant; au XIIIᵉ arrondissement, l'usine
« de M. Say est envahie par le 133ᵉ bataillon. »

« 18 mars 1871, 10 h. 55 m. du matin.

« Maire de Paris à Affaires étrangères, Intérieur, Préfet de
« police, général Vinoy, Garde nationale.

« Mauvaises nouvelles du Luxembourg; les soldats ont été
« désarmés et fraternisent dans le jardin. On répand mécham-
« ment le bruit que Louis Blanc et Gambetta sont arrêtés.

« On se demande ce que font les officiers : on n'en voit nulle
« part.

« Autres nouvelles du boulevard Magenta. Soldats désarmés
« par garde nationale et fraternisent.

« Signé : Jules FERRY. »

« 18 mars 1871, 11 h. 18 du matin.

« Police à Affaires étrangères, à général Vinoy, Intérieur,
« Justice, Guerre, Mairie de Paris.

« Le Luxembourg envahi par la garde nationale qui fraternise
« avec la troupe.

« Signé : VALENTIN. »

« 18 mars 1871, 11 h. 20 du matin.

« Général Valentin au Maire de Paris.

« Une colonne se dirige sur l'Hôtel de Ville par le boulevard
« de Strasbourg. Elle est mêlée de ligne. »

A ce moment, j'avais quitté l'Hôtel de Ville. J'étais allé au
Conseil du Gouvernement aux Affaires étrangères, pour prendre
des instructions, et mon chef de cabinet, qui était à l'Hôtel de
Ville, m'écrivit ceci :

« 18 mars 1871, 11 h. 25 m. du matin.

« Chef de cabinet du maire de Paris à M. Jules Ferry au
« ministère des Affaires étrangères, à Préfet de police, Intérieur,
« Affaires étrangères, général Vinoy, général d'Aurelles.

« Une manifestation d'environ 200 individus très bruyants
« dont moitié environ de soldats de ligne, la crosse en l'air,
« avec clairons et tambours de la troupe, est arrivée sur la
« place de l'Hôtel-de-Ville jusqu'à la grille.

« Un garde national les harangue. Ils crient : à la Bastille !
« à Montmartre ! vive la République ! et demeurent sur la place.
« La foule augmente un peu. Un coup de feu a été tiré du quai
« contre l'Hôtel de Ville ; nous ne répondons pas. Les groupes
« se dispersent et se tiennent au coin des rues. »

Sur ces entrefaites, j'étais rentré à l'Hôtel de Ville où je reçus
du Préfet de police une dépêche peu intéressante, à propos
d'un gendarme qui avait été fait prisonnier par les insurgés.

« 18 mars 1871, 12 h. 5 m. du matin.

« Police à Mairie de Paris.

« Je connais l'incident ; mais je suis sans nouvelles du gen-

« darme Boisseau. Dès que j'en aurai reçu, je m'empresserai de
« vous les transmettre. »

A une heure, j'envoyais la dépêche suivante :

« Mairie de Paris à Intérieur, Affaires étrangères, général
« Vinoy, Garde nationale.

« La proclamation que j'ai emportée du Gouvernement va
« être affichée. La situation du XIe arrondissement est perdue.
« L'insurrection en est maîtresse. La garde nationale s'est
« réunie, mais regarde faire les barricades autour de la Mairie.
« Le maire du XIVe est absolument captif. L'attitude de la
« troupe qui revient de la Bastille est lamentable : crosse en
« l'air, et le reste.

« Signé : Jules FERRY. »

Vient maintenant une dépêche du général qui commandait
l'Hôtel de Ville, au Préfet de police. Il lui demande des agents
en bourgeois parce qu'on arrêtait les ordonnances.

« 18 mars 1871, 2 h. 25 m. du soir.

« Général Derroja, commandant l'Hôtel de Ville, à Préfet de
« police.

« Je vous prie de m'envoyer six agents en bourgeois pour
« porter mes dépêches immédiatement.

« Les gendarmes chargés de ce service sont arrêtés. Pouvez-
« vous me donner des nouvelles de la situation? Nous ne savons
« rien ici. »

« 18 mars 1871, 2 h. 52 m. du soir.

« Général Valentin à général Vinoy, Guerre, Intérieur,
« Affaires étrangères, Garde nationale, Mairie de Paris.

« La barrière d'Enfer est occupée par les insurgés. »

Nous rencontrons ici un incident. Voici une dépêche du colonel Vabre, commandant l'Hôtel de Ville, adressée au Préfet de
police :

« 18 mars 1871, 2 h. 50 m. du soir.

« Colonel Vabre à Préfet de police.

« On nous dit que la caserne Lobau va être évacuée.

« Qu'y a-t-il de vrai et que doit-on faire? »

En effet, à deux heures et demie, entrait dans mon cabinet un

officier de gendarmerie de la caserne Lobau qui me dit : « Je
« viens de recevoir l'ordre d'évacuer la caserne ; je ne comprends
« pas pourquoi. Si on l'évacue, elle sera prise immédiatement
« par les insurgés. » — C'est, messieurs, la caserne qui est la
plus rapprochée du quai ; elle commande le petit jardin qui est
situé derrière l'Hôtel de Ville, et l'abandonner, c'était livrer
l'entrée de la mairie de ce côté.

J'envoyai sur-le-champ la dépêche suivante au Préfet de
police :

« 18 mars 1871, 2 h. 50 m. du soir.

« Mairie de Paris à Préfet de police.
« On fait évacuer la caserne Lobau. C'est comme si on livrait
« l'Hôtel de Ville. Qui a donné cet ordre ? C'est certainement
« un malentendu.

« *Signé :* Jules FERRY. »

A trois heures, j'insiste et je précise :

« 18 mars 1871, 3 h. du soir.

« Mairie de Paris à Préfet de police.
« Il y a 83 hommes dans la caserne Lobau, 40 000 cartouches
« impossibles à enlever. La caserne commande le jardin de
« l'Hôtel de Ville. Il vaudrait mieux en renforcer la garnison.
« Si on l'évacue, on la livre à l'insurrection. Je m'oppose à
« l'exécution de cet ordre, évidemment irréfléchi.

« *Signé :* Jules FERRY. »

J'adressai en même temps au ministre de l'Intérieur et au
président du Conseil, que je croyais encore au ministère des
Affaires étrangères, mais qui n'y était plus, une dépêche ainsi
conçue :

« 18 mars 1871, 3 h. 15 m. du soir.

« Maire de Paris à Intérieur, à président du Conseil, à
« Affaires étrangères.
« Un ordre général est donné d'évacuer les casernes. On a
« ainsi livré celle du prince Eugène.
« Ordre aussi d'évacuer caserne Lobau. Je m'y oppose : c'est
« livrer l'Hôtel de Ville et je ne subirai pas cette extrémité
« honteuse. »

Je vous demande pardon de ces expressions un peu vives; mais, vous le comprenez, la situation elle-même était très violente.

« Vous devez garder l'Hôtel de Ville et ses casernes qui sont « une forteresse, ainsi que la Préfecture de police. Il semble « qu'on perde la tête.

« *Signé :* Jules FERRY. »

« 18 mars 1871, 3 h. 30 m. du soir.

« Général Valentin à colonel Vabre, qui commandait l'Hôtel « de Ville.

« Le régiment de ligne qui nous gardait s'est-il replié? et « qu'avez-vous pour vous garder, abstraction faite de Lobau? »

Je prends la plume et je réponds :

« 18 mars 1871, 3 h. 35 m. du soir.

« Maire de Paris à Préfet de police.

« Nous gardons naturellement le 110e de ligne, n'ayant point « l'intention de livrer l'Hôtel de Ville. Quant aux 83 gendarmes « de Lobau, ils ne peuvent vous être nécessaires, et ils valent « mieux que 500 soldats. Il faut absolument nous les laisser.

« *Signé :* Jules FERRY. »

Voici la réponse du général Valentin :

« 18 mars 1871, 3 h. 54 m. du soir.

« Général Valentin à Mairie de Paris.

« Gardez la garde républicaine de Lobau. Ce n'est que dans « le cas où la troupe de ligne se replierait qu'il y aurait lieu « d'évacuer la caserne. »

A 4 heures 20, je reçus du général en chef la dépêche suivante qui m'enchanta parce qu'elle me donnait raison :

« 18 mars 1871, 4 h. 20 m. du soir.

« Général en chef à Préfet de police et Mairie de Paris.

« Qui donc a donné l'ordre d'évacuer casernes Lobau et « Napoléon?

« Ce n'est pas moi : je suis disposé à les faire renforcer. »

Je répondis :

« 18 mars 1871, 4 h. 50 m. du soir.

« Mairie de Paris à général Vinoy et à Intérieur.

« L'ordre d'évacuer était signé par le colonel de la garde
« républicaine. — Le général Valentin parlait de faire replier
« le 110ᵉ qui est dans la caserne Napoléon. J'ai refusé formel-
« lement de laisser faire, sans quoi non seulement Lobau mais
« Napoléon seraient livrées à cette heure ; Napoléon aurait
« besoin d'être renforcée, non comme nombre, mais comme
« esprit.

« *Signé :* Jules FERRY. »

Vient maintenant une dépêche circulaire du général Valentin
au Gouvernement.

« Circulaire de Paris. »

« 18 mars 1871, 5 h. 20 m. du soir.

« Général Valentin à général Vinoy, général Le Flô, général
« Paladines, président du Gouvernement, Affaires étrangères,
« Intérieur, Justice et Maire de Paris.

« Les casernes du Château-d'Eau et du faubourg du Temple
« ont été envahies sans résistance de la part des soldats qui ont
« livré leurs armes, et se répandent dans les rues en criant :
« Vive la République ! — Celle du Château-d'Eau est occupée
« par le 107ᵉ bataillon. Les armes paraissent servir à armer des
« mobiles et des soldats libérés. On parle de projets d'attaque
« contre la Préfecture de police, la Ville et la place Vendôme. »

« 18 mars 1871, 5 h. 45 m. du soir.

« Général Valentin à généraux Vinoy, Le Flô, Paladines,
« Président du Gouvernement, Affaires étrangères, Intérieur,
« Justice et Maire de Paris (circulaire).

« Les 82ᵉ et 131ᵉ bataillons semblent se diriger sur la Préfec-
« ture avec des intentions hostiles. Je prends des préparatifs
« de défense ; on fait des barricades autour de Mazas. »

« 18 mars 1871, 6 h. 20 m. du soir.

« Général Valentin à généraux Vinoy, Le Flô, Paladines,
« Président du Gouvernement, Affaires étrangères, Intérieur.
« Justice et Maire de Paris (circulaire).

« Le 194e bataillon cerne l'Hôtel de Ville. Lobau a été ren-
« forcée d'une compagnie. »

Vingt minutes avant, en effet, j'avais télégraphié ceci au Gouvernement :

« 18 mars 1871, 6 h. du soir.

« Maire de Paris à Intérieur, à Garde nationale, à Affaires
« étrangères.

« La place de l'Hôtel-de-Ville est occupée par des bataillons
« hostiles ; nous sommes cernés. »

« *Signé :* Jules FERRY. »

« 18 mars 1871, 6 h. 15 m. du soir.

« Maire de Paris à Préfet de police, à général Vinoy.

« Les bataillons qui occupent la place sont peu nombreux ;
« que les casernes tiennent bon ; seulement, la caserne Napo-
« léon est attaquée par derrière. »

Il y avait eu, en effet, une petite tentative qui n'a pas réussi.

« Maire de Paris à Préfet de police, Intérieur, Président du
« Gouvernement, Garde nationale, général Vinoy.

« Le bataillon qui cernait l'Hôtel de Ville, après avoir chargé
« ses armes et stationné quelque temps, se retire en criant ; la
« caserne est en parfait état. »

L'attaque avait été repoussée.

Voici maintenant la dépêche qui tomba sur nous comme un
coup de foudre :

« 18 mars 1871, 6 h. 10 m. du soir.

« Préfet de police à général Vinoy, Guerre, Président du
« Pouvoir exécutif, Intérieur, Justice, Affaires étrangères,
« Maire de Paris.

« Un sergent-major vient de me dire que les généraux
« Lecomte et Clément Thomas avaient été fusillés après juge-
« ment d'une cour martiale. Il avait vu les cadavres. »

« *Signé :* VALENTIN. »

« 18 mars 1871, 6 h. 55 m. du soir.

« Maire de Paris à Préfet de police, général Vinoy, général
« Le Flô, Intérieur, Président du Gouvernement.

« On construit des barricades au pont Louis-Philippe rue

« Bourtibourg ; on va évidemment en faire dans toutes les
« petites rues intermédiaires : le but est d'isoler l'Hôtel de Ville.
    « J'attire votre attention sur l'importance de bien garder le
« nouvel Hôtel-Dieu et le pont d'Arcole ; du pont d'Arcole,
« avec une mitrailleuse, on pourrait balayer la place si cela
« devenait nécessaire. »

Vous le voyez, la situation est bien claire. Je vous dirai
qu'un peu avant, prévoyant un siège, j'avais envoyé des voitures avec des employés à la Manutention. Ils étaient revenus
avec du pain et des liquides, et nous avions de quoi nourrir le
110e régiment pendant 48 heures au moins.

M. le marquis de Mornay. — A quelle heure aviez-vous envoyé ces
voitures?

M. Jules Ferry. — Entre 4 et 5 heures.

M. le marquis de Mornay. — Vous n'étiez pas encore cernés?

M. Jules Ferry. — Non, mais je prévoyais que je pourrais
l'être, et la prudence me commandait de prendre des précautions.

Un membre. — Je croyais qu'à ce moment-là l'Hôtel de Ville était
cerné.

M. Jules Ferry. — Non, jamais la place n'a été cernée. Les
employés que j'avais envoyés à la Manutention, entre 4 et
5 heures, en sont revenus vers 7 heures.

Me voici arrivé au dernier incident de la journée. Je tiens
particulièrement à m'en expliquer, à raison de l'immense
responsabilité qui pesait sur moi comme maire de Paris.

Je ne prétends nullement qu'on ait eu tort de faire évacuer
l'Hôtel de Ville et les casernes. Il s'agit là, en effet, d'un acte
militaire qui engage tellement la responsabilité du chef supérieur que personne n'a le droit de dire qu'il ait eu tort.

Quant à moi, je tiens à montrer que je n'ai quitté mon poste
que quand il a été absolument impossible d'y rester.

Vous venez de voir que j'avais lutté dans la journée contre
l'évacuation de la caserne Lobau.

Vous vous rappelez que le général Vinoy m'avait télégraphié,
qu'il m'avait donné l'ordre et qu'il était d'avis de fortifier les
casernes, au lieu de les évacuer ; or — et ceci vous montre avec

quelle rapidité les événements se précipitaient — à 7 heures,
j'appris indirectement, car on ne me communiquait rien officiellement, que le général Derroja, qui commandait en chef
l'Hôtel de Ville et les casernes, avait reçu du général Vinoy
l'ordre écrit d'évacuer immédiatement les casernes. J'allai
trouver le général qui était dans un cabinet voisin du mien et
je lui dis : « Comment se fait-il que vous receviez des ordres
sans que j'en sois avisé? » Il me répondit : « Voilà le fait ; je ne
sais pas ce qui se passe. » Or l'ordre était sur un papier assez
sale et de mauvaise apparence : je pensai que c'était peut-être
un faux ordre et je demandai qu'il fût vérifié.

J'écrivis, en conséquence, au ministre de l'Intérieur, au président du Gouvernement, au général Vinoy la dépêche que voici :

« 18 mars 1871, 7 h. 15 m. du soir.

« Maire de Paris à Intérieur, Président du Gouvernement,
« général Vinoy.

« Le général Derroja me communique un ordre daté de
« 6 heures, ordonnant l'évacuation de la caserne Napoléon et
« de l'Hôtel de Ville et signé : Vinoy. — Cet ordre est contraire à
« une dépêche du général Vinoy toute récente qui se plaignait de
« l'ordre de l'évacuation précédemment reçu. Je prie le ministre
« de l'Intérieur et le président du Gouvernement de me confir-
« mer cet ordre par dépêche.

« L'Hôtel de Ville n'aura plus un défenseur; entend-on le
« livrer aux insurgés, quand, pourvu d'hommes et de vivres, il
« peut résister indéfiniment? Avant d'évacuer, j'attends ordre
« télégraphique.

                            « *Signé :* Jules FERRY. »

Comme la réponse ne venait pas, je télégraphiai de nouveau
au ministère de l'Intérieur :

« 18 mars 1871, 7 h. 40 m. du soir.

« Maire de Paris à Intérieur. Je réitère ma question au sujet
« de l'ordre d'évacuation. Allons-nous livrer les caisses et les
« archives, car l'Hôtel de Ville, si l'ordre d'évacuer est main-
« tenu, sera mis au pillage? J'exige un ordre positif pour com-
« mettre une telle désertion et un tel acte de folie. »

Je vous demande toujours pardon pour les expressions, qui sont en rapport avec la situation.

A 7 h. 50, je reçus de M. Picard, ministre de l'Intérieur, la réponse suivante :

« Intérieur à Maire de Paris. Suspendez l'évacuation. Je vais « vérifier l'ordre et le discuter avec le général.

« *Signé :* Ernest PICARD. »

Vous voyez que le ministre de l'Intérieur ne connaissait, pas plus que moi, l'ordre d'évacuation, puisqu'il se rendait à l'état-major pour le discuter avec le général Vinoy.

J'eus quelque peine à obtenir du général Derroja de surseoir à l'exécution de cet ordre, qui était extrêmement pressant et qui le préoccupait beaucoup. Il sentait sa responsabilité compromise et il ne voulait pas attendre la réponse. Je lui dis : « Si vous « n'attendez pas la réponse, je reste ici. Il y a là le 101ᵉ batail- « lon qui n'attend que notre départ pour entrer, et je vous « rends responsable des conséquences. »

Il consentit enfin à me laisser télégraphier et à attendre la réponse, c'est-à-dire la dernière dépêche que je viens de vous lire. Le général Derroja n'en fut pas satisfait. Il voulait une dépêche directe du ministre de l'Intérieur.

Je télégraphiai alors au ministre de l'Intérieur :

« 18 mars 1871, 8 h. du soir.

« Maire à Intérieur. Malgré la communication précédente au « général qui commande ici, ce dernier veut évacuer immédia- « tement. Prière de lui envoyer un ordre formel d'attendre la « réponse du général Vinoy. »

L'ordre formel arriva à 8 h. 12 m. :

« 18 mars 1871, 8 h. 12 m. du soir.

« Intérieur à Maire de Paris et Général commandant la « caserne Lobau. Sous votre responsabilité personnelle, ordre « formel de ne pas évacuer ; attendre communication du « général Vinoy qui est prévenu.

« *Signé :* Ernest PICARD. »

Pour mieux assurer la vérification de l'ordre, j'avais, d'accord avec le général Derroja, envoyé un de ses officiers au quartier-général du Louvre. Le général Vinoy était absent. L'officier ne rencontra que son chef d'état-major. M. Filippi, qui, instruit de la situation, répondit par un petit mot au crayon : « Il me « paraît convenable de se conformer aux ordres de M. le « ministre de l'Intérieur, c'est-à-dire suspendre l'évacuation. » J'étais encore une fois triomphant, puisque mon idée était de rester à l'Hôtel de Ville.

M. Derroja ne se tint pas pour battu et renvoya un officier au général Vinoy, à l'École militaire, pour avoir des éclaircissements.

Pendant ce temps, je télégraphiai au ministre de l'Intérieur, à 8 h. 25 m. du soir, la dépêche suivante :

« 18 mars 1871.

« Maire de Paris à Ministre de l'Intérieur. Avec cinq cents « hommes, je suis certain de tenir indéfiniment dans l'Hôtel de « Ville. L'évacuation de la Préfecture de police est insensée. « Les barricades qui se font tout autour d'ici ne sont pas « sérieuses. »

Nous avions pu, en effet, faire constater par nos gens que c'étaient des barricades tout à fait improvisées.

Sur ces entrefaites, revint l'officier qui s'était rendu auprès du général Vinoy. Il rapportait l'ordre écrit et formel de tout évacuer.

Je tentai un dernier effort et j'écrivis au ministre de l'Intérieur :

« 18 mars 1871, 9 h. 30 m. du soir.

« Maire de Paris à Intérieur. Je reçois l'ordre du général « Vinoy d'évacuer l'Hôtel de Ville. Pouvez-vous m'envoyer des « forces ? Répondez immédiatement. »

Vingt minutes après, il me répond :

« 18 mars 1871, 9 h. 50 m. du soir.

« Intérieur à Maire de Paris. Votre dépêche a été transmise « au Gouvernement avec invitation de vous répondre directe- « ment et immédiatement ; ne puis prendre sur moi de donner « ordre de désobéir à Vinoy. »

Mais, comme aucune nouvelle n'arrivait, le général Derroja me dit : « C'est tout ce que je puis faire. J'ai épuisé les dernières

« limites de mon droit. Je vais faire évacuer l'Hôtel de Ville. »

A 9 h. 55 m., je télégraphiai une dernière dépêche au ministre de l'Intérieur :

« 18 mars 1871, 9 h. 55 m. du soir.

« Maire de Paris à Intérieur. Les troupes ont évacué l'Hôtel
« de Ville. Tous les gens de service sont partis. Je sors le
« dernier. Les insurgés ont fait une barricade derrière l'Hôtel
« de Ville et arrivent en même temps sur la place en tirant
« des coups de feu.

« *Signé :* Jules FERRY. »

C'est ainsi que l'Hôtel de Ville se trouva occupé par l'insurrection une demi-heure après. Les insurgés eux-mêmes ignoraient ce qui se passait dans l'intérieur de l'édifice. Ils furent assez surpris, m'a-t-on dit, de trouver les portes ouvertes.

Pour achever l'histoire du 18 mars et de mon rôle dans cette journée, je vous dirai qu'ayant quitté l'Hôtel de Ville à dix heures du soir, je me rendis à la mairie du Ier arrondissement, c'est-à-dire à la mairie du Louvre.

Je trouvai là le maire, M. Adam, M. Meline, adjoint, auxquels je fis part de la situation. Je leur demandai s'ils voyaient quelque chose à faire. Ils firent venir immédiatement les chefs de bataillon du quartier, qui étaient des plus vaillants et des meilleurs, M. le colonel Monneron-Dupin, M. le commandant Barré et d'autres, tous ceux, en un mot, qui avaient montré le plus de bravoure et d'attachement à l'ordre depuis six mois. Ils nous dirent : « Il n'y a rien à faire avec la [garde nationale.
« Nous avons fait battre le rappel toute la journée, il est venu
« 14 hommes par bataillon. (Mouvement). Ces hommes avaient
« formé un petit groupe, mais ils sont allés se coucher. Nous
« ne vous conseillons pas de tenter d'aller les réveiller. »

Alors je fis venir les maires de Paris. Au moment où je quittais l'Hôtel de Ville, j'avais été avisé qu'ils étaient réunis à la mairie du IIe arrondissement.

M. VACHEROT. — A quelle heure ?

M. JULES FERRY. — C'était le 18 mars, dans la soirée.

M. VACHEROT. — J'ai été convoqué pour une réunion. Je m'y suis rendu. Mais il n'y a pas eu de réunion parce qu'on est venu les uns après les autres.

M. Jules Ferry. — J'envoyai ma petite lettre aux maires pour les mettre au courant de la situation. Je leur disais : « On « retire les troupes de l'Hôtel de Ville, je l'abandonne ; peut- « être pourrez-vous tenter quelque chose dans l'intérêt des « archives de la ville et de ses caisses. Essayez et montrez-vous.»

Une heure après, ils arrivèrent presque tous à la mairie du Ier arrondissement. Ils parurent aussi embarrassés que les chefs de bataillon de la garde nationale. Ils convinrent cependant de garder le IIe arrondissement et de prendre des mesures pour la résistance, lorsque tout d'un coup un grand bruit se fit entendre au dehors.

M. Vacherot. — Je n'étais pas à cette réunion.

M. Jules Ferry. — La foule criait : « Mort à Ferry ! Il nous faut Ferry ! » — C'est alors que ces Messieurs me dirent : « Ne sortez pas, attendu qu'on fouille tout le monde et qu'on « demande les noms. Nous allons vous faire passer par l'église « Saint-Germain-l'Auxerrois. »

J'entrai en effet dans le presbytère, qui communiquait avec la mairie, et je pus m'en aller, pendant que la foule rassemblée devant la porte de la mairie continuait à proférer des cris de mort contre moi.

Je couchai à Paris chez un de mes amis et je me rendis le lendemain matin à Versailles.

Ici s'arrête ce que je sais et ce que j'ai à vous dire sur la journée du 18 mars.

Si maintenant vous aviez, sur des points déterminés, des questions à m'adresser, je m'efforcerais d'y répondre.

M. Delpit. — Pourriez-vous insister plus que vous ne l'avez fait sur les relations qui ont existé entre le Gouvernement et le comité formé à Montmartre, depuis le moment où les canons ont été enlevés, lors de l'entrée des Prussiens, jusqu'au moment de l'insurrection. Il a dû y avoir dans cet intervalle, entre les chefs du comité et le Gouvernement, des négociations sur lesquelles je désirerais être édifié.

M. Jules Ferry. — Il n'y a pas eu de négociations entre le Gouvernement et les chefs du comité.

M. Delpit. — Je vous demande pardon des expressions dont je me suis servi. Croyez bien que je n'y attache pas d'importance et que je n'ai eu aucune intention de vous blesser.

M. Jules Ferry. — Je ne m'en blesse nullement. Je suis
même très content que votre question me donne l'occasion de
m'expliquer sur ce point. Il y a eu, il est vrai, des négociations
et des allées et venues nombreuses entre le Gouvernement et
M. Clémenceau, maire du dix-huitième arrondissement, qui se
vantait d'avoir sur ce quartier une grande influence. M. Clémenceau nous a dit dix fois de suite : « Prenez patience; on va
« rendre les canons, j'en ai la promesse, c'est pour demain ».

M. Clémenceau nous répétait souvent qu'il n'y avait qu'un
malentendu, que si le Gouvernement faisait une proclamation
affirmant la république, l'insurrection se dissiperait comme par
enchantement.

Voilà tout ce qu'il y a eu. Quant à de prétendues négociations
entre le Gouvernement et ce comité, il n'en a jamais existé.

M. Delpit. — Y a-t-il d'autres maires qui soient intervenus?

M. Jules Ferry. — Il n'y en a pas eu d'autres. Les canons
étaient aussi aux buttes Chaumont, mais le XXᵉ arrondissement
était régi par une Commission administrative dont les membres
ne s'occupaient pas de politique. On comprend sans peine
qu'ils n'auraient eu aucun crédit.

M. le Président. — M. Schœlcher a annoncé qu'il aurait des
renseignements à donner sur la question posée par M. Delpit, au
sujet de la reddition des canons.

Un membre. — Je voudrais demander à M. Jules Ferry s'il peut
nous donner des renseignements sur un fait qui s'est passé pendant
le premier siège.

Les bataillons de Belleville et de Montmartre auraient, dit-on, été
armés avec des fusils perfectionnés, alors que les bataillons dévoués
à l'ordre n'avaient que de vieux fusils. On dit même que, dans le
cours du siège, un certain nombre de bataillons dévoués à l'ordre
auraient dû échanger les fusils perfectionnés dont ils étaient
pourvus, pour les remettre aux bataillons de Montmartre et
de Belleville, lesquels leur auraient donné à la place de vieux
fusils.

M. Jules Ferry. — Il m'est d'autant plus facile de vous
répondre que je suis parfaitement au courant des faits auxquels
vous venez de faire allusion.

Pour ce qui est de l'échange général d'armes perfectionnées
contre des armes inférieures, il a eu lieu dans toute la garde
nationale de Paris au moment de la formation des bataillons de

marche. Comme on armait une portion des bataillons en guerre, c'était l'essence même de la combinaison de donner aux hommes qui devaient quitter l'enceinte et qui allaient se trouver aux prises avec l'ennemi, les meilleures armes. Il avait donc été entendu que les gardes nationaux sédentaires donneraient, dans la proportion qui serait nécessaire, les bonnes armes dont ils étaient pourvus, et qu'ils se contenteraient de fusils à percussion.

Le fait qui se serait passé à Belleville est tout différent; c'est celui auquel M. le général Trochu a fait allusion dans son discours. A la fin de septembre ou au commencement d'octobre, nous fûmes fort surpris de trouver des armes perfectionnées entre les mains des bataillons de Belleville. Nous allâmes aux renseignements et nous apprîmes que c'était Flourens qui avait acheté et payé ces armes, parmi lesquelles il y avait des chassepots. Il les avait données à ses hommes et il en avait formé un corps de tirailleurs spécial qui se dévouait à lui et qu'on appelait les *Tirailleurs de Belleville*.

Je crois qu'il ne faut pas confondre ces deux faits. Ainsi, il n'a jamais été fait d'échange pour donner des armes perfectionnées aux mauvais bataillons et pour laisser les mauvaises aux bataillons de l'ordre. Il n'y a pas eu autre chose que ce que je vous ai dit, lors de la formation des bataillons de marche. Mais il y avait eu antérieurement, pendant le siège, une certaine quantité de chassepots, qu'on a, je crois, exagérée, qui ne s'élevaient pas, selon moi, au delà de quelques milliers, qui avaient été achetés et dont se trouvaient détenteurs les tirailleurs de Belleville sous le commandement de Flourens.

M. LE MARQUIS DE QUINSONNAS. — Est-ce qu'on trouvait à acheter des armes dans Paris?

M. JULES FERRY. — Ces achats peuvent avoir été faits antérieurement au 4 septembre.

M. LE MARQUIS DE QUINSONNAS. — M. le général Trochu, dans son discours, a fait observer que les émeutiers du 31 octobre étaient armés non pas de chassepots, mais de springfields et de spencers. D'où pouvaient provenir ces armes?

M. JULES FERRY. — Il y avait des remingtons dans Paris.

M. LE MARQUIS DE QUINSONNAS. — Ce n'étaient pas des remingtons:

c'étaient des springfields et des spencers, c'est-à-dire des armes tout à fait spéciales.

M. JULES FERRY. — Je me rappelle parfaitement que les tirailleurs qui nous ont cernés le 31 octobre étaient pourvus de très bonnes armes. Mais je ne crois pas néanmoins que le nombre de ces armes fût très considérable. Si l'on retrouvait l'état des bataillons de la garde nationale fait par l'état-major, on saurait le nombre de sniders, de remingtons ou de chassepots qui ont été distribués.

Il y avait des armes dans Paris, et, d'ailleurs, on en avait fait venir en vue du siège, dans l'intervalle qui s'est écoulé entre le 4 septembre et l'investissement. Mais, je le répète, je crois qu'il n'y a eu qu'un petit nombre d'armes.

M. LE PRÉSIDENT. — Il y a un fait qu'on vous a reproché. On a dit que vous aviez manifesté beaucoup d'indulgence pour la garde nationale de Belleville, que vous l'aviez armée de chassepots, que vous lui aviez donné un drapeau et que vous l'aviez passée en revue. Pouvez-vous nous donner des explications sur ce point?

M. JULES FERRY. — Le fait n'est pas exact, quant aux armes; mais je vais vous dire ce qui s'est passé pour les drapeaux.

M. LE PRÉSIDENT. — Je vous pose cette question qui résulte de dépositions antérieures.

M. JULES FERRY. — La mairie de Paris n'a jamais eu dans ses attributions la distribution des armes. Nous n'avons pu donner des chassepots à aucun bataillon. La mairie de Paris n'a pas fait autre chose que de distribuer des habillements et elle en a distribué beaucoup. C'était un fait général.

Quant aux fusils, c'étaient l'état-major de la garde nationale et le ministère de la Guerre qui les distribuaient. Il n'a donc pu y avoir, de la part de la mairie de Paris, aucune préférence en ce qui concerne la distribution des armes. C'est une chose matériellement impossible.

Toutes les armes distribuées, sauf celles qui avaient été achetées par Flourens, et qui, je crois, sont peu nombreuses, toutes ces armes, dis-je, sortaient des arsenaux de l'État et avaient été acquises par l'État pendant les derniers jours qui ont précédé le 4 septembre. Le Gouvernement nous a dit, en effet, à cette époque, et vous pourrez le voir dans le *Journal officiel*, en relisant les discours des ministres, qu'il avait fait venir des armes perfectionnées. Il y avait des remingtons, des sniders et d'autres armes encore, d'origine anglaise et américaine, dont M. le ministre de la Guerre annonçait l'arrivée.

M. LE MARQUIS DE MORNAY. — Des springfields surtout.

M. JULES FERRY. — Je crois que oui.

En ce qui concerne les armes, ma réponse est donc décisive. Jamais la mairie de Paris n'a distribué de fusils.

Quant au drapeau, le fait originaire remonte à une époque antérieure à mon administration. Car je ne suis devenu maire de Paris qu'au mois de novembre, après le plébiscite, lorsque M. Arago eût donné sa démission. Jusque-là, j'avais simplement le caractère d'un délégué; je n'avais pas pris le titre de Préfet de la Seine.

J'avais reçu du Gouvernement, le 6 septembre, le titre de délégué près l'administration du département de la Seine.

Je reviens à mes visites à Belleville.

Je suis allé deux fois à Belleville.

Une première fois le 8 octobre, dans les circonstances suivantes : Le 8 octobre, M. Flourens était descendu sur la place de l'Hôtel-de-Ville avec ses bataillons. C'était la première manifestation armée à laquelle il nous fut donné d'assister. Elle avait un caractère plutôt pacifique que menaçant. Je vois encore Flourens faisant ranger ses hommes, ses cantinières, sa musique, et tout le monde l'abordant le képi à la main. C'était une exhibition de militarisme tout à fait piquante.

Le Gouvernement avait été prévenu. Le général Trochu et plusieurs de ses collègues attendaient dans la grande salle du Gouvernement. La visite fut très respectueuse, car on n'avait pas encore rompu avec nous. Seulement, Flourens venait très nettement demander le commandement de la place de Paris. Il se chargeait de sauver Paris. Le général Trochu lui répondit avec beaucoup de douceur. Les gens qui l'accompagnaient trouvèrent Flourens ridicule et la manifestation échoua. Flourens donna sa démission, tant il était blessé de son insuccès. Ce jour même, je fus accosté, en rentrant à l'Hôtel de Ville, par des officiers des bataillons de Flourens qui me dirent : « M. Jules « Ferry, on nous calomnie : on croit que nous sommes venus

« pour faire violence au Gouvernement. Nous voulons donner
« un démenti à ces bruits calomnieux que répandent contre
« nous les journaux réactionnaires. »

« Voulez-vous venir à Belleville ? »

« Voulez-vous y venir maintenant ? »

Je ne crus pas devoir refuser leur proposition et je me rendis
sur le boulevard de Puebla où se trouvaient réunis cinq ou six
bataillons de Belleville. Je les passai en revue, et c'est à ce sujet
que vous avez pu lire dans un journal une lettre de Flourens
dans laquelle il dit : Est-ce que Ferry ne s'est pas permis de
passer en revue mes bataillons en bourgeois ! »

J'avais parcouru tout le boulevard. J'avais constaté des cris
unanimes de « vive le Gouvernement ! » et pas un seul cri de :
« vive la Commune ! » qui était cependant déjà le cri de ralliement. Je me trompe, ce cri fut proféré une seule fois. Il fut
étouffé immédiatement et de la plus rude façon, de la façon
dont on exerce le commandement à Belleville.

La seconde fois que je me rendis à Belleville, ce fut réellement pour le drapeau. Ce drapeau avait été demandé à la mairie centrale, sous l'administration de M. Arago, par l'état-major
de la garde nationale.

Vous le savez, les situations en temps de révolution, se
dessinent et se déplacent avec une très grande rapidité.

Dans les premiers temps, à la fin de septembre ou au commencement d'octobre, on pouvait croire que tous les gens plus
ou moins exaltés, que les têtes chaudes qui composaient la
jeune troupe de Flourens, seraient pleins d'ardeur pour la
bataille. Le général Trochu avait eu pour Flourens beaucoup
d'égards. Celui-ci passait pour un héros ; il avait fait la guerre
de Crète. C'était pour le général un certificat de civisme
suffisant, et il avait autorisé Flourens à former le corps des
tirailleurs de Belleville.

Flourens avait demandé à être colonel. Il n'y avait que des
chefs de bataillon dans la garde nationale. Mais il voulait un
titre pour se différencier des autres chefs de bataillon ; bref, on
l'avait nommé major de rempart. Il en était ravi.

Donc, on avait pensé, à l'état-major, que, si l'on donnait un
drapeau spécial à ce corps, qui était hors cadres et qui s'appelait
les *Tirailleurs de Belleville*, on pourrait en tirer de bons soldats

à l'occasion, et l'on avait fait préparer un drapeau portant ces mots : *Tirailleurs de Belleville.*

Quand il fut question, vers la fin de novembre, du départ des bataillons de Belleville pour les avancées, plusieurs personnes vinrent nous dire : « Mais on a beaucoup de peine à faire mar- « cher ces bataillons. Ils ont beaucoup de bon vouloir pour « venir à l'Hôtel de Ville, mais ils ne veulent pas aller aux « avancées. » — Je pensai alors qu'en allant passer ces gens en revue à Belleville et qu'en les haranguant, je pourrais les décider à partir, comme il convenait, pour les tranchées.

Je dois dire que je fus très mal reçu. Je m'étais mépris sur cette population. Je vis là des gens qui ne songeaient qu'à une chose, à m'expliquer pourquoi ils ne voulaient pas partir. Je me félicitai cependant d'être venu ; car, sans cela, ils ne seraient pas partis du tout. Les uns réclamaient leur paye ; les autres voulaient que leurs femmes, légitimes ou non, eussent leur pain assuré pendant leur absence.

Je vois encore, au moment où enfin le bataillon se décida à partir sous le commandement de M. Roger du Nord, un jeune homme qui avait joué un certain rôle au 31 octobre, jeter ses armes et son fourniment en disant : « Je ne puis pas quitter Paris, puisque la réaction en est définitivement maîtresse, » et rentrer chez lui.

Voilà cette histoire de Belleville qu'on a beaucoup défigurée et dans laquelle je puis vous affirmer que j'ai montré quelque courage, attendu que ces gens, qui avaient le souvenir du 31 octobre très présent, étaient particulièrement exaspérés contre moi, et que, si je n'avais pas fait bonne contenance, ils m'auraient mis en pièces.

Un membre. — Est-ce à ce moment-là qu'on leur a donné le drapeau d'honneur ?

M. JULES FERRY. — Je leur ai donné ce drapeau en arrivant, et j'oubliais ce détail caractéristique. Savez-vous ce qu'ils en firent ? Ils le mirent en morceaux avant d'arriver à la tranchée, disant : « Ce drapeau qu'on nous apporte est destiné à nous « dénoncer aux Prussiens ; on nous donne un drapeau spécial « pour indiquer où sont les Bellevillois et pour que Bismarck « nous fasse massacrer. »

Un membre. — La seconde fois que vous avez été à Belleville, c'était pour donner le drapeau ?

M. Jules Ferry. — Le bataillon devait partir pour les avancées ; j'avais fait porter, le matin même, à la mairie, le drapeau qui leur était destiné, et je venais là pour les haranguer, pensant les trouver en bonnes dispositions. Au contraire, je vis de suite que ma présence leur était tout à fait désagréable, et que ce drapeau constituait à leurs yeux un danger et un piège.

Un membre. — Ainsi, ce drapeau leur a été donné ce jour-là ?

M. Jules Ferry. — Oui, et il fut mis en pièces une heure après.

Un membre. — Pourriez-vous nous donner des détails sur la mise en liberté des gens qui avaient été arrêtés le 31 octobre ?

M. le Président. — Je vous demande la permission de laisser de côté cette question qui regarde la Commission du 4 septembre, devant laquelle M. Ferry aura à s'expliquer.

Un membre. — M. le général Trochu a dit qu'il y avait dans les bataillons de la garde nationale 25 000 repris de justice. M. Ferry sait-il si ce renseignement est exact ?

M. Jules Ferry. — Je n'en connais pas exactement le chiffre. Mais voici quelle était la situation :

Quand on arma la garde nationale, après le 4 septembre, on a réellement donné des armes à tout le monde. La chose s'est faite dans un grand désordre, comme cela devait arriver dans une ville qui sentait l'approche de l'ennemi. Les états réguliers, qui existent partout où la garde nationale s'organise, n'étaient pas dressés ; pour savoir si on donnait une arme à quelqu'un qui avait été condamné ou non, il aurait fallu recourir au casier judiciaire, ce qui n'était pas très praticable à ce moment-là. On en a bien écarté quelques-uns ; mais il est évident qu'il a dû se glisser dans les bataillons plus d'un repris de justice.

Un membre. — Le Gouvernement avait rendu un décret qui portait que les faillis non réhabilités feraient partie de la garde nationale. Je suis étonné qu'on eût pris cette précaution à l'égard des faillis, et qu'on n'eût pas pu avoir de renseignements précis sur les repris de justice.

M. le marquis de Mornay. — On avait ouvert les prisons : ils se sont trouvés libres dans Paris et ils ont pu tout à leur aise entrer dans la garde nationale.

M. LE COMTE DE GONTAUT-BIRON. — J'aurais une question à adresser à M. Ferry au sujet du rappel qui a été battu le 18 mars. Vous nous avez dit, et du reste nous le savions d'ailleurs, qu'il avait produit de très minces résultats, que très peu de gardes nationaux s'étaient rendus à cet appel. Nous en avons vu un assez grand nombre auxquels nous avons reproché de ne pas être sortis. Ils nous ont répondu : « Mais la générale n'a pas été battue comme à l'ordinaire. « Pendant le siège, quand on battait le rappel, on nous indiquait un « lieu de rendez-vous. Cette fois, nous ne savions pas pourquoi on « battait le rappel ; c'est ce qui fait que nous ne sommes pas sortis. »

M. JULES FERRY. — Je ne puis vous renseigner là-dessus. Je n'ai jamais fait battre le rappel par la garde nationale. Comme l'armement, le rappel était une chose absolument militaire, placée sous l'autorité du Gouverneur et du commandant en chef. Aussi, quand les maires d'arrondissement se permettaient de faire battre le rappel, ils étaient semoncés. — M. Vacherot est là pour en témoigner, — et j'avoue que, dans ce cas, je leur transmettais la semonce avec une grande satisfaction, sachant que le rappel devait être battu uniquement sur l'ordre du commandant du secteur.

Un membre. — Qui a fait battre le rappel le 18 mars ?

M. JULES FERRY. — Il a été battu sur un ordre du général de la garde nationale.

M. LE PRÉSIDENT. — Nous en parlerons au général d'Aurelles de Paladines.

Un membre. — M. Ferry peut-il nous donner quelques renseignements sur le rôle qu'a pu jouer l'Internationale dans la journée du 18 mars ?

M. JULES FERRY. — Je ne saurais vous répondre à cet égard.

Un membre. — On nous a dit qu'il y avait eu un grand désordre dans la garde nationale, au moment où le général Clément Thomas avait donné sa démission. Sur qui doit tomber la responsabilité de ce désordre ?

M. JULES FERRY. — Un peu sur tout le monde.

M. LE PRÉSIDENT. — Sur l'absence du Gouvernement ; quand il n'y a pas de Gouvernement, il n'y a plus de commandement possible.

M. JULES FERRY. — A ce moment, il est parti cinquante ou soixante chefs de bataillon.

Un membre. — C'est un fait des plus importants.

M. LE PRÉSIDENT. — Quand la garde nationale se désorganise, la responsabilité paraît devoir en retomber sur M. le ministre de l'Intérieur.

M. JULES FERRY. — La désorganisation s'est produite par le fait même d'un grand nombre de gardes nationaux qui, voyant le siège levé et la guerre finie, se sont dit : « Nous allons retourner chez nous. »

M. LOUIS DE SAINT-PIERRE. — Je demanderai à M. Jules Ferry s'il a partagé, dans une certaine mesure, ce que j'appellerai les illusions de M. Jules Favre, illusions qui ont fait que, d'après les préliminaires de paix, on a dû désarmer la troupe de ligne et les mobiles, qui avaient donné des preuves de leur solidité pendant le siège, tandis qu'on laissait des armes à la garde nationale, dont l'inconsistance avait été signalée à plusieurs reprises.

M. JULES FERRY. — Je suis bien aise de la question que vous m'adressez.

Je crois qu'il y a là-dessus un malentendu dans beaucoup d'esprits. Je sais parfaitement ce qui s'est passé entre M. de Bismarck et M. Jules Favre.

On a dit et redit bien des fois, à la Chambre et dans le public, que M. de Bismarck avait offert de désarmer la garde nationale.

C'est une très grande erreur, et, quand vous voudrez sur ce point des explications très précises, M. Jules Favre vous les donnera. M. Vacherot a entendu ces explications dans les réunions des maires.

Jamais M. de Bismarck n'a dit qu'il désarmerait la garde nationale; il a dit : « Messieurs du Gouvernement, vous désar-
« merez la garde nationale. » M. Jules Favre a répondu : « Vous
« vous trompez, si vous croyez que nous puissions la désarmer.
« Qui la désarmera, en effet? Ce n'est pas la troupe. Ce n'est
« pas une partie de la garde nationale qui désarmera l'autre.
« Si vous voulez désarmer la garde nationale, entrez dans
« Paris, si cela vous convient. » — Alors M. de Bismarck,
s'échappant par une de ces épigrammes sanglantes dont il
avait l'habitude, lui dit : « J'ai un procédé infaillible pour
« désarmer la garde nationale, c'est de continuer l'investisse-
« ment; je fermerai toutes les issues et dans quinze jours ou
« trois semaines, » — il croyait que nous avions encore pour
trois semaines de vivres, alors que nous n'en avions guère que

pour quatre ou cinq jours — « quiconque voudra un morceau
« de pain m'apportera son fusil aux avant-postes ».

Ces paroles cruelles étaient dignes de l'homme qui les
prononçait.

Jamais il n'y a eu autre chose; jamais on ne nous a proposé
de désarmer la garde nationale.

Un membre. — Je demande la parole.

M. JULES FERRY. — Si nous avions voulu entreprendre ce
désarmement, soyez sûrs que nous aurions sauté en l'air, et que,
ce que nous voulions éviter, les Prussiens seraient entrés dans
Paris.

Un membre. — M. Jules Favre a dit le contraire à la tribune.

M. JULES FERRY. — Je ne crois pas. Vous le demanderez à
M. Jules Favre. Je vous garantis qu'il n'y a eu là qu'un mouvement oratoire; mais, sous ce mouvement oratoire, restent les
faits tels que je vous les ai exposés.

Le même membre. — Les paroles de M. Jules Favre sont devenues
de l'histoire, puisqu'elles ont été prononcées à la tribune, et, si je
me trompe en les rapportant, tous mes honorables collègues vont
me le dire.

J'ai compris que M. de Bismarck avait dit à M. Jules Favre :
« Nous désarmerons toute l'armée, à savoir : la garnison, la garde
mobile et la garde nationale. Mais vous m'indiquerez les bons
bataillons et je leur laisserai leurs armes. » — A quoi M. Jules
Favre aurait répondu : « La garde nationale de Paris ne contient
que des citoyens dignes de conserver leurs armes et, par conséquent, je n'ai pas à accepter votre proposition. » — M. de Bismarck
aurait ajouté : « Ah ! vous le voulez, eh bien, soit ! »

M. JULES FERRY. — Nos renseignements sur ce point ont
besoin d'être complétés. Car ce que vous venez de dire n'est
pas conforme au récit que M. Jules Favre a fait au Gouvernement et à plus de cinquante personnes.

Un membre. — Tout s'explique.

M. JULES FERRY. — M. de Bismarck a dit en effet : « Vous
désarmerez les mauvais bataillons et vous laisserez armés les
bons. » Mais M. Jules Favre lui a répondu : « Nous n'avons
aucun moyen de désarmer un seul bataillon ; nous n'avons pas
cette ressource. Vous ne pouvez le faire qu'en entrant dans

Paris. » C'est alors que M. de Bismarck répondit qu'il avait un moyen très facile de désarmer la garde nationale sans entrer dans Paris.

Un membre. — Permettez-moi de vous faire observer qu'un jour M. Jules Favre a dit à la tribune : « qu'il était bien tenté de demander pardon à Dieu de n'avoir pas profité de cette offre que lui avait faite M. de Bismarck. » Nous l'avons tous entendu.

M. LE VICOMTE DE MEAUX. — C'est avec M. Jules Favre qu'il faudrait s'en expliquer.

M. LE PRÉSIDENT. — Tout cela regarde plutôt la Commission du 4 Septembre. M. Ferry ne peut pas expliquer les paroles de M. Jules Favre. Du reste, M. Jules Favre s'expliquera lui-même devant nous.

Le même membre. — C'est M. Ferry qui a rappelé les paroles de Jules Favre.

M. LE PRÉSIDENT. — Je remercie M. Ferry des renseignements qu'il a bien voulu nous communiquer.

(*Séance du* 23 *juin* 1871.)

APPENDICE

Nous avons cru devoir insérer à la fin de ce volume quelques documents d'une nature un peu spéciale et qui auraient rompu, au détriment de l'unité de l'ouvrage, la suite des événements politiques qui servent de cadre aux œuvres personnelles et à l'action continue de M. Jules Ferry dans l'histoire contemporaine.

I

M. Jules Ferry et le Programme de Nancy.

Il convient d'abord de reproduire la lettre que M. Ferry adressait en 1865 aux auteurs du *Projet de décentralisation* qui est connu sous le nom de *Programme de Nancy*. Au régime dictatorial qui avait été la conséquence du Coup d'État de décembre, chacun comprenait vaguement qu'il fallait substituer un mode d'administration plus simple, plus libéral, plus capable de développer les initiatives individuelles. Héritier des de Serre, des Martignac, des Royer-Collard et des éminents esprits qui, sous la Restauration, avaient essayé de réagir en faveur des libertés locales, M. Béchard avait déjà, en 1863, préconisé, dans des publications importantes et remarquées, la décentralisation comme un moyen de gouvernement et comme une garantie des droits du citoyen. En 1861, M. Odilon Barrot, dans ses *Études contemporaines*, avait aussi indiqué la voie à suivre. Le *Courrier du Dimanche* ne négligeait aucune occasion de critiquer les idées de centralisation excessive dont le premier Empire, après le régime révolutionnaire, avait réalisé la formule. Napoléon III lui-même, dans sa lettre célèbre à M. Rouher, datée du 24 juin 1863, venait de reconnaître la nécessité d'une réforme, mais il semblait borner son effort à transférer aux Préfets les droits et les prérogatives qui, jusque-là, appartenaient au ministre de l'Intérieur. C'est dans ces circonstances qu'un groupe de Lorrains, composé d'anciens fonctionnaires ou d'anciens députés, d'avocats et propriétaires, élabora un programme qui consistait à rendre aux administrés eux-mêmes une partie des attributions réservées à une légion d'administrateurs. A côté de républicains de la veille comme Berlet, qui fut député de Meurthe-et-Moselle et sénateur, comme A. Volland, aujourd'hui encore sénateur, comme Larcher et Cournault, on trouve, parmi les signataires du *Projet de décentralisation*, des libéraux à tendances orléanistes, mais sincèrement entrés dans l'*Union libérale* comme MM. Foblant, ancien représentant du peuple à la Législative, comme le comte de Lambel, comme H. de l'Espée, qui fut préfet de la Loire et périt victime de son courage civique... Ce programme était certes encore bien timide, puisque ses rédacteurs admettaient la nomination des maires par le Pouvoir exécutif, à la condition qu'ils fussent choisis parmi les membres du Conseil municipal. Mais ils réclamaient en même temps une véritable autonomie pour le Département, en confiant à une Commission exécutive, prise dans le sein du Conseil général, la pleine et libre gestion des intérêts départementaux. Ils fortifiaient la commune, créaient le canton et supprimaient l'arrondissement comme un rouage inutile. Mais ce qui donna à ces études, si sérieuses qu'elles fussent, un poids et une autorité considérables, c'est que les auteurs du *Programme de Nancy* eurent l'idée de demander aux principaux publicistes, historiens ou hommes d'État du parti de l'opposition, leur avis motivé et leurs libres appréciations. Répondant à cet appel, tous les hommes éminents qui s'étaient fait un nom dans la politique, s'empressèrent de rédiger des consultations qui ont été publiées et qui produisirent, à leur date, le plus irrésistible des mouvements d'opinion[1]. Elles n'émanaient pas seulement des républicains, puisque MM. P. Andral, A. Cochin, de Falloux, le duc et le prince de Broglie, de Montalembert, Cornélis de Witt, M. Guizot, Berryer, de Larcy, de Melun et tant d'autres royalistes, fraternisaient dans cette brochure avec les Carnot, les Jules Favre, les Pelletan, les Jules Simon, les Schérer, etc.

Nous reproduisons ci-après la consultation de M. Jules Ferry :

Lettre de M. J. Ferry.

« MON CHER AMI,

« J'ai étudié avec une attention profonde le *Projet de décentralisation* que vous avez bien voulu me communiquer. Je goûte beaucoup d'abord le caractère général de votre travail, la science pratique qui s'y révèle, les conclusions précises auxquelles il aboutit : il faut, en effet, à cette grande cause, autre chose que des adhésions sentimentales : nous devons arracher au pédantisme bureaucratique son grand argument, » que l'on attaque la centralisation

---

1. Un *Projet de décentralisation*. Nancy, Vagner et chez tous les libraires, 1865. 1 brochure gr. in-8° de 210 p.

sans la connaître! » A un second point de vue, votre œuvre est
meilleure et plus neuve encore. C'est, à ma connaissance, le
premier effort *collectif* qui soit tenté dans cette voie, et le Centre
intellectuel n'y a été pour rien : la spontanéité locale en aura tout
l'honneur. J'aperçois là le commencement d'une agitation pacifique
dont la portée peut être immense. La réforme provinciale est sortie
de l'abstraction, elle a pris pied dans les réalités politiques ; elle vit
et marche enfin, du jour où elle a trouvé, dans la province elle-
même, des soldats et des apôtres. Il n'y a qu'une manière d'être
libre, c'est de le vouloir. La liberté se prend, ne se mendie pas. Quand
la province voudra, quand l'idée réformatrice qui part avec vous
aujourd'hui pour faire son tour de France aura rallié toutes les
forces dispersées ou endormies, toutes les intelligences compri-
mées, toutes les activités sans emploi que la centralisation déclasse
et sacrifie, il n'y aura ni pouvoir ni partis qui tiennent : le muni-
cipalisme sera le maître.

« Est-ce trop attendre de la force expansive des idées justes?
Mesurez le chemin parcouru depuis dix ans. A la lumière de nos
malheurs, la plupart des libéraux ont aperçu que la centralisation
et la liberté sont incompatibles. Entre les deux, il faut choisir.
L'unité monstrueuse, qui nous appauvrit et nous accable, est
admirablement adaptée à certaines entreprises, dont on ne peut
nier ni l'éclat, ni la grandeur ; voulez-vous être la nation la plus
compacte, la plus belliqueuse, la plus dangereuse pour la paix du
monde? Soyez la plus centralisée, c'est-à-dire la plus gouvernée, la
plus façonnée à l'obéissance, la plus facile à mettre en mouvement,
mais aussi la plus incapable de se conduire elle-même et la moins
propre à la liberté, que l'histoire aura connue.

« Mais, si vous voulez être un peuple laborieux, pacifique et
libre, vous n'avez que faire d'un *pouvoir fort*. Fractionnez-le donc,
pour l'affaiblir. Cela semble si banal qu'on ose à peine l'écrire, et
pourtant nous avons vu, nous voyons encore, des esprits distingués
qui s'acharnent à la poursuite de cet insoluble problème de donner
pour base aux institutions constitutionnelles et aux garanties
parlementaires le régime administratif du premier Empire, revu et
non amélioré par le second! La raison qu'ils en donnent, c'est
que la France, habituée à sentir une main qui la gouverne, ne peut
se passer d'un pouvoir fort. Restons chez nous alors : la France
est servie à souhait! Ou, si nous rêvons pour notre patrie des destinées plus hautes, souscrivons tous à cette formule, qui n'a du
paradoxe que l'apparence : *la France a besoin d'un Gouvernement
faible*.

« Si le parti libéral est, en grande majorité, conquis à vos idées,
je ne crois pas qu'elles rencontrent parmi les démocrates des résistances plus sérieuses. Mes souvenirs ne remontent pas encore bien
haut, et j'ai pu déjà constater et suivre pas à pas, pour ainsi dire,
l'évolution qui s'est faite dans la démocratie intelligente. Nos
centralisateurs se cachent ou se convertissent. C'est que les libertés

municipales sont essentiellement démocratiques. Rien n'est plus propre qu'une vie communale active et puissante à favoriser cette fusion des classes qui est le but de la démocratie, à rapprocher les distances, à atténuer par l'accessibilité indéfinie des fonctions locales, par l'exercice de magistratures peu compliquées, mais honorées et importantes, l'inégalité des conditions, à rendre le riche plus bienveillant et le pauvre moins amer, à faire pénétrer enfin dans les couches profondes du peuple, avec les habitudes de groupement intelligent et libre qu'engendre la vie publique, le sentiment de la réalité politique et le respect de la loi. L'exercice du suffrage universel, si confus qu'il soit encore, si embarrassé d'entraves qu'on nous l'ait fait, a déjà, sous ce rapport, plus avancé qu'on ne croit l'éducation des masses ouvrières. Que ne peut-on attendre d'une véritable autonomie communale, livrant aux esprits sans culture, mais ouverts et droits, qui foisonnent dans nos agglomérations laborieuses, des questions simples, précises et des intérêts palpables.

« J'ai dit *autonomie :* c'est le vrai mot. Rien ne dit mieux ce qui nous manque. Tous les bienfaits que nous attendons de la vie communale sont à ce prix. Si la commune n'est pas maîtresse d'elle-même, elle s'énerve et s'atrophie. Elle perd son individualité, elle devient une circonscription administrative, le dernier degré de la hiérarchie, quelque chose de moins qu'un sous-préfet. C'est l'état présent des choses. L'impulsion, la vie arrivent à la commune, non du dedans, mais du dehors. Aussi vit-elle peu, et d'une vie molle et asservie. C'est à la tutelle qu'il faut s'en prendre.

« Vous l'avez bien compris, et la première de vos réformes porte sur la tutelle administrative. Vous la déplacez, vous la transportez, tantôt au conseil cantonal, tantôt à la députation permanente du conseil général. Vous reconnaissez d'ailleurs qu'en principe il n'en faut pas, mais vous faites un sacrifice au préjugé, aux nécessités de la transition, à notre mauvais système de circonscription communale.

« C'est précisément ce que je vous reproche.

« Laissez-moi m'expliquer à ce sujet : certaines divergences font mieux ressortir l'accord qui existe sur le fond des choses.

« Il y a ici une question théorique à vider, et une difficulté pratique à résoudre.

« La centralisation nous a imposé la tutelle communale au nom du droit de l'État, — du droit des minorités, — de la conservation du patrimoine communal, — de l'incapacité des petites communes.

« Nous ne croyons pas un mot, n'est-ce pas, de toutes ces belles choses? Quant à l'État, je garderai cette page excellente où vous exécutez si lestement une fiction accréditée par une bureaucratie infatuée d'elle-même, propagée par la naïveté de tous les docteurs ès sciences administratives. On voudrait nous faire croire qu'il y a quelque part, à Paris et dans les préfectures, des gens mieux informés des affaires communales et plus compétents pour les juger que les intéressés eux-mêmes. Cela contient en germe toute tyrannie. Nous croyons, au contraire, que l'intérêt est le meilleur des juges ; — que là-dessus repose la liberté civile ; — que ce qui est vrai des individus, ce qui s'applique aux associations volontaires, ne peut pas être inapplicable aux groupes naturels, aux associations forcées. Pourquoi traiter la commune en mineure quand on est sur le point d'affranchir la Société anonyme de l'autorisation préalable de la surveillance ?

« Le principe, c'est donc la capacité, non l'incapacité municipale. Théoriquement, la commune est aussi capable et doit être aussi souveraine, dans la sphère des intérêts communaux, que l'État, dans le domaine des intérêts les plus généraux du pays.

« Sans doute la commune n'est qu'un élément d'une association plus étendue, qui lui confère certains avantages ou lui impose certaines charges. Aussi la commune a-t-elle des devoirs vis-à-vis de la communauté tout entière.

« Elle a des devoirs généraux : comme de ne rien faire qui trouble, d'une manière grave, l'harmonie de l'ensemble, c'est-à-dire de ne pas sortir des attributions que la loi générale lui confère ; de ne pas épuiser, au profit de ses besoins particuliers, les ressources affectées, par privilège, aux besoins généraux du pays.

« Des devoirs spéciaux : comme de pourvoir à certains services que l'on juge importer à la communauté générale. C'est ainsi que, dans le pays qui jouit de la liberté communale la plus extrême, l'Amérique du Nord, les communes sont tenues : 1° d'entretenir leurs routes ; 2° de pourvoir à l'enseignement populaire.

« Mais il n'y a dans tout cela rien qui ressemble à la tutelle administrative.

« La Révolution (que vous avez le tort de confondre, à la page 6, avec la dictature Conventionnelle) distinguait dans les attributions municipales des fonctions *propres* et des fonctions *déléguées*. Elle assujettissait les fonctions propres à la *surveillance* de l'État, représenté par les administrations départementales. Mais un *surveillant* n'est pas un *tuteur*.

« Depuis, des libéraux fourvoyés ont imaginé de soutenir que la tutelle des communes, c'est la *protection des minorités* organisées. J'ai été, je l'avoue, touché quelque temps de ce point de vue. Mais l'administration ne joue guère, que je sache, dans la pratique, ce rôle de grand justicier. Pourquoi le jouerait-elle d'ailleurs ? Où en puiserait-elle la vertu et les lumières ? Qu'est-ce enfin que le droit des minorités ? C'est uniquement le droit d'être entendues. L'individu, lui, est inviolable, et contre l'usurpation administrative le droit individuel a, même dans le système actuel, un recours contentieux pour garantie. Vous voulez, dans votre projet, que ce recours soit judiciaire, et je n'ai pas besoin de vous dire que vous avez mille fois raison. Mais les minorités ne peuvent prétendre à rien de pareil. Dans un système représentatif, les minorités sont perpétuellement violées. Que la minorité puisse en appeler de la majorité abusée ou impatiente à la majorité mieux informée, rien de mieux, et l'on pourrait, dans cet esprit, entourer de formes protectrices la solution des affaires communales les plus importantes. Mais, si la majorité persiste, il n'y a d'arbitre nulle part, car l'arbitrage, en pareil cas, serait la négation de l'autonomie.

« J'aurais donc voulu voir disparaître de votre projet ce mot dangereux et faux de tutelle administrative. S'il est des actes de gestion municipale qui exigent la ratification d'une autorité extérieure, c'est qu'ils intéressent par quelque grand côté la communauté tout entière. Tout compte fait, ces actes sont d'une seule espèce, ce qui simplifie singulièrement le problème de réglementation que vous cherchez à résoudre. Ce sont les aliénations directes ou indirectes du domaine communal. On peut craindre, en effet, d'abandonner sans contrôle, à des générations besoigneuses, le patrimoine de l'avenir. Le mobile intéressé cesse ici de fonctionner, ou peut même agir à rebours. On conçoit donc, pour ce cas exceptionnel, un droit de veto quelconque. Notez d'ailleurs que, si ce cas particulier fait quelque brèche à la théorie, vous le considérez vous-même comme anormal, et vous admettez que la propriété communale, productive de revenus, disparaîtra. Les propriétés que l'individualisme est plus capable d'anéantir que de conserver, comme les forêts, iront à l'État; les propriétés improductives seront garanties par l'inaliénabilité, et quant aux emprunts, pourvu que l'État conserve son pouvoir sur les centimes additionnels, il est suffisamment gardé contre leurs excès.

« En résumé, il faut faire une bonne classification des objets qui sont d'intérêt national, mettre ici ou là les matières mixtes, réduire même, s'il le faut, la sphère des attributions communales, mais, si étroite qu'on la fasse, instituer un *self-governement*, et ne pas faire comme la loi française qui semble n'avoir multiplié les attributions de la commune que pour accumuler les titres de sa servitude.

« Reste, je le sais, la question des petites communes, et c'est l'énorme difficulté de la matière. Les considérations théoriques qui précèdent m'amènent précisément à vous demander si vous croyez avoir trouvé la meilleure solution de ce terrible problème. Quoique ma lettre soit déjà bien longue, permettez-moi de vous soumettre, à cet égard, quelques observations que je rédige, pour abréger, sous forme de questionnaire.

« Vous créez un conseil cantonal : le croyez-vous si facile? Le conseil sera très occupé; il imposera à ses membres des déplacements continuels. Trouverez-vous dans les populations agricoles qu'il s'agit de représenter un personnel suffisant?

« Votre système a particulièrement en vue les petites communes ; est-il bon de l'appliquer aux grandes?

« En poursuivant cette uniformité, ne risquerez-vous pas nécessairement ou de trop livrer aux petites, généralement reconnues incapables, ou d'affaiblir chez les moyennes et les grandes communes les ressorts de l'autonomie?

36

« Ce sont les éléments même de la vie communale qui manquent aux petites communes, et non pas seulement l'éducation sociale et le personnel; elles n'ont ni ressources, ni air respirable, ni avenir; elles sont foncièrement et pour toujours vouées à la minorité et à l'impuissance. Quelle nécessité de leur conserver la plénitude, toute nominale d'ailleurs, des attributions municipales?

« Ne vaudrait-il pas mieux distinguer, une fois pour toutes, les communes agglomérées : villes, petites villes et bourgs, d'une part, et les communautés dispersées, villages, hameaux, paroisses, d'autre part?

« Donner aux premières une vraie liberté, sans tutelle, exceptant toutefois, comme je l'ai dit plus haut, les actes d'aliénation qui seraient soumis à la commission permanente du département?

« Quant aux secondes, adopter l'un ou l'autre de ces deux systèmes : ou refaire la division communale, en rattachant les petites communes à des groupes ruraux plus rationnellement constitués; ou revenir aux idées de la Constitution de l'an III, qui, après tout, a fonctionné pendant cinq années, en constituant en municipalités les agglomérations un peu importantes, et en groupant les autres autour du chef-lieu de canton. Dans le système de l'an III, chaque commune nommait un agent municipal et un adjoint, uniquement chargés de l'état civil de la police locale, et la réunion des agents municipaux formait la municipalité cantonale.

« Si, comme il me le semble, votre organisation cantonale n'est qu'un acheminement vers la grande commune, ne vaudrait-il pas mieux la constituer directement par l'un ou l'autre des deux modes que je viens d'indiquer?

« J'émets des doutes, je pose des questions, je ne suis fixé que sur un point : la nécessité de reconnaître des degrés dans la vie municipale, et d'avoir un régime différent pour les agglomérations quasi urbaines et les communautés purement rurales.

« L'espace me manque, mon cher ami. Si je ne craignais d'abuser du droit que vous m'avez donné de vous répondre, je vous aurais dit encore pourquoi je repousse énergiquement le principe de la nomination des maires par le Pouvoir exécutif, à moins qu'on ne remette, comme en Belgique et comme en Italie, le pouvoir exécutif municipal à une petite fraction du Conseil municipal (adjoints, échevins, junte), dont le maire serait simplement le président, et le pouvoir réglementaire au conseil entier. Il suffit d'ailleurs, pour assurer l'obéissance des magistrats municipaux aux injonctions du pouvoir central, de l'article 15 de la loi du 18 juillet 1837, qui, pour le cas où le maire refuse ou néglige de faire un des actes prescrits par la loi, donne au préfet le droit d'y procéder d'office, par lui-même ou par un délégué spécial.

« Quoi qu'il en soit de nos dissentiments sur les détails, j'éprouve un vif plaisir à me sentir d'accord avec vous et avec vos honorables amis sur le fond des choses. Votre réforme des administrations départementales est irréprochable. Morceler l'autorité préfectorale, faire disparaître jusqu'au nom de cette institution, issue en droite ligne des Césars de la décadence, c'est vraiment, comme on dit aujourd'hui, replacer la pyramide sur sa base. Je vous remercie de m'avoir associé à cette bonne œuvre ; je vous félicite, de tout mon cœur, du point où vous l'avez portée, et j'ajoute, puisque l'esprit provincial est ici de mise, que j'en suis fier pour notre vieille Lorraine. »

JULES FERRY,
Avocat à la Cour de Paris.

II

Polémique avec le *Réveil*. — **Rupture de l'Union libérale.**

En approuvant dans ses grandes lignes le *Programme de Nancy*, en donnant la main aux hommes de tous les partis qui voulaient combattre la centralisation à outrance et la candidature officielle, M. Jules Ferry avait, à côté des meilleurs esprits, posé les bases d'une union électorale qui seule pouvait avoir raison de l'Empire et de sa légion de candidats serviles. Mais voici que les ancêtres des radicaux actuels, sacrifiant des résultats positifs, gages assurés d'un prochain triomphe, à des théories absolues et sectaires, rompent brutalement l'alliance féconde avec des hommes comme M. Thiers, et refusent leurs voix, même au second tour, aux candidats qui n'acceptent pas le programme dit *démocratique*, dont les revendications comprenaient déjà : la suppression du budget des cultes, des armées permanentes et des impôts indirects. A la suite de l'élection du Gard, qui fut une première revanche de la candidature officielle, servie par ces divisions nouvelles du parti libéral, M. Jules Ferry entama une polémique des plus vives avec le *Réveil* et avec le *Siècle*, les dénonciateurs de l'*Union libérale*, et avec l'officieux *Constitutionnel*, qui cherchait à en détacher les esprits modérés et craintifs, et prophétisait de prochains cataclysmes, si les masses ne votaient plus aveuglément pour l'Empire.

Nous croyons devoir reproduire ici ces curieux articles :

Si peu gâté que l'on soit du suffrage universel[1] et quelque habitude que l'on ait de se trouver dans le camp des vaincus, il est impossible d'envisager l'élection du Gard sans un sentiment de consternation profonde. C'est bien un désastre, une déroute, et l'une des plus complètes déroutes, l'un des plus humiliants désastres que nous ayons eu à enregistrer depuis quinze ans. On disait la candidature officielle minée de toutes parts ; on croyait le travail de revendication libérale entré quelque peu dans les couches profondes ; on moissonnait d'avance le grain qu'on s'imaginait avoir semé. Quel rêve naïf et

---

1. Le *Temps*, du 8 août 1868.

quel rude réveil! La candidature officielle s'est montrée au monde dans toute sa nudité, on peut dire dans toute son impertinence : elle n'a voulu d'autre prestige que le sien, d'autre appui qu'elle-même; elle a pris un étranger, un inconnu, elle lui a donné l'investiture, et avec cela elle a vaincu, elle a triomphé de la notoriété locale, de l'esprit de parti, de l'accord des journaux, de la bonne volonté universelle. C'est une grande et cruelle leçon. Mais il y aurait quelque chose de plus grave que de la recevoir, c'est de ne pas la comprendre.

Comprend-on d'abord que, loin de s'adoucir, de se modérer, de se civiliser, la pratique administrative dépassera, dans les prochaines élections générales, tout ce qu'elle a pu tenter, jusqu'à ce jour, en fait d'artifices et de violence? Comprend-on que le chassepot électoral a désormais sa place dans l'arsenal administratif? Comprend-on qu'à l'exemple du préfet Boffinton, il n'y a pas un préfet, en France, qui ne joue alors, sur la première carte venue, le va-tout de l'arbitraire aux abois?

Comprend-on qu'à cette force écrasante et sans scrupules, à cette irrésistible discipline, il n'y a, dans l'immense majorité des circonscriptions électorales, qu'une autre discipline à opposer, celle de tous les partis, mais de tout ce qui a conservé le souci de l'indépendance, le sentiment de la dignité civique, de tout ce qui ne veut pas être troupeau?

Comprend-on que cette discipline volontaire, cette union pour cause de salut public, elle est notre seul espoir, notre seule planche de salut, sur cet océan d'indifférence, d'aveuglement, d'insouciance politique qui menace de nous submerger?

Comprend-on que cette discipline est facile, parce qu'elle est dans la nature, dans la nécessité des choses? Que personne n'y répugne, parce qu'elle n'exige en réalité de personne aucun sacrifice ni de principe, ni de dignité; qu'elle se fait toute seule, comme dans le Gard, malgré les excitations contraires, soit sur un seul nom, comme aux élections précédentes, soit sur deux noms, ce qui vaut mieux encore et ce qui ne change guère d'ailleurs la répartition des voix? Comprend-on enfin que cette tactique naturelle, inévitable, elle n'est de l'invention d'aucun parti, d'aucun journal, et que le bon sens des électeurs, les nécessités de la lutte, le sentiment du péril commun ont, sur ce point, devancé la polémique des journaux, comme ils plieront toujours, au moment du scrutin, sous l'ascendant de la force des choses, les dissidents obstinés, mais sincères?

Pourquoi donc cette tactique électorale, qui a été suivie, d'un bout de la France à l'autre, aux élections générales de 1863, est-elle, à cette heure, battue en brèche, non seulement par les officieux de toutes couleurs, mais par un certain nombre de journaux, puissants, je ne sais, mais honnêtes, à coup sûr, et qui représentent avec courage, avec honneur un groupe important de la démocratie? Pourquoi se rencontre-t-il des radicaux qui n'en veulent plus? Pourquoi imagine-t-on d'opposer au drapeau de l'union électorale, qui accueille indifféremment tous les adversaires de la candidature officielle, le drapeau de l'*Union démocratique*, qui est un noble drapeau, sans doute, mais qui deviendra tout simplement, si l'on n'y prend garde, le drapeau de la désunion électorale?

En vérité, à lire ce qu'un journal des plus estimables, des mieux intentionnés de la presse parisienne, le *Réveil*, et divers journaux départementaux à sa suite, écrivent depuis quelque temps contre l'union électorale, on se demande où nous en sommes! D'eux ou de nous, lequel est dans le rêve? Si la défaite du Gard est une réalité ou un cauchemar? S'il y a, sans que nous nous en doutions, bataille gagnée; si le suffrage universel est affranchi, éclairé, ramené, maître de lui; si la France est reconquise, et si les successeurs d'Alexandre n'ont plus qu'à arrêter entre eux le partage de l'empire et la constitution de la liberté.

C'est, en effet, le *Réveil* qui écrit hier : « Certes, nous avons autant que personne intérêt à voir mettre un terme aux prérogatives du gouvernement personnel ; mais, pour atteindre ce résultat, faut-il livrer la France à la coalition des partis monarchiques, alliés aux cléricaux. »

Dieux immortels! mais vous y êtes, vaillant *Réveil*, dans cette France monarchique, alliée aux cléricaux! ou, par hasard, en habiteriez-vous une autre? De grâce, dites-nous où elle pose, nous y émigrerons de ce pas : celle que nous connaissons étant, en vérité, trop monarchique et trop cléricale à notre gré. Il peut donc y avoir, et nous serions aise de l'apprendre, quelque chose de plus monarchique que la monarchie impériale, quelque chose de plus clérical que les deux expéditions de Rome et la victoire de Mentana? Voilà qui est entendu; en haine du parti clérical, le *Réveil* ne veut pas faire échec au Gouvernement qui a pris, dans les affaires de Rome, la succession de Charlemagne; en haine de M. Thiers, il a peur d'affaiblir le Gouvernement qui maintient, depuis seize ans, le suffrage universel, l'espoir de l'avenir, la démocratie même, dans ce qu'elle a de plus précieux, de plus fondamental, sous une tutelle administrative, sans analogue dans aucun temps?

Car c'est là que va directement la théorie électorale du *Réveil*. Il repousse l'alliance, même au second tour. « La démocratie radicale ne votera ni au premier, *ni au second tour de scrutin*, que pour les candidats *qui s'engageront d'honneur* à soutenir de leur vote le *programme* qui sera arrêté en son nom. » Et ce programme, nous n'avons pas besoin de le dire, est exclusivement démocratique, puisqu'il contient la suppression du budget des cultes, des armées permanentes et des impôts indirects, trois suppressions que la démocratie seule peut opérer, et que nous ne désirons pas moins ardemment que le *Réveil*, mais trois questions sur lesquelles il est impossible, à moins d'être illuminé, de songer à faire porter la seconde lutte électorale.

Ce que le *Réveil* conseille là au parti démocratique, ce n'est pas *l'union démocratique*, c'est l'isolement démocratique. C'est, sous une autre forme, l'abstention, dont ses fondateurs ont été longtemps les vaillants champions. Mais c'est aussi l'impuissance éternelle, la tutelle administrative éternelle et l'éternel écrasement.

A notre grande surprise, le *Siècle* nous prend à partie, à raison des observations que nous suggérait, il y a deux jours, la théorie électorale du *Réveil*[1]. Cette théorie est celle-ci : pas d'alliance, même au second tour de scrutin, avec les candidats qui n'acceptent pas le programme démocratique. Cette théorie, nous la repoussons, comme une forme nouvelle de l'abstention, et si nous mettons une chaleur particulière à la combattre, c'est qu'elle a pour apôtres des hommes dont nous respectons infiniment la droiture et le dévouement. Mais nous ne savions pas, jusqu'à présent, que le *Siècle* eût pris place dans les rangs des néo-abstentionnistes. Nous ne le croirons que quand nous le verrons. Ce jour-là, le *Siècle*, qui nous reproche d'avoir exprimé, au sujet des élections du Gard, notre profonde consternation, nous verra bien autrement affligés et consternés, car la campagne électorale de 1869 aura reçu, ce jour-là, par ses mains, un coup dont elle ne se relèvera pas. Par son ancienneté, son autorité, son immense et populaire publicité, le *Siècle* pèse fortement dans les destinées actuelles de la démocratie française. Il peut beaucoup pour l'égarer, comme il peut beaucoup pour la mettre en bon chemin. Jusqu'à présent, il avait vu juste dans la conduite électorale. Il a, dès 1857, combattu l'abstention, ce qui n'était pas, il nous en souvient bien, une petite affaire, et ce qui fut un grand service. L'abstention a été fatale : elle a rompu les traditions, dissous les partis, ajouté un élément de plus à l'apathie universelle; elle a retardé de dix ans au moins le progrès libéral. Va-t-on recommencer? Va-t-on, pris de je ne sais quels scrupules sur le chapitre des coalitions, sacrifier à la pruderie démocratique le succès électoral? Va-t-on nous préparer de nouvelles années de chaos et d'impuissance, au bout desquelles il faudra, comme en 57 et en 63, confesser qu'on s'est trompé? On peut le craindre, en vérité, quand on lit dans le *Siècle* des déclarations de cette ambiguïté inquiétante :

« Le *Temps* conclut de ses considérations désespérées sur l'élection du Gard à l'entente commune des libéraux de toutes les nuances, voire même des indépendants les plus timides, contre les candidats officiels.

« Si notre confrère veut dire simplement que nous devons tirer de l'expérience du Gard cette leçon qu'il est du devoir de tout citoyen soucieux de sa dignité de s'efforcer, par tous les moyens légaux, de secouer la torpeur qui glace encore certaines portions du corps électoral, nous approuvons de grand cœur. Mais si, contre toute probabilité, il entendait, par cette nécessité d'union contre la

---

1. Le *Temps*, du 12 août 1868.

candidature officielle, que le parti démocratique doive renoncer à la lutte sous son propre drapeau ; qu'il doive accepter aveuglément tout candidat non officiel, qu'il soit catholique, à la façon de M. Veuillot, ou opposant, à la façon de tel ou tel candidat indépendant malgré lui, pour cause de refus d'estampille officielle, nous cesserions alors d'être d'accord avec le *Temps*. »

Ce que nous voulons dire, nous l'avons dit très clairement. Ce que veut dire le *Siècle* se comprend beaucoup moins. Oui ou non, le *Siècle* est-il d'avis qu'après s'être manifesté tant qu'on voudra, et tant qu'on pourra, au premier tour de scrutin, il soit nécessaire, et de règle générale absolue, de n'avoir plus, au second tour de scrutin, qu'une chose en vue : assurer l'échec de la candidature officielle? Si oui, pourquoi nous cherche-t-il querelle? Si oui, pourquoi laisse-t-il l'incertitude dans les esprits, à l'abri de ces réserves et de ces réticences sur les « indépendants timides »?

« La France est malade, bien malade; il faut la sauver à tout prix[1]. » Qui écrit cela? C'est le *Réveil* d'hier, à la fin d'un long article contre le *Temps* et l'*Union libérale*. Étrange devise pour les partisans de l'isolement démocratique; mais devise toute platonique, et qu'ils ne pratiquent guère. Ce n'est pas, en effet, le salut qu'il leur faut, mais un certain salut. Le navire va couler bas, mais ils ont fait choix de la planche qui doit les sauver du naufrage : c'est celle-là qu'il leur faut et non une autre, et si le flot ne la leur amène pas, ils préfèrent aller au fond.

Il y a de la fierté assurément et du stoïcisme dans cette attitude : On peut, de cette hauteur, prendre en pitié les pauvres libéraux (le mot *libéral* est, dans la bouche de notre confrère, l'expression du suprême dédain), ces libéraux qui s'évertuent à présenter aux masses « les formules usées du radotage parlementaire » et les libertés nécessaires, viande creuse pour le paysan. On peut contempler, du haut de cet ascétisme démocratique, avec une ironie voisine de la satisfaction, la défaite du « libéral Cazot », et du légitimiste Larcy, braves gens assez naïfs pour offrir aux campagnes les recettes de la « métaphysique constitutionnelle », la « pharmacopée du juste milieu » et les « généralités banales » de la liberté. Le *Réveil* agira sur le corps électoral de tout autre façon : « Un programme sérieux, des hommes énergiques » feront sortir le paysan de son apathie; des armes nouvelles remplaceront les « armes émoussées de la tradition parlementaire », et l'on fera sentir aux campagnards, par des procédés nouveaux et autrement efficaces que les nôtres, que le suffrage universel est, pour eux, l'instrument et le gage de l'affranchissement.

Nous ne demandons pas mieux, en vérité, et si le *Réveil* a des paroles magiques, capables d'opérer, de la sorte, la conversion politique des campagnes, qu'il se dépêche de les prononcer. S'il y a

---

1. Le *Temps*, des 16-17 août 1868.

quelque chose à faire qui n'ait pas encore été fait sur le terrain électoral, et que le *Réveil* puisse faire mieux que l'Union des libéraux, qu'il le fasse, et qu'on le voie à l'œuvre. Nous n'y mettrons aucun entêtement. Notre but est le même que celui du *Réveil*, nos aspirations sont identiques : si son procédé est meilleur que le nôtre, nous baiserons la trace de ses pas, nous confesserons que, depuis dix ans, nous faisons fausse route, et qu'en politique, nous n'étions que des enfants. Ce n'est point par goût, mais par nécessité, que nous pratiquons l'union libérale. Nous commençons à être las d'en répéter l'éternel catéchisme ; nous croyons que ce n'est là que le vestibule de la politique : mais le *Réveil* a-t-il la clef de la porte ? Qu'il la montre, et nous sommes prêts à marcher modestement, humblement, à côté de lui ou derrière lui, comme il voudra.

Mais, jusqu'à présent, le *Réveil* n'a qu'un programme, dont nous avons déjà noté les trois articles les plus saillants : suppression du budget des cultes, suppression des impôts indirects, suppression des armées permanentes. Et c'est avec cela qu'il part, tout seul, pur de toute alliance, vierge de compromis, à la conquête des électeurs des campagnes ! Il va porter ce drapeau dans les villages, et les villages se lèveront comme un seul homme !

Ainsi, à ces paysans libres-penseurs que les deux expéditions de Rome n'ont pas fait tressaillir, il suffira de présenter la suppression du budget des cultes pour transformer leur apathie soumise et séculaire en résolution civique ?

A ceux que le déficit chronique et l'emprunt permanent n'ont point ramenés à l'union libérale, l'union démocratique offre pour appât la réforme de l'impôt des boissons ?

A ceux qui subissent sans murmurer la loi militaire, et que les neuf ans de service et la publique incertitude, et cet état désastreux où nous sommes, qui n'est ni la paix ni la guerre, n'ont pu faire sortir de leur indifférence, on parlera du système militaire suisse, et l'on sera à coup sûr entendu, compris, acclamé, obéi !

Mais dans quel monde vivez-vous ?

Nous commençons à croire que nos confrères du *Réveil*, dont nous estimons tant le caractère et les intentions, se sont fait un paysan de fantaisie, comme ils s'attaquent à une union libérale de fantaisie.

Où est-elle donc cette union libérale qui n'entretiendrait, comme ils disent, les masses électorales que de métaphysique politique et de bascule parlementaire ? La loi militaire, le Mexique, le déficit financier, c'est de la métaphysique que tout cela ? Et, quand les candidats du parti libéral entonnent tous, d'un bout à l'autre de la France, ce refrain : « Nous voulons le gouvernement du pays par le pays, et pour cela nous voulons que les députés soient choisis, non par les préfets, mais par le pays, » ils font de la « bascule parlementaire ! »

Il est vrai que le *Réveil* tient en réserve des couches d'électeurs inexplorées, et que c'est là son grand secret. Il compte sur les électeurs qui s'abstiennent. Les abstenants sont avec lui; avec lui, ces 12 000 électeurs du Gard qui n'ont pas voté parce que « cœurs loyaux, esprits indomptés, refusant de transiger avec le droit, ils estiment que le succès de l'union électorale ou libérale ne serait qu'un badigeonnage insignifiant! »

Cela est écrit! Le *Réveil* croit qu'on les compte par millions ces Labienus campagnards ou citadins qui se croisent les bras depuis seize ans, et qui n'ont d'autre raison pour laisser passer le torrent électoral à leurs pieds dédaigneux, que l'insuffisance du programme de l'opposition et l'extrême modération de ses vœux.

Quand on écrit et qu'on pense ainsi, on est sans doute un bon patriote, un vigoureux lutteur, une volonté droite et forte, mais on est un patriote, un lutteur, un penseur dans le bleu. On a perdu le sentiment de la réalité, on marche dans « son rêve étoilé » et l'on risquerait fort d'y rester jusqu'à la fin des temps, s'il n'y avait quelque part un camp de gens pratiques, de libéraux terre à terre, plus jaloux de poursuivre leur ingrate besogne, que de dénigrer celle qui se fait à côté d'eux, plus occupés des misères du présent et des nécessités de l'avenir que des rancunes du passé, plus convaincus que, dans l'état actuel des choses et dans presque toutes les circonscriptions départementales, la démocratie ne peut rien sans alliances, et que lui prêcher l'isolement, c'est la condamner à une impuissance éternelle et à une abdication sans foi.

Nous ne voulons pas revenir sur la question électorale, la citation du *Phare* que nous donnons plus haut sera notre dernier mot [1]. Nous prendrons seulement la liberté de signaler à nos confrères de l'*Avenir national* et du *Réveil* un petit article du *Constitutionnel* de ce matin, qui peut leur faire apprécier de quel côté, d'eux ou de nous, se trouve, en toute cette affaire, l'habileté politique. L'*Avenir* nous reprochait hier d'avoir félicité les conservateurs libéraux du Jura du concours apporté par eux à la candidature de M. Grévy. M. Peyrat trouvait cela malhabile. « La lettre de M. Berryer, disait-il, loin de servir la candidature de M. Grévy, n'a pu que la compromettre. »

Le *Réveil* professe, naturellement, la même opinion. Là-dessus, le *Constitutionnel*, prenant la balle au bond, dit aux conservateurs: « Voyez, monarchistes imprudents: non seulement vous contribuez à faire entrer à la Chambre un radical des plus prononcés, mais, le lendemain de la victoire, vos alliés de la veille vous mettent à la porte, en vous disant: Allez-vous-en : vous nous gênez ! »

Nous ne croyons pas au *Constitutionnel* le pouvoir de faire remonter, par des malices de ce genre, le grand courant libéral qui emporte, à cette heure, tous les esprits indépendants. Mais, si la feuille gouvernementale avait une influence quelconque sur les conservateurs libéraux, l'*Avenir* trouverait-il si habile ce qu'il a fait

[1]. Le *Temps*, du 22 août 1868.

là? Pour nous, nous désespérons de comprendre l'intérêt qu'il peut
y avoir à détacher des candidatures démocratiques l'appoint des libéraux conservateurs. Cela nous passe, en vérité. Nos honorables confrères sont nos anciens dans la vie politique, et leur tactique est sans
doute plus profonde que la nôtre. Mais ils devraient bien nous en
donner le mot. Nous comprenons les démocrates exclusifs qui ne
veulent appuyer que des candidats démocrates; c'est un système
détestable, à notre sens, mais enfin cela se peut défendre. Mais ne
pas vouloir des alliés qui nous viennent des camps voisins, refuser
les voix monarchiques, comme si elles étaient empoisonnées, et trouver
mauvais, par exemple, que M. Berryer écrive à ses amis du Jura de
voter pour M. Grévy, c'est désorganiser à plaisir la lutte électorale
dans presque toutes les circonscriptions de France; c'est assurer
la défaite pour la défaite, et préparer à la démocratie de terribles
déceptions.

Si le parti libéral avait besoin d'être confirmé dans la politique
d'union électorale qu'il pratique en tous lieux, depuis six ans, les
terreurs de la presse gouvernementale pourraient lui servir d'enseignement[1]. Le *Constitutionnel* est véritablement aux abois; il s'épuise
chaque matin, en efforts héroïques, pour arracher à l'union libérale
toute la portion modérée ou craintive de l'opinion. A l'entendre, le
pays en est à la campagne des banquets de 1847 et de 1848; les
radicaux tendent la main aux libéraux conservateurs; le « parti est
en train de se désunir, les mécontents de toute sorte apportent leur
appoint aux partis extrêmes; les mêmes fautes vont, si l'on n'y
prend garde, mener la France aux mêmes abîmes ».
    Le journal dévoué a raison; ce sont toujours les mêmes fautes,
sur le chemin des mêmes abîmes. L'histoire du passé est, pour le
présent, comme si elle n'existait pas; il en est des gouvernements
comme des individus; l'expérience de la vie ne sert qu'à ceux qui
l'ont faite eux-mêmes; l'enseignement des révolutions ne profite
qu'aux gouvernements tombés. On n'a pas encore connu, parmi
nous, ce gouvernement, rêvé des sages, qui saurait céder à temps,
transiger à propos; ce gouvernement souple, ce gouvernement sa-
gace, ce gouvernement observateur, qui ne s'endormirait pas sur des
majorités électorales, ou parlementaires, qui ne se bercerait pas du
succès apparent de ses emprunts et de ses revues, qui ne croirait
pas que, pour vieillir en paix sur cette terre de France et y pousser
des racines profondes, il suffise d'avoir pour soi la force matérielle
et le nombre aveugle! Non, ce gouvernement n'existe pas encore,
et si le gouvernement actuel est appelé, par un arrêt secret du
destin, à en réaliser, un jour, l'idéal inespéré, ce ne sera pas, en
vérité, la faute du *Constitutionnel*.
    Car le *Constitutionnel*, qui admoneste le *Journal des Débats* de 1868,
a repris tout simplement la suite des affaires et hérité de la

1. Le *Temps*, du 23 août 1868.

prévoyance politique du *Journal des Débats* du mois de janvier 1848.
O *Constitutionnel!* vous qui prétendez donner aux jeunes gens de
ce temps-ci des leçons d'histoire, est-ce là le fruit que vous avez
tiré de la leçon de février 1848? Morigéner les opposants, développer
en quatre colonnes le mot historique et fatal « de passions aveugles
ou ennemies », brandir d'une main tremblante un vieux spectre
rouge, c'est tout ce que votre zèle de fraîche date vous inspire, ô
libéraux d'hier! c'est là toute votre science, toute votre mémoire,
toute votre prévoyance. Vous vous trompez d'adresse, en vérité. Ce
n'est pas à l'opposition, c'est au pouvoir que devraient aller vos
sermons. C'est au Gouvernement que vous proposeriez la leçon du
passé, si vous étiez les conseillers fidèles, éclairés, indépendants, que
vous prétendez être.

Assurément, l'histoire de la Révolution de 1848 est pleine d'enseignements. Mais, si elle a des leçons pour les peuples, elle en a
surtout pour les rois.

Rendre, à l'heure qu'il est, l'opposition parlementaire de 1847 et
de 1848, responsable de la chute de la monarchie ; ne trouver à
s'en prendre, dans cette histoire, qu'à une fausse manœuvre du
parti libéral dynastique et de la bourgeoisie opposante, et tirer de
là cette conclusion merveilleuse : qu'il n'y a de vrais conservateurs
que ceux qui votent aveuglément, docilement, béatement pour le
pouvoir, quelques fautes qu'il ait commises, quelque juste colère,
quelque mépris mérité qu'il inspire, c'est renverser les rôles,
défigurer les faits, professer l'histoire à rebours et le « conserva-
tisme » à contre-sens.

Le vrai révolutionnaire du mois de février 1848 ne s'appelait ni
Ledru-Rollin, ni Odilon Barrot, ni Lamartine, mais Louis-Philippe ;
et si vous n'êtes pas encore consolés de la chute de l'établissement
de juillet, c'est à lui seul, ô *Constitutionnel!* que vous devez vous en
prendre. C'est à son obstination, à son aveuglement, à l'obstination
et à l'aveuglement de son premier ministre, à l'infatuation du
pouvoir personnel, à la fausse sécurité imposée par une majorité
parlementaire frauduleuse, par un système électoral aussi étroit que
falsifié, au refus insensé et coupable d'ajouter au corps des électeurs
à 200 francs un élément d'intelligence et de moralité capable de le
relever et de l'assainir; c'est, en un mot, à un degré peu commun
d'entêtement et d'imprévoyance que la révolution de février doit
être attribuée.

Quant à la coalition qui fut l'instrument plus ou moins conscient
des justices de l'histoire, elle était non seulement dans le vrai,
mais dans le devoir. Aux gouvernements entêtés, vous vous étonnez
qu'on oppose les coalitions inexorables ! A la corruption électorale
et parlementaire, à la falsification systématique, obstinée, incorri-
gible des institutions représentatives, vous vous indignez que le pays
ait répondu, en d'autres temps, par la coalition de tous les partisans
de l'honnêteté électorale et de la sincérité constitutionnelle. Au
système des candidatures officielles, qui place les élections dans les

mains de préfets, et qui altère dans son essence même, l'institution
parlementaire, vous ne voulez pas que nous opposions l'entente
naturelle de tous ceux qui professent cette opinion osée, cette
doctrine impertinente: que les mandataires doivent être choisis
honnêtement, librement par les mandants! Mais dites alors à ces
braves gens que vous sermonnez, à ces esprits modérés, mais droits,
que vous cherchez vainement à troubler par des fantômes, quel
autre moyen leur reste de faire pénétrer dans le fonctionnement de
l'institution représentative, cet esprit de libre contrôle et de sage
résistance, qui seul peut donner au pays l'ordre légal, l'équilibre
financier, la sécurité du lendemain. Entre la coalition électorale ou
parlementaire et la soumission aveugle, qui donc les force de
choisir? Et à quel autre résultat tendent vos conseils, ô *Constitutionnel!* qu'à une misérable et éternelle abdication?

Tel est l'enseignement que nous tirons, pour notre compte, des
coalitions du passé. Quant à celle qui se fait aujourd'hui et que la
presse gouvernementale n'arrêtera pas, elle a, sur les coalitions
d'autrefois, cet avantage de ne renfermer aucune aventure, de ne
cacher aucune surprise, puisqu'elle n'a qu'un but et ne peut avoir
qu'un résultat: rendre au suffrage universel sa propre direction, et
à la nation la possession d'elle-même. Les plus furieux conservateurs ne peuvent, ce semble, désirer rien autre chose.

III

M. Berryer.

Lorsque succomba le grand orateur qui, fidèle à une cause sans
espoir, avait du moins combattu la dictature, avec une éloquence
incomparable, et puissamment contribué aux succès de l'*Union
libérale*, M. Jules Ferry s'honora et honora son parti en rendant un
dernier hommage à l'illustre avocat qui avait plaidé pour lui dans
le *Procès des Treize* et dont Veuillot saluait la disparation avec une
joie scandaleuse:

Bien que M. Berryer succombe plein d'années et de gloire[1], sa
mort est faite pour nous inspirer un sentiment particulier de
mélancolie. En voyant ce qu'il perd, le siècle où nous vivons peut
se rendre compte de ce qui lui reste. Tous les hommes, dont le
nom a rempli la première moitié de ce siècle troublé, s'en vont l'un
après l'autre. Les grandes individualités disparaissent, et je ne sais
quel niveau de médiocrité s'étend sur le monde. Quand nous cherchons où sont nos grands hommes, nous ne nommons presque que
des vieillards. Il y a comme une lacune dans la fécondité de notre
race. La France impériale vit, depuis seize ans, sur les restes de la

1. Le *Temps*, du 1er décembre 1868.

France parlementaire : on dirait d'un grand arbre dont la sève
affaiblie verdit encore le tronc, sans pouvoir monter jusqu'aux
branches.

M. Berryer était peut-être le plus illustre de ces survivants d'un
autre âge. Il les surpassait tous par le prestige de l'éloquence, le
seul qui puisse balancer le prestige militaire dans la faveur d'un
public français. La destinée, qui avait répandu sur cette belle vie
toutes ses complaisances, lui avait, au lendemain même de ses
premiers débuts, fermé pour toujours l'accès du pouvoir : voué dès
lors à une cause sans espérance, il ne connut jamais les épreuves de
la victoire. Sa fidélité, qui lui fit une auréole, en ce temps de
publiques palinodies, fut aussi la plus sûre sauvegarde de sa gloire.
Mais le côté jacobite de cette noble existence n'en sera pour l'histoire que la moindre partie. La postérité dégagera sa mémoire de
nos classifications fugitives. Elle n'en fera l'honneur ni d'un parti,
ni d'un drapeau : elle le mettra à son vrai rang, dans ce grand
parti de la parole libre, qui se recrute, à travers l'histoire, parmi
les âmes les plus fières de tous les pays et de tous les temps. Sa
place est au milieu de cette élite humaine qui se range autour de
deux noms : Démosthène et Mirabeau.

Il y avait, en effet, deux hommes bien distincts dans Berryer :
l'homme de parti et l'orateur. Ce dernier planait fort au-dessus de
l'autre. Il avait pu donner sa vie aux choses du passé, mais il était
de son siècle et de son temps par la chaleur naturelle de son âme,
par l'entraînement irrésistible de son génie. Toute sa grandeur est
dans ce contraste. Il était né de cette forte bourgeoisie qui mit à
bas l'ancien régime ; et, comme il aimait à le raconter, c'est dans
les procès-verbaux de l'Assemblée constituante qu'il avait appris à
lire. Il garda toute sa vie cette première et généreuse empreinte.
Il était royaliste, dès 1814, mais pour disputer aux royalistes les
vaincus de Waterloo. Il resta royaliste après 1830, mais pour abriter,
sous la bannière du droit divin, tout le tempérament de la Révolution française. De la grande époque qui l'avait vu naître (1790),
il avait conservé le trait dominant : la politique subordonnée à la
morale, l'humanité soumise au droit, à la justice, à la tolérance.
Il incarnait en lui tous les grands instincts de 1789. Son éloquence
même avait gardé l'accent de ces grands jours. Nul n'a parlé plus
haut et plus ferme que lui, le paladin des royautés déchues, cette
langue des révoltés dont Mirabeau fut parmi nous le souverain
maître et l'inimitable modèle. Par la vigueur, la résolution, la hauteur et, l'on peut ajouter, l'entrain révolutionnaire de sa lutte de
dix-huit années contre la monarchie de Juillet, Berryer, comme
chacun sait, en remontrait à la gauche elle-même. C'est par ce côté
que jusqu'au dernier jour, tout vieux qu'il fût et dans un vieux
parti, il a eu prise sur les générations contemporaines. Lorsqu'arriva, il y a dix-sept ans, le grand écroulement de la liberté
française, le service que rendit Berryer fut considérable : il n'émigra
pas à l'intérieur ; il resta dans la bataille. La tribune était renversée :

il transporta à la barre des tribunaux les combats de la liberté. Pendant seize ans, on le trouva sur toutes les brèches et derrière tous les droits : la liberté de la presse, la liberté d'association, la liberté de coalition, la liberté des élections, la liberté des correspondances l'eurent, tour à tour, pour défenseur. Les années avaient passé sur ce grand cœur sans l'attiédir; sa carrière s'achève, comme elle avait commencé, au service des persécutés, et il semble rajeunir à plaider pour les vaincus. Usé, à la fin, et frappé à mort, il laisse, pour tout testament politique, cette fière parole, écrite du bord même de la tombe et que l'histoire conservera : on peut dire de lui qu'il est mort debout.

Tel est, dans la plus haute unité de sa vie, le grand orateur qui vient de quitter la scène du monde. Sa place y restera longtemps vide. Personne surtout ne pourra reprendre, après lui, le rôle spécial qui a fait la noblesse et l'originalité de sa carrière. Il était la grande influence libérale du parti auquel il avait voué sa vie. On ne saurait dire qu'il en fut le chef; il en était l'honneur, non la tête. Mais, s'il ne le menait pas, il le fascinait. Le parti légitimiste est, essentiellement, la masse la plus rétrograde et la plus aveugle du parti conservateur. A ce point de vue, la campagne révolutionnaire conduite par Berryer contre la royauté de 1830 pouvait passer pour une aventure. Il y entraîna pourtant à peu près tous les siens; et il dut, en vérité, leur en rester quelque chose. De nos jours, Berryer couvrait sous l'éclat de sa gloire et de la grandeur de ses services, la jeune et vaillante phalange qui poursuit, à travers toutes sortes de déboires, la tâche louable, mais chimérique de réconcilier, en ce pays, la cause de la tradition avec la cause de la liberté. Il était, d'ailleurs, prêt à toutes les alliances; il était de toutes les batailles dont l'affranchissement pouvait être le prix. Lui mort, n'est-il pas à craindre que le parti légitimiste et clérical ne revienne à sa pente naturelle, qui n'est assurément ni celle de la révolution, ni celle de la liberté. La joie insolente que M. Veuillot fait éclater sur cette tombe est tristement significative. La logique des choses va-t-elle reprendre ses droits? Nous voulons espérer le contraire; mais ce sera, dans tous les cas, l'éternel honneur de M. Berryer et de ses jeunes amis, d'avoir manqué de cette logique-là.

IV

M. Jules Ferry et l'Empire constitutionnel.

M. Jules Ferry, qui fut en cela seulement un *irréconciliable*, n'a jamais partagé les illusions de plusieurs de ses amis qui accueillirent, sinon avec enthousiasme, du moins avec satisfaction, le retour apparent de l'Empire au régime parlementaire. Ce qu'il appelle l'*acte additionnel* de 1869 n'excitait que sa défiance. Il n'hésita pas à se séparer, en cette circonstance, du rédacteur en chef du *Temps* [1], M. Nefftzer, plus optimiste que lui, et signala avec une précision clairvoyante, dans deux lettres que nous croyons devoir

1. Dans l'impossibilité de reproduire in extenso les nombreux articles que M. Jules Ferry écrivit dans le *Temps*, au cours des années 1868 et 1869, sur les mille incidents de la politique intérieure et les délibérations du Corps législatif, nous en rappellerons du moins les dates et l'objet :

ANNÉE 1868. — Numéros du 10 juillet 1868, sur la condamnation de MM. Mazure et Vrignault par le tribunal correctionnel de Lille ; — du 11 juillet, sur le débat législatif relatif aux élections du Tribunal de commerce ; — du 13 juillet, sur le discours d'Ernest Picard relatif à la candidature officielle ; — du 17 juillet, sur le débat relatif à la zone militaire de Paris ; — du 18 juillet, sur l'art. 7 de la loi du 11 mai 1868, concernant la presse ; — du 19 juillet, article contre M. Duruy, ministre de l'Instruction publique, à propos des conférences libres dans les Facultés ; — du 24 juillet, sur l'amendement présenté par l'opposition relativement au secret des lettres ; — du 25 juillet, sur l'ajournement à la session prochaine des affaires de la Ville de Paris ; — du 26 juillet, sur les affaires du Mexique et les indemnités des porteurs d'obligations ; — du 27 juillet, même sujet, appréciation du discours de M. Rouher ; — du 1er août, examen des résultats de la session ; — du 6 août, sur la métamorphose du *Constitutionnel* converti au régime libéral et parlementaire ; — du 10 août, sur la saisie d'un numéro de *la Lanterne* ; — du 13 août, sur l'incident Cavaignac au Concours général ; — du 15 août, même sujet ; polémique avec le *Constitutionnel* : — du 21 août, sur le succès du dernier emprunt, polémique avec *la Patrie* ; — du 19 août, sur l'élection de M. Grévy dans le Jura ; — du 21 août, même sujet, réponse au *Constitutionnel* ; — du 31 août, sur l'état d'esprit des ouvriers ; — du 1er septembre, sur l'interdiction de vendre le *Figaro* sur la voie publique ; — du 16 novembre, sur le procès du *Réveil*, de *l'Avenir*, de *la Revue politique*, de *la Tribune*, à l'occasion de la souscription Baudin ; du 18 novembre, sur l'élection de M. Mathieu ; — du 21 novembre, sur les mesures prises contre la presse à l'occasion de la souscription Baudin. C'est dans cet article que se trouve le passage suivant : « On parle beaucoup trop, depuis quelque temps, de coups d'État et de complots. La situation actuelle ne comporte ni les uns ni les autres... L'on a vu des gouvernements faire des coups d'État : on n'en connaît pas qui aient réussi à en faire deux. » — Numéro du 24 novembre, sur l'arrêt de la cour de Nîmes dans l'affaire de la réunion Lacy-Guillon ; définition de la réunion privée ; — du 28 novembre, sur l'élection de la Manche (Lenoël contre de Kergorlay) ; — du 5 décembre, sur la condamnation du *Temps* et du *Journal de Paris*, à l'occasion de la manifestation du cimetière Montmartre ; — du 6 décembre, sur la fabrication par l'industrie anglaise du second câble transatlantique de Brest à New-York ; — du 13 décembre, sur l'élection de la Manche ; — du 20 décembre, sur la condamnation de Delescluze par la Cour de Paris ; — du 31 décembre, sur le second tour de scrutin dans la Manche.

ANNÉE 1869. — Numéros du 4 janvier 1869, sur les tableaux du Louvre transférés chez Mme Troplong ; — du 9 janvier, sur la démission du baron Séguier ; — du 12 janvier, sur l'inauguration par Jules Favre et Laboulaye des réunions de la salle Valentino ; — du 15 janvier, sur la liquidation des affaires de la Ville de Paris ; — du 17 janvier, réponse à un communiqué du préfet de la Seine ; — du 18 janvier, sur le déficit du budget de la Ville de Paris ; — du 23 janvier, sur les émeutes de la Réunion ; — du 25 janvier, réponse à un communiqué du préfet de la Seine ; — du 27 janvier, sur les condamnations prononcées contre Peyrouton, Raoul Rigault et Napoléon Gaillard, pour délits de parole dans les réunions de la Redoute et du Pré-aux-Clercs ; — du 31 janvier, sur le projet de soumettre au Corps législatif le budget extraordinaire de Paris et de Lyon ; — du 1er février, critiques sur un article de Delattre dans le *Progrès de Lyon*, relatif à la tactique électorale ; — 3 février, sur l'interpellation du baron de Benoist, relative à l'application de la loi sur les réunions publiques ; — du 7 février, sur les désordres de Nîmes (élection Dumas contre Cazot et de Larcy, invasion d'une réunion publique par la troupe) ; — du 10 février, sur l'interpellation de M. de Maupas. au Sénat, concernant les projets de réforme de la Constitution ; — du 11 février, sur le contrôle par le Corps législatif du budget de la Ville de Paris ; — du 13 février, titre : *Paris aux Parisiens*. Examen critique du projet de loi sur l'organisation municipale de Paris ; — du 15 février, sur les brochures ou les articles relatifs au même projet de loi (travaux de M. Cochin et de M. Horn) ; — du 17 février, sur la suspension de trois mois infligée à M. Duboy, avocat à la Cour de cassation, pour la publicité donnée à un de

citer, tout ce que les prétendues réformes de la Constitution impériale avaient de décevant, de contradictoire et de mensonger :

A M. Nefftzer, rédacteur en chef du *Temps* [1].

MON CHER AMI,

Vous accueillez avec confiance les nouveautés constitutionnelles que le Gouvernement nous octroie. Vous en apercevez sans doute

ses mémoires (demande en autorisation de poursuites contre M. Crépy, commissaire de police); — du 21 février, sur la lettre du Ministre de l'Intérieur au préfet de police à l'occasion des réunions publiques; — du 24 février, sur les finances de la Ville et le discours de Garnier-Pagès; — du 25 février, même sujet; appréciation du discours de M. Gouteur, conseiller d'État; — du 26 février, même sujet; appréciation du discours de M. de Forcade la Roquette, ministre de l'Intérieur; — du 27 février, même sujet; appréciation du discours de M. Calley Saint-Paul; — du 28 février, même sujet; appréciation du discours de M. Rouher, qui sacrifie M. Haussmann; — des 3, 4, 5, 6, 7 mars, même sujet; appréciation du traité entre la Ville et le Crédit foncier; revendication des libertés municipales et protestations contre la centralisation; — du 9 mars, sur les conférences de la salle Valentino et la conférence de Pelletan à la salle de la rue de Malte. Sujet : la Femme au XIXe siècle; — du 14 mars, sur la désaffectation d'une partie du jardin du Luxembourg; — du 15 mars, même sujet; éloge du discours de M. Grévy à la Chambre; — du 18 mars, sur la saisie administrative de l'*Histoire des princes de Condé* et l'arrêt du Conseil d'État qui ordonne la restitution des exemplaires saisis en août 1867; — du 21 mars, sur la discussion du projet de loi portant règlement définitif de l'exercice 1865; appréciation de la Cour des comptes concernant la gestion financière de la Ville de Paris; — du 23 mars, sur la révocation de M. Georges Pouchet, aide-naturaliste au Muséum; — du 24 mars, sur l'arrêt de la Cour de Paris et la condamnation de M. Louis Ulbach, rédacteur de *la Cloche*, à six mois de prison; — du 26 mars, sur la délimitation des circonscriptions électorales de Bordeaux et la démission de 16 membres du conseil municipal de cette ville; — du 27 mars, sur la dissolution d'une réunion privée organisée à Montmorency par M. Lefebvre-Pontalis; — du 28 mars, réponse à un communiqué du Ministre de l'Intérieur relatif à la révocation de M. G. Pouchet; — des 30, 31 mars, 1er avril, articles sur le rapport de la commission des Finances concernant le budget de 1870; — du 2 avril, sur une interpellation de M. Jérôme David; — du 3 avril, sur les doctrines du Gouvernement en matière électorale, et le discours de M. de Forcade la Roquette, ministre de l'Intérieur, dénonçant le prétendu gouvernement occulte de l'opposition; — du 6 avril, sur le discours de M. Baroche, garde des sceaux, relatif à la démission de M. Séguier, procureur impérial à Toulouse; — du 7 avril, sur un discours de M. Jules Simon, à la *Société pour l'Enseignement professionnel des femmes;* — du 11 avril, sur la dernière séance de la Chambre (amendement de la gauche concernant le cumul, incident Séguier, concile œcuménique, etc.); — du 12 avril, compte rendu de la séance du Corps législatif (déclaration pacifique) de M. de la Valette, ministre des Affaires étrangères, déclarations belliqueuses du Ministre de l'Intérieur contre les réunions publiques ou privées; — du 13 avril, sur un discours de M. Michel Chevalier au Sénat, relatif à la plaie des armées permanentes et des dépenses de guerre; du 14 avril, sur les déclarations du maréchal Niel, relatives aux grands commandements militaires, et son affirmation sur la possibilité de mettre sur pied, du soir au matin, 600 000 hommes sous les armes; — du 15 avril, sur le discours lu au Sénat par M. Haussmann; — du 22 avril, sur le décret qui supprime la Caisse des travaux de Paris; — du 23 avril, sur l'amendement de la gauche relatif à la juridiction chargée de juger les délits de presse et la loi de sûreté générale; — du 24 avril, sur l'actif et le passif de la Caisse des travaux de Paris; — du 27 avril, sur le programme de M. Guéroult, qui réclame de nouveaux travaux à Paris; — du 26 juin, sur la pétition des gardes nationaux du 19e bataillon de la Seine, qui réclament l'élection de leurs chefs; — du 29 août, réponse à une note du *Journal officiel* sur le cas de Ledru-Rollin, condamné à la déportation le 7 août 1857.

1. *Le Temps* du 8 août 1869.

les côtés faibles, mais vous les mettez résolument au second plan. En un mot, vous êtes optimiste pour le quart d'heure.

Je reste pessimiste, et je vous demande la permission de vous dire pourquoi. Ceux qui, comme vous, se reprennent à espérer, affirment que le pouvoir personnel abdique ; c'est aller vite en besogne. Il n'est pas contestable que le pouvoir personnel bat en retraite ; mais il serait, ce me semble, d'une souveraine imprudence de le croire vaincu. C'est là précisément l'habileté et le péril de l'évolution présente. On voudrait endormir la France libérale, et je ne suis pas sûr qu'on n'y réussisse pas provisoirement. La France est ainsi faite qu'elle donne, dans tous les temps, long crédit à ses maîtres. C'est une nation prompte à l'espérance, un peuple bon enfant, si j'ose dire, et qu'il n'est point aisé de pousser à bout. Ce faiseur de révolutions n'aime rien tant que de croire qu'il n'aura plus à en faire. Il acclame tous les Martignac, l'un après l'autre, et les *Actes additionnels* trouvent facilement le chemin de son cœur. S'il est périlleux, à certaines heures, de le heurter de front, il est presque toujours possible de l'apaiser par des concessions, de le gagner par des promesses, de l'énerver par de fausses apparences.

Il est visible pourtant que, sous ce rapport, comme sous plusieurs autres, le pays est en progrès. L'Acte additionnel de 1869 n'excite point, dans les couches profondes, l'enthousiasme sur lequel on comptait. L'adhésion n'est qu'à la surface; la défiance subsiste comme un instinct plus fort que toutes les raisons. Mais cet instinct, cette fois, c'est la raison même, c'est l'expérience acquise, c'est la leçon de l'histoire, c'est le sentiment des causes profondes qui régissent les choses humaines.

Nous avons, dit-on, le gouvernement parlementaire. Est-ce le sénatus-consulte qui nous le donnera? Il ne crée, par lui-même, qu'un régime bâtard, où le pouvoir personnel et le pouvoir parlementaire se heurteront à chaque pas. L'article 2 contient, dans son obscurité savante, le germe de tous les conflits. Il affirme, avec une force égale, la responsabilité des ministres et leur dépendance.

Les ministres sont-ils responsables devant la Chambre ou devant l'empereur? Ou, pour parler plus clairement, dépendent-ils de l'empereur, ou dépendent-ils de la Chambre? L'article 2 répond qu'ils ne dépendent que de l'empereur. L'exposé des motifs insinue qu'ils dépendent aussi de la Chambre. Entre les deux, pourtant, il faut choisir. La formule du gouvernement parlementaire est précisément le contraire de l'art. 2 : « Les ministres, faudrait-il dire, ne dépendent que de la majorité de la Chambre. » A cette condition, c'est la Chambre qui gouvernerait, ce qui est le fond même du régime parlementaire.

Mais n'appelez pas gouvernement parlementaire un système qui place le pouvoir, concurremment, dans la Couronne et dans la Chambre. C'est l'antagonisme organisé, c'est le parlementarisme déconsidéré, c'est la liberté compromise : car, c'est, tout à la fois, la confusion et l'impuissance.

Mais, dites-vous, qu'importent les formules, si l'on possède le fond des choses, si la liberté du Parlement est reconquise, si l'on rend du même coup à la Chambre élective, le droit d'initiative, le droit d'interpellation, le droit d'amendement, le droit d'avoir des ordres du jour motivés, le droit de voter le budget par chapitres, le droit de disposer des tarifs de douane ? — Voilà bien des droits sans doute et je n'en fais pas fi. Je veux que nous les ayons tous. Je veux qu'aucun règlement ne vienne après coup les mutiler ou les restreindre ; je veux même qu'on y ajoute le droit d'adresse dont le sénatus-consulte ne parle pas. Voilà la Chambre qui a tous les droits. Le gouvernement personnel en garde-t-il moins tous les pouvoirs ? même celui de prendre ses ministres en dehors de la Chambre ; — même celui de faire appel au peuple, devant lequel il ne cesse pas d'être responsable ; — même le droit de proroger indéfiniment, ou de dissoudre la Chambre élue, en remplaçant, dans l'interrègne, le Corps législatif par le Sénat — sans parler de ce *veto* de nouvelle fabrique, que l'on traite aujourd'hui par le dédain, mais qui permet, en somme, au premier et au plus rétrograde, au plus discipliné des grands corps de l'État d'enfouir dans les catacombes du Luxembourg toutes les lois votées au Palais-Bourbon.

Est-ce que tout cela est imaginaire, et dira-t-on que je mets gratuitement toutes choses au pis ? Le conflit d'une Chambre qui a tous les droits avec un Gouvernement qui a tous les pouvoirs, est-ce que je l'aurais rêvé ?

Peuple oublieux que nous sommes ! nous l'avons expérimentée, il y a vingt années, cette guerre civile des deux pouvoirs, et ce serait aujourd'hui le moment d'en mettre à profit les poignantes leçons. Était-ce un pouvoir parlementaire incomplet que l'Assemblée législative ? Manquait-il quelque chose à ses attributs ? Elle avait le droit, elle avait le nombre, elle avait le talent, elle n'avait pas sur elle le stigmate de la candidature officielle. Elle n'avait en face d'elle qu'un magistrat républicain, mais personnellement responsable et constitutionnellement indépendant. C'en fut assez : la rivalité naquit de l'indépendance, et tout finit comme chacun sait ! En deux années, le Pouvoir exécutif avait usé le droit parlementaire. Et pourtant, la France avait alors, plus qu'à une autre époque, les traditions et les mœurs de la liberté, trente ans d'esprit public derrière elle, l'habitude de la résistance, une vie politique intense et de grands partis. Quand le chef de l'exécutif mit pour la première fois le pied hors du terrain parlementaire, quand, usant d'une faculté que la Constitution lui laissait et que les parlementaires d'alors, eux aussi, considéraient comme une lettre morte, il prit résolument ses ministres hors de la Chambre, ce fut un grand scandale, mais rien de plus. Et voilà comme il est vrai de dire — ainsi que vous l'écriviez il y a deux jours — que la faculté de choisir ses ministres sur les bancs de la Chambre équivaut, pour le chef de l'État, à l'impossibilité morale de les prendre ailleurs. Voilà ce que pèsent, en face de dépositaires de la centralisation triomphante, les prévisions des doctrinaires et les susceptibilités des Parlements. Voilà, chez nous, la mesure des forces de l'esprit public, en des temps qui, je le crains, valaient au moins les nôtres.

Il y a deux manières de fonder le gouvernement parlementaire : par les lois ou par les mœurs. La seconde, j'en conviens sans peine, est de beaucoup la meilleure et la plus sûre. Il n'y a pas de loi, en Angleterre, qui prescrive à la Couronne de prendre ses ministres dans le sein du Parlement, mais il y a des mœurs qui l'y obligent avec une énergie plus forte que toutes les lois. Mais, en France, le pouvoir personnel n'est enchaîné ni par les mœurs, ni par les lois. Il ne reste qu'un espoir, c'est qu'il s'enchaîne lui-même, et c'est là-dessus surtout que l'on paraît compter. Franchement le gage est mince et la proposition paradoxale. Il n'a manqué jusqu'à présent, en France, aux théories constitutionnelles pour passer dans les faits, qu'une toute petite chose : une dynastie qui voulût s'y soumettre. Ni les Bourbons de la branche aînée, ni ceux de la branche cadette n'ont su renoncer au pouvoir personnel : les uns ont voulu détruire le régime parlementaire par la force, les autres ont tenté de le fausser par la ruse. Nous allons commencer, à ce qu'il paraît, une troisième épreuve que ni la force, ni la ruse ne pourront troubler. Pour accepter la fiction constitutionnelle, les Bourbons étaient trop fiers, les d'Orléans trop habiles. Les Napoléons seront à la fois dociles et sincères, comme il convient à des parlementaires élevés à la grande école qui commence au 18 Brumaire et qui finit au 2 Décembre.

A M. Nefftzer, rédacteur en chef du *Temps* [1].

MON CHER AMI,

Votre réponse aux réflexions critiques que m'a suggérées le projet de sénatus-consulte contient des considérations fort justes et des conseils excellents. Vous dissertez savamment sur la puissance de l'opinion, dans la crise que nous traversons, et vous en concluez que le rôle des élus du suffrage universel n'est plus désormais de décourager le pays par une attitude purement négative, mais de l'éclairer, de le rassurer, de le conquérir par des idées nettes, par des formules positives, par des plans de gouvernement enfin, dignes de cette grande démocratie française dont nous ne sommes les uns et les autres que les serviteurs.

D'une manière générale, tout cela est juste, et ma pensée n'a jamais été d'y contredire. Quand vous me rappelez que je suis entré à la Chambre avec un programme et quand vous me montrez dans l'exercice habile du droit d'initiative — s'il nous est sérieusement octroyé — le moyen de faire pénétrer dans les esprits et, peu à peu entrer dans les faits, la politique des « destructions nécessaires »

1. *Le Temps* du 12 août 1869.

vous m'indiquez un devoir auquel j'espère ne jamais faillir. Quand,
d'autre part, vous caractérisez la crise constitutionnelle dont nous
sommes les spectateurs comme un phénomène d'opinion des plus
remarquables, vous ne dites rien que je songe à contester. Où avez-
vous vu que j'ai nié les « forces de l'esprit public », la puissance de
l'opinion? Comme vous le dites justement, nous ne procédons pas
d'une autre source et nous ne pouvons compter sur autre chose.

Mais, sur ce terrain général, mon cher ami, vous pouvez vous
étendre tout à votre aise sans toucher le point spécial de notre
différend.

Dans toutes les étapes que l'Empire a parcourues depuis une
dizaine d'années, l'opinion publique peut, sans doute, se mesurer,
et jusqu'à un certain point se reconnaître. Il n'en est point d'ailleurs
depuis le commencement dont nous n'ayons tiré parti. Quelle déception que le 19 janvier! Et pourtant quels fruits de vie, quelles armes
de combat la force des choses en a fait sortir! Le message du
13 juillet contient, lui aussi, dans ses flancs, plus d'une conséquence
inattendue. L'inattendu est la loi du temps où nous vivons. Mais, là
où règne l'inattendu, la défiance est de règle ou de prudence vulgaire. Je n'admets pas, comme vous, qu'on décourage le suffrage
universel en lui prêchant la défiance. Nous sommes payés, à ce qu'il
me semble, pour nous défier de nos maîtres. Ce vote de confiance,
que l'Empire implore, à l'heure qu'il est, du parti de la liberté, ce
vote de confiance qui romprait la glace entre les gouvernants et une
partie des gouvernés, cet acte de foi et d'espérance qui consommerait la réconciliation définitive, le sénatus-consulte ne l'implique
pas, ne le justifie pas. Le sénatus-consulte est-il, oui ou non, la
restauration de la liberté française? Non évidemment. Est-il la
restitution du gouvernement parlementaire? Vous ne le soutenez
même pas. Vous dites seulement : il contient des armes nouvelles
pour l'opposition, et c'est à l'opposition d'apprendre à s'en servir.
Mais le droit d'adresse aussi était une arme et plusieurs ont su s'en
servir. Tel qu'il se présente aujourd'hui, le droit d'initiative — à
supposer qu'il reparaisse sans aucune entrave — n'est, à vrai dire,
qu'un droit d'adresse plus large et plus constant. Il donnera à la
Chambre un pouvoir plus étendu, plus profond sur l'opinion, une
prise plus sérieuse sur les esprits, il n'enlève au Gouvernement
aucun de ses droits; il ne nous donne contre ses retours, contre
ses caprices, contre ses arrière-pensées (vous voulez bien admettre
qu'il en pourrait avoir) aucune garantie; il perpétue, en un mot,
cette séparation de la parole et de l'action qui, laissant au Pouvoir
exécutif toutes les réalités de gouvernement, ne donne au législatif
qu'un droit de remontrances, bien plus rapproché des institutions
de l'ancien régime que de l'idéal moderne des peuples libres.

C'est pourquoi, mon cher ami, je persiste à dire qu'il n'y aura,
par l'acte additionnel qui se brasse à cette heure, rien de fondamental de changé dans le second empire : le frontispice est modifié;
le fond des choses reste le même. La nation ne se gouverne pas; elle

continue à être gouvernée. Elle le reconnaîtra, tôt ou tard, je n'en doute pas. Et ce troisième ou quatrième essai de monarchie parlementaire, commencé dans des conditions moins favorables que tous les autres, ne saurait avoir un meilleur sort. Ce fut, dans tous les temps, poursuivre une chimère que de superposer à l'édifice de la centralisation administrative, en ce pays, les dispositions savantes du régime parlementaire.

Quand le pouvoir administratif et le pouvoir exécutif, confondus dans la même main, font contrepoids au pouvoir parlementaire, la balance politique penche fatalement du côté de l'exécutif. Il domine alors par la corruption, comme sous la monarchie de Juillet; ou « se fait place nette par la force », comme sous la présidence républicaine, si imprudemment organisée par la Constitution de 1848. Il faudrait pour rétablir l'équilibre que la centralisation administrative n'entrât pas en compte, c'est-à-dire que l'exécutif renonçât volontairement à la situation prépondérante que lui donne au milieu de nous la possession de cet organisme sans pareil, de cette machine aspirante et foulante qu'on appelle la centralisation administrative. S'il est des gens qui attendent sérieusement ce sacrifice décisif, ce sublime suicide de la dynastie à laquelle nous devons les institutions de l'an VIII, je les admire, mais je tiens à faire savoir que je ne suis pas du nombre.

V

Marcel Roulleaux et la Philosophie positive

M. Jules Ferry a publié dans le numéro de septembre-octobre 1867 de la *Philosophie positive*, une étude brillante et profonde, pleine d'émotion et de force sur Marcel Roulleaux, un polémiste mort à vingt-neuf ans, au moment où il commençait à conquérir une renommée qui ne devait rien au charlatanisme.

Nous détachons de cette monographie les passages où M. Jules Ferry a exprimé ses idées personnelles sur l'évolution de la philosophie positive et des doctrines économiques. Cette reproduction n'est pas dépourvue d'intérêt, au moment où le gouvernement de la République vient de donner à M. Pierre Laffite l'hospitalité du Collège de France, et où le pays inaugure un nouveau système douanier, à l'élaboration duquel le président de la Commission sénatoriale des douanes n'a pas été étranger.

Au point où en est venue, dans la société contemporaine, l'évolution de la philosophie positive, rien n'est plus important, à notre humble avis, qu'un travail scientifique tendant à incorporer, d'une manière définitive, l'économie politique dans la science sociale. Il est impossible, au temps où nous sommes, de ne point reviser, interpréter ou compléter le jugement si bref d'Auguste Comte. Ce

grand esprit a exécuté l'économie politique en quelques pages. Avec
cette sagacité mordante qui lui appartenait, il en avait, d'un coup
d'œil, mesuré tous les côtés faibles. Mais Auguste Comte, qui écrivait
son quatrième volume il y a bientôt trente ans, n'eût-il pu, aujour-
d'hui, rien changer à son arrêt? Il condamnait alors la science des
économistes pour trois raisons principales : avant tout, pour son isolement systématique de la science sociale, pour sa prétention à constituer à elle seule un corps de doctrines ne relevant ni de la morale,
ni de l'histoire; en second lieu, pour le caractère métaphysique
de ses principales conceptions, celle de *valeur* par exemple; et enfin
pour ses tendances anarchiques, c'est-à-dire ses théories d'absolu
laissez-faire, qui excluent toute pensée de discipline industrielle et
qui n'aboutissent en somme, selon la fine observation du fondateur
de la politique positive, qu'à « une démission solennelle de la
science en face de tous les cas difficiles ». Tout cela est vrai, ou l'a
été. Oui, il existe, ou il a existé, une secte d'économistes station-
naires, race étroite et intraitable, courte de vues et légère de
bagage, cachant, sous une scolastique pédante et creuse, son incurable banalité.

L'humanité, sans doute, a peu de chose à attendre de ces vulga-
risateurs de troisième ou de quatrième main, qui ressassent, dans
l'ombre du grand Adam Smith, des abstractions usées et de vaines
formules. Auguste Comte a raison de gourmander en eux la spécialité arrogante et la stérilité doctrinale. Il y a dix ans encore, toute
la science économique se résumait, pour beaucoup de gens, dans la
critique du système des prohibitions douanières; et quand la liberté
commerciale eut triomphé dans les conseils du pouvoir, plus d'un
économiste se demanda naïvement s'il lui restait quelque chose à
faire. Pour beaucoup, en effet, le but était atteint. Il n'y avait plus
qu'à se reposer dans son triomphe. Mais n'apparut-il point, même
de nos jours, d'économistes d'une autre trempe? Auguste Comte,
dans sa vive satire des scolastiques de cette école, fait lui-même à
Adam Smith une place et une gloire à part. Ne lui eût-il pas adjoint,
s'il les avait bien connus, quelques-uns des physiocrates, surtout
l'immortel Turgot? Ce n'est pas à ceux-ci qu'on peut faire le
reproche d'avoir séparé les problèmes économiques de l'ensemble
de la philosophie politique. Auguste Comte n'a-t-il pas lui-même
rendu, à l'occasion, justice à M. Dunoyer? L'auteur de la définition
de la liberté positive, de la *liberté-puissance*, n'était point, certes,
un pur métaphysicien. Et J. Stuart Mill n'a-t-il pas, plus récemment,
repris, dans un véritable esprit scientifique, la tradition d'Adam
Smith? Les économistes de la vieille ornière tiennent sans doute ce
publiciste éminent pour fort suspect, et l'on dit volontiers de lui
que c'est un « socialiste ». Nous savons, nous, ce qui sépare le
philosophe anglais de l'école positiviste; nous n'ignorons pas non
plus quels contacts mémorables, quelle parenté logique l'en rappro-
chent. Du moins, dans Stuart Mill, l'esprit positif marche tête haute
et sans lisières. L'économie politique revendique, au lieu de l'abjurer,

sa dépendance de la science sociale ; la distinction entre les lois
naturelles et les arrangements sociaux apparaît avec hardiesse, et
l'art est nettement distingué de la science. La philosophie positive
ne peut pas renier un si illustre témoignage de ses progrès et de
son influence.

Ces exemples suffiraient, ce semble, pour démontrer que les
dissentiments, justement signalés par Auguste Comte, entre la
science sociale et l'économie politique, ne sont, en réalité, que des
incompatibilités passagères. L'étude des phénomènes spéciaux qui
se rapportent à la formation, à l'accroissement, à la conservation,
à la distribution des richesses dans la société, peut être, sans
inconvénient, abordée d'une manière distincte, à la condition
d'être à temps rattachée à l'ensemble de la vie sociale. C'est ainsi
que la biologie traite séparément des fonctions, sans pour cela
porter la moindre atteinte à l'unité de l'organisme. En économie
politique, l'organe observé et fonctionnant, si l'on peut dire, c'est
le mobile de l'intérêt, mobile assez important, assez universel pour
imprimer aux faits qu'il détermine le caractère d'homogénéité et
de constance qui permet d'en tirer des lois. Seulement, l'abstraction
économique dépasse la mesure quand elle ne veut considérer dans
la société que le mobile intéressé, à l'exclusion de tous les autres.
Même dans le phénomène de la production, d'autres éléments inter-
viennent. En définitive, on conçoit désormais, sans grand effort,
une économie politique dégagée de tout alliage métaphysique,
affranchie de toute tradition de secte, dominée, autant qu'il convient,
par le point de vue social, et capable d'aborder avec méthode, avec
gravité, avec maturité, l'immense problème que soulève, dans les
sociétés avancées, le conflit du *laissez-faire* économique, qui est une
règle, avec la discipline sociale, qui est une nécessité. Mais cette
conception, il s'agit de l'approfondir, de la mettre en œuvre, de la
développer. A cet égard, l'œuvre intellectuelle de Marcel Roulleaux,
si brève qu'elle ait été, peut fournir des exemples et des enseignements.

... Tout disciple qu'il fût, en commençant, de l'éloquent Bastiat,
le plus sincère, le plus attrayant, le plus *apôtre*, si l'on peut dire,
des économistes contemporains, Roulleaux considéra toujours les
problèmes économiques d'un autre point de vue ; son esprit avait
des exigences que l'individualisme ne pouvait satisfaire. S'il était
libre-échangiste, c'était pour les bonnes raisons sociales. Il attaquait
les prohibitions industrielles, parce qu'elles faisaient obstacle à
l'élévation des salaires ; il combattait les restrictions au commerce
des blés, parce qu'elles favorisaient, au lieu de l'atténuer, l'accroissement de la rente du sol ; ce qu'il aime dans la liberté commerciale,
c'est, comme il le dit, la bienfaitrice du prolétariat, la providence
dans les crises commerciales, la régulatrice de la production ; il lui
sait moins de gré de produire à bon marché — avantage que
l'accroissement de la consommation tend bien vite à faire disparaître
— que de délivrer les ouvriers de « ces industries débiles que le

« moindre trouble du marché compromet, forcément égoïstes et
« avares, ne donnant qu'une paie insuffisante et jamais assurée ».
Individualiste, il ne l'avait jamais été ; en 1857, dans une thèse sur
les Eaux courantes, qui se recommande également aux légistes et
aux économistes, il avait écrit : « Je demanderai si l'obligation, dans
« la vie sociale, est l'exception ou bien la règle, si le devoir n'est
« pas la condition constante et perpétuelle de l'homme en société.
« Parmi ses devoirs, il en est que l'homme s'impose par ses actes,
« qui naissent de sa volonté réfléchie ou de son fait imprudent. La
« loi les consacre et les maintient. Mais il en est d'autres qui s'atta-
« chent à l'homme à son entrée dans le monde, l'enveloppent
« comme l'air qu'il respire ; qui le suivent, en se transformant, dans
« tous ses développements et ne meurent qu'avec lui. Parmi ceux-
« là, devoirs non voulus, il en est encore que la loi consacre et
« maintient... Regardez l'homme en société : il est tout entier saisi
« par le devoir... » Deux ans après, dans un article du *Journal des
Économistes* sur les origines du régime prohibitif en France, plus
mûr déjà, plus réfléchi, plus maître de sa propre pensée, il se
prononce résolument contre « cette erreur fondamentale où sont
« tombés plusieurs des économistes modernes, « contre » cette hypo-
« thèse métaphysique, antihistorique et, par suite, antisociale d'un
« droit supérieur, absolu, appartenant à l'individu, en quelque sorte,
« par institution divine ; cette prémisse rend tout problème social
« insoluble pour les esprits qui s'en laissent charmer ». Il en conclut
qu'il ne faut pas contester à la société « le droit d'intervenir dans
« les échanges internationaux », mais qu'il faut regarder « si l'in-
« tervention, sous forme de tarifs compensateurs ou prétendus
« compensateurs, des inégalités naturelles qui existent entre les
« producteurs nationaux et les étrangers, convient à une société
« industrielle bien organisée ».

Cela est fort bien dit. Non seulement l'individualisme pur, celui
que l'école de Bastiat a mis à la mode, repose sur une base métaphysique, mais il y a dans son fait quelque théologisme. La Providence est le dernier mot de l'auteur des *Harmonies*. L'individualisme
est, de plus, comme le dit Marcel Roulleaux, une doctrine antisociale, en ce sens qu'elle ne peut ni expliquer ni régler l'ensemble
des rapports sociaux. Du droit individuel, il est impossible de faire
sortir autre chose que le conflit interminable des égoïsmes et la
négation même de la vie sociale. Il est très vrai que, dans la société,
il n'existe que des individus, mais ces individus ne peuvent se
passer de la société : la sociabilité est à la fois la tendance naturelle
de leur organisation, leur garantie et la loi inévitable de leur développement. De là, des rapports nécessaires dont la doctrine purement individualiste est impuissante à rendre compte. Aussi, à vrai
dire, n'en est-il pas de pire, et la première brèche au système
vient de ceux qui réduisent le plus la chaîne du droit social. Ne
faire de l'État qu'un juge de paix, c'est encore en faire quelque
chose. On voit par là, du reste, bien clairement, quelle distance

sépare une théorie d'économiste, quelle qu'elle soit, d'une vraie théorie sociale. En face de l'ensemble des faits sociaux, l'individualisme est ridiculement impuissant. Sa valeur est essentiellement restreinte et relative. C'est une arme de combat. L'individualisme est la formule excessive et passionnée de la lutte honorable que soutient, depuis des siècles, l'indépendance du citoyen contre les empiétements du pouvoir social. Le *laissez-faire* est la machine de guerre qui a servi à battre en brèche les corporations, les monopoles, les règlements industriels, toute l'organisation du travail qui fut le propre de l'ancien régime ; le *laissez-faire* a porté, de nos jours, des coups mortels au système des prohibitions douanières et des sociétés privilégiés. L'individualisme n'est donc point inutile comme agent de controverse ; mais s'il critique, il n'organise pas. Sa fécondité doctrinale n'est pas à la hauteur du service transitoire qu'il a rendu. Nous lui devons une part de notre affranchissement dans le passé ; nous ne pouvons lui remettre exclusivement le gouvernement de l'avenir.

....La question de l'intervention de l'État n'était qu'une question de procédé, les économistes en firent une question de principe. Il ne leur suffit pas que l'abstention de l'État fût le *meilleur*, ils voulurent que ce fût le *droit*. « Alors on a vu se produire ce fait singulier : « l'abstention de l'État proclamée comme principe, comme base « de la doctrine économique ; le progrès, l'utilité, le développe- « ment moral, intellectuel, industriel, donnés, en quelque sorte, « secondairement et comme arguments à l'appui du principe du « *laissez-faire :* Avant toutes choses, ne vous mêlez de rien, disait- « on à l'État : vous n'avez pas le droit d'intervenir. Et lorsqu'on « demandait comment les choses iraient, alors seulement ils son- « geaient à démontrer qu'elles iraient mieux, mais ils cherchaient « et présentaient leurs preuves en avocats d'une cause que leur « unique souci était de faire triompher. Les raisons, pour et contre « l'action sociale, n'étaient point par eux examinées et débattues « avec l'impartiale volonté de découvrir quel système convenait le « mieux au triple progrès de l'humanité ; la thèse était posée « d'avance : *laissez-faire ;* et toute la sagacité de leur esprit, toute « l'habileté de leur dialectique, toute la vigueur et toutes les grâces « de leur talent étaient employées à la faire prévaloir. Telle fut la « destinée de Bastiat, qui a passionné et vulgarisé cette thèse. » S'ensuit-il que, sur beaucoup de points, l'on doive conclure autre- ment que Bastiat? Non, la liberté pratique est au bout des deux systèmes. Que l'on place la liberté exclusivement dans l'abstention de l'État, comme avaient fait Bastiat et son école, ou qu'on la conçoive comme le développement complet de la puissance de l'homme, non seulement à l'encontre des maîtres qui le dominent, mais à l'encontre de toutes les fatalités naturelles et sociales qui l'entourent, ainsi qu'a fait M. Dunoyer, on arrive toujours à la liberté.

J'insiste sur ces commencements, qui font voir le point où le jeune écrivain, sans rien devoir encore à la philosophie positive, avait été porté par le mouvement propre de son esprit. C'est alors qu'il lut et comprit Auguste Comte. Quand ce jour se leva sur lui, il put dire : je l'attendais.

C'est aux lumières qu'elle répand sur les principales difficultés sociales du temps présent, que la philosophie positive a dû ses principales conquêtes. Les grandes déceptions politiques qui abreuvent les hommes de notre génération lui suscitent des disciples ou des adhérents. La plus accablante de toutes a contribué pour une forte part à cette invisible propagande. Peu écoutée au milieu des orages et des incohérences de la période révolutionnaire, la doctrine d'Auguste Comte fit son chemin dans le grand silence qui suivit. C'est quelque chose, au lendemain des grandes déroutes de la liberté politique, et dans les heures de doute et de ténèbres qui les suivent, d'apporter avec soi la théorie du progrès, et de relever, par la science, les esprits que l'action a mis à terre. La génération à laquelle appartenait Marcel Roulleaux n'avait pas agi, et, selon le monde, elle n'avait pas souffert. Mais c'est là que réside précisément la source de son infortune. Son éducation la portait vers les choses de l'esprit ; les souvenirs dont elle avait été bercée, l'histoire qu'on lui avait apprise, l'atmosphère politique où elle avait grandi et dont elle restait comme imprégnée, tout la portait vers la liberté. Le destin voulait pourtant qu'elle ouvrît les yeux à la lumière, en un temps où la part n'avait jamais été si petite pour les esprits et pour la liberté. Beaucoup succombèrent à cette épreuve, et se plièrent aux idées régnantes. L'élite résista, et, au lieu de céder au courant, regarda d'où il venait et où il pouvait conduire. Il leur parut d'abord que ce mouvement en arrière ne pouvait être durable. Mais quel en était le mot, la raison d'être, et par où pouvait-on en sortir? Ici, une philosophie politique était indispensable. Celle d'Auguste Comte répondait mieux qu'aucune autre aux conditions du problème. Il me souvient de l'effet immense produit, dans cette crise morale, par la lecture du *Discours sur l'ensemble du positivisme.* Ces pages qui avaient posé, dans la fièvre de 1848, les conditions rationnelles du problème social, restaient, au milieu du désarroi général qui avait suivi, avec leur haute et rassurante sérénité. Elles nous répétaient — ce que nous savions bien — qu'il y avait des questions sociales, et qu'il ne dépendait pas plus de la réaction politique que de la réaction économique de les supprimer ; mais elles nous donnaient — ce que nous n'avions pas — la méthode suivant laquelle il convient de les aborder. De ce jour, nous avons su qu'il existe un art social, également distinct de l'observation impassible des économistes, satisfaits de décrire et voués au fatalisme, et de l'utopie irrationnelle et maladive qui caractérise la plupart des écoles socialistes. Les phénomènes sociaux ne sont point indéfiniment modifiables ; ils ont leur permanence, leur stabilité, leur fatalité : c'est l'honneur éternel des économistes de l'avoir démontré. Mais les phénomènes sociaux ne sont non plus immuables et incorrigibles. Où est la mesure? Où trouver le procédé et la limite? Non seulement dans l'analyse sociologique, mais dans l'histoire. L'histoire est l'élément nouveau et décisif que le positivisme introduit dans l'étude des questions sociales.

Le problème social, ou, pour parler plus exactement, la partie du problème social qui touche aux rapports de la classe qui possède avec la classe qui ne possède pas, aux rapports des capitalistes avec les salariés, n'est pas seulement empirique, elle est historique. Dans mon opinion, comme dans celle de Roulleaux, Auguste Comte a posé une des conditions fondamentales, inéluctables du problème, lorsqu'il a formulé ainsi la loi historique de l'industrie moderne : séparation progressive du capital et du travail, distinction inévitable et toujours croissante entre la fonction du capitaliste et celle du travailleur, concentration inévitable et croissante du capital dans certaines limites.

C'est de là qu'il faut partir. Il faut résolument placer à la base de toute étude sociale cette notion toute d'expérience : on ne se révolte pas contre ce qui est ; on ne substitue pas, dans la pratique sociale, ce qui pourrait être à ce qui est. La concentration des capitaux est un fait certain. Qui ne le voit? Qui ne le sent? Ce fait nous entoure, nous domine, nous assiège. Il ne faut pas l'adorer, mais pour le tenir sagement en bride, il faut d'abord le reconnaître. Pour s'incliner devant un fait, la science sociale, croyez-le bien, ne se coupe pas les ailes.

... Marcel Roulleaux admet la grande industrie comme un fait nécessaire, aboutissant à la constitution d'une classe d'entrepreneurs, ou, comme disait Auguste Comte, de chefs industriels. Il n'engage pas contre cette tendance générale, qui opère à la façon d'une force mécanique, une lutte impossible et dérisoire. Mais plus sage et plus pratique, il cherche à constituer le contrepoids. Le contrepoids, il est, d'une part, dans une action croissante de l'opinion, agent de la moralité sociale, sur les chefs industriels : l'étude de la société anglaise offre à cet égard de précieux exemples. Ce contrepoids est, d'autre part, dans l'organisation collective et l'éducation croissante des masses ouvrières. On comprend que c'est de la coalition qu'il s'agit. « Le droit de coalition, disait Marcel Roul-
« leaux, est la première liberté des travailleurs. Sans elle, toutes
« les autres ne sont qu'une apparence vaine. Que les hommes
« timides, effrayés à chaque nouvelle force sociale qui réclame sa
« place, se rassurent sur le danger des coalitions. L'expérience aura
« vite appris aux ouvriers que, même coalisés, ils ne doivent pas
« s'engager à la légère dans une lutte contre le capital. La coalition
« est une arme d'attaque dangereuse pour les ouvriers ; mais elle
« est une arme utile pour la défense, et il est d'autant plus urgent
« de la réclamer que c'est l'arme unique... »

Aujourd'hui que la liberté des coalitions est entrée dans nos lois, ces idées sont devenues courantes; en juin 1860, elles étaient neuves, hardies, et dans un journal de Paris elles ne paraissaient pas inoffensives. L'article du *Courrier de Paris*, dont on a extrait les lignes qui précèdent, fut frappé d'un avertissement. Quatre ans plus tard, le Gouvernement s'inclinait devant la force des choses. Il donnait, ainsi que Marcel Roulleaux le demandait seul dans la presse, quatre ans plus tôt, la liberté des coalitions pour couronnement à la liberté commerciale. Marcel Roulleaux n'était plus là pour assister à cette justification solennelle des idées qui lui étaient chères. Mais nous notons ce fait, au grand honneur de sa mémoire.

.....Nous disions en commençant que Marcel Roulleaux arrive, dans ses rapides écrits, à donner plusieurs exemples de ce que peut l'esprit positif appliqué à la conciliation difficile de la discipline sociale et du *laissez-faire*, ou, si vous aimez mieux, du socialisme et de la liberté. Mais ce respect des faits et de l'histoire, cette faculté d'embrasser des points de vue divers, des réalités complexes, cet art d'extraire l'avenir des flancs du passé, ce n'était chez Marcel Roulleaux ni timidité ni empirisme. Il avait, en ce qui touche l'intervention de la société dans les phénomènes sociaux, une bonne théorie; c'est tout le secret de sa sage réserve. Cette théorie, il la poursuivait depuis longtemps. Nous l'avons vu tout à l'heure, n'étant encore qu'un disciple de M. Dunoyer, aboutir à un système d'équilibre entre la liberté individuelle et la liberté sociale, d'une précision philosophique insuffisante. La philosophie positive avait écarté ces derniers nuages. Ce qui obscurcit, en effet, dans beaucoup d'esprits, ce point fondamental de toute philosophie sociale : a-t-on le droit d'intervenir? comment peut-on intervenir? c'est l'idée étroite qu'on se fait de l'intervention sociale, trop souvent envisagée sous sa forme la plus grossière : l'intervention de l'État, de la loi, de la contrainte. Auguste Comte montre à merveille qu'il y a pour la société d'autres moyens d'intervenir, que toute société renferme dans son sein un pouvoir moral qui gouverne les volontés individuelles sans tribunal et sans gendarmes, pouvoir concentré dans les sociétés théocratiques et confié à une caste ou à un corps, pouvoir répandu, dispersé, pour ainsi dire, dans la société tout entière, et qu'on appelle l'*opinion* dans les pays libres. C'est sur cette action morale que la philosophie positive fonde son espérance, c'est par là qu'elle s'attache à réformer les idées et les mœurs, bien plus que par la loi, dont le champ d'intervention doit être aussi limité que possible, et qui n'est jamais, en face des grandes évolutions de la société, qu'oppressive ou impuissante.

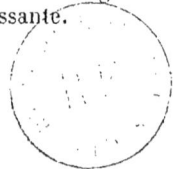

TABLE DES MATIÈRES

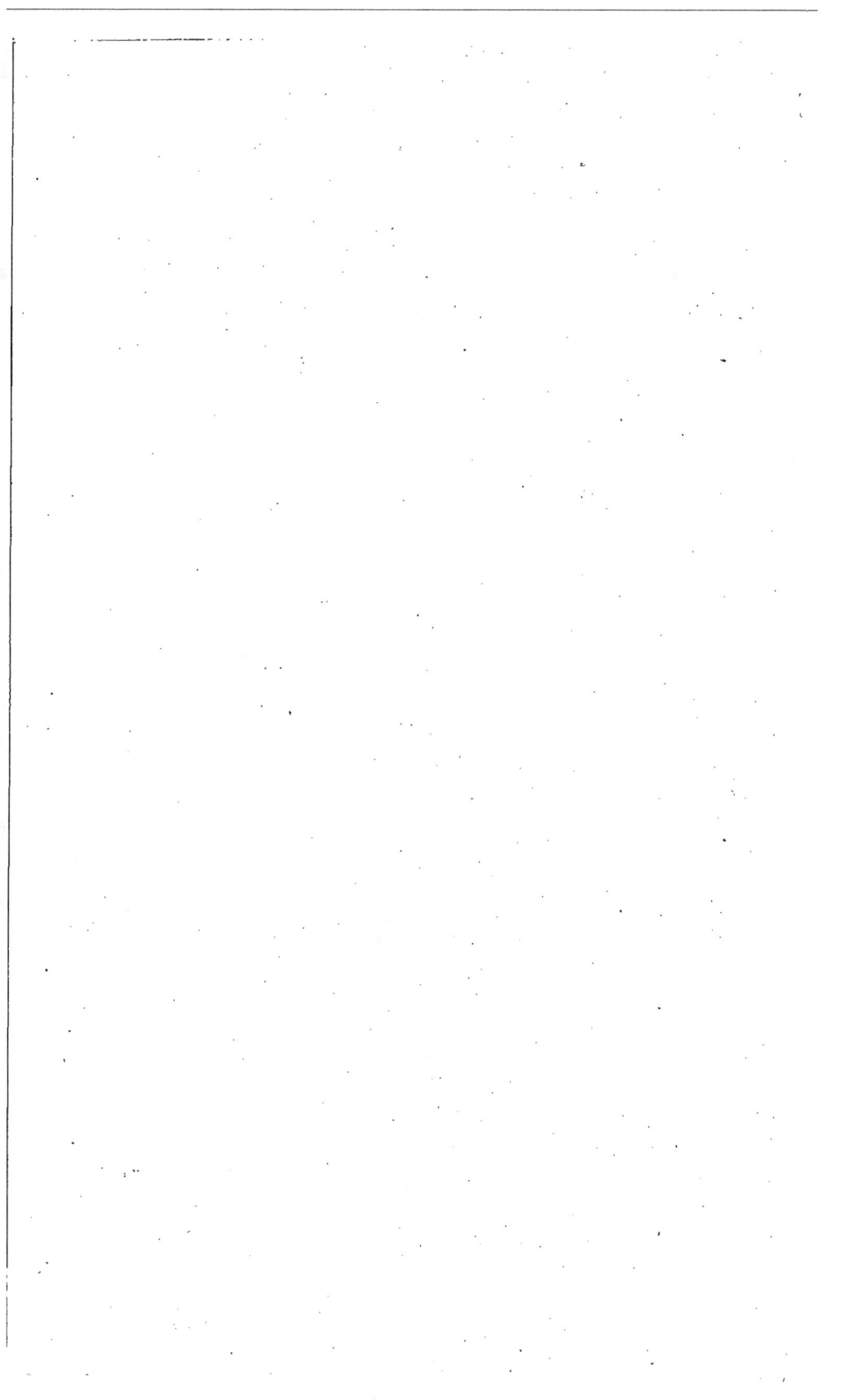

Paris. — Imp. E. CAPIOMONT et Cie, rue des Poitevins, 6.